高等学校交通运输与工程类专业教材建设委员会规划教材

# 桥梁结构电算

## ——有限元分析方法及其在MIDAS/Civil中的应用

(第2版)

周水兴　王小松　田维锋　等　编著

人民交通出版社股份有限公司
北　京

## 内 容 提 要

本教材详细介绍了桥梁结构分析中有限元建模和计算方法。为使未学过有限单元法或结构矩阵分析的学生能更好地理解有限单元法的基本原理,在教材第 2 章中专门编写了杆系结构的矩阵位移法。鉴于 MIDAS/Civil 软件在国内的科研、生产和教学中使用较广,在教材的后 4 章较全面地介绍了 MIDAS/Civil 软件的基本操作及静、动力计算方法,在每章末尾还给出了思考题。

本教材适合于理工类院校相关专业的本科、研究生及教师使用,也可供从事相关领域科学技术研究的工程技术人员参考。

**图书在版编目(CIP)数据**

桥梁结构电算:有限元分析方法及其在 MIDAS/Civil 中的应用 / 周水兴等编著. —2 版. —北京:人民交通出版社股份有限公司, 2020.9

ISBN 978-7-114-16590-0

Ⅰ. ①桥… Ⅱ. ①周… Ⅲ. ①桥梁结构—结构分析—应用软件 Ⅳ. ①U443-39

中国版本图书馆 CIP 数据核字(2020)第 151751 号

高等学校交通运输与工程类专业教材建设委员会规划教材

Qiaoliang Jiegou Diansuan——Youxianyuan Fenxi Fangfa jiqi Zai MIDAS/Civil Zhong de Yingyong

书　　名:桥梁结构电算——有限元分析方法及其在 MIDAS/Civil 中的应用(第 2 版)
著 作 者:周水兴　王小松　田维锋　等
责任编辑:卢俊丽
责任校对:刘　芹
责任印制:刘高彤
出版发行:人民交通出版社股份有限公司
地　　址:(100011)北京市朝阳区安定门外外馆斜街 3 号
网　　址:http://www.ccpcl.com.cn
销售电话:(010)59757973
总 经 销:人民交通出版社股份有限公司发行部
经　　销:各地新华书店
印　　刷:北京市密东印刷有限公司
开　　本:787×1092　1/16
印　　张:21.25
字　　数:514 千
版　　次:2013 年 8 月　第 1 版　2020 年 9 月　第 2 版
印　　次:2024 年 6 月　第 2 版　第 4 次印刷　总第10次印刷
书　　号:ISBN 978-7-114-16590-0
定　　价:65.00 元

# 第2版前言

随着材料、技术的不断进步，桥梁结构正在朝轻型、(超)大跨度方向发展，许多新型桥梁结构不断涌现。一方面，许多桥梁是多次超静定结构，在施工过程中需要经历多次体系转换，桥梁结构的静、动力分析必须借助有限元程序才能完成。另一方面，桥梁的精细化分析和优化设计，也必须使用有限元程序。为了使在校学生和工程技术人员能够更好地学习桥梁结构电算，特编写了本教材。

本次修订调整了部分内容的先后顺序，如将原第3章的节点自由度概念移到第1章中，便于读者更好地理解模型纠错中涉及自由度方面的内容。考虑到国内桥梁工程中大量涉及索力计算，因此将原第6章 MIDAS/Civil 专题拆分为第6、7章。

本教材共分7章。第1章简要介绍了国内外软件发展概况，桥梁结构分析的基本过程，重点介绍了如何开展模型纠错、提高计算正确性的几种方法以及计算结果整理。第2章介绍了杆系结构的矩阵位移法，其基本概念同样适用于有限单元法。如果读者已经学习过结构力学中的矩阵位移法或有限单元法的基本概念，可以跳过本章。第3章详细介绍了桥梁结构建模方法，包括实际桥梁结构的简化、单元类型的选择、单元间的连接处理以及桩土共同作用的模拟等。第4章以一座预应力混凝土简支箱梁桥支架现浇为例，详细介绍了 MIDAS/Civil 软件的使用方法。通过本章学习，能够运用 MIDAS/Civil 软件开展桥梁静力计算，包括施工阶段和成桥阶段分析。第5章介绍了如何运用MIDAS/Civil开展桥梁稳定与动力计算。第6章介绍了MIDAS/Civil索力优化计算。第7章为MIDAS/Civil桥梁专题,介绍了桥梁工程中组合截面、组合梁截面、施工阶段联合截面以及梁格法的基本概念及计算方法。

本教材由重庆交通大学多位长期从事科学研究和桥梁结构电算教学的教师共同编写,其中第1、2章由周水兴编写,第3章由周水兴、徐略勤编写,第4章由周水兴、田维锋、郭增伟编写,第5章由王小松编写,第6章由孙测世、杜柏松编写,第7章由周水兴、杜柏松编写。全书由周水兴教授负责统稿和完成最终的文字整理。

本教材在编写过程中,参考了不少文献资料,如在参考文献中未给予标注引用,在此表示歉意!

由于编者能力有限,书中肯定存在不少疏漏之处,敬请各位读者批评指正。

作　者

2020年3月

# 目录

# 第1章

# 绪论

## 1.1 国内外桥梁结构分析软件发展概况

### 1.1.1 国外发展概况

结构分析软件是伴随着计算机和算法语言的诞生而发展起来的。国外最早开发的结构分析软件是基于结构力学的矩阵位移法，只适用于等截面杆件的结构。1941 年，Hrenikoff 使用“框架变形功方法”求解了一个弹性问题。1943 年，Courant 发表了一篇使用三角形区域的多项式函数来求解扭转问题的论文，这些工作开创了有限元分析的先河。1956 年，美国波音公司的 Turner、Clough、Martin 和 Topp 在分析飞机结构时系统研究了离散杆、梁、三角形的单元刚度表达式，并将刚架位移法推广应用于弹性力学平面问题，第一次给出了用三角形单元求平面应力问题的正确解答。1960 年，Clough 在处理平面弹性问题时，第一次提出并使用有限单元法（Finite Element Method）这一名称，有限单元法由此诞生。1963—1964 年，Besseling、Melosh、和 Jones 等人研究了有限单元法的数学原理，证明了有限单元法是基于变分原理的里兹（Ritz）法的另一种形式，从而使里兹法分析的所有理论基础都适用于有限单元法，确认有限单元法是处理复杂工程问题的一种普遍方法。现已证明，采用矩阵位移法编制的杆系程序，实际上是有限单元法中的一个特例。

经过几十年持续不断的研发,国外结构分析软件已较为成熟,商业化程度高,知名的桥梁专用软件有 TDVRm2006、Larsa、Sofistik、Lusas、Strap、MIDAS 等。此外,一些通用商业软件,如 ANSYS、ABAQUS、ADINA、MSC/NASTRAN、MSC/MARC、SAP2000、ALGOR、PRO/MECHANICS、IDEAS 等的土木工程模块在桥梁结构分析中也被广泛应用。国外软件单元种类丰富,计算功能强大,能够开展结构的静力分析、动力分析、稳定分析、线性与非线性分析、结构或构件的细部分析和优化分析等。美国 CSI 公司开发的 SAP2000 程序,采用基于对象的非线性有限元技术,不仅可以模拟能量耗散装置、逐步倒塌分析、材料非线性等一系列的特性,而且可以分析顺序施工、Pushover 分析、混凝土徐变与收缩、冲击分析、多基激励、基础隔振与阻尼器、大位移分析、土壤结构相互作用、频域分析等。自 2000 年与中国建筑科学研究院合作,加入了中国规范,推出了中文版 SAP2000。韩国 Midas 公司结合中国桥梁规范,开发了中文版桥梁结构分析软件 Midas/Civil,其内核是 SAP2000。

国外软件公司在积极开发桥梁结构分析专业软件的同时,十分注重市场营销和售后技术服务。但在对桥梁工程的理解和针对工程特点的计算方法上,以及对国内设计规范的把握和专业知识的积累方面不如国内自主研发的专业软件。

### 1.1.2 国内发展概况

我国桥梁结构分析软件的研发起步较晚。20 世纪 50 年代至 70 年代末,不仅计算机数量稀少,而且算法语言单一,开发的一些分析软件,仅限于高等院校和科研院所使用,尚未上升到专业计算程序的研制。20 世纪 80 年代初,为适应预应力技术的发展和大跨度桥梁的建设需要,在“六五”和“七五”期间,交通部联合国内桥梁结构电算专家开展技术攻关,开发了公路桥梁综合程序(GQZJ)。该程序采用平面杆系单元,不仅能计算混凝土徐变、收缩和预应力,而且应用动态规划法编制了汽车、挂车等活载内力计算模块,并运用于广东洛溪大桥、湖北沙洋大桥、包头黄河大桥等几座预应力混凝土连续梁桥和连续刚构桥中。然而,受到当时计算机软、硬件条件的限制,源程序不能长期寄存在计算机内,要从穿孔纸袋将程序导入计算机并从穿孔纸袋读取输入数据,计算结果只能打印到纸上,效率低。20 世纪 80 年代后期,随着计算机技术和算法语言 Fortran 程序出现,有些设计院将 GQZJ 移植到不同类型的计算机上运行,并用 Fortran 语言重新编写源程序,后被国内众多设计院所采用,对推动国内大跨度桥梁的设计起到了重要作用,但单元与节点编号、节点坐标、预应力钢筋编号和几何坐标须由人工处理和输入,计算结果数据也必须人工整理,可视化程度差,输入、输出数据不易检查。20 世纪 90 年代随着个人计算机(PC 机)的出现和硬件性能的提高,GQZJ 开始向 PC 机上移植,并将图形可视化功能引入到程序的前后处理中。这个时期是我国桥梁专业软件发展的高峰时期,众多专业人员从事桥梁专业软件开发,比较典型的有 GQJS、BRCAD、BSAS、桥梁博士(Dr. Bridge)等。

除平面杆系程序外,还针对立交匝道弯桥、独柱支撑结构、现浇弯箱梁桥等,开发了多个曲线桥设计计算专用软件,其计算核心多是空间梁格系方法。较为典型的软件有李方广华曲线桥梁计算程序、弯斜坡异性桥梁空间结构分析软件系统 3DBSA、广东省院的桥梁三维空间结构分析软件 3D-BSA 和慧加结构分析与设计软件 WISEPLUS 等。

目前,国内开发的桥梁结构分析软件已实现桥梁设计阶段的内力计算,充分考虑施工过程及非线性等因素,并广泛用于桥梁设计、施工控制、试验检测和病害分析中,现正朝空间梁格、板壳、实体单元仿真建模和非线性动力特性分析等方面发展,并且加强了计算数据和绘图软件的接口联系,形成了分析、设计、绘图和文档的一体化。另外,桥梁结构分析软件与虚拟现实技术相结合,用于桥梁的方案比选、虚拟设计、项目管理和事故反演等领域。

## 1.2 桥梁结构分析问题的分类

### 1.2.1 静力分析与动力分析

根据荷载对结构所产生的动力效应大小的不同,荷载可分为静力荷载和动力荷载,相应的分析分为静力分析和动力分析。

静力分析是结构分析的基础,用于求解结构在静力荷载作用下的内(应)力、变形、支反力等。静力分析不考虑惯性的影响,但可以计算固定不变的惯性荷载,如结构自重、二期恒载、离心力,以及可近似等价为静力作用的随时间变化的荷载,如风荷载中的静风荷载。

动力分析用于计算结构在自由振动和强迫振动下的动力特性和动力响应,包括模态分析和动力响应分析。其中,模态分析是计算结构在自由振动下的动力特性,即结构的固有频率和振型;动力响应分析计算在动力荷载作用下的结构响应,包括谐波分析、谱分析和瞬态动力分析等。

### 1.2.2 稳定分析

当结构或构件受到荷载作用时在原有形状下应保持为稳定的平衡,称为稳定平衡;反之,若在荷载作用下其原有形状下的平衡丧失了稳定性,称为结构或构件的失稳。历史上曾有不少桥梁因失稳造成垮塌的事故。

结构和构件的失稳现象分为整体失稳和局部失稳,其中局部失稳又可分为个别构件的失稳、构件的局部失稳、部分结构的失稳三类;按失稳方向分为平面内失稳和平面外失稳。在矢跨比较小的扁拱中,由于拱圈压缩变形的影响,在较小的临界荷载作用下会发生跳跃屈曲或跳跃失稳。

稳定问题包括第一类稳定和第二类稳定两大类。第一类稳定属平衡分支问题,在数学上表现为求特征值问题,其临界荷载可近似作为第二类稳定的上限。第二类稳定属极值问题,是结构达到破坏时能承受的最大荷载(极限荷载、临界荷载)。

稳定分析的目的就是要求出结构或构件在丧失平衡稳定性时的临界荷载。稳定分析可分为弹性稳定分析和弹塑性稳定分析,前者用于计算失稳时的屈曲荷载和失稳模态,后者用于计算结构达到破坏时的极限承载力。

### 1.2.3 整体分析与局部分析

整体分析是指求解由上部结构、下部结构、基础及地基构成的系统在荷载作用下的响应。在整体分析中是否需要建立下部结构、基础与地基,不仅与桥梁结构本身有关,还与地质情况、分析类型等相关,如简支梁桥和内部超静定、外部静定的下承式系杆拱桥,基础变位和墩台变形并不影响上部结构的受力,开展静力分析时只需建立上部结构的模型。但计算汽车制动力对桥梁内力影响时,支座类型和桥墩高度会影响到制动力在下部结构中的分配,需建立上部结构、支座和下部结构于一体的整体模型。地质条件差(如软土地基)的超静定桥梁,为考虑地基变形对桥梁的影响,须将地基与基础一并建立在模型中;当地质条件良好、基础刚度大,忽略地基和基础的变形对计算结果影响很小,视地基和基础为刚体,这种情况下只需建立上、下部结构的分析模型。

开展地震响应分析时,地震波通过岩土传递,须建立整体分析模型。

局部分析是针对结构中的部分构件或部位所开展的分析,以期获得更加精确的结果。局部分析通常是在整体分析的基础之上进行的。局部分析在构造复杂或新颖的桥梁计算中经常采用,如连续梁桥和连续刚构桥承台、零号块的精细化分析就属局部分析。局部分析的关键在于边界条件的模拟。

随着计算机性能和有限元程序功能的不断提高,也可开展集整体分析与局部分析于一体的综合性分析,如在钢-混结合梁斜拉桥中,主梁总体采用梁单元,对需要深入考察受力的部分梁段,采用由板单元或实体单元、连接单元等构成的复合单元。该方法的优点在于避免了局部分析中边界条件的模拟,即所谓的多尺度法。

在大型复杂结构分析中常采用子结构分析法,它是把原结构分为几个区域,每一个区域称为一个子结构。这些子结构在它们的公共边界上互相连接起来,先分析子结构,通过静力凝聚消去子结构内部的自由度,然后进行整体分析,这时只需考虑结构的约束边界及相邻子结构公共边界上的自由度,由此降低原问题的计算规模。此外,还可以在子结构中再套子结构,称为多重子结构。

### 1.2.4 线弹性问题与非线性问题

1)线弹性问题

线弹性问题基于小变形假定,分析模型建立在未变形的结构上,即所谓的一阶分析问题。线弹性问题中材料的应力与应变为线性关系,满足广义的胡克(Hooke)定律;应变与位移也为线性关系。线弹性问题归结为求解线性方程组问题,计算时间较短。如果采用高效的代数方程组求解方法,可进一步缩短分析时间。

2)非线性问题

非线性问题与线弹性问题有很大不同,主要表现在以下三个方面:①非线性问题的方程是非线性的,需要迭代求解;②线弹性问题中的叠加原理不适用;③非线性问题不总有一致解,甚至没有解。

以上三方面的因素使非线性问题的求解过程比线弹性问题更加复杂、更具有不可预知性。

桥梁工程中的非线性问题主要有以下三种形式。

(1)材料非线性问题。

材料的应力与应变为非线性关系,但当应变与位移很微小时,可以认为应变与位移呈线性关系,这类问题属于材料非线性问题。桥梁工程中较为重要的材料非线性问题有非线性(包括分段线弹性)、弹塑性、黏塑性及蠕变等。

当分析材料非线性问题时,应给出材料的应力-应变本构方程。图1.2.1所示为钢材的几种常用本构模型。其中,理想弹塑性模型和线性强化弹塑性模型分别适用于塑性应变不太大的低碳钢和一般合金钢弹塑性变形问题的简化计算;刚塑性模型适用于估算结构最大承载能力,此时弹性应变相比于塑性应变小很多而予以忽略,认为应力达到屈服应力前材料不变形。

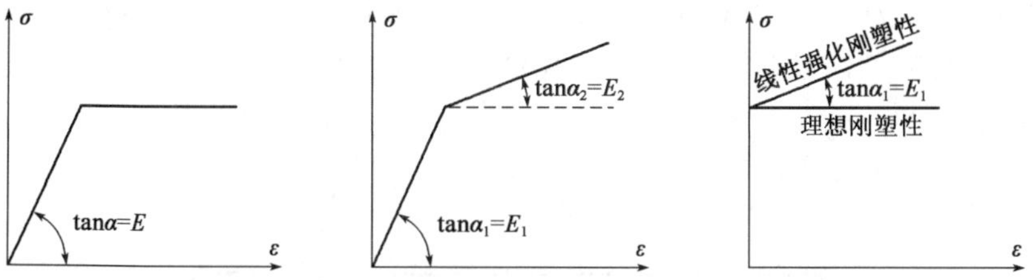


a)理想弹塑性模型　　b)线性强化弹塑性模型　　c)刚塑性模型

图 1.2.1　钢材本构模型

(2)几何非线性问题。

当物体的位移较大时,应变与位移之间不再是线性关系,结构本身会产生大位移或大转动,而单元中的应变却可大可小。这类问题包括大位移大应变问题及大位移小应变问题,如结构的弹性屈曲问题属于大位移小应变问题。开展几何非线性分析,需将计算模型建立在变形后的结构之上,属二阶分析问题。

桥梁工程中常见的几何非线性有斜拉索垂度效应、梁柱效应和大位移效应。

①斜拉索垂度效应。

斜拉桥斜拉索在自身重力作用下会产生下垂,其端部位移一部分由材料变形引起,另一部分受斜拉索垂度影响,造成索力与位移之间的非线性关系。随着张拉力的增加,垂度逐渐减小,轴向刚度增大。当采用直杆单元建模时,必须考虑斜拉索的垂度效应。在桥梁结构分析中,通常采用 Ernst 提出的等效弹性模量法,或者可采用多段杆单元法、多节点曲线单元法和悬链线索单元法来考虑斜拉索的垂度效应。

②梁柱效应。

梁柱效应又称为 $P$-$\delta$ 效应。斜拉桥的主梁和桥塔、拱桥的拱圈等构件均承受弯曲和轴向力的组合作用。这些构件即使在材料满足胡克定律的条件下也会呈现非线性特性。一方面,轴向力的存在引起附加弯矩,使构件发生更大的弯曲变形,从而影响构件的弯曲刚度;另一方面,弯矩的存在也会引起轴向变形,改变构件的轴向长度,从而影响其轴向刚度,这种压弯相互作用称为梁-柱效应。梁-柱效应使结构的整体刚度发生变化。

③大位移效应。

结构刚度较小的桥梁(如悬索桥),在荷载作用下主缆、加劲梁会产生较大的位移,导致结构的几何位置发生较大改变,只有将分析模型建立在变形之后的结构上才能得到正确的结果,通常这种现象被称为大位移效应。

此外,当采用有限单元法或激活/钝化方法分析施工过程的结构内力和变形时,因结构刚度发生了变化,也属于几何非线性问题。

(3)其他非线性问题。

①状态非线性问题。

图 1.2.2 所示为直杆右端放置一长为 $l$ 的杆件,拉伸杆与右边杆件端部之间有微小间隙 $\Delta$,在拉力 $P$ 作用下的变形关系为

$$P(d)=\begin{cases}\dfrac{EA}{L}d & (d\leqslant\Delta)\\[2ex] \dfrac{EA}{L}d+\dfrac{E_1A_1}{l}(d-\Delta) & (d>\Delta)\end{cases}\tag{1.2.1}$$

式(1.2.1)表明,应变与位移、应力与应变之间的关系都是线性的,节点力与节点位移之间的关系在分段加载过程中也是线性的,但在整个过程却表现为节点力与节点位移之间的非线性关系,即

$$k(d)d = P \tag{1.2.2}$$

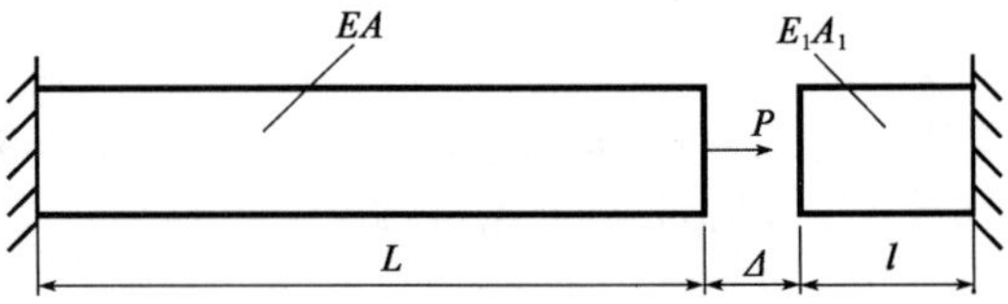


图1.2.2 状态非线性问题

通常把这种与结构所处的状态相关的非线性问题称为状态非线性问题。接触问题是最为常见的状态非线性问题。在模拟船舶、汽车撞击桥梁时,接触和摩擦的作用不可忽略,需按接触问题进行分析。

②边界非线性问题。

通常边界条件为刚性支承,即边界条件自身不会随荷载引起的结构变形而变化,但当采用与地基接触的只受压/只受拉的非线性边界条件时,边界条件就会随荷载引起的结构变形而变化,这时结构的荷载-位移的非线性关系就称为边界非线性问题。

实际工程中的非线性可能同时包括两种或三种非线性问题,如计算桥梁极限承载力时,就必须同时考虑材料非线性和几何非线性。

## 1.3 桥梁结构分析基本过程

无论采用何种有限元软件,在开展桥梁结构分析时,都需要经历建立模型、施加荷载和约束、求解以及后处理四个步骤。

### 1.3.1 模型建立

1)实际桥梁结构与荷载的简化

桥梁是由上部结构、下部结构和基础三部分组成的复杂空间结构,完全按照桥梁实际构造建立有限元模型,既不可行也无必要。因此,在开展桥梁结构分析前,有必要对实际桥梁做出符合实际状况的假定和简化,通常把简化后的计算图式称为计算模型或分析模型。在桥梁工程中,因为结构跨度较其他两个尺度(截面宽度和高度)大很多,所以在分析模型中大多近似处理为杆系结构。大量计算和试验结果均表明,这种简化是可行的,能够满足工程设计精度的要求。当采用平面杆系结构程序计算桥梁结构或构件的内力和变形时,其空间效应可以通过横向分布系数、偏载增大系数来体现。若采用空间分析模型,则无须考虑横向分布系数和偏载增大系数,程序会自动计算空间效应。

桥梁结构简化必须遵循以下基本原则:

(1)计算模型应尽量符合实际结构的构造特点和受力特点,以保证计算分析结果的真实性和正确性。

(2)保证体系的几何不变性,特别是对复杂的体系转换过程更应注意,同时也要避免施加与实际结构受力不符的多余约束。

(3)本构关系应能真实地反映材料的性质。

(4)在合理模拟的前提下,尽可能减小节点数目,减少未知量数目,以减小计算规模,节省计算时间和计算机空间。

除杆系模型外,还可以根据构造特点和计算需要,采用梁格模型、板壳模型、实体模型,但建模的基本原则没有根本性的改变。

作用在桥梁结构的荷载主要有结构自重、二期恒载、车辆荷载(包括冲击力、制动力等)、人群荷载、风荷载、温度作用、土压力、水浮力、冲击力、地震力和基础沉降等,通常以均布力、集中力、梯度荷载、地震力和支承位移的方式施加在分析模型上。对因结构简化不能在分析模型中体现的某些构造,如拱圈拱上立柱或横墙的底梁、T 梁或箱梁中的横隔板、斜拉桥双主梁中的横隔梁,可以用集中力来代替。

在自然科学和工程技术等领域,通常存在确定性、不确定性(包括随机、模糊、灰色等)和黑色(完全不知)等科学技术问题,其中确定性问题往往很少,不确定性问题却大量存在,而黑色问题随着科学技术的发展而逐渐演变为确定性问题或不确定性问题。

在建模过程中,通常认为结构的几何参数、物理参数完全符合设计和规范要求,设定的边界条件也与实际一致,由此建立的模型称为确定性模型,求得的结果具有唯一性。然而在实际工程中,材料重度、弹性模量、施工质量、气温变化、荷载分布等都具有随机性,导致计算模型中的荷载取值与参数确定总是带有一定的近似性。即使是同一座桥梁,不同时间浇筑的混凝土,因水泥成分、集料级配、含水率、外加剂掺量、配合比、养护方式等的差异,也会造成材料重度、弹性模量、收缩徐变等物理参数的随机性。由此可见,结构中的随机性存在物理不确定性、统计不确定性和模型不确定性。桥梁结构计算与施工控制中开展的参数敏感性分析本质上就是不确定性分析,它是在确定性模型的基础上通过改变参数取值,来分析参数不确定性对结构(或系统)的影响程度。

限于篇幅,本教材仅介绍确定性模型的建模与分析方法。对于不确定性分析,涉及概率论、数理统计、模糊集理论、信息论等多门学科,有兴趣的读者可查阅相关文献。

2)网格划分

桥梁结构中的分析模型可采用直接建模法或实体建模法来创建。其中,直接建模法是指直接生成有限元模型中的节点、单元、荷载和边界条件等;实体建模法是指先建立实体模型,通过设置单元类型和材料属性,运用网格划分工具生成有限元模型。实体模型既可采用有限元软件自带的建模工具创建,也可采用第三方开发的计算机辅助系统(如 AutoCAD、Soildwork、UG 等辅助软件)创建。采用计算机辅助系统建立的实体模型,一旦成功地导入有限元程序,即可按照实体建模法进行网格划分。需要说明的是,不同软件对由计算机辅助系统创建的实体模型的支持度是不完全一致的,如 SAP2000、Midas/Civil 可以从 AutoCAD 中导入结构的杆件,而 ANSYS 只能导入面域或实体,不能导入结构的杆件。

桥梁结构的构件相对较少,单元类型以梁单元、杆(索)单元和板单元为主,可采用直接建模法建立分析模型,但在分析诸如零号块水化热、大体积混凝土的复杂应力状态时需要采用实体单元,这时应优先选用实体建模法。

结构离散后的网格质量会直接影响求解时间及求解结果的正确性。复杂模型需要非常精确的网格划分才能得到正确的分析结果。另外,在许多工程问题的求解过程中,模型的某个区域产生极大的应变,单元畸变严重,如果不重新划分网格,将会导致求解中止或结果不正确,对此应予以高度重视。随着软件自身的发展,通用软件中都具备自适应网格划分的功能。

### 1.3.2 施加荷载和约束

施加荷载是指把作用在结构上的荷载施加到有限元模型上。对于结构自重,由程序自动根据重度和单元体积计算得到,其他荷载,如集中荷载、预应力荷载、二期恒载、车辆荷载、支承位移、风荷载、地震荷载等需由人工施加或指定。

桥梁结构中的约束可分为节点支承和单元连接两大类。节点支承是指与大地连接的支承,按作用时间不同可分为永久支承和临时支承,永久支承用于排除有限元模型中的刚体位移,而临时支承则用于桥梁施工中临时支架的支承,是在桥梁建成后或施工过程中需要拆除的支承。施加在桥梁结构上的永久支承应确保是一个几何不变体。桥梁工程中常见的支承约束有固结、铰接、链杆支承、弹性支承等。

单元连接用于描述单元间的连接方式、刚度大小等,或者为防止在缺少自由度的单元之间相互连接时出现刚度奇异而施加在模型上的约束。

### 1.3.3 求解

在施加了合适的荷载和约束条件后即可开始求解。有限元程序中的求解过程实际上是求解线性方程组或非线性方程组,以解出整个结构的位移、内力、自振频率、动力响应、稳定系数等。

在线性平衡问题中,可以根据方程组的具体特点选择合适的计算方法。对于非线性问题,需要通过一系列的迭代步骤,并逐步修正刚度矩阵或荷载列阵,才能获得解答。

求解过程中程序都会提供警告、错误之类的信息,这些信息有助于程序使用者查找模型错误,因此应仔细查看求解过程中或求解完成后的信息。

### 1.3.4 后处理

后处理主要是对程序运行结果的判断与整理。程序运算完成后,应先对结果的正确性进行分析和判断,只有在确认结果正确的基础上才可以整理结果、撰写分析报告,否则应仔细检查模型,重新计算。

目前,商业化的有限元程序后处理功能都十分强大,可以输出内力图、变形图、施工预拱度图、模态图、应力迹线等。

## 1.4 模型纠错

### 1.4.1 结构分析中的常见错误

在开展桥梁结构分析时,经常遇到计算结果不正确的情况。究其原因,既与计算者对求解问题的理解不够深刻有关,也与计算者对程序的不够熟悉有关,计算者除了要认真分析问题的本质外,还要加强对软件的学习,尤其是要掌握有限单元法的基本原理,以达到正确开展计算的要求。下面从建模方面简要介绍桥梁结构分析中的常见错误。

1)选择不合适的单元类型

虽然有限元软件中提供了数量众多的单元类型,但每一种单元都有其适用范围及局限性,因此必须针对所分析的结构构造及目标选取一种或几种单元类型。例如,采用 Midas/Civil 建立斜拉桥分析模型,主梁和桥塔中有弯矩、轴向力和剪力等内力,应采用梁单元模拟;斜拉索只能承受拉力,应采用桁架单元或索单元模拟。采用箱形截面的混凝土连续梁桥或连续刚构桥,通常采用梁单元进行整体分析,若要分析箱梁的剪力滞效应,须采用板单元,而要精确地分析零号块受力,应采用实体单元。

空间梁单元是求解直构件在承受拉伸、弯曲和扭转作用时采用的单元类型,虽然有限元软件中提供了考虑剪切变形的能力,但仍有其适用条件和局限性,如要求 $y$ 轴和 $z$ 轴是横截面的形心主轴,在形心处 $y=z=0$ 和横截面至少具有一个对称轴与 $y$ 轴或 $z$ 轴重合。如果横截面不对称,则主轴必须通过计算确定。如果 $y$ 轴和 $z$ 轴不是主轴,因自由度的激活会引起更多的节点力和力矩,使梁单元刚度矩阵中出现更少的零元素。圆形横截面和横截面具有两个对称轴的构件,由于剪心和形心重合,当单元绕其 $x$ 轴扭转时,其横截面不会翘曲;非圆横截面(槽形、I 形及其他薄壁开口部件)的构件被扭转时,横截面会发生翘曲,原有的横截面不再保持为平面。然而限制翘曲可能会有较大的影响,为了反映翘曲约束,可以在每个节点附加一个翘曲自由度,自由度用每个节点的扭曲率 $d\theta_x/dx$ 表示,每个都与称为双力矩的荷载项有关。空间梁单元的刚度矩阵 $\boldsymbol{k}$ 变为 $14\times14$ 的方阵。目前,通用软件中都提供了每个节点有 7 个自由度的梁单元。

图 1.4.1 所示为薄壁槽钢的悬臂梁,受位于腹板平面内端点横向力 $P$ 的作用。如果梁仅弯曲而无扭转,则梁的横向荷载必须通过剪心。图 1.4.1 中的梁同时受扭转和弯曲,横截面发生翘曲,在 $x=0$ 处,固定支承约束了翘曲,其他位置翘曲引起了梁的扭转剪应力和正应力。对于纯扭转荷载,正应力要比扭转剪应力大。由于梁单元不能提供正确的扭转刚度或正确的应力,因此只能采用能同时表现出薄膜刚度和弯曲刚度的板壳单元。

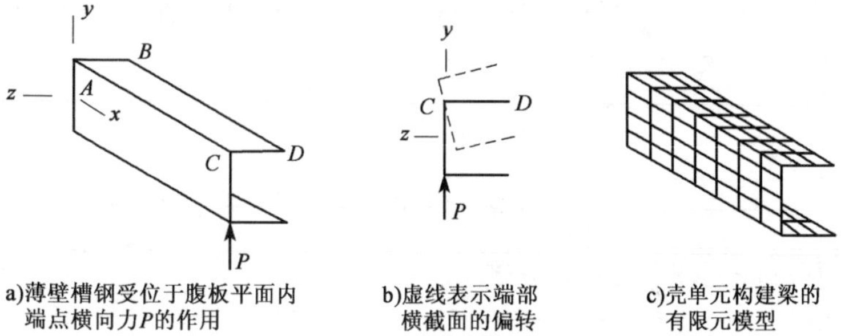


a)薄壁槽钢受位于腹板平面内端点横向力$P$的作用

b)虚线表示端部横截面的偏转

c)壳单元构建梁的有限元模型

图 1.4.1 薄壁槽钢

即使横向作用力 $P$ 指向剪切中心,梁不发生扭转,一个有宽边凸缘的薄壁开口横截面也会显示出剪切滞后效应。图 1.4.1 中,宽边凸缘上的剪应力 $\tau_{zx}$ 产生 $x$ 方向的变形,以致梁在横向力作用下发生弯曲时,其平面横截面已不能保持平面状态。由于梁单元不能反映这一效应,因此采用图 1.4.1c)所示的板壳模型是合适的。

此外,当使用空间梁单元时还应注意其方向的规定。有限元软件中对空间梁单元都有一个默认参考点方向，但实际结构中的构件是千差万别的，往往会与软件默认方向不一致，如果建模时忽略单元截面方向的定义，程序就按默认方式定义，从而造成计算错误。由于这种错误的隐蔽性较强，不易检查出来。因此，用软件提供的透视功能或单元局部坐标系来检查模型是一个良好的习惯，常常可以起到事半功倍的效果。

网格化后不合适的单元形状与大小会显著地影响结果的正确性和精确度。如果在建模中选取了不合适的单元，即使能够求得结果，也往往是不期望的结果甚至是错误的结果。

2)参数或选项设置不当

参数或选项设置主要包括材料特性、截面特性输入和分析选项设置等。

材料特性主要包括材料的弹性模量、质量密度和线膨胀系数等。当开展材料非线性分析时，还必须给出非线性材料的本构关系或与时间有关的曲线，如混凝土收缩、徐变等。

截面特性包括横截面面积、剪切面积、惯性矩、抗扭惯性矩和截面高度等。对于组合截面，尚应定义与之对应的材料特性。

当材料或截面特性定义不当时，计算结果必然是错误的。大量实践表明，因材料和截面特性设置不当引起的错误概率较高，应引起重视。

选项是有限元软件为实现不同求解需要而设置的一种选择。通常线性分析需要设置的选项很少，但在开展稳定、动力和非线性分析时，选项往往不止一个，一旦选项不当，就会造成计算结果的错误，因此必须理解选项的含义及使用方法。

3)约束自由度不够或施加不当

自由度(Degree of Freedom)是控制场空间变化的独立量，自由度的多少体现一个物体或一个节点自由运动空间的维数。例如，一个构件在空间上完全没有约束，那么它可以在3个正交方向上平动，还可以在3个正交方向上转动，因此它有6个自由度。在有限单元法中，自由度是针对节点而言的，即节点自由度，是有限单元法中十分重要的概念。节点自由度的多少与单元类型有关，反映节点的位移数目和位移方向。图1.4.2a)所示的空间梁单元，每个节点有6个自由度，包括3个线位移自由度($u,v,w$)和3个转动自由度($\theta_x,\theta_y,\theta_z$)。图1.4.2b)中所示的平面梁单元，每个节点有2个或3个自由度。当节点有2个自由度时，忽略轴向位移(纯弯曲梁单元)，此时只有1个线位移自由度($v$)和1个转动自由度($\theta_z$，绕面内转动)；当节点有3个自由度时，则有2个线位移自由度($u,v$)和1个转动自由度($\theta_z$)。

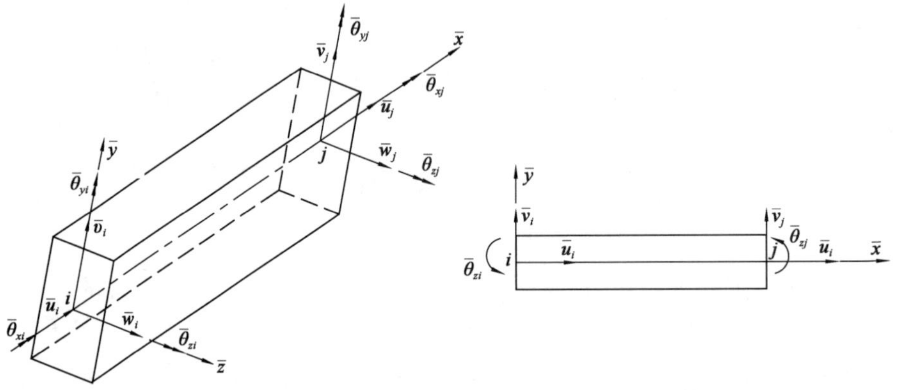

a)　　b)

图1.4.2　梁单元自由度

类似地,平面杆单元每个节点有 2 个线位移自由度,空间杆单元有 3 个线位移自由度,但两者均没有转动自由度。平面单元每个节点只有 2 个线位移自由度,空间实体单元每个节点只有 3 个线位移自由度,板壳单元每个节点有 3 个线位移自由度和 3 个转动自由度。

有限单元法中以节点位移作为基本未知量,通过约束支承处的节点自由度来排除模型中的刚体位移,通过施加单元间的节点约束来反映构件的连接方式或约束关系。

任何一个分析模型,无论是简单构件还是复杂结构都应确保是一个几何不变体,至少是一个静定结构,复杂结构往往是一个多次超静定结构。采用橡胶支座的简支梁桥,虽然在温度变化、汽车制动力作用下两端都会发生剪切变形,但为确保分析模型至少是一个静定结构,必须有一端设为铰支承,另一端设为竖向链杆支承。至于哪一端是铰支承,哪一端是竖向链杆支承,应视具体情况而定:当仅有一跨简支梁桥时,可以任选一端为铰支承,另一端为竖向链杆支承;处在纵坡上的简支梁桥,一般以高程较低者为铰支承,高程较高者为竖向链杆支承;当有两跨或两跨以上的简支梁桥时,位于伸缩装置的一端为竖向链杆支承,另一端为铰支承。若把两端均设置为链杆支承,分析模型就会变成一个几何可变体,程序会因约束自由度不足而中止运行。

对于单悬臂或双悬臂的悬臂梁桥,除了悬臂梁自身是一个静定结构外,挂梁也应是静定结构。图 1.4.3a) 中所示的双悬臂梁,两侧边跨均有一个挂梁,简化为计算模型时,双悬臂梁应是静定结构,而两侧的挂梁也应是静定结构,如图 1.4.3b) 所示。

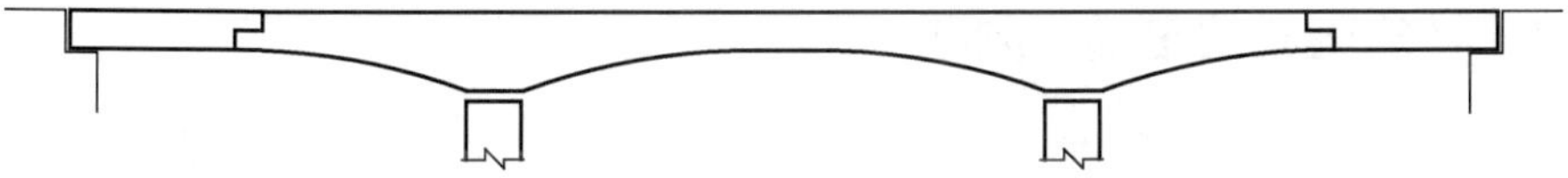

a)

b)

图 1.4.3 悬臂梁桥约束条件

大跨度桥梁通常需要进行施工阶段分析,除了最终阶段的分析模型是一个几何不变体之外,还应确保施工过程中的分析模型也应是一个几何不变体。图 1.4.4 所示为某悬臂施工桥梁边跨现浇段的边界模拟,图 1.4.4a) 在体系转换完成后采用竖向链杆支承是正确的,但在模拟现浇段施工时,如采用图 1.4.4b) 的支承,因所有支承均为竖向链杆支承,是一个几何可变体,必须在现浇段的任意一个节点上增加一个水平约束[图 1.4.4c)]。

在 Midas/Civil 软件中,当计算由桁架单元、平面应力单元、实体单元等构成的模型时,因这些单元缺乏转动自由度,如果不给这些单元的自由度施加约束,就会导致刚度奇异而无法求解。

在结构复杂的桥梁和由多种单元类型构成的模型中容易发生自由度约束施加不当的情况。例如,在由空间梁单元和空间杆单元组成的结构中,空间梁单元有 3 个线位移自由度和 3 个转动自由度,而空间杆单元只有 3 个线位移自由度,因此只能在线位移自由度之间施加两者的约束关系,如果把转动自由度也施加约束,就会出现自由度约束不当的问题。

单元间自由度约束处理是桥梁结构建模的难点,需要通过反复实践和思考才能提高建模技能。本教材将在第 3 章详细介绍各种单元间自由度约束的处理方法。

4) 错误的荷载输入

施加在桥梁结构上的荷载、支承位移等不仅有数值大小,还有方向性,一旦荷载值或方向输入错误,自然就不可能得到正确结果。应根据荷载性质,选择在合适的坐标系中输入,如集中荷载通常在总体坐标系中输入,均布荷载、梯度荷载通常在局部坐标系中输入较为方便,支承位移应在总体坐标系中输入,除非该节点定义了节点坐标系。

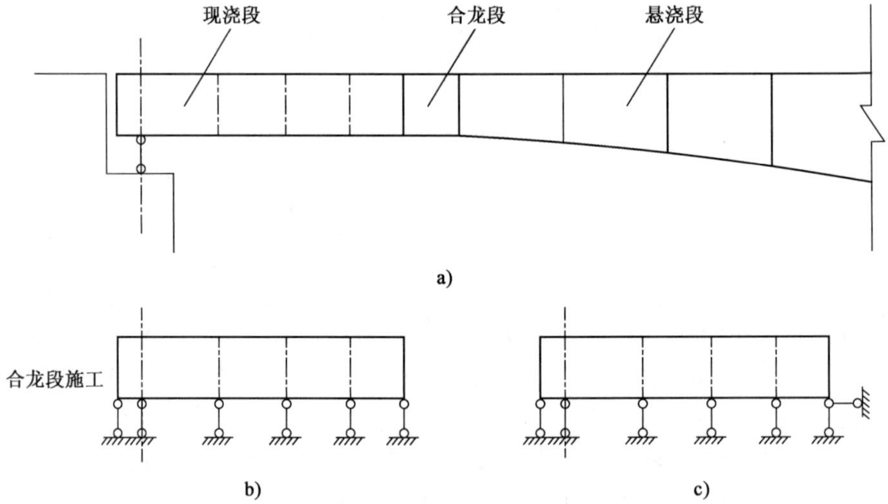


图 1.4.4 边跨现浇段边界条件模拟

## 1.4.2 计算结果的正确性判断

受多种因素的综合影响,很难一次性就能获得正确的计算结果。即使是构造很简单的桥梁结构,也不能保证计算结果的正确性,而复杂结构的计算,更是要经历反复的"模型检查→计算→结果→判断"的过程后才能得到正确结果。

如何判断计算结果的正确性是有限元分析的难点,但又是必须要做的工作。下面介绍几种实用的判断方法。

1)定性定量法

图 1.4.5a)所示的简支梁,计算跨径 $l = 10\text{m}$,横截面尺寸为 1m(宽)×1.2m(高)。已知材料重度为 $25\text{kN/m}^3$,要求用有限元程序计算自重作用下简支梁的跨中截面应力和支点剪力。

显然,该简支梁是一个对称结构,且荷载也对称(均布荷载),可以断定,简支梁的弯矩呈对称分布[图 1.4.5b)],而剪力为反对称分布[图 1.4.5c)],这就是所谓的定性判断。当输出的弯矩图和剪力图分别呈对称分布和反对称分布时,说明建立的模型有可能是正确的;反之,判定模型有问题,需要修改模型、重新计算,直至达到上述性质为止。再由《结构力学》可知,该截面的跨中弯矩 $M = gl^2/8$,支点剪力 $Q = ql/2$,$g$ 为线重,$g = 1\text{m} \times 1.2\text{m} \times 25\text{kN/m}^3 = 30\text{kN/m}$,由此得到 $M = 375\text{kN} \cdot \text{m}$,$Q = 150\text{kN}$,截面模量 $W = bh^2/6 = 0.24\text{m}^3$,弯曲应力 $\sigma = M/W = 1562.5\text{kN/m}^2$,当计算结果与理论值一致时,说明建立的模型是正确的。如出现剪力正确而弯曲应力错误时,应重点检查梁单元的参考方向,因为此时有限元模型中的梁截面有可能呈 1.2m(宽)×1.0m(高)的方向布置,导致弯曲应力结果错误。

2)支反力检查法

支反力检查是指计算完成后,检查所有支反力之和是否等于理论值。当对称结构承受对称荷载时,还应查看支反力值是否具有对称性。如上述简支梁,两端的支反力应均为压力、大小相等(定性分析),且支反力值均为 150kN(定量分析)。图 1.4.6 所示为通过 Midas/Civil 软件计算得到的支反力值,结果也为150kN,说明建立的模型是正确的。如果出现支反力相等,但结果不正确,可重点检查截面特性和材料重度输入是否正确。

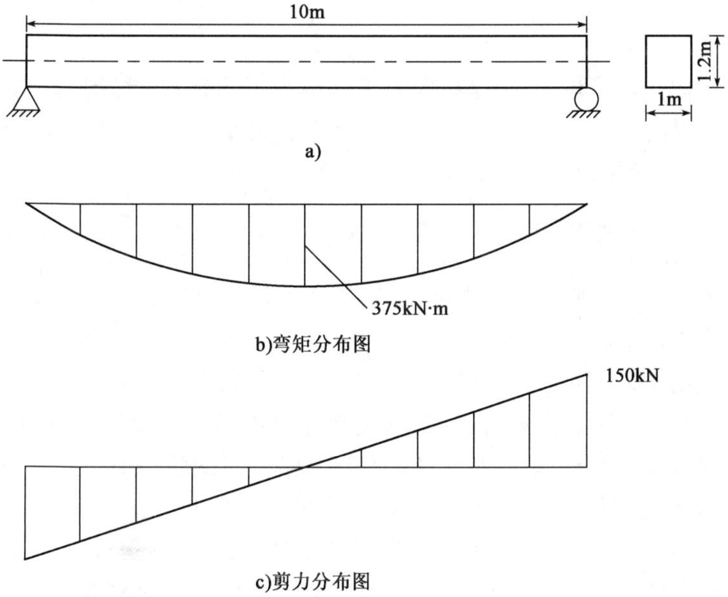


图1.4.5 简支梁桥弯矩和剪力分布图

图1.4.6 简支梁支反力值(尺寸单位:kN)

由于建模时对实际结构进行了简化处理,有些次要构件或连接件(如杆件的节点板)被省略,也有因单元节点坐标导致构件长度被人为地增长或缩短,这些简化都会使计算值与实际结构的不符。应在确保模型正确的前提下,通过修正模型的材料重度,直至计算值与理论值一致或接近,以此来修正因模型简化造成的计算偏差。但在有些场合下用重度修正的方法反而增加了建模难度,可考虑用集中力或其他荷载形式予以反映,如上承式拱桥拱圈上的底梁、T梁或箱梁的横隔板、斜拉桥双主梁上的横隔梁等。

3)分步建模法

实际桥梁工程不一定都是对称结构,此时可采取分步建模的方法,如在建立两个桥墩不对称布置的三跨预应力混凝土连续刚构桥模型时,可以将该桥的模型分解为主梁和桥墩两部分输入,先建立主梁模型,计算正确后,再建立桥墩模型。当然,也可以建立桥墩对称的连续刚构桥模型,在验证模型的正确性后,再修改桥墩高度(修改有限元模型中桥墩的坐标值),这是提高计算效率和准确性的有效方法之一。

4)经验比较法

构造相对简单的桥梁,如简支梁桥的自振频率、连续梁桥的内力,计算结果可与理论公式或图表进行比较;对于构造复杂或高次超静定的桥梁,计算得到的内力、变形、自振频率和稳定系数等力学参数往往很难做出正确性判断,此时可参考其他类似桥梁的分析结果做辅助的定性或定量判断。

5)平行计算法

平行计算法又称为软件校核法,是指同时采用两个不同软件独立建模、分别计算,然后对比计算结果,来验证模型和结果的正确性。结构复杂的大型桥梁或构造新颖的桥梁,宜采用平行计算法进行校核,以确保计算结果的正确性。

### 1.4.3 提高计算结果正确性的几种方法

(1)熟悉有限元基本原理,了解有限元分析的基本过程,就桥梁结构工程师而言,至少应掌握杆系结构的矩阵位移法。

对于大多数使用者来说有限元程序就如一个黑匣子,如果只知道程序的输入和输出,而不知道有限单元法的基本原理和分析过程,对开展结构分析来说是极其不利的。根据国外一些杂志的专门统计,在对结构分析理论和所使用程序理解不足的状态下开展结构分析,发生的错误率在 90% 以上。要想熟练地运用有限元软件,应熟悉有限单元法的基本原理,掌握各种单元类型的特性及使用要求,了解有限元分析的基本过程,至少应掌握杆系结构的矩阵位移法。虽然杆系结构的矩阵位移法是有限元法的一个特例,但能比较直观地表达有限单元法的概念。为此,本教材第 2 章专门介绍杆系结构矩阵位移法。

对模型合理性和计算结果正确性的判断,要用到《材料力学》《结构力学》《弹性力学》和《塑性力学》中的相关知识,如节点自由度、平截面假定、振型、频率等。由于学习和运用之间的脱节,造成了许多基本概念的理解只停留在力学符号的认识上,因此,在开展有限元分析前复习相关的力学知识非常必要,不仅有助于加深对基本概念的理解,还有助于使遇到的问题得到较快的解决。

(2)熟悉有限元程序的基本特点和技术要求。

虽然有限元原理是一致的,但落实到具体某个有限元程序时,由于程序间存在差异,因此在使用前熟悉程序的基本特点和技术要求就显得尤为必要。尤其要注意的是,在开展桥梁的非线性分析、动力和稳定分析时,大型有限元程序往往会提供若干个分析选项,一旦选项不当,就会造成计算结果错误。但大型有限元程序都提供了完备的帮助文件和示例,在不了解程序使用方法时,应及时查看帮助文件,仔细学习示例。

(3)通过简单模型掌握单元或功能的使用方法。

一个比较完善的有限元程序提供的单元类型很多,在学习和使用程序前,首先要了解单元的使用方法、结果输出的规定及使用注意事项,通过一些简单算例来帮助理解。需要注意的是,选用的算例应尽可能简单,单元数不宜过多,用简支梁作算例是一种比较好的方法,因为简支梁的内力、变形、结构基频等都可以通过简单计算后得到,用时少,容易与算例结果做对比。这一看似简便的方法,往往被初学者所忽视。此外,当对程序中的使用方法或功能不清楚时,同样可以用这种方法来帮助理解。

(4)仔细分析桥梁结构的受力特点,并做出符合桥梁结构受力的分析模型,必要时应使用刚性梁、端部自由度释放、主从约束、鱼骨刺模型、刚度等价等。例如,在做整体结构的振型分析时,为防止由于局部振型而影响结构的分析精度,通常采用简化结构的分析模型,即把整体结构换算成等价刚度的梁单元,因而把重点放在计算整体结构的刚度上,这样不仅简化了计算,而且可以得到有效的计算结果。

通常桥梁结构分析时使用的单元不止一种,单元间的连接处理是建模过程中的难点,尤其是梁单元与板单元、梁单元与实体单元的连接处理,除了深刻理解自由度的概念之外,还要了解不同单元连接时的处理方法。

(5)充分做好建模前的准备工作,包括单元划分、节点与单元编号、截面描述,输入方法的选择。在开展桥梁结构分析时,一个良好的习惯是将分析模型绘制在草图上,在此基础上,结合材料、施工、所求截面、荷载等进行单元划分、节点编号,便于下一步分析判断时参考。这一点对于初学者来讲尤为重要。

(6)输入模型数据时要细心,不应贪图快,应以正确输入为基本原则,尽可能将输入错误的概率降至最低,做到随时输入,随时检查,及时改正。对于复杂结构的分析模型,应采取将模型分解输入、分次计算、逐一检查的方法。

(7)采用图形输出方法检查数据,直观、有效。现有的有限元程序大多提供了图形输出功能,方便程序使用者随时查看模型或结果,如通过透视功能或输出单元坐标系检查梁单元方向是否正确,荷载是否施加在所需的单元上,荷载的大小和方向输入是否正确,等等。

(8)充分利用网络资源。国内钢结构论坛(http://www.okok.org)、有限元技术论坛(http://www.feabbs.com/forum.php)等都设置了各种有限元软件的论坛专区,对学习有限元软件十分有益。

# 1.5 计算结果的输出与整理

开展桥梁结构分析,除输入数据多外,输出的数据往往更多,把所有计算结果都打印出来既不现实也无必要,这就需要对计算结果进行分析和整理。整理数据的方法很多,常用的方法是列表和图形。

1)截面位置的标识

桥梁结构的计算截面是以单元节点号来表示的,这种标识只有计算人员清楚,其他人员则不一定清楚。因此,需要用文字或图形的方法把截面位置标识出来,便于计算者或复核人员的检查和理解。图1.5.1所示为某大桥在成桥阶段内力关键截面的输出位置示意,图中数字为输出截面的编号,一目了然,十分清楚。当计算截面数不多时,如简支梁桥,可以直接用支点截面、跨中截面、$L/4$截面等标识,拱桥可以用拱脚、$L/8$、$L/4$、$3L/8$和拱顶截面进行标识。

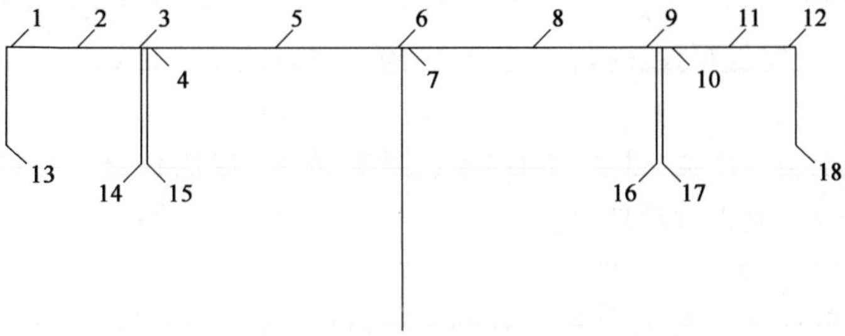


图1.5.1 某大桥成桥阶段内力关键截面位置

桥梁计算书中的插图往往不止一个,为便于区分插图,应给出图号和相应的图名。图名应放置在图的正下方。当采用 Word 处理插图时,可采用“插入题注”和“交叉引用”的方法为插图进行自动编号和更新。

2)表头和表号

通常,桥梁计算结果有恒载、活载、其他作用(温度、支座沉陷)等引起的内力以及相应的变形,通过将整理后的结果列入相关的表格中。为区分每张表格所代表的含义,还需要在表格的上方加设表头和表号。当采用 Word 处理表格时,同样可采用“插入题注”和“交叉引用”的方法给表格进行自动编号和更新。表 1.5.1 所示为某连续桥梁在自重作用下各截面的内力结果。

**连续桥梁在自重作用下各截面的内力** 表 1.5.1

| 项　目 | 支 点 截 面 | | 跨 中 截 面 | |
|---|---|---|---|---|
| | 弯矩(kN·m) | 剪力(kN) | 弯矩(kN·m) | 剪力(kN) |
| 结果 | 530.2425 | -10.0000 | -2500.0000 | -514.0000 |

需要注意的是,计量单位的名称和符号有严格规定,不能随意撰写,应采用法定计量单位。此外,单位符号的字母大小写也有严格规定:要表示单位“千”,应用小写字母 k,如 km、kN、kg 等,而用 Km、KM、Kg、Kn 等表示的话,不仅写法错误,而且含义也完全不同,因为国际单位制中符号“K”表示“卡”,而非“千”。

在桥梁结构分析中经常会遇到组合单位,如牛米(N·m)。组合单位符号书写的举例及其说明见表 1.5.2。

**组合单位符号书写方式举例** 表 1.5.2

| 单 位 名 称 | 符号的正确书写方式 | 错误和不适当的书写形式 |
|---|---|---|
| 牛米 | N·m,Nm,牛·米 | N-m,NM,牛·米,牛-米 |
| 米每秒 | m/s,$m\cdot s^{-1}$,$\frac{m}{s}$<br>$米\cdot 秒^{-1}$,米/秒,$\frac{米}{秒}$ | $ms^{-1}$,秒米,$米秒^{-1}$ |
| 每米 | $m^{-1}$,$米^{-1}$ | 1/m,1/米 |

3)有效位数

通常内力(弯矩、剪力、轴向力、扭矩)保留小数点后一位有效数字;桥梁结构的变形往往很小,常以 cm 或 mm 为单位。当以 mm 为单位时,有效位数应保留到小数点后一至两位数,具体应根据变形的绝对值大小确定;稳定分析后得到的稳定系数通常保留到小数点后两位数。

4)编写计算报告

计算完成后,应及时编写计算报告。比较好的习惯应该是边计算边写报告。一旦计算完成,计算报告也同时完成。

报告书通常包括报告扉页、目录、工程概况、计算依据(规范)、材料特性、分析模型、采用的单元类型、计算工况、施工阶段划分、计算结果与分析、结论与建议等内容,必要时还包括参考文献。

对报告中用到的计算公式,应注明公式的来源、符号含义等。当报告中有多个公式时,应对公式进行编号,以方便在报告的正文中引用。

## 1.6 开设“桥梁结构电算”课程的必要性

1)复杂桥梁结构分析的需要

高次超静定桥梁,理论上可以采用结构力学中的力法或位移法来求解,但计算方法效率低。通常桥梁设计要经历一个不断修改、不断优化、不断分析的循环过程,采用手工计算根本无法满足工程设计的要求,唯有采用桥梁结构计算才能完成。对于大跨度桥梁,为分析荷载(如地震、风、汽车等)与桥梁结构耦合作用下的复杂结构响应,往往需要建立集地基、基础、下部结构和上部结构于一体的空间模型,此时只能采用有限元程序才能完成分析工作。

2)精细化分析的需要

国内外桥梁在施工和使用阶段出现的开裂、变形过大甚至垮塌,与结构分析偏于粗糙有一定的关系。在开展桥梁结构分析前都要对原有结构做出一定的简化,但这种简化往往会造成对某些部位的构件分析结果不合理。例如,预应力混凝土连续梁桥或连续刚构桥,采用平面杆系程序计算时,零号块也用梁单元来模拟,这在计算主梁内力和主梁变形时是可行的。但由于零号块的顶、底板和腹板厚,混凝土体积大,又有大量的预应力钢束在此通过,受到混凝土水化热和预应力钢束的综合影响,受力相当复杂,用平面杆系程序得到的计算结果不能真实地反映零号块的实际受力,需要采用空间有限元程序做精细化分析,在此基础上,方能做出科学合理的设计。

3)桥梁创新的需要

随着材料科学、施工技术的不断进步,桥梁自身也在不断地发展之中,如桥梁跨度不断增大,截面尺寸不断减小、减薄,桥梁动力性能和稳定性更具突出。唯有通过详细的理论计算或数值仿真,才能设计出既科学合理又具创新的桥梁工程。

4)编制施工方案的需要

桥梁结构的大型化、复杂化,对桥梁施工提出了更高的要求,为确保施工期间桥梁、临时设施和施工人员的安全,必须对重要的临时设施(如支架、拱架、挂篮、托架等)进行详细的静力与稳定计算,并在此基础上编制出科学、合理的施工方案。

5)工作技能的需要

掌握桥梁结构分析原理和计算方法,已经成为从事桥梁工程科研或生产活动的一项基本技能。

## 本章习题

1. 桥梁结构分析中存在哪几类分析问题?各有什么特点?
2. 桥梁结构分析通常需要经历哪些阶段?

3. 桥梁结构简化应遵循哪些原则?
4. 引起程序不能运算或运算错误的原因有哪些?请举例说明。
5. 如何开展计算结果的正确性判断?
6. 哪些方法可以提高计算结果的正确性?

# 第2章
# 杆系结构有限元分析理论

## 2.1 概　　述

工程结构中把由杆件组成的结构称为杆系结构。每一根杆件均可视作一个单元,其受力和位移的关系很容易求得,物理概念清晰、直观。结构力学中的矩阵位移法基于经典梁理论,是以结构力学中的位移法为基础,并与矩阵理论相结合所形成的一种以计算机作为数值求解工具的方法。有限单元法是在结构矩阵分析的矩阵位移法基础上发展起来的,在建立位移场的过程中采用的是具有普遍意义的方法,用于分析连续介质力学问题。

有限单元法把结构看成是由有限单元通过节点联结起来的集合,以节点位移作为基本未知数。对于杆系结构,可直接把原来的杆、梁、柱等构件作为一个单元或多个单元。图2.1.1a)中所示的桁架,每个杆件就是一个单元。对于连续介质,由于不存在这样的自然单元,必须把原来的连续介质人为地划分为有限个块件,以这些块件作为计算的单元。例如,对图2.1.1b)中所示的悬臂梁,需要人为地划分为图2.1.1c)中所示的三角形单元。

在杆系结构分析中,通常把只能承受轴力的杆件称为杆单元,把既能承受轴力又能承受弯矩和剪力的杆件称为梁单元。在计算图式中,杆单元和梁单元均简化为一条直线,统称为一维单元。

杆系结构有限元分析的基本要点包括以下三个方面:

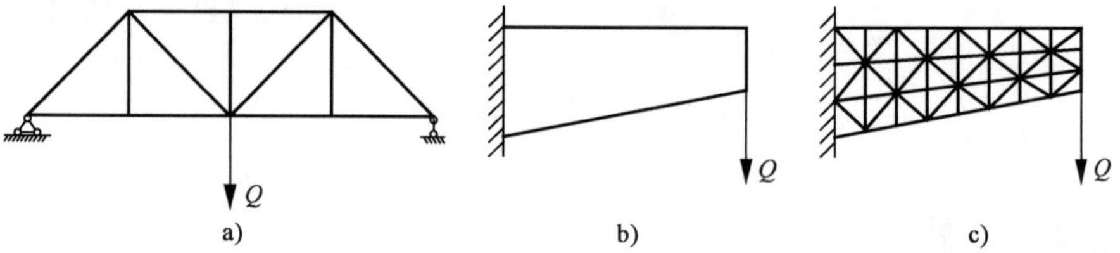


图 2.1.1　自然单元与计算单元

(1)单元分析。将结构离散为若干个单元,研究典型单元的力学特性,确定单元坐标系中的单元刚度矩阵。此外,还要将单元坐标系中的单元刚度矩阵换算为总体坐标系中的单元刚度矩阵,为结构的整体分析做准备。

(2)整体分析。在单元分析的基础上,形成结构刚度矩阵,进而组成结构刚度方程,求解结构刚度方程,求出节点位移。

(3)计算单元坐标系中的单元内力。将所求的节点位移代入单元刚度方程,即可求出单元内力和支反力等其他结果。

## 2.2　总体坐标系和单元坐标系

为了描述分析模型中的几何信息(包括节点坐标、单元方向、单元连接信息、单元材料和截面特性)、约束信息和荷载条件等,需要定义必要的坐标系。

### 2.2.1　总体坐标系

总体坐标系又称为结构坐标系,如图 2.2.1 中的 $oxyz$ 坐标系。总体坐标系是一个笛卡尔坐标系,满足右手法则。在一个分析模型中,有且只能有一个总体坐标系。总体坐标系的建立,主要根据结构的特点而定,以能方便输入为原则。

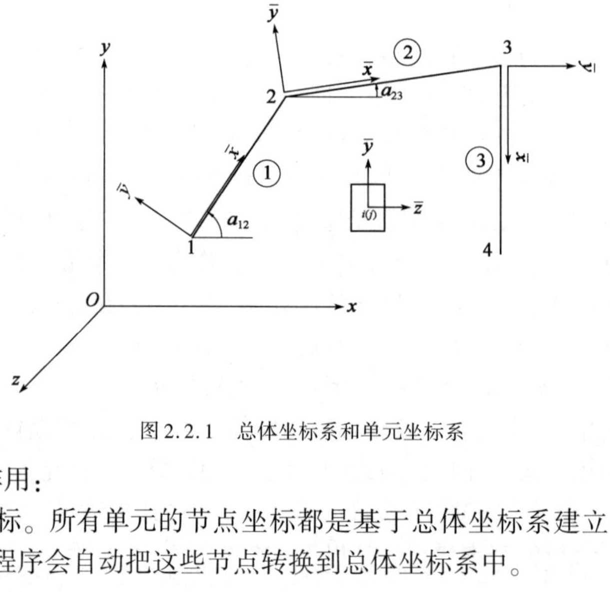


图 2.2.1　总体坐标系和单元坐标系

总体坐标系的作用:

(1)输入节点坐标。所有单元的节点坐标都是基于总体坐标系建立的,当采用其他坐标系建立节点坐标时,程序会自动把这些节点转换到总体坐标系中。

(2)建立节点约束信息。节点约束信息包括节点与节点的连接(如主从约束、节点耦合等)、单元与单元间的连接、结构与地基间的连接,这些信息也要在总体坐标系中建立。

(3)输入节点荷载,如水平集中力、竖向集中力、力偶等,因力的方向与总体坐标系一致或相反,可直接在总体坐标系中输入。如果在节点上作用有斜向力,可以将其分解为平行于总体坐标轴方向的分力来输入。

(4)整体方程组的建立。单元刚度矩阵和荷载列阵都是基于单元坐标系建立的,运用坐标转换矩阵将其转换到总体坐标系中,通过刚度集成建立起整体方程组,求出节点位移。

(5)节点位移、节点反力的输出。

### 2.2.2 单元坐标系

单元坐标系又称为局部坐标系,建立在每个离散单元之上,便于对各单元使用统一方法进行分析。单元坐标系的规定如下:从单元的始端 $i$ 开始,沿着杆件单元的轴线至末端 $j$ 的方向为该单元 $\bar{x}$ 轴的正方向,由 $\bar{x}$ 轴的正方向逆时针转 90°为 $\bar{y}$ 轴的正方向,$\bar{y}$ 轴和 $\bar{z}$ 轴与杆件横截面的两个主轴重合,即 $\bar{x}$-$\bar{y}$ 及 $\bar{x}$-$\bar{z}$ 平面是杆件的两个弯曲主平面,并假定杆件截面上的剪力中心和截面形心重合,这样杆件单元的受扭与受弯互不影响。

为区分于总体坐标系,单元坐标系中的坐标轴、表达关系式和向量之上加"-"线,如图 2.2.2 所示。

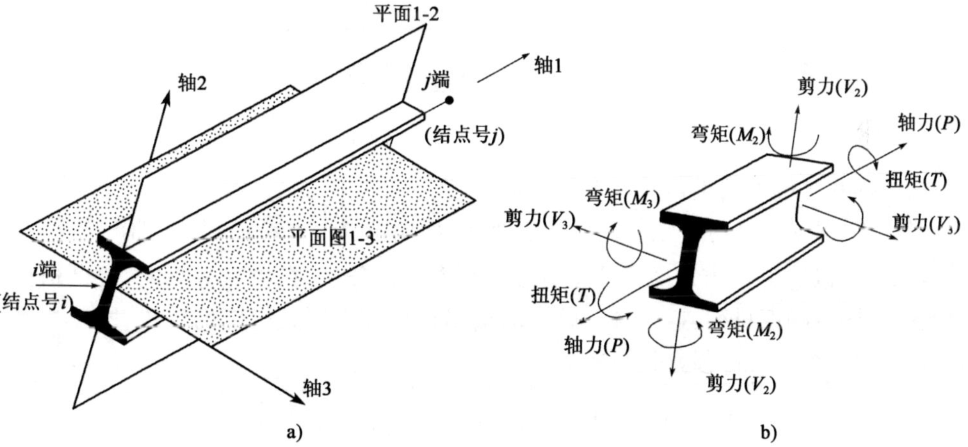


图 2.2.2 空间梁单元局部坐标系及杆端力正方向

局部坐标系的作用:

(1)建立单元刚度矩阵。

(2)确定单元材料特性和截面几何特性的方向。

(3)确定单元杆端位移和杆端力(图 2.2.2)。

(4)输入单元荷载。除了节点荷载之外,其余单元荷载(包括节间荷载、均布荷载、梯度荷载等)需在局部坐标系中输入。

(5)输出单元内力(如弯矩、轴力、剪力等)。

# 2.3 平面梁单元的单元刚度矩阵

## 2.3.1 杆端位移和杆端力

本节讨论细长等截面直梁的经典梁单元,不计剪切变形,假设变形前垂直梁中心线的截面,变形后仍保持为平面,且仍垂直于中心线,即满足 Kirchhoff 假设。为了更精确和一般化,考虑轴向变形的影响。

由于杆件是从杆系结构中取出的隔离体,杆件的端部与结构上的节点存在着相互作用力。把作用在杆端的内力称为杆端力,把作用在节点上的力称为节点力。

这样,平面杆系中的任意一个离散单元 $e$,$i$ 和 $j$ 端各有 3 个杆端力分量,即轴向力 $N$、剪力 $Q$ 和弯矩 $M$。对应于杆端力分量,每个节点有轴向位移 $u$、横向位移 $v$ 和一个转角位移 $\varphi$(统称为杆端位移),如图 2.3.1 所示。

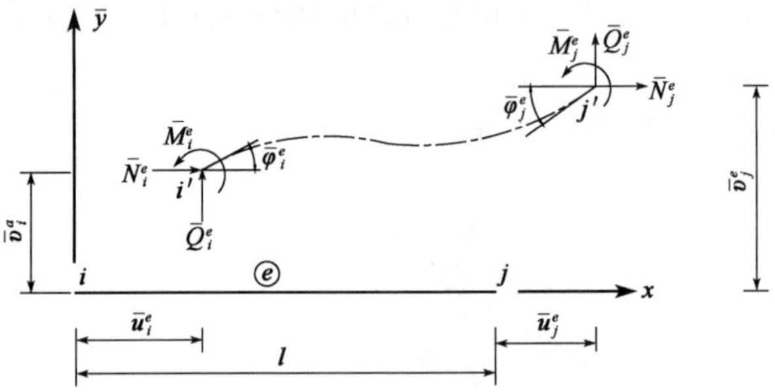


图 2.3.1 单元坐标系的杆端位移和杆端力

杆端位移和杆端力的正负号规定如下:

轴向位移 $\bar{u}_i^e$(或 $\bar{u}_j^e$)与 $\bar{x}$ 轴正向一致者为正;横向位移 $\bar{v}_i^e$(或 $\bar{v}_j^e$)与 $\bar{y}$ 轴正向一致者为正;转角 $\bar{\varphi}_i^e$(或 $\bar{\varphi}_j^e$)以逆时针转为正。单元两端的 6 个位移分量,在单元分析时,要严格按先始端 $i$、后末端 $j$ 的固定顺序排列,这个统一顺序的编码是在一个单元内部的编码,所以称之为局部编码。将上述 6 个杆端位移分量写成矩阵形式

$$\bar{\boldsymbol{\delta}}^e = [\bar{u}_i^e \quad \bar{v}_i^e \quad \bar{\varphi}_i^e \quad \bar{u}_j^e \quad \bar{v}_j^e \quad \bar{\varphi}_j^e]^{\mathrm{T}} \tag{2.3.1}$$

式中:$\bar{\boldsymbol{\delta}}^e$——单元坐标系中的杆端位移列阵(或称为杆端位移列向量)。

杆端力分量应和杆端位移分量一一对应。在单元分析时,杆端力分量的排列顺序、正负号规定和杆端位移分量应一致。把杆端力分量写成矩阵形式,则有

$$\bar{\boldsymbol{F}}^e = [\bar{N}_i^e \quad \bar{Q}_i^e \quad \bar{M}_i^e \quad \bar{N}_j^e \quad \bar{Q}_j^e \quad \bar{M}_j^e]^{\mathrm{T}} \tag{2.3.2}$$

式中:$\bar{\boldsymbol{F}}^e$——单元坐标系中的杆端力列阵(或称为杆端力列向量)。

## 2.3.2 杆端力与杆端位移的关系

根据《结构力学》位移法推导的杆上无荷载作用的杆端力分量,不难确定仅当某一杆端位

移分量等于 1,其他各杆端位移分量为 0 时的各杆端力分量,如图 2.3.2 所示。

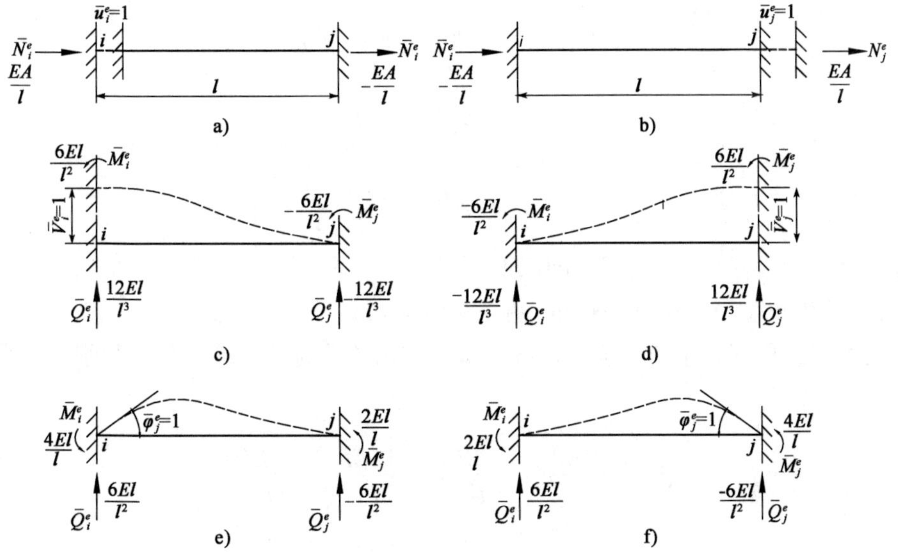

图 2.3.2 单位位移下的杆端反力

1)杆端发生单位轴向位移[图 2.3.2a)、b)]

仅当 $i$ 端发生正向单位轴向位移时,由材料力学可知

$$\bar{u}_i^e = 1 = \frac{\bar{N}_i^e l}{EA} \Rightarrow \bar{N}_i^e = \frac{EA}{l} \tag{2.3.3}$$

由静力平衡条件

$$\bar{N}_j^e = -\frac{EA}{l} \tag{2.3.4}$$

由此可见,$\bar{N}_j^e$ 是指由 $\bar{u}_i^e$ 发生单位位移,在 $j$ 端产生的约束反力,这个约束反力称为单元在局部坐标系中的刚度系数。

同理,仅当 $j$ 端发生正向单位轴向位移时,有

$$\left.\begin{aligned} \bar{N}_j^e &= \frac{EA}{l} \\ \bar{N}_i^e &= -\frac{EA}{l} \end{aligned}\right\} \tag{2.3.5}$$

根据叠加原理可写出

$$\left.\begin{aligned} \bar{N}_i^e &= \frac{EA}{l}\bar{u}_i^e - \frac{EA}{l}\bar{u}_j^e \\ \bar{N}_j^e &= -\frac{EA}{l}\bar{u}_i^e + \frac{EA}{l}\bar{u}_j^e \end{aligned}\right\} \tag{2.3.6}$$

式(2.3.6)表示在 $i$ 端和 $j$ 端同时发生有轴向位移 $\bar{u}_i^e$ 和 $\bar{u}_j^e$ 时,在 $i$、$j$ 端产生的杆端轴向力。列出矩阵形式,有

$$\begin{Bmatrix} \overline{N}_i^e \\ \overline{N}_j^e \end{Bmatrix} = \begin{bmatrix} \frac{EA}{l} & -\frac{EA}{l} \\ -\frac{EA}{l} & \frac{EA}{l} \end{bmatrix} \begin{Bmatrix} \overline{u}_i^e \\ \overline{u}_j^e \end{Bmatrix} \tag{2.3.7}$$

$$\overline{\boldsymbol{K}}^e = \begin{bmatrix} \frac{EA}{l} & -\frac{EA}{l} \\ -\frac{EA}{l} & \frac{EA}{l} \end{bmatrix} \tag{2.3.8}$$

式中：$\overline{\boldsymbol{K}}^e$——单元坐标系中杆单元的刚度矩阵。

2)杆端发生单位横向位移和转角[图2.3.2c)~f)]

同理,可得到杆端发生单位横向位移和单位转角位移时的杆端力分量和刚度系数,写成表达式如下

$$\left.\begin{aligned} \overline{Q}_i^e &= \frac{12EI}{l^3}\overline{v}_i^e + \frac{6EI}{l^2}\overline{\varphi}_i^e - \frac{12EI}{l^3}\overline{v}_j^e + \frac{6EI}{l^2}\overline{\varphi}_j^e \\ \overline{M}_i^e &= \frac{6EI}{l^2}\overline{v}_i^e + \frac{4EI}{l}\overline{\varphi}_i^e - \frac{6EI}{l^2}\overline{v}_j^e + \frac{2EI}{l}\overline{\varphi}_j^e \\ \overline{Q}_j^e &= -\frac{12EI}{l^3}\overline{v}_i^e - \frac{6EI}{l^2}\overline{\varphi}_i^e + \frac{12EI}{l^3}\overline{v}_j^e - \frac{6EI}{l^2}\overline{\varphi}_j^e \\ \overline{M}_j^e &= \frac{6EI}{l^2}\overline{v}_i^e + \frac{2EI}{l}\overline{\varphi}_i^e - \frac{6EI}{l^2}\overline{v}_j^e + \frac{4EI}{l}\overline{\varphi}_j^e \end{aligned}\right\} \tag{2.3.9}$$

将式(2.3.6)、式(2.3.9)写成矩阵形式,有

$$\begin{Bmatrix} \overline{N}_i^e \\ \overline{Q}_i^e \\ \overline{M}_i^e \\ \overline{N}_j^e \\ \overline{Q}_j^e \\ \overline{M}_j^e \end{Bmatrix} = \begin{bmatrix} \frac{EA}{l} & 0 & 0 & -\frac{EA}{l} & 0 & 0 \\ 0 & \frac{12EI}{l^3} & \frac{6EI}{l^2} & 0 & -\frac{12EI}{l^3} & \frac{6EI}{l^2} \\ 0 & \frac{6EI}{l^2} & \frac{4EI}{l} & 0 & -\frac{6EI}{l^2} & \frac{2EI}{l} \\ -\frac{EA}{l} & 0 & 0 & \frac{EA}{l} & 0 & 0 \\ 0 & -\frac{12EI}{l^3} & -\frac{6EI}{l^2} & 0 & \frac{12EI}{l^3} & -\frac{6EI}{l^2} \\ 0 & \frac{6EI}{l^2} & \frac{2EI}{l} & 0 & -\frac{6EI}{l^2} & \frac{4EI}{l} \end{bmatrix} \begin{Bmatrix} \overline{u}_i^e \\ \overline{v}_i^e \\ \overline{\varphi}_i^e \\ \overline{u}_j^e \\ \overline{v}_j^e \\ \overline{\varphi}_j^e \end{Bmatrix} \tag{2.3.10}$$

可进一步简写为

$$\overline{\boldsymbol{F}}^e = \overline{\boldsymbol{k}}^e \overline{\boldsymbol{\delta}}^e \tag{2.3.11}$$

式(2.3.11)就是单元坐标系中等截面梁单元的单元刚度方程。

$$\overline{\boldsymbol{k}}^e = \begin{array}{c} \begin{matrix} \bar{u}_i^e = 1 & \bar{v}_i^e = 1 & \bar{\varphi}_i^e = 1 & \bar{u}_j^e = 1 & \bar{v}_j^e = 1 & \bar{\varphi}_j^e = 1 \end{matrix} \\ \begin{bmatrix} \dfrac{EA}{l} & 0 & 0 & -\dfrac{EA}{l} & 0 & 0 \\ 0 & \dfrac{12EI}{l^3} & \dfrac{6EI}{l^2} & 0 & -\dfrac{12EI}{l^3} & \dfrac{6EI}{l^2} \\ 0 & \dfrac{6EI}{l^2} & \dfrac{4EI}{l} & 0 & -\dfrac{6EI}{l^2} & \dfrac{2EI}{l} \\ -\dfrac{EA}{l} & 0 & 0 & \dfrac{EA}{l} & 0 & 0 \\ 0 & -\dfrac{12EI}{l^3} & -\dfrac{6EI}{l^2} & 0 & \dfrac{12EI}{l^3} & -\dfrac{6EI}{l^2} \\ 0 & \dfrac{6EI}{l^2} & \dfrac{2EI}{l} & 0 & -\dfrac{6EI}{l^2} & \dfrac{4EI}{l} \end{bmatrix} \end{array} \tag{2.3.12}$$

式中：$\overline{\boldsymbol{k}}^e$——单元刚度矩阵，简称单刚，它是一个 $6\times6$ 的方阵，其行数等于杆端力列向量的分量数，而列数等于杆端位移列向量的分量数。需要注意的是，杆端力列向量和杆端位移列向量的各个分量，必须按式(2.3.10)中所示，从 $i$ 到 $j$ 按顺序一一对应排列，否则，随着排列顺序的改变，刚度矩阵 $\overline{\boldsymbol{k}}^e$ 中各元素的排列位置应随之改变。

单元刚度矩阵中每一个元素的物理意义是：当其所在列对应的杆端位移分量等于1(其他杆端位移分量均为0)时，所引起的其所在行对应的杆端力分量的数值。

例如，当 $\bar{v}_i^e=1$ 时，由图2.3.2可以看出，各杆端力的数值分别为

$$\bar{N}_i^e=0,\bar{Q}_i^e=\frac{12EI}{l^3},\bar{M}_i^e=\frac{6EI}{l^2},\bar{N}_j^e=0,\bar{Q}_j^e=-\frac{12EI}{l^3},\bar{M}_j^e=\frac{6EI}{l^2}$$

上述6个数构成了单元刚度矩阵的第二列，其他各列的意义也相同。

### 2.3.3 单元刚度矩阵具有的性质

1)对称性

单元刚度矩阵$\overline{\boldsymbol{k}}^e$ 是一个对称矩阵，即 $\bar{k}_{ij}=\bar{k}_{ji}$，这是由变位互等定埋所确定的。

2)奇异性

若将其第1行(或列)元素与第4行(或列)元素相加，则所得的一行(列)元素全等于零，其他如第2行(列)与第5行(列)相加也等于零，表明单元刚度矩阵$\overline{\boldsymbol{k}}^e$ 相应的行列式为零，故$\overline{\boldsymbol{k}}^e$ 是奇异的，其逆阵不存在。这就意味着给定了杆端位移$\overline{\boldsymbol{\delta}}^e$，可以求出杆端力$\overline{\boldsymbol{F}}^e$，但若给出杆端力$\overline{\boldsymbol{F}}^e$ 却不能求出杆端位移$\overline{\boldsymbol{\delta}}^e$。从图2.3.2可以进一步看出其物理意义：由于单元 $e$ 是一个没有任何支承约束的自由单元，除了由杆端力引起的轴向变形和弯曲变形外，还包含有任意的刚体位移。因此，由杆端力$\overline{\boldsymbol{F}}^e$ 不能唯一地求出杆端位移$\overline{\boldsymbol{\delta}}^e$，必须增加足够的约束条件(至少是一个静定条件)。

3)单刚的阶数取决于杆端节点的变位自由度数

如梁单元中忽略轴向力的影响，每个节点的杆端力为弯矩 $M$ 和剪力 $Q$，相应的杆端位移为转角 $\varphi$ 和线位移 $v$，则局部坐标系下的杆端力列向量和杆端位移列向量为

$$\overline{F}^e = \begin{Bmatrix} \overline{Q}_i^e \\ \overline{M}_i^e \\ \overline{Q}_j^e \\ \overline{M}_j^e \end{Bmatrix}, \overline{\delta}^e = \begin{Bmatrix} \overline{v}_i^e \\ \overline{\varphi}_i^e \\ \overline{v}_j^e \\ \overline{\varphi}_j^e \end{Bmatrix} \tag{2.3.13}$$

从式(2.3.12)中划去与杆端轴力对应的行和列,由剩下元素构成的刚度矩阵,即弯曲梁单元的刚度矩阵,此时的刚度矩阵$\overline{\boldsymbol{k}}^e$是一个 4×4 的方阵。

$$\overline{\boldsymbol{k}}^e = \begin{bmatrix} \frac{12EI}{l^3} & \frac{6EI}{l^2} & -\frac{12EI}{l^3} & \frac{6EI}{l^2} \\ \frac{6EI}{l^2} & \frac{4EI}{l} & -\frac{6EI}{l^2} & \frac{2EI}{l} \\ -\frac{12EI}{l^3} & -\frac{6EI}{l^2} & \frac{12EI}{l^3} & -\frac{6EI}{l^2} \\ \frac{6EI}{l^2} & \frac{2EI}{l} & -\frac{6EI}{l^2} & \frac{4EI}{l} \end{bmatrix} \tag{2.3.14}$$

此外,式(2.3.14)也可从式(2.3.9)直接得到。

### 2.3.4 考虑剪切变形的梁单元刚度矩阵

以上推导的梁单元刚度矩阵适用于细长梁,忽略了剪切变形影响,但对于剪切变形起重要作用的深梁,梁内的横向剪切力 $Q$ 所产生的剪切变形将引起梁的附加挠度,使原来垂直于中面的截面变形后不再和中面垂直,而发生翘曲,但仍假定原来垂直于中面的截面变形后保持平面。

下面推导考虑剪切变形的 Timoshenko 梁单元刚度矩阵。为便于表述,将杆端位移和杆端力的上标 $i$ 和上横线"-"省去。

考虑只有 $i$ 端有位移 $v$,其余杆端位移均为零的情况,如图 2.3.3a)所示。此时,梁单元的侧向位移可表示为两部分的叠加,即

$$v = v_b + v_s \tag{2.3.15}$$

式中:$v_b$——由弯曲应变引起的横向位移;

$v_s$——由剪切应变引起的附加横向位移。

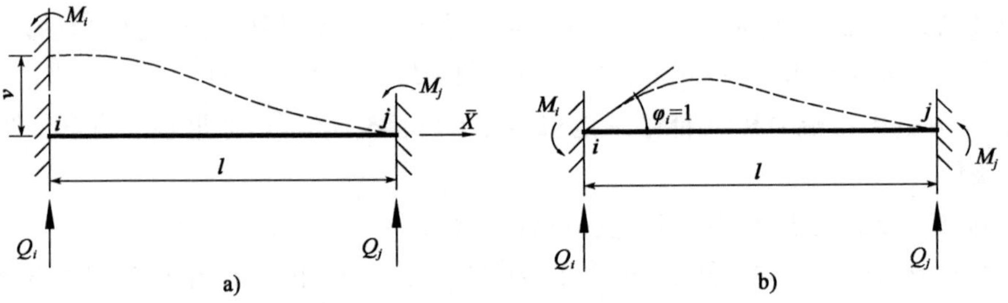


图 2.3.3 仅 $i$ 端有位移的梁

根据材料力学，剪切应变为

$$\frac{\mathrm{d}v_{\mathrm{s}}}{\mathrm{d}x} = -\frac{\beta Q_i}{GA} \tag{2.3.16}$$

式中：$G$——材料的剪切模量；

$A$——梁单元横截面面积；

$\beta$——考虑截面上的剪应力分布不匀均的剪切系数，矩形截面 $\beta = 6/5$，圆形截面 $\beta = 10/9$。

对式(2.3.16)积分，得到

$$v_{\mathrm{s}} = C_1 - \frac{\beta Q_i}{GA}x \tag{2.3.17}$$

当 $x = l$ 时，$v_{\mathrm{s}} = 0$[图 2.3.3a)]，得 $C_1 = \beta Q_i l/GA$，代入式(2.3.17)，则有

$$v_s = \frac{\beta Q_i(l - x)}{GA} \tag{2.3.18}$$

单元内任一点的弯矩为 $Q_i x - M_i$，则 $v_b$ 满足以下的纯弯曲梁微分方程

$$EI\frac{\mathrm{d}^2 v_{\mathrm{b}}}{\mathrm{d}x^2} = Q_i x - M_i \tag{a}$$

对式(a)积分一次、二次后，分别得到

$$EI\frac{\mathrm{d}v_b}{\mathrm{d}x} = \frac{1}{2}Q_i x^2 - M_i x + C_2 \tag{b}$$

$$EIv_b = \frac{1}{6}Q_i x^3 - \frac{1}{2}M_i x^2 + C_2 x + C_3 \tag{c}$$

由 $x = 0, \frac{\mathrm{d}v_b}{\mathrm{d}x} = 0; x = l, \frac{\mathrm{d}v_b}{\mathrm{d}x} = 0$，代入式($b$)得 $C_2 = 0, M_i = \frac{Q_i l}{2}$；当 $x = l$ 时，$v_b = 0$，得 $C_3 = -\frac{1}{6}Q_i l^3 + \frac{1}{2}M_i l^2$，将 $C_2$、$C_3$ 代入式(c)，整理后得

$$v_{\mathrm{b}} = \frac{Q_i(x^3 - l^3)}{6EI} + \frac{M_i(l^2 - x^2)}{2EI} \tag{2.3.19}$$

将式(2.3.19)和式(2.3.18)代入式(2.3.15)，并注意到 $M_i = \frac{Q_i l}{2}$，则有

$$v = v_{\mathrm{b}} + v_{\mathrm{s}} = \frac{Q_i(x^3 - l^3)}{6EI} + \frac{Q_i l(l^2 - x^2)}{4EI} + \frac{\beta Q_i(l - x)}{GA} \tag{2.3.20}$$

当 $x = 0$ 时，$v = v_i$，由式(2.3.20)得到

$$Q_i = \frac{12EI}{(1 + b)l^3}v_i \tag{d}$$

$$b = \frac{12\beta EI}{GAl^2} = \frac{12\beta E}{G}\left(\frac{r}{l}\right)^2 \tag{2.3.21}$$

式中：$r$——横截面的回转半径($I = Ar^2$)。

由式(2.3.21)可知，当 $r/l$ 较大时，$b$ 不能忽略，表示剪切应变影响较大。

$$M_i = \frac{Q_i l}{2} = \frac{6EI}{(1 + b)l^2}v_i \tag{e}$$

再由单元的平衡条件,可求得

$$Q_j = -Q_i = -\frac{12EI}{(1+b)l^3}v_i$$

$$M_j = Q_i l - M_i = \frac{6EI}{(1+b)l^2}v_i$$

因 $v_i$ 不影响轴向力,故 $N_i = N_j = 0$,因此可求出单元刚度矩阵中第 2 列各元素

$$k_{12} = \frac{N_i}{v_i} = 0$$

$$k_{22} = \frac{Q_i}{v_i} = \frac{12EI}{(1+b)l^3}$$

$$k_{32} = \frac{M_i}{v_i} = \frac{6EI}{(1+b)l^2}$$

$$k_{42} = \frac{N_j}{v_i} = 0$$

$$k_{52} = \frac{Q_j}{v_i} = -\frac{12EI}{(1+b)l^3}$$

$$k_{62} = \frac{M_j}{v_i} = \frac{6EI}{(1+b)l^2}$$

下面计算角位移 $\varphi_i$ 引起的节点力,假定除 $\varphi_i$ 外,其余杆端位移均为零,如图 2.3.3b)所示。此时,剪切应变引起的 $v_s$ 仍由式(2.3.18)计算。关于 $v_b$ 的式(a)、式(b)、式(c)仍然成立,只是其中系数 $C_2$、$C_3$ 应由现在的边界条件来决定。

当 $x=0$ 时,$v = v_b + v_s = 0$,即

$$\frac{\beta Q_i(l-x)}{GA} + \frac{\frac{1}{6}Q_i x^3 - \frac{1}{2}M_i x^2 + C_2 x + C_3}{EI} = 0$$

得 $C_3 = -\dfrac{EI\beta Q_i l}{GA}$。

当 $x=l$ 时,$\dfrac{\mathrm{d}v_b}{\mathrm{d}x} = 0$,由式(b)得 $C_2 = -\dfrac{Q_i l^2}{2} + M_i l$。

将 $C_2$、$C_3$ 代入式(c),再代入式(2.3.15),得到

$$EIv = \frac{Q_i x}{2}\left(\frac{x^2}{3} - l^2\right) + M_i x\left(-\frac{x}{2} + l\right) - \frac{\beta EIQ_i x}{GA} \tag{f}$$

当 $x=l$ 时,$v=0$,由式(f)得

$$M_i = \frac{(4+b)Q_i l}{6} \tag{g}$$

当 $x=0$ 时,$\dfrac{\mathrm{d}v_b}{\mathrm{d}x} = \varphi_i$,由此得

$$Q_i = \frac{6EI}{(1+b)l^2}\varphi_i \tag{h}$$

代入式(g),得

$$M_i = \frac{(4+b)EI}{(1+b)l}\varphi_i$$

由平衡条件,不难得出

$$Q_j = -Q_i = -\frac{6EI}{(1+b)l^2}\varphi_i$$

$$M_j = Q_i l - M_i = \frac{(2-b)EI}{(1+b)l}\varphi_i$$

同理,$\varphi_i$ 不影响轴向力,故 $N_i = N_j = 0$。由此得到梁单元刚度矩阵第 3 列各元素

$$\begin{bmatrix} 0 & \frac{6EI}{(1+b)l^2} & \frac{(4+b)EI}{(1+b)l} & 0 & -\frac{6EI}{(1+b)l^2} & \frac{(2-b)EI}{(1+b)l} \end{bmatrix}^{\mathrm{T}}$$

同理,可求出其余 2 列元素,最后得到 Timoshenko 梁单元在单元坐标系中的刚度矩阵为

$$\boldsymbol{k}^e = \begin{bmatrix} \frac{EA}{l} & 0 & 0 & -\frac{EA}{l} & 0 & 0 \\ 0 & \frac{12EI}{(1+b)l^3} & \frac{6EI}{(1+b)l^2} & 0 & \frac{-12EI}{(1+b)l^3} & \frac{6EI}{(1+b)l^2} \\ 0 & \frac{6EI}{(1+b)l^2} & \frac{(4+b)EI}{(1+b)l} & 0 & \frac{-6EI}{(1+b)l^2} & \frac{(2-b)EI}{(1+b)l} \\ -\frac{EA}{l} & 0 & 0 & \frac{EA}{l} & 0 & 0 \\ 0 & \frac{-12EI}{(1+b)l^3} & \frac{-6EI}{(1+b)l^2} & 0 & \frac{12EI}{(1+b)l^3} & \frac{-6EI}{(1+b)l^2} \\ 0 & \frac{6EI}{(1+b)l^2} & \frac{(2-b)EI}{(1+b)l} & 0 & \frac{-6EI}{(1+b)l^2} & \frac{(4+b)EI}{(1+b)l} \end{bmatrix} \tag{2.3.22}$$

## 2.4 总体坐标系中的单元刚度矩阵

在单元分析中,杆端位移和杆端力都是在单元坐标系定义的。然而,组成结构的各个单元的单元坐标系不一定完全相同,如图 2.3.1 中所示的 3 个单元,就有 3 个不同的单元坐标系。要考虑节点位移协调、受力平衡,在开展结构整体分析之前,必须将不同单元坐标系中的杆端力和杆端位移等量值换算到统一的坐标系(总体坐标系),通过坐标转换,将各单元坐标系下的单元刚度矩阵和荷载列阵转换到总体坐标系下的单元刚度矩阵和荷载列阵。

### 2.4.1 坐标转换

令总体坐标系中单元杆端力和杆端位移列阵为 $\boldsymbol{F}^e$ 和 $\boldsymbol{\delta}^e$,表示为

$$\boldsymbol{F}^e = \begin{bmatrix} X_i^e & Y_i^e & M_i^e & X_j^e & Y_j^e & M_j^e \end{bmatrix}^{\mathrm{T}}$$

$$\boldsymbol{\delta}^e = \begin{bmatrix} u_i^e & v_i^e & \varphi_i^e & u_j^e & v_j^e & \varphi_j^e \end{bmatrix}^{\mathrm{T}}$$

其中,力和线位移以与总体坐标系正轴方向一致为正,弯矩和转角位移以逆时针方向为正。

局部坐标系 $\bar{x}$ 轴与总体坐标系 $x$ 之间的夹角用 $\alpha$ 表示,以从 $\bar{x}$ 轴方向顺时针转到 $x$ 轴方

向为正,如图 2.4.1 所示。

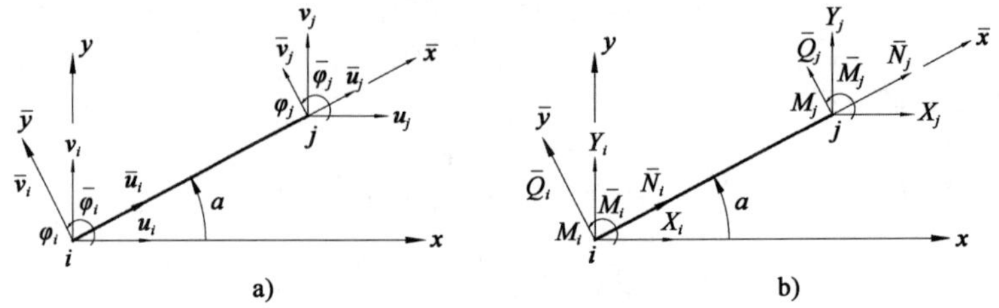

图 2.4.1　总体坐标系与局部坐标系转换示意

将 $i$ 端单元坐标系中的位移分量用总体坐标系中的位移分量表示[图 2.4.1a)],其投影关系为

$$\left.\begin{aligned}\bar{u}_i^e &= u_i^e\cos\alpha + v_i^e\sin\alpha\\ \bar{v}_i^e &= -u_i^e\sin\alpha + v_i^e\cos\alpha\\ \bar{\varphi}_i^e &= \varphi_i^e\end{aligned}\right\} \tag{2.4.1}$$

写成矩阵形式

$$\bar{\boldsymbol{\delta}}_i^e = \boldsymbol{\lambda}\boldsymbol{\delta}_i^e \tag{2.4.2}$$

$$\boldsymbol{\lambda} = \begin{bmatrix}\cos\alpha & \sin\alpha & 0\\ -\sin\alpha & \cos\alpha & 0\\ 0 & 0 & 1\end{bmatrix} \tag{2.4.3}$$

同理可写出 $j$ 端位移分量的投影关系

$$\bar{\boldsymbol{\delta}}_j^e = \boldsymbol{\lambda}\boldsymbol{\delta}_j^e \tag{2.4.4}$$

将式(2.4.2)和式(2.4.4)合写成

$$\bar{\boldsymbol{\delta}}^e = \boldsymbol{T}\boldsymbol{\delta}^e \tag{2.4.5}$$

式中:$\boldsymbol{T}$——坐标转换矩阵,它是一个正交矩阵,有 $\boldsymbol{T}^{-1} = \boldsymbol{T}^{\mathrm{T}}$。

$$\boldsymbol{T} = \begin{bmatrix}\boldsymbol{\lambda} & 0\\ 0 & \boldsymbol{\lambda}\end{bmatrix} = \begin{bmatrix}\cos\alpha & \sin\alpha & 0 & & & \\ -\sin\alpha & \cos\alpha & 0 & & 0 & \\ 0 & 0 & 1 & & & \\ & & & \cos\alpha & \sin\alpha & 0\\ & 0 & & -\sin\alpha & \cos\alpha & 0\\ & & & 0 & 0 & 1\end{bmatrix} \tag{2.4.6}$$

局部坐标系中的杆端力同样用总体坐标系的杆端力表示[图 2.4.1b)]

$$\begin{Bmatrix}\bar{N}_i^e\\ \bar{Q}_i^e\\ \bar{M}_i^e\\ \bar{N}_j^e\\ \bar{Q}_j^e\\ \bar{M}_j^e\end{Bmatrix} = \begin{bmatrix}\cos\alpha & \sin\alpha & 0 & 0 & 0 & 0\\ -\sin\alpha & \cos\alpha & 0 & 0 & 0 & 0\\ 0 & 0 & 1 & 0 & 0 & 0\\ 0 & 0 & 0 & \cos\alpha & \sin\alpha & 0\\ 0 & 0 & 0 & -\sin\alpha & \cos\alpha & 0\\ 0 & 0 & 0 & 0 & 0 & 1\end{bmatrix}\begin{Bmatrix}X_i^e\\ Y_i^e\\ M_i^e\\ X_j^e\\ Y_j^e\\ M_j^e\end{Bmatrix} \tag{2.4.7}$$

式(2.4.7)可简写为

$$\overline{\boldsymbol{F}}^e = \boldsymbol{T}\boldsymbol{F}^e \tag{2.4.8}$$

### 2.4.2 总体坐标系下的单元刚度矩阵

将 $\overline{\boldsymbol{F}}^e = \boldsymbol{T}\boldsymbol{F}^e$ 和 $\overline{\boldsymbol{\delta}}^e = \boldsymbol{T}\boldsymbol{\delta}^e$ 代入单元坐标系中的单元刚度方程 $\overline{\boldsymbol{F}}^e = \overline{\boldsymbol{k}}^e\overline{\boldsymbol{\delta}}^e$ 中,则

$$\boldsymbol{T}\boldsymbol{F}^e = \overline{\boldsymbol{k}}^e\boldsymbol{T}\boldsymbol{\delta}^e \tag{2.4.9}$$

在式(2.4.9)的两边同时左乘以 $\boldsymbol{T}^{-1}$,得

$$\boldsymbol{F}^e = \boldsymbol{T}^{-1}\,\overline{\boldsymbol{k}}^e\boldsymbol{T}\,\boldsymbol{\delta}^e \tag{2.4.10}$$

注意:由$\boldsymbol{T}^{-1} = \boldsymbol{T}^{\mathrm{T}}$,得

$$\boldsymbol{F}^e = \boldsymbol{k}^e\,\boldsymbol{\delta}^e \tag{2.4.11}$$

$$\boldsymbol{k}^e = \boldsymbol{T}^{\mathrm{T}}\,\overline{\boldsymbol{k}}^e\boldsymbol{T} \tag{2.4.12}$$

式中:$\boldsymbol{k}^e$——总体坐标系中的单元刚度矩阵,式(2.4.12)为单元刚度矩阵由局部坐标系向总体坐标系的转换公式。

对仅承受拉压的杆单元,其总体坐标系单刚$\boldsymbol{k}^e$ 仍采用式(2.4.12)计算,但公式中的$\overline{\boldsymbol{k}}^e$ 和 $\boldsymbol{T}$ 分别采用以下矩阵公式

$$\overline{\boldsymbol{K}}^e = \begin{bmatrix} \dfrac{EA}{l} & 0 & -\dfrac{EA}{l} & 0 \\ 0 & 0 & 0 & 0 \\ -\dfrac{EA}{l} & 0 & \dfrac{EA}{l} & 0 \\ 0 & 0 & 0 & 0 \end{bmatrix} \tag{2.4.13}$$

$$\boldsymbol{T} = \begin{bmatrix} \cos\alpha & \sin\alpha & 0 & 0 \\ -\sin\alpha & \cos\alpha & 0 & 0 \\ 0 & 0 & \cos\alpha & \sin\alpha \\ 0 & 0 & -\sin\alpha & \cos\alpha \end{bmatrix} \tag{2.4.14}$$

式(2.4.13)是式(2.4.8)的一种扩充形式,以适应实际结构中有非水平的杆件(倾斜杆件)。

显然,总体坐标系下的单元刚度矩阵$\boldsymbol{k}^e$ 仍然是一个对称矩阵和奇异矩阵,前者仍然符合反力互等定理,后者仍是自由单元,缺乏必要的杆端约束条件。

由于在总体刚度矩阵组装时,是对结构的每个节点分别建立平衡方程,因此,常把式(2.4.12)按单元的始末端节点 $i$、$j$ 进行分块,写成如下形式

$$\begin{Bmatrix} \boldsymbol{F}_i^e \\ \boldsymbol{F}_j^e \end{Bmatrix} = \begin{bmatrix} \boldsymbol{k}_{ii}^e & \boldsymbol{k}_{ij}^e \\ \boldsymbol{k}_{ji}^e & \boldsymbol{k}_{jj}^e \end{bmatrix} \begin{Bmatrix} \boldsymbol{\delta}_i^e \\ \boldsymbol{\delta}_j^e \end{Bmatrix} \tag{2.4.15}$$

其中,

$$\boldsymbol{F}_i^e = \begin{Bmatrix} X_i^e \\ Y_i^e \\ M_i^e \end{Bmatrix},\boldsymbol{F}_j^e = \begin{Bmatrix} X_j^e \\ Y_j^e \\ M_j^e \end{Bmatrix},\boldsymbol{\delta}_i^e = \begin{Bmatrix} u_i^e \\ v_i^e \\ \varphi_i^e \end{Bmatrix},\boldsymbol{\delta}_j^e = \begin{Bmatrix} u_j^e \\ v_j^e \\ \varphi_j^e \end{Bmatrix} \tag{2.4.16}$$

式中：$\boldsymbol{F}_i^e$、$\boldsymbol{F}_j^e$、$\boldsymbol{\delta}_i^e$、$\boldsymbol{\delta}_j^e$——始端 $i$ 和末端 $j$ 的杆端力和杆端位移列向量；

$\boldsymbol{k}_{ii}^e$、$\boldsymbol{k}_{ij}^e$、$\boldsymbol{k}_{ji}^e$、$\boldsymbol{k}_{jj}^e$——单元刚度矩阵 $\boldsymbol{k}^e$ 的四个子块(每个子块都是 3×3 阶方阵)，即

$$\boldsymbol{k}^e = \begin{array}{c} \quad i \quad\quad j \\ \begin{bmatrix} \boldsymbol{k}_{ii}^e & \boldsymbol{k}_{ij}^e \\ \boldsymbol{k}_{ji}^e & \boldsymbol{k}_{jj}^e \end{bmatrix} \begin{matrix} i \\ j \end{matrix} \end{array} \tag{2.4.17}$$

# 2.5 总体刚度矩阵的集成

通过虚位移原理或最小势能原理，可以推导出集成总体刚度矩阵后的刚度方程

$$\boldsymbol{K\delta} = \boldsymbol{R} \tag{2.5.1}$$

式中：$\boldsymbol{K}$——结构的总体刚度矩阵；

$\boldsymbol{\delta}$——结构的节点位移列向量；

$\boldsymbol{R}$——结构的综合节点荷载列向量。

## 2.5.1 节点的自由度编号和常规边界(约束)条件的处理

在总体坐标系下，平面杆系离散后的有限元模型的每个节点具有$[u \quad v \quad \varphi]^{\mathrm{T}}$3 个自由度，对于所有的 $n$ 个节点，依次对各个节点进行自由度编号(自由度编号从整数 1 开始递增，均为整数)，则所有节点的自由度共有 $3n$ 个。对于图 2.5.1a)所示的结构模型，节点 1 的自由度编号为(1,2,3)，节点 2 的自由度编号为(4,5,6)，节点 3 的自由度编号为(7,8,9)，节点 4 的自由度编号为(10,11,12)。此时，所有节点的自由度共有 12 个，节点位移列向量 $\boldsymbol{\delta}$ 为$\boldsymbol{\delta}_{12\times1}$。

为便于计算机程序处理，在对各个节点的自由度进行编号时，一般预先考虑常规边界(约束)条件的影响，仅对未知的自由度进行编号。常规边界(约束)条件包括：①节点固结约束；②节点铰接约束；③单元铰接连接。

对于图 2.5.1a)所示的结构模型，节点 1 存在固定约束，因此节点 1 的 3 个自由度上的位移是已知的(均为0)，节点 1 的自由度不进行编号，取为(0,0,0)；节点 2 和节点 3 未被约束，其自由度编号为分别为(1,2,3)和(4,5,6)；节点 4 存在铰接约束，其两个线位移自由度被约束(均为已知的零位移)，因此其自由度编号为(0,0,7)。此时，所有节点的自由度共有 7 个，结构总体的节点位移列向量 $\boldsymbol{\delta}$ 为$\boldsymbol{\delta}_{7\times1}$。可以看出，自由度编号大于零的均为结构的未知自由度，需要通过求解式(2.5.1)得到，$\boldsymbol{\delta}_{7\times1}$也可称为结构的有效自由度列向量。

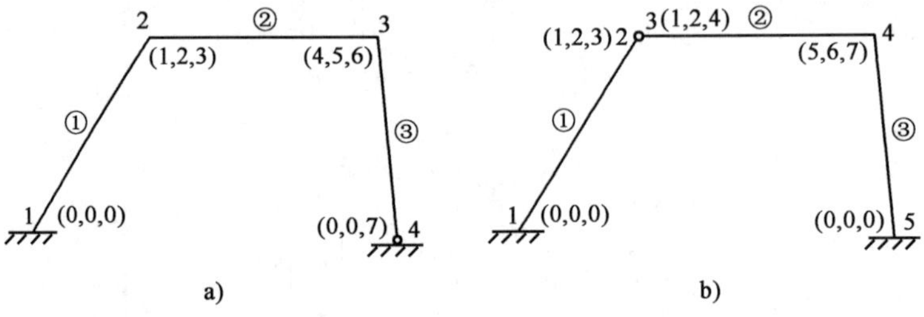


图 2.5.1　单元节点和单元编号

对于图 2.5.1b)所示的结构模型,单元 1 和单元 2 之间存在铰接连接。此时,需要在铰接点处为每个单元定义独立的节点,节点 2 和节点 3 分别从属于单元 1 和单元 2,且节点 2 和节点 3 为铰接连接。在对节点 2 的自由度进行编号后得到(1,2,3),由于节点 3 的两个线位移与节点 2 的线位移相同,但转动位移与节点 3 的不相同,则节点 3 的线位移自由度取与节点 2 相同的编号,其转动自由度独立编号为(1,2,4)。在有限元分析中,对于两个或多个节点具有(部分)相同的位移(或自由度编号)的情况,称其为主从节点。

## 2.5.2 总体刚度矩阵的集成

在对节点的自由度编号后,结构的未知自由度总个数 neq 便已知,总体刚度矩阵 $\boldsymbol{K}$ 的大小为 $\boldsymbol{K}_{\mathrm{neq}\times\mathrm{neq}}$。

节点的自由度编号组成的向量称为节点定位向量;单元的节点 $i$ 和节点 $j$ 的节点定位向量组成的向量称为单元定位向量。对于图 2.5.1a)所示的结构模型,其单元定位向量见表 2.5.1。

**单元定位向量** 表 2.5.1

| 单元编号 | 节点编号 | | 单元定位向量 |
|---|---|---|---|
| ① | 1 | 2 | (0,0,0,1,2,3) |
| ② | 2 | 3 | (1,2,3,4,5,6) |
| ③ | 3 | 4 | (4,5,6,0,0,0) |

利用单元定位向量可以确定单元刚度矩阵中各元素在结构总体刚度矩阵中的位置。对于单元刚度矩阵 $\boldsymbol{K}^e$ 中的任意元素 $k_{ij}$,假设当前单元的定位向量为 $\boldsymbol{P}_e^v$,则 $k_{ij}$ 应累加到总体刚度矩阵 $\boldsymbol{K}$ 的第 $\boldsymbol{P}_e^v(i)$ 行、第 $\boldsymbol{P}_e^v(j)$ 列元素中。当 $\boldsymbol{P}_e^v(i)=0$ 或 $\boldsymbol{P}_e^v(j)=0$ 时,$k_{ij}$ 被忽略。由此可见,单元定位向量 $\boldsymbol{P}_e^v$ 中任意元素 $\boldsymbol{P}_e^v(i)$ 的含义为:单元的第 $i$ 个自由度对应的结构总体自由度编号值为 $\boldsymbol{P}_e^v(i)$,即单元的第 $i$ 个自由度对应于结构的第 $\boldsymbol{P}_e^v(i)$ 个自由度。

下面以图 2.5.1a)所示的结构模型为例展示利用单元定位向量进行总体刚度矩阵集成的过程。

结构的未知自由度总个数为 6,则总体刚度矩阵 $\boldsymbol{K}$ 的大小为 $\boldsymbol{K}_{6\times6}$。

对于单元①,其单元定位向量为 $\boldsymbol{P}_1^v=(0,0,0,1,2,3)$。$\boldsymbol{K}_1^e$ 中任意元素 $k_{ij}$ 应累加到总刚矩阵 $\boldsymbol{K}$ 的第 $\boldsymbol{P}_1^v(i)$ 行、$\boldsymbol{P}_1^v(j)$ 列位置,即 $\boldsymbol{K}_1^e$ 的第 4 ~ 6 行、第 4 ~ 6 列的元素应累加到总刚矩阵 $\boldsymbol{K}$ 的第 1 ~ 3 行、第 1 ~ 3 列位置,如图 2.5.2 所示。

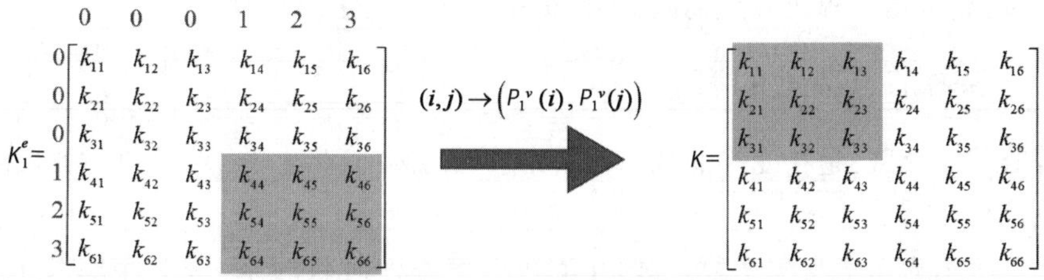


图 2.5.2 单元①的刚度矩阵向总刚集成

对于单元②,其单元定位向量为 $\boldsymbol{P}_2^v=(1,2,3,4,5,6)$。$\boldsymbol{K}_2^e$ 中任意元素 $k_{ij}$ 应累加到总刚矩阵 $\boldsymbol{K}$ 的第 $\boldsymbol{P}_2^v(i)$ 行、$\boldsymbol{P}_2^v(j)$ 列位置,即 $\boldsymbol{K}_2^e$ 的第 1 ~ 6 行、第 1 ~ 6 列的元素应累加到总刚矩阵 $\boldsymbol{K}$ 的第 1 ~ 6 行、第 1 ~ 6 列位置,如图 2.5.3 所示。

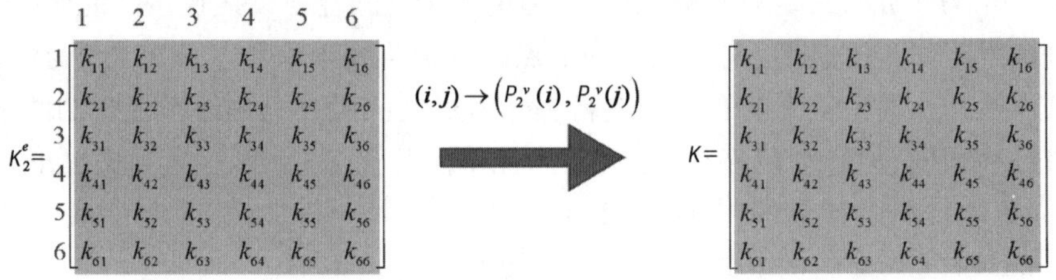


图 2.5.3　单元②的刚度矩阵向总刚集成

对于单元③,其单元定位向量为 $\boldsymbol{P}_3^v=(4,5,6,0,0,0)$。$\boldsymbol{K}_3^e$ 中任意元素 $k_{ij}$ 应累加到总刚矩阵 $\boldsymbol{K}$ 的第 $\boldsymbol{P}_3^v(i)$ 行、$\boldsymbol{P}_3^v(j)$ 列位置,即 $\boldsymbol{K}_3^e$ 的第 1 ~ 3 行、第 1 ~ 3 列的元素应累加到总刚矩阵 $\boldsymbol{K}$ 的第 4 ~ 6 行、第 4 ~ 6 列位置,如图 2.5.4 所示。

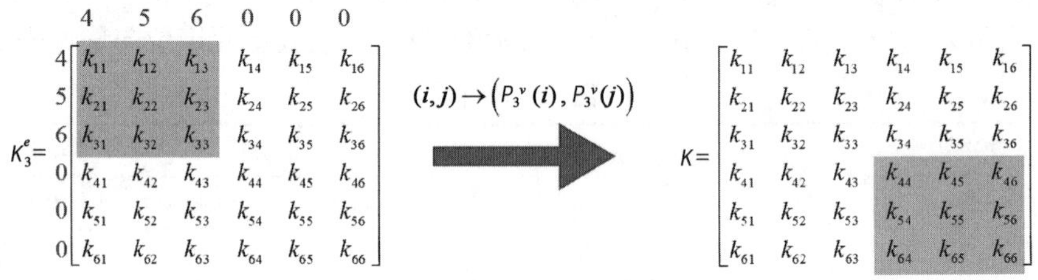


图 2.5.4　单元③的刚度矩阵向总刚集成

# 2.6　荷载列阵的形成

方程(2.5.1)中等式右边的荷载列阵 $\boldsymbol{R}$ 为基于总体坐标系描述、作用于所有节点上的外荷载列向量。在对节点的自由度编号后,结构的未知自由度总个数 neq 便已知,则总体荷载列向量 $\boldsymbol{R}$ 的大小为 $\boldsymbol{R}_{\mathrm{neq}\times 1}$。

对于直接作用于单元节点的外荷载,在形成节点荷载列向量后,根据节点的定位向量可以累加得到结构的荷载列向量 $\boldsymbol{R}$。

荷载列阵 $\boldsymbol{R}$ 是一个综合节点荷载列阵,如果不是节点荷载,就不能直接用于结构矩阵分析。在实际结构中往往会遇到非节点荷载的情况,此时应根据叠加原理和节点位移等效的原则,将非节点荷载转化成等效节点荷载,再根据单元定位向量累加到 $\boldsymbol{R}$ 中。

## 2.6.1　等效节点荷载的概念

所谓等效节点荷载,是指变换后的节点荷载在原结构上产生的节点位移与非节点荷载所产生的节点位移相同。

图 2.6.1 所示为一个支承于节点 $A$ 和 $B$ 并承受各种荷载的梁,梁上作用有节点荷载 $M_1$ 和 $P_2$、节间荷载 $q$ 和 $P_1$。为了用等效节点荷载代替节间荷载,在结构的节点施加抵抗一切位移的约束,这样就把原结构变成两个固端梁[图 2.6.1b)],两个固端梁在节间荷载作用下将产生一组固端力,在图中它们被表示为对于结构的约束力[图 2.6.1c)]。如果将这些约束力的方向反转,就构成一组同节点荷载等效的力和力偶。这组等效节点荷载再与实际节点荷载相

加,就产生图2.6.1d)所示的综合节点荷载,用这个综合节点荷载就可以进行结构分析。

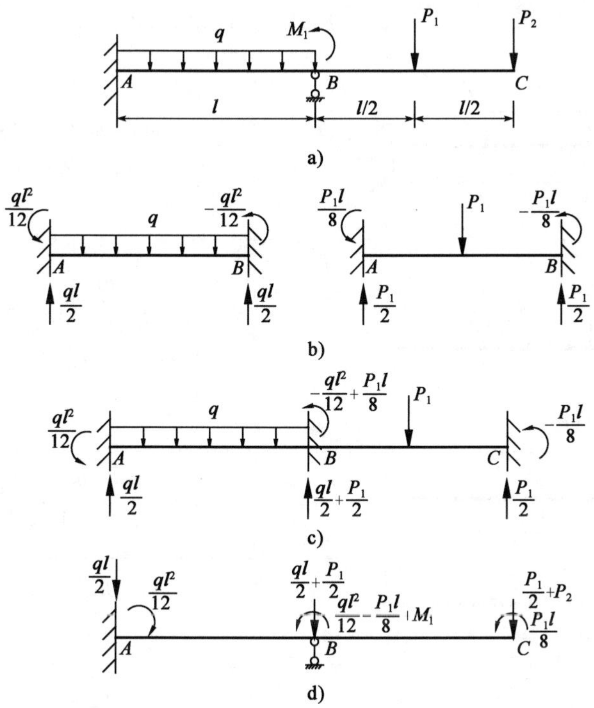

图2.6.1 综合节点荷载

如前所述,用等效节点荷载来代替原荷载应使节点的位移完全相同。从图2.6.1中可以看出:综合节点荷载[图2.6.1d)]与约束结构上的各力[图2.6.1c)]叠加后便是梁上的实际荷载[图2.6.1a)],由于约束梁的全部节点位移为零,图2.6.1c)与图2.6.1d)两个梁上的节点位移叠加,必然产生实际梁的节点位移,由此可以得出结论,梁在实际荷载作用下的节点位移与在综合节点荷载作用下的节点位移是相同的。此外,综合节点荷载作用下的支反力与实际荷载产生的反力也是相等的,这个结论可从图2.6.1c)与图2.6.1d)梁的各力叠加来证实。

然而,由综合节点荷载产生的杆端力通常与实际荷载产生的不同,两者引起的内力并不完全相等。因此,欲求实际荷载引起的杆端力,必须把约束结构中的杆端力与综合节点荷载引起的杆端力相加。换而言之,必须用等效节点荷载算出的内力加上相应的固端力后才与原荷载引起的内力相等。例如,图2.6.1c)与图2.6.1d)二梁的杆端力叠加,便得到图2.6.1a)所示的梁的实际杆端力。图2.6.1d)所示梁的杆端力将作为分析之成果给出,而图2.6.1c)所示的杆端力则由固端力的计算而得的。

## 2.6.2 综合节点荷载的计算步骤

通过以上分析可知,等效节点荷载的计算分为两个步骤:第一步,将承受非节点荷载的单元两端固结,形成两端固定梁,计算局部坐标系中的单元约束反力,即固端力;第二步,在节点上施加等效节点力和等效节点力偶,其大小等于固端力和固端力矩,但方向与固端力和固端力矩相反,以释放第一步中施加的约束,将等效节点荷载与实际节点荷载相加,即综合节点荷载。表2.6.1给出了常见荷载的固端力计算公式。

等截面梁单元固端力计算公式　　表2.6.1

| 荷载 | 荷载图式 | 固端力计算公式 |
|---|---|---|
| 1 | 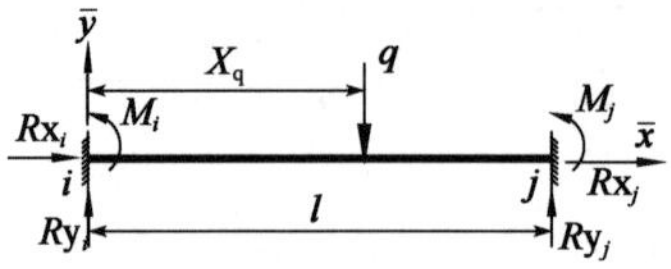 | $Rx_i = Rx_j = 0$;<br>$Ry_i = q(1+2x_q/l)\cdot(1-x_q/l)^2, Ry_j = q - Ry_i$;<br>$M_i = qx_q(1-x_q/l)^2, M_j = -qx_q^2(l-x_q)/l^2$ |
| 2 | 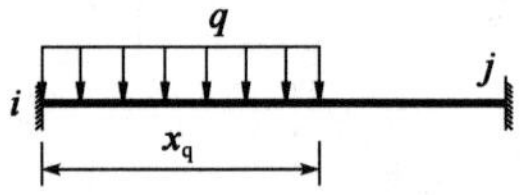 | $Rx_i = Rx_j = 0$;<br>$Ry_i = qx_q(1 - x_q^2/l^2 + x_q^3/2l^3), Ry_j = qx_q - Ry_i$;<br>$M_i = qx_q^2(6 - 8x_q/l + 3x_q^2/l^2)/12$;<br>$M_j = -qx_q^3(4l - 3x_q)/12l^2$ |
| 3 | 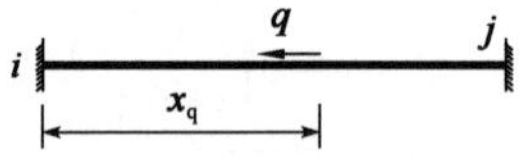 | $Ry_i = Ry_j = 0, M_i = M_j = 0$;<br>$Rx_i = q(1 - x_q/l), Rx_j = q - Rx_i$ |
| 4 | 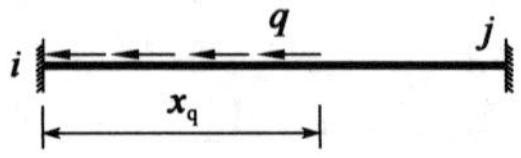 | $Ry_i = Ry_j = 0, M_i = M_j = 0$;<br>$Rx_i = qx_q(1 - x_q/2l), Rx_j = qx_q - Rx_i$ |
| 5 | 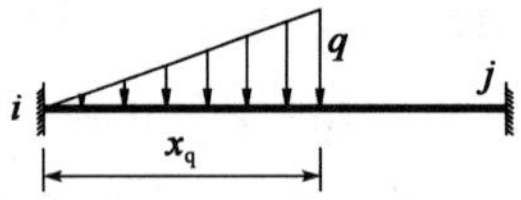 | $Rx_i = Rx_j = 0$;<br>$Ry_i = qx_q(2 - 3x_q^2/l^2 + 1.6x_q^3/l^3)/4$;<br>$Ry_j = qx_q/2 - Ry_i$;<br>$M_i = qx_q^2(2 - 3x_q/l + 1.2x_q^2/l^2)/6$;<br>$M_j = -qx_q^3(1 - 0.8x_q/l)/4l$ |
| 6 | 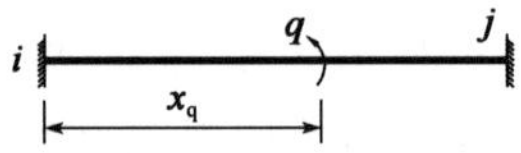 | $Rx_i = Rx_j = 0$;<br>$Ry_i = 6qx_q(l - x_q)/l^3, Ry_j = -Ry_i$;<br>$M_i = q(1 - x_q/l)(3x_q/l - 1)$;<br>$M_j = qx_q/l(2 - 3x_q/l)$ |
| 7 | 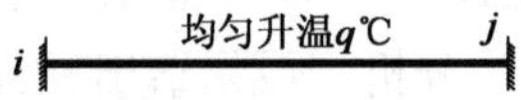 | $Ry_i = Ry_j = 0, M_i = M_j = 0$;<br>$Rx_i = q(\rho EA), Rx_j = -Rx_i$<br>式中:$\rho$——线膨胀系数 |
| 8 | 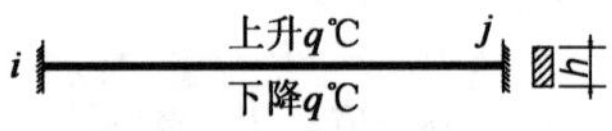 | $Rx_i = Rx_j = 0, Ry_i = Ry_j = 0$;<br>$M_i = \frac{2q\rho EI}{h}, M_j = -M_i$ |
| 9 |  | $Ry_i = Ry_j = 0, M_i = M_j = 0$;<br>$Rx_i = -qx_q, Rx_j = -Rx_i$ |

## 2.7 方程求解

有限单元法中的刚度方程最终归结为一次多元线性方程组

$$\begin{cases} a_{11}x_1 + a_{12}x_2 + \cdots + a_{1n}x_n = b_1 \\ a_{21}x_1 + a_{22}x_2 + \cdots + a_{2n}x_n = b_2 \\ \qquad\qquad\vdots \\ a_{n1}x_1 + a_{n2}x_2 + \cdots + a_{nn}x_n = b_n \end{cases} \tag{2.7.1}$$

写成矩阵形式为

$$\boldsymbol{Ax} = \boldsymbol{b} \tag{2.7.2}$$

计算方程(2.7.1)的方法有直接法(精确法)和迭代法两种。直接法运算量小,计算快,但计算精度受到限制。目前解方程的方法很多,有高斯消去法、三角化分解和子空间迭代法等。本节介绍常用的三角化分解法,其他方法可参阅相关有限元图书。

三角化分解是将刚度矩阵化解为一个上三角矩阵或下三角矩阵,然后结合右端项列阵进行回代求解,方法如下

$$\boldsymbol{A} = \boldsymbol{LDL}^{\mathrm{T}} \tag{2.7.3}$$

式中:$\boldsymbol{L}$——主对角元素为1的下三角矩阵;

$\boldsymbol{D}$——仅有主对角元素的对角阵;

$\boldsymbol{L}^{\mathrm{T}}$——$\boldsymbol{L}$ 矩阵的转置矩阵。

用矩阵形式表示为

$$\begin{bmatrix} a_{11} & a_{12} & a_{13} & \cdots & a_{1n} \\ a_{21} & a_{22} & a_{23} & \cdots & a_{2n} \\ a_{31} & a_{32} & a_{313} & \cdots & a_{3n} \\ \vdots & \vdots & \vdots & \cdots & \vdots \\ a_{n1} & a_{n2} & a_{n3} & \cdots & a_{nn} \end{bmatrix} = \begin{bmatrix} 1 & & & & \\ l_{21} & 1 & & & \\ l_{31} & l_{32} & 1 & & \\ \vdots & \vdots & & & \\ l_{n1} & l_{n2} & l_{n3} & \cdots & 1 \end{bmatrix} \begin{bmatrix} d_1 & & & & \\ & d_2 & & & \\ & & d_3 & & \\ & & & \cdots & \\ & & & & d_n \end{bmatrix} \begin{bmatrix} 1 & l_{21} & l_{31} & \cdots & l_{n1} \\ & 1 & l_{32} & & l_{n2} \\ & & 1 & & l_{n3} \\ & & & \cdots & \\ & & & & 1 \end{bmatrix}$$

$$= \begin{bmatrix} d_1 & & & & \\ l_{21}d_1 & d_2 & & & \\ l_{31}d_1 & l_{32}d_2 & d_3 & & \\ \vdots & \vdots & & & \\ l_{n1}d_1 & l_{n2}d_2 & l_{n3}d_3 & \cdots & d_n \end{bmatrix} \begin{bmatrix} 1 & l_{21} & l_{31} & \cdots & l_{n1} \\ & 1 & l_{32} & & l_{n2} \\ & & 1 & & l_{n3} \\ & & & \cdots & \\ & & & & 1 \end{bmatrix} \tag{2.7.4}$$

展开上面矩阵乘式,得

$$\begin{array}{ll} a_{11}=d_1 & d_1=a_{11} \\ a_{21}=l_{21}d_1 & l_{21}=a_{21}/d_1 \\ a_{22}=l_{21}d_1l_{21}+d_2 & d_2=a_{22}-l_{21}d_1l_{21} \\ a_{31}=l_{31}d_1 & l_{31}=a_{31}/d_1 \\ a_{32}=l_{31}d_1l_{31}+l_{32}d_2 & l_{32}=(a_{32}-l_{31}d_1l_{31})/d_2 \\ a_{33}=l_{31}d_1l_{31}+l_{32}d_2l_{32}+d_3 & d_3=a_{33}-l_{31}d_1l_{31}-l_{32}d_2l_{32} \\ \cdots\cdots & \cdots\cdots \end{array}$$

把上面的公式写成一般形式

$$a_{ij} = T_1l_{j1} + T_2l_{j2} + \cdots + T_{j-1}l_{j,j-1} + T_i \qquad (i>j) \tag{2.7.5}$$

$$a_{ii} = T_1l_{i1} + T_2l_{i2} + \cdots + T_{i-1}l_{i,i-1} + d_i \qquad (i=j) \tag{2.7.6}$$

其中,

$$\begin{aligned} T_1 &= l_{i1}d_1 \\ T_2 &= l_{i2}d_2 \\ &\vdots \\ T_j &= l_{ij}d_j \end{aligned} \tag{2.7.7}$$

由式(2.7.5)得

$$T_i = a_{ij} - (T_1l_{j1} + T_2l_{j2} + \cdots + T_{j-1}l_{j,j-1}) = a_{ij} - \sum_{k=1}^{j-1}T_kl_{jk} \tag{2.7.8}$$

由式(2.7.7)得

$$l_{ij} = \frac{T_j}{d_j} \tag{2.7.9}$$

由式(2.7.6)得

$$d_i = a_{ii} - (T_1l_{i1} + T_2l_{i2} + \cdots + T_{i-1}l_{i,i-1}) = a_{ii} - \sum_{k=1}^{i=1}T_kl_{ik} \tag{2.7.10}$$

通过上述计算,便可计算出方程(2.7.3)中的下三角矩阵 $\boldsymbol{L}$ 和主对角元素的对角阵 $\boldsymbol{D}$。

按式(2.7.3)分解了矩阵 $\boldsymbol{A}$ 之后,代入方程(2.7.2),得

$$\boldsymbol{LDL}^{\mathrm{T}}\boldsymbol{x} = \boldsymbol{b} \tag{2.7.11}$$

令 $\boldsymbol{DL}^{\mathrm{T}}\boldsymbol{x}=\boldsymbol{Y}$,代入方程(2.7.11),得

$$\boldsymbol{LY} = \boldsymbol{b} \tag{2.7.12}$$

通过自上而下的回代可以求得 $\boldsymbol{Y}$ 的各个元素

$$y_1 = b_1$$

$$y_i = b_i - \sum_{j=1}^{i-1}l_{ij}y_i \qquad (i=2,3,\cdots,n) \tag{2.7.13}$$

再将 $\boldsymbol{Y}$ 代入方程 $\boldsymbol{DL}^{\mathrm{T}}\boldsymbol{x}=\boldsymbol{Y}$,两边同乘$\boldsymbol{D}^{-1}$,得

$$\boldsymbol{L}^{\mathrm{T}}\boldsymbol{x} = \boldsymbol{D}^{-1}\boldsymbol{Y} \tag{2.7.14}$$

由于 $\boldsymbol{D}$ 是一个对角矩阵,它的逆矩阵$\boldsymbol{D}^{-1}$容易求得,由此回代求出方程的解 $\boldsymbol{x}$。

## 2.8 杆件单元内力计算

通过上一节方程的求解,得到了结构各未知自由度在总体坐标系中的节点位移 $\boldsymbol{\delta}$。根据

单元定位向量可查询得到各个单元在整体坐标系中的节点位移列向量$\boldsymbol{\delta}^e$，经过坐标变换得到局部坐标中的单元杆端位移列阵$\overline{\boldsymbol{\delta}}^e$，然后根据单元刚度方程计算出单元的杆端力$\overline{\boldsymbol{F}}^e$。对于有节间荷载的单元，还应计算荷载等效时产生的单元内力，两者叠加，即杆件单元的截面内力。

### 2.8.1 节点位移产生的截面内力

图2.8.1所示的杆端力按单元坐标系中的$\overline{\boldsymbol{F}}^e=\overline{\boldsymbol{k}}^e\ \overline{\boldsymbol{\delta}}^e$计算，截面内力正负号采用《材料力学》中的规定，轴向力以截面受拉为正，剪力以绕脱离体顺时针转为正，弯矩以截面下缘受拉为正。这样，杆件上任一截面$c$的内力按下式计算

$$\left.\begin{aligned} M_c^1 &= -M_i + y_i x_c \\ N_c^1 &= -x_i \\ Q_c^1 &= y_i \end{aligned}\right\} \tag{2.8.1}$$

式中：$x_i$、$y_i$、$M_i$——单元$i$端由节点位移得到的单元坐标系中的杆端力。

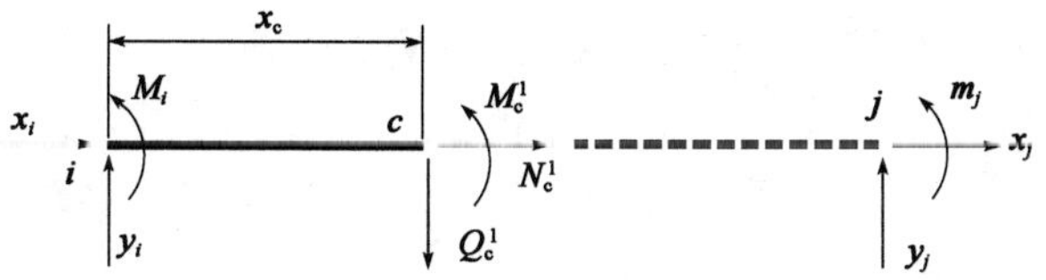


图2.8.1　由节点位移产生的截面内力

### 2.8.2 节间荷载产生的内力

不同荷载类型和不同位置的节点等效荷载列阵是有差异的，在计算单元截面内力时，需根据所求截面的位置进行计算内力。下面以杆件上有集中力$q$为例（图2.8.2）加以说明，其他类型的荷载内力计算可参照执行。

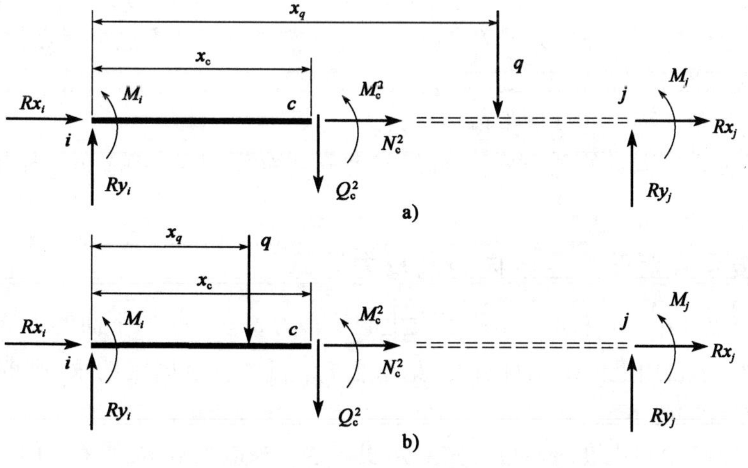


图2.8.2　由节间荷载产生的截面内力

图中固端力$Rx_i$、$Ry_i$、$M_i$和$Rx_j$、$Ry_j$、$M_j$按表2.6.1给出的公式计算。

对于图2.8.2a)，当$x_q>x_c$时，则有

$$\left.\begin{aligned} M_c^2 &= -M_i + Ry_i x_c \\ N_c^2 &= -Rx_i \\ Q_c^2 &= Ry_i \end{aligned}\right\} \tag{2.8.2}$$

对于图2.8.2b),当 $x_q < x_c$ 时,则有

$$\left.\begin{aligned} M_c^2 &= -M_i + Ry_i x_c - q(x_c - x_q) \\ N_c^2 &= -Rx_i \\ Q_c^2 &= Ry_i - q \end{aligned}\right\} \tag{2.8.3}$$

### 2.8.3 单元截面内力

任一截面 $c$ 的内力可用下式所示

$$\left.\begin{aligned} M_c &= M_c^1 + M_c^2 \\ N_c &= N_c^1 + N_c^2 \\ Q_c &= Q_c^1 + Q_c^2 \end{aligned}\right\} \tag{2.8.4}$$

## 2.9 支点反力计算及支承点沉陷产生的内力计算

### 2.9.1 支点反力计算

单元的内力(杆端力)为节点对单元端部的作用力。当单元某个节点受支座约束时,此时的杆端力就是支座对杆端的作用力,也就是支承反力。

在对节点的自由度进行编号时,对于支座约束的自由度,其编号为零。这就意味着,对单元来说,其单元定位向量中分量为零的自由度为受支座约束。利用这个特点,可以在计算单元内力的过程中按照以下思路计算支承反力:

(1)将最终的单元内力变换到整体坐标系。

(2)检查单元定位向量的各个分量,如果某个分量为零,则对应的单元内力分量即支座反力的某一分量。

### 2.9.2 支承点沉陷产生的内力及反力计算

已知支承节点在第 $i$ 个未知自由度上发生的位移为 $\delta_i = d$,按照下面的步骤进行处理:

(1)确保第 $i$ 个自由度为未知自由度(如果第 $i$ 个自由度有固定约束,则取消此约束),形成结构的总体刚度矩阵 $\boldsymbol{K}$。

(2)在 $\boldsymbol{K}$ 中第 $i$ 个自由度所对应的主对角线元素上乘以大数 $G$,如 $G = 10^8 \sim 10^{16}$。

(3)将结构的荷载列向量 $\boldsymbol{R}$ 中的第 $i$ 个自由度对应的元素修改为 $R_i = GK_{ii}d$,则原结构平衡方程组中的第 $i$ 个方程变为

$$K_{i1}\delta_1 + K_{i2}\delta_2 + \cdots + GK_{ii}\delta_i + \cdots + K_{in}\delta_n = GK_{ii}d \tag{2.9.1}$$

式中:$n$——结构的未知自由度个数。

由于 $GK_{ii}d$ 相对于式(2.9.1)中的其他系数而言数值很大,因此式(2.9.1)近似等于

$$GK_{ii}\delta_i = GK_{ii}d \tag{2.9.2}$$

则 $\delta_i = d$ 的约束条件得到满足。

随后,按照常规步骤开展有限单元法求解并执行单元内力和支承反力的计算。

# 2.10 杆系结构有限元分析的计算步骤与算例

## 2.10.1 计算步骤

(1)确定计算简图,结构离散化,单元与节点统一编号。

(2)整理原始数据。选用坐标系(总体坐标系和单元坐标系),依此确定两种坐标系的夹角 $\alpha$,计算单元截面惯性矩、截面积,确定材料弹性模量。

(3)计算单元坐标系的单元刚度矩阵$\overline{\boldsymbol{k}}^e$。

(4)计算总体坐标系的单元刚度矩阵$\boldsymbol{k}^e = \boldsymbol{T}^{\mathrm{T}}\,\overline{\boldsymbol{k}}^e\boldsymbol{T}$。

(5)计算并形成综合节点荷载列阵 $\boldsymbol{R}$。

(6)基于单元定位向量形成结构刚度矩阵 $\boldsymbol{K}$。

(7)计算节点位移列阵 $\boldsymbol{\delta}$。

(8)计算单元杆端力$\overline{\boldsymbol{F}}^e$ 和单元内力。

(9)计算支承反力。

## 2.10.2 算例

用矩阵位移法计算图 2.10.1a)所示斜腿刚架的节点位移和内力,每根杆件长为 10m,横截面为 1m×1.2m,弹性模量 $E = 3.0\times10^7\mathrm{kN/m^2}$,集中力作用在杆件中间。

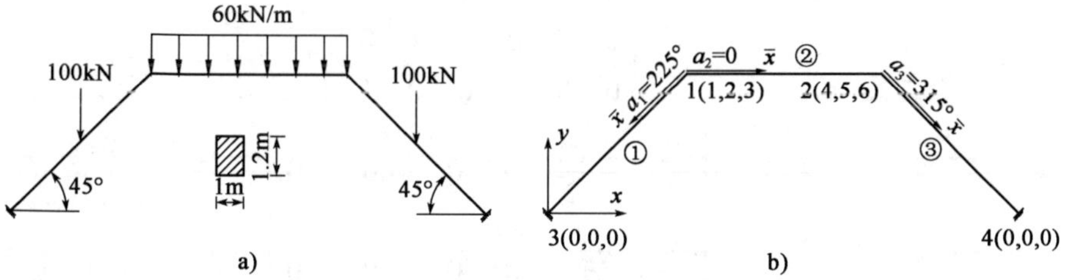


图 2.10.1 算例

**解:**

(1)单元划分,建立坐标,节点编号采用"由柔至刚"编排,节点编号、单元编号和节点自由度编号如图 2.10.1b)所示。

(2)整理原始数据。

单元长度为 $l = 10\mathrm{m}$,截面宽和高为 1m 和 1.2m,截面积 $A = 1.0\times1.2 = 1.2\mathrm{m}^2$,惯性矩 $I = \dfrac{1.0\times1.2^3}{12} = 0.144\mathrm{m}^4$,$\dfrac{EA}{l} = 0.12E$,$\dfrac{2EI}{l} = 0.0288E$,$\dfrac{4EI}{l} = 0.0576E$,$\dfrac{6EI}{l^2} = 0.00864E$,$\dfrac{12EI}{l^3} = 0.001728E$。各个单元的局部坐标系及其夹角如图 2.10.1b)所示。

(3)计算单元刚度矩阵:

$$\bar{\boldsymbol{k}}^e = \frac{E}{100} \times \begin{bmatrix} 12 & 0 & 0 & -12 & 0 & 0 \\ 0 & 0.1728 & 0.864 & 0 & -0.1728 & 0.864 \\ 0 & 0.864 & 5.76 & 0 & -0.864 & 2.88 \\ -12 & 0 & 0 & 12 & 0 & 0 \\ 0 & -0.1728 & -0.864 & 0 & 0.1728 & -0.864 \\ 0 & 0.864 & 2.88 & 0 & -0.864 & 5.76 \end{bmatrix}$$

(4)计算总体坐标系中的单元刚度矩阵。

①单元坐标转换矩阵。

将单元①、②、③的单元坐标系与总体坐标系的夹角 $\alpha_1 = 225°$、$\alpha_2 = 0°$、$\alpha_3 = 315°$,分别代入式(2.3.6),得

$$\boldsymbol{T}^1 = \begin{bmatrix} -\frac{\sqrt{2}}{2} & -\frac{\sqrt{2}}{2} & 0 & 0 & 0 & 0 \\ \frac{\sqrt{2}}{2} & -\frac{\sqrt{2}}{2} & 0 & 0 & 0 & 0 \\ 0 & 0 & 1 & 0 & 0 & 0 \\ 0 & 0 & 0 & -\frac{\sqrt{2}}{2} & -\frac{\sqrt{2}}{2} & 0 \\ 0 & 0 & 0 & \frac{\sqrt{2}}{2} & -\frac{\sqrt{2}}{2} & 0 \\ 0 & 0 & 0 & 0 & 0 & 1 \end{bmatrix}$$

$$\boldsymbol{T}^2 = \begin{bmatrix} 1 & 0 & 0 & 0 & 0 & 0 \\ 0 & 1 & 0 & 0 & 0 & 0 \\ 0 & 0 & 1 & 0 & 0 & 0 \\ 0 & 0 & 0 & 1 & 0 & 0 \\ 0 & 0 & 0 & 0 & 1 & 0 \\ 0 & 0 & 0 & 0 & 0 & 1 \end{bmatrix}$$

$$\boldsymbol{T}^3 = \begin{bmatrix} \frac{\sqrt{2}}{2} & -\frac{\sqrt{2}}{2} & 0 & 0 & 0 & 0 \\ \frac{\sqrt{2}}{2} & \frac{\sqrt{2}}{2} & 0 & 0 & 0 & 0 \\ 0 & 0 & 1 & 0 & 0 & 0 \\ 0 & 0 & 0 & \frac{\sqrt{2}}{2} & -\frac{\sqrt{2}}{2} & 0 \\ 0 & 0 & 0 & \frac{\sqrt{2}}{2} & \frac{\sqrt{2}}{2} & 0 \\ 0 & 0 & 0 & 0 & 0 & 1 \end{bmatrix}$$

②总体坐标系中的单元刚度矩阵。

由$\boldsymbol{k}^e = \boldsymbol{T}^{\mathrm{T}}\,\bar{\boldsymbol{k}}^e\boldsymbol{T}$,分别得到 3 个单元刚度矩阵为

$$
\boldsymbol{k}^1=\frac{E}{100}\begin{bmatrix}
6.0863 & 5.9135 & 0.6109 & -6.0863 & -5.9135 & 0.6109\\
 & 6.0863 & -0.6109 & -5.9135 & -6.0863 & -0.6109\\
 & & 5.7600 & -0.6109 & 0.6109 & 2.8800\\
 & \text{对} & & 6.0863 & 5.9135 & -0.6109\\
 & & \text{称} & & 6.0863 & 0.6109\\
 & & & & & 5.7600
\end{bmatrix}
$$

$$
\boldsymbol{k}^2=\overline{\boldsymbol{k}}^2=\frac{E}{100}\begin{bmatrix}
12 & 0 & 0 & -12 & 0 & 0\\
 & 0.1728 & 0.864 & 0 & -0.1728 & 0.864\\
 & & 5.76 & 0 & -0.864 & 2.88\\
 & \text{对} & & 12 & 0 & 0\\
 & & \text{称} & & 0.1728 & -0.864\\
 & & & & & 5.76
\end{bmatrix}
$$

$$
\boldsymbol{k}^3=\frac{E}{100}\begin{bmatrix}
6.0863 & -5.9135 & 0.6109 & -6.0863 & 5.9135 & 0.6109\\
 & 6.0863 & 0.6109 & 5.9135 & -6.0863 & 0.6109\\
 & & 5.7600 & -0.6109 & -0.6109 & 2.8800\\
 & \text{对} & & 6.0863 & -5.9135 & -0.6109\\
 & & \text{称} & & 6.0863 & -0.6109\\
 & & & & & 5.7600
\end{bmatrix}
$$

(5)计算综合节点荷载列阵。

①计算单元坐标系中的杆端力。

作用于单元①、③上的集中力可分解为沿杆轴方向和垂直于杆轴方向的分力,单元固端力如图2.10.2a)和图2.10.2c)所示。

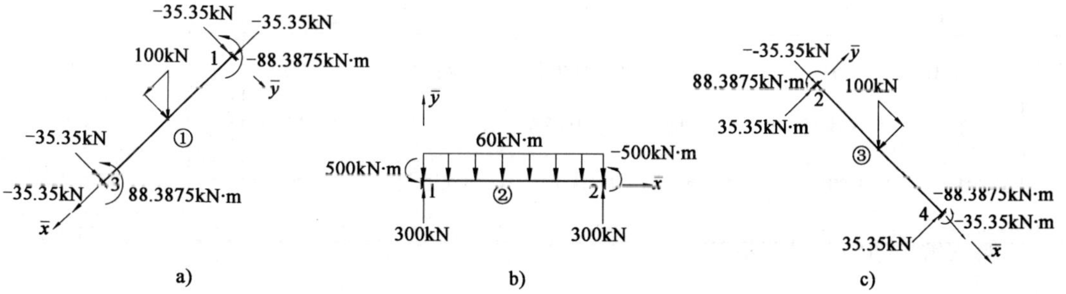


图2.10.2 固端力的计算

$$\overline{\boldsymbol{F}}_F^{\ 1}=[-35.3553\quad -35.3553\quad -88.3875\quad -35.3553\quad -35.3553\quad 88.3875]^{\mathrm{T}}$$

$$\overline{\boldsymbol{F}}_F^{\ 3}=[-35.3553\quad 35.3553\quad 88.3875\quad -35.3553\quad 35.3553\quad -88.3875]^{\mathrm{T}}$$

作用于单元②上的均布力,其固端力为[图2.10.2b)]

$$\overline{\boldsymbol{F}}_F^{\ 2}=[0\quad 300\quad 500\quad 0\quad 300\quad -500]^{\mathrm{T}}$$

单元杆端力与杆端固端力大小相等,方向相反,则有

$$\boldsymbol{F}^1=[35.3553\quad 35.3553\quad 88.3875\quad 35.3553\quad 35.3553\quad -88.3875]^{\mathrm{T}}$$

$$\overline{\boldsymbol{F}}^2=[0\quad -300\quad -500\quad 0\quad -300\quad 500]^{\mathrm{T}}$$

$$\overline{\boldsymbol{F}}^3 = [35.3553 \quad -35.3553 \quad -88.3875 \quad 35.3553 \quad -35.3553 \quad 88.3875]^{\mathrm{T}}$$

②计算总体坐标系中的杆端力。

由$\boldsymbol{F}^e = \boldsymbol{T}^{\mathrm{T}} \overline{\boldsymbol{F}}^e$,得

$$\boldsymbol{F}^1 = [\boldsymbol{F}_1^1 \quad \boldsymbol{F}_3^1]^{\mathrm{T}} = [0 \quad -50 \quad 88.3875 \quad 0 \quad -50 \quad -88.3875]^{\mathrm{T}}$$

$$\boldsymbol{F}^2 = [\boldsymbol{F}_1^2 \quad \boldsymbol{F}_2^2]^{\mathrm{T}} = [0 \quad -300 \quad -500 \quad 0 \quad -300 \quad 500]^{\mathrm{T}}$$

$$\boldsymbol{F}^3 = [\boldsymbol{F}_2^3 \quad \boldsymbol{F}_4^3]^{\mathrm{T}} = [0 \quad -50 \quad -88.3875 \quad 0 \quad -50 \quad 88.3875]^{\mathrm{T}}$$

③基于单元定位向量计算综合节点荷载列阵 $\boldsymbol{R}$。

单元①、②和③的定位向量如下:

单元①定位向量为 $\boldsymbol{P}_1^v = (1,2,3,0,0,0)$,则$\boldsymbol{F}^1$ 累加到 $\boldsymbol{R}$ 得到

$$\boldsymbol{R} = [0 \quad -50 \quad 88.3875 \quad 0 \quad 0 \quad 0]^{\mathrm{T}}$$

单元②定位向量为 $\boldsymbol{P}_2^v = (1,2,3,4,5,6)$,则$\boldsymbol{F}^2$ 累加到 $\boldsymbol{R}$ 得到

$$\boldsymbol{R} = [(0+0) \quad (-50-300) \quad (88.3875-500) \quad 0 \quad -300 \quad 500]^{\mathrm{T}}$$

单元③定位向量为 $\boldsymbol{P}_3^v = (4,5,6,0,0,0)$,则$\boldsymbol{F}^3$ 累加到 $\boldsymbol{R}$ 得到

$$\begin{aligned}\boldsymbol{R} &= [(0+0) \quad (-50-300) \quad (88.3875-500) \quad (0+0) \quad (-300-50) \quad (500-88.3875)]^{\mathrm{T}} \\ &= [0 \quad -350 \quad -411.6125 \quad 0 \quad -350 \quad 411.6125]^{\mathrm{T}}\end{aligned}$$

(6)基于单元定位向量形成结构刚度矩阵 $\boldsymbol{K}$。

对各个单元进行循环,基于单元定位向量开展单刚向总刚的集成,得到总体刚度矩阵 $\boldsymbol{K}$,由此得到的结构刚度方程为

$$\frac{E}{100}\begin{bmatrix} 18.0863 & 5.9135 & 0.6109 & -12.0 & 0.0 & 0.0 \\ 5.9135 & 6.2591 & 0.2531 & 0 & -0.1728 & 0.864 \\ 0.6109 & 0.2531 & 11.52 & 0 & -0.864 & 2.88 \\ -12.0 & 0 & 0 & 18.0863 & 5.9135 & 0.6109 \\ 0 & -0.1728 & -0.864 & -5.9135 & 6.2591 & -0.2531 \\ 0 & 0.864 & 2.88 & 0.6109 & -0.2531 & 11.52 \end{bmatrix}\begin{Bmatrix} u_1 \\ v_1 \\ \varphi_1 \\ u_2 \\ v_2 \\ \varphi_2 \end{Bmatrix} = \begin{Bmatrix} 0 \\ -350 \\ -411.6125 \\ 0 \\ -350 \\ 411.6125 \end{Bmatrix}$$

(7)求解节点位移分量列阵。

$$\begin{Bmatrix} u_1 \\ v_1 \\ \varphi_1 \\ u_2 \\ v_2 \\ \varphi_2 \end{Bmatrix} = \frac{100}{E}\begin{Bmatrix} 16.6638 \\ -79.1581 \\ -54.4160 \\ -16.6638 \\ -79.1581 \\ 54.4160 \end{Bmatrix}$$

(8)计算单元杆端力。

①基于单元定位向量提取各个单元在整体坐标系中的节点位移列向量,分别为

$$\boldsymbol{\delta}^1=\begin{Bmatrix}16.6638\\-79.1581\\-54.4160\\0\\0\\0\end{Bmatrix},\boldsymbol{\delta}^2=\begin{Bmatrix}16.6638\\-79.1581\\-54.4160\\-16.6638\\-79.1581\\54.4160\end{Bmatrix},\boldsymbol{\delta}^3=\begin{Bmatrix}-16.6638\\-79.1581\\54.4160\\0\\0\\0\end{Bmatrix}$$

②将整体节点位移变换到局部坐标系中的单元杆端位移,分别为

$$\overline{\boldsymbol{\delta}}^1=\frac{100}{E}\begin{bmatrix}-\frac{\sqrt{2}}{2}&-\frac{\sqrt{2}}{2}&0&0&0&0\\\frac{\sqrt{2}}{2}&-\frac{\sqrt{2}}{2}&0&0&0&0\\0&0&1&0&0&0\\0&0&0&-\frac{\sqrt{2}}{2}&-\frac{\sqrt{2}}{2}&0\\0&0&0&\frac{\sqrt{2}}{2}&-\frac{\sqrt{2}}{2}&0\\0&0&0&0&0&1\end{bmatrix}\begin{Bmatrix}16.6638\\-79.1581\\-54.4160\\0\\0\\0\end{Bmatrix}=\frac{100}{E}\begin{Bmatrix}44.1901\\67.7564\\-54.4160\\0\\0\\0\end{Bmatrix}$$

$$\overline{\boldsymbol{\delta}}^2=\frac{100}{E}\begin{bmatrix}1&0&0&0&0&0\\0&1&0&0&0&0\\0&0&1&0&0&0\\0&0&0&1&0&0\\0&0&0&0&1&0\\0&0&0&0&0&1\end{bmatrix}\begin{Bmatrix}16.6638\\-79.1581\\-54.4160\\-16.6638\\-79.1581\\54.4160\end{Bmatrix}=\frac{100}{E}\begin{Bmatrix}16.6638\\-79.1581\\-54.4160\\-16.6638\\-79.1581\\54.4160\end{Bmatrix}$$

$$\overline{\boldsymbol{\delta}}^3=\frac{100}{E}\begin{bmatrix}\frac{\sqrt{2}}{2}&-\frac{\sqrt{2}}{2}&0&0&0&0\\\frac{\sqrt{2}}{2}&\frac{\sqrt{2}}{2}&0&0&0&0\\0&0&1&0&0&0\\0&0&0&\frac{\sqrt{2}}{2}&-\frac{\sqrt{2}}{2}&0\\0&0&0&\frac{\sqrt{2}}{2}&\frac{\sqrt{2}}{2}&0\\0&0&0&0&0&1\end{bmatrix}\begin{Bmatrix}-16.6638\\-79.1581\\54.4160\\0\\0\\0\end{Bmatrix}=\frac{100}{E}\begin{Bmatrix}44.1901\\-67.7564\\54.4160\\0\\0\\0\end{Bmatrix}$$

③计算单元杆端力。

单元杆端力按$\overline{\boldsymbol{F}}^e=\overline{\boldsymbol{k}}^e\,\overline{\boldsymbol{\delta}}^e+\overline{\boldsymbol{F}}_F{}^e$ 计算:

$$\overline{\boldsymbol{F}}^1=\frac{E}{100}\begin{bmatrix}12 & 0 & 0 & -12 & 0 & 0\\ 0 & 0.1728 & 0.864 & 0 & -0.1728 & 0.864\\ 0 & 0.864 & 5.76 & 0 & -0.864 & 2.88\\ -12 & 0 & 0 & 12 & 0 & 0\\ 0 & -0.1728 & -0.864 & 0 & 0.1728 & -0.864\\ 0 & 0.864 & 2.88 & 0 & -0.864 & 5.76\end{bmatrix}\times\frac{100}{E}\begin{Bmatrix}44.1901\\ 67.7564\\ -54.4160\\ 0\\ 0\\ 0\end{Bmatrix}+\begin{Bmatrix}-35.3553\\ -35.3553\\ -88.3875\\ -35.3553\\ -35.3553\\ 88.3875\end{Bmatrix}=\begin{Bmatrix}494.9265\\ -70.6624\\ -343.2820\\ -565.6371\\ -0.0482\\ -9.7890\end{Bmatrix}$$

$$\overline{\boldsymbol{F}}^2=\frac{E}{100}\begin{bmatrix}12 & 0 & 0 & -12 & 0 & 0\\ 0 & 0.1728 & 0.864 & 0 & -0.1728 & 0.864\\ 0 & 0.864 & 5.76 & 0 & -0.864 & 2.88\\ -12 & 0 & 0 & 12 & 0 & 0\\ 0 & -0.1728 & -0.864 & 0 & 0.1728 & -0.864\\ 0 & 0.864 & 2.88 & 0 & -0.864 & 5.76\end{bmatrix}\times\frac{100}{E}\begin{Bmatrix}16.6638\\ -79.1581\\ -54.4160\\ -16.6638\\ -79.1581\\ 54.4160\end{Bmatrix}+\begin{Bmatrix}0\\ 300\\ 500\\ 0\\ 300\\ -500\end{Bmatrix}=\begin{Bmatrix}399.9317\\ 300\\ 343.2820\\ -399.9317\\ 300\\ -343.2820\end{Bmatrix}$$

$$\overline{\boldsymbol{F}}^3=\frac{E}{100}\begin{bmatrix}12 & 0 & 0 & -12 & 0 & 0\\ 0 & 0.1728 & 0.864 & 0 & -0.1728 & 0.864\\ 0 & 0.864 & 5.76 & 0 & -0.864 & 2.88\\ -12 & 0 & 0 & 12 & 0 & 0\\ 0 & -0.1728 & -0.864 & 0 & 0.1728 & -0.864\\ 0 & 0.864 & 2.88 & 0 & -0.864 & 5.76\end{bmatrix}\times\frac{100}{E}\begin{Bmatrix}44.1901\\ -67.7564\\ 54.4160\\ 0\\ 0\\ 0\end{Bmatrix}+\begin{Bmatrix}-35.3553\\ 35.3553\\ 88.3875\\ -35.3553\\ 35.3553\\ -88.3875\end{Bmatrix}=\begin{Bmatrix}494.9265\\ 70.6624\\ 343.2820\\ -565.6371\\ 0.0482\\ 9.7890\end{Bmatrix}$$

(9)计算支承反力。

将各个单元在局部坐标系中的杆端力列向量$\overline{\boldsymbol{F}}^{e}$变换到整体坐标系$\boldsymbol{F}^{e}=T'\overline{\boldsymbol{F}}^{e}$,则得

$$\boldsymbol{F}^{1}=\begin{Bmatrix}-399.9317\\-300\\-343.2820\\399.9317\\400\\-9.7890\end{Bmatrix},\boldsymbol{F}^{2}=\begin{Bmatrix}399.9317\\300\\343.2820\\-399.9317\\300\\-343.2820\end{Bmatrix},\boldsymbol{F}^{3}=\begin{Bmatrix}399.9317\\-300\\343.2820\\-399.9317\\400\\9.7890\end{Bmatrix}$$

单元①定位向量为$\boldsymbol{P}_{1}^{v}=(1,2,3,0,0,0)$,变第4、5、6号分量为零,对应于节点3的3个自由度。因此,节点3的支承反力$\boldsymbol{R}_3$取$\boldsymbol{F}^1$的第4、5、6号分量,即

$$\boldsymbol{R}_{3}=\begin{Bmatrix}399.9317\\400\\-9.7890\end{Bmatrix}$$

同理,得到节点4的支承反力$\boldsymbol{R}_4$取$\boldsymbol{F}^3$的第4、5、6号分量,即

$$\boldsymbol{R}_{4}=\begin{Bmatrix}-399.9317\\400\\9.7890\end{Bmatrix}$$

上述刚度矩阵、固端力、杆端力、节点位移和支反力等的计算,可以借助MATLAB来完成,以下给出本算例在MATLAB中的计算过程。

```
clear
% 计算单元坐标系中的单元刚度矩阵
syms E A I L;
local_ke = LocalStiffness(E,A,I,L);
A = 1.2;I = 0.144;L = 10.0;E = 100;
local_ke = LocalStiffness(E,A,I,L);

% 保存各个单元的定位向量 EPV
EPV1 = [1 2 3 0 0 0];
EPV2 = [1 2 3 4 5 6];
EPV3 = [4 5 6 0 0 0];

% 计算单元①转换矩阵,将结果存放在T1数组中,供后面使用;
alfa = 225;
tm = Transmatrix(alfa);
T1 = tm;

% 计算单元②转换矩阵,将结果存放在T2数组中,供后面使用;
alfa = 0;
```

```
tm = Transmatrix( alfa) ;
T2 = tm;

% 计算单元③转换矩阵,将结果存放在 T3 数组中,供后面使用;
alfa = 315;
tm = Transmatrix( alfa) ;
T3 = tm;

% 计算 3 个单元在总体坐标系中的单元刚度矩阵
KE1 = T1′* local_ke * T1;
KE2 = T2′* local_ke * T2;
KE3 = T3′* local_ke * T3;

% 计算单元①在总体坐标系中的杆端力 TF1( F1 为单元坐标系中的杆端力)
F1 = [35.3553 35.3553 88.3875 35.3553 35.3553  -88.3875];
TF1 = T1′* F1′;
% 计算单元②在总体坐标系中的杆端力 TF2( F2 为单元坐标系中的杆端力)
F2 = [0  -300  -500 0  -300 500];
TF2 = T2′* F2′;
% 计算单元③在总体坐标系中的杆端力 TF3( F3 为单元坐标系中的杆端力)
F3 = [35.3553  -35.3553  -88.3875 35.3553  -35.3553 88.3875];
TF3 = T3′* F3′;

% 基于单元定位向量,将 TF1 ~ TF3 累加到荷载列向量 R 中
R = zeros(6,1) ;
R = AssemblyEForce( R,EPV1,TF1) ;
R = AssemblyEForce( R,EPV2,TF2) ;
R = AssemblyEForce( R,EPV3,TF3) ;

% 基于单元定位向量,组装总体刚度矩阵,结果存放于 KG 中
KG = zeros(6,6) ;
KG = AssembleK( KG,EPV1,KE1) ;
KG = AssembleK( KG,EPV2,KE2) ;
KG = AssembleK( KG,EPV3,KE3) ;

% 求解节点位移 X
X = KG\R;

% 提取各个单元在总体坐标系中的杆端位移
Ld1 = GetElemDisp( X,EPV1,T1) ;
Ld2 = GetElemDisp( X,EPV2,T2) ;
Ld3 = GetElemDisp( X,EPV3,T3) ;
```

```
% 计算各个单元在单元坐标系中的杆端力
Fix_force1 = local_ke * Ld1 - F1';
Fix_force2 = local_ke * Ld2 - F2';
Fix_force3 = local_ke * Ld3 - F3';

% 计算各个单元在整体坐标系中的杆端力
GForce1 = T1'* Fix_force1;
GForce2 = T2'* Fix_force2;
GForce3 = T3'* Fix_force3;

% 计算各个节点的节的支反力,保存到数组 Reaction
Reaction = zeros(4,3); % 节点支承反力数组:4 个节点,每个节点 3 个支承反力分量
Reaction = GetReaction(Reaction,1,3,EPV1,GForce1);
Reaction = GetReaction(Reaction,1,2,EPV2,GForce2);
Reaction = GetReaction(Reaction,2,4,EPV1,GForce3);

% 根据总体坐标系/轴与单元坐标系/轴形成的夹角 alfa,形成转换矩阵
function tm = Transmatrix(alfa)
    pi = acos(-1);
    alfa = alfa * pi/180;
    cs = cos(alfa);
    sn = sin(alfa);
    tm = [ cs sn 0 0 0 0; -sn cs 0 0 0 0;0 0 1 0 0 0;
        0 0 0 cs sn 0;0 0 0  -sn cs 0;0 0 0 0 0 1;];
end

% 形成单元坐标系中的单元刚度矩阵
function local_ke = LocalStiffness(E,A,I,L)
EA = E * A;
EI = E * I;
local_ke = [ EA/L      0            0            -EA/L        0             0;
         0       12 * EI/L^3   6 * EI/L^2   0      -12 * EI/L^3    6 * EI/L^2;
         0       6 * EI/L^2    4 * EI/L     0      -6 * EI/L^2     2 * EI/L;
        -EA/L        0             0         EA/L       0             0;
         0      -12 * EI/L^3  -6 * EI/L^2   0      12 * EI/L^3    -6 * EI/L^2;
         0       6 * EI/L^2    2 * EI/L     0      -6 * EI/L^2     4 * EI/L;];
end

% 根据单元定位向量将单元杆端力列向量 EForce 集成到总体荷载列向量 R 中
function R = AssemblyEForce(R,EPV,EForce)
for i = 1:6
    dof = EPV(i);
    if dof > 0
```

```
            R(dof) = R(dof) + EForce(i);
        end
    end
end

% 根据单元定位向量将单元刚度矩阵 KE 集成到总刚 KG 中
function KG = AssembleK(KG,EPV,KE)
for i = 1:6
    for j = 1:6
        idof = EPV(i); jdof = EPV(j);
        if idof > 0 && jdof > 0
            KG(idof,jdof) = KG(idof,jdof) + KE(i,j);
        end
    end
end
end

% 根据单元定位向量提取单元节点位移,并转换到单元局部坐标系
function edv = GetElemDisp(X,EPV,T)
edv = zeros(6,1);
for i = 1:6
    dof = EPV(i);
    if dof > 0
        edv(i) = X(dof);
    end
end
edv = T * edv;
end

% 根据单元定位向量和单元整体坐标系中的杆端力,计算支点反力
% inode 和 jnode 分别为当前单元的 i 节点和 j 节点
function Reaction = GetReaction(Reaction,inode,jnode,EPV,GForce)
for i = 1:3 % 对 i 节点的自由度进行循环
    if EPV(i) == 0
        Reaction(inode,i) = Reaction(inode,i) + GForce(i);
    end
end
for i = 1:3 % 对 j 节点的自由度进行循环
    if EPV(3 + i) == 0
        Reaction(jnode,i) = Reaction(jnode,i) + GForce(3 + i);
    end
end
end
```

# 2.11 空间梁单元

## 2.11.1 空间梁单元刚度矩阵

空间梁单元每个节点有 6 个自由度,即 3 个线位移和 3 个转角位移,相应地,作用于每个节点上的杆端力有 3 个力和 3 个力矩,如图 2.11.1 所示。

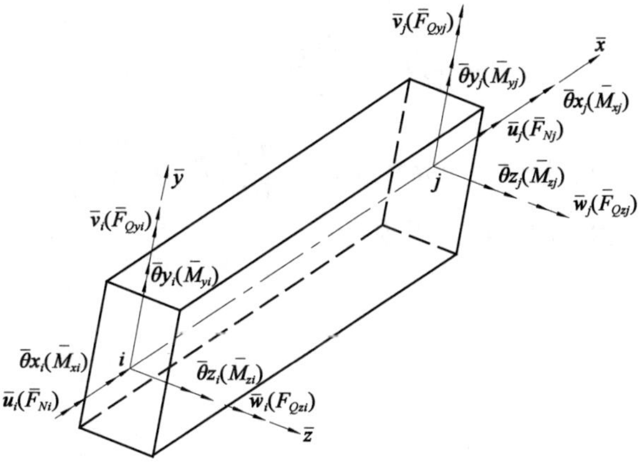


图 2.11.1 空间梁单元节点位移和节点力

单元杆端位移列阵

$$\bar{\boldsymbol{\delta}}^e = [\bar{u}_i \quad \bar{v}_i \quad \bar{w}_i \quad \bar{\theta}_{xi} \quad \bar{\theta}_{yi} \quad \bar{\theta}_{zi} \quad \bar{u}_j \quad \bar{v}_j \quad \bar{w}_j \quad \bar{\theta}_{xj} \quad \bar{\theta}_{yj} \quad \bar{\theta}_{zj}]^{\mathrm{T}}$$

单元杆端力列阵

$$\bar{\boldsymbol{F}}^e = [\bar{F}_{Ni} \quad \bar{F}_{Qyi} \quad \bar{F}_{Qzi} \quad \bar{M}_{xi} \quad \bar{M}_{yi} \quad \bar{M}_{zi} \quad \bar{F}_{Nj} \quad \bar{F}_{Qyj} \quad \bar{F}_{Qyj} \quad \bar{M}_{xj} \quad \bar{M}_{yj} \quad \bar{M}_{zj}]^{\mathrm{T}}$$

从单元位移列阵可以看出,空间梁单元刚度矩阵为 12×12 阶。把局部坐标系的原点放在节点 $i$,以梁单元的形心作为 $\bar{x}$ 轴,并使 $\overline{xy}$ 平面和 $\overline{xz}$ 平面与横断面的主轴一致,以确保两个平面内的弯曲和剪切互相独立,否则,$\overline{xy}$ 平面内的弯矩和剪力,不仅依赖于它们的对应位移,还依赖于 $\overline{xz}$ 平面内力系的对应位移。

通过上述坐标轴的选择,梁单元的全部力可以分离成彼此独立的 4 组,即轴向力、扭矩、$\overline{xy}$ 平面的弯曲和剪切以及 $\overline{xz}$ 平面的弯曲和剪切。

1)轴向力

轴向力$\bar{F}_{Ni}$和$\bar{F}_{Nj}$只与轴向位移 $\bar{u}_i$ 和 $\bar{u}_j$ 有关,与其他位移无关。当 $\bar{u}_i=1,\bar{u}_j=0$ 时,$\bar{F}_{Ni}=\frac{EA}{l},\bar{F}_{Nj}=-\frac{EA}{l}$,故 $k_{11}=\frac{EA}{l},k_{17}=k_{71}=-\frac{EA}{l}$,单元刚度矩阵中第 1 列的其他元素均为零,这样就得到了单元刚度矩阵中第 1 列各元素为

$$\left[\frac{EA}{l} \quad 0 \quad 0 \quad 0 \quad 0 \quad 0 \quad -\frac{EA}{l} \quad 0 \quad 0 \quad 0 \quad 0 \quad 0\right]^{\mathrm{T}}$$

对于第 7 列,有 $\bar{u}_i=0,\bar{u}_j=1,\bar{F}_{Ni}=-\frac{EA}{l},\bar{F}_{Nj}=\frac{EA}{l}$,因此不难得到第 7 列各元素。

2)扭矩

作用于梁上的扭矩$\overline{M}_{xi}$和$\overline{M}_{xj}$只与扭转角$\overline{\theta}_{xi}$和$\overline{\theta}_{xj}$有关,而与其他位移无关。

现分析梁单元中只有$i$端有扭转角,而$j$端扭转角为零所引起的扭矩,由材料力学可知,梁单元扭转角$\theta$的微分方程为

$$\frac{\mathrm{d}\theta}{\mathrm{d}x} = -\frac{\overline{M}_{xi}}{GJ} \tag{2.11.1}$$

式中:$GJ$——梁的横截面抗扭刚度。

式(2.11.1)积分后,得

$$\theta = -\frac{\overline{M}_{xi}}{GJ}x + C_1$$

利用边界条件$x=l,\theta=0$,得到积分常数$C_1=\frac{\overline{M}_{xi}l}{GJ}$,则$\theta=\frac{\overline{M}_{xi}}{GJ}(l-x)$。

当$x=0$时,$\theta=\overline{\theta}_{xi}$,由式(2.11.1)得到

$$\overline{M}_{xi} = \frac{GJ}{l}\overline{\theta}_{xi}$$

由扭转平衡条件,可得到

$$\overline{M}_{xj} = -\overline{M}_{xi} = -\frac{GJ}{l}\overline{\theta}_{xi}$$

根据刚度系数定义,有$k_{44}=\frac{GJ}{l},k_{10,4}=-\frac{GJ}{l}$;由此得到单元刚度矩阵第4列各元素为

$$\begin{bmatrix} 0 & 0 & 0 & \frac{GJ}{l} & 0 & 0 & 0 & 0 & 0 & -\frac{GJ}{l} & 0 & 0 & 0 \end{bmatrix}^{\mathrm{T}}$$

同理,可以得到第10列各元素。

3)$\overline{xy}$平面的弯曲和剪切

由图2.11.2a)可知,该平面弯曲和剪切与图2.3.1中所示的杆端力和杆端位移的定义是一致的,只是在力和惯性矩表达上有所改变,因此,仍可参照第2.3节确定刚度矩阵。

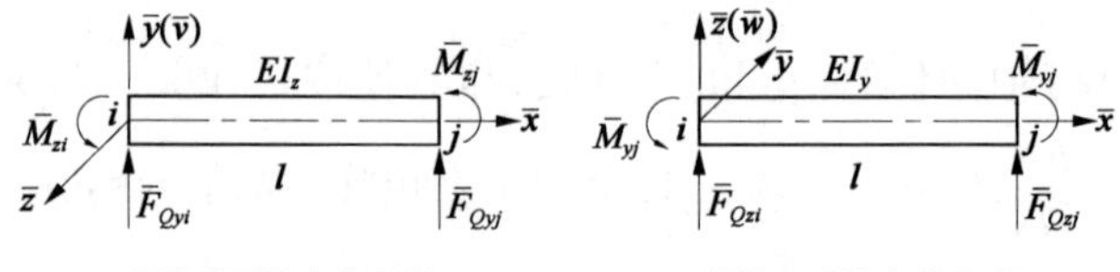


图2.11.2　平面内的弯曲和剪切

令$\overline{v}_i=1$,其余位移均为0,由此可得到单元刚度矩阵的第2列各元素为

$$\left[0 \quad \frac{12EI_z}{(1+b_z)l^3} \quad 0 \quad 0 \quad 0 \quad \frac{6EI_z}{(1+b_z)l^2} \quad 0 \quad -\frac{12EI_z}{(1+b_z)l^3} \quad 0 \quad 0 \quad 0 \quad \frac{6EI_z}{(1+b_z)l^2}\right]^{\mathrm{T}}$$

令 $\overline{\theta}_{zi}=1$,其余位移均为0,由此可得到单元刚度矩阵的第6列各元素为

$$\left[0 \quad \frac{6EI_z}{(1+b_z)l^2} \quad 0 \quad 0 \quad 0 \quad \frac{(4+b_z)EI_z}{(1+b_z)l} \quad 0 \quad -\frac{6EI_z}{(1+b_z)l^2} \quad 0 \quad 0 \quad 0 \quad \frac{(2-b_z)EI_z}{(1+b_z)l}\right]^{\mathrm{T}}$$

同理,可求出第8、12列的各元素。

4)$\overline{xz}$ 平面的弯曲和剪切

由图2.11.2b)可知,该平面的剪力图2.3.1中的剪力方向一致,但弯矩刚好相反,因此只需分别用 $\overline{\theta}_{yi}=-1$ 和 $\overline{\theta}_{yj}=-1$ 来计算刚度系数,相应的第3列和第5列各元素为

$$\left[0 \quad 0 \quad \frac{12EI_y}{(1+b_y)l^3} \quad 0 \quad \frac{-6EI_y}{(1+b_y)l^2} \quad 0 \quad 0 \quad 0 \quad -\frac{12EI_y}{(1+b_y)l^3} \quad 0 \quad \frac{-6EI_y}{(1+b_y)l^2} \quad 0\right]^{\mathrm{T}}$$

$$\left[0 \quad 0 \quad \frac{-6EI_y}{(1+b_y)l^2} \quad 0 \quad \frac{(4+b_y)EI_y}{(1+b_y)l} \quad 0 \quad 0 \quad 0 \quad \frac{6EI_y}{(1+b_y)l^2} \quad 0 \quad \frac{(2-b_y)EI_y}{(1+b_y)l} \quad 0\right]^{\mathrm{T}}$$

同理可求出第9、11列各元素。

将上述各列元素列入矩阵中,即可得到单元坐标系中空间梁单元刚度矩阵[式(2.11.2)]。

$$\left.\begin{aligned} {}'_y &= \frac{12\beta EI_y}{GA_z l^2} = \frac{24(1+\mu)A}{A_z}\left(\frac{r_y}{l}\right)^2 \\ b_z &= \frac{12\beta EI_z}{GA_y l^2} = \frac{24(1+\mu)A}{A_y}\left(\frac{r_z}{l}\right)^2 \end{aligned}\right\} \tag{2.11.2}$$

$$I_y=\int z^2\mathrm{d}A, I_z=\int y^2\mathrm{d}A$$

式中:$I_y$、$I_z$——横截面绕 $y$、$z$ 轴的惯性矩;

$r_y$、$r_z$——回转半径;

$A_y$、$A_z$——梁在 $y$、$z$ 方向的有效剪切面积,数值上等于截面面积/剪切系数。

当 $\left(\frac{r_y}{l}\right)\left(\frac{r_z}{l}\right)$ 很小时,$b_y$、$b_z$ 趋于零,式(2.11.7)就退化为忽略剪切变形的空间梁单元刚度矩阵。

工程上常见的截面特性见表2.11.1。

**截 面 特 性 表** 表2.11.1

| 图　例 | 公　式 |
| --- | --- |
| 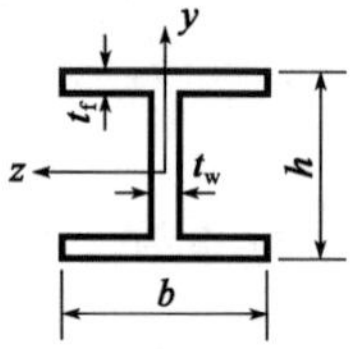  | $I_z=\frac{h^2}{12}(ht_w+6bt_f)$;$A\approx ht_w+2bt_f$;<br>$I_y\approx\frac{b^3t_f}{6}$;$J\approx\frac{1}{3}(ht_w^3+2bt_f^3)$;<br>$\beta=\frac{A}{ht_w}$ |
| 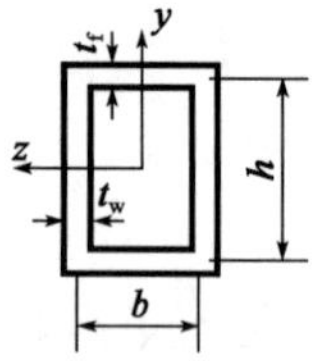  | $I_z\approx\frac{h^2}{6}(ht_w+3bt_f)$;$A=2(ht_w+bt_f)$;<br>$I_y\approx\frac{b^2}{6}(3ht_w+bt_f)$;$J\approx 2b^2h^2\ \frac{t_ft_w}{bt_w+ht_f}$;<br>$\beta=\frac{A}{2ht_w}$ |
| 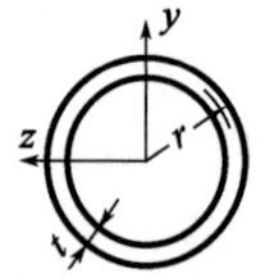  | $I_z=I_y\approx\pi r^3t$;$J\approx 2\pi r^3t$;<br>$A\approx 2\pi rt$;$\beta=2$ |
| 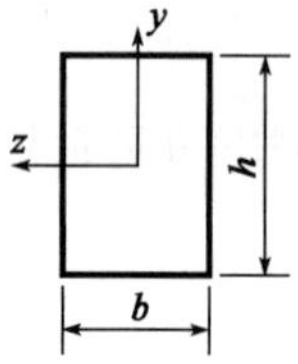  | $I_z=\frac{bh^3}{12}$;$J\approx\xi hb^3$;<br>$I_y=\frac{hb^3}{12}$;$\xi\approx\frac{1}{3}-0.21\ \frac{b}{h}\left(1-\frac{b^4}{12h^4}\right)$;<br>$A=bh$;$\beta=\frac{6}{5}$ |
| 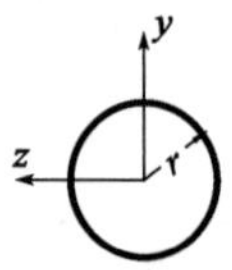  | $I_z=I_y=\frac{\pi r^4}{4}$;$J=\frac{\pi r^4}{2}$;<br>$A=\pi r^2$;$\beta=\frac{10}{9}$ |

注：$I_z$-横截面对 $z$ 轴的惯性矩；$I_y$-横截面对 $y$ 轴的惯性矩；$A$-横截面面积；$J$-扭转常数；$\beta$-剪切形状系数。

## 2.11.2　空间梁单元的坐标转换矩阵

如将空间梁单元的局部坐标系取图2.11.3所示的1、2、3坐标系，其中1轴取为梁的轴向，2、3轴对应于横截面的主轴。梁单元在总体坐标系中的位置，可由节点 $i$、$j$ 的坐标确定，主轴位置可通过与节点 $i$、$j$ 不共线的参考点 $k$ 来确定。

由图2.11.3可知，主轴对应的局部坐标系1、2、3中轴向单位矢量**1**、**2**、**3**，可由总体坐标系中的单位矢量 $\boldsymbol{i}$、$\boldsymbol{j}$、$\boldsymbol{k}$ 表示为

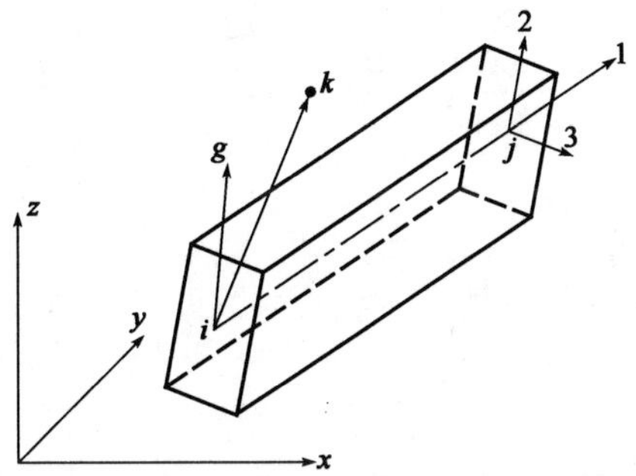


图 2.11.3 空间梁单元的局部坐标系

$$\mathbf{1} = \frac{L_x}{L}\boldsymbol{i} + \frac{L_y}{L}\boldsymbol{j} + \frac{L_z}{L}\boldsymbol{k} = 1_x\boldsymbol{i} + 1_y\boldsymbol{j} + 1_z\boldsymbol{k} \tag{2.11.3}$$

其中:$L_x = x_j - x_i$;$L_y = y_j - y_i$;$L_z = z_j - z_i$;$L = \sqrt{L_x^2 + L_y^2 + L_z^2}$。

又

$$\boldsymbol{g} = \frac{G_x}{G}\boldsymbol{i} + \frac{G_y}{G}\boldsymbol{j} + \frac{G_z}{G}\boldsymbol{k} \tag{2.11.4}$$

其中:$G_x = x_k - x_i$;$G_y = y_k - y_i$;$G_z = z_k - z_i$;$G = \sqrt{G_x^2 + G_y^2 + G_z^2}$。

令

$$\mathbf{3} = \frac{\mathbf{1} \times \boldsymbol{g}}{|\mathbf{1} \times \boldsymbol{g}|} = 3_x\boldsymbol{i} + 3_y\boldsymbol{j} + 3_z\boldsymbol{k}$$

根据矢量叉乘原理,有

$$\mathbf{2} = \mathbf{3} \times \mathbf{1} = 2_x\boldsymbol{i} + 2_y\boldsymbol{j} + 2_z\boldsymbol{k}$$

则

$$\boldsymbol{t}^{\mathrm{T}} = \begin{bmatrix} 1_x & 1_y & 1_z \\ 2_x & 2_y & 2_z \\ 3_x & 3_y & 3_z \end{bmatrix} \tag{2.11.5}$$

式中:$\boldsymbol{t}^{\mathrm{T}}$——由总体坐标系到局部坐标系的转换矩阵;

$\boldsymbol{t}$——由局部坐标系到总体坐标系的转换矩阵。

对于空间梁单元,从局部坐标系到总体坐标系的转换矩阵有 12×12 阶。

$$\boldsymbol{T} = \begin{bmatrix} \boldsymbol{t} & \mathbf{0} & \mathbf{0} & \mathbf{0} \\ \mathbf{0} & \boldsymbol{t} & \mathbf{0} & \mathbf{0} \\ \mathbf{0} & \mathbf{0} & \boldsymbol{t} & \mathbf{0} \\ \mathbf{0} & \mathbf{0} & \mathbf{0} & \boldsymbol{t} \end{bmatrix} \tag{2.11.6}$$

$$
\bar{\boldsymbol{k}}^e=\begin{bmatrix}
\frac{EA}{l} & 0 & 0 & 0 & 0 & 0 & -\frac{EA}{l} & 0 & 0 & 0 & 0 & 0\\
0 & \frac{12EI_z}{(1+b_z)l^3} & 0 & 0 & 0 & \frac{6EI_z}{(1+b_z)l^2} & 0 & -\frac{12EI_z}{(1+b_z)l^3} & 0 & 0 & 0 & \frac{6EI_z}{(1+b_z)l^2}\\
0 & 0 & \frac{12EI_y}{(1+b_y)l^3} & 0 & -\frac{6EI_y}{(1+b_y)l^2} & 0 & 0 & 0 & -\frac{12EI_y}{(1+b_y)l^3} & 0 & -\frac{6EI_y}{(1+b_y)l^2} & 0\\
0 & 0 & 0 & \frac{GJ}{l} & 0 & 0 & 0 & 0 & 0 & -\frac{GJ}{l} & 0 & 0\\
0 & 0 & -\frac{6EI_y}{(1+b_y)l^2} & 0 & \frac{(4+b_y)EI_y}{(1+b_y)l} & 0 & 0 & 0 & \frac{6EI_y}{(1+b_y)l^2} & 0 & \frac{(2-b_y)EI_y}{(1+b_y)l} & 0\\
0 & \frac{6EI_z}{(1+b_z)l^2} & 0 & 0 & 0 & \frac{(4+b_z)EI_z}{(1+b_z)l} & 0 & -\frac{6EI_z}{(1+b_z)l^2} & 0 & 0 & 0 & \frac{(2-b_z)EI_z}{(1+b_z)l}\\
-\frac{EA}{l} & 0 & 0 & 0 & 0 & 0 & \frac{EA}{l} & 0 & 0 & 0 & 0 & 0\\
0 & -\frac{12EI_z}{(1+b_z)l^3} & 0 & 0 & 0 & -\frac{6EI_z}{(1+b_z)l^2} & 0 & \frac{12EI_z}{(1+b_z)l^3} & 0 & 0 & 0 & -\frac{6EI_z}{(1+b_z)l^2}\\
0 & 0 & -\frac{12EI_y}{(1+b_y)l^3} & 0 & \frac{6EI_y}{(1+b_y)l^2} & 0 & 0 & 0 & \frac{12EI_y}{(1+b_y)l^3} & 0 & \frac{6EI_y}{(1+b_y)l^2} & 0\\
0 & 0 & 0 & -\frac{GJ}{l} & 0 & 0 & 0 & 0 & 0 & \frac{GJ}{l} & 0 & 0\\
0 & 0 & -\frac{6EI_y}{(1+b_y)l^2} & 0 & \frac{(2-b_y)EI_y}{(1+b_y)l} & 0 & 0 & 0 & \frac{6EI_y}{(1+b_y)l^2} & 0 & \frac{(4+b_y)EI_y}{(1+b_y)l} & 0\\
0 & \frac{6EI_z}{(1+b_z)l^2} & 0 & 0 & 0 & \frac{(2-b_z)EI_z}{(1+b_z)l} & 0 & -\frac{6EI_z}{(1+b_z)l^2} & 0 & 0 & 0 & \frac{(4+b_z)EI_z}{(1+b_z)l}
\end{bmatrix}
\quad (2.11.7)
$$

## 本章习题

1. 什么是总体坐标系？什么是单元坐标系？两者各有什么作用？
2. 试阐述节点力、杆端力和固端力的概念。它们之间有什么区别和联系？
3. 单元刚度矩阵有何特性？
4. 什么是直接刚度法？用直接刚度法形成总体刚度矩阵，单元元素是如何投放的？
5. 约束条件有哪些处理方法？各有什么优缺点？
6. 如何计算单元内力？
7. 结构位移应在什么坐标系中获取？单元内力应在什么坐标系中获取？
8. 计算下图所示刚架的杆端力。

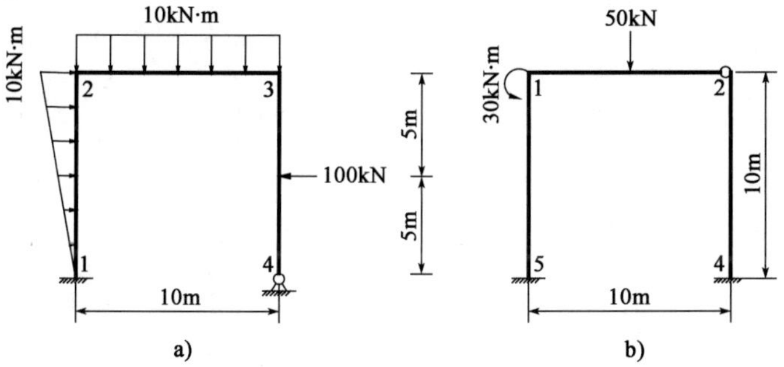


习题 8 图

9. 计算下图等截面连续梁等效节点荷载。

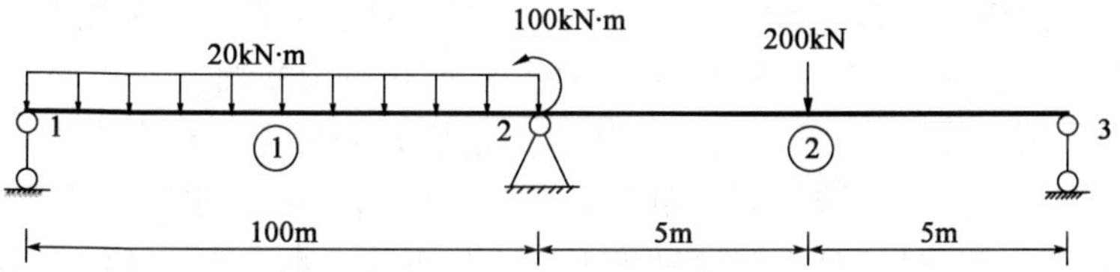


习题 9 图

10. 试用 MATLAB 计算题 9 刚架节点位移和截面内力。

## 第3章

# 桥梁结构的有限元建模

开展桥梁结构分析前,明确分析目标十分重要,虽然这项工作与所采用的分析软件并无直接关系,完全取决于用户的知识、经验和专业技能,然而规划分析将直接影响到建立有限元模型时的其他选择。例如,预期的分析结果是什么?是静力分析还是动力或稳定分析?是整体分析还是局部分析?模型中需选用哪些单元类型?怎样划分单元、网格密度如何选取等。此外,还要考虑结构有无对称性,是否需要做施工阶段分析等。本章先介绍结构分析中单元类型选择、单元连接、模型对称性等基本内容,然后分别介绍梁式桥、拱桥、斜拉桥与悬索桥的建模方法,最后介绍桩—土相互作用的计算。

## 3.1 单元类型

工程中的结构按照几何特征大致可分为杆系结构、板壳结构和实体结构。其中,杆系结构是由长度远大于其他两个尺度(截面高度和宽度)的杆件组成的结构;板壳结构是厚度远小于其他两个尺度(长度和宽度)的结构。板壳结构中的板有平板、单曲面板和双曲面板之分,可以同时承受作用在板面内和垂直于板面的荷载。根据板厚 $t$ 与其他方位尺寸的比值可判断结构是否为板壳问题,$1/80 \leqslant t \leqslant 1/10$ 为板(薄壳)问题,介于 1/10 ~ 1/5 范围内属于厚壳问题,大于 1/5 不再属于板壳结构问题,而是实体结构问题。板壳单元的力学模型是以各板壳的中性面为代表,将不同厚度的板或壳单元组合起来模拟结构体;而实体结构则是三个方向的尺度相近。上述这些结构可以用有限元软件中的点单元、一维(1D)的线单元、二维(2D)的面单元和三维(3D)的实体单元来模拟。

按照杆轴线和外力的空间位置可分为平面结构和空间结构。如果结构的各线单元轴线及外力(包括荷载和反力)均在同一平面内,称为平面结构,否则便是空间结构。相应地,有限元模型分为二维单元模型(平面模型)和三维单元模型(空间模型)。

(1)点单元只有一个节点,没有几何长度。点单元用于模拟集中质量。

(2)一维单元有2个节点的线单元和3个节点的线单元,具体有杆单元、梁单元、索单元和管单元等,可用于模拟二维和三维的梁、柱、支承、桁架、索或管结构,以及三维轴对称壳结构的二维模型,也可用于模拟特殊单元行为,如隔振器、阻尼器和缝隙、分段线性弹簧等。不同的是,后者可以具有零长度。

(3)二维平面单元包括3节点的三角形单元和4节点的矩形单元或四边形单元,用于模拟平板结构(平面应力)、等截面的“无限长”结构(平面应变)或轴对称实体结构。

(4)三维实体单元用于三维空间中截面积不等,也不是轴对称的厚结构。

由于每一种单元都有其适用范围及局限性,因此在使用单元前仔细地了解其特性和使用注意事项十分必要。表3.1.1列出了桥梁结构分析中常用的单元类型和可以模拟的桥梁构件。从表3.1.1中可以看出,模拟桥梁构件的单元往往不止一种,如桁架桥梁中的杆件,既可用桁架单元,也可用释放两端转角自由度的梁单元。同样,杆单元或索单元都可用于模拟斜拉桥的斜拉索,但两者是有差别的,索单元只能承受拉力;而在用杆单元模拟斜拉索时,需要指定杆单元的“只拉”属性。

**桥梁结构建模常用单元类型及构件模拟** 表3.1.1

| 单元类型 | 单元内力 | 一个节点的自由度数 | 模拟 |
|---|---|---|---|
| 梁单元 | 弯矩、剪力、轴力和扭矩 | (1)空间梁单元,3个线位移,3个转角位移;<br>(2)平面梁单元,2个线位移,1个转角位移 | (1)主梁、桥墩、索塔、桩基和横向联结系、刚性横梁等;<br>(2)若释放梁单元两端的转动自由度,可模拟桁架构件 |
| 杆单元 | 拉力、压力 | (1)空间杆单元,3个线位移;<br>(2)平面杆单元,2个线位移 | (1)桁架;<br>(2)指定拉/压属性时,可模拟斜拉索、吊索、系杆、扣索、锚索等;<br>(3)预应力筋 |
| 索单元 | 拉力 | 3个线位移(空间)、2个线位移(平面),无转角位移 | 主缆、斜拉索、吊索、系杆、扣索、锚索等 |
| 板壳单元 | 弯矩、剪力、扭矩 | 3个线位移,2个转角位移 | 箱梁、T梁翼缘板等 |
| 实体单元 | — | 3个线位移,无转角位移 | 深梁、承台、基础、箱梁0号块等 |
| 连接单元(弹簧单元和边界单元) | 弯矩、剪力、轴力和扭矩 | 3个线位移,3个转角位移 | 支座(或减隔震支座)、地基土弹簧 |

第2章中已经详细地介绍了梁单元和杆单元的特性,本章就桥梁结构计算中应用较广泛的索单元、面单元和体单元、连接单元的特性和使用要点做简要介绍。读者如需进一步了解这些单元特性,可阅读相关的有限元专著或科技文献。

### 3.1.1 索单元

在桥梁结构分析中,经常遇到斜拉桥斜拉索、悬索桥主缆、中下承式拱桥的吊索以及桥梁施工过程中的缆风索和扣索等只能承受拉力的柔索。柔索的特点是抗弯刚度很小,索的自重对结构平衡的影响不可忽略。结构分析中用到的索单元主要有经 Ernst 公式修正的直线索单元和两节点曲线索单元(悬链线索)。

1)经 Ernst 公式修正的直线索单元

柔索在自重作用下呈悬垂状态,不再是一条直线,不能简单地按拉压直杆来模拟,需要考虑自重垂度的影响。只有当索长较短、索力较大、索的垂度小、满足小位移假定时,才可采用 Ernst 公式修正的直线索单元。

MIDAS/Civil 中用等价桁架单元模拟直线索单元,其刚度由弹性刚度($K_{\text{elastic}}$)和垂度刚度($K_{\text{sag}}$)组成,并随张力 $T$ 而改变。等价桁架单元的组合刚度为

$$K_{\text{comb}} = \frac{1}{\dfrac{1}{K_{\text{sag}}} + \dfrac{1}{K_{\text{elastic}}}} = \frac{EA}{L\left(1 + \dfrac{\omega^2 L^2 EA}{12T^3}\right)} \tag{3.1.1}$$

其中:$K_{\text{elastic}} = \dfrac{EA}{L}$;$K_{\text{sag}} = \dfrac{12T^3}{\omega^2 L^2}$。

式中:$E$——弹性模量;

$A$——截面面积;

$L$——长度;

$T$——张力;

$\omega$——单位长度重量。

2)悬链线索单元

在不影响计算精度的情况下,对柔索做如下假定:

(1)索只能受拉,不能受弯。

(2)索仅承受索端集中力和沿索长均匀分布的线荷载 $q$。

(3)索的应力-应变关系符合胡克定律。

对如图3.1.1所示的索单元,局部坐标系的原点位于索单元 $i$ 节点,线荷载 $q$ 的方向为 $y$ 轴负向,且位于局部坐标系的 $\overrightarrow{x}\overrightarrow{y}$ 平面内。索单元两个节点的索端力列向量为 $[F_i^x \quad F_i^y \quad F_j^x \quad F_j^y]^{\mathrm{T}}$,各力分量的方向与坐标轴方向相同时为正,$T_i$ 和 $T_j$ 为两个索端的合力。单元的位移列向量为 $[u_i \quad v_i \quad u_j \quad v_j]^{\mathrm{T}}$。定义索单元在局部坐标系中的投影长度分别为 $L_x = x_j - x_i$ 和 $L_y = y_j - y_i$,弦长 $L_c = \sqrt{L_x^2 + L_y^2}$。其中,索的弹性模量为 $E$,面积为 $A$,无应力索长为 $L_u$。

索单元在均布荷载 $q$ 作用下,平衡后的线形是一条悬链线,在单元局部坐标系中的方程为

$$y = \frac{L_x}{2\beta}\left[\cosh\frac{2\beta(x-a)}{L_x} - \cosh\frac{2\beta a}{L_x}\right] \tag{3.1.2}$$

其中：

$$\left.\begin{aligned}\beta &= \frac{qL_x}{2F_j^x}\\ a &= \frac{L_x}{2} - \frac{L_x}{2\beta}\sinh^{-1}\left(\frac{L_y}{L_{h0}}\right)\\ L_{h0} &= \frac{L_x}{\beta}\sinh\beta\end{aligned}\right\} \tag{3.1.3}$$

式中：$a$——悬链线几何图形最低点 $D$ 到 $i$ 端的距离(图 3.1.1)；

$L_{h0}$——$L_y=0$(索两端无高差)时的索长。

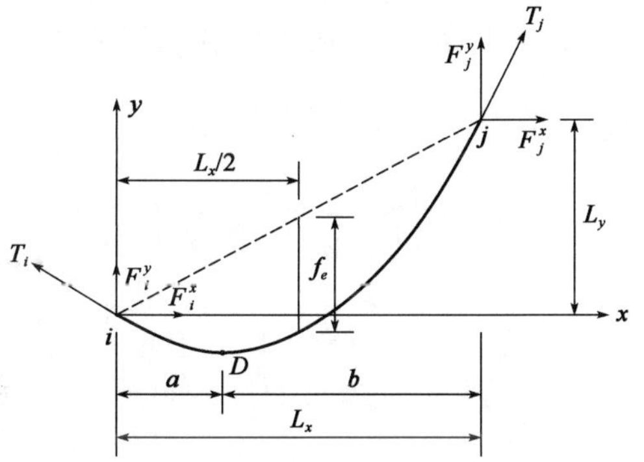


图 3.1.1 索单元示意图

当 $x=L_x/2$ 时，索的垂度为

$$f_e = \frac{L_x}{2\beta}(\cosh\beta - 1)\sqrt{1+\left(\frac{L_y}{L_{h0}}\right)^2} \tag{3.1.4}$$

索单元在均布荷载 $q$ 作用下的索长 $S$ 和弹性伸长量 $\Delta S$ 按式(3.1.5)计算

$$\left.\begin{aligned}S &= \sqrt{L_y^2 + L_{h0}^2}\\ \Delta S &= \frac{F_j^x}{2EA}\left(L_x + \frac{S^2+L_y^2}{\sqrt{S^2-L_y^2}}\cosh\beta\right)\end{aligned}\right\} \tag{3.1.5}$$

索单元两个节点的索端力存在如下关系

$$\left.\begin{aligned}F_j^x &= -F_i^x\\ F_j^y &= qL_u - F_i^y\\ T_i &= \sqrt{(F_i^x)^2+(F_i^y)^2}\\ T_j &= \sqrt{(F_j^x)^2+(F_j^y)^2}\end{aligned}\right\} \tag{3.1.6}$$

由式(3.1.6)可以看出,只要知道任意一个节点的2个索端力分量,就能导出其余4个分力。

索单元的两个投影长度 $L_x$ 和 $L_y$ 与索端力存在如下关系

$$\left.\begin{aligned} L_x &= -F_i^x\left(\frac{L_u}{EA}+\frac{1}{q}\ln\frac{T_j+F_j^y}{T_i-F_i^y}\right) \\ L_y &= \frac{T_j^2-T_i^2}{2EAq}+\frac{T_j-T_i}{q} \end{aligned}\right\} \tag{3.1.7}$$

以 $F_x^i$ 和 $F_y^i$ 为变量,分别令 $L_x$ 和 $L_y$ 对其取微分,有

$$\begin{Bmatrix}\Delta L_x \\ \Delta L_y\end{Bmatrix}=\begin{bmatrix}A_1 & A_2 \\ B_1 & B_2\end{bmatrix}\begin{Bmatrix}\Delta F_i^x \\ \Delta F_i^y\end{Bmatrix} \tag{3.1.8}$$

其中:

$$\left.\begin{aligned} A_1 &= \frac{L_x}{F_i^x}+\frac{1}{q}\left(\frac{F_j^y}{T_j}+\frac{F_i^y}{T_i}\right) \\ A_2 &= B_1 = \frac{F_i^x}{q}\left(\frac{1}{T_j}-\frac{1}{T_i}\right) \\ B_2 &= -\frac{L_u}{EA}-\frac{1}{q}\left(\frac{F_i^y}{T_i}+\frac{F_j^y}{T_j}\right) \end{aligned}\right\} \tag{3.1.9}$$

由此,可写出 $i$ 节点索端力增量与投影长度增量之间的关系为

$$\begin{Bmatrix}\Delta F_i^x \\ \Delta F_i^y\end{Bmatrix}=\begin{bmatrix}\dfrac{B_2}{C} & -\dfrac{A_2}{C} \\ -\dfrac{B_1}{C} & \dfrac{A_1}{C}\end{bmatrix}\begin{Bmatrix}\Delta L_x \\ \Delta L_y\end{Bmatrix} \tag{3.1.10}$$

其中:

$$C = A_1B_2 - A_2B_1 \tag{3.1.11}$$

同理,可写出 $j$ 节点索端力增量与投影长度增量之间的关系为

$$\begin{Bmatrix}\Delta F_j^x \\ \Delta F_j^y\end{Bmatrix}=\begin{bmatrix}-\dfrac{B_2}{C} & \dfrac{A_2}{C} \\ \dfrac{B_1}{C} & -\dfrac{A_1}{C}\end{bmatrix}\begin{Bmatrix}\Delta L_x \\ \Delta L_y\end{Bmatrix} \tag{3.1.12}$$

由图3.1.1可得到:$L_x=x_j-x_i$,$L_y=y_j-y_i$,分别对其进行偏微分,得

$$\begin{aligned} \Delta L_x &= \Delta u_j - \Delta u_i \\ \Delta L_y &= \Delta v_j - \Delta v_i \end{aligned} \tag{3.1.13}$$

将式(3.1.13)代入式(3.1.10)和式(3.1.12),整理后得柔索单元的切线刚度平衡方程

$$\Delta \boldsymbol{F}^e = \boldsymbol{K}_T^e\,\Delta\boldsymbol{\delta}^e \tag{3.1.14}$$

其中:

$$\Delta \boldsymbol{F}^e = \{\Delta F_i^x \quad \Delta F_i^y \quad \Delta F_j^x \quad \Delta F_j^y\}$$

$$\Delta \boldsymbol{\delta}^e = \{\Delta u_i \quad \Delta v_i \quad \Delta u_j \quad \Delta v_j\}$$

$$\boldsymbol{K}_T^e = \begin{bmatrix} -a_1 & -a_3 & a_1 & a_3 \\ & -a_2 & a_3 & a_2 \\ \text{对} & & -a_1 & -a_3 \\ & \text{称} & & -a_2 \end{bmatrix} \tag{3.1.15}$$

$$a_1 = -\frac{B_2}{C}, a_3 = \frac{A_2}{C}, a_2 = -\frac{A_1}{C}$$

式中：$\boldsymbol{K}_T^e$——切线刚度矩阵。

当 $L_x = 0$ 时，索单元就退化为直杆单元，其刚度矩阵为

$$\boldsymbol{K}_T^e = \begin{bmatrix} 0 & 0 & 0 & 0 \\ & -\frac{1}{B_2} & 0 & \frac{1}{B_2} \\ \text{对} & & 0 & 0 \\ & \text{称} & & -\frac{1}{B_2} \end{bmatrix} \tag{3.1.16}$$

从上述推导可知，索单元的切线刚度矩阵与单元的平衡位置和受力状态相关，因此索单元是一个非线性单元。

在索端力已知的情况下，可直接计算出当前平衡位置柔索单元的切线刚度矩阵 $\boldsymbol{K}_T^e$。当索端力未知时，可基于索单元的 $EA$、$q$、$L_u$、$L_x$ 和 $L_y$ 迭代求出索端力。在迭代求解前，先将索端力 $[F_i^x \quad F_i^y]^{\mathrm{T}}$ 赋初始值 $[F_i^{x0} \quad F_i^{y0}]^{\mathrm{T}}$，该初始值可根据悬链线理论进行估算。

在 MIDAS/Civil 中，成桥阶段分析时，索单元按等效桁架单元进行分析；几何非线性分析时，索单元按弹性悬链线索单元进行分析。在建立索单元时，可输入索的初拉力（或无应力索长 $L_u$、水平力），用于构建大位移分析用的初始拉力。当同时输入初始荷载 > 大位移 > 几何刚度初始荷载时，几何刚度初始荷载起控制作用。两种方法虽然均适用于大位移分析，但程序内初始拉力按荷载处理，几何刚度初始荷载按初始刚度处理，因此分析结果会不同。

### 3.1.2 面单元和体单元

在开展平面应力、平面应变或实体分析时要用到面单元和体单元。有限单元法中，线性面单元有二维的三角形单元和四边形单元，线性体单元有三维的四面体单元和六面体单元，如图 3.1.2 所示。常用的二次单元如图 3.1.3 所示。这些单元能够解决工程中的很多问题，且有良好的适应性。但在有应力集中的地方应避免使用二维线性三角形单元或四面体的三维线性单元。对于非线性结构分析，与使用二次单元相对粗糙的网格划分相比，只要细致地划分网格，使用线性单元将会以很少的代价获得良好的效果。对于弯曲壳体，建模时必须选用二次的（弯曲的）或平面的线性壳单元。

线性单元由于受到插值函数自身带来的不完备问题，导致单元的部分节点自由度对计算精度不起作用。为了提高计算精度和计算效率，可以采用非协调元。非协调元对分析弯曲应力状态时的性能改善具有重要意义。

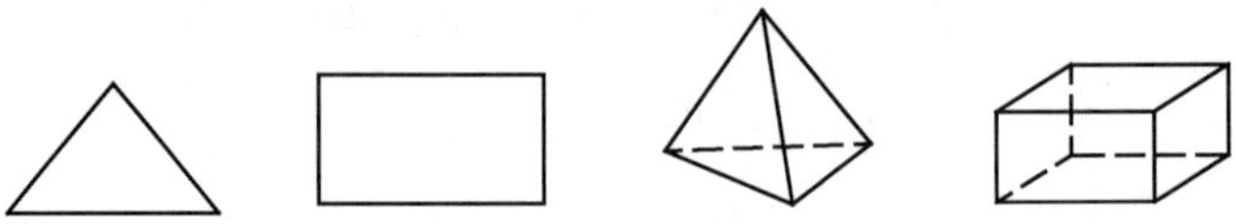

a)三角形　b)矩形　c)四面体　d)规则六面体

图 3.1.2　线性单元

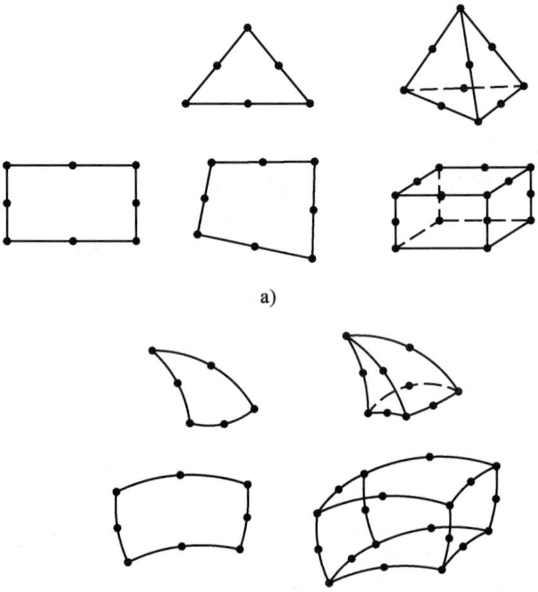

a)　b)

图 3.1.3　二次单元

### 3.1.3　连接单元

连接单元的类型很多,如刚性梁单元、弹簧单元、连接/支座单元、过渡单元和罚单元等,具体应用时,应根据构造特点合理选择。限于篇幅,在此仅介绍前三种连接单元。

(1)刚性梁单元是一个被人为赋予了很大刚度的梁单元。刚性梁单元具有与一般梁单元相同的单元性质,只是其弹性模量要比实际构件的单元弹性模量大 1000～10000 倍,而质量密度取为零。在一个分析模型中,过多地使用刚性梁单元会降低计算精度,尤其是模型中还使用了弹性连接的“刚性连接”时,会导致求解奇异甚至求解失败。

(2)弹簧单元用在结构的边界及弹性地基梁的支承位置上(图 3.1.4)。在缺乏自由度的单元(如桁架单元、平面应力单元和实体单元)之间互相连接的节点上,为了防止出现奇异也使用弹簧单元。弹簧单元的刚度按发生单位位移(线位移或转角位移)时所施加的力或力矩的大小来输入。

(3)连接/支座单元也称为边界单元,是用于模拟结构与基础、结构间或杆件间连接的特殊单元。这种单元由弹簧和阻尼器构成,若弹簧属性包含了线性/非线性,可用于进行非线性分析之后的线性分析;若阻尼器包含了与频率相关的属性,单元可用于进行与频率相关的分析。因此,连接/支座单元可用于结构的消能、隔振的动力分析。

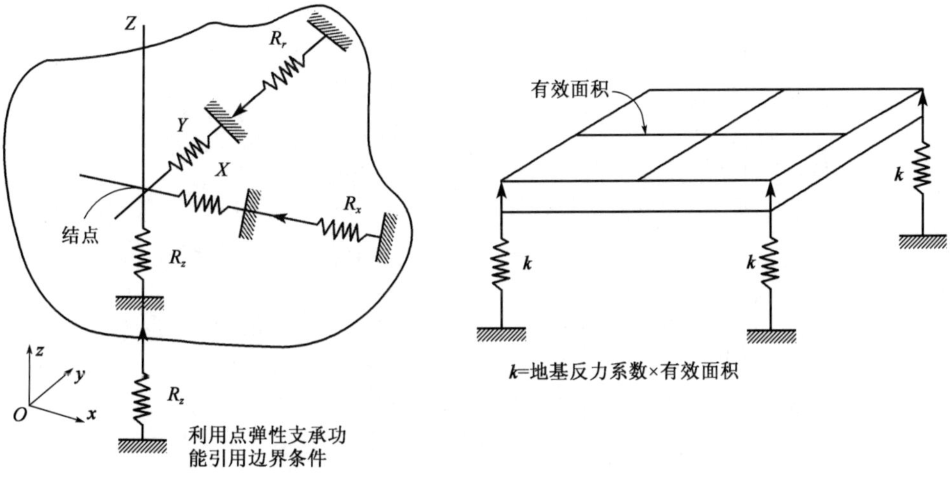


图 3.1.4 弹簧单元

## 3.2 单元间的连接处理

根据桥梁构件的受力特性,分析模型中可以同时使用几种类型的单元,如梁单元与杆单元(或索单元)、梁单元与板单元、梁单元与实体单元。无论分析模型中有多少种单元类型,都必须保证单元自由度的相容性,防止界面处可能发生的不协调导致求解方程时出错。为确保界面的协调性,既要保证单元具有相同性质的自由度,即要求有相同类型和数目的线位移自由度及转角自由度,也要保证自由度必须是耦合的。只有这样,才能确保内力和变形能连续地穿过界面处单元的边界。

在有限元模型中,单元间的连接是通过自由度的位移关系来反映的。处理单元连接的方法较多,有释放自由度法、主从节点法和节点耦合法,或者使用刚性梁单元、过渡单元和罚单元等。

### 3.2.1 相同单元类型的连接处理

下面介绍释放自由度法、主从节点法的基本概念及使用方法,其他处理方法读者可参考相关有限元书籍。

1)释放自由度法

释放自由度法是指通过释放单元节点的一个或几个自由度来实现单元端部不同的线位移或转角位移。例如,为实现图 3.2.1a)中单元②与门架的铰接,只需释放单元②右节点 My 弯矩,在 MIDAS/Civil 程序中选择"边界"→"释放梁端约束",勾选图 3.2.2 中 $j$ – 节点的 My 即完成指定自由度的释放,也可单击图 3.2.2 中"刚接-铰"按钮来实现。

需要注意的是,单元左节点($i$ – 节点)和右节点($j$ – 节点)由用户自行定义,这里假定节点 2 为 $i$ – 节点、节点 4 为 $j$ – 节点。如果反过来将节点 4 定义为 $i$ – 节点、节点 2 定义为 $j$ – 节点,那么在图 3.2.2 中就应该释放 $i$ – 节点的 My。若用户不能确定左、右节点时,可以通过查询单元坐标系的方式来确定。

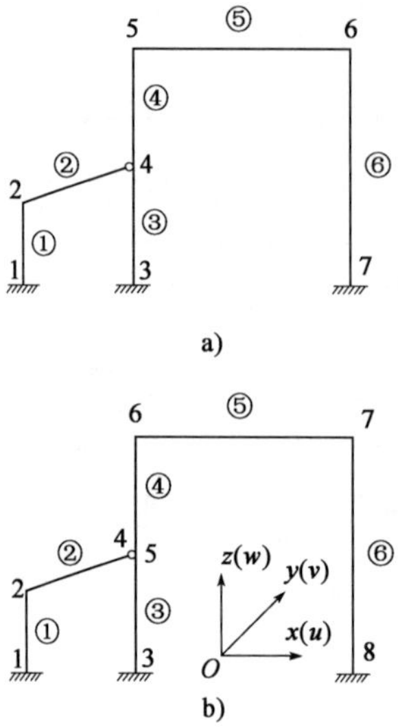


图 3.2.1 铰处理

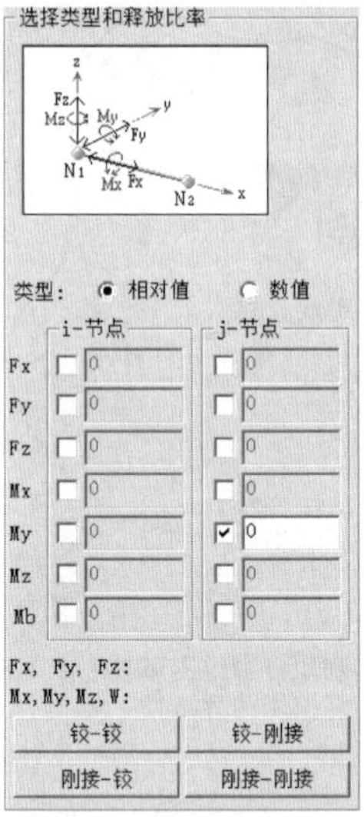


图 3.2.2 MIDAS/Civil 中释放梁端弯矩

在 MIDAS/Civil 的 GUI 界面中生成单元的节点先后顺序决定其左、右节点,用户可以在单元表格中修改左、右节点。从 AutoCAD 中导入的模型,AutoCAD 中画线的先后顺序将决定模型中单元的左、右节点。因此,养成良好的建模习惯是十分必要的,可遵循从左到右、从上到下的建模规则,也可根据个人习惯决定建模规则。

2)主从节点法

主从节点(Master-slaver node),又称为主从约束或主从自由度,是指强制某些节点(从属节点)的自由度从属于某节点(主节点),从属节点包括刚度分量在内的所有属性(节点荷载或节点质量)均将转换为主节点的等效分量。结构力学中的梁弯曲理论和板壳理论所引入的变形方面的假定实际上就是应用了主从自由度的原理,将问题归结为求解中面位移函数(主自由度),而中面以外任一点的位移(从自由度)都可通过中面位移来表示。

主从节点法通常需要在同一位置定义节点坐标相同、编号不同的多个节点。对图 3.2.1a)中门架,采用主从节点法时,需要在铰接位置定义 4 和 5 两个节点,如图 3.2.1b)所示。从图中可以看到:

①节点 4 和节点 5 的线位移相同,两者的转角位移不同,而刚接于节点 5 的杆件③、④具有相同的角位移。在 $xoz$ 平面内有以下位移关系式成立:

$$u_x^4 = u_x^5, v_z^4 = v_z^5, \text{但 } \theta_y^4 \neq \theta_y^5$$

②单元节点上有铰的杆端不承受弯矩,只有节点上刚接的各杆杆端弯矩参与节点的力矩平衡。因此,杆件②在铰接端的杆端弯矩为零,杆件③、④在节点 5 上与外弯矩保持平衡。由此可见,单元②铰接端只有线位移自由度参加总体刚度矩阵的集成,转动自由度不参加集成,该自由度属于内部自由度性质,可以通过凝聚方式将其凝聚掉(详见本章第 3.2.3 节)。

主从节点法也可用于不同位置、不同节点编号的场合中。图 3.2.3 所示为两根铜线和一根铁线通过一根刚性横梁联结,当刚性梁下作用集中力 $Q$ 时,铜线与铁线具有相同的竖向位移,将节点 4 和节点 6 的竖向位移从属于节点 5 的竖向位移,就可以模拟刚性横梁,模型中无须建立刚性横梁,从而避免了因铜线、铁线与刚性横梁刚度相差悬殊而造成的求解失败或过大误差。

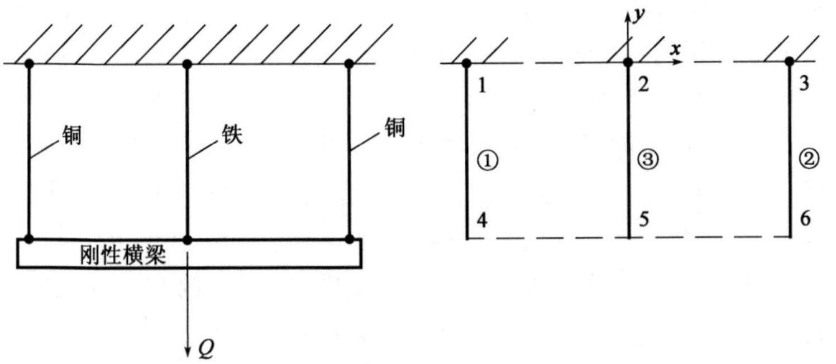


图 3.2.3　实际结构与有限元模型

主从节点在桥梁结构分析中广泛应用，如带挂梁的悬臂梁桥和上承式拱桥立柱盖梁与行车道板(梁)的连接。图 3.2.4 所示为单悬臂梁桥，中跨有 1 个挂梁，挂梁牛腿与悬臂梁牛腿之间可用主从节点法连接。图 3.2.5 所示的上承式拱桥，在处理拱上立柱盖梁与行车道梁的连接时，同样可用主从节点法来反映其约束关系。

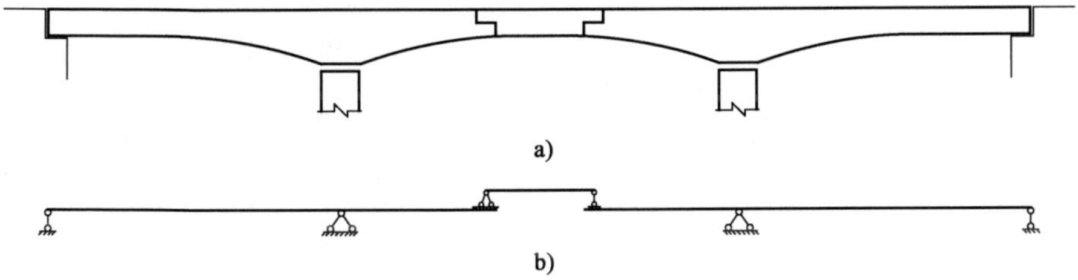


图 3.2.4　悬臂梁桥悬臂端与挂梁间的连接

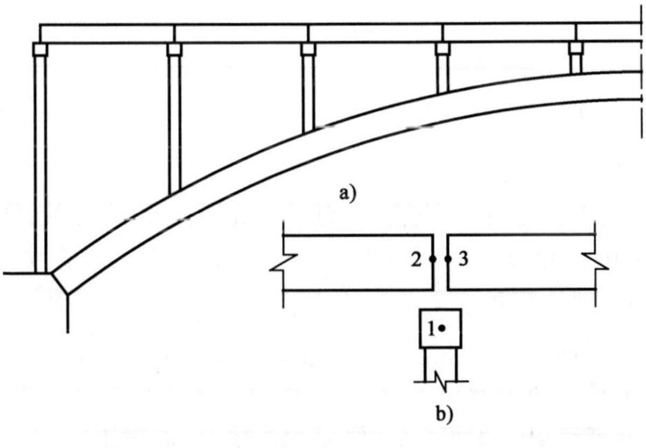


图 3.2.5　上承式拱桥行车道梁与立柱盖梁间的连接

## 3.2.2　不同单元类型的连接处理

1)梁单元与杆单元的连接

斜拉桥、悬索桥以及中下承式拱桥中，斜拉索、主缆、吊索和预应力系杆只承受拉力，采用杆单元或索单元模拟；主梁、拱圈、桥塔、桥墩等构件中不仅有轴向力，还有弯矩、扭矩和剪力，采用梁单元模拟。因此，梁单元与杆单元的连接是桥梁建模中经常遇见的问题。

二维(2D)和三维(3D)的杆单元,每个节点分别有2个和3个线位移自由度,而二维和三维的梁单元,每个节点除了有2个和3个线位移自由度外,还分别有1个和3个转角自由度。虽然两种单元的自由度数不同,但就线位移自由度而言,它们具有相同的物理意义。因此,只要杆单元和梁单元由共同的节点连接,就无须做其他处理;若杆单元与梁单元未交于共同节点上,只需在线位移自由度间建立连接关系,不涉及转角自由度的连接关系。图3.2.6中的空间梁单元和空间杆单元是分析模型中的2个单元,节点 $i$ 和 $j$ 在模型简化后未交于一点,需要在两者之间设置一个连接单元,如刚性梁单元。由于刚性梁单元也为空间梁单元,这样刚性梁单元的3个线位移自由度和空间杆单元的3个线位移自由度就结合一起,达到连接单元的目的。

在MIDAS/Civil中,可以采用边界条件中的"弹性连接"或"刚性连接"来处理空间梁单元和空间杆单元的线位移自由度关系。如图3.2.7所示的刚性连接,在图中"主节点"对话框中输入空间梁单元的 $i$ 节点号,勾选"DX、DY、DZ"选项,保证3个线位移相同,若同时勾选6个位移分量,则3个转角自由度不起作用,MIDAS/Civil自动忽略转角自由度。

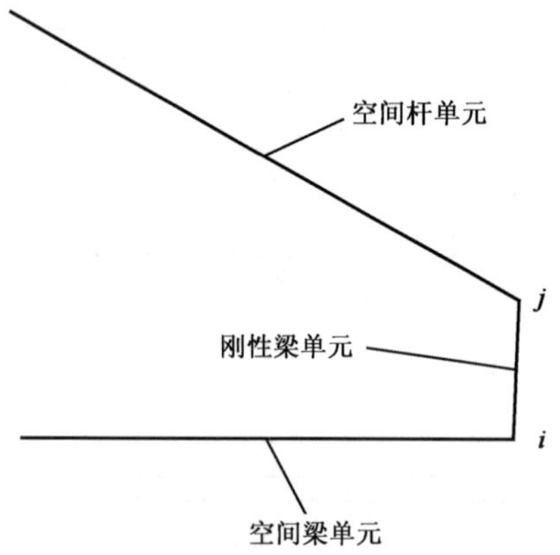


图3.2.6 空间梁单元与空间杆单元连接

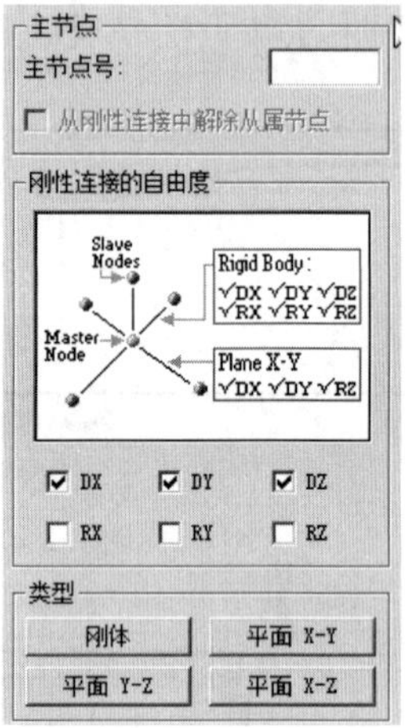


3.2.7 刚性连接线位移自由度

2)梁单元与板(壳)单元的连接

要正确处理梁单元与板(壳)单元的连接,有必要先了解板(壳)单元的一些特性。

板(壳)单元是一个由平面应力单元与弯曲单元构成的组合单元,它组合了单纯膜只承受面内的力与法向弯矩和单纯板只承受弯曲与横向力的特性,使之可以同时承受力和弯矩。板壳单元实际上只有5个自由度,即图3.2.8中所示的 $u_x$、$u_y$、$u_z$ 3个线位移自由度和 $\theta_x$、$\theta_y$ 2个转角自由度,通常引入第6个面内转角自由度($\theta_z$),但该转角自由度与梁单元的面内转角自由度的意义不同,因此在处理梁单元与板(壳)单元的连接时,需区别对待。

(1)梁单元与板(壳)单元的铰接。

这种情况下的连接处理较为简单,由于梁单元与板(壳)单元的线位移自由度的物理意义相同,因此只需在同一位置建立各自的节点(重合节点),然后采用主从节点的方法耦合节点的线位移自由度。

注意:如两者具有公共节点,又不采用主从节点连接,实际上是一个除面内转角自由度($\theta_z$)外的刚性连接。在MIDAS/Civil程序中,通过释放与板壳单元相连接的梁单元梁端弯矩,就能实现梁单元与板壳单元的铰接。

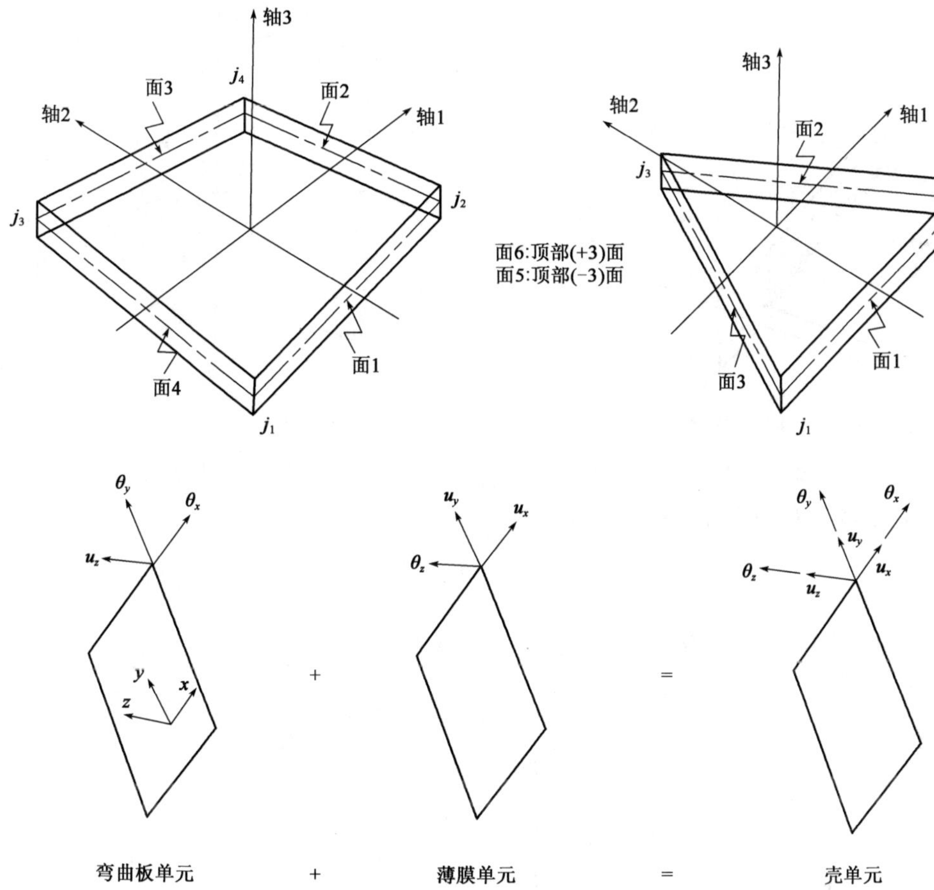


图 3.2.8 壳单元局部坐标与节点自由度

(2)梁单元与板(壳)单元的刚接。

当梁单元与板(壳)单元间具有共同节点时,只需建立梁单元面内转角自由度与板单元其他自由度之间的约束关系。

桥梁工程中经常遇到带加劲肋的钢箱梁、钢模板和正交异性板等,加劲肋用梁单元模拟,桥面用板(壳)单元模拟。这种构造的特点是加劲肋仅位于板的一侧(图 3.2.9),梁的中性轴与板的中性面不重合。由于板与加劲肋是固结的,当板弯曲变形时,梁处于偏心弯曲,有弯矩和轴力,相应地,在板面内有面内的膜力产生,此时应该考虑板面内的变形,相当于板(壳)单元。通常板单元的节点在中面上,而梁单元的节点在其中性轴上,两者之间有偏心距 $e$。如果以板为主体,这种梁单元称为偏心梁单元,此时,应把梁单元原有的节点位移变换到板的节点位移上。

板、梁组合时,一般板、梁的节点都取在同一横截面上,如梁截面中心为 $C$,板中面点位 $O$,$z$ 为板法线,$OC$ 距离为 $e$,如图 3.2.10 所示。考虑面内变形的板单元,其节点 $O$ 有 5 个位移分量

$$\boldsymbol{\delta}_O = [u_O \quad v_O \quad w_O \quad \theta_{xO} \quad \theta_{yO}]^{\mathrm{T}}$$

对于平面梁单元,其节点 $C$ 有 3 个位移分量

$$\boldsymbol{\delta}_C = [u_C \quad w_C \quad \theta_{yC}]^{\mathrm{T}}$$

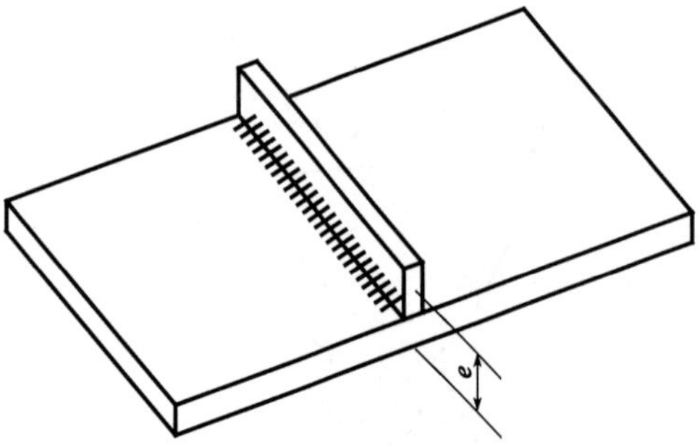


图 3.2.9 加劲肋单侧布置

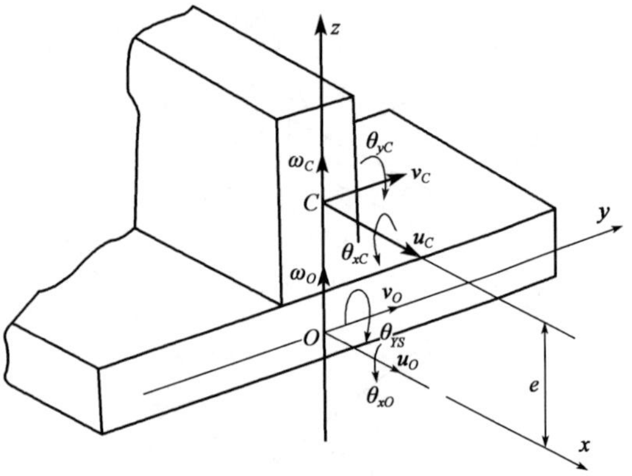


图 3.2.10 板梁组合截面

假设板、梁组合构件变形后,$OC$ 线仍为直线,且垂直于板面,则板、梁节点 $O$、$C$ 的转角须相等,均为 $\theta_y$,而线位移应有如下的几何关系

$$\begin{aligned} w_C &= w_O \\ u_C &= u_O + e\theta_{yO} \end{aligned} \tag{3.2.1}$$

这样,梁的节点位移$\boldsymbol{\delta}_C$ 与板的节点位移$\boldsymbol{\delta}_O$ 间的关系为

$$\begin{Bmatrix} u_C \\ w_C \\ \theta_{yC} \end{Bmatrix} = \begin{bmatrix} 1 & 0 & 0 & 0 & e \\ 0 & 0 & 1 & 0 & 0 \\ 0 & 0 & 0 & 0 & 1 \end{bmatrix} \begin{Bmatrix} u_O \\ v_O \\ w_O \\ \theta_{xO} \\ \theta_{yO} \end{Bmatrix} \tag{3.2.2}$$

写成矩阵形式,有

$$\boldsymbol{\delta}_C = \boldsymbol{\lambda}\boldsymbol{\delta}_O \tag{3.2.3}$$

直梁有 2 个节点,梁与板相应的节点间都有式(3.2.3)的几何关系。如梁单元的两个节点位移合起来记为$\boldsymbol{\delta}^e$,而对应于板中性面的两个节点位移合写为$\boldsymbol{\delta}'^e$,则有

$$\boldsymbol{\delta}^e = \boldsymbol{T}\boldsymbol{\delta}'^e \tag{3.2.4}$$

式中:$\boldsymbol{T}$——变换矩阵,有

$$\boldsymbol{T} = \begin{bmatrix} \lambda & \\ & \lambda \end{bmatrix}$$

变换后的梁单元刚度矩阵可以与板单元刚度矩阵直接叠加。这里使用的是计入轴力的梁单元,两个节点共有 6 个自由度,单元刚度矩阵为 $6\times6$ 的方阵,变换以后为 $10\times10$ 的方阵,与板单元的两个节点是对应的。

上述分析相当于把板的直线法假设扩展到相结合的梁截面上,在此假设条件下,上述变换保证了梁、板之间的相容性,因此图 3.2.10 的板、梁结合处的位移是连续的。图 3.2.10 中,板节点的转角 $\theta_x$ 对应于梁的扭转,如再计入梁的扭转,梁节点有 4 个自由度,此时梁节点位移与板节点位移间的几何关系为:

$$\begin{Bmatrix} u_C \\ w_C \\ \theta_{xC} \\ \theta_{yC} \end{Bmatrix} = \begin{bmatrix} 1 & 0 & 0 & 0 & e \\ 0 & 0 & 1 & 0 & 0 \\ 0 & 0 & 0 & 1 & 0 \\ 0 & 0 & 0 & 0 & 1 \end{bmatrix} \begin{Bmatrix} u_O \\ v_O \\ w_O \\ \theta_{xO} \\ \theta_{yO} \end{Bmatrix} \tag{3.2.5}$$

按此关系,同样可以建立两节点梁单元的变换矩阵 $\boldsymbol{T}$,把计入扭转刚度的梁单元变换到板节点位移上,再进行叠加。不过这种变换中梁的扭转与板的弯曲是不一致的,梁与板间是不完全相容的。

在有限元程序中,可采取以下两种方法来处理:

①梁单元与壳单元共用节点,需梁偏置或壳偏置,有关梁偏置的计算原理见上述推导。

②梁单元与壳单元节点独立,用刚臂连接,对平面梁单元来说,最终得到的梁单元和壳单元的位移关系见式(3.2.2)。

3)杆单元、梁单元与平面单元的连接

(1)杆单元与平面单元的连接。

由于平面单元(三角形单元、矩形单元)和杆单元均只有线位移自由度,没有转角自由度,因此,当杆单元与平面单元由共同节点连接时,无须做任何处理。

(2)梁单元与平面单元的连接。

图3.2.11a)所示为平面单元与梁单元通过节点2连接,由于平面单元只有线位移 *UX*、*UY*,没有角位移,而梁单元有两个线位移 *UX*、*UY* 和一个角位移 *RZ*。如果不做特殊的连接处理,则节点2处仅表现为一个铰接。

在处理梁单元与平面单元、梁单元与实体单元以及板(壳)单元与实体单元连接时,一种较为有效的处理方法是设置虚拟梁单元。

图3.2.11b)所示为梁单元与平面单元的连接,在平面单元的1-2、2-3节点上各设置一个虚拟梁单元,并释放这两个虚拟梁单元中1、3节点的转角自由度,这样,梁单元的弯矩就会以拉力和压力形成力矩的方式传递到与之连接的节点上。

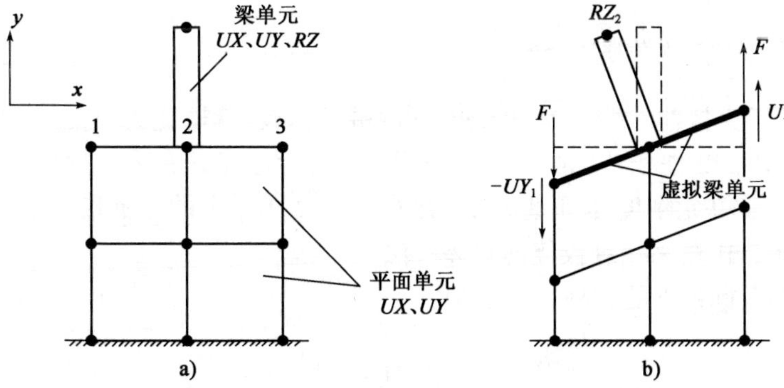


图3.2.11　梁单元与平面单元的连接

4)杆单元、梁单元与实体单元的连接

(1)杆单元与实体单元的连接。

如前所述,杆单元只有线位移自由度,而实体单元都包含了这些线位移自由度,只要两者具有共同节点,必然保证线位移值相等,无须再作处理。

(2)梁(壳)单元与实体单元的连接。

在处理梁单元与实体单元或壳单元与实体单元的连接时,同样可采用虚拟梁单元法,如图3.2.12和图3.2.13所示。但需要注意的是,由于在梁单元与实体单元重叠的位置处有可能出现不符合实际的额外刚度,即该位置具有两倍的刚度,建模时要注意将这种影响控制在一个允许的范围内,尤其是在模型应力比较集中的区域应慎重处理,尽量不采用虚拟梁单元来连接。

图3.2.13所示为壳单元和实体单元的连接,同样采用虚拟梁单元法。

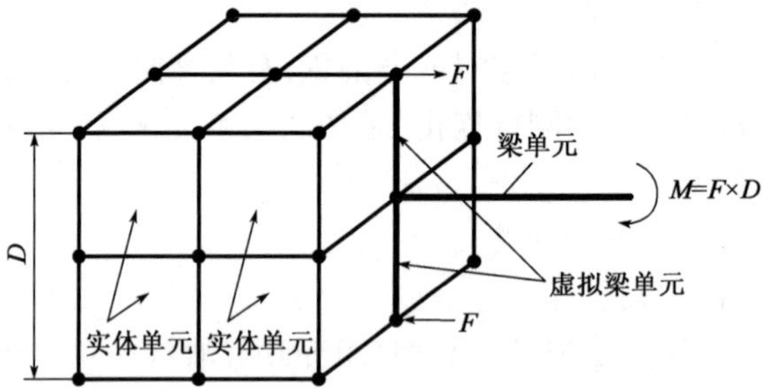


图3.2.12　用虚拟梁单元处理梁与实体单元的连接

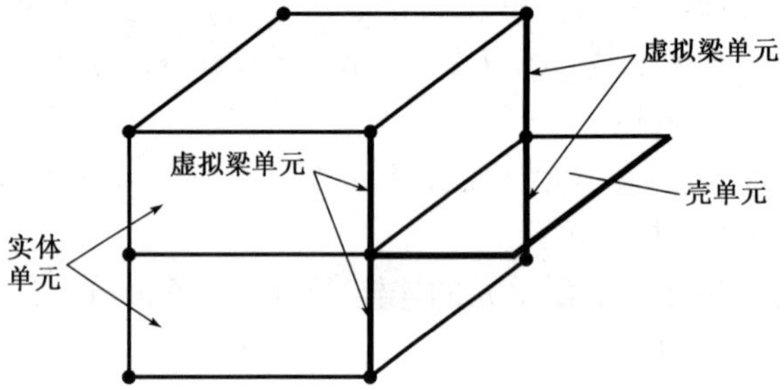


图3.2.13　用虚拟梁单元处理壳与实体单元的连接

### 3.2.3　梁单元中带铰的处理

图3.2.1a)所示为杆件一端带铰的结构,如两端都为铰,就退化为只能承受拉/压的杆,因此,搞清楚梁单元中带铰的处理方法,有助于更好、更灵活地建立有限元模型。下面在第2章推导的两节点经典梁单元刚度矩阵基础上,针对图3.2.1a)中的单元②(左端固结、右端铰接),介绍运用凝聚自由度来处理铰接的具体方法。

梁单元在局部坐标系下的方程可表示为

$$\begin{bmatrix} K_0 & K_{0c} \\ K_{c0} & K_{cc} \end{bmatrix} \begin{Bmatrix} \delta_0 \\ \delta_c \end{Bmatrix}^e = \begin{Bmatrix} P_0 \\ P_c \end{Bmatrix}^e \tag{3.2.6}$$

式中:$\delta_c$——单元中需要凝聚掉的自由度;

$\delta_0$——单元中需要保留的自由度,即后续要参与总体刚度集成的自由度。同理,也可以把单元刚度矩阵和节点荷载列阵表示成相应的分块形式。

展开方程(3.2.6)中的第2式,可以得到

$$\delta_c = K_{cc}^{-1}(P_c - K_{c0}\delta_0) \tag{3.2.7}$$

将式(3.2.7)代入式(3.2.6)中的第1式,得到凝聚后的单元方程

$$K^*\delta_0 = P_0^* \tag{3.2.8}$$

其中:

$$\left.\begin{aligned} K^* &= K_0 - K_{0c}K_{cc}^{-1}K_{0c} \\ P_0^* &= P_0 - K_{0c}K_{cc}^{-1}P_c \end{aligned}\right\} \tag{3.2.9}$$

通过矩阵运算,可得到凝聚后在局部坐标系内的单元刚度矩阵 $\boldsymbol{K}^*$

$$\boldsymbol{K}^* = \begin{bmatrix} \frac{EA}{l} & 0 & 0 & -\frac{EA}{l} & 0 \\ 0 & \frac{3EI}{l^3} & \frac{3EI}{l^2} & 0 & -\frac{3EI}{l^3} \\ 0 & \frac{3EI}{l^2} & \frac{3EI}{l} & 0 & -\frac{3EI}{l^2} \\ -\frac{EA}{l} & 0 & 0 & \frac{EA}{l} & 0 \\ 0 & -\frac{3EI}{l^3} & -\frac{3EI}{l^2} & 0 & \frac{3EI}{l^3} \end{bmatrix} \tag{3.2.10}$$

凝聚前的单元刚度矩阵 $\boldsymbol{K}^e$ 是 $6\times6$ 矩阵,凝聚后单元刚度矩阵 $\boldsymbol{K}^*$ 是 $5\times5$ 矩阵。为方便编程,习惯上将 $\boldsymbol{K}^*$ 仍保留原有的 $6\times6$ 矩阵,只需在 $\boldsymbol{K}^*$ 上的第6行和第6列增加全部为零的元素[式(3.2.11)]。

$$\boldsymbol{K}^* = \begin{bmatrix} \frac{EA}{l} & 0 & 0 & -\frac{EA}{l} & 0 & 0 \\ 0 & \frac{3EI}{l^3} & \frac{3EI}{l^2} & 0 & -\frac{3EI}{l^3} & 0 \\ 0 & \frac{3EI}{l^2} & \frac{3EI}{l} & 0 & -\frac{3EI}{l^2} & 0 \\ -\frac{EA}{l} & 0 & 0 & \frac{EA}{l} & 0 & 0 \\ 0 & -\frac{3EI}{l^3} & -\frac{3EI}{l^2} & 0 & \frac{3EI}{l^3} & 0 \\ 0 & 0 & 0 & 0 & 0 & 0 \end{bmatrix} \tag{3.2.11}$$

凝聚后的节点荷载列阵按式(3.2.9)计算,为保留凝聚前的阶数,在第6个元素位置也置为零。

当杆件的两端都为铰接的杆单元时,同样可按上述方式处理。在参加系统集成前,先把单元两端的转角自由度凝聚掉,然后在相关的行和列上补充以零元素,使单元刚度矩阵仍保留原先的阶数。两端铰接的单元经凝聚并保留原来阶数的单元刚度矩阵为

$$
\boldsymbol{K}^e = \begin{bmatrix} \frac{EA}{l} & 0 & 0 & -\frac{EA}{l} & 0 & 0 \\ 0 & 0 & 0 & 0 & 0 & 0 \\ 0 & 0 & 0 & 0 & 0 & 0 \\ -\frac{EA}{l} & 0 & 0 & \frac{EA}{l} & 0 & 0 \\ 0 & 0 & 0 & 0 & 0 & 0 \\ 0 & 0 & 0 & 0 & 0 & 0 \end{bmatrix} \tag{3.2.12}
$$

以上是针对经典梁单元进行推导的,但处理方法同样适用于 Timoshenko 梁单元。

# 3.3 模型的对称性

工程中的结构物大多具有对称性,常见的对称性有重复(镜像)对称、反对称和轴对称。当同时具有几何、荷载、约束和材料属性的对称性时,可以利用对称性来简化模型。

任何表现为关于中心轴几何对称的结构(如旋转壳或实体)都是轴对称结构。在有限单元法分析中,三维轴对称结构的模型可以用二维形式等效。

在利用对称性计算时,重点是关于对称轴或对称面的边界条件处理。

1)杆系结构

下面以图 3.3.1 a)所示的主拱圈承受单侧荷载 $P$ 为例加以说明。假定拱圈截面、材料、支承条件等都对称,则主拱圈模型可以分解为对称和反对称两部分。图 3.3.1 b)承受对称荷载,可等效为图 3.3.1 d)的结构和荷载,由两种模型得到的内力和变形是相同的;图 3.3.1c)承受反对称荷载,右半边的内力及变形与左半边成反对称,则计算模型与图 3.3.1e)等效。

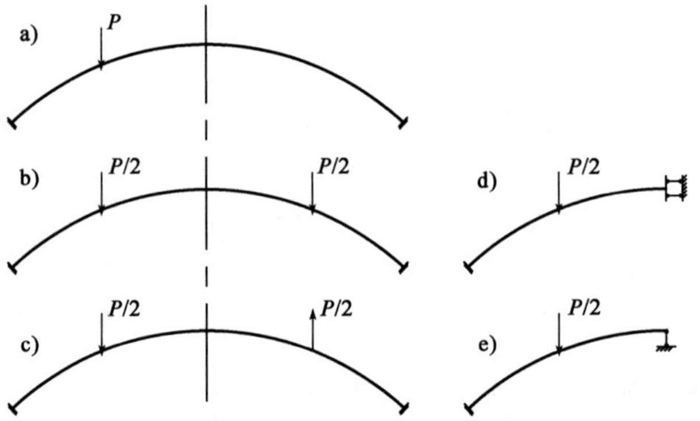


图 3.3.1　拱圈对称性

从图 3.3.1 可以看出,对称轴上的点根据对称和反对称的不同情况,边界条件处理也不相同。表 3.3.1 列出了对称轴上各种不同支承类型时边界条件的对应关系。

常见对称轴上的支承类型与边界条件处理　　表 3.3.1

| 对称轴上的支承类型 | 按对称计算时的边界条件 | 按反对称计算的边界条件 |
| --- | --- | --- |
| 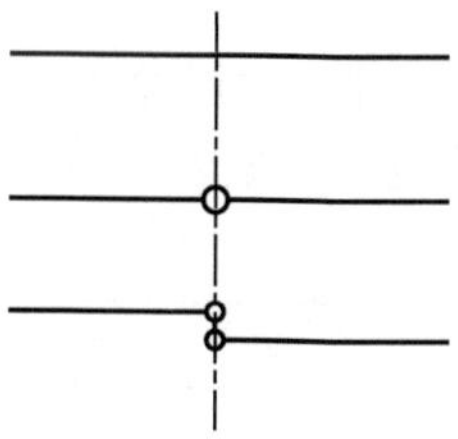 | 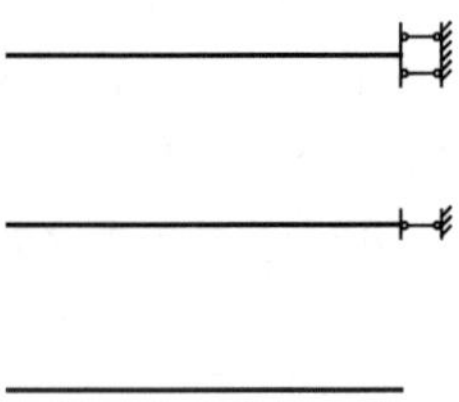 | 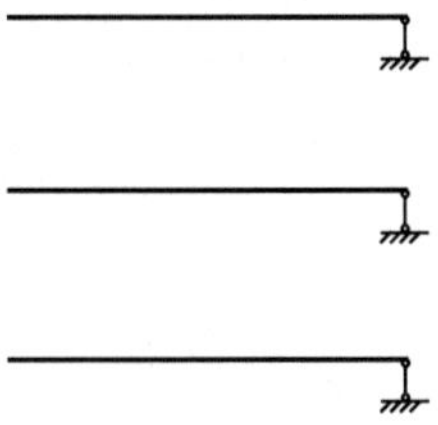 |

2)平面结构

图 3.3.2a)所示为一块材质均匀的无限大平板,厚为 1 个单位,在 $x$ 轴方向两侧承受单向拉伸。由于该平板在 $x$ 轴方向和 $y$ 轴方向都对称,且荷载也对称,因此可取 1/4 结构进行计算[图 3.3.2b)]。由对称性可知,垂直于 $y$ 轴的 $a$ 边,$x$ 轴方向可以发生变形,在 $y$ 轴方向没有线位移,故应约束 $y$ 轴方向的自由度;同理,垂直于 $x$ 轴的 $b$ 边,$y$ 轴方向可以发生变形,在 $x$ 轴方向没有线位移,应约束 $x$ 轴方向的自由度,由此得到 1/4 结构模型的边界条件,如图 3.3.2b)所示。

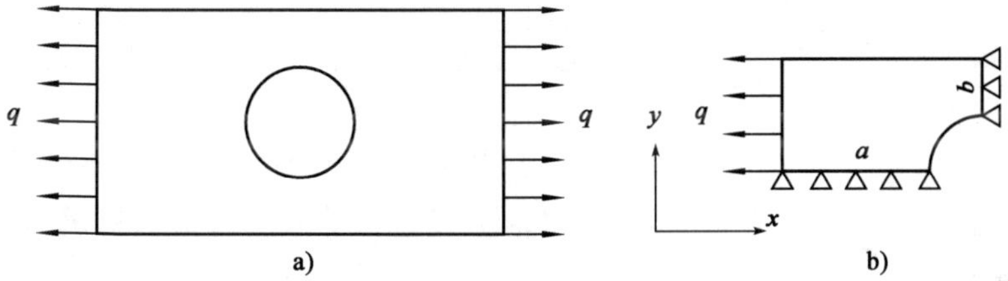


图 3.3.2　单向拉伸平板模型

3)实体结构

实体结构对称性边界条件处理与平面结构的处理相似。当一个实体结构呈 $x$、$y$ 和 $z$ 3 个面对称时,同样只需取 1/4 模型,边界条件为垂直于哪个轴的面,则与这个面对应的轴方向的位移被约束。如把图 3.3.2b)中的 $a$ 边和 $b$ 边理解为 $a$ 面和 $b$ 面,由于 $a$ 面与 $y$ 轴垂直,则 $a$ 面 $y$ 轴方向应施加约束;同理,$b$ 面与 $x$ 轴垂直,则 $b$ 面 $x$ 轴方向应施加约束。

## 3.4　桥梁结构建模中的共性问题

### 3.4.1　计算单位

计算单位,又称为量纲,在开展有限元建模前必须首先确定计算单位。除非程序有特殊要求,否则有限元程序中不指定计算单位,由用户根据需要自行确定。常用的计算单位有英制、公制和国际单位制(SI)。英制单位多用于采用英美制单位的国家。我国采用的是国际单位制。

由于国内规范中对常用材料均给出重度,因此经常导致质量与重量之间的误解。实际上两者有重要区别,质量仅用于计算惯性力和由地面加速度产生的荷载(=质量×重力加速度),重量则是一种力,它和其他荷载一样施加在结构上。当具体指定重量值时,需要用力单位(N 或 kN);指定质量时,则使用质量单位(kg)。

当开展桥梁结构动力特性、动力响应分析时,需要用到质量刚度矩阵,为避免单位转换造成的麻烦或错误,建议采用国际单位制,桥梁工程中常用的量纲名称及符号见表 3.4.1。

**国际单位制的基本单位** 表 3.4.1

| 量纲名称 | 单位名称 | 单位符号 |
|---|---|---|
| 长度 | 米 | m |
| 质量 | 千克 | kg |
| 时间 | 秒 | s |
| 热力学温度 | 开[尔文] | K |
| 物质的量 | 摩[尔] | mol |
| 力 | 牛顿 | N($1N = 1kg \cdot m/s^2$) |
| 应力 | 帕斯卡 | Pa |

## 3.4.2 变截面

变截面是指大跨度桥梁为满足构造、受力和净空要求而经常采用的一种截面形式,甚至在中小跨径的预应力混凝土 T 形梁中,为适应支点剪力和利于预应力筋锚固,也采用了变截面。

有限元程序中提供的梁单元大多是基于等截面形式给出的,当采用等截面梁单元计算变截面桥梁结构内力、变形和动力特性时,可采取分段近似等效为等截面梁的方法,如图 3.4.1 所示。但在划分单元长度时,应确保单元左右两端截面刚度之比不大于 3。

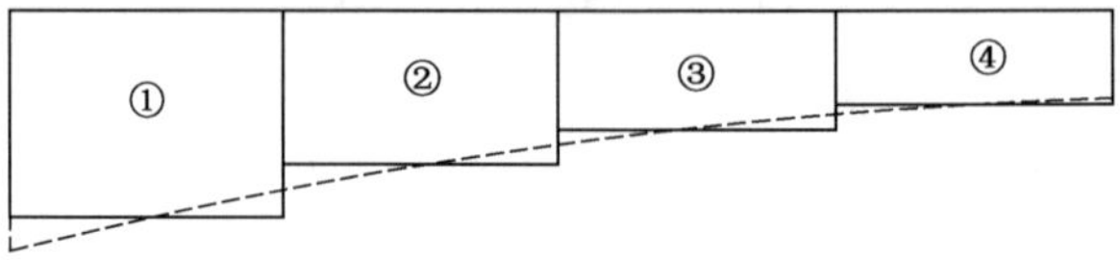


图 3.4.1 分段等效为等截面梁

目前,针对桥梁结构开发的专用软件(如 MIDAS/Civil、桥梁博士系统)或具有桥梁模块的通用软件(如 SAP2000、ANSYS 等)都具有处理变截面的功能,无须再采取分段近似的处理方法。

## 3.4.3 单元划分

建立桥梁结构分析模型时,应根据桥梁的构造特点、施工以及计算精度划分单元。一般地,在构件的转折点、交接点、截面突变点、施工阶段的分界点以及约束位置(包括永久约束和临时约束)处必须划分有节点。

(1)悬臂施工的桥梁,常将每个悬臂节段划分为一个单元。桁架桥或桁架结构,构件以承受轴向力为主,用杆单元模拟,每个杆件只需离散为一个单元。

(2)斜拉索通常划分为一个单元,由自重引起的垂度效应按 Ernst 公式进行修正(等效模量法),或者采用多段杆单元法、多节点曲线索单元法或悬链线索单元法来考虑斜拉索的垂度效应。

由于单元划分网格密度会影响到计算时间和计算结果的正确性,甚至有可能导致严重的错误,因此需要仔细考虑网格密度问题。对于线单元(如桁架单元、梁单元等),单元的大小不影响结构的计算结果;对于板型单元(如平面应力单元、平面应变单元、轴对称单元和壳单元)和实体单元,单元大小、单元形状及单元分布都将会影响分析结果。因此,在确定板型单元和实体单元的大小及布置方法时,在应力集中的地方或计算精度要求较高的地方应细分单元,同时考虑好应力等值线的分布情况,尽可能做到按应力等值线来确定单元的疏密程度。

一般来说,对一个认为是合理的网格划分模型进行初始分析,然后利用加密1倍的网格模型重新计算并比较两者的结果,如两者给出的结果几乎相同,可以认为网格密度已经足够。否则,需细化网格,直至随后的划分获得了近似相等的结果。此外,也可与试验结果或解析解进行对比,在此基础上对结果偏差过大的区域进行局部或整体网格细化。

### 3.4.4 刚臂

桥梁分析模型是以构件截面中心线或中性面来表示的,在建模过程中经常会遇到实际相交的构件在简化后不再相交于一个点的情况。图3.4.2所示为连续刚构桥零号块与桥墩部分的构造图,图中虚线为截面的中心线,可见用梁单元模拟的零号块和桥墩未能交于一点。图3.4.3a)中的空腹式拱桥,主拱圈、拱上横墙和腹拱圈在构造上联结成整体,但在分析模型中,同样出现拱上横墙与主拱圈、拱上横墙与腹拱圈不能交于一点的情况[图3.4.3b)]。混凝土桁架拱桥通常由刚性节点块将若干个杆件连接在一起[图3.4.4a)],但上弦杆、竖腹杆和斜腹杆的轴线未必相交于一点,而且节点块的构造尺寸与杆件长度相比不可忽略,如简单地把单元的计算长度取为节点之间的距离,势必把杆件的刚度算小,从而影响计算结果的正确性。将刚性节点块用刚臂来模拟,采用图3.4.4b)所示的计算图式,不仅使各杆件交于一个节点,而且考虑了节点块刚性域的情况,比较符合实际受力。

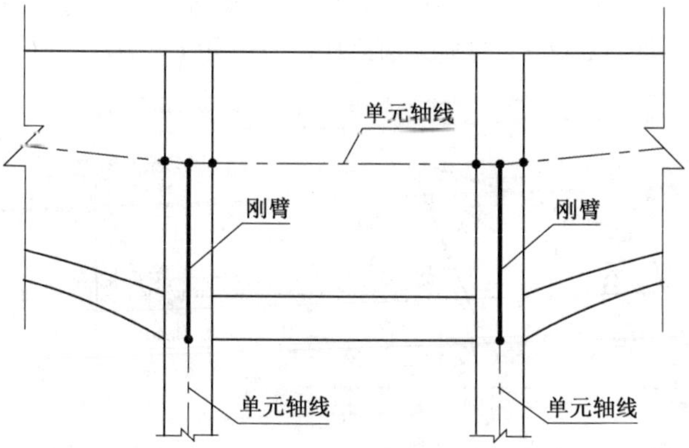


图3.4.2 连续刚构桥零号块与桥墩构造

刚臂,又称为刚域,是指其刚度为无穷大的杆件,但过大的单元刚度容易造成刚度矩阵的恶化,因此一般不单独使用刚臂,可以在第2章介绍的梁单元刚度矩阵基础上利用节点位移关系,推导出带刚臂的单元刚度矩阵。

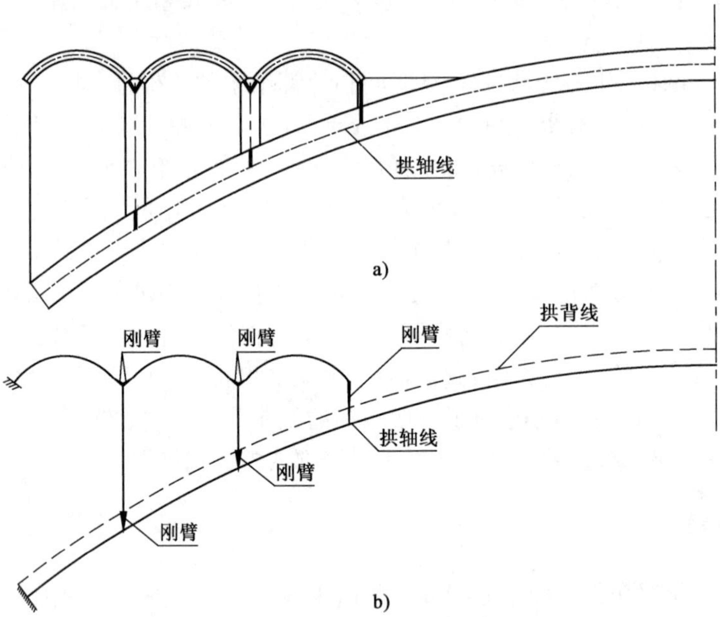


图 3.4.3　空腹式拱桥结构与刚臂单元

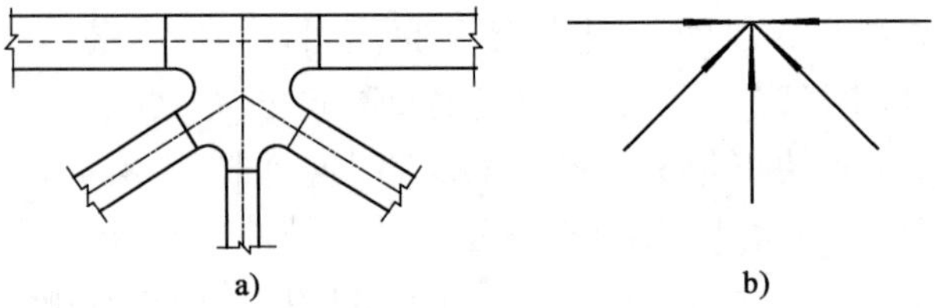


图 3.4.4　桁架拱桥节点构造与刚臂单元

图 3.4.5 所示为两端带有刚臂 $ai$ 和 $bj$ 的梁单元,图中 $a$、$b$ 为单元节点,$i$、$j$ 为梁单元上的两个弹性端点,局部坐标系 $x'$、$y'$建立在弹性端点 $i$ 和 $j$ 的连线上。

刚臂 $ai$、$bj$ 在总体坐标系 $XOY$ 的投影长度 $DX_i$、$DY_i$ 和 $DX_j$、$DY_j$ 为(图 3.4.6)

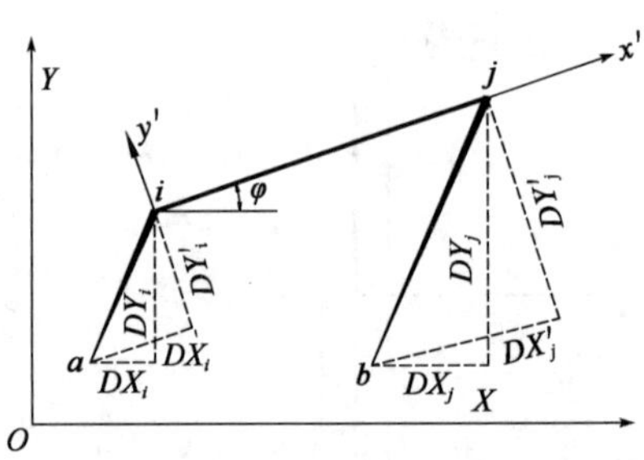


图 3.4.5　两端带刚臂的单元

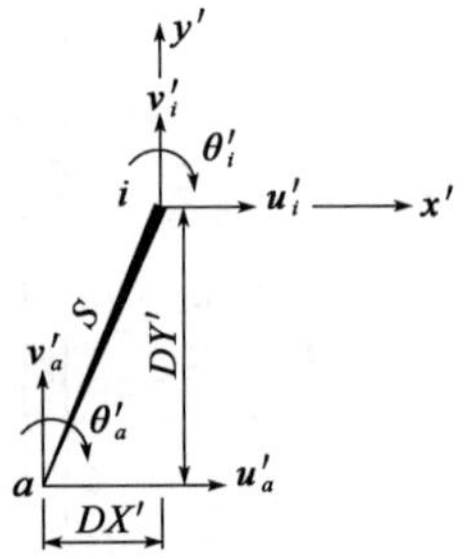


图 3.4.6　刚臂位移关系

$$\left.\begin{aligned} DX_i &= x_i - x_a \\ DY_i &= y_i - y_a \end{aligned}\right\} \tag{3.4.1}$$

$$\left.\begin{aligned} DX_j &= x_j - x_b \\ DY_j &= y_j - y_b \end{aligned}\right\} \tag{3.4.2}$$

式中：$x_a$、$y_a$、$x_b$、$y_b$——单元节点 $a$、$b$ 在总体坐标系中的坐标值；

$x_i$、$y_i$、$x_j$、$y_j$——$i$、$j$ 两个弹性端点在总体坐标系中的坐标值。

下面以 $a$ 端为例来推导节点 $a$ 与弹性端点 $i$ 之间的位移关系。在单元坐标系 $x'iy'$ 中，弹性端点 $i$ 端的位移分量为 $\{u'_i \quad v'_i \quad \theta'_i\}^{\mathrm{T}}$，单元节点 $a$ 端的位移分量为 $\{u'_a \quad v'_a \quad \theta'_a\}^{\mathrm{T}}$。

刚臂本身没有变形。当节点 $a$ 发生转角位移 $\theta'_a$ 时，弹性端点 $i$ 将绕 $a$ 点转动到 $i'$，由此引起的位移为 $\Delta$，如图 3.4.7 所示。由于转角 $\theta'_a$ 是很微小的，因此有 $\Delta = S\theta'_a$，$S$ 为刚臂长度，$S = \sqrt{(DX'_i)^2 + (DY'_i)^2}$。

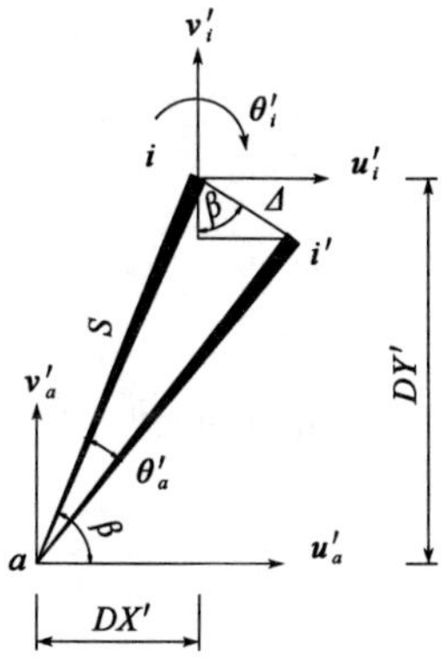

图 3.4.7 节点 $a$ 与弹性端点 $i$ 之间的位移关系

从图 3.4.7 可以得到两者之间的关系

$$\left.\begin{aligned} \theta'_i &= \theta'_a \\ u'_i &= u'_a + \Delta \times \sin\beta = u'_a + DY'_i \cdot \theta'_a \\ v'_i &= v'_a - \Delta \times \cos\beta = v'_a - DX'_i \cdot \theta'_a \end{aligned}\right\} \tag{3.4.3}$$

式中：$DX'$、$DY'$——刚臂 $ai$ 在单元坐标系 $x'i'y'$ 中坐标轴上的投影长度，$\cos\beta = DX'_i/S$，$\sin\beta = DY'_i/S$。

写成矩阵形式

$$\begin{Bmatrix} u'_i \\ v'_i \\ \theta'_i \end{Bmatrix} = \begin{bmatrix} 1 & 0 & DY'_i \\ 0 & 1 & -DX'_i \\ 0 & 0 & 1 \end{bmatrix} \begin{Bmatrix} u'_a \\ v'_a \\ \theta'_a \end{Bmatrix} \tag{3.4.4}$$

同理，可以写出节点 $b$ 和弹性端 $j$ 点之间的位移关系式：

$$\begin{Bmatrix} u'_j \\ v'_j \\ \theta'_j \end{Bmatrix} = \begin{bmatrix} 1 & 0 & DY'_j \\ 0 & 1 & -DX'_j \\ 0 & 0 & 1 \end{bmatrix} \begin{Bmatrix} u'_b \\ v'_b \\ \theta'_b \end{Bmatrix} \tag{3.4.5}$$

将 $x'i'y'$ 局部坐标系中节点 $a$ 的位移分量 $\{u'_a \quad v'_a \quad \theta'_a\}^{\mathrm{T}}$ 用总体坐标系 $XOY$ 的位移分量 $\{u_a \quad v_a \quad \theta_a\}^{\mathrm{T}}$ 表示，则有

$$\begin{Bmatrix} u'_a \\ v'_a \\ \theta'_a \end{Bmatrix} = \begin{bmatrix} \cos\varphi & \sin\varphi & 0 \\ -\sin\varphi & \cos\varphi & 0 \\ 0 & 0 & 1 \end{bmatrix} \begin{Bmatrix} u_a \\ v_a \\ \theta_a \end{Bmatrix} \tag{3.4.6}$$

式中：$\varphi$——单元坐标系 $x'i'y'$ 和总体坐标系 $XOY$ 之间的夹角。

将式(3.4.6)代入式(3.4.4)，整理后得

$$\begin{Bmatrix} u'_i \\ v'_i \\ \theta'_i \end{Bmatrix} = \begin{bmatrix} 1 & 0 & DY'_i \\ 0 & 1 & -DX'_i \\ 0 & 0 & 1 \end{bmatrix} \begin{bmatrix} \cos\varphi & \sin\varphi & DY'_i \\ -\sin\varphi & \cos\varphi & -DX'_i \\ 0 & 0 & 1 \end{bmatrix} \begin{Bmatrix} u_a \\ v_a \\ \theta_a \end{Bmatrix} = \begin{bmatrix} \cos\varphi & \sin\varphi & DY'_i \\ -\sin\varphi & \cos\varphi & -DX'_i \\ 0 & 0 & 1 \end{bmatrix} \begin{Bmatrix} u_a \\ v_a \\ \theta_a \end{Bmatrix} \tag{3.4.7}$$

式(3.4.7)中的 $ai$ 刚臂在单元坐标系 $x'i'y'$ 中坐标轴上的投影长度 $DX'$、$DY'$ 可从图 3.4.7 中的几何关系得到

$$\begin{Bmatrix} DX'_i \\ DY'_i \end{Bmatrix} = \begin{bmatrix} \cos\varphi & \sin\varphi \\ -\sin\varphi & \cos\varphi \end{bmatrix} \begin{Bmatrix} DX_i \\ DY_i \end{Bmatrix} \tag{3.4.8}$$

同理,可以得到单元坐标系 $x'j'y'$ 中梁单元弹性端点 $j$ 的 3 个位移分量 $\{u'_j \quad v'_j \quad \theta'_j\}^{\mathrm{T}}$ 与总体坐标系 $XOY$ 中 $b$ 节点的 3 个位移分量 $\{u_b \quad v_b \quad \theta_b\}^{\mathrm{T}}$ 之间的关系为

$$\begin{Bmatrix} u'_j \\ v'_j \\ \theta'_j \end{Bmatrix} = \begin{bmatrix} \cos\varphi & \sin\varphi & DY'_j \\ -\sin\varphi & \cos\varphi & -DX'_j \\ 0 & 0 & 1 \end{bmatrix} \begin{Bmatrix} u_b \\ v_b \\ \theta_b \end{Bmatrix} \tag{3.4.9}$$

由此,就得到了既考虑坐标旋转,又考虑刚臂影响的单元坐标系和总体坐标系之间的转换矩阵

$$\boldsymbol{T} = \begin{bmatrix} \cos\varphi & \sin\varphi & DY'_i & 0 & 0 & 0 \\ -\sin\varphi & \cos\varphi & -DX'_i & 0 & 0 & 0 \\ 0 & 0 & 1 & 0 & 0 & 0 \\ 0 & 0 & 0 & \cos\varphi & \sin\varphi & DY'_j \\ 0 & 0 & 0 & -\sin\varphi & \cos\varphi & -DX'_j \\ 0 & 0 & 0 & 0 & 0 & 1 \end{bmatrix} \tag{3.4.10}$$

对照第 2 章中介绍的转换矩阵,不难发现两者在形式上是一致的,唯一的区别在于式(3.4.10)增加了刚臂在单元坐标系中的投影长度 $DX'_i$、$DY'_i$、$DX'_j$ 和 $DY'_j$。

将式(3.4.7)、式(3.4.9)和式(3.4.10)缩写成

$$\boldsymbol{\delta}'^{e} = \boldsymbol{T}\boldsymbol{\delta}^{e} \tag{3.4.11}$$

式中:$\boldsymbol{\delta}'^{e}$——单元坐标系中弹性端点位置的节点位移列向量;

$\boldsymbol{\delta}^{e}$——总体坐标系中单元节点位移列向量。

同理,

$$\boldsymbol{F}'^{e} = \boldsymbol{T}\boldsymbol{F}^{e} \tag{3.4.12}$$

式中:$\boldsymbol{F}'^{e}$——单元坐标系中弹性端点位置的节点荷载列向量;

$\boldsymbol{F}^{e}$——总体坐标系中节点荷载列向量。

由 $\boldsymbol{F}'^{e} = \boldsymbol{K}'_e\boldsymbol{\delta}'^{e}$,利用式(3.4.11)和式(3.4.12),即可得到总体坐标系中带刚臂的单元刚度矩阵:

$$\boldsymbol{K}_e = \boldsymbol{T}^{\mathrm{T}}\boldsymbol{K}'_e\boldsymbol{T} \tag{3.4.13}$$

式中:$\boldsymbol{K}'_e$——单元坐标系中 $i$、$j$ 两个弹性端点之间的长度所形成的单元刚度矩阵。

MIDAS/Civil 中提供的“刚性连接”本质上就是刚臂,刚性连接(Rigid Body Connection)提供了主节点和从属节点以三维刚体约束方式连接而成的形式,各节点之间保持一定的距离。主节点和从属节点之间的相互约束方程为

$$\begin{aligned} U_{Xs} &= U_{Xm} + R_{Ym}\Delta Z - R_{Zm}\Delta Y \\ U_{Ys} &= U_{Ym} + R_{Zm}\Delta X - R_{Xm}\Delta Z \\ U_{Zs} &= U_{Zm} + R_{Xm}\Delta Y - R_{Ym}\Delta X \\ R_{Xs} &= R_{Xm} \\ R_{Ys} &= R_{Ym} \\ R_{Zs} &= R_{Zm} \end{aligned} \tag{3.4.14}$$

其中：$\Delta X = X_m - X_s$；$\Delta Y = Y_m - Y_s$；$\Delta Z = Z_m - Z_s$。

式中：$m$、$s$——分别表示主节点和从属节点的属性；

$U_X$、$U_Y$、$U_Z$——分别表示整体坐标系中 $X$、$Y$、$Z$ 轴方向的位移；

$R_X$、$R_Y$、$R_Z$——表示沿整体坐标系 $X$、$Y$、$Z$ 轴方向的转角位移；

$X_m$、$Y_m$、$Z_m$——表示主节点的坐标，$X_s$、$Y_s$、$Z_s$ 表示从属节点的坐标。

可以看出，式(3.4.3)仅是式(3.4.14)在 $XOY$ 平面内的位移约束方程。

刚臂与主从节点的“刚性连接”的不同之处在于，使用刚臂意味着在主、从节点间施加全部的线位移和转角位移约束关系，MIDAS/Civil 中的“刚性连接”可以在主、从节点的一个或几个位移分量上施加约束关系，这为单元间的不同连接处理带来了便利。当“刚性连接”中的 6 个位移分量全部勾选时就成为刚臂。

在使用主从节点的“刚性连接”时，允许主、从节点的距离为零，即主、从节点坐标重合。

### 3.4.5 鱼骨模型

在斜拉桥、悬索桥和中下承式拱桥中，为使斜拉索或吊索能与主梁连接，常常会用到鱼骨模型，如图 3.4.8 所示。鱼骨模型由主梁和鱼骨组成，建模时可以把主梁刚度（竖向刚度、横向挠曲刚度和扭转刚度）和质量（平动质量和转动质量）全部集中在中间节点上，也可以把主梁的刚度系统和质量系统分开处理，将刚度集中在中间主梁上、质量分散在左右两个质点上。主梁节点与斜拉索，或吊索之间的鱼骨用刚性梁、主从关系，或刚臂连接。鱼骨模型的优点是能够较好地模拟主梁的刚度系统和质量系统，但主梁的翘曲刚度和横梁刚度不能被充分地反映，有可能会对结构自振频率计算结果产生较大的影响。

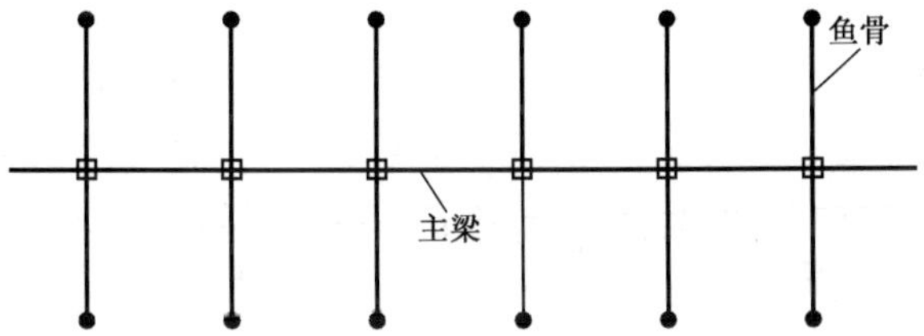


图 3.4.8 鱼骨模型

当桁架加劲梁采用图 3.4.8 中的鱼骨模型时，需要确定主梁截面侧向、竖向以及扭转 3 个方向的等效刚度。对此可以按以下步骤进行计算：

(1)建立悬臂状态下的标准桁架加劲梁段，在其自由端部分别施加侧向、竖向以及扭转 3 个方向的单位荷载（端部截面需符合平截面假定），提取端部节点处的位移。

(2)采用同等长度的等效悬臂梁，计算在各单位荷载作用下的位移。

(3)根据材料力学中的悬臂梁位移求解公式，反算出桁架加劲梁在 3 个方向的等效刚度。

### 3.4.6 支座模拟

桥梁工程中常用的支座类型有钢支座、板式橡胶支座和盆式橡胶支座等。相对于梁体变形与转角，钢支座自身变形可以忽略不计，因此可以用一般支承来模拟。板式橡胶支座、盆式橡胶支座由多层橡胶片与薄钢板经硫化黏合而成，具有足够的竖向刚度和承载能力，良好的弹性和剪切变形能力，可以满足梁端的转角和上部构造的水平位移要求。简支体系的桥梁可以忽略支座的变形,视其为刚性支承,对于超静定结构,尤其是大跨度桥梁,若忽略支座的弹性变形,会导致计算结果偏小。

在 MIDAS/Civil 中,用弹性连接的“一般”类型来模拟支座刚度,需要输入沿单元局部坐标系 $x$、$y$、$z$ 轴方向平动刚度($SD_x$、$SD_y$、$SD_z$)和绕 $x$、$y$、$z$ 轴方向转角刚度($SR_x$、$SR_y$、$SR_z$)。本教材以桥梁工程中应用最广的板式橡胶支座为例介绍刚度计算方法。

板式橡胶支座有矩形(GJZ)和圆形(GYZ)两种,其刚度均可按材料力学方法计算

$$\left.\begin{aligned} SD_x &= \frac{EA}{L} \\ SD_y = SD_z &= \frac{GA_1}{L} \\ SR_x &= \frac{GI_p}{L} \\ SR_y &= \frac{EI_y}{L} \\ SR_z &= \frac{EI_z}{L} \end{aligned}\right\} \tag{3.4.15}$$

式中:$E$——弹性模量;

$G$——剪变模量;

$A$——有效承压面积;

$A_1$——剪切面积;

$L$——支座高度(厚度);

$I_p$——抗扭矩;

$I_y$、$I_z$——抗弯惯性矩。

下面将结合《公路桥梁板式橡胶支座》(JT/T 4—2019)和《公路钢筋混凝土及预应力混凝土桥涵设计规范》(JTG 3362—2018)的规定,介绍具体的计算方法。

1)弹性模量 $E$ 和剪变模量 $G$ 的计算

弹性模量 $E$ 按式(3.4.16)计算

$$E = \frac{E_e E_b}{E_e + E_b} \tag{3.4.16}$$

式中:$E_b$——橡胶弹性体积模量(MPa),取2000MPa;

$E_e$——支座抗压模量(MPa),按式(3.4.17)计算

$$E_e = 5.4 G_e S^2 \tag{3.4.17}$$

其中,

矩形支座:
$$S = \frac{l_{0a} l_{0b}}{2t_{es}(l_{0a} + l_{0b})}$$

圆形支座:
$$S = \frac{d_0}{4t_{es}}$$

式中:$S$——矩形支座形状系数;

$G_e$——橡胶支座剪变模量(MPa),常温下 $G_e = 1.0$MPa(由于橡胶支座剪变随橡胶变冷而递增,当累计最冷月平均温度的平均值为0 ~ −10℃时,$G_e$ 值应增大20%;当低于

−10℃时，$G_e$ 值应增大50%；当低于−25℃时，$G_e$ 应取2MPa）；

$l_{0a}$、$l_{0b}$——矩形支座加劲钢板短边和长边尺寸（mm），$l_{0a} = l_a - 10$，$l_{0b} = l_b - 10$；

$d_0$——圆形支座钢板直径（mm），$d_0 = d - 10$（图3.4.9）；

$t_{es}$——支座中间层单层橡胶厚度（mm），$t_{es} = t_1$。

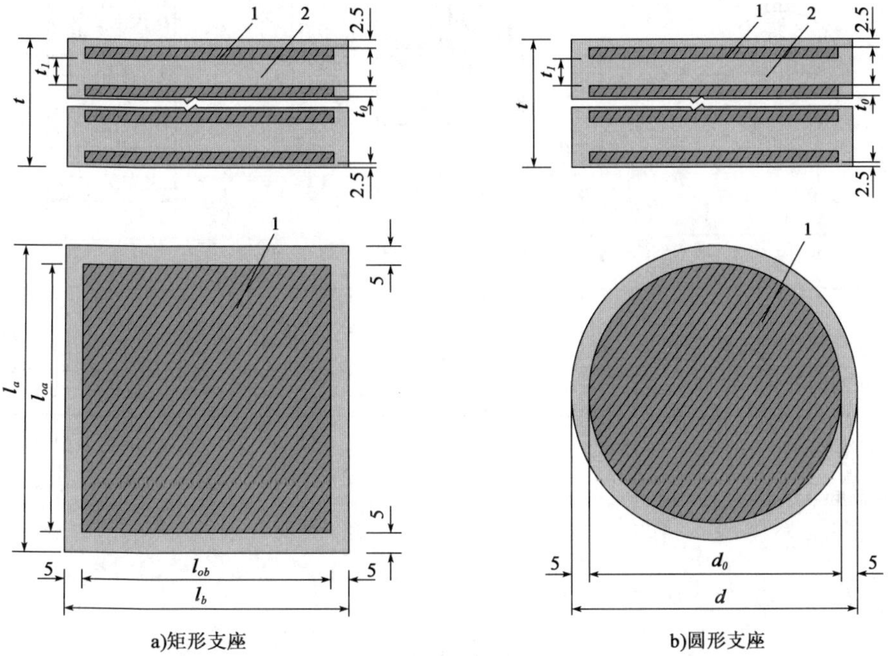


图3.4.9 矩形与圆形板式橡胶支座结构示意图（尺寸单位：mm）

1-加劲钢板；2-橡胶层；$t$-支座总厚度（mm）；$t_0$-单层钢板厚度（mm）

2）支座高度 $L$ 的计算

板式橡胶支座中只有橡胶体能产生弹性变形和剪切变形，因此高度 $L$ 只取支座橡胶层总厚度，即 $L = t_e$。

在MIDAS/Civil中模拟支座顶、底两个节点的间距时，可以是实际的支座高度，也可以是一个稍大的值，两者都不会影响分析结果，因为按公式得到的各向刚度的单位是线刚度，与节点的间距大小无关。

3）有效承压面积 $A$ 和剪切面积 $A_1$ 的计算

《公路钢筋混凝土及预应力混凝土桥涵设计规范》（JTG 3362—2018）的规定，有效承压面积 $A$ 取支座的有效承压加劲钢板面积 $A_e$。剪切面积

$$A_1 = kA_e$$

式中：$k$——截面形状系数，当截面形状为圆形时取0.9，当截面形状为矩形时取5/6。

4）抗扭矩 $I_p$、抗弯惯矩 $I_y$ 和 $I_z$ 的计算

此处的抗扭矩 $I_p$ 不同于计算扭矩作用下的截面剪应力所使用的极惯性矩。但当截面形状为圆形时，其抗扭矩与极惯性矩相同。对于圆形截面和矩形截面，$I_p$ 的计算见表3.4.2。

**常见截面 $I_p$ 的计算公式** 表3.4.2

| | | | |
|---|---|---|---|
| 截面形状 | 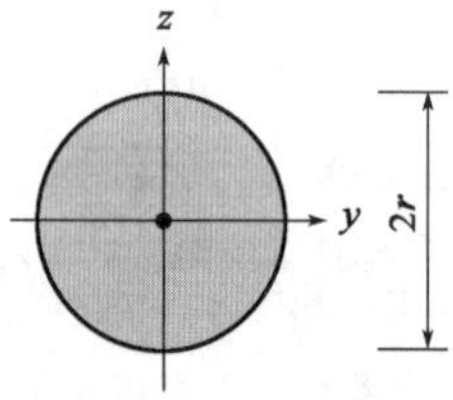 | 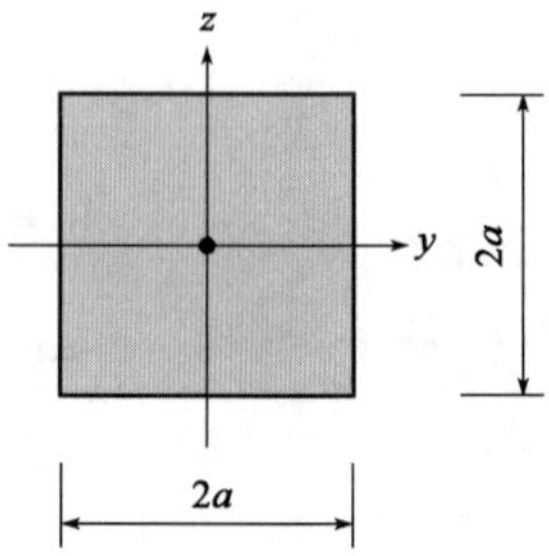 | 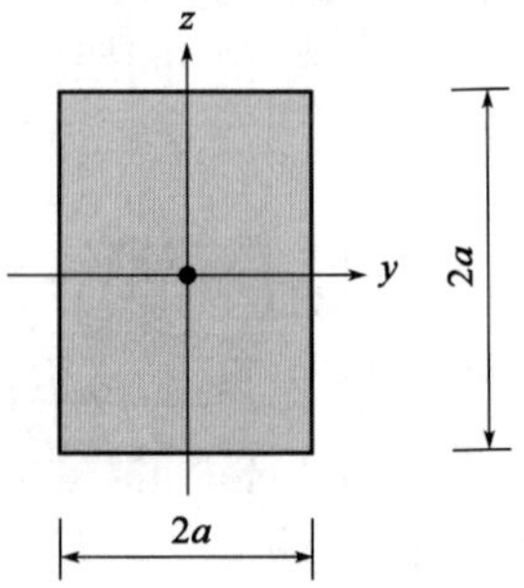 |
| $I_p$ | $\frac{1}{2}\pi r^4$ | $2.25a^4$ | $ab^3\left[\frac{16}{3}-3.36\frac{b}{a}\left(1-\frac{b^4}{12a^4}\right)\right](a\geqslant b)$ |

$I_y$ 和 $I_z$ 按材料力学方法计算

圆形截面:

$$I_y=I_z=\frac{\pi}{64}d_0^4$$

矩形截面:

$$I_y=\frac{l_a-10}{12}(l_b-10)^3$$

$$I_z=\frac{l_b-10}{12}(l_a-10)^3$$

**注意**:上述惯性矩计算公式中以 mm 为单位,计算值单位为 $mm^4$。

按上述方法计算得到的刚度值可真实地模拟支座的变形。需要指出的是,这些刚度数据仅是支座本身的刚度,而实际工程中,主梁放置在橡胶支座之上,主梁与支座顶面并没有固结,3 个转角刚度和 2 个平动刚度($SD_y$、$SD_z$)是否能完全发挥作用,还要看主梁与支座表面间摩擦力的大小。由于模型中输入的转角刚度仅是支座本身的刚度,并不意味着给主梁提供了相应的刚度,因此输入 3 个平动刚度即可正确地得到主梁内力结果,但转角刚度 $SR_x$、$SR_y$、$SR_z$ 也有用,因为是近似真实的支座刚度数据,通过查看支座单元的分析结果,可以核对支座的变形及相应受力情况。

此外,水平剪切刚度 $SD_y$、$SD_z$ 的计算只适用于纯剪切模式和小变形范围内的主梁受力分析。若要进行抗震分析,还需考虑支座在受到地震水平力作用下会发生较大的变形,此时支座剪切刚度应按压弯模式计算,相应的剪变模量 $G_e$ 按《公路桥梁抗震设计细则》(JTG/T B02-01—2008)式(6.3.7-1)取值。

5)算例

下面以表 3.4.3 所示的矩形和圆形板式橡胶支座、板厚 84mm 为例,具体说明各刚度的计算过程。

**GJZ/GYZ 板式橡胶支座参数** 表 3.4.3

| $l_a \times l_b$ 或 $d$(mm) | $R_{ck}$ (kN) | $S$ | $t$ (mm) | $\Delta l_1$ (mm) | $\Delta l_2$ (mm) | $t_e$ (mm) | $\tan\theta$($\theta$ 单位为 Rad) | | | $R_{gk}$(kN) | | | $t_1$ (mm) | $t_0$ (mm) |
|---|---|---|---|---|---|---|---|---|---|---|---|---|---|---|
| | | | | | | | 湿热地区 | 寒冷地区 | 严寒地区 | 湿热地区 | 寒冷地区 | 严寒地区 | | |
| 350 × 500 | 1666 | 9.12 | 54 | 16.5 | 23.1 | 38 | 0.0051 | — | — | 408 (613) | 490 (735) | 613 (919) | 11 | 4 |
| | | | 69 | 22.0 | 30.8 | 49 | 0.0069 | 0.0059 | 0.0050 | | | | | |
| | | | 84 | 27.5 | 38.5 | 60 | 0.0086 | 0.0074 | 0.0062 | | | | | |
| | | | 99 | 33.0 | 46.2 | 71 | 0.0103 | 0.0089 | 0.0075 | | | | | |
| $d$ = 400 | 1195 | 8.86 | 54 | 16.5 | 23.1 | 38 | 0.0050 | — | — | 293 (440) | 352 (528) | 440 (660) | 11 | 4 |
| | | | 69 | 22.0 | 30.8 | 49 | 0.0063 | 0.0053 | 0.0050 | | | | | |
| | | | 84 | 27.5 | 38.5 | 60 | 0.0079 | 0.0068 | 0.0057 | | | | | |
| | | | 99 | 33.0 | 46.2 | 71 | 0.0094 | 0.0081 | 0.0068 | | | | | |

注：$R_{ck}$-最大承压力；$R_{gk}$-抗滑最小承压力；$\Delta l_1$-不计制动力时最大位移量；$\Delta l_2$-计入制动力时最大位移量；$\tan\theta$-允许转角正切值；其余符号含义见上。

(1)弹性模量 $E$ 与剪变刚度 $G$。

支座抗压模量 $E_e = 5.4G_eS^2$，常温下 $G_e = 1.0\text{MPa}$，支座形状系数查表 3.4.3 可得，$E_b = 2000\text{MPa}$。

矩形支座：

$$E_e = 5.4 \times 1.0 \times 9.12^2 = 449.142\text{MPa}$$

$$E = \frac{449.142 \times 2000}{449.142 + 2000} = 366.775\text{MPa}$$

圆形支座：

$$E_e = 5.4 \times 1.0 \times 8.86^2 = 423.898\text{MPa}$$

$$E = \frac{423.898 \times 2000}{423.898 + 2000} = 349.766\text{MPa}$$

剪变刚度 $G$ 取橡胶支座剪变模量 $G_e$，$G = 1\text{MPa}$

(2)支座有效承压面积 $A$ 和剪切面积 $A_1$ 的计算。

矩形支座：

$$A = A_e = l_{0a} \times l_{0b} = (350 - 10) \times (500 - 10) = 166600\text{mm}^2$$

$$A_1 = kA_e = \frac{5}{6} \times 166600 = 138833.3\text{mm}^2$$

圆形支座：

$$A = A_e = \frac{\pi d_0^2}{4} = \frac{\pi(400 - 10)^2}{4} = 119459\text{mm}^2$$

$$A_1 = kA_e = 0.9 \times 119459 = 107513.1\text{mm}^2$$

(3)支座高度 $L$ 的计算。

由表3.4.3可知,矩形和圆形支座的高度 $L=60\text{mm}$。

(4)抗扭惯性矩 $I_p$、抗弯惯性矩 $I_y$ 和 $I_z$ 的计算。

矩形支座:

$$I_p=\frac{l_{0b}}{2}\left(\frac{l_{0a}}{2}\right)^3\left[\frac{16}{3}-3.36\frac{l_{0a}}{l_{0b}}\left(1-\frac{l_{0a}^4}{12l_{0b}^4}\right)\right]=3667558440\text{mm}^4$$

$$I_y=\frac{l_{0a}\times l_{0b}^3}{12}=\frac{340\times 490^3}{12}=3333388333\ \text{mm}^4$$

$$I_z=\frac{l_{0b}\times l_{0a}^3}{12}=\frac{490\times 340^3}{12}=1604913333\ \text{mm}^4$$

圆形支座:

$$I_p==0.5\pi\ (200-5)^4=2271215391\text{mm}^4$$

$$I_y=I_z=\frac{\pi}{64}d_0^4=\frac{\pi}{64}(400-10)^4=1135607695\ \text{mm}^4$$

(5)刚度计算。

将上述参数代入式(3.4.15),就可计算出各个刚度,结果见表3.4.4。

**支座刚度计算结果** 表3.4.4

| 支座类型 | $SD_x$ (N/mm) | $SD_y$ (N/mm) | $SD_z$ (N/mm) | $SR_x$ (N · mm/Rad) | $SR_y$ (N · mm/Rad) | $SR_z$ (N · mm/Rad) |
|---|---|---|---|---|---|---|
| 矩形 | 1018412 | 2313.89 | 2313.89 | 61125974 | 20376725097 | 9810701462 |
| 圆形 | 626740.5 | 1990.98 | 1990.98 | 37853590 | 6619949351 | 6619949351 |

### 3.4.7 施工阶段分析

要正确地开展桥梁结构分析,除具有扎实的力学知识、专业知识和有限元知识外,还必须熟悉桥梁工程的基础知识和施工方法,使分析模型能够真实地反映施工过程、体系转换及桥梁结构的最终内力。

施工分析阶段是为了解桥梁施工阶段的力学状态而人为划分的计算工况。分析阶段的多少与桥梁施工方法、结构构造的复杂程度密切相关。例如,简支梁桥,无论采用预制安装还是支架现浇,一般只需1~2个分析阶段;体系复杂的桥梁,如连续梁桥、连续刚构桥、斜拉桥,往往需要几十个甚至上百个分析阶段才能完成整个施工阶段的分析。采用悬臂施工的桥梁,即使是一个悬臂浇筑节段的施工过程,也可细分为挂篮移动、混凝土浇筑、预应力张拉3个分析阶段。

桥梁工程的施工方法很多,有现浇法、先简支后连续法、逐孔施工法、悬臂浇筑法、顶推法和拖拉法等。下面以现浇法和悬臂浇筑法为例加以说明。

1)支架现浇法

采用支架现浇的梁桥要求在混凝土初凝前完成浇筑,此时可以按1个分析阶段(最终体系)进行分析,也可以按混凝土浇筑和混凝土参与受力(最终体系)2个阶段进行分析。当模拟混凝土浇筑时,需要在梁单元上施加永久支承(图3.4.10中的1节点和11节点)和临时支承(图3.4.10中的2~10节点),通过求解得到各临时支承的支反力;混凝土受力阶段是拆除临时支承(图3.4.11),程序自动地把临时支承反力以大小相等、方向相反的集中力施加在梁体上，叠加 2 个分析阶段的结果，即简支梁自重下的最终内力值。下面以跨径为 10m、主梁横断面为 1.2m × 1m 的矩形梁为例加以说明，材料重度取 25kN/m³。图 3.4.12 和图 3.4.13 分别为第 1 个分析阶段和第 2 个分析阶段的内力及支反力累计值。显然，用 1 个分析阶段和用 2 个分析阶段得到的最终结果是完全一致的。

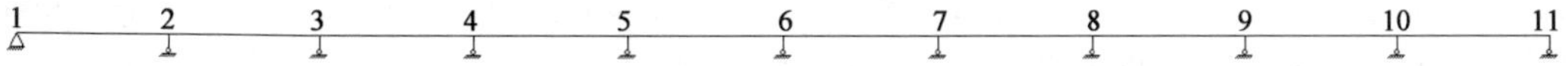


图 3.4.10　第 1 个施工阶段结构计算模型

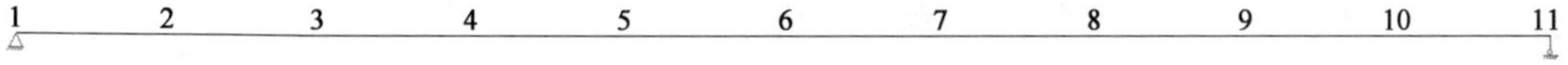


图 3.4.11　第 2 个施工阶段结构计算模型

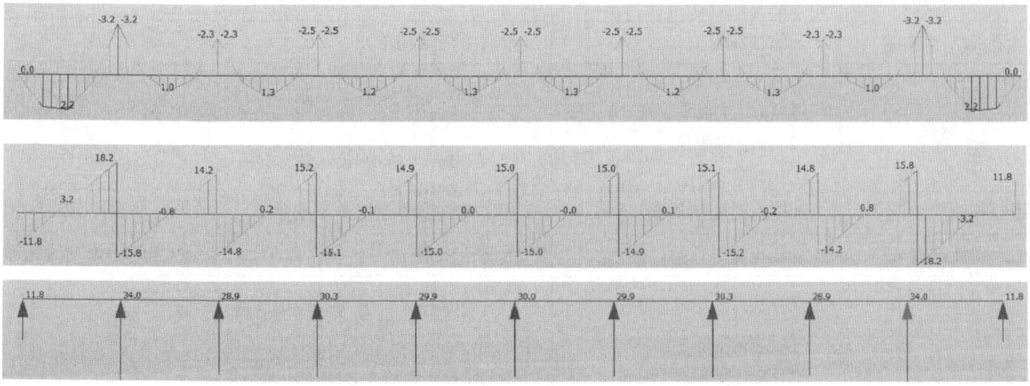

图 3.4.12　第 1 个施工阶段累计效应内力和支反力图(单位:kN)

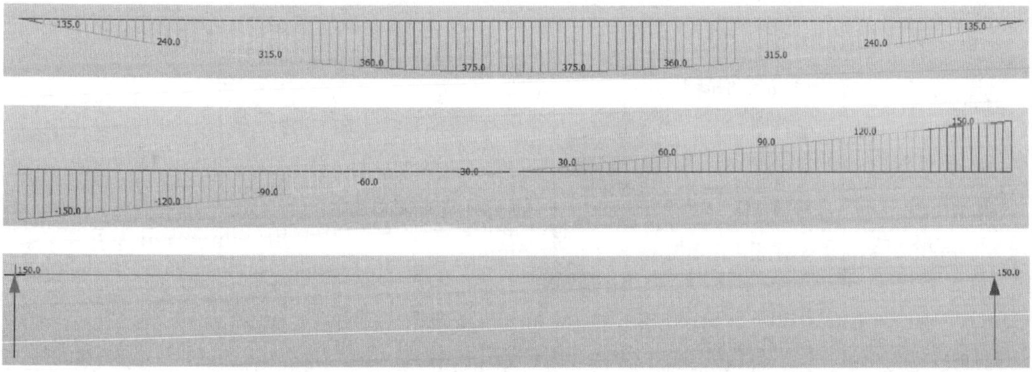


图 3.4.13　第 2 个施工阶段累计效应内力和支反力图(单位:kN)

此外，从图 3.4.12 可以看出，临时支承的支反力除 2 节点和 10 节点外，其余反力值均接近于 30kN。根据力以最短路径传递的原理，单个临时支承仅承担与其相邻两个单元一半长度对应的重量之和。例如，在本算例中，每个单元长度为 1m，单个临时支承所承受的重量为 $(1/2 + 1/2) \times (1.2 \times 1 \times 25) = 30$kN。实际上，这个结果可用于满堂支架、托架等的计算中。

需要注意的是，用于模拟支架的临时支承应为单向受压支承，即该支承只能承受压力，不能承受拉力。这样，当单向受压支承为拉力时，将退出工作不再参与受力。

2)悬臂浇筑法

悬臂浇筑法适用于连续梁桥、连续刚构桥、斜拉桥和拱桥中,是桥梁结构分析中比较复杂的计算。下面以三跨预应力混凝土连续梁桥悬臂施工为例加以说明。

预应力混凝土连续梁桥施工包括基础施工、下部结构施工和上部结构施工。上部结构施工又分为零号块施工、零号块临时固结、悬浇节段施工、边跨现浇段施工、边跨合龙、拆除临时固结、中跨合龙段施工、桥面系施工等主要过程,相应的分析阶段见表3.4.5。表中提到的"单元"是指有限元模型中的单元。

**预应力混凝土连续梁桥施工阶段和分析阶段** 表3.4.5

| 施工阶段 | 分析阶段 | 有限元操作 | 备注 |
|---|---|---|---|
| 基础施工 | 基础施工 | 激活基础单元 | 桩基需事先计算出等效的弹簧单元刚度 |
| 下部结构施工 | 下部结构施工 | 激活下部结构单元 | — |
| 零号块施工 | (1)混凝土浇筑;<br>(2)预应力张拉 | (1)有限元模型中直接激活零号块单元;<br>(2)激活零号块相应的预应力筋 | — |
| 张拉临时固结钢筋 | 张拉临时固结钢筋 | 有限元模型中设置2个支承 | — |
| 安装挂篮 | 安装挂篮 | 激活挂篮单元 | 可以集中力方式施加 |
| 浇筑1号块 | (1)浇筑混凝土;<br>(2)张拉预应力筋 | (1)将混凝土重量作用于挂篮上;<br>(2)激活1号块单元和相应的预应力筋 | — |
| 移动挂篮 | 移动挂篮 | 拆除挂篮、安装挂篮 | — |
| 浇筑2号块 | (1)浇筑混凝土;<br>(2)张拉预应力筋 | (1)将混凝土重量作用于挂篮上;<br>(2)激活2号块单元和相应的预应力筋 | — |
| 移动挂篮 | 移动挂篮 | 拆除挂篮、安装挂篮 | — |
| …… | …… | …… | — |
| 浇筑最后一块 | (1)浇筑混凝土;<br>(2)张拉预应力筋 | (1)将混凝土重量作用于挂篮上;<br>(2)激活最后一单元和相应的预应力筋 | — |
| 边跨支架现浇 | 边跨支架现浇 | 直接激活梁段单元,施加临时支承 | — |
| 拆除挂篮、安装吊架 | 拆除挂篮、安装吊架 | 拆除挂篮、安装吊架 | 也可用挂篮代替吊架 |
| 边跨合龙段施工 | 边跨合龙段施工 | 激活边跨合龙段单元 | — |
| 张拉边跨底板预应力筋 | 张拉边跨底板预应力筋 | 激活边跨底板预应力筋 | — |
| 拆除临时锚固 | 拆除临时锚固 | 删除临时支承,增加永久支承 | — |

续上表

| 施工阶段 | 分析阶段 | 有限元操作 | 备注 |
| --- | --- | --- | --- |
| 中跨合龙段施工 | 中跨合龙段施工 | 激活中跨合龙段单元 | — |
| 张拉中跨底板预应力筋 | 张拉中跨底板预应力筋 | 激活中跨底板预应力筋 | — |
| 桥面系施工 | 桥面系施工 | 以均布力方式施加到最终体系单元上 | — |

通常将基础和下部结构施工各划分为一个分析阶段，也可根据实际施工过程划分为若干个分析阶段，以获取更多的数据。

零号块施工一般包括混凝土浇筑和预应力张拉两个阶段，应分为两个分析阶段。如果零号块施工只有混凝土浇筑，而无预应力张拉（预应力钢束与1号节段一并张拉），则只有混凝土浇筑一个分析阶段。

箱梁节段的施工较为复杂，1号节段有挂篮安装、混凝土浇筑和预应力张拉3个施工阶段；对其他节段的施工划分为挂篮拆除、挂篮安装、混凝土浇筑和预应力张拉4个阶段。通常把挂篮拆除、挂篮安装合并为一个施工阶段，统称为挂篮移动，这样除1号节段外的每个悬臂节段施工有挂篮移动、混凝土浇筑和预应力张拉3个阶段。

上述分析阶段划分适用于桥梁设计阶段的结构内力计算。在施工控制阶段，由于挂篮加载时结构的变形已经发生了变化，所加载的主梁单元底模高程降低，而此时所加载的主梁单元尚未参与工作，该部分位移无法记录。因此，在施工控制计算中采用直接激活单元的方法进行计算。

### 3.4.8 荷载分析

作用在桥梁上的荷载有永久荷载、可变荷载、偶然荷载和地震荷载4种。在桥梁施工过程中，往往还有临时荷载，如挂篮、吊架、配重等。

1）永久荷载

永久荷载包括结构自重、桥面系重量和混凝土徐变收缩等。

分析模型中的桥梁构件在给定了重力加速度和质量密度后，程序自动计算其自重，无须额外施加。有些桥梁结构模型在简化过程中忽略了次要构件或连接件，如桁架结构、万能杆件中的节点板，导致分析模型中的总重量偏小，此时，应根据实际结构的总重量（包括节点板重）除以有限元模型得到的所有竖向反力的总和$\sum R_i$，其比值作为有限元模型中材料密度的修正系数，即

$$\gamma = \frac{\text{桥梁结构的总重量(包括节点板重)}}{\sum R_i} \tag{3.4.18}$$

预应力混凝土连续梁桥或连续刚构桥中需设置齿板，用于锚固底板预应力束。但在有限元模型中较难模拟齿板。简便方法是修正混凝土材料重度，按式（3.4.19）计算

$$\rho'_{\text{混凝土}} = \frac{V_{\text{混凝土}}\rho_{\text{混凝土}} + G_{\text{普}} + G_{\text{预}}}{V_{\text{混模}}} \tag{3.4.19}$$

式中：$\rho'_{\text{混凝土}}$——修正后的混凝土材料重度；

$V_{\text{混凝土}}$——计入箱梁和齿板的混凝土体积；

$\rho_{混凝土}$——素混凝土重度,按 24kN/m$^3$取值;

$G_{普}$、$G_{预}$——箱梁中普通钢筋和预应力钢筋的总重量;

$V_{混模}$——有限元模型中的箱梁混凝土体积。

由于模型中未包含有齿板,因此 $V_{混模} < V_{混凝土}$。

桥面系重量以均布力方式施加在直接承受桥面系所对应的单元上,如梁式桥的主梁、斜拉桥与悬索桥的主梁和中、下承式拱桥的桥道梁,但上承式拱桥应根据拱上建筑不同加以区分:若为梁式腹孔,则桥面铺装重量施加在桥道梁上;若为拱式腹孔,则部分施加在腹拱圈上,部分施加在主拱圈上,腹腔内的填料以梯度荷载施加在相应位置的主拱圈和腹拱圈之上。

混凝土徐变、收缩既与加载龄期有关,也与计算时间有关,需要分时段来计算其时变效应。

2)可变荷载

可变荷载包括汽车荷载(含冲击力)、人群荷载、温度作用、离心力、制动力和风荷载等。

(1)汽车荷载产生的效应通过内力或挠度影响线加载来计算。车道荷载的均布力施加在影响线最不利布载范围内,集中力则施加在影响线的一个最大峰值上。

汽车冲击力由桥梁结构的一阶基频确定。对于构造简单的桥梁结构,可以直接根据《公路桥涵设计通用规范》(JTG D60—2015)给出的公式计算,但复杂桥梁必须通过动力特性计算方可得到。需要特别指出的是,桥梁一阶基频应为竖直面内整体桥梁的振型。

公路桥梁冲击系数$(1+\mu)$,按式(3.4.20)计算:

$$\left.\begin{aligned}&当 f<1.5\text{Hz} 时, && \mu=0.05\\&当 1.5\text{Hz}\leqslant f\leqslant 14\text{Hz} 时, && \mu=0.1767\ln f-0.0157\\&当 f>14\text{Hz} 时, && \mu=0.45\end{aligned}\right\}\tag{3.4.20}$$

(2)人群荷载为均布荷载,荷载效应计算同样采用影响线加载法,但人群荷载不计入冲击力。

(3)离心力施加相对比较简单,以集中力方式施加在能产生最不利效应的单元上;离心力的着力点在桥面以上 1.2m 处,也可移至桥面上,但由此引起的作用效应可忽略不计。在计算多车道桥梁的汽车荷载离心力时,车辆荷载标准值应按规范规定的横向折减系数进行折减。

(4)制动力计算相对比较复杂,它与结构体系、墩台类型、支座形式、桥墩刚度等因素有关。因此,要准确计算制动力及其在各个墩、台上的分配,必须建立符合实际的模型,尤其是支座的模拟。对于设有板式橡胶支座的简支梁、连续桥面简支梁或连续梁排架式柔性墩台,当汽车在桥上制动时,制动力通过支座传递给柔性墩台而引起变形,因此应根据支座与墩台的抗推刚度集成情况分配和传递制动力。当设有板式橡胶支座的简支梁布置在刚性墩台时,则可直接按单跨两端的板式橡胶支座的抗推刚度分配制动力,当两端支座高度相同时,各分配 50%。对于设有固定支座、活动支座(滚动或摆动支座、聚四氟乙烯滑板支座)的刚性墩台传递的制动力,应按《公路桥涵设计通用规范》(JTG D60—2015)第 4.3.5 条规定的要求采用。

制动力的方向为行车方向,着力点在桥面以上 1.2m 处。计算墩台时,制动力着力点可移到支座中心或滑动、橡胶、摆动支座的底板上;当计算刚架桥、拱桥时,制动力着力点可移到桥面上,但不计因此而产生的竖向力和力矩。

3)地震荷载

桥梁地震分析有反应谱分析法和时程分析法两种,计算方法见本教材第 5 章。

4)偶然荷载

偶然荷载包括船舶撞击力、汽车撞击力等。船舶撞击力在缺乏可靠的资料时,按《公路桥涵设计通用规范》(JTG D60—2015)给出的公式计算船舶撞击力,力的大小和方向应使结构处于最不利状态。

5)施工过程中的临时荷载

临时荷载会影响桥梁构件的承载力和结构变形,如悬臂施工中的挂篮、吊架及配重,必须在模型中予以体现。挂篮分为前支点挂篮和后支点挂篮两种构造形式。其中,前支点挂篮仅适用于斜拉桥的悬臂施工,后支点挂篮则适用于连续梁桥、连续刚构桥和斜拉桥的节段悬臂施工。下面以后支点挂篮为例,简要介绍节段混凝土悬臂浇筑时挂篮的受力特点。

(1)安装挂篮。

后支点挂篮有两个锚固于悬臂梁段的锚固点(如图3.4.14中所示的锚点1和锚点2)。挂篮在自重作用下于锚点1处产生竖向压力 $P_1$、锚点2处产生竖向拉力 $P_2$,据此可计算在该状态下桥梁结构的内力和变形。

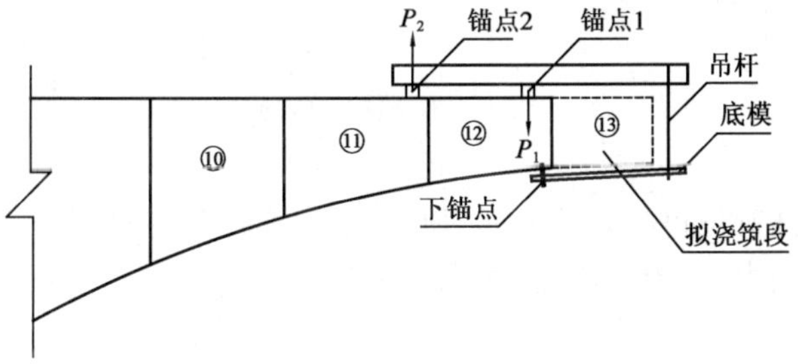


图3.4.14 挂篮安装受力图式

(2)浇筑节段混凝土。

浇筑节段混凝土时混凝土没有刚度,其重量可近似地以均布荷载方式作用于挂篮底模上,由吊索传递给挂篮,再由挂篮将混凝土湿重转移到悬臂梁段上。由混凝土重量在悬臂梁段上产生的反力可由图3.4.15中所示的 $PP_1$ 和 $PP_2$ 来表示。

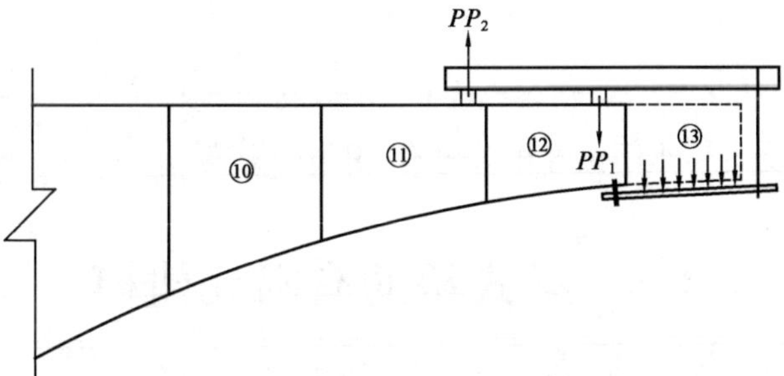


图3.4.15 挂篮加载(浇筑混凝土)

由于底模一端锚固于前一节段的底板上,即图3.4.14中的下锚点,另一端锚固于挂篮的吊索上,粗略计算时可按节段重量的一半分配给吊索,也可根据力矩平衡法和节段构造较准确地计算吊索所承受的拉力。计算出吊索拉力后,根据挂篮构造就可计算出 $PP_1$ 和 $PP_2$。

通常,锚点1和下锚点的位置比较接近,可近似地认为节段混凝土重量均作用于锚点1处,但需考虑节段混凝土产生的附加力矩。因此,在MIDAS/Civil中,建议用一个集中力和集中力偶来模拟挂篮和节段混凝土重量。

可以看出,在安装挂篮和节段混凝土浇筑阶段,挂篮自重和混凝土重力都作用在支承挂篮的相同悬臂梁段上,因此,两者的作用效应(内力和变形)是可以叠加的。

(3)张拉预应力束。

当混凝土达到设计强度并张拉预应力束后,悬臂梁将向上变形,梁体底板与底模脱离,挂篮退出工作,锚点力 $PP_1$、$PP_2$ 得到释放,如图 3.4.16 所示。因此,在有限元模型中应计入浇筑梁段的重力,同时将 $PP_1$ 和 $PP_2$ 以反向力的方式作用在悬臂梁段上,完成转移锚固。

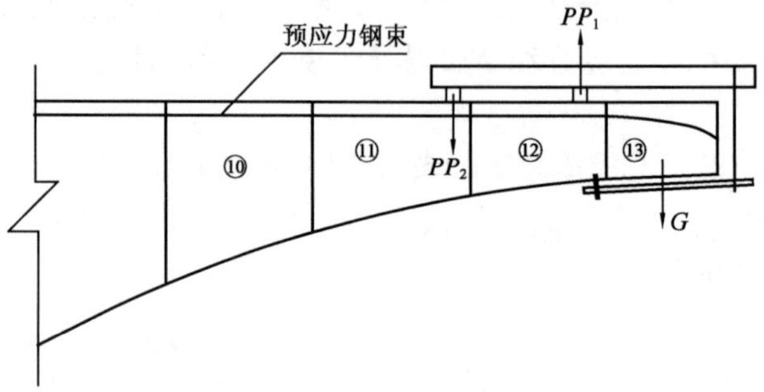


图 3.4.16　挂篮锚固转移加载

(4)拆除挂篮。

拆除挂篮是指将挂篮自重的等效力 $P_1$ 和 $P_2$ 反向作用于悬臂梁段上,即在原锚点 1 和锚点 2 处各作用一个反向力 $P_1$、$P_2$,但数值相等(图 3.4.17)。

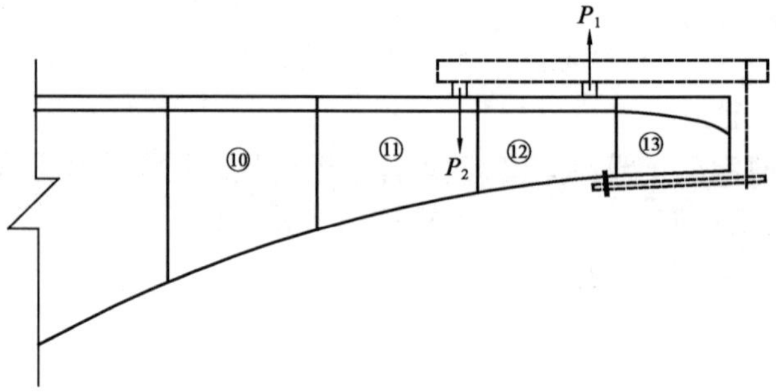


图 3.4.17　挂篮拆除

由于吊架和配重受力和作用位置相对明确,用集中力模拟。

## 3.5　梁式桥的有限元建模

### 3.5.1　简支梁桥

桥梁工程中常用的简支梁桥有板梁桥、小箱梁桥和 T 形梁桥。其中,板梁桥又分为整体式板桥和装配式板桥。

1)平面模型

当采用平面模型分析装配式的板梁桥、小箱梁桥或 T 梁桥的内力和变形时,只需建立一片梁的有限元模型,其空间效应通过横向分布系数来体现。

MIDAS/Civil 可以直接分析空间问题,其空间效应由模型直接反映,也无须再计算荷载横向分布系数。

2)空间模型

由多片主(纵)梁通过横隔梁或铰缝连接而成的桥梁,可以用“梁格法”来分析。梁格法的分析思路是,把分散在梁(或板)的每一个区段内的弯矩和抗扭刚度假定集中于最邻近的等效的梁格内,梁(或板)的纵向刚度集中于纵向梁内,而横向刚度则集中于横向梁内。理想的梁格应该是,当原型梁(或板)和等效的梁格承受相等的荷载时,这两个结构的挠曲是恒等的,而且在任一梁格内的弯矩、剪力和扭矩等于该梁所代表的梁(或板)部分的截面合力。

可见,由多片板梁、小箱梁和T形梁构成的空间模型,完全可以用梁格法来计算,建立的模型也称为梁格模型。在此只介绍简支梁桥的梁格建模方法,有关箱形梁桥、斜交桥和曲线桥梁的梁格建模方法见本教材第7章。

对于板梁桥,沿各片纵梁中心线建立梁单元,纵梁把原型板梁的拉伸刚度、竖向抗弯刚度、自由扭转刚度及质量分布集中于一身。各片纵梁间的横向连接用虚拟的短横梁模拟(重量为零),虚拟横梁的间距应大致等于纵梁间的中心距为宜。一个虚拟的短横梁代表了纵梁一半截面、范围为短横梁间距的一段“构件”的横向抗弯与传递剪力能力。预制装配的板梁之间用铰缝连接,由于铰缝只能传递剪力,不能传递弯矩,因此短横梁的一侧节点应释放绕纵梁(板)的转角自由度。如果将短横梁定义成刚臂,会导致在横向上剪力传递过多,使距离加载点较远的板梁受力偏大。

对于小箱梁或T形梁,将T形梁的梁肋和翼缘板合建为梁单元,横隔板单独建为梁单元。这种建模方式仅仅考虑了横隔板的连接,却忽略了小箱梁或T形梁翼缘板之间的连接作用。如要考虑翼缘板间的连接,可参照板梁引入虚拟横梁(重量为零),也可用MIDAS/Civil弹性连接中的刚性连接或主从节点的刚性连接模拟。由于横向荷载主要依靠横隔板传递,因此可近似地不考虑翼缘板间的横向连接,不设虚拟梁或刚性连接。

定义支座约束时,只需约束一排支座中一个支座在$X$、$Y$方向的自由度,否则会造成温度作用计算结果偏大。板式橡胶支座尽量用弹性支承模拟,尤其是需要考虑动力特性时,应取支座实际的刚度值。弯桥应注意支座的约束方向,通过设置节点局部坐标系来施加约束。当进行移动荷载分析时,应按“横向联系梁法”定义车道。

### 3.5.2 连续梁桥与连续刚构桥

1)先简支后连续梁桥

与简支梁桥的建模方法相似,只是在划分单元时应注意连续梁桥所采用的支承方式,如果是双支承,那么简支梁的支承也是连续梁的支承,成桥阶段无须拆除;如果是单支承,则最终体系的支承点位于后浇混凝土的连续梁段上,此时,必须在连续梁段的中间划分单元和节点,将该节点作为永久支承点,施工期间用于临时支承预制梁的支承在体系完成后应予以拆除。计算恒载内力时最好分成4个分析阶段:①简支梁阶段;②连续梁阶段;③拆除临时支承阶段;④二期恒载阶段。

2)连续梁桥和连续刚构桥

连续梁桥和连续刚构桥的建模方面没有大的区别,均是用梁单元模拟。在边界条件和施工顺序方面,连续刚构桥的主梁与桥墩固结,两者之间需要用刚臂来连接,而连续梁桥应在边跨合龙后拆除临时固结。对于多箱室的宽梁桥、曲线桥,单梁模型可能无法正确计算出横向支座反力及荷载横向分布,应采用梁格法模型。

边跨现浇段通常采用满堂支架或托架法施工,满堂支架的模拟方法与本章第3.4.7节中简支梁支架现浇相同,不再赘述。在模型边界条件的处理上,应在边跨合龙、张拉边跨合龙段与箱梁底板预应力钢束之前,拆除(钝化)模型中的临时支承。

施工边跨合龙段时,边跨现浇段支承在满堂支架或托架上,合龙段混凝土浇筑过程中不发生位移或位移很小,而悬臂梁段在合龙段混凝土作用下会产生较大的下挠,由此造成合龙段的相对位移。为此,工程中采取在悬臂端使用水箱配重的方式来保持悬臂端两侧的相对平衡,即事先计算出合龙段混凝土重量和吊架重量,取其两者之和的一半换算为水重,分别放置在单个T构的两个悬臂端处,浇筑合龙段混凝土时等重量释放边跨侧水箱,位于另一侧的水箱不放水,以达到动态平衡和合龙段混凝土不出现相对位移的目的。模型中用集中力模拟水箱重,根据施工过程予以拆除(钝化)。当采用挂篮方式浇筑合龙段混凝土时,应根据挂篮重量(含模板)分别计算出放置在单个T构的两个悬臂端的水箱配重。

顶推力问题。在大跨度连续刚构桥或多跨连续刚构桥中,受到实际合龙温度与设计合龙温度差以及混凝土收缩徐变影响,刚构桥墩顶会出现较大的纵向偏位,该偏位虽然对主梁内力影响很小,但会在墩底附近产生较大的附加弯矩。为减小桥墩的附加弯矩,需要在中跨或次中跨(三跨以上连续刚构桥)合龙前对主梁进行顶推。顶推力大小根据墩顶偏位和墩身内力综合计算后确定,以集中力方式施加在悬臂梁端的节点上。精确分析时,应结合千斤顶位置和顶推力,计算出截面的偏心弯矩,将集中力和弯矩同时施加在节点上。

3)零号块处理

采用梁单元计算连续梁桥和连续刚构桥的内力与变形,零号块也简化为梁单元。但零号块刚度大、预应力钢束布置密集,受力非常复杂,因此用梁单元模拟零号块实际上是一种近似的计算。需要精细化分析零号块受力时,可以用实体单元建立局部空间分析模型,然后在模型边界上强制施加整体模型分析所得到的相同位置的位移值,作为精确分析局部结构的边界条件。施加强制位移时,需要在局部模型的边界部位定义主、从节点,主节点位于局部模型每个边界截面的形心处,从节点为该截面上的其他节点,利用刚性连接功能连接主节点和从节点,把整体分析得到的每个边界节点的位移值输入到局部模型的主节点上。由于微小的强制位移对局部模型分析结果的影响都很大,因此需要提取并施加精确的位移值,并且尽可能输入节点的6个自由度的所有位移值。

### 3.5.3 预应力荷载的输入

对预应力混凝土桥,还需在模型中输入钢束特性、钢束数、钢束几何线形、钢绞线束、锚下张拉控制应力、管道摩阻系数及混凝土加载龄期等参数。在桥梁专用程序和有桥梁模块的通用程序中,都提供了较为便捷的钢束输入法,并能计算出各钢束的有效预应力值和各项预应力损失值。

预应力荷载在有限元模型中的施加方式,大致可分为等效荷载法和杆单元法两种。

1)等效荷载法

该方法将预应力以荷载方式施加到混凝土上。大型通用软件以及桥梁专用软件(如MIDAS/Civil和桥梁博士)均使用等效荷载法。等效荷载法的优点在于建模简单,无须考虑预应力筋的具体位置。

2)杆单元法

将混凝土和预应力筋划分为不同的单元,预应力筋用杆单元模拟,通过降温或初应变方法施加预应力。降温方法比较简单,可模拟预应力筋的损失,实际应用较广泛;初应变法在模拟预应力筋不同位置的应力时需要设置不同的实常数,工作量较大。

# 3.6 拱式桥的有限元建模

## 3.6.1 普通拱桥

拱桥是由曲线的主拱圈和拱上建筑或悬吊系统构成,根据主拱圈与拱上建筑的参与程度,分为简单体系拱桥和组合体系拱桥。

1)简单体系拱桥

石拱桥,普通上承式拱桥和中、下承式拱桥均属于简单体系拱桥。主拱圈单独承受来自拱桥的全部自重和活载,拱上建筑仅起传递荷载的作用,因此其计算图式为单独的主拱圈或有拱上立柱(或吊索)和桥道梁的模型,如图3.6.1所示。

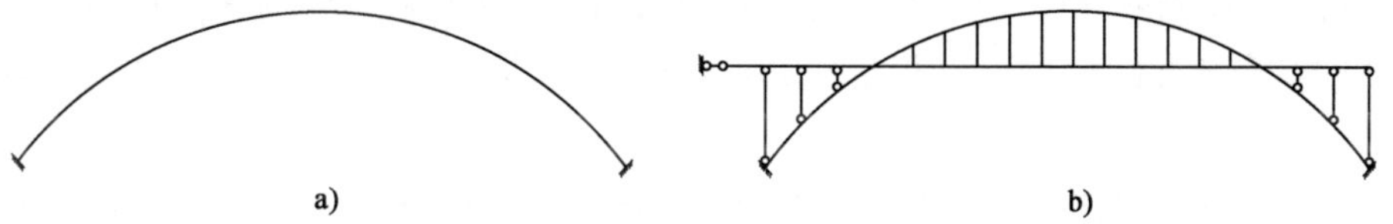

图3.6.1 拱桥计算模型

建立上述简单体系拱桥模型时,主拱圈自重由软件自动计算,而实腹段自重需要由人工计算出荷载集度,然后以梯度荷载方式施加到主拱圈或腹拱圈上。

拱式腹孔的拱桥存在拱上建筑与主拱圈间的联合作用,需要建立集主拱圈与拱上建筑一体的分析模型,如图3.6.2所示。

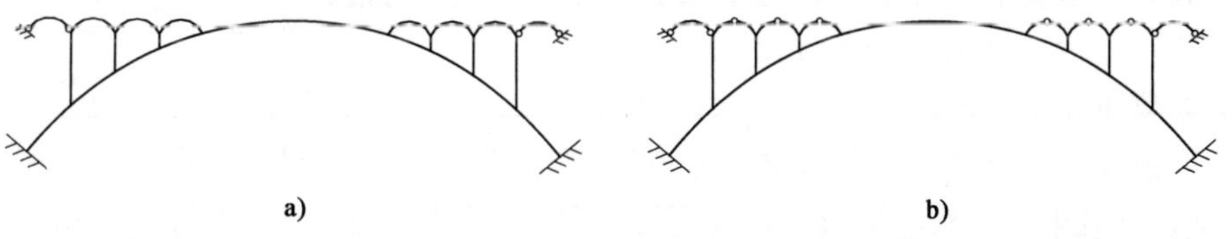

图3.6.2 拱式腹孔拱桥计算图式

拱式拱上建筑的联合作用能显著地降低主拱的活载作用,即使拱上建筑出现开裂,主拱弯矩值比拱上建筑不开裂时略有增加,但仍比裸拱有较显著地折减。为简化计算,忽略腹拱填料和侧墙的影响,边腹拱不按抗推刚度为零的三铰拱对待,而按平铰处理,将边腹拱近似为有一定抗推刚度的双铰拱,按图3.6.2a)作为计算图式,也可采用边腹拱为双铰拱,其余腹拱作为单铰拱的计算图式[图3.6.2b)]。

在计算升温、拱脚向内水平位移引起的附加内力时,也可采用图3.6.2b)的计算图式,但在计算降温、拱脚向外水平位移引起的附加内力时,因拱上建筑参与主拱圈受力的程度很小,则应采用图 3.6.1a)的裸拱计算图式。

2)采用悬臂拼装法施工的钢筋混凝土拱桥

对主拱圈进行纵向分段、横向分肋。采用悬臂拼装法施工的钢筋混凝土拱桥,其拱肋在吊装过程中通常采用单肋或双基肋合龙,在所有拱肋合龙并浇筑纵缝混凝土后形成多箱室拱圈,因此主拱圈受力在施工阶段受力与应力叠加法计算结果较为吻合。为了能在模型中真实地反映拱圈的受力过程,应采用 MIDAS/Civil 中的联合截面来建立主拱圈模型。

3)组合体系拱桥

组合体系拱桥因拱上建筑参与受力,建模时须将拱上建筑一并建立。

当采用有限元法计算拱桥时,主拱圈既可以用直梁单元模拟,也可采用曲梁单元模拟,而吊索、系杆可用杆单元或索单元模拟。分析表明,当主拱圈划分成 48 个单元时,其计算精度已经满足工程要求。在实际计算时,尚需考虑 L/8、L/4、3L/8 等控制截面,实际单元数要多于 48 个,其计算精度才可以得到保证。

拱上立柱、桥道板采用梁单元,而拱上填料则以梯度荷载方式施加在主拱圈和腹拱圈上。

需要特别指出的是,由于梁单元中已经包含了轴向变形项,计算结果中已经计入了主拱圈的弹性压缩变形,因此无须额外计算主拱圈的弹性压缩。

### 3.6.2 钢管混凝土拱桥

钢管混凝土拱圈的建模比较复杂,与分析目标及采用的材料特性有关。目前,钢管混凝土拱桥常用的建模方法有基于统一理论的钢管混凝土单元法、双单元法和复合梁单元法。

1)钢管混凝土单元法

这种方法是基于钢管混凝土统一理论,视钢管混凝土为一种材料,钢管混凝土截面特性按钢管外径计算,材料特性则按统一理论给出的公式计算。由于材料特性中已经考虑了钢管初应力影响,因此可用于钢管混凝土拱桥成桥状态下的内力和承载力计算。但在计算变形时,抗压刚度取 0.8 的折减系数。

2)双单元法

视钢管和混凝土为两种材料,在相同节点位置重复建立两个单元:一个为钢管,另一个为混凝土。双单元模型主要用于模拟钢管混凝土拱桥的施工过程,这样可以得到较为真实的钢管、管内混凝土内力值和拱圈变形值。

3)复合梁单元法

在计算钢管混凝土拱桥极限承载力时,需要同时考虑几何非线性和材料非线性、混凝土收缩徐变、钢管混凝土组合截面形成过程及钢管与混凝土的应力发展历程及温度变化等因素,以及能够反映约束效应的核心混凝土本构关系,此时应采用复合梁单元。复合梁单元应具有以下功能:

(1)能够同时考虑几何非线性和材料非线性,为此应采用能够描述不同施工阶段截面材料的复合截面来描述。

(2)能够反映钢管混凝土截面逐渐形成、混凝土开裂以及混凝土从开始浇筑到承受荷载的全过程,可以钝化或激活混凝土,并能反映截面形心和扭心的不断变化。

(3)含有初应力和初应变项。由于钢管混凝土组合截面是在架设成拱的空钢管拱肋基础上逐根灌注形成的,因此在形成钢管混凝土组合截面前,空钢管中已经储存了较大的初应力,该初应力使钢管混凝土的弹性工作阶段缩短，提前进入弹塑性工作阶段。混凝土收缩、徐变与温度荷载对结构的响应实际是结构中有初应变的非线性分析。

(4)多阶段的应力叠加。组合结构体系的最终应力状态取决于各施工阶段的应力发展历史，如果将钢管混凝土拱桥按照一次落架来分析桥梁的最终状态，就不能反映真实的应力分布。此外，随着施工过程的推进，混凝土的收缩和徐变也将导致应力在构件中和截面内重新分布，因此有必要进行施工阶段的应力叠加分析。

4)四肢格构型钢管混凝土拱肋建模方法

国内建造的钢管混凝土拱桥，除少数是哑铃型和六肢格构型截面外，绝大多数为四肢格构型截面，如图3.6.3所示。根据连接上弦管和下弦管的缀件构造，有横置哑铃型的四肢格构型截面[图3.6.3a)]和全桁架截面[图3.6.3b)]。在建立有限元模型时，钢管混凝土采用钢管混凝土单元法、双单元法或复合梁单元法建模，难点在于对连接相邻两个钢管的缀板及腹腔内混凝土的处理。

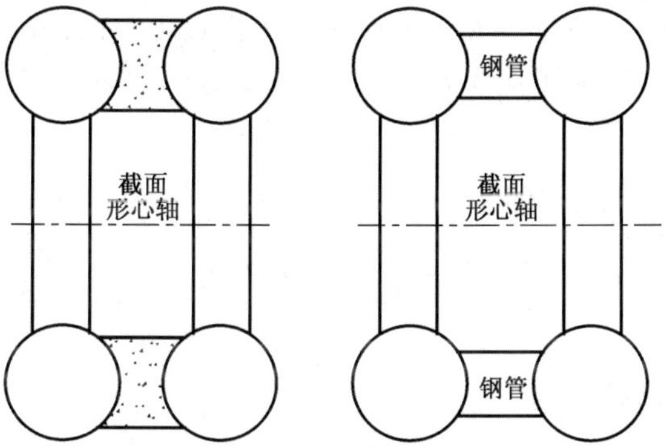


图3.6.3 四肢格构型截面形式

通常将缀板及腹腔内混凝土等效为板单元，下面简要推导板单元等效厚度计算方法。

从图3.6.3可知，四肢格构型截面惯性矩是以截面形心为基准轴，通过移轴方式得到各个断面的累加值。因此，用板单元等效缀板及腹腔内混凝土，板单元的等效厚度和等效弹性模量应以对整个截面的形心轴惯性矩相等为条件。

图3.6.4a)为四肢格构型截面上肢(或下肢)钢管与缀板连接构造图，图3.6.4b)为等效板单元的几何尺寸图。板宽取两钢管中心距离 $B$，并将缀板及腹腔内混凝土简化为如图3.6.5所示的矩形截面，计算时可忽略图中阴影部分的混凝土。

缀板及腹腔内混凝土对截面形心轴的弯曲刚度 $EI$ 为

$$\begin{aligned} EI &= E_s[b_1h_1 \times (D + D_1)^2] + E_s[b_1h_1 \times (D - D_1)^2] + E_c(I_0^c + b_2h_2 \times D^2) \\ &= (E_sA_s + E_cA_c)D^2 + (E_sA_sD_1^2 + E_cI_0^c) \end{aligned} \tag{3.6.1}$$

式中：$D$——上(或下)弦杆截面形心至整个截面形心的距离；

$b_1$、$h_1$——缀板宽度和厚度；

$b_2$——腹腔内混凝土宽度，近似取两钢管间的最小距离；

$h_2$——腹腔混凝土净高度；

$A_s$——缀板钢材面积，$A_s = 2b_1h_1$；

$I_0^c$——缀板内混凝土对其自身形心轴的惯性矩。

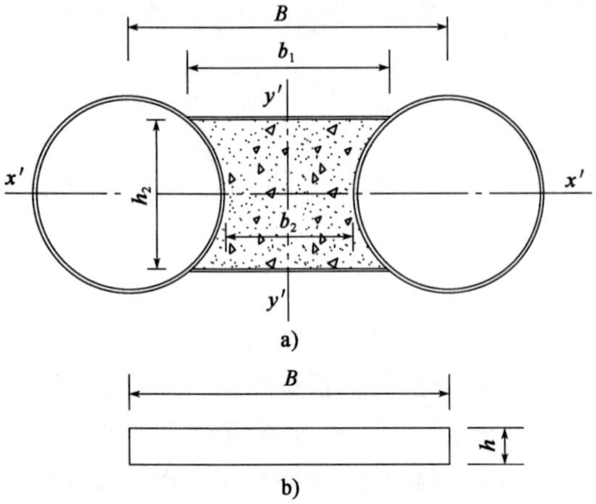


图3.6.4 等效厚度与等效弹性模量计算

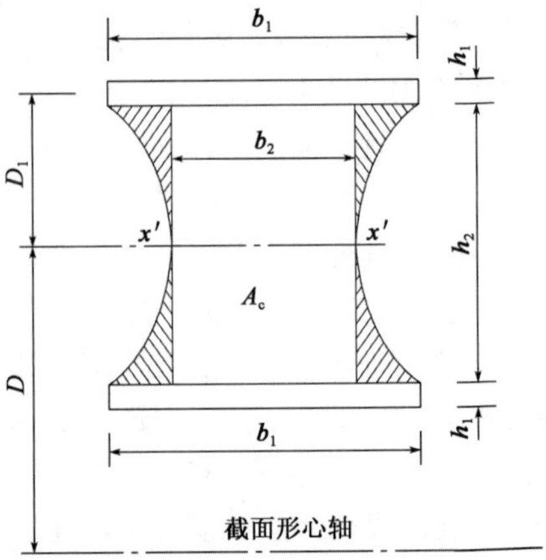


图3.6.5 缀板及腹腔内混凝土对全截面形心轴的惯性矩换算

由式(3.6.1)可以看出,$(E_sA_s+E_cA_c)D^2$ 项是缀板及腹腔内混凝土轴压刚度对整体截面形心轴的惯性矩,而后一项$(E_sA_sD_1^2+E_cI_0^c)$是缀板及腹腔混凝土对其自身形心轴 $x'$-$x'$ 的惯性矩。

由图3.6.5可知,$h_1+h_2=2D_1$。由于 $h_1 \ll h_2$,$h_2 \approx 2D_1$,则

$$(E_sA_sD_1^2+E_cI_0^c)=\left(E_sA_sD_1^2+E_cA_c\times\frac{h_2^2}{12}\right)\approx\left(E_sA_sD_1^2+E_cA_c\times\frac{D_1^2}{3}\right)=\left(E_sA_s+\frac{E_cA_c}{3}\right)D_1^2 \tag{3.6.2}$$

令 $m=D/D_1$,则式(3.6.1)改写为

$$EI=\left[E_sA_s\left(1+\frac{1}{m^2}\right)+E_cA_c\left(1+\frac{1}{3m^2}\right)\right]D^2 \tag{3.6.3}$$

根据刚度等效原则,有

$$EI=\left[E_sA_s\left(1+\frac{1}{m^2}\right)+E_cA_c\left(1+\frac{1}{3m^2}\right)\right]D^2=E_1\left(\frac{B}{12}h^3+Bh\times D^2\right) \tag{3.6.4}$$

对于板单元,$h \ll B$ 和 $h \ll D$,这样右边第一项相比于第二项小很多,忽略右边第一项,则有

$$\left[E_sA_s\left(1+\frac{1}{m^2}\right)+E_cA_c\left(1+\frac{1}{3m^2}\right)\right]D^2\approx E_1Bh\times D^2$$

即

$$E_sA_s\left(1+\frac{1}{m^2}\right)+E_cA_c\left(1+\frac{1}{3m^2}\right)=E_1Bh \tag{3.6.5}$$

式(3.6.5)就是板单元等效厚度与等效弹性模量计算公式。

进一步计算表明,当 $m \geq 4$ 时,$(E_sA_s+E_cA_c)D^2$ 比$(E_sA_sD_1^2+E_cI_0^c)$至少要大16倍,若忽略后项影响,其误差在5%以内。式(3.6.5)可简化为

$$E_sA_s+E_cA_c=E_1Bh \tag{3.6.6}$$

对于式(3.6.6)中两个未知变量 $E_1$ 和 $h$,下面分两种情况加以讨论:

(1)缀板腹腔内无混凝土。

当缀板腹腔内无混凝土填充时,式(3.6.6)简化为

$$E_sA_s=E_1Bh \tag{3.6.7}$$

板的弹性模量 $E_1$ 取缀板的弹性模量 $E_s$，则板厚

$$h = \frac{A_s}{B} \tag{3.6.8}$$

相应材料换算重度为

$$\gamma = \rho_s$$

式中：$\rho_s$——缀板钢材重度。

(2)缀板腹腔内有混凝土。

此时式(3.6.6)中有两个未知量，必须先确定一个未知量，然后再计算。通常先确定等效弹性模量 $E_1$，则等效板厚为

$$h = \frac{E_s A_s + E_c A_c}{BE_1} \tag{3.6.9}$$

材料换算重度为

$$\gamma = \frac{A_s \times \rho_s + A_c \times \rho_c}{B \times h}$$

式中：$\rho_c$——腹腔内混凝土重度。

等效弹性模量 $E_1$ 可以取钢材弹性模量 $E_s$，也可以取混凝土弹性模量 $E_c$，还可以取其他弹性模量。当等效弹性模量 $E_1$ 取其他弹性模量时，应注意取值不能太小，否则板的等效厚度很大，失去了板单元使用的基本条件，导致计算结果失真。计算表明，$E_1$ 取 $E_c$ 和 $E_s$ 之间的弹性模量值对结果影响很小。

5)MIDAS/Civil 中钢管混凝土的模拟方法

MIDAS/Civil 中的"组合截面"和"联合截面"都可模拟钢管混凝土，但两者在使用上有所区别：组合截面既可用于钢管与混凝土同时参与受力的情况，也可用于施工阶段分析；而联合截面仅用于施工阶段分析，模拟钢管与混凝土的施工过程。

### 3.6.3 劲性骨架混凝土拱桥

劲性骨架混凝土拱桥是一种典型的自架设体系桥梁，先架设劲性骨架拱，然后在成拱的钢骨架上逐环逐段浇筑混凝土，形成劲性骨架钢筋混凝土拱圈，最后施工拱上立柱或吊索和桥面系。由于钢管混凝土劲性骨架刚度大，施工过程中的稳定性好，因此，国内建造的劲性骨架混凝土拱桥大多采用钢管混凝土劲性骨架。

成桥状态下的劲性骨架混凝土拱桥建模比较简单，可参照常规混凝土拱桥建模方式进行，但施工阶段的建模比较复杂，通常需要分析施工阶段劲性骨架和已经浇筑的拱圈混凝土的受力，钢管混凝土可用换算截面法或双单元法模拟。当采用换算截面法时，宜将管内混凝土等效为钢材，若需要关注管内混凝土的受力状况，应采用双单元法。混凝土拱圈的顶板、底板和腹板用板壳单元模拟。劲性骨架的竖腹杆、斜腹杆和平联可以根据实际构造用梁单元模拟，但当底板、腹板、顶板与平联和腹杆连接时，为保证单元连接的连续性，势必会造成复杂的板(壳)单元建模过程。因此，可将竖腹杆和斜腹杆等效为一个连续的"拟腹板"，计算方法如下。

图 3.6.6 所示为一个平面桁架的一个节间承受一个单位剪力 $Q=1$ 的情形。剪切变形为

$$\gamma_1 = \frac{1}{a}\delta_{11} = \frac{1}{a}\frac{S_d^2 d}{EA_d}$$

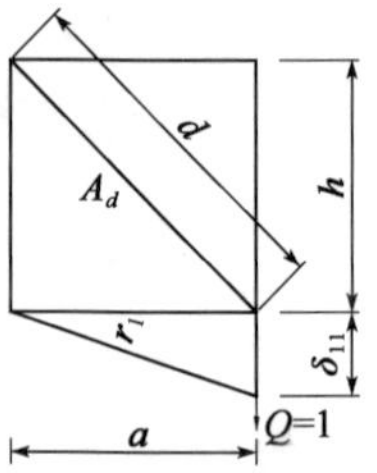


图3.6.6 平面桁架在单位剪力下的剪切变形

$$S_d = \frac{d}{h}$$

式中：$S_d$——单位力作用下斜腹杆轴向力；

$A_d$——斜腹杆截面面积；

$E$——桁架材料弹性模量。

腹杆作为桁架只承受剪力的“拟腹板”，其抗剪刚度为

$$K = \frac{1}{\gamma_1} = EA_d\frac{ah^2}{d^3} \tag{3.6.10}$$

设想有一个仅仅抗剪切的拟腹板厚度 $t^*$，它给出相同的抗剪切刚度按下式计算

$$K = Ght^* \tag{3.6.11}$$

于是得到

$$t^* = \frac{E}{G}\frac{ah}{d^3}A_d \tag{3.6.12}$$

式中：$G$——桁架材料剪切模量。

其他腹杆系的抗剪拟腹板厚度见表3.6.1。

各种腹杆系的抗剪拟腹板厚度　　表3.6.1

| 体　　系 | 拟腹板厚度 $t^*$ |
|---|---|
| 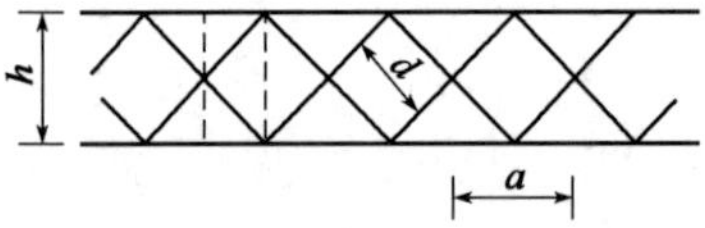 | $t^* = \frac{E}{4}\frac{haF_d}{Gd^3}$<br>式中：$F_d$——斜腹杆截面面积 |
| 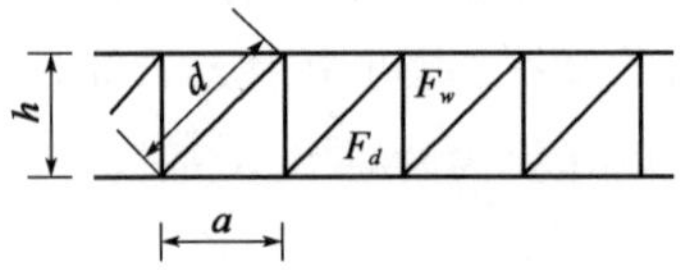 | $t^* = \frac{E}{G}ah\frac{1}{\frac{d^2}{F_\varphi}+\frac{h^2}{F_w}}$<br>式中：$F_w$——竖腹杆截面面积 |
| 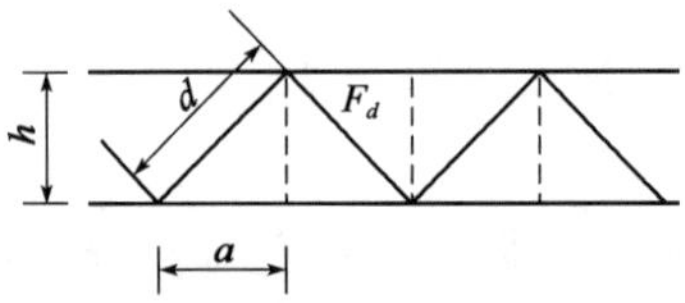 | $t^* = \frac{E}{G}\frac{h\ aF_d}{d^2}$ |
| 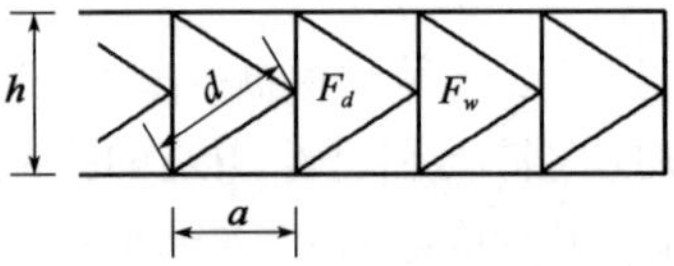 | $t^* = \frac{E}{G}ah\frac{1}{\frac{2d^2}{F_d}+\frac{h^2}{4F_w}}$ |

# 3.7 斜拉桥和悬索桥的有限元建模

## 3.7.1 斜拉桥

斜拉桥由主梁(加劲梁)、斜拉索、索塔和桥墩等组成。根据所用材料不同，主梁有预应力

混凝土、钢箱梁、钢桁梁和钢-混结合梁等；按其截面形式有箱形、双主梁和板形等；按斜拉索空间布置有单索面和双索面。因此，斜拉桥的建模是比较复杂的。

根据设计阶段、分析目标的不同要求，可将斜拉桥建成平面模型或空间模型。单索面斜拉桥，其主梁采用单梁模型。双索面斜拉桥，其主梁采用鱼骨模型或双主梁、三主梁模型。当计算斜拉桥的动力特性时，应对质量分布进行处理。

斜拉索用桁架单元或索单元模拟，为考虑斜拉索的垂度效应，可采用经 Ernst 公式修正的桁架单元，大跨度斜拉桥宜选用索单元。

### 3.7.2 悬索桥

悬索桥由主缆、加劲梁、吊索和索塔等组成，主缆是主要的承重结构，加劲梁自重及车辆活载通过吊索传递给主缆。常用的悬索桥加劲梁形式有钢桁梁和钢箱梁两种。

悬索桥的自重和大部分使用荷载主要由主缆承担，特别是成桥后在恒载作用下主缆和吊索的张力、桥形应与设计目标一致。悬索桥的主缆是变形性很大的承重构件，施工过程中主缆和加劲梁的几何形状变化非常大，所以在进行悬索桥设计时，要做逆施工阶段分析（倒拆分析），为了做考虑几何非线性的倒拆分析，还需要做自重荷载下的初始平衡状态分析。

悬索桥在加劲梁的自重作用下产生变形后达到平衡状态，在满足设计要求的垂度和跨径条件下，计算主缆的坐标和张力的分析一般称为初始平衡状态分析。这是对运营阶段进行线性分析和非线性分析的前提条件，应尽可能使初始平衡状态分析结果与设计条件一致。

悬索桥的初始平衡状态分析阶段是以悬索桥的基本假定为基础，利用节线法来计算空缆线形的过程。节线法是指利用加劲梁、吊索自重作用下产生的内力平衡条件来计算主缆的坐标和张力的方法。此外，也可利用弹性悬链线确定空缆线形的方法和考虑加劲梁、主缆、主塔体系来决定整体结构形状的精确分析方法。MIDAS/Civil 不仅能做节线法分析，而且还能对整体结构体系做精确的初始平衡状态分析。为此，应优先采用建模助手建立悬索桥模型，其步骤如下：

（1）定义主缆、主塔、主梁、吊索等构件的材料和截面特性。

（2）打开主菜单“模型/结构建模助手/悬索桥”，输入相应参数。

（3）将建模助手的数据另存为“ *.wzd”文件，以便以后修改或确认。

（4）运行建模助手后，程序会提供几何刚度初始荷载数据和初始单元内力数据，并自动生成“自重”的荷载工况。

（5）根据实际状况，对单元、边界条件和荷载进行一些必要的编辑后，将主缆上的各节点定义为更新节点组，将塔顶节点和跨中最低点定义为垂点组。

（6）定义悬索桥分析控制数据后运行模型。运行过程中需确认是否最终收敛。运行后程序会提供平衡单元节点内力数据。

（7）删除悬索桥分析控制数据，将所有结构、边界条件和荷载都定义为相应的结构组、边界组和荷载组，定义一个一次成桥的施工阶段，在“施工阶段”对话框中选择“考虑非线性分析/独立模型”，并勾选“包含平衡单元节点内力”。

（8）运行分析后查看该施工阶段的位移是否接近于 0 以及一些构件的内力是否与几何刚度初始荷载表格或者平衡单元节点内力表格的数据相同。

（9）各项结果都满足要求后，即可进行倒拆施工阶段分析或者成桥状态的各种分析。

# 3.8 桩-土相互作用的计算

## 3.8.1 集中质量法概念

桩基础是桥梁工程中常用的深基础,在开展桥梁整体分析或桥梁抗震分析时需要考虑桩-土之间的相互作用。计算桩-土相互作用的方法有集中质量法、有限元法、边界元法和波动场法等。限于篇幅,本节仅介绍集中质量法。

集中质量法由 J. Penzien 等人在解决泥沼地上的大桥动力分析时首次提出,目前这种方法已得到广泛应用。集中质量法是指将桥梁上部结构多质点体系和桩-土体系的质量联合作为一个整体,通过建立整体耦联的地震振动微分方程组进行求解。该模型假定桩侧土是 Winkler 连续介质,以半空间的 Mindlin 静力基本解为基础,将桩-土体系的质量按一定的厚度简化并集中为一系列质点,离散成一个理想化的参数系统,并用土弹簧和阻尼器模拟土介质的动力性质,形成一个包括地下部分的多质点体系。如图 3.8.1 所示,将各根桩按相同的方式集中为若干个质点,然后将两个水平方向的弹簧和阻尼器直接施加在每一个节点上,并在每一土弹簧处输入对应土层的自由场地地震动加速度时程。

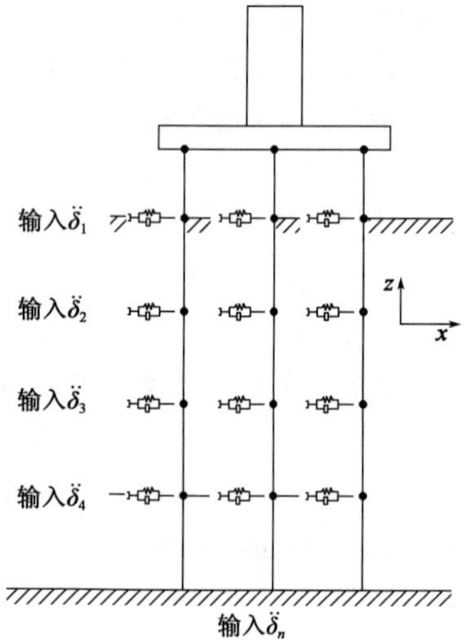

图 3.8.1 集中质量模型

集中质量法力学意义简单明确,可直接算出单桩内力,但对于大规模的群桩基础,所需添加的弹簧和阻尼器数量庞大,模型相当复杂,不利于工程的实际运用。有学者结合我国《公路桥涵地基与基础设计规范》(JTG 3363—2019),在集中质量法的基础上提出了更为简单实用的"m 法"。"m 法"采用了如下两个假设:

(1) 假定土壤水平分层,每层都为均匀且各向同性的线弹性体,与结构阻尼和频率无关,各层土壤的性质可以不同,土的侧向性质在两个正交方向彼此无关,土抗力在轴向、侧向和扭转方向不耦合,且属于小位移问题。

(2)等代土弹簧的刚度由土介质的 $m$ 值计算。"m 法"是我国公路桥梁设计部门常用的一种桩基静力设计方法,所采用 m 值有一定的实测数据基础,其定义式为

$$\sigma_{zx} = mzx_z \tag{3.8.1}$$

式中:$\sigma_{zx}$——土体对桩的横向抗力;

$z$——土层深度;

$x_z$——桩在 $z$ 处的横向位移(该深度处土的横向变位值)。

由此,可以求得等代土弹簧的刚度为

$$k_s = \frac{p_s}{x_z} = \frac{A\sigma_{zx}}{x_z} = \frac{1}{x_z}(tb_1)(mzx_z) = tb_1mz \tag{3.8.2}$$

式中:$t$——土层的厚度;

$b_1$——桩的计算宽度，后文会有进一步介绍。

由式(3.8.2)可以看出，土弹簧刚度 $k_s$ 不是 $x_z$ 的函数，因此，不存在通常有限元法求解桩-土相互作用问题时所遇到的用有限区域模拟无限区域的问题。

### 3.8.2 土的地基比例系数 *m* 值确定

1）地基土水平抗力系数的比例系数 $m$ 值确定

地基土水平抗力系数的比例系数 $m$ 值宜通过桩的水平静载试验确定，在缺乏试验的情况下，也可采用规范提供的经验值确定，非岩石类土的 $m$ 值和 $m_0$ 值见表3.8.1。

**非岩石类土的 $m$ 值和 $m_0$ 值** 表3.8.1

| 土 的 名 称 | $m$ 和 $m_0$ (kN/m$^4$) |
|---|---|
| 流塑性黏土 $I_L>1.0$、软塑黏性土 $1.0\geqslant I_L>0.75$、淤泥 | 3000～5000 |
| 可塑黏性土 $0.75\geqslant I_L>0.25$、粉砂、稍密粉土 | 5000～10000 |
| 硬塑黏性土 $0.25\geqslant I_L>0$、细砂、中砂、中密粉土 | 10000～20000 |
| 坚硬、半坚硬黏性土 $I_L<0$，粗砂，密实粉土 | 20000～30000 |
| 砾砂、角砾、圆砾、碎石、卵石 | 30000～80000 |
| 密实卵石夹粗砂，密实漂、卵石 | 80000～120000 |

注：当基础侧面设有斜坡或台阶，且其坡度（横：竖）或台阶总宽与深度之比大于1:20时，表中 $m$ 值应减小50%取用。

由于桩的水平荷载与位移关系是非线性的，即 $m$ 值随荷载与位移的增大而有所减小，$m$ 值的确定要与桩的实际荷载相适应。一般结构在地面处最大位移不超过10mm，对位移敏感的结构、桥梁工程为6mm。当位移较大时，应适当降低表3.8.1中的 $m$ 值。

2）地基土竖向抗力系数 $C_0$、$C_b$ 和地基土竖向抗力系数的比例系数 $m_0$

桩底面地基土竖向抗力系数 $C_0$：

$$C_0 = m_0 h \tag{3.8.3}$$

式中：$m_0$——桩底面地基土竖向抗力系数的比例系数(kN/m$^4$)，近似取 $m_0=m$；

$h$——桩的入土深度(m)，当 $h$ 小丁10m时，按10m计算。

对于岩石类地基，其竖向抗力系数 $C_0$ 按表3.8.2中所列取值。

**岩石地基竖向抗力系数 $C_0$** 表3.8.2

| 单轴极限抗压强度标准值 $R_c$(MPa) | $C_0$(MN/m$^3$) |
|---|---|
| 1 | 300 |
| ≥25 | 15000 |

注：当 $R_c$ 为表列数值的中间值时，$C_0$ 采用插入法确定。

### 3.8.3 桩的计算宽度

为将空间受力简化为平面受力，并综合考虑桩的截面形状及多排桩桩间的相互遮蔽作用，在计算桩的内力与位移时不能直接采用桩的设计宽度（直径），而是换算成实际工作条件下相当于矩形截面桩的宽度 $b_1$，称为桩的计算宽度，按照《桥涵地基与基础设计规范》(JTG 3363—2019)规定：

圆形桩：当 $d<1$m时，$b_1=0.9(1.5d+0.5)$；当 $d\geqslant 1$m时，$b_1=0.9(d+1)$。

方形桩:当边宽 $b<1\text{m}$ 时,$b_1=1.5b+0.5$;当边宽 $b\geqslant 1\text{m}$ 时,$b_1=b+1$。

### 3.8.4 桩-土共同作用的有限元模拟

根据桩基的承载性状,可分为摩擦桩和端承桩两种。在应用有限元程序分析桩-土共同作用时,应根据桩基类型采用不同的模拟方式。

由于端承桩的桩底直接支承于基岩上,无须计入桩底竖向摩擦,直接将桩底固结。考虑桩-土共同作用时,桩身每隔一定间距设置两个水平方向的弹性支承,弹性支承的刚度采用 m 法确定。对于摩擦桩,土对桩的摩擦力由桩底摩擦和桩侧摩阻组成。桩的极限承载力为两者之和,但两者往往不会在同一时间发生,这是由于他们各自达到极限值所需的位移量不同所致。在计算摩擦桩的桩-土共同作用时,侧向约束同样通过在桩身每隔一段间距设置两个水平方向的弹性支承来实现,其刚度采用 m 法确定,而桩底竖向摩阻一般不使用"m 法"求刚度系数,而是根据桩底土层支承反力达到极限值时来求出桩底刚度系数。

桩底刚度系数按式(3.8.4)计算:

$$K=\frac{[\boldsymbol{R}_a]}{\Delta} \tag{3.8.4}$$

式中:$[R_a]$——摩擦桩承载力容许值,按《公路桥涵地基与基础设计规范》(JTG 3362—2019)第5.3.3 条计算;

$\Delta$——相对位移值随土质不同而取的相应值,一般取 6mm。

在 MIDAS/Civil 中,采用"m 法"进行桩-土相互作用建模的过程如下:

(1)采用三维梁单元模拟桩基,根据土层的分布特点,梁单元的长度可均匀地按 1m 设置,以方便在单元节点上设置侧向弹性约束,也可以根据不同土层特性,在不同土层中采用不同的单元长度。但值得一提的是,单元划分密度越大,计算量也越大,而精度并不会线性增高,因此不建议将桩基单元划分过密。

(2)群桩承台可采用板单元模拟,群桩桩顶与承台通过共用结点的方法联结在一起。值得一提的是,在动力分析时,承台可不用模拟,仅需在承台形心处设置一个结点,并对结点赋予承台的实际质量。群桩桩顶与承台结点可通过刚臂或主从进行约束。

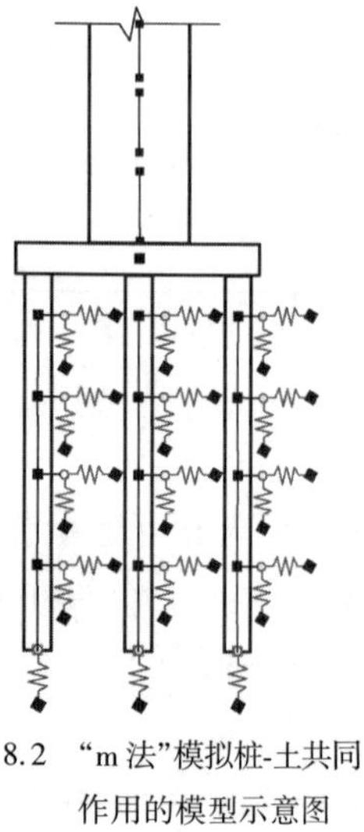

图3.8.2 "m 法"模拟桩-土共同作用的模型示意图

(3)根据土层特性及其分布情况,采用公式(3.8.2)计算对应于桩基每个结点处的水平弹性支承刚度(等代土弹簧的刚度)。其中,式(3.8.2)中的 $t$ 可取桩基单元的长度;$b_1$ 按 3.8.3 节的规定取值;$m$ 为各土层相应的地基比例系数,没有实测资料时,按表 3.8.1 取值,但在进行地震响应分析时,$m$ 值要考虑 2 ~ 3 的动力放大系数。

(4)在桩基单元的每个结点上添加两个水平方向的弹性支承,刚度取值为步骤(3)的计算结果。对于端承桩,直接将桩底结点固结;对于摩擦桩,需要在桩底结点上添加竖向弹性支承,其刚度采用式(3.8.4)确定。

采用"m 法"建立的桩-土共同作用模型示意图如图 3.8.2 所示。"m 法"模拟桩-土共同作用既可用于静力分析,也可用于动力分析。该方法的优点是简单易懂,操作方便,可以得到每根桩基沿土层深度的内力和变形值及其分布规律,但该方法是近似的线弹性方法，无法考虑桩-土之间的非线性行为。与 Penzien 模型（图 3.8.1）相比，该方法没有考虑阻尼器对桩-土间耗能行为的模拟效果。在对桥梁结构进行地震响应分析时，桩-土共同作用行为影响很大，为了准确地模拟其非线性行为，可进一步借助于基于 Winkler 模型的各种 $p-y$ 曲线法，如 Matlock 模型、Novak 模型、Nogami 模型等各种简便而有效的集中参数力学模型。

## 本章习题

1. 按照几何特征，工程中的结构通常分为哪几类？各有什么特点？

2. 请列举出桥梁结构分析中常用的几种单元类型。

3. 处理不同单元间连接的方法有哪些？

4. 下图所示为桥梁工程中经常使用的三角托架，工字梁与托架之间采用点焊连接，请给出两者之间的边界条件。

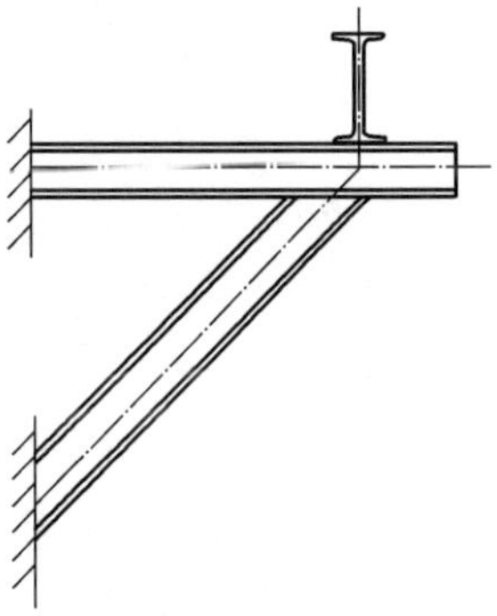

习题 4 图

5. 释放自由度法和主从节点法有何区别与联系？

6. 请说明刚性梁单元与刚臂使用场合。

7. 如何判断单元网格划分密度？

8. 计算矩形板式橡胶支座 300mm × 600mm × 69mm 的刚度。

9. 什么是鱼骨模型？鱼骨模型通常用于哪些桥梁中？建立模型时需要考虑哪些因素？

10. 什么是桩-土共同作用？如何计算土弹簧刚度？如何计算摩擦桩和承载桩的竖向刚度？

第4章

# MIDAS/Civil 基本操作

## 4.1 MIDAS/Civil 简介

MIDAS/Civil 是 MIDAS Family Program 系列产品之一。该软件从 1996 年开始研发,2001 年 11 月首次发布,目前最新版本为 MIDAS/Civil 2019。

MIDAS/Civil 是一个通用结构及桥梁结构分析设计软件,用于桥梁结构、地下结构、工业建筑等结构的静力分析、动力分析、非线性分析、施工阶段分析和优化设计。在桥梁结构方面,MIDAS/Civil 结合了中国公路、铁路和城市道路设计规范,提供了从建模、分析、后处理到设计的一体化功能。MIDAS/Civil 的主要特点如下:

(1)建模便捷。MIDAS/Civil 不仅提供了菜单、Excel 表格、MCT 文本和 AutoCAD 导入等建模方法,还可以导入由 SAP 2000 创建的有限元模型。

(2)MIDAS/Civil 提供了悬索桥、斜拉桥的建模助手,以及采用顶推法、悬臂法、移动支架法、满堂支架法施工的桥梁建模助手。

(3)内置有丰富的材料和截面数据库,提供了中国、美国、英国、德国、欧洲、日本、韩国等多个国家和地区的材料和截面数据库。用户还可根据建模需要自行定义材料和截面特性。

(4)单元类型丰富,提供了桁架、一般梁/变截面梁、平面应力/平面应变、只受拉/只受压、间隙、钩、索、加劲板轴对称、板(厚板/薄板、面内/面外厚度、正交各向异性)、实体单元(六面体、楔形、四面体)等工程结构分析所需的单元类型。

(5)MIDAS/Civil 提供了静力分析、动力分析、静力弹塑性分析、动力弹塑性分析、动力边界非线性分析、几何非性形分析、索力优化、屈曲分析、移动荷载分析、支座沉降分析、热传导分析、水化热分析、施工阶段分析、联合截面施工阶段分析等功能。

(6)在后处理中,可以根据桥梁设计规范自动生成荷载组合,也可以添加和修改荷载组合。

(7)可以输出各种反力、位移、内力和应力的图形、表格和文本;提供静力分析和动力分析的动画文件;提供移动荷载追踪器的功能,可找出指定单元发生最大内力(位移等)时移动荷载的作用位置;提供局部方向内力的合力功能,可将板单元或实体单元上任意位置的节点力组合成内力。

(8)可在进行结构分析后对多种形式的梁、柱截面进行设计与验算。

## 4.1.1 MIDAS/Civil 用户界面

MIDAS/Civil 提供了多种便利的菜单系统、树形菜单、工作面板和实用的工具条,用户界面如图 4.1.1 所示。

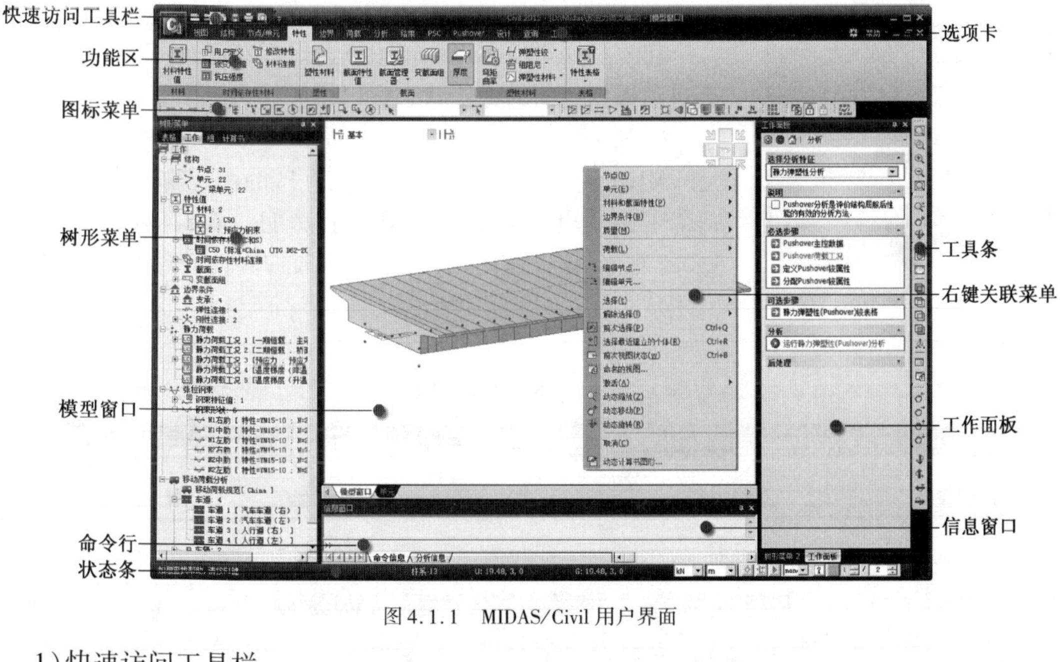


图 4.1.1 MIDAS/Civil 用户界面

1)快速访问工具栏

快速访问工具栏中包含“新项目”“打开项目”“项目信息”“保存”“打印”“打印预览”等对项目或文件进行操作的快捷图标,用户可以使用相应的图标命令实现对项目文件的快速操作。

2)选项卡

选项卡中内置了 MIDAS/Civil 中所有的操作命令和快捷键(图 4.1.2)。用户通过操作选项卡中的命令或快捷键,可以完成从模型建立、计算分析、结果输出和设计的全过程。

图 4.1.2　快速访问工具栏和选项卡

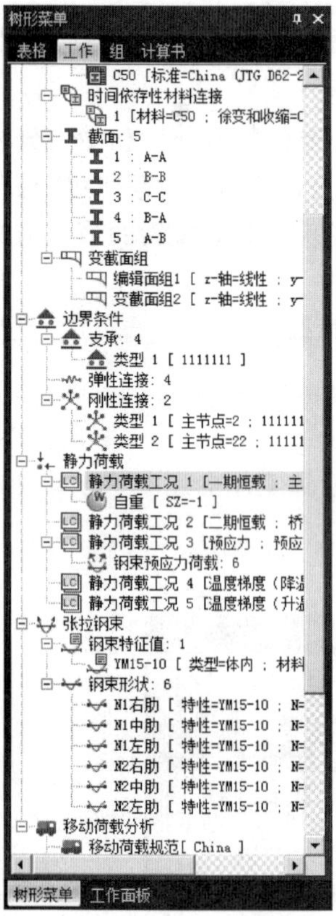


图 4.1.3　树形菜单

3)树形菜单(图 4.1.3)

树形菜单是 MIDAS/Civil 软件的一大特色。树形菜单将所有关联菜单以阶梯结构显示,方便用户观察和管理模型数据。在该菜单中,MIDAS/Civil 软件还提供了通过拖放(Drag&Drop)方式对单元和节点赋予属性(材料、截面、约束和组类别等)的功能。通过树形菜单,用户同样可以完成模型建立、计算分析和结果输出等工作。

4)图标菜单(图 4.1.4)

为简化操作,MIDAS/Civil 软件将经常使用的命令制成图标快捷键,图标菜单由一系列具有相同功能的独立菜单("撤销/重做""选择功能区""钝化/激活功能区""显示功能区""栅格控制""前后处理切换""对象捕捉控制"等)构成,用户可以根据需要和自己喜好将各独立菜单拖放至合适的位置。

5)右键关联菜单

在模型窗口或树形菜单中点击鼠标右键,MIDAS/Civil 软件会自动根据当前的操作状态弹出相应的功能菜单。

6)表格窗口

MIDAS/Civil 软件除了提供交互式的输入输出功能之外,还提供了使用电子表格处理数据的功能。该表格形式与 Office Excel 兼容,在批量输入、批量修改或按属性整理及查询时非常实用。

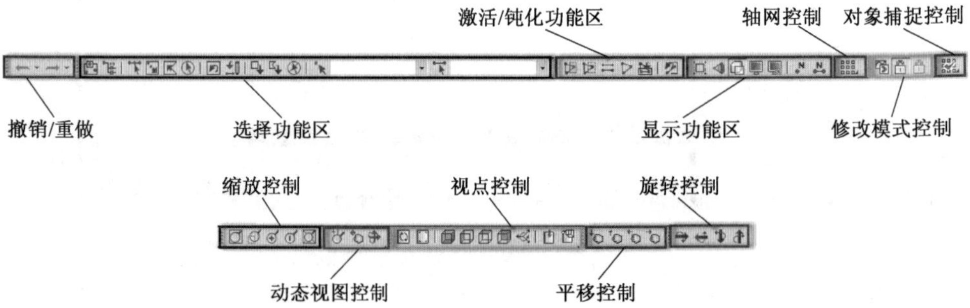


图 4.1.4　图标菜单

7)模型窗口

模型窗口是 MIDAS/Civil 在 GUI(Graphic User Interface)下建立模型和显示结果的操作窗口。模型窗口可以分割为若干个子窗口,各子窗口允许使用不同的坐标系。由于子窗口都是基于当前的模型或结果数据库,因此任意一个子窗口中的操作结果都会在其他子窗口内得到实时反映。

在模型窗口中,既可以展示一般形态的模型,也可以将模型和分析结果通过使用去除隐藏线、调整明暗、照明、颜色分离处理等功能展示渲染画面。

8)信息窗口

信息窗口用于显示在建模和分析过程中出现的各种提示、警告或错误信息。信息窗口是帮助查找模型错误的重要途径。

9)命令行

命令行是输入 MIDAS/Civil 预定义的快捷命令的区域。快捷命令与选项卡、树形菜单、图标菜单和关联菜单中的命令具有相同的功能。

10)状态条(图 4.1.5)

状态条位于图形界面的最下端,显示模型的单位体系、坐标描述、捕捉到的节点或单元的信息,并为用户提供快速查询、单位变更、单元捕捉以及选择过滤器等功能。

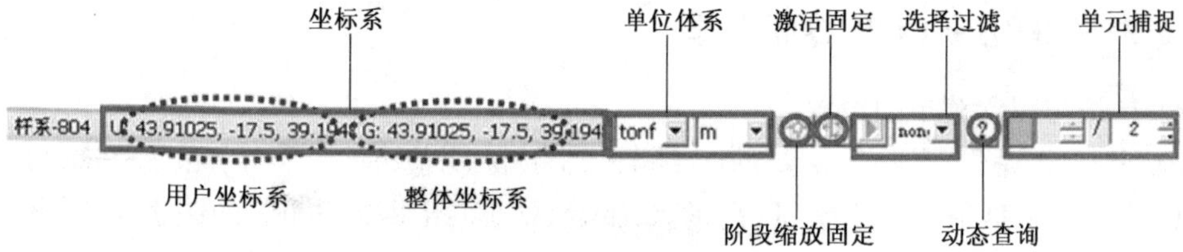


图 4.1.5 状态条

## 4.1.2 MIDAS/Civil 初始化设置

1)单位体系的设定或变更

MIDAS/Civil 允许用户根据需要设定或变更模型单位体系。例如,在输入单元节点坐标时使用“m”的单位,在输入截面或输出变形、应力时变更为“mm”的单位。对由长度单位和力的单位组合而成的弯矩、应力、弹性系数等组合单位,程序会根据长度和力的单位自动进行组合。

从选项卡中选择“工具” > “单位体系”(图 4.1.6),或从状态条中设定或变更单位体系。

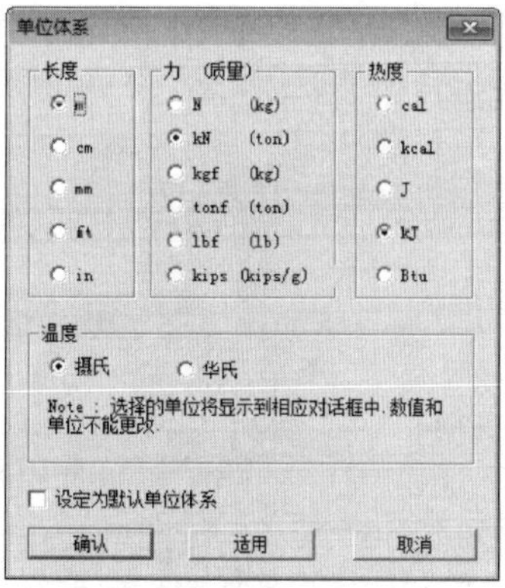


图 4.1.6 单位体系

2)设定建模所需的坐标系

MIDAS/Civil 提供了四种坐标系,即总体坐标系、单元坐标系、节点坐标系和用户坐标系。

(1)总体坐标系(Global Coordinate System,GCS)

总体坐标系为笛卡尔直角坐标系,遵循右手法则,各轴用大写字母($X$、$Y$、$Z$)表示。其 $Z$ 轴默认在模型窗口内竖直向上,因此将结构的竖直方向(重力加速度的反方向)定义为总体坐标系的 $Z$ 轴方向会比较便利。

(2)单元坐标系(Element Coordinate System,ECS)

单元坐标系同样遵循右手法则,各轴用小写字母($x$、$y$、$z$)表示。作用于梁单元、桁架单元、板单元等上的荷载都是在单元坐标系中输入,单元内力、应力输出也是基于单元坐标系。

(3)节点坐标系(Node Local Coordinate System,NCS)

节点坐标系是赋予节点以特殊方向的坐标系。节点坐标系同样遵循右手法则,各轴用小写字母($x$、$y$、$z$)表示。

当结构端部节点的约束(支承)方向、弹簧支承方向以及节点的强迫位移与总体坐标系的坐标轴方向不平行时,应采用节点坐标系。

(4)用户坐标系(User Coordinate system,UCS)

用户坐标系统是为方便建模而在GCS上附加设定的坐标系。MIDAS/Civil在创建新文件的同时自动创建一个UCS,初始的UCS的坐标系与GCS坐标系相同。UCS中的坐标轴用小写字母($x$,$y$,$z$)表示。

用户可根据建模需要定义新的UCS,并可在UCS和GCS之间切换。模型中的所有节点坐标输入都是在UCS中进行的。

### 4.1.3 MIDAS/Civil界面操作

1)工具条与图标菜单的设置

MIDAS/Civil提供了两个重要的工具条,即主工具条(图4.1.7)和视图控制工具条(图4.1.8)。主工具条提供选择、激活、图像显示、处理、结果查询相关的图标菜单,视图控制工具条提供视图和图形前等相关图标菜单。

图4.1.7　主工具条

图4.1.8　视图控制工具条

用户可以在工具条位置,利用弹出的关联菜单(图4.1.9)对工具条进行编辑,具体操作如下:右击关联菜单中的"用户定义",弹出"定制工具栏"(图4.1.10),重设需要编辑的工具条或新建工具栏。

图4.1.9　工具条右键关联菜单

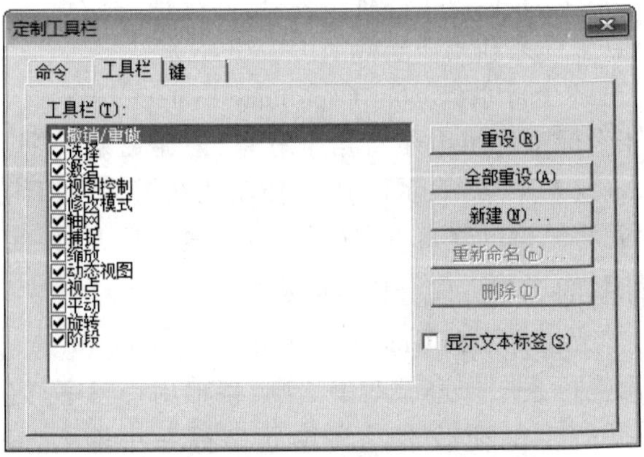


图4.1.10　工具条用户自定义菜单

2)模型画面处理

为使输入模型和分析结果能直观地以图形形式表现出来,MIDAS/Civil 提供了丰富的模型画面处理功能。模型画面处理功能可以使用视图选项卡,也可以单击工具条上的图标来运行。以下就常用的画面处理功能做简要介绍。

(1)模型画面处理功能(表 4.1.1)。

**常用模型画面处理功能表** 表 4.1.1

| 名称 | 图标 | 选项卡操作 | 快捷键 | 功能说明 |
|---|---|---|---|---|
| 重画 | 重画 | 选择"视图">"动态视图">"重画" | F3 | 刷新屏幕,清除所执行的命令痕迹 |
| 初始画面 | 初始视图 | 选择"视图">"动态视图">"初始画面" | Ctrl + F3 | 将窗口恢复至初始状态,即第一次打开文件时的窗口状态 |
| 前次视图 | 前次视图 | 选择"视图">"动态视图">"前次视图" | Ctrl + B | 将模型空间窗口恢复为执行视图处理前的状态 |

(2)模型形状表现功能(表 4.1.2)。

MIDAS/Civil 的模型形状表现功能包括收缩单元、透视、消隐、渲染窗口等功能,帮助用户以多种形态表现模型的输入状态。

**模型形状表现功能表** 表 4.1.2

| 名称 | 图标 | 选项卡操作 | 快捷键 | 功能说明 |
|---|---|---|---|---|
| 收缩单元 | | 选择"视图">"渲染视图">"收缩单元" | Ctrl + K | 将已建立的模型单元按一定比率缩小后重新显示在画面上 |
| 透视 | | 选择"视图">"渲染视图">"透视" | Ctrl + J | 显示模型的透视图 |
| 消隐 | 消隐 | 选择"视图">"渲染视图">"消隐" | Ctrl + H | 在屏幕上显示单元的厚度和截面形状并消除隐藏的线,将模型显示为如同真实结构一样 |
| 渲染窗口 | | 选择"视图">"渲染视图">"渲染视同" | F6 | 渲染模型 |

图 4.1.11 为上承式拱桥消隐前后的有限元模型。

(3)视点调整、缩放及移动功能。

MIDAS/Civil 中的各种视觉处理功能帮助用户对模型的输入状态或分析结果通过多种视角和观察点多维且准确地查看。视觉处理功能见表 4.1.3 ~ 表 4.1.5。

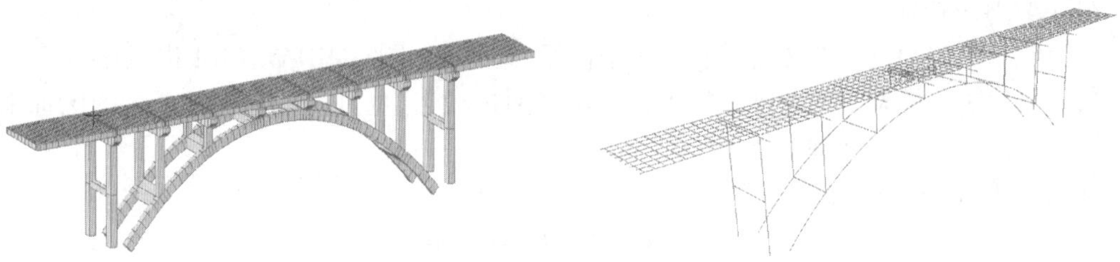

a)消隐前　　b)消隐后

图4.1.11　消隐功能

**视 点 调 整**　　表4.1.3

| 名称 | 图标 | 选项卡操作 | 功 能 说 明 |
|---|---|---|---|
| 标准 |  | “视图”>“动态视图”>“视点”>“标准” | 显示模型的等轴视图 |
| 顶面 |  | “视图”>“动态视图”>“视点”>“顶面”(+$Z$) | 显示从+$Z$方向观察的模型 |
| 底面 |  | “视图”>“动态视图”>“视点”>“底面”(−$Z$) | 显示从−$Z$方向观察的模型 |
| 左面 |  | “视图”>“动态视图”>“视点”>“左面”(−$X$) | 显示从−$X$方向观察的模型 |
| 右面 |  | “视图”>“动态视图”>“视点”>“右面”(+$X$) | 显示从+$X$方向观察的模型 |
| 正面 |  | “视图”>“动态视图”>“视点”>“正面”(−$Y$) | 显示从−$Y$方向观察的模型 |
| 背面 |  | “视图”>“动态视图”>“视点”>“背面”(+$Y$) | 显示从+$Y$方向观察的模型 |
| 向左转动 |  | “视图”>“动态视图”>“视点”>“向左转动” | 绕屏幕的垂直方向顺时针转动模型 |
| 向右转动 |  | “视图”>“动态视图”>“视点”>“向右转动” | 绕屏幕的垂直方向逆时针转动模型 |
| 向上转动 |  | “视图”>“动态视图”>“视点”>“向上转动” | 绕屏幕的水平方向向上转动模型 |
| 向下转动 |  | “视图”>“动态视图”>“视点”>“向下转动” | 绕屏幕的水平方向向下转动模型 |

缩　　放　　表 4.1.4

| 名称 | 图标 | 菜单操作 | 功能说明 |
|---|---|---|---|
| 对齐 |  | “视图”>“动态视图”>“缩放”>“对齐缩放” | 将模型按照画面的大小进行放大和缩小 |
| 窗口 |  | “视图”>“动态视图”>“缩放”>“窗口” | 将用鼠标所指定的四方形领域放大 |
| 放大 |  | “视图”>“动态视图”>“缩放”>“放大” | 将当前画面逐步放大 |
| 缩小 |  | “视图”>“动态视图”>“缩放”>“缩小” | 将当前画面逐步缩小 |
| 自动对齐缩放 |  | “视图”>“动态视图”>“缩放”>“自动对齐缩放” | 使整个模型在工作窗口总是充满显示 |

移　　动　　表 4.1.5

| 名称 | 图标 | 菜单操作 | 功能说明 |
|---|---|---|---|
| 向左 |  | “视图”>“动态视图”>“平动”>“向左” | 模型将向左移动一定距离 |
| 向右 |  | “视图”>“动态视图”>“平动”>“向右” | 模型将向右移动一定距离 |
| 向上 |  | “视图”>“动态视图”>“平动”>“向上” | 模型将向上移动一定距离 |
| 向下 |  | “视图”>“动态视图”>“平动”>“向下” | 模型将向下移动一定距离 |

(4)显示设置。

从选项卡中选择“视图”→“显示”,或者在图标菜单中单击(快捷键:Ctrl + E),可将输入的节点编号、单元编号、材料特性、截面类型、边界条件、荷载等信息显示在屏幕上,如图 4.1.12 所示。

当用户需要调整系统默认设置时,从选项卡中选择“视图”→“显示选项”(图 4.1.13),或者在图标菜单中单击,修改在模型窗口中显示的图形、字符串或符号的表现形式,且修改显示选项后的设定值会注册到 Widows 的注册表中。因此,即使结束或重新启动程序,这些值都将保持不变。

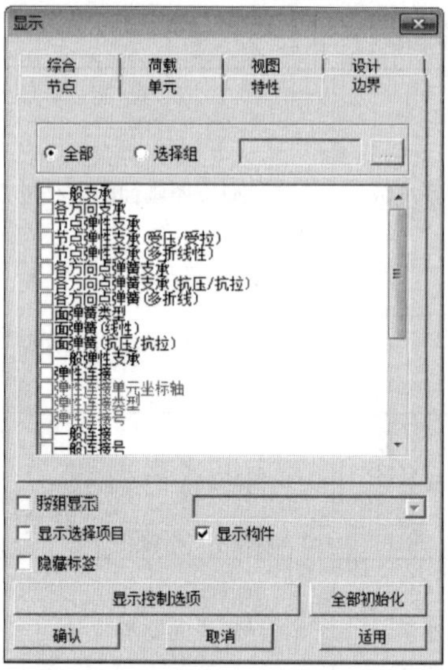


图4.1.12　显示

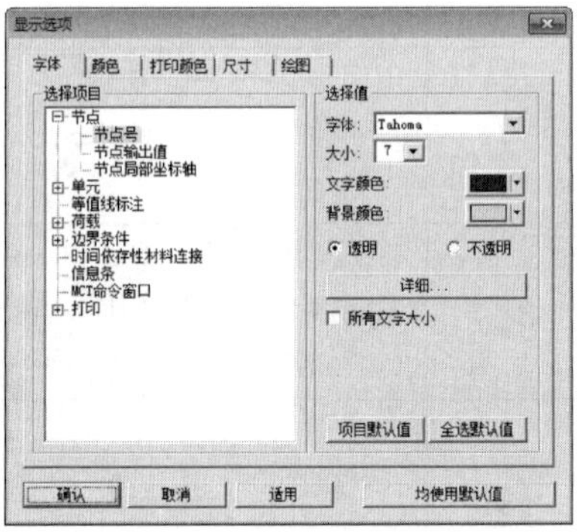


图4.1.13　显示选项

3)选择功能

选择(Selection)功能在复制节点、单元或者输入各种边界条件等属性时经常使用。另外,在对某些特定部分做选择性的激活/钝化、查询输入或输出内容时,选择功能作为对对象进行指定的方法,在整个建模过程中是必不可少的主要功能。MIDAS/Civil 所提供的选择功能表见表4.1.6。

**选择功能表**　　表4.1.6

| 图标 | 功能说明 | 图标 | 功能说明 | 图标 | 功能说明 |
|---|---|---|---|---|---|
|  | 选择属性-节点 |  | 选择交叉线 |  | 选择属性-单元 |
|  | 组 |  | 选择立体 |  | 单选 |
|  | 选择窗口 |  | 前次选择 |  | 选择多边形 |
|  | 选择平面 |  | 全选 |  | 选择新建个体 |

(1)单选。

用鼠标单击选择单个对象,若对已选对象再次单击,即可解除对象的选择。

(2)选择窗口。

用鼠标指定包含节点或单元的四方形领域的对角,可以完成相应节点或单元的选择或解除。在指定四方形领域时,如按住鼠标从左上角向右下角拖动,则仅选择完全包含在领域内的对象;如按住鼠标从右下角向左上角拖动,不仅全部包含在领域内的对象被选择,而且只有一部分处于领域内的对象也会被选择。

(3)选择多边形。

用鼠标依次点击各点来指定包含选择对象的封闭多边形领域,就可以对所希望的对象进行选择或解除。当指定最后一点时,双击鼠标左键,即可形成联结终点和起点的封闭多边形,多边形内所包含的对象即被选择。图 4.1.14 所示为使用“选择多边形”仅选择弧形拱肋的操作示意。

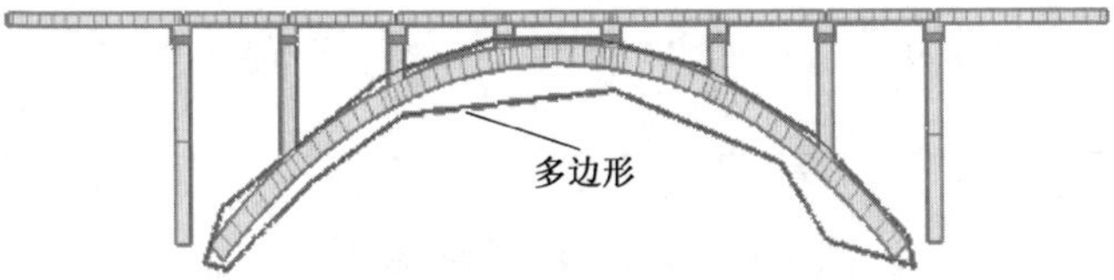


图 4.1.14 “选择多边形”功能示意图

(4)选择交叉线。

在模型窗口使用鼠标绘制一系列的直线对与直线相交的对象进行选择或解除选择的功能。当指定最后一条直线的终点时,双击鼠标左键即可结束选择过程。图 4.1.15 所示为使用“选择交叉线”功能选择弧形拱肋。

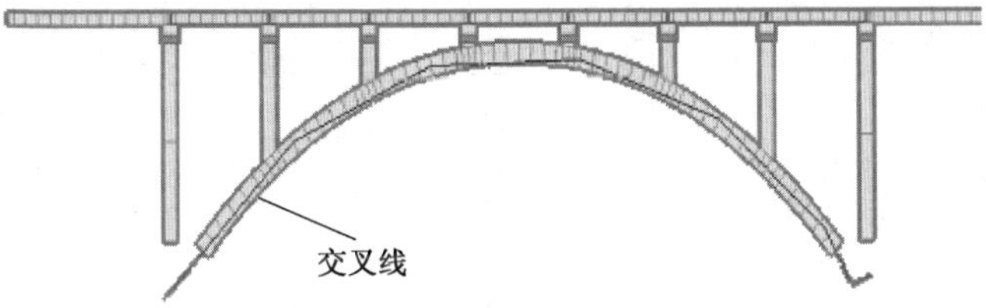


图 4.1.15 “选择交叉线”功能示意图

4)激活与钝化

在建模过程中或后处理阶段,为使模型窗口简单化,常常要用到激活/钝化功能。

激活是指将模型的部分或全部对象处于建模操作状态,而钝化是指将模型的部分或全部对象处于建模的非操作状态。被激活的模型对象,可以进行选择、增加、修改等建模操作。在缺省状况下,模型所有对象均处于激活状态。MIDAS/Civil 提供的激活/钝化功能见表 4.1.7。

**激活/钝化功能** 表 4.1.7

| 名称 | 图标 | 快捷键 | 功 能 说 明 |
|---|---|---|---|
| 激活 | 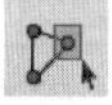 | F2 | 只激活所选部分,剩余部分为钝化状态 |
| 钝化 | 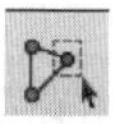 | Ctrl + F2 | 只钝化所选部分,剩余部分为激活状态 |
| 逆激活 | 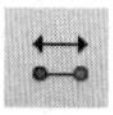 | | 将当前的激活部分与钝化部分相互对换 |

续上表

| 名称 | 图标 | 快捷键 | 功能说明 |
|---|---|---|---|
| 全部激活 | 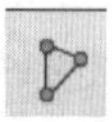 | Ctrl + A | 将处于钝化状态的所有节点和单元转换为激活状态 |
| 按属性激活 |  | Ctrl + D | 对包含用户坐标系原点的 *x-y* 平面或者某一层、指定平面或组等进行激活 |
| 前次激活状态 |  | | 返回到此前的激活或钝化状态 |

模型的激活/钝化功能经常与选择功能结合使用。如果仅显示图 4.1.16a) 中所示的拱圈单元时,使用选择功能选择拱上建筑并将其钝化,通过设置"视图" > "显示选项",使钝化的拱上建筑模型不在模型窗口中显示,如图 4.1.16b) 所示。

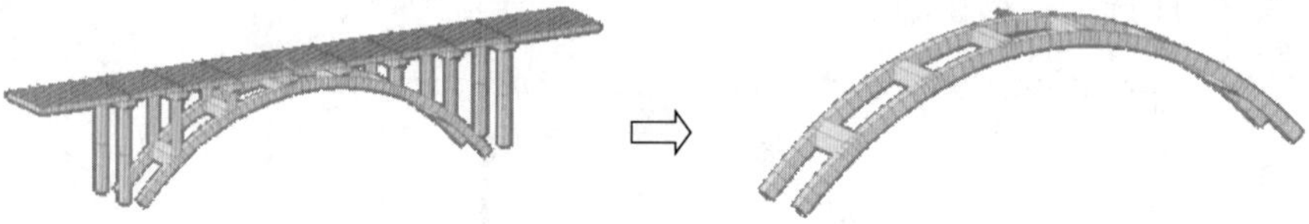

a) 拱桥模型　　b) 主拱圈模型

图 4.1.16　拱桥模型的激活/钝化

此外,在定义施工阶段时也需要使用激活/钝化功能。

### 4.1.4　数据输入方式

MIDAS/Civil 提供了多种数据输入方式。

1) 逗号或空格区分多个数字数据

在一个数据输入栏中同时输入几个数字的数据时,使用","(逗号)或"　"(空格)来区分,如"15,20,35"或者"15　20　35"。多于 1 个的空格与单个空格的作用是相同的。

2) 反复次数@

在输入长度数据时,如遇到反复输入相同的长度,可以按"*n*@ *d*"输入。其中,*n* 表示反复次数,*d* 表示长度。例如,"5.0,10.0,10.0,15.0,15.0,15.0,20.0"与"5.0,2@ 10.0,3@ 15.0,20.0"是相同的。

3) 连续符"to"和增量符"by"

在输入连续或者以一定增量增加的节点号或单元号时,可以简单地以"开始号 to 结束号"或者"开始号 to 结束号 by 增量"来输入。此外,"to"还可简写为"t"。例如,"21,22,…,54,55,56"→"21 to 56"或者"21 t 56";"5,10,15,20,25,30,35,40"→"5 to 40 by 5"或者"5 t 40 by 5"。

4) 指定输入对象

在输入位置数据或构件的截面和材料数据时,可以在模型窗口中通过指定对象来取代键盘输入。在输入长度或具有方向性的增量时,在模型窗口中用鼠标指定输入对象的起点和终点,同样可以取代在键盘上的输入。

5)输入计算式

MIDAS/Civil 允许在部分文本输入框中输入计算表达式。

例如:$\pi\times10^2$→"PI * 10^2";

$$20+5\times(\sin45°+2\sqrt{\cos^2 35°+\sin^2 55°})$$

→"20 +5 * {sin(45) +2 * SQRT[cos(35)^2 + sin(55)^2]}"。

MIDAS/Civil 支持的数学运算符有( )、^、+、-、*、/、PI、SQRT、SIN、COS、TAN、ASIN、ACOS、ATAN、SINH、COSH、COTAN、EXP、LN、LOG。

MIDAS/Civil 不区分英文字母大小写,允许运算符混用大小写英文字母,计算优先顺序同样遵循数学法则。

## 4.2 建立项目

本节以 1m ×20m 预应力简支箱梁桥支架现浇为例,详细地介绍 MIDAS/Civil 建模方法。

### 4.2.1 预应力简支箱梁桥支架现浇示例参数

简支箱梁采用 C50 混凝土,梁高为 1.5m,顶板宽为 12m,底板宽为 8m,顶、底板厚 25cm,腹板厚 50cm,立面布置和横断面尺寸如图 4.2.1、图 4.2.2 所示。桥面铺装采用 10cm 厚 C40 混凝土,两侧人行道和栏杆重合计按 7kN/m 计算。

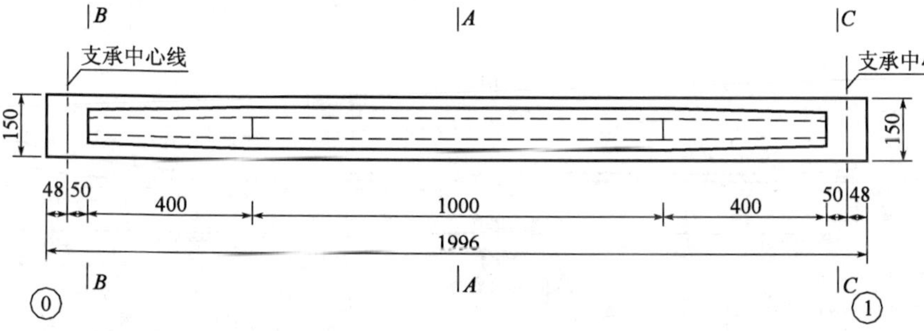


图 4.2.1 箱梁立面图(尺寸单位:cm)

设计荷载:公路—Ⅱ级;

人群荷载:3.0kN/m$^2$;

桥面布置:净 9m +2 ×1.5m 人行道,桥面全宽 12m;

结构安全系数:二级。

预应力筋采用抗拉标准强度 $f_{pk}=1860$MPa 的钢绞线,公称直径为 15.20mm,公称面积为 139mm$^2$,锚下张拉控制应力 $\sigma_{con}=1395$MPa,弹性模量 $E_p=1.95\times10^5$MPa,最大松弛率为 3.5%。主梁预应力锚固体系采用 OVM 体系(YM15-10)和相应的 SBG 塑料波纹管(直径 90mm)体系设计。预应力筋纵向和横断面布置如图 4.2.3 所示。

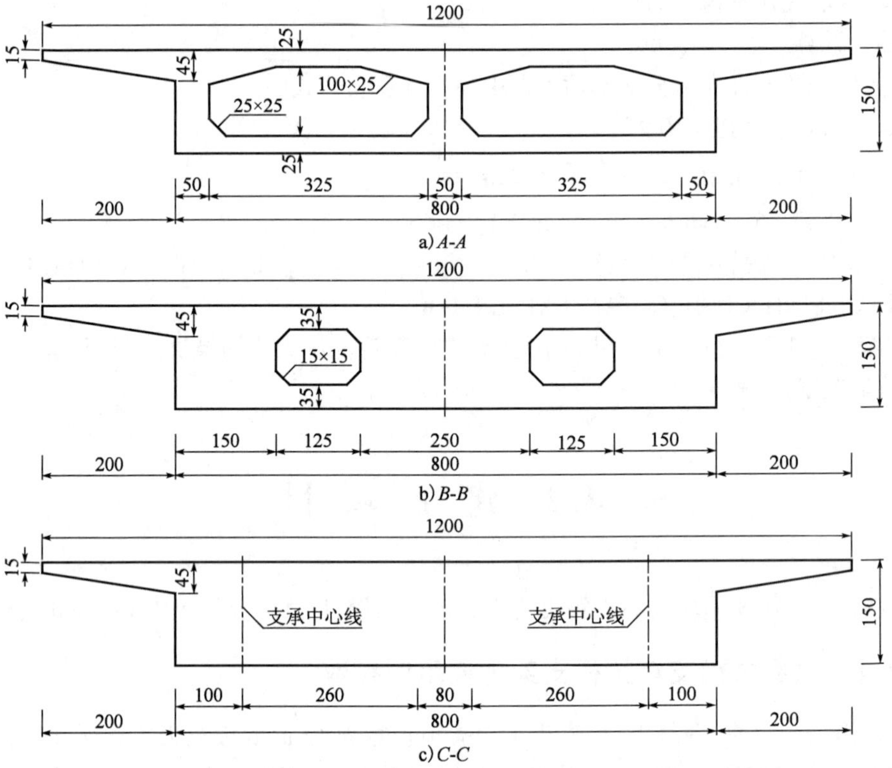


图 4.2.2　主梁横断面图（尺寸单位：cm）

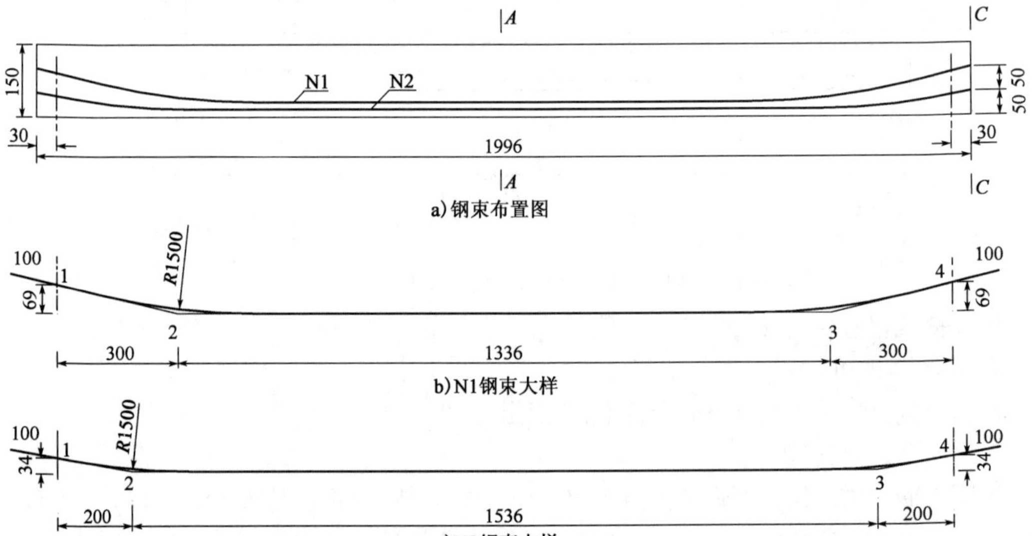


图　4.2.3

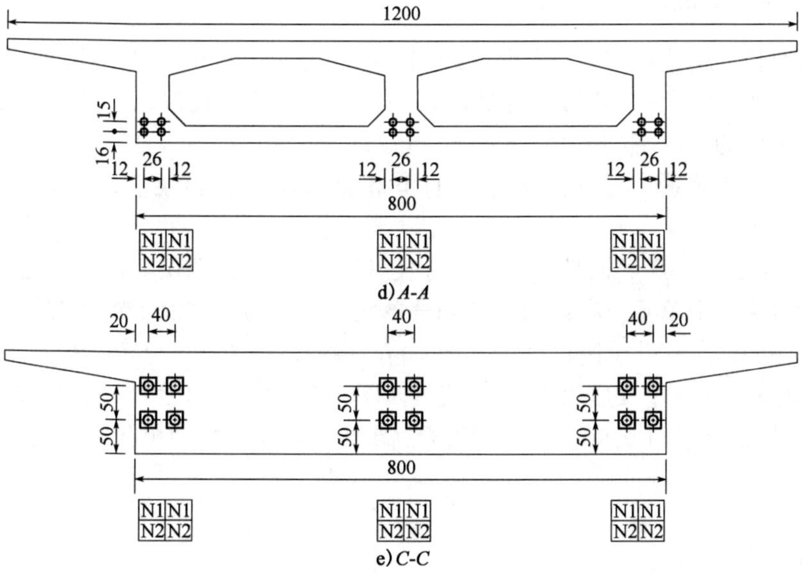


图 4.2.3 预应力钢束布置图(尺寸单位:cm)

两端支座布置形式如图 4.2.4 所示。

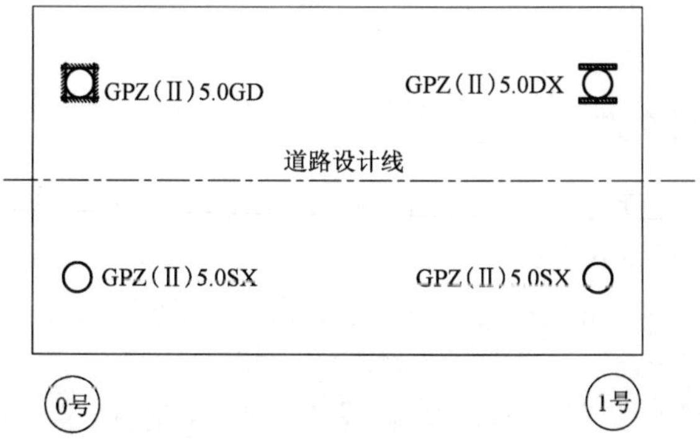


图 4.2.4 支座平面布置示意图

预应力混凝土箱梁的施工划分为 5 个阶段,各阶段工作内容见表 4.2.1。

**主 梁 施 工 划 分** 表 4.2.1

| 施 工 阶 段 | 施 工 天 数 | 分 析 工 况 |
|---|---|---|
| CS1 | 10 | 支架现浇、混凝土养生 |
| CS2 | 1 | 预应力张拉 |
| CS3 | 1 | 拆除支架(按 1 天完成落架) |
| CS4 | 20 | 桥面铺装、人行道及栏杆施工 |
| CS5 | 3650 | 计算混凝土 10 年收缩、徐变 |

### 4.2.2 建模要点

根据简支梁桥的构造和支座布置形式,采用梁单元建模和分析。具体过程如下:

(1)简化模型。本示例为单跨等高度简支箱梁,分析模型可近似地简化为一条直线,单元节点选择在横截面的中-下部处。

(2)建立总体坐标系。将总体坐标系的坐标原点建立在箱梁左端的截面顶缘上,如图4.2.5所示。

(3)划分单元长度。箱梁两端各有0.98m实腹段,但在距梁端0.48m处设有永久支座,故需将实腹段划分为2个单元,其余按1m长划分单元,累计划分为22个单元、23个节点。将划分后的节点和单元信息一并绘制在草图上,供输入、模型检查和计算分析时参考(图4.2.5)。

(4)每个支承点由2个支座组成,其位置处于图4.2.5中的24、25节点、26、27节点,由于模拟梁单元的节点位置与支承点位置不重合,需要用刚臂连接梁单元节点与支承节点,如图4.2.5所示。

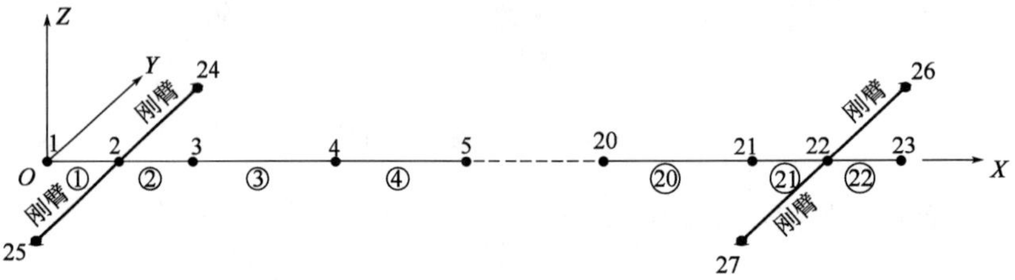


图4.2.5 主梁结构离散图

### 4.2.3 创建项目文件

MIDAS/Civil 以项目方式管理分析模型和计算结果,并将它们存放在用户指定的文件夹中。建立项目的操作过程如下:

(1)新建文件夹。例如,在D盘上创建一个名为"MIDAS"的文件夹。

(2)启动MIDAS/Civil。

(3)单击"快速访问工具栏"上的新项目,或按Ctrl+N键,创建一个新项目。

(4)单击"快速访问工具栏">"保存(S)",选择刚才建立的文件夹"D:\MIDAS",在文件名中输入"预应力简支箱梁",系统自动保存为"*.mcb"格式,如图4.2.6所示。

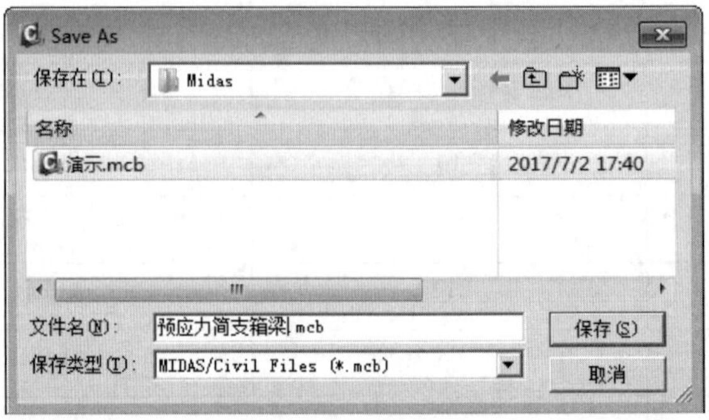


图4.2.6 保存项目

### 4.2.4 设置结构类型

1)定义结构分析类型

MIDAS/Civil 是一个三维空间有限元分析软件,在实际工程中往往会遇到平面问题。为约束单元的无效自由度,缩减总体刚度方程数目,防止因自由度约束不足造成求解失败,需要定义分析模型的结构类型。MIDAS/Civil 提供了 3-D、*X-Z* 平面、*Y-Z* 平面、*X-Y* 平面和约束 *RZ* 五种结构类型,如图 4.2.7 所示。

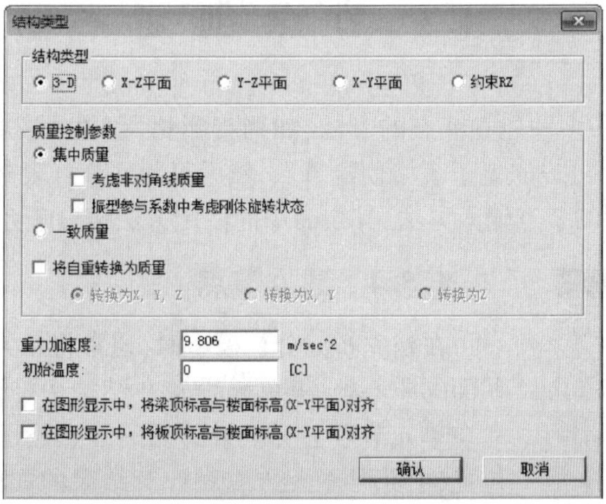


图 4.2.7 结构类型输入窗口

(1)3-D。按三维空间结构进行分析,此时分析模型中单元的所有自由度均为有效自由度,在分析复杂结构的动力和稳定时,可能要耗费较多时间。当选用 3-D 结构类型分析二维问题时,需要用户自行施加足够的约束,确保模型是一个几何不变体系。

(2)*X-Z* 平面。在总体坐标系 *X-Z* 平面内的二维分析。它是 MIDAS/Civil 默认的二维坐标系,在分析由梁单元、杆单元组成的平面杆系结构问题时应选择该分析类型。此时,体系的有效自由度是 *X-Z* 平面内的平动自由度(*DX*、*DZ*)和绕 *Y* 轴的转动自由度(*RY*),而 *DY*、*RX*、*RZ* 为无效自由度。

(3)*Y-Z* 平面。在总体坐标系 *Y-Z* 平面内的二维分析。

(4)*X-Y* 平面。在总体坐标系 *X-Y* 平面内的二维分析。

(5)约束 *RZ*。约束绕总体坐标系 *Z* 轴转动自由度的三维分析。

2)将结构的自重转换为质量

在开展与动力特性相关的分析时需要单元质量矩阵。单元质量矩阵可分为集中质量矩阵和一致质量矩阵。一般情况下,选择集中质量矩阵,以提高运算速度。当开展结构静力和稳定分析时无须转换。

此外,MIDAS/Civil 还提供了“定义节点质量”和“将荷载转换为质量”这两种生成附加质量矩阵的方法。

3)重力加速度

重力加速度常数 $g$ 的取值为 9.806m/s$^2$。改变模型中的单位体系,程序会自动根据新单位体系换算重力加速度值。工程中重力加速度常取 10m/s$^2$。

用户输入的重力加速度值会影响材料的质量密度。在 MIDAS/Civil 中,质量密度($g/cm^3$)即重度($kN/m^3$)。

4)初始温度

分析单元整体温度变化效应时需要定义的初始温度,程序中使用温差(最终温度 - 初始温度)计算温度作用。建议在此输入0℃(使用系统默认值)。在做梯度温度和水化热分析时,初始温度不起作用。

# 4.3 节点创建

MIDAS/Civil 提供了多种建立节点的方法,如捕捉栅格网、输入坐标、复制已有节点和分割已有节点等,或者先用 Excel 电子表格创建节点,然后复制到节点表格中建立节点。

下面介绍几种常用的节点输入方法,其余命令的使用方法请参考系统在线帮助文件。

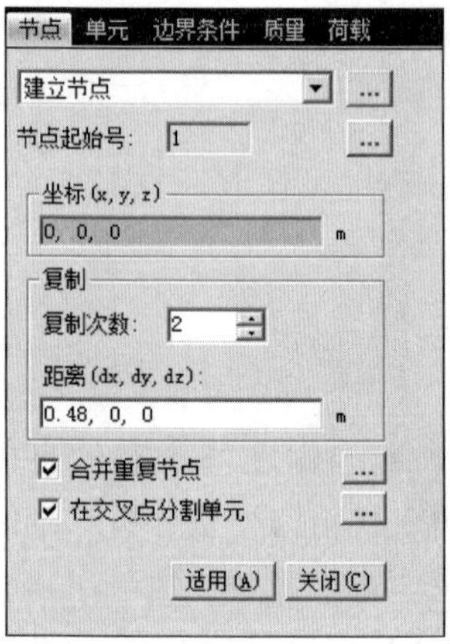


图4.3.1 “建立节点”对话框

## 4.3.1 建立节点

在建立桥梁分析模型时,通常将单元节点设置在桁架或梁截面的质心处,板单元设置在结构中性面上,实体单元直接建立在单元节点上。但梁单元的节点还可设置在横截面的其他位置,由此可能会造成对计算结果的影响,详细分析见本教材第3章。当使用 MIDAS/Civil 创建单个节点或同时创建多个等间距布置的节点时,可采用“建立节点”命令,对于本章4.2节中的算例,可以使用图4.3.1所示的“建立节点”对话框中参数建立1、2、3号节点。

1)节点起始号(图4.3.2)

新建节点的起始节点编号,该编号自动设置为当前最大节点号+1。系统默认的节点起始号为1,允许用户根据建模需要自行设定节点起始号。

2)坐标($x,y,z$)

位于用户坐标系(UCS)的节点坐标值。当用户未定义新的 UCS 时,MIDAS/Civil 默认该坐标值与 GCS 坐标系中的坐标值一致。当用户在新定义的 UCS 中输入节点时,应输入 UCS 中的坐标,系统会自动将该坐标换算到 GCS 中。

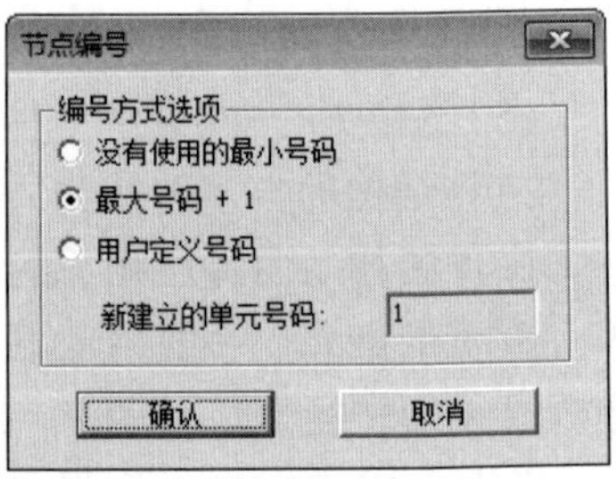


图4.3.2 “节点编号”对话框

MIDAS/Civil 中可采用以下两种方式输入节点坐标:一种方式是直接在坐标输入区中键入 UCS 中的 $x$、$y$、$z$;另一种方式是先单击坐标输入区,然后在工作窗口中选择目标位置,一旦选中,节点坐标立即显示在坐标输入区和状态条内。

3)复制

当需要同时生成多个等间距及方向一致的节点坐标时,可以采用“复制”选项,并给出节点复制次数和在各坐标轴方向的距离 $dx$、$dy$、$dz$。这里小写的 $dx$、$dy$、$dz$ 代表用户坐标系 UCS,

默认为整体坐标系。复制间距可以直接在输入区内键入,也可以单击距离输入区后,再在工作窗口中用鼠标指定。

4)合并重复节点

在建模过程中若出现新建节点与已有节点位置重复,可以通过“合并重复节点”选项决定是否将重叠的节点进行合并。

5)在交叉点分割单元

当新建的节点刚好处在已有线单元(梁单元或桁架单元)上时,MIDAS/Civil 会提示用户是否需要将该线单元进行单元分割,如选择该选项,在新建节点位置将线单元分割,否则不予以分割。必要时,还需修改合并容许误差和相交容许误差。

## 4.3.2 复制或移动节点

“建立节点”命令中的复制选项,只能复制等间距的节点,但在实际建模过程中往往会遇到任意间距的节点复制或移动。由于算例模型中 3 号节点的坐标为(1.98,0,0),而在 4.3.1 节中建立的 3 号节点坐标为(1.94,0,0),因此需要将 3 号节点向右平移(0.02,0,0),具体操作如图 4.3.3 所示。算例模型中的 4 ~ 12 号节点可以采用复制节点的命令建立,具体操作如图 4.3.4 所示。

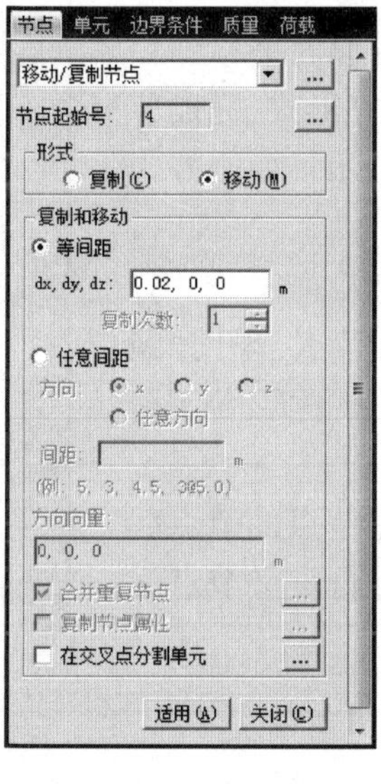


图 4.3.3 “移动”对话框

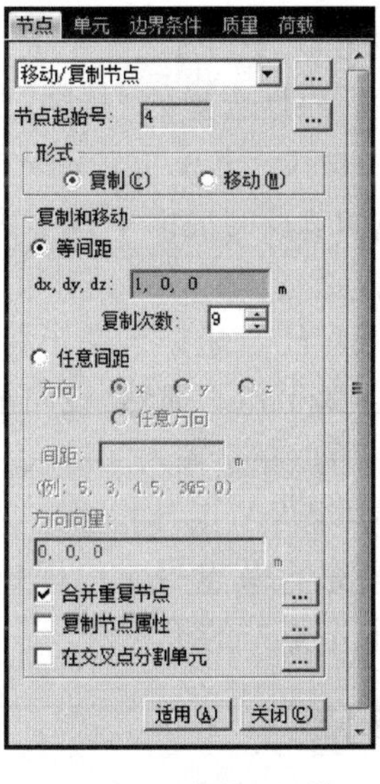


图 4.3.4 “复制”对话框

“移动/复制节点”命令实际包含了“复制”“移动”两个子命令及若干选项。

对于等间距的节点复制,复制次数和复制间距与“建立节点”命令相同。

当指定为任意间距的复制或移动时,须给出拟复制节点的方向和相应的间距。MIDAS/Civil 提供了 UCS 坐标系下仅沿某轴(如 $x$ 轴、$y$ 轴、$z$ 轴)以及任意方向的复制或移动功能。当选择沿某个轴方向复制时,节点仅沿该轴方向以不等间距复制节点;当选择为移动时,按输入的第一个间距移动节点;当选择以任意方向和不等间距复制节点时,还需在指定方向上按需要次数输入不相等的复制间距。如果选择以方向向量进行节点复制或移动,则在输入区输入($x$, $y$, $z$)轴方向上的方向向量分量。

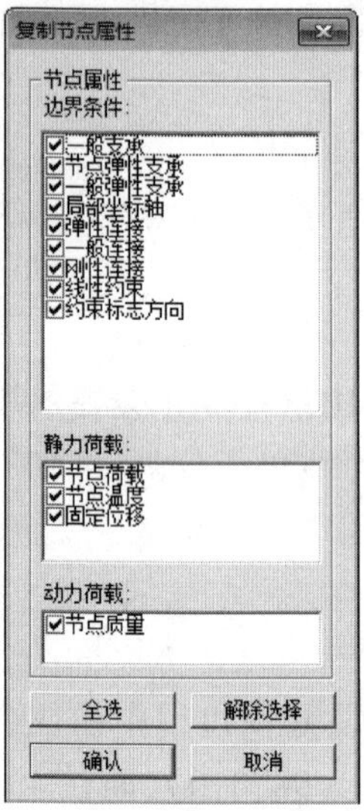


图4.3.5 “复制节点属性”对话框

在建立复杂模型时,往往先建立局部模型,并在节点上施加边界条件、节点集中荷载等节点属性,然后运用“复制/移动节点”命令生成模型中的其余部分。选择“复制节点属性”(图4.3.5),MIDAS/Civil程序将局部模型中的节点属性一并复制到新模型中。

有关“合并节点”和“在交叉点分割单元”的内容与“建立节点”相同,不再重复赘述。

### 4.3.3 镜像节点

对于模型中具有对称性的节点,只需建立其中一部分的节点,剩余节点通过“镜像节点”命令来生成,“镜像节点”对话框如图4.3.6所示。

“镜像节点”命令中也包含有“复制”“移动”两个选项。

镜像是针对某个特定平面(镜面)而言的。通常情况下,节点的复制或移动是关于用户坐标系中的 $y$-$z$ 平面、$x$-$y$ 平面或 $z$-$x$ 三个平面。但当复制或移动的节点不能由上述三个平面所定义时,可由不在同一直线上的三点来确定镜像平面。

当“镜像节点”的镜面平行于 $y$-$z$ 平面时,需将镜面平移到相应位置,即 $x$ 位置,然后根据选择的“复制”或“移动”形式,完成节点的“复制”或“移动”操作。若 $x$ 位置输入为零,表示镜面刚好为 $y$-$z$ 平面。同理,当镜像节点的镜面平行于 $x$-$y$ 平面或 $z$-$x$ 平面时,相应输入 $z$ 和 $y$ 位置。

对于箱梁模型,假定已经建立了左半跨1~12节点,现用“镜像节点”命令复制右半跨节点。显然,镜面平行于 $y$-$z$ 平面,位于跨中位置 $x=9.98$m 处,所以在 $x$ 输入区输入9.98。

采用“复制”形式“镜像节点”时,需定义被复制节点的节点起始号,系统默认为当前最大节点号+1,用户也可自行定义节点起始号,但必须大于已有节点中的最大值。

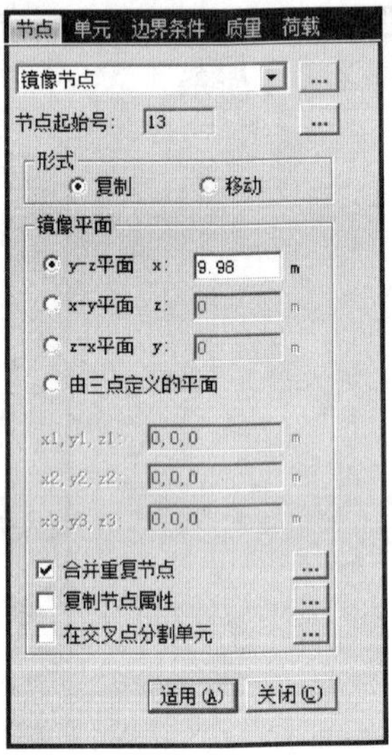


图4.3.6 “镜像节点”对话框

### 4.3.4 投影节点

“投影节点”命令可以将指定的节点投影到指定的线或面上,并可将节点投影到直线上或投影到平面上的同时实现对线单元或板单元的分割。

“投影类型”包括“将节点投影到直线上”“将节点投影到平面上”“将节点投影到柱面上”“将节点投影到圆锥面上”“将节点投影到球面上”“将节点投影到椭球面上”“将节点投影到抛物线上”“将节点投影到单元上”。在实际应用中,需要根据投影对象的不同选择合适的投影类型,并根据选择的“投影类型”分别定义“基准线”“基准平面”“基准圆柱”“基准圆锥”“基准球体”“基准椭球体”“基准抛物线”和“基准单元”。

“方向”包括“法向”“任意方向”,可以根据需要选择合适的投影方向实现节点的投影操作。

如果希望节点投影后同时对投影对象进行单元分割，可以勾选“分割”（如图4.3.7方框内设置）实现，“分割”命令可以在现有节点和投影后生成的节点之间沿投影方向以等间距或不等间距生成节点。其中，等间距是指按相等的间距生成节点；不等间距是指按距离比定义的不相等的间距。

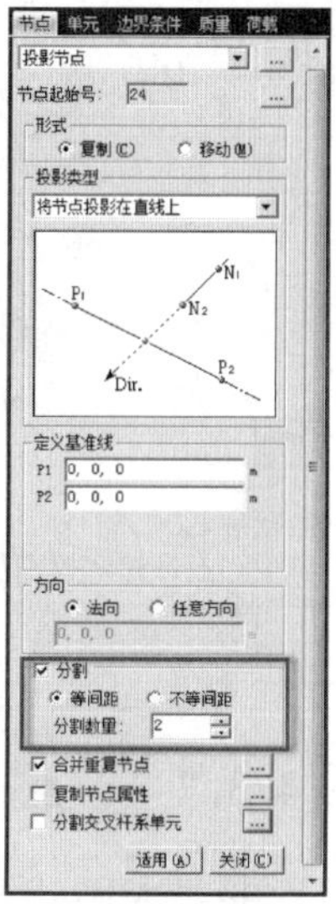


图4.3.7 “投影节点”对话框

## 4.3.5 节点属性

“节点属性”用于描述除坐标以外的其他特性，包括边界条件、静力荷载和动力荷载三方面的属性。其中，边界条件包括一般支承、节点弹性支承、一般弹性支承、局部坐标轴、弹性连接、一般连接、刚性连接、线性约束和约束标志方向；静力荷载包括节点荷载、节点温度和固定位移；动力荷载包括节点质量特性。

在建模过程中利用已有节点通过复制、镜像、投影操作建立新的节点时，而新建节点具有相同的节点属性，即可使用“复制节点属性”命令将原有节点的属性复制给新的节点，这样可以简化建模过程，缩短建模时间。

## 4.3.6 节点重新编号

为提高有限元模型的可读性，方便后处理中计算结果的提取，时常需要对节点或（和）单元进行整体或局部的重新排序。MIDAS/Civil 提供的“节点重新编号”命令能方便地实现对已建节点的重新排序。“节点重新编号”对话框如图4.3.8所示。

MIDAS/Civil 中“节点重新编号”命令可以对节点和单元编号单独或同时进行排序，具体可以通过选取“重新编号的对象”选项卡中“节点”“单元”和“节点和单元”来实现。

“排序坐标”选项卡中可以选择排序时所使用的坐标系，其中直角坐标系是以直角坐标系作为排序坐标系；圆柱坐标系是以圆柱坐标系作为排序坐标系。

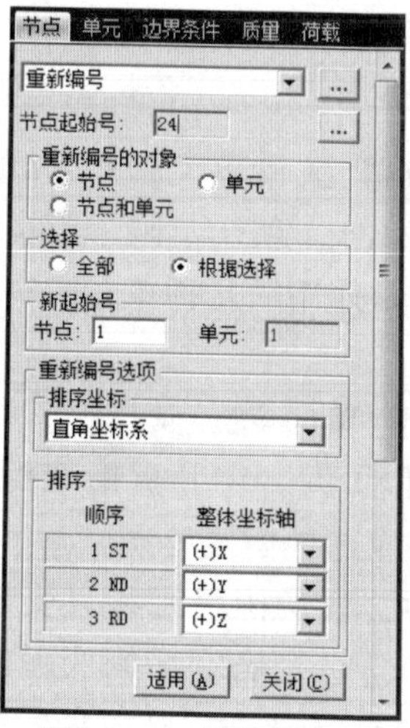


图4.3.8 “节点重新编号”对话框

“排序”选项卡中可以确定排序时各坐标轴的优先级。当在排序坐标中选择直角坐标系时，新的节点（单元）编号考虑的坐标轴优先顺序如下：

1ST：选定重新对节点（单元）编号时具有最高优先权的整体坐标轴。

2ND：选定具有第二优先权的轴。

3RD：选定剩下的轴。

当在排序坐标中选择圆柱坐标系时，编号考虑的坐标轴优先顺序如下：

1ST：选定重新对节点（单元）编号时具有最高优先权的圆柱坐标轴。

2ND：选定具有第二优先权的轴。

3RD：选定剩下的轴。

对于使用4.3.3节中“镜像节点”命令后节点编号如

图4.3.9所示,显然节点编号没有规则。可以使用所示的排序参数对节点进行重新编号,结果如图4.3.10所示。

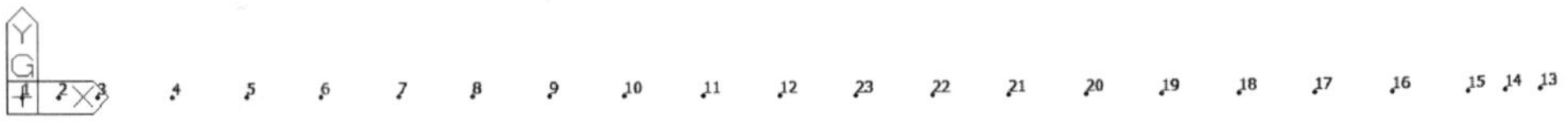

图4.3.9 算例排序前节点编号

图4.3.10 算例排序后节点编号

### 4.3.7 节点表格

表格是MIDAS/Civil为模型输入、修改而提供的一个强有力工具。熟练地使用表格功能,可以有效地提高建模效率。

对于本章4.2节的预应力混凝土简支箱梁,除用上述命令建立节点外,还可以用“节点表格”建立节点。最直接的方法是在“节点表格”中直接输入节点坐标;或者先在Excel中输入坐标,然后复制到节点表格中,完成节点坐标的输入;或者将节点数据复制到Excel中,修改后再复制到“节点表格”中,完成模型节点的修改。

## 4.4 单元创建

建立单元,是指定单元位置,并赋予单元类型、材料特性和截面特性等的过程。本节介绍MIDAS/Civil中提供的单元类型和单元建立方法,有关材料特性、截面特性的输入将在4.5节中介绍。

### 4.4.1 单元类型

MIDAS/Civil提供了桁架单元、只受拉/钩/索单元、只受压/间隙单元、梁单元板(壳)单元、实体单元等9种单元类型,如图4.4.1所示。限于篇幅,本小节只介绍在桥梁结构分析中经常使用的几种单元。

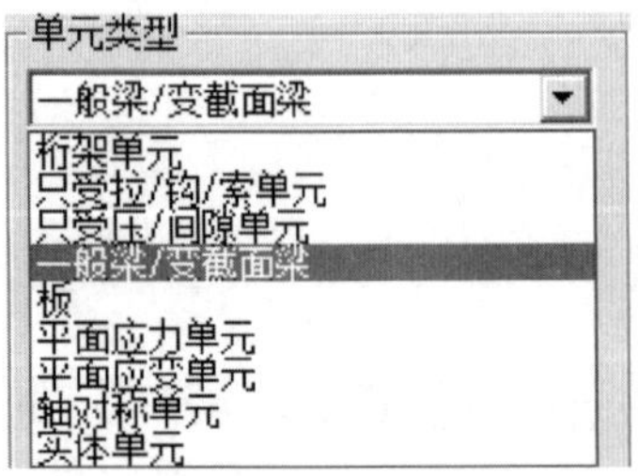


图4.4.1 建立单元对话框

1)桁架单元

桁架单元由2个节点构成,属于“单向受拉-受压的三维线性单元”,只能传递轴向的拉力和压力。在分析桁架桥、交叉支承结构、空间网架等结构时,应选择桁架单元。

对仅具有轴向刚度的桁架单元、只受拉单元和只受压单元,只有单元坐标系的$x$轴有意义,它是确定结构变形的基准,但利用$y$轴和$z$轴可以确定桁架截面在视窗上的方向。在MIDAS/Civil中用$\beta$角来表示单元坐标系的$y$轴和$z$轴方向。

对桁架、梁等线单元，其单元坐标系的 $x$ 轴方向由 $N_1$ 点（$i$ 点）指向 $N_2$ 点（$j$ 点），如图4.4.2 所示。当单元坐标系 $x$ 轴和整体坐标系的 $Z$ 轴平行时，$\beta$ 角为整体坐标系 $X$ 轴和单元坐标系 $z$ 轴的夹角。夹角的正负号由绕单元坐标系 $x$ 轴转动的右手法则确定。当单元坐标系 $x$ 轴和整体坐标系的 $Z$ 轴不平行时，$\beta$ 角为整体坐标系 $Z$ 轴和单元坐标系 $x$-$z$ 平面的夹角，如图 4.4.3 所示。

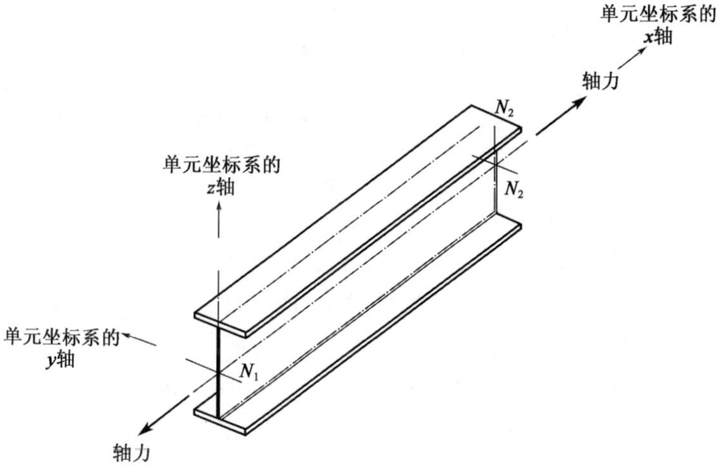


图 4.4.2　桁架单元的单元坐标系及单元输出内力符号规定（以图中方向为正）

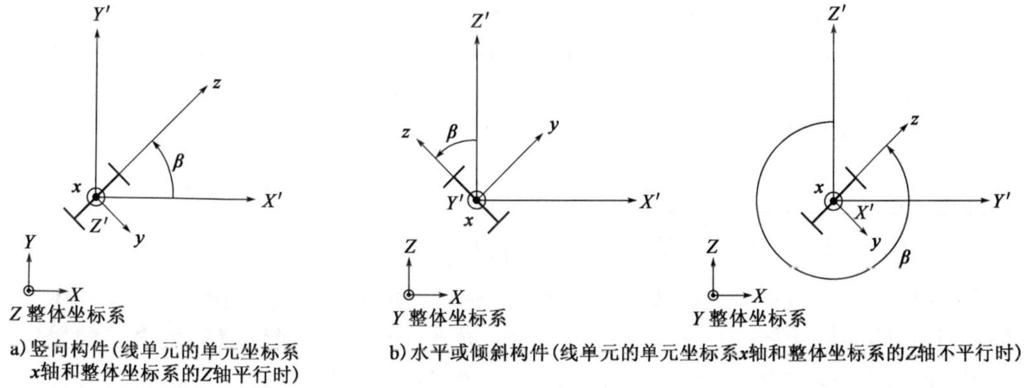


图 4.4.3　$\beta$ 角的定义

用参考节点 $k$ 来表示单元坐标系的 $y$ 轴和 $z$ 轴方向时（图 4.4.4），程序内部自动计算构件角度。

2）只受拉单元、只受压单元

在工程实际中，往往会遇到有一些构件只能承受拉力而不能承受压力的情况，如钩、拉索；还有一些构件只能承受压力而不能承受拉力，如间隙。当结构分析中需要反映这些单元的属性时，应选择“只受拉/钩/索单元”或“只受压/间隙单元”，如图 4.4.4 和图 4.4.5 所示。由于只受拉单元与只受压单元是一种具有非线性行为的单元，因此，需要通过若干次迭代计算后方可得到结果。

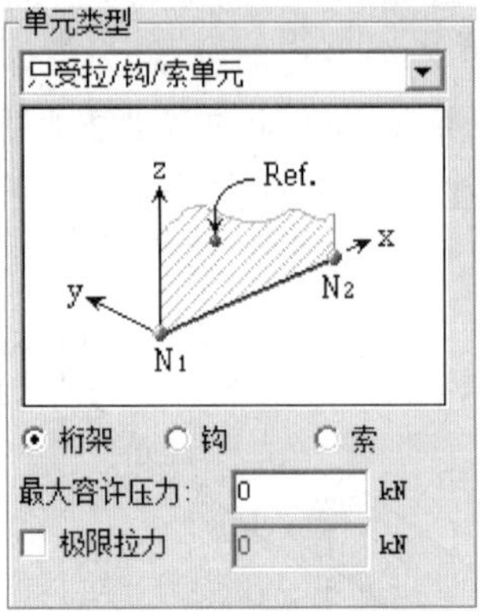


图4.4.4　只受拉/钩/索单元

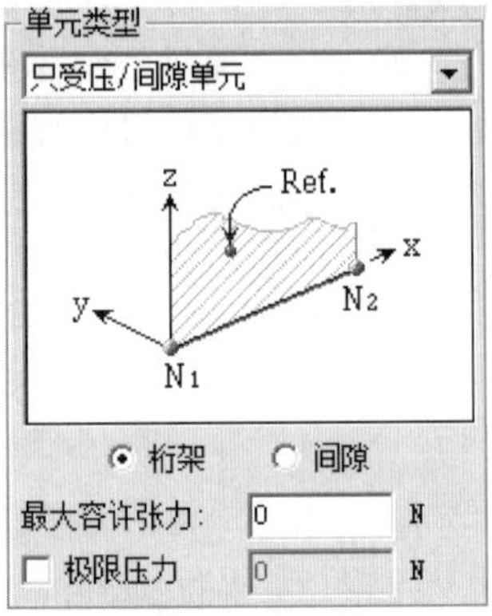


图4.4.5　只受压/间隙单元

只受拉单元可用于模拟斜拉桥、悬索桥、中承式拱桥和下承式拱桥中,可以忽略垂度的拉索或吊杆;只受压单元可用于模拟结构间的接触面,或只能受压力的地基边界条件;当有初始张力作用时,可以给桁架单元或只受拉单元施加初拉力。

对于只受拉的桁架单元,需补充输入最大容许压力,即该单元可以容许承受的最大压力。若为钩单元,需补充输入钩的初始间距;若为索单元,补充输入单元的无应力索长 $L_u$,或者索的初拉力,或者水平力,用于构建大位移分析用的初始拉力。

但需要注意的是,在静力分析时,索单元按 Ernst 公式修正索垂度的等效桁架单元进行分析;在几何非线性分析时,索单元按弹性悬链线索单元进行分析。当模型中同时输入初始拉力和几何刚度初始荷载时,几何刚度初始荷载起控制作用。两种方法虽然均适用于大位移分析,但程序内初始拉力是按荷载处理的,而几何刚度初始荷载是按初始刚度处理的,因此两种方法得到的分析结果会不同。

对于只受压的桁架单元,则需补充输入最大容许张力,即只受压桁架单元可以容许承受一定的张力荷载。若为间隙单元,则需补充输入间隙的初始间距。

在使用桁架单元、只受拉单元和只受压单元时还应注意以下几点:

(1)桁架单元、只受拉单元以及只受压单元没有转动自由度。当这些单元连接在一起时会使得总体刚度矩阵中转动自由度对应的主对角元素为零,导致求解时发生奇异现象。为避免这种情况,MIDAS/Civil 会在程序内部自动约束各节点的转动自由度。

(2)桁架单元、只受拉单元以及只受压单元在与具有转动自由度的单元(如梁单元)连接时,程序无须在内部做调整,也不会发生奇异现象。

(3)当只受拉单元(或只受压单元)受压力荷载(或受张力)时,单元将退出工作。

3)一般梁/变截面梁单元

一般梁/变截面梁单元是用于分析等截面或变截面杆系结构最常用的单元类型。MIDAS/Civil 中的梁单元是由 2 个节点构成的 Timoshenko 空间梁单元,具有拉、压、弯、扭的变形刚度,并默认计算剪切变形。当计算中无须考虑剪切变形时,只需在截面特性中取消选中"考虑剪切变形"选项。

MIDAS/Civil 在分析变截面梁时,把截面面积、有效抗剪截面及抗扭刚度都视为是沿 $x$ 轴方向的线性函数,按用户选择的不同,把截面惯性矩沿 $x$ 轴方向可以形成 1 次、2 次、3 次函数。

MIDAS/Civil 中的梁单元坐标系及单元内力符号规定如图 4.4.6 所示。

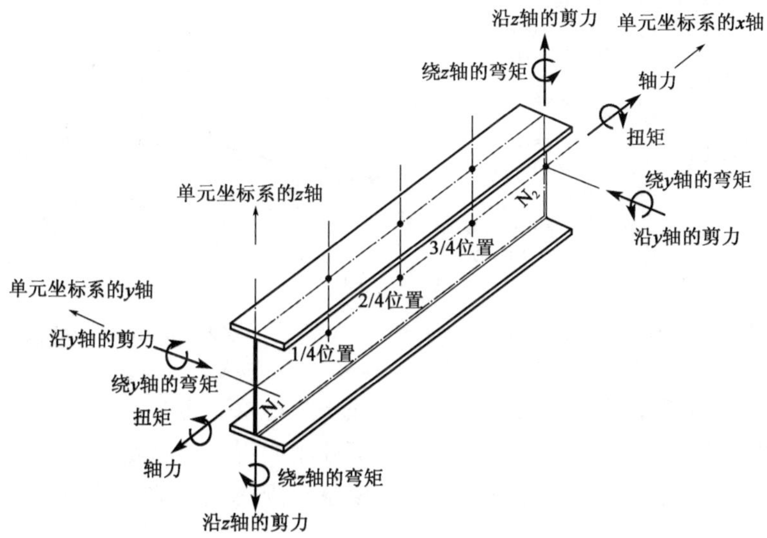


图 4.4.6 梁单元坐标系及单元内力符号规定

当梁单元端部为铰接或滚动支座时,可使用“释放梁端部约束”功能,释放相应自由度方向的约束。当两端转动自由度全部释放时,此时梁单元中只有轴向力,无弯矩和剪力,其作用与桁架单元一致,因此释放梁单元两端的转动自由度可用来模拟桁架单元。但在一个节点处释放多个杆件的端部约束时,可能会发生奇异现象,此时可按以下两种方法处理:一种方法是在相应自由度方向加一具有微小刚度的弹性连接单元或弹性约束;另一种方法是将其中一个梁单元不释放梁端约束,其他梁单元释放梁端约束。此外,一般梁单元还可作为处理两种不同自由度单元连接时的连接单元。

作用于梁单元上的荷载类型有集中荷载、均布荷载、梯形荷载、三角形荷载、温度梯度荷载和预应力荷载等。

MIDAS/Civil 输出的梁单元内力符号以图 4.4.6 所示为正,构件应力的正负号规定与单元内力符号规定相同,但在弯矩作用下截面上产生应力时,以受拉为正、受压为负来规定其符号。

4)板(壳)单元

MIDAS/Civil 中提供的板(壳)单元是由同一平面上的 3 节点到 4 节点构成的平板单元,如图 4.4.7 所示。

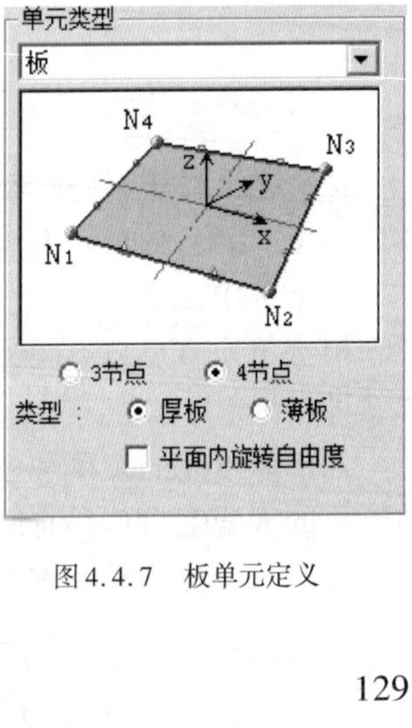


图 4.4.7 板单元定义

板单元的自由度以单元坐标系为基准。单元坐标系由 $x$、$y$、$z$ 轴构成,满足右手法则的空间直角坐标系。单元坐标系 $x$ 轴由 $N_1$ 到 $N_2$ 方向,$y$ 轴垂直于平面的 $x$ 轴,$z$ 轴垂直于单元平面。

输入单元的节点时,4 节点单元应按“$N_1 \to N_2 \to N_3 \to N_4$”的顺序进行,3 节点单元应按“$N_1 \to N_2 \to N_3$”的顺序进行,唯有这样,单元坐标系的方向才与图 4.4.8 所示规定的方向一致。

理论上,板单元的每个节点具有 $x$、$y$、$z$ 轴方向的线位移自由度和绕 $x$、$y$ 轴旋转的转动自由度,如图 4.4.8 所示。

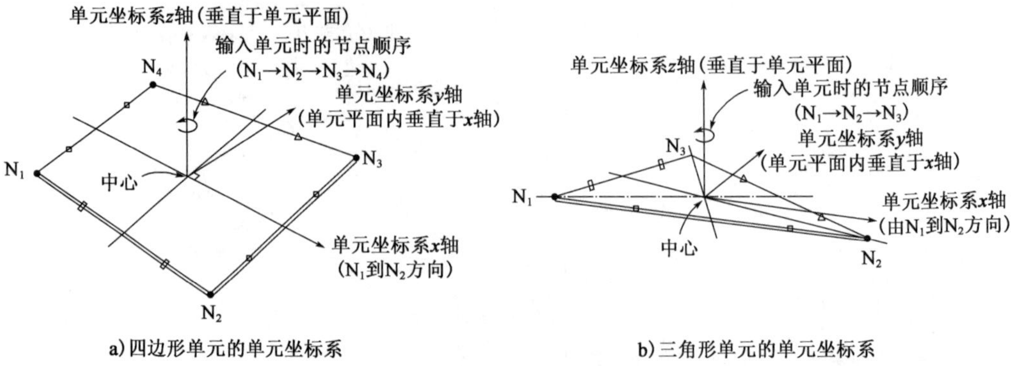


图4.4.8　板单元的单元坐标系及布置

板单元有厚板单元和薄板单元之分,其区别在于厚板单元要考虑剪切变形。在输入板单元的厚度时,可以分别输入计算面内刚度和计算面外刚度所需的厚度。在计算自重和质量时一般使用面内刚度厚度,但如果只输入了面外刚度厚度,则在计算自重和质量时使用面外刚度厚度。

MIDAS/Civil 中的板单元的面外刚度有 DKT、DKQ(Discrete Kirchhoff Element)和 DKMT、DKMQ(Discrete Kirchhoff-Midlin Element)两种。其中,DKT、DKMT 为三角形单元,DKQ、DKMQ 为四边形单元。DKT、DKQ 是以薄板理论(Kirchhoff Plate Theory)为基础开发的;DKMT、DKMQ 是以厚板理论(Mindlin-Reissner Plate Theory)为基础开发的。三角形板单元的面内刚度使用了 LST(Linear Strain Triangle)理论,四边形板单元使用了等参数单元理论。

需要注意的是,MIDAS/Civil 提供的是 6 节点的板单元,即引入了第 6 个自由度 *RZ*,但该自由度的概念与梁单元的 *RZ* 是不同的。由于 6 自由度的板单元在平面内的旋转刚度受单元细分程度的影响较大,建模时应尽量使用 4 节点的四边形单元,并尽量细分单元。在建立曲面时,相邻板单元的夹角不宜超过 10°,如图 4.4.9 所示。当需要输出比较精确的结果时,夹角应尽可能控制在 2°~3°范围内。在应力变化较大的位置,优先使用四边形单元进行细分。

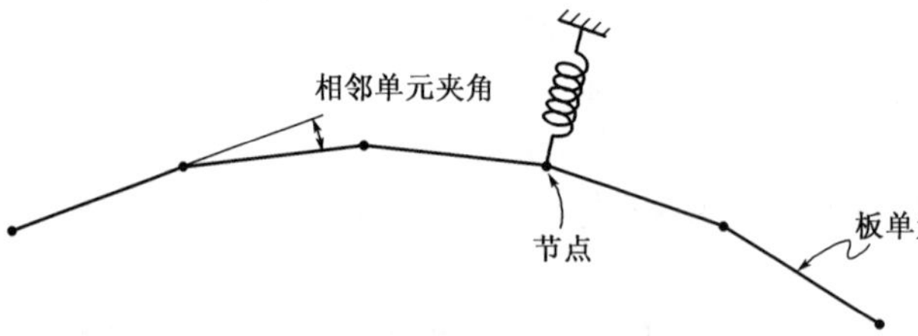


图4.4.9　球面或圆柱面上使用的板单元

在桥梁工程中,板单元可用于面内受拉/压及面外受弯的桥面板、钢围堰等结构中。在 MIDAS/Civil 中,板单元上可以施加任意方向的压力荷载。

5)实体单元

根据单元节点数不同,实体单元分为 4 节点的楔形、6 节点的三角棱柱体和 8 节点的六面体三种(图 4.4.10)。

六面体单元的位移和应力结果均比较准确,楔形和三角棱柱体的位移结果比较准确,但应力结果的准确度较位移有所降低,因此在需要较高精度的位移时应尽量使用六面体单元,楔形单元或三角棱柱体单元作为过渡单元,用在需要调整六面体单元大小的部位。

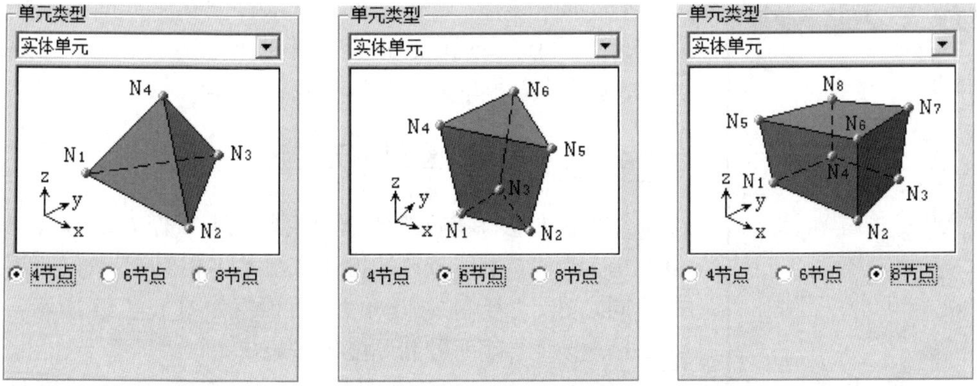


图 4.4.10　实体单元

## 4.4.2　建立单元

MIDAS/Civil 提供了多种创建单元的方法。例如，利用已有节点来建立单元；利用扩展方式同时生成单元和节点；从 AutoCad 导入模型以生成单元和节点等。

图 4.4.11 和图 4.4.12 分别为建立单元的主要方式和根据已有节点建立单元的界面。

图 4.4.11　建立单元的主要方式

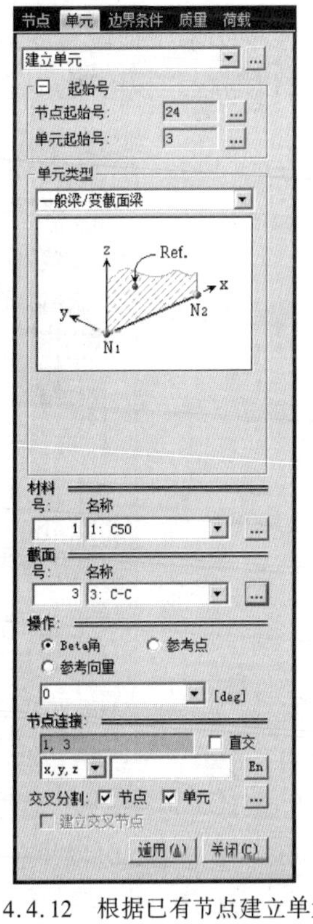


图 4.4.12　根据已有节点建立单元

利用已有节点建立单元时，需要选择合适的单元类型，并根据选择的单元类型赋予新建单元相应的"单元实常数"，如线单元(梁单元、桁架单元、只受拉单元、只受压单元)的材料和截面，板单元、平面单元的材料和厚度，实体单元的材料，材料和截面的定义方式(详见第 4 章 4.5 节)。

需要特别说明的是，MIDAS/Civil 中线单元的单元坐标系 $x$ 轴的方向为从 $i$ 节点指向 $j$ 节点，其中 $i$ 节点是定义线单元时所指定的第 1 个点，$j$ 节点为第 2 个点，而 $y$ 轴和 $z$ 轴方向使用单元 Beta 角定义(Beta 角定义见本章 4.4.1 节)，可以通过 Beta 角的设置实现单元截面沿单元坐标系 $x$ 轴的旋转。

在利用已有节点建立单元时，可能会出现新建单元与已有单元交叉的情况。MIDAS/Civil 会根据不同情况进行处理：

(1) 如果选择"交叉分割"且已有的节点在新单元上时，则不管该单元的类型如何，新单元均在此节点位置被分割。

(2) 如果选择"交叉分割"且新建的线单元与已有线单元相交，则在相交点位置处自动生成节点并将线单元分割。

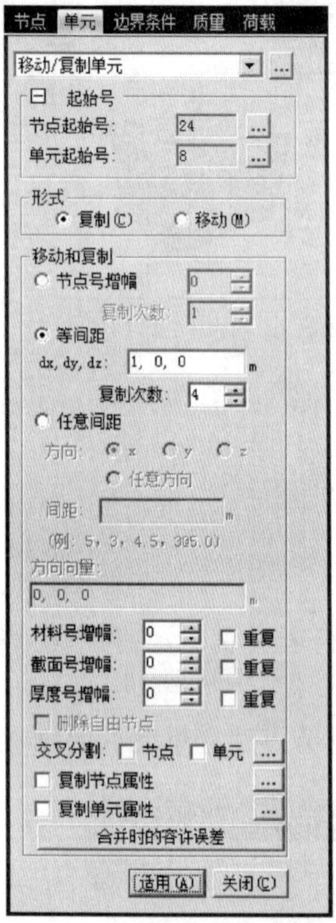


图 4.4.13 “复制/移动单元”对话框

(3)如果选择“建立交叉节点”,即使在生成的板单元或实体单元中没有内部节点,也会在外部节点连线的交点处建立节点,并随后建立板单元和实体单元。

### 4.4.3 移动/复制单元

用“移动/复制单元”命令生成单元的操作方法与用“移动/复制单元”命令生成节点的操作方法基本相似,本节仅介绍两者的不同之处。“复制/移动单元”对话框如图 4.4.13 所示。

1)材料号、截面号和厚度号增幅

当复制的单元与模板单元的材料号、截面号、厚度号相同时,直接按系统缺省方式复制单元,无须修改材料号、截面号、厚度号,但当复制的单元与模板单元的材料号、截面号、厚度号不同,且呈规律性递增时,需要定义它们的增幅值。

2)“复制节点属性”(图 4.4.14)

当建立的单元中已经给某些节点或全部节点施加了节点边界条件、节点集中荷载等节点属性,而被复制的单元具有相同的节点属性时,选择“复制节点属性”,可以简化建模过程,缩短建模时间。

3)“复制单元属性”(图 4.4.15)

当建立的单元中已经给某些单元或全部单元施加了单元边界条件、单元集中荷载等单元属性,而被复制的单元具有相同的单元属性时,选择“复制单元属性”,以缩短建模时间。

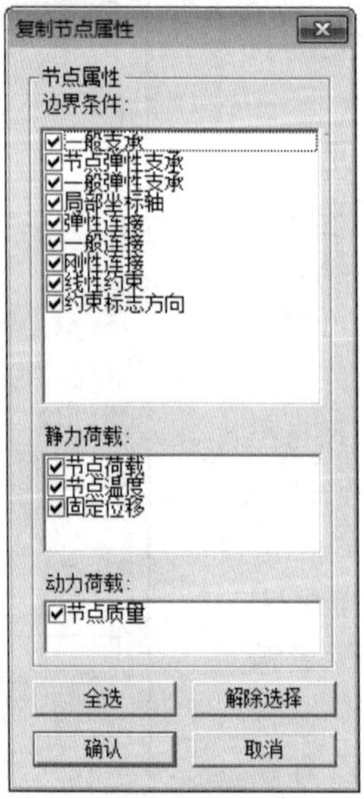


图 4.4.14 “复制节点属性”对话框

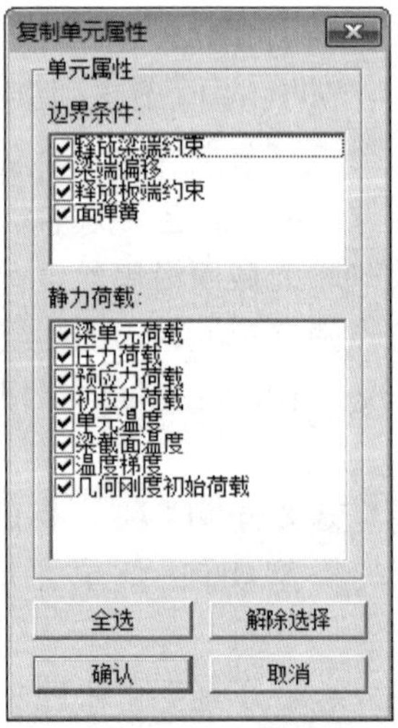


图 4.4.15 “复制单元属性”对话框

## 4.4.4 扩展单元

“扩展单元”是指沿着指定路径将单元扩展到更高层次单元的一种建模方法。MIDAS/Civil 可以将节点扩展为线单元、线单元扩展为面单元及面单元扩展为实体单元。其中,线单元可以是梁单元、桁架单元、只受拉单元和只受压单元,如图 4.4.16 所示。

图 4.4.16 扩展单元

下面以节点扩展为线单元为例,说明扩展单元的使用方法。

1)扩展单元后原目标的处理

在完成单元扩展后,可以删除原来的单元,或将原来的单元移动到扩展形成的单元的最后位置,也可将扩展成的线单元的局部坐标方向与生成方向相反。

2)单元属性

单元属性,即指定扩展后的单元类型,材料、截面及 $\beta$ 角。材料和截面特性既可以在单元建立前定义,也可以在建立单元后再定义。对于复杂的模型,宜先指定材料和截面特性,以便及时检查模型的正确性。

3)生成形式

(1)复制和移动。

以“等间距”方式扩展单元时,只需在图 4.4.17a)中所示的对话框中输入沿每个轴方向的复制和移动距离($dx$, $dy$, $dz$)及复制次数。复制距离可以用键盘输入,也可以单击输入区并用鼠标在模型窗口指定。若选择“任意间距”选项时,可选择沿用户坐标系中的某个轴(如 $x$ 轴,或 $y$ 轴,或 $z$ 轴)方向扩展单元,也可以选择任意方向扩展单元,但后者还需输入 $x$、$y$、$z$ 轴三个方向的向量分量,如图 4.4.17b)所示。

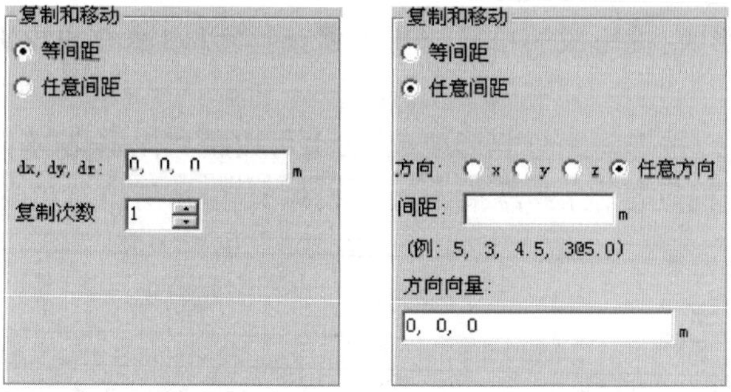


a)“等间距” b)“任意间距”

图 4.4.17 以复制和移动方式扩展单元

(2)旋转。

旋转是指以“等角度”或“任意角度”旋转现有节点或单元,并扩展成新的单元。

当采用“等角度”旋转复制单元时,需输入复制次数和旋转角度,如图 4.4.18a)所示;当选择“任意角度”旋转复制单元时,应按顺序输入绕指定旋转轴方向的旋转复制角度,如图 4.4.18b)所示。

如以给定角度(螺线或螺旋线形状)旋转复制节点时,需指定径向距离和旋转轴方向复制距离。

除此之外,还应指定绕用户坐标系 $x$ 轴、$y$ 轴或 $z$ 轴旋转的旋转轴。当旋转复制单元和节点不是以用户坐标轴旋转时,可用两点定义旋转轴,此时旋转轴的方向由第一点到第二点,并指定两个点的坐标($x$, $y$, $z$)。

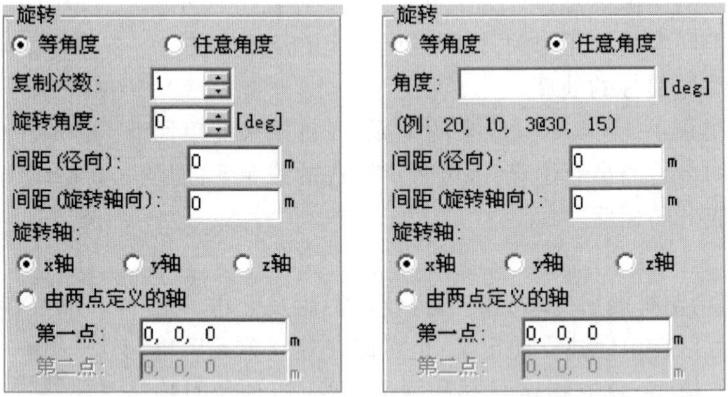


a)"等角度"旋转　　b)"任意角度"旋转

图4.4.18　以旋转方式扩展单元

(3)投影。

投影是指向指定基准线上投影节点或投影单元,生成新的节点和单元。

基准线由 $P_1$、$P_2$ 两个节点定义,其坐标点可在键盘上直接键入,或者单击相应输入区,在工作窗口中定义。

投影生成的节点或单元,既可以处在 $P_1$、$P_2$ 构成的直线段上,也可投影到直线段的延伸线上,如图4.4.19所示。

当以法线方向投影时,投影成的单元与基线垂直;当以向量方向投影时,需指定投影的向量方向。

根据建模需要,可以按等间距分割形成单元,也可按距离比定义的不相等间距进行分割形成单元,前者需指定分割数量,后者需指定沿总投影长度分割位置的距离比,如"0.4, 0.6, 0.9"。

## 4.4.5　镜像单元

对于模型中具有对称性的单元,可以采用"镜像单元"复制或移动对称的单元。"镜像单元"对话框如图4.4.20所示。

"镜像单元"与"镜像节点"的操作方法基本相同,下面就二者的不同之处加以说明。

1)镜像 $\beta$ 角

当"镜像单元"时,缺省状况下单元坐标系以180°被镜像。如果镜像后的单元坐标系要与模板单元的单元坐标系一致,则不选择以反射面为对称面镜像 $\beta$ 角,否则就需选择以反射面为对称面镜像 $\beta$ 角。

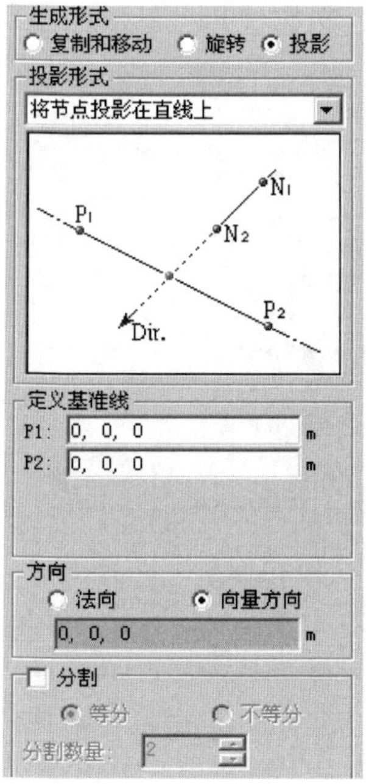


图 4.4.19　以投影方式扩展单元

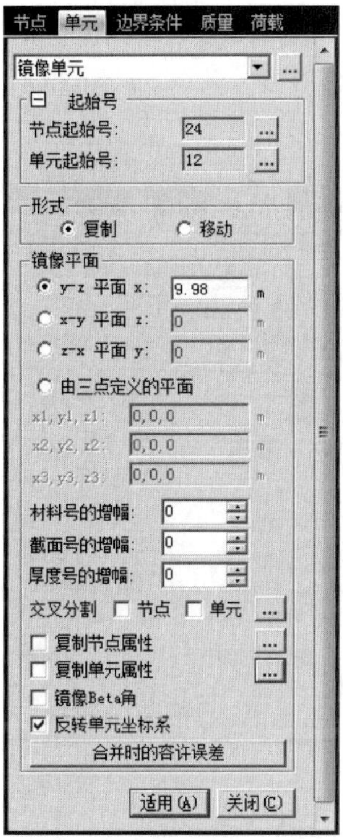


图 4.4.20　“镜像单元”对话框

2)反转单元坐标系

综上所述,“镜像单元”时单元坐标系会发生反转,如果在镜像复制或移动单元时,需要以反射面为对称面镜像 UCS 时,应选中该选项,否则不选择。

### 4.4.6　合并单元与分割单元

顾名思义,“合并单元”是指将模型中的部分或全部单元进行合并;“分割单元”是指将模型中的部分或全部单元按照分割间距进行重新划分。“合并单元”或“分割单元”对话框如图 4.4.21 和图 4.4.22 所示。

在“合并单元”或“分割单元”前,必须先选择单元类型,系统默认的单元类型为线单元(如桁架单元、梁单元等);在合并单元或分割平面单元(如板单元、平面应力单元、平面应变单元等)或实体单元时,则应选择相应的单元类型。

在选择“强行合并单元”时,应给出合并的最大角度,并指定需要强制合并的单元号。

以下情况下,不能对单元进行合并或分割:

(1)单元中已经赋予了初始内力。

(2)不同类型的单元。

在“合并单元”过程中,有可能出现无属性的节点及合并单元后与单元不关联的节点,即所谓的自由节点,此时应根据模型特点选择是否需要“删除自由节点”。

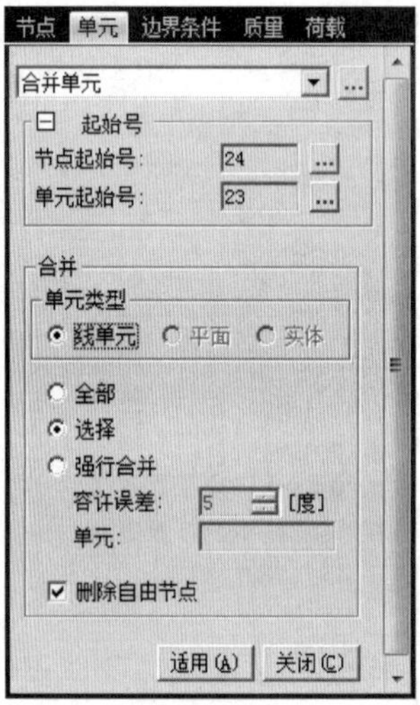


图4.4.21 “合并单元”对话框

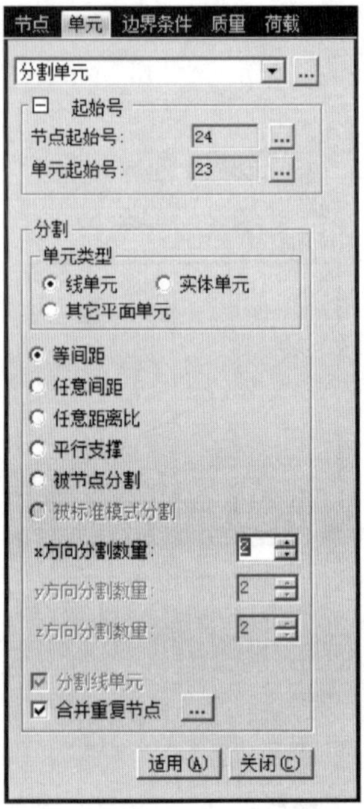


图4.4.22 “分割单元”对话框

单元分割长度应根据建模需要确定,可以按等间距、任意间距、任意距离比、平行支撑及被节点分割等方式进行分割。其中,等间距是将拟分割的单元按其原有长度做等间距划分;任意间距是将拟分割的单元以不等间距分割原有单元长度;任意距离比是将拟分割的单元用不同的距离比定义长度分割单元;平行支撑主要适用于像输电塔桁架结构那样带有双支柱的结构;被节点分割是指被位于线单元上的节点分割单元。

## 4.4.7 单元号重新排序

“单元号重新排序”的操作和4.4.3节中“节点重新编号”的操作类似,可以参考本章4.4.3节中相关操作实现单元号重新排序。

## 4.4.8 修改单元参数

在建模过程中或在用参数化分析结构效应时,经常遇到要给单元重新定义或复制相应属性的情况。对此,可采用“修改单元参数”功能。

MIDAS/Civil 允许修改的单元参数类型有材料号、截面号、厚度号、单元坐标轴方向、单元类型、反转单元坐标轴和统一单元坐标轴七种,如图4.4.23所示。

1)分配

分配是指给选择的单元重新定义或复制属性,如材料号、截面号、厚度号。分配有以下两个选项:

(1)定义。

先定义材料、截面、厚度的序号或名称，然后将其属性赋予选择的单元。

(2)复制。

当选择新建属性数量等于选择的特性值数量时，在工作目录树中将生成相等于选择的特性值数量的新的特性值；当选择新建属性数量等于选择的单元数量时，在工作目录树中将生成相等于选择的单元数量的新的特性值。

2)修改

修改是指用已定义的材料、截面、厚度号码增幅修改相应的材料号、截面号、厚度号。

3)单元坐标轴方向的分配或修改

在给选择的单元分配单元坐标轴方向时，可以用 $\beta$ 角、参考点或参考方向来指定。如用 $\beta$ 角指定，则需输入具体的 $\beta$ 值；如用参考点指定，则应给出参考点号；如用参考方向指定，则应输入参考方向在 $x$、$y$、$z$ 方向的矢量；如只是修改单元坐标轴方向，只需用已定义的 $\beta$ 角增量修改单元构件的 $\beta$ 角。

4)修改单元类型

MIDAS/Civil 允许修改的单元类型见表 4.4.1。

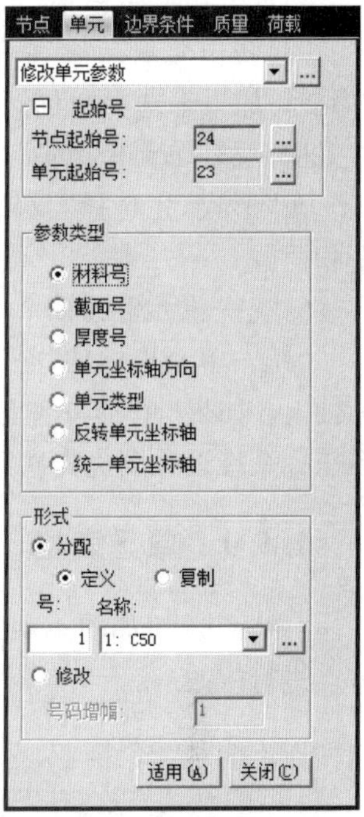


图 4.4.23 “修改单元参数”对话框

**MIDAS/Civil 允许修改的单元类型** 表 4.4.1

| 原单元类型 | 桁架单元 | 只受拉/钩/索单元 | 只受压/间隙单元 | 一般梁/变截面梁 |
|---|---|---|---|---|
| 新单元类型 | 只受拉/钩/索单元、只受压/间隙单元、一般梁/变截面梁 | 桁架单元、只受压/间隙单元、一般梁/变截面梁平面应力单元 | 桁架单元、只受拉/钩/索单元、一般梁/变截面梁 | 桁架单元、只受拉/钩/索单元、只受压/间隙单元 |

此外，MIDAS/Civil 中还允许板单元和平面应力单元之间替换。

在“修改单元类型”时，应根据新单元类型设定必要的参数，如将一般梁/变截面梁修改为只受拉/钩/索单元时，还应指出受拉桁架、钩或索及相应的限值或初始值，如图 4.4.24 所示。

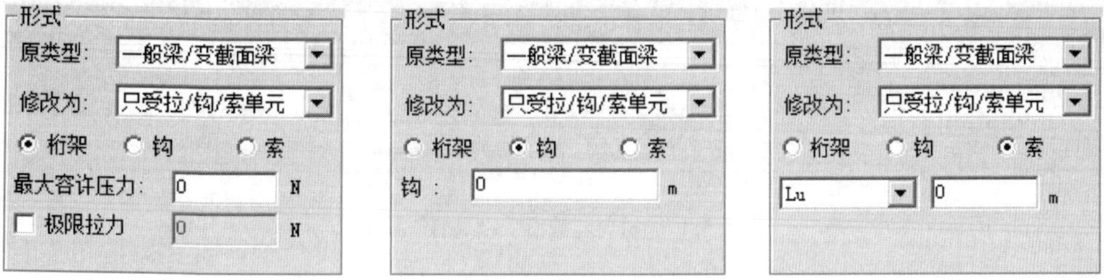


a) b) c)

图 4.4.24 只受拉/钩/索单元限值或初始值设置

5)反转单元坐标轴

“反转单元坐标轴”是指将单元局部坐标轴转换为相反方向。在用“镜像单元”功能复制单元时,如果未选中“反转单元坐标系”选项,那么复制的单元坐标系将随镜像而反转,此时,可采用“反转单元坐标轴”功能。

在“形式”中选择“反转单元属性”时,在反转单元坐标轴的同时反转单元上输入的边界条件和荷载。

6)统一单元坐标轴

“统一单元坐标轴”是以参考单元为基准,将选择的单元统一到与参考单元相同的单元坐标轴上。如果“单元局部坐标轴”不能与参考单元局部坐标系完全一致,尽可能使参考单元局部坐标系接近最高优先次序的坐标轴。

### 4.4.9 单元表格

“单元表格”如图 4.4.25 所示。用户可在“单元表格”中对单元类型、材料、截面、$\beta$ 角和节点进行修改。

| | 单元 | 类型 | 辅助类型 | 材料 | 截面 | β角 ([deg]) | 节点1 | 节点2 | 节点3 | 节点4 | 节点5 | 节点6 | 节点7 | 节点8 | 种类 | 初始间隙 (m) |
|---|---|---|---|---|---|---|---|---|---|---|---|---|---|---|---|---|
| | 1 | 梁单元 | | 1 | 1 | 0.00 | 1 | 2 | 0 | 0 | 0 | 0 | 0 | 0 | Lu | 0.000 |
| | 2 | 梁单元 | | 1 | 1 | 0.00 | 2 | 3 | 0 | 0 | 0 | 0 | 0 | 0 | Lu | 0.000 |
| | 3 | 梁单元 | | 1 | 1 | 0.00 | 3 | 4 | 0 | 0 | 0 | 0 | 0 | 0 | Lu | 0.000 |
| | 4 | 梁单元 | | 1 | 1 | 0.00 | 4 | 5 | 0 | 0 | 0 | 0 | 0 | 0 | Lu | 0.000 |
| | 5 | 梁单元 | | 1 | 1 | 0.00 | 5 | 6 | 0 | 0 | 0 | 0 | 0 | 0 | Lu | 0.000 |
| | 6 | 梁单元 | | 1 | 1 | 0.00 | 6 | 7 | 0 | 0 | 0 | 0 | 0 | 0 | Lu | 0.000 |
| | 7 | 梁单元 | | 1 | 1 | 0.00 | 7 | 8 | 0 | 0 | 0 | 0 | 0 | 0 | Lu | 0.000 |
| | 8 | 梁单元 | | 1 | 1 | 0.00 | 8 | 9 | 0 | 0 | 0 | 0 | 0 | 0 | Lu | 0.000 |
| | 9 | 梁单元 | | 1 | 1 | 0.00 | 9 | 10 | 0 | 0 | 0 | 0 | 0 | 0 | Lu | 0.000 |
| | 10 | 梁单元 | | 1 | 1 | 0.00 | 10 | 11 | 0 | 0 | 0 | 0 | 0 | 0 | Lu | 0.000 |
| | 11 | 梁单元 | | 1 | 1 | 0.00 | 11 | 12 | 0 | 0 | 0 | 0 | 0 | 0 | Lu | 0.000 |
| * | | | | | | | | | | | | | | | | |

图 4.4.25 “单元表格”

## 4.5 材料特性与截面特性

MIDAS/Civil 内置有多个国家常用的材料和截面特性数据库(DB),用户可以直接使用这些数据库,也可根据需要自行定义材料和截面。输入材料和截面特性的选项卡如图 4.5.1 所示。

图 4.5.1 “材料与截面”>“特性”选项卡

### 4.5.1 材料特性

在 MIDAS/Civil 中将材料、截面和板厚的输入布置在同一个对话框中,如图 4.5.2 所示。

为区分模型中不同的材料特性，应定义不同的材料号和材料名称，如图4.5.3所示。对于同一种材料，如C50混凝土，可能由于修正后的重度不相同，也需要定义新的材料号和材料名称。

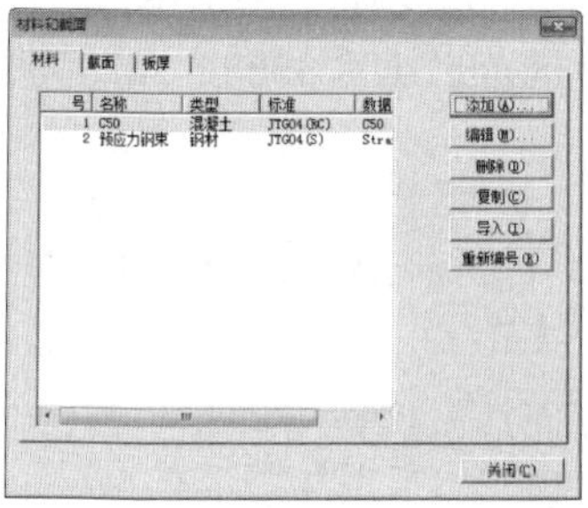

图4.5.2 “材料和截面”对话框

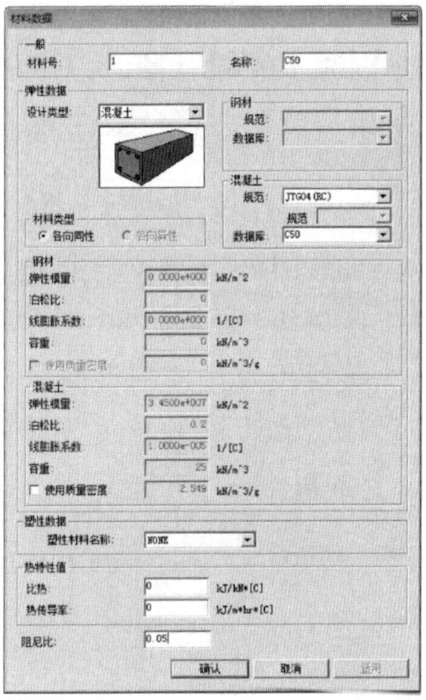

图4.5.3 “材料定义”对话框

MIDAS/Civil提供了混凝土、钢材、组合材料三种基于国家或行业标准的材料特性。其中，组合材料用于组合截面和组合梁截面的单元。圬工材料、正交各向异性材料，或需要修改重度的混凝土，或钢材，选择“用户定义”进行输入。当定义正交各向异性材料时，需要给出沿单元坐标系 $x$、$y$、$z$ 轴的弹性模量与线膨胀系数，以及局部坐标系 $xy$、$xz$、$yz$ 的剪切模量和泊松比，如图4.5.4所示。

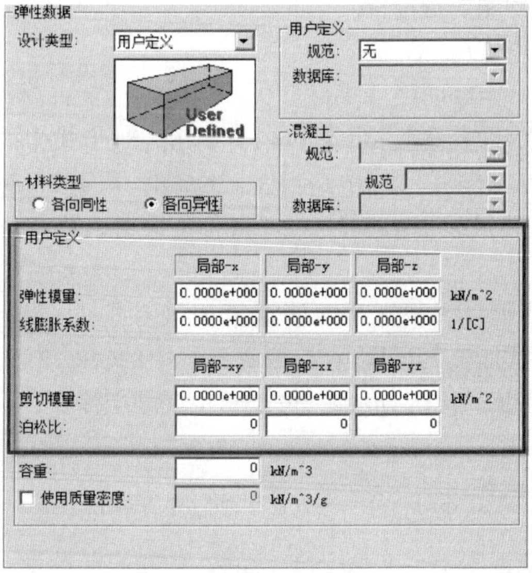


图4.5.4 “正交各向异性材料定义”对话框

### 4.5.2 时间依存性材料特性值

为了考虑徐变和收缩的影响以及弹性模量、混凝土强度发展特性,需要定义时间依存性材料特性值。

徐变、收缩是混凝土的固有特性,并随时间的变化而改变。在工程应用中一般采用线性徐变理论,认为混凝土徐变变形符合线性假定,徐变应变 $\varepsilon_c$ 与弹性应变 $\varepsilon_e$ 呈线性关系:

$$\varepsilon_c = \phi(t,t_0)\varepsilon_e \tag{4.5.1}$$

式中:$\phi(t,t_0)$——加载时的混凝土龄期 $t_0$、混凝土在 $t$ 时刻的徐变系数。徐变系数与混凝土强度等级、加载龄期、环境湿度、水泥种类、构件理论厚度等有关。《公路钢筋混凝土及预应力混凝土桥涵设计规范》(JTG 3362—2018)附录 C 中给出了徐变和收缩的相关计算公式。

1)混凝土徐变系数

$$\phi(t,t_0) = \phi_0\beta_c(t-t_0) \tag{4.5.2}$$

$$\beta_c(t-t_0) = \left(\frac{\dfrac{t-t_0}{t_1}}{\beta_H + \dfrac{t-t_0}{t_1}}\right)^{0.3} \tag{4.5.3}$$

$$\beta_H = 150\left[1+\left(1.2\frac{RH}{RH_0}\right)^{18}\right]\frac{h}{h_0} + 250 \leqslant 1500 \tag{4.5.4}$$

式中: $\phi_0$——名义徐变系数;

$\beta_c(t-t_0)$——加载后徐变随时间发展的系数;

$RH$——环境年平均相对湿度(%);

$h$——构件理论厚度(mm)。

系数 $RH_0 = 100\%$,$h_0 = 100\text{mm}$,$t_1 = 1\text{d}$。

在计算混凝土徐变系数时,先按式(4.5.4)计算 $\beta_H$,对于式中的年平均相对湿度 $RH$,当 $40\% \leqslant RH < 70\%$ 时,取 $RH = 55\%$;当 $70\% \leqslant RH < 99\%$ 时,取 $RH = 80\%$;然后按式(4.5.3)计算徐变发展系数 $\beta_c(t-t_0)$;最后根据 $\beta_c(t-t_0)$ 和名义徐变系数 $\phi_0$ 按式(4.5.2)计算徐变系数 $\phi(t,t_0)$。

名义徐变系数 $\phi_0$ 既可以按《公路钢筋混凝土及预应力混凝土桥涵设计规范》(JTG 3362—2018)中给出的公式计算,也可以直接按附录 C 中的表 C.2.2 取用。

在混凝土中掺入粉煤灰取代部分水泥,可以减小混凝土徐变,应按式(4.5.5)计算徐变修正系数:

$$\phi(t,t_0) = \phi(\alpha,t_0)\phi_0\beta_c(t-t_0) \tag{4.5.5}$$

式中:$\phi(\alpha,t_0)$——粉煤灰混凝土名义徐变修正系数,依粉煤灰掺量 $\alpha$ 和加载龄期 $t_0$ 而定。在缺乏足够试验资料时,可按表 4.5.1 取值。

**混凝土名义徐变修正系数 $\phi(\alpha,t_0)$** 表4.5.1

| 加载龄期 $t_0$(d) | 掺量 α(%) | | |
|---|---|---|---|
| | 10 | 20 | 30 |
| 7 | 0.80 | 0.65 | 0.53 |
| 14 | 0.70 | 0.55 | 0.45 |
| 28 | 0.64 | 0.50 | 0.41 |
| 60 | 0.60 | 0.47 | 0.38 |
| 90 | 0.58 | 0.46 | 0.37 |

注:表中,掺量 α 为质量百分比。计算时构件的粉煤灰掺量和加载龄期为表列中间值时,修正系数可按直线内插法求得。

表4.5.1适用于加载龄期 $7d \leqslant t_0 \leqslant 90d$。如果加载龄期小于7d,MIDAS/Civil按下列公式计算徐变修正系数 $\phi(\alpha,t_0)$,且 $\phi(\alpha,t_0) \leqslant 1$。

$$\phi(\alpha,t_0) = \beta(\alpha)\gamma(\alpha,t_0) \tag{4.5.6}$$

$$\gamma(\alpha,t_0) = \frac{1}{\left[1.451 - 1.689 \times t_0^{-0.360} \times (1+\alpha)^{0.406}\right]^{0.5}} \tag{4.5.7}$$

$$\beta(\alpha) = 1 - 1.0273\alpha^{0.4218} \tag{4.5.8}$$

2)混凝土收缩应变

混凝土收缩应变按式(4.5.9)计算:

$$\varepsilon_{cs} = \varepsilon_{cs0}\beta_s(t - t_s) \tag{4.5.9}$$

$$\beta_s(t - t_s) = \left[\frac{\dfrac{t - t_s}{t_1}}{350\left(\dfrac{h}{h_0}\right) + \dfrac{t - t_s}{t_1}}\right]^{0.5} \tag{4.5.10}$$

式中: $t$——计算时刻的混凝土龄期(d);

$t_s$——收缩开始时的混凝土龄期(d),一般取3~7d;

$\varepsilon_{cs0}$——名义收缩系数,当 $40\% \leqslant RH < 70\%$ 时取 $0.529 \times 10^{-3}$,当 $70\% \leqslant RH < 99\%$ 时取 $0.310 \times 10^{-3}$,对于强度等级为C50及以上混凝土,上述系数应乘以 $\sqrt{32.4/f_{ck}}$,其中 $f_{ck}$ 为混凝土轴心抗压强度标准值(MPa);

$\beta_s(t - t_s)$——收缩随时间发展的系数。

其余符号含义同上。

从 $t_0$ 到 $t$ 时的收缩应变值 $\varepsilon_{cs}(t - t_0)$ 按式(4.5.11)计算:

$$\varepsilon_{cs}(t - t_0) = \varepsilon_{cs0}[\beta_s(t - t_s) - \beta_s(t_0 - t_s)] \tag{4.5.11}$$

式中:$t_0$——桥梁结构开始受收缩影响时刻或预应力钢筋传力锚固时刻的混凝土龄期(d),$t > t_0 \geqslant t_s$。

**注意:**混凝土收缩开始时的龄期 $t_s$ 对收缩应变计算值影响显著,在输入龄期时应慎重。

3)混凝土强度和弹性模量

目前,我国标准中没有给出混凝土的强度和弹性模量随时间的变化规律的明确规定,因此在程序中强度发展定义的设计规范列表中找不到中国标准。如果需要在计算中考虑混凝土的强度和弹性模量随时间的变化,可以参照其他国家的标准定义,也可以自行定义。

下面简要介绍 ACI、CEB-FIP 标准的计算方法。

(1)ACI。

ACI 是美国混凝土协会的标准。当选择 ACI 209(1982)时,混凝土强度发展函数按式(4.5.12)计算:

$$f_{ck}(t) = \frac{t}{a + b \times t} f_{ck(28)} \tag{4.5.12}$$

式中:$a$、$b$——水泥种类常数($a = 0.05 \sim 9.25$,$b = 0.67 \sim 0.98$)对于常见的水泥,可按表 4.5.2 使用;

$f_{ck(28)}$——混凝土 28d 龄期的抗压强度。

**常 数 $a$、$b$** 表 4.5.2

| 养护方式 | 水泥种类 | 常数 $a$、$b$ |
|---|---|---|
| 潮湿养护 | Ⅰ(普通型) | $a = 4.0, b = 0.85$ |
| | Ⅲ(高早强型) | $a = 2.3, b = 0.92$ |
| 蒸汽养护 | Ⅰ(普通型) | $a = 1.0, b = 0.95$ |
| | Ⅲ(高早强型) | $a = 0.70, b = 0.98$ |

弹性模量计算公式:

美国规范 ACI 将混凝土的受压弹性模量定义为受压应力-应变关系曲线中 $0 \sim 0.45f_{ck}$ 的割线斜率。混凝土受压弹性模量用混凝土抗压强度 $f_{ck}$ 和混凝土密度 $\rho_c$ 的函数来表示。当 $\rho_c$ 为($1442 \sim 2483\text{kg/m}^3$)、混凝土强度为 41.4MPa 时,混凝土受压弹性模量按式(4.5.13)计算:

$$E_{ci} = 0.0427\rho_c^{1.5}\sqrt{f_{ck}(t)}\ \text{MPa} \tag{4.5.13}$$

对于普通砂-石混凝土,可取 $E_{ci} = 4739\sqrt{f_{ck}(t)}$ MPa。

(2)CEB-FIP。

MIDAC/Civil 提供了 CEB-FIP 2010 和 CEB-FIP 1990 两种规范。

强度发展函数按式(4.5.14)计算:

$$f(t) = (f_{ck} + \Delta f) \times \beta_{cc}(t) \tag{4.5.14}$$

$$\beta_{cc}(t) = \exp\left[s\left(1 - \sqrt{\frac{28}{t}}\right)\right] \tag{4.5.15}$$

式中:$f_{ck}$——混凝土的设计基准强度(MPa);

$\Delta f$——$\Delta f = 8$MPa;

$s$——与水泥种类有关的常数,普通水泥和快硬水泥取为 0.25,快硬高强水泥取为 0.20。

弹性模量计算公式为

$$E_{ci}(t) = E_{\infty} \times \sqrt{\beta_{cc}(t)} \times \left[\frac{f(t)}{f_{cm0}}\right]^{1/3} \tag{4.5.16}$$

其中,$E_{\infty} = 2.15 \times 10^4$MPa,$f_{cm0} = 10$MPa。

下面以《公路钢筋混凝土及预应力混凝土桥涵设计规范》(JTG 3362—2018)为例,介绍时间依存性材料数据的输入步骤:

(1)从主菜单中选择“特性”>“时间依存材料”>“徐变/收缩”,打开“时间依存性材料(徐变/收缩)”对话框,单击“添加”按钮,弹出图4.5.5所示的“添加/编辑时间依存性材料(徐变/收缩)”对话框,输入完成后单击“显示结果…”,显示徐变系数、收缩应变随时间变化的曲线(图4.5.6)。

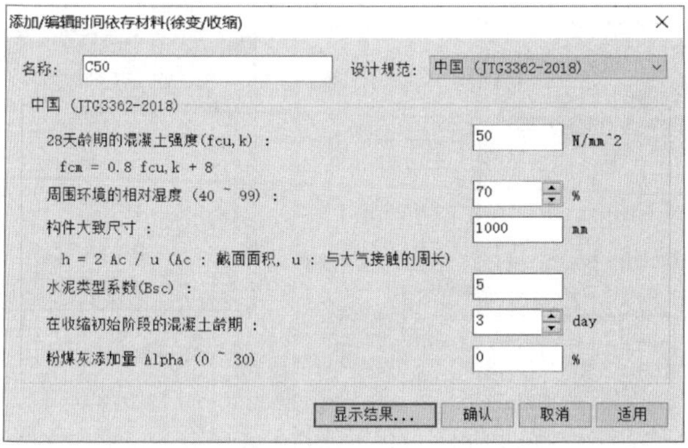


图4.5.5 “添加/编辑时间依存性材料(徐变/收缩)”对话框

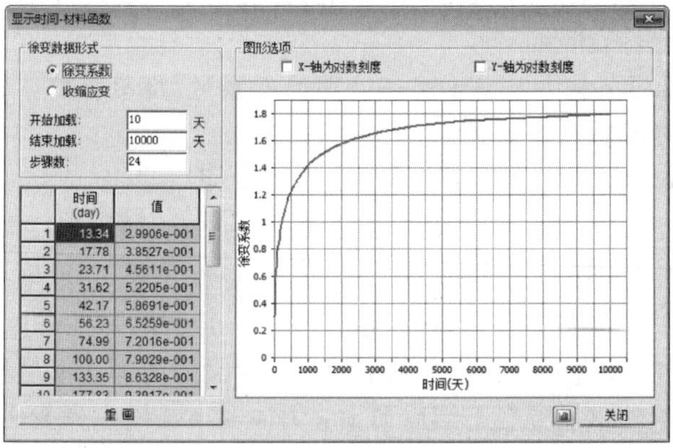


图4.5.6 时间依存性材料的结果(徐变系数)

(2)从主菜单中选择“特性”>“材料连接”,将时间依存材料(徐变/收缩)赋予已定义的材料(图4.5.7)。

(3)从主菜单中选择“特性”>“修改特性”,修改单元的理论厚度值或体积与面积比(图4.5.8)。

定义混凝土时间依存材料特性时应注意以下几点:

(1)混凝土强度取抗压强度标准值$f_{cu,k}$(图4.5.5),如C50混凝土,应输入50MPa。

(2)构件理论厚度可随意输入一个非负数,进行材料连接时,由程序根据截面特性自动计算构件的真实理论厚度。

(3)混凝土收缩初始阶段的龄期在“添加/编辑时间依存性材料(徐变/收缩)”中定义(图4.5.5),一般取3~7d。加载时的混凝土材龄应在施工阶段定义中指定。

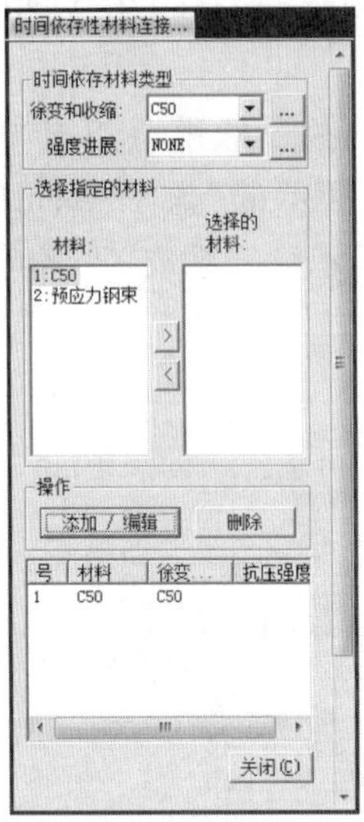


图 4.5.7 “时间依存性材料连接”对话框

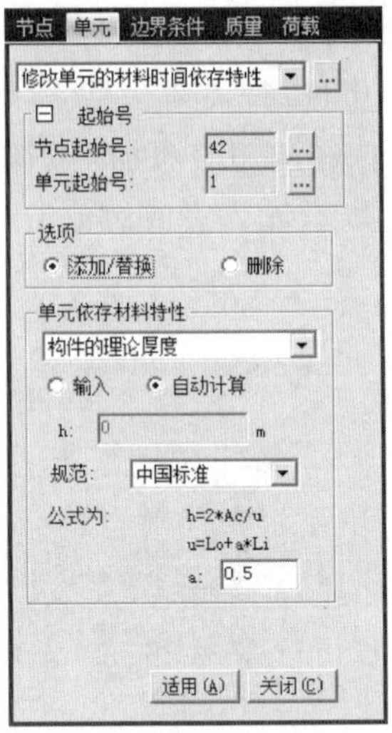


图 4.5.8 修改单元的材料时间依存特性值

(4)在修改单元的时间依存性材料时,应相应修改构件的理论厚度。该理论厚度不适用于施工阶段联合截面。

(5)当徐变/收缩系数不按规范取值时,在图 4.5.5 中的“设计规范”项选择“用户定义”,由用户自行定义混凝土徐变收缩特性。

(6)如果在施工阶段荷载中定义了施工阶段徐变系数,那么在施工阶段分析中将按施工阶段荷载中定义的徐变系数来计算。

在施工阶段分析时,往往需要考虑混凝土浇筑阶段,即混凝土湿重对结构内力与变形的影响。对此,有两种方法可以处理:一种方法是定义混凝土强度发展特性,由程序自动处理湿重;另一种方法是将混凝土湿重以荷载方式施加在结构上,待混凝土能够承载时再将荷载予以钝化。

需要注意的是,在“时间依存性材料(抗压强度)”中定义的弹性模量变化和强度发展仅在施工阶段分析中起作用,成桥阶段分析时则采用材料定义时的弹性模量和强度。此外,混凝土弹性模量的变化还会影响钢筋混凝土结构和预应力混凝土结构换算截面特性的计算。

## 4.5.3 材料表格

材料特性也可在“材料特性”表格中输入或修改,如图 4.5.9 所示。

| | 号 | 名称 | 类型 | 规范 | 规范 | DB | 使用质量密度 | 弹性模量 (kN/m^2) | 泊松比 | 热膨胀系数 | 容重 (kN/m^3) | 质量密度 (kN/m^3/g) |
|---|---|---|---|---|---|---|---|---|---|---|---|---|
| | 1 | C50 | 混凝土 | | | C50 | ☐ | 3.4500e+00 | 0.2 | 1.0000e-005 | 2.5000e+00 | 2.5493e+000 |
| | 2 | 预应力钢束 | 钢材 | | | Strand1860 | ☐ | 1.9500e+00 | 0.3 | 1.2000e-005 | 7.8500e+00 | 8.0048e+000 |
| * | | | | | | | ☐ | | | | | |

| | 号 | 质量密度 (kN/m^3/g) | 规范2 | 规范2 | DB2 | 弹性模量2 (kN/m^2) | 泊松比2 | 热膨胀系数2 | 容重2 (kN/m^3) | 质量密度2 (kN/m^3/g) | 塑性材料 | 比热 (kJ/kN*[C]) |
|---|---|---|---|---|---|---|---|---|---|---|---|---|
| | 1 | 2.5493e+000 | | | | | | | | | 无 | 0.0000 |
| | 2 | 8.0048e+000 | | | | | | | | | 无 | 0.0000 |
| * | | | | | | | | | | | | |

| | 号 | 比热 (kJ/kN*[C]) | 热传导率 (kJ/m*hr*[C]) | 材料类型 | 剪切模量_xy (kN/m^2) | 弹性模量_y (kN/m^2) | 线膨胀系数_y | 剪切模量_xz (kN/m^2) | 泊松比_xz | 弹性模量_z (kN/m^2) | 线膨胀系数_z | 剪切模量_yz (kN/m^2) | 泊松比_yz |
|---|---|---|---|---|---|---|---|---|---|---|---|---|---|
| | 1 | 0.0000 | 0.0000 | 各向同性 | 0.0000 | 0.0000 | 0.0000 | 0.0000 | 0 | 0.0000 | 0.0000 | 0.0000 | 0 |
| | 2 | 0.0000 | 0.0000 | 各向同性 | 0.0000 | 0.0000 | 0.0000 | 0.0000 | 0 | 0.0000 | 0.0000 | 0.0000 | 0 |
| * | | | | | | | | | | | | | |

图 4.5.9 “材料特性”表格

## 4.5.4 截面特性

截面是针对桁架、梁、只受拉、只受压、索、间隙、钩等线单元来说的，MIDAS/Civil 提供了多种截面类型，如数据库/用户（标准型钢）、数值截面、设计截面、组合截面、组合梁截面、型钢组合截面、钢梁截面、用户定义截面以及导入其他模型中已经定义的截面。其中，设计截面用于 RC 设计或 PSC 设计，数据库/用户截面用于 RC 柱设计。

下面以输入示例桥跨中截面（*A-A*）为例，介绍截面特性的输入方法。由于是预应力混凝土桥，又要开展 PSC 设计，因此要选择“设计截面”。

（1）在“特性”>“截面”>“截面特性值”中打开“材料和截面”对话框（图 4.5.2），选择“截面”表单，单击“添加”按钮，在弹出的“截面数据”对话框中选择“设计截面”选项卡（图 4.5.10），选择“单箱多室 2”，程序自动弹出图 4.5.11 所示的对话框。因为 *A-A* 截面是单箱双室，所以在室数中输入 2。

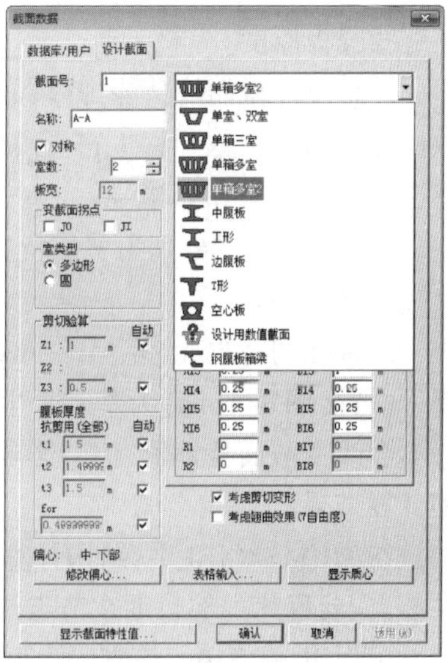


图 4.5.10 “设计截面”选项卡

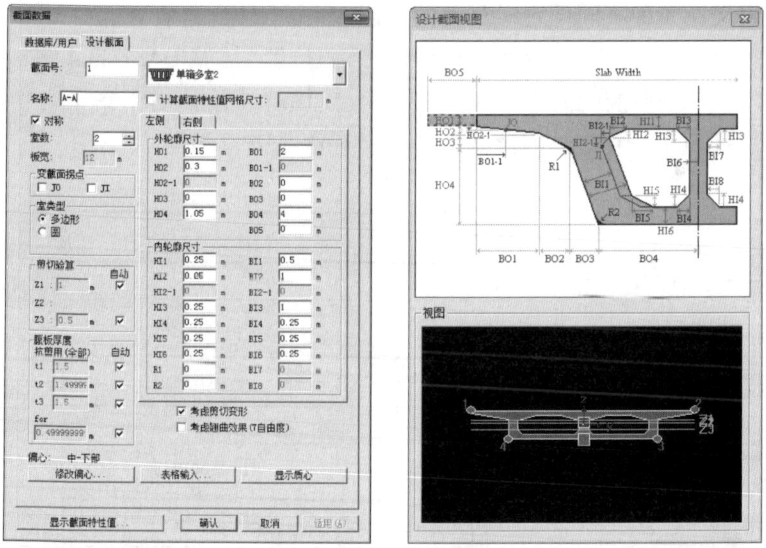


a) b)

图 4.5.11 设计截面

（2）依次输入 *A-A* 截面外轮廓和内轮廓尺寸数据，程序在“设计截面视图”中自动生成相应的截面视图，如图 4.5.11 所示。

在“截面数据”>“设计截面”中输入的参数直接影响验算位置和验算结果的正确性，下面就“设计截面”对话框中的部分参数输入做进一步说明。

①剪切验算。

剪切验算位置将决定应力输出位置和该位置腹板厚度，其值对正截面抗弯和斜截面抗剪承载力计算产生影响,因此必须正确输入 $Z_1$、$Z_3$ 位置。程序默认 $Z_2$ 为质心位置,一般剪切验算位置 $Z_1$ 和 $Z_3$ 应选择在腹板厚度有突变的地方,如箱形截面的顶板底面和底板顶面。勾选"自动"时,程序将选择图 4.5.11 视图中腹板的上端($Z_1$)和下端($Z_3$)位置。

②腹板厚度。

计算设计截面抗剪能力薄弱区域的剪力。当开展 RC 设计或 PSC 设计时,程序用该厚度做抗弯计算和抗剪验算。它可由用户自行输入,也可由程序自动计算。选择"自动"时,程序将选取腹板上端和下端($Z_1$、$Z_3$)位置计算腹板厚度。

其中,$t_1$、$t_2$、$t_3$ 分别为剪切位置 $Z_1$、$Z_2$、$Z_3$ 位置处所有腹板厚度之和。

③修改偏心。

线单元的有限元模型是一条线,需要指定其截面。在模型窗口中显示的线单元是以截面哪个位置(图 4.5.12)为基准来生成是可以改变的,即所谓修改截面偏心问题。更改截面的偏心不会改变截面特性值,但会影响杆件的相对位置、截面重心位置等,从而影响荷载作用位置和计算结果。

在 MIDAS/Civil 中,结构计算是以形心位置为基准,当设置了截面偏心时,边界条件施加在节点上,程序内部自动在节点与截面形心(质心)之间设置刚臂。

下面以一跨 10m 简支梁为例加以说明。其横截面为 1.0m(宽)×1.2m(高),将单元节点分别建立在截面质心、中-上、中-下 3 个位置,在简支梁右端的横截面上施加 10kN 的集中力,比较单元节点定义在 3 种不同位置时截面的弯曲应力,不计自重效应。

a. 当节点选择在截面质心位置时,单元处在形心位置,与 MIDAS/Civil 结构计算所采用的基准位置重合,集中力施加在截面质心上,如图 4.5.13a)所示。由于集中力作用于截面质心位置,梁体中没有偏心弯矩产生,因此截面中不会有弯曲应力产生。

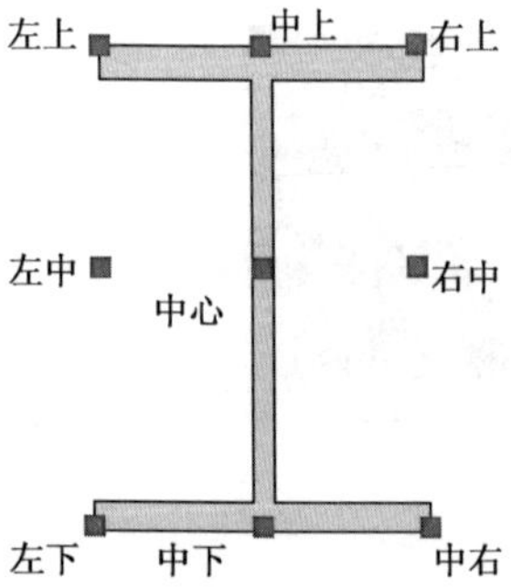


图 4.5.12　偏心示意图

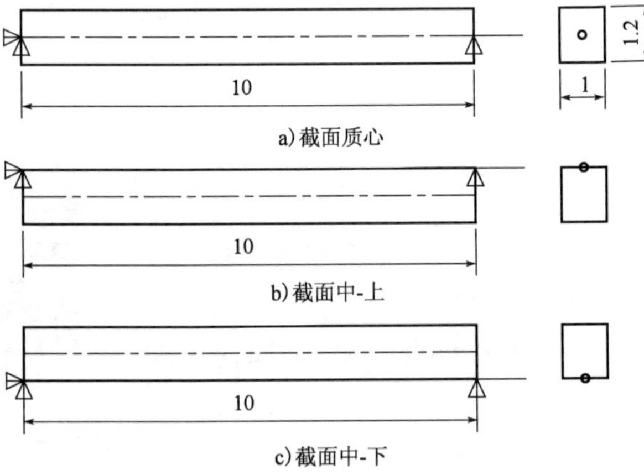


图 4.5.13　单元节点建立在不同截面位置时的约束和集中力(尺寸单位:m)

b. 当节点修改到中-上位置时,单元坐标轴移至截面顶缘线,如图 4.5.13b)所示。施加在简支梁右端的集中力也随之移动到中-上位置,因在 MIDAS/Civil 中以形心位置开展结构计算,于是在形心与中-上位置内部施加了一个刚臂,集中力作用于刚臂端,由此在截面中产生了附加弯矩 $M = 10\text{kN} \times 0.6\text{m} = 6\text{kN}\cdot\text{m}$,整个梁内顶缘和底缘的弯曲应力为 $\sigma = \pm \dfrac{M}{I} y$

$= \pm \frac{6}{0.144} \times 0.6 = \pm 25(kN/m^2)$。

c. 当节点修改到中-下位置时，单元坐标轴对应移至截面底缘线[图 4.5.13c)]，在形心与中-下位置间施加了刚臂，截面中产生的附加弯矩为 $M = -10kN \times 0.6m = -6kN \cdot m$，梁内弯曲应力也相应改变。

示例桥中选取箱梁底板中心为偏心，即图 4.5.14 中的“中-下部”。

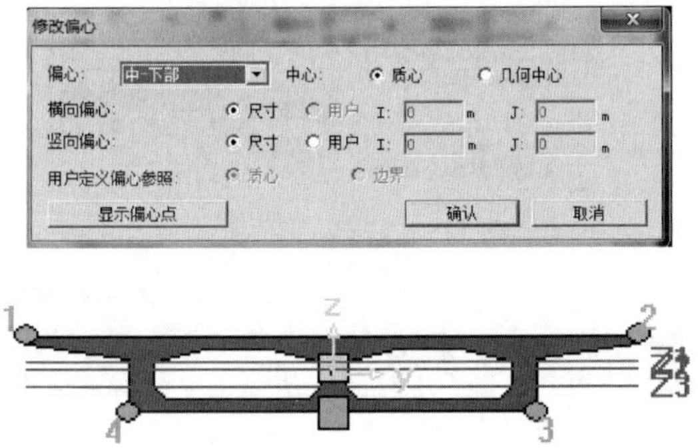


图 4.5.14 主梁偏心(中-下部)

④考虑剪切变形。

剪切变形只对梁单元有效，包括单元坐标系中的 $y$ 轴向和 $z$ 轴向的剪切变形。在 MIDAS/Civil 中的梁单元依据 Timoshenko 梁单元，可以考虑横向剪切变形的影响。如果没有输入有效的剪切面积，程序将忽略该方向的剪切变形。

⑤截面特性计算器。

桥梁工程中经常会遇到一些形状特殊的截面，采用截面特性计算器(SPC)功能可以计算任意截面特性值。

下面以示例桥中的 *B-B* 截面为例，介绍 SPC 的操作过程。

a. 在 AutoCAD 中用 Line 命令绘制图 4.5.15 所示的横截面，保存为“DXF”格式文件(如，B-B. dxf)；截面图形单位用 mm。

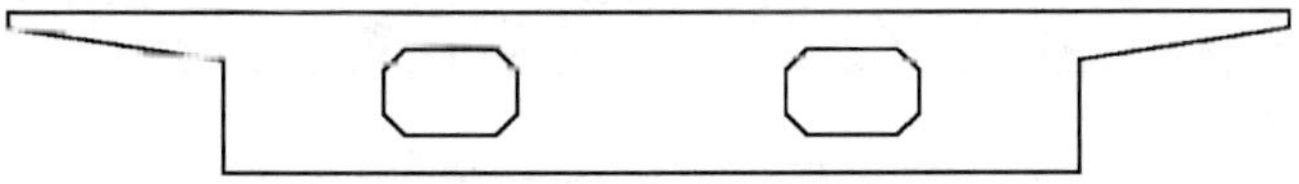

图 4.5.15 B-B 断面在 AutoCAD 中的视图

b. 在 MIDAS/Civil 中，选择“工具”>“截面特性值计算器”，运行 MIDAS/SPC，在“Setting”对话框中设置 Length 的单位为 mm(与 AutoCad 一致)，如图 4.5.16 所示。

c. 选择菜单“File”>“Import”>“AutoCAD DXF”，弹出“导入”对话框(图 4.5.17)，选择“B-B. dxf”文件，单击“OK”按钮。

d. 选择菜单“Model”>“Sectio”>“Generate”，或“ ”，弹出图 4.5.18 所示的对话框，在“Type”选项中选择“Plane”；用鼠标选择整个截面，然后单击“Apply”按钮，完成截面的生成。

e. 选择“Property”>“Calculate Section Property”，或者“ ”，弹出图 4.5.19 所示的对话框，用鼠标选择刚才生成的截面，单击“Apply”按钮，完成截面特性计算。

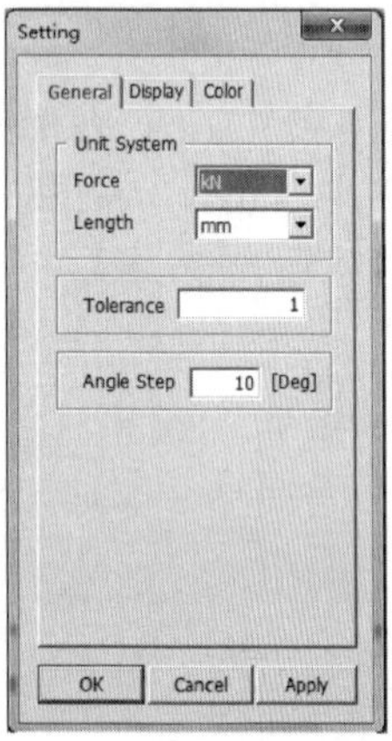


图 4.5.16　“Setting”对话框

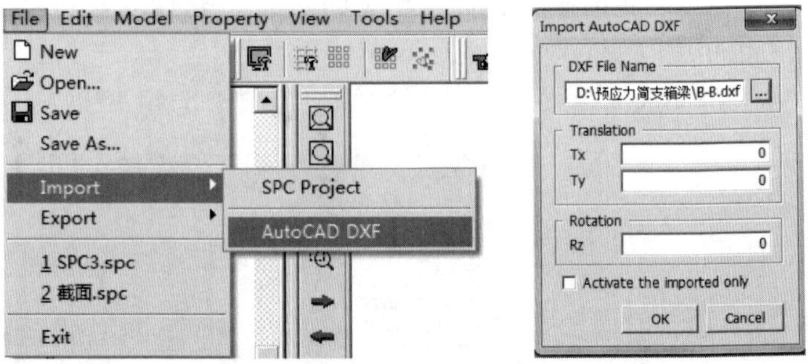


图 4.5.17　“导入”对话框

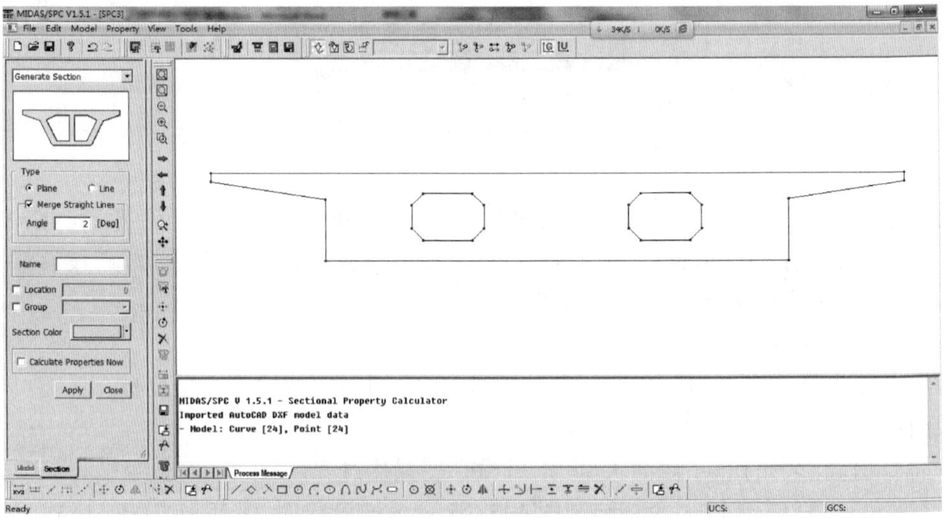


图 4.5.18　截面生成

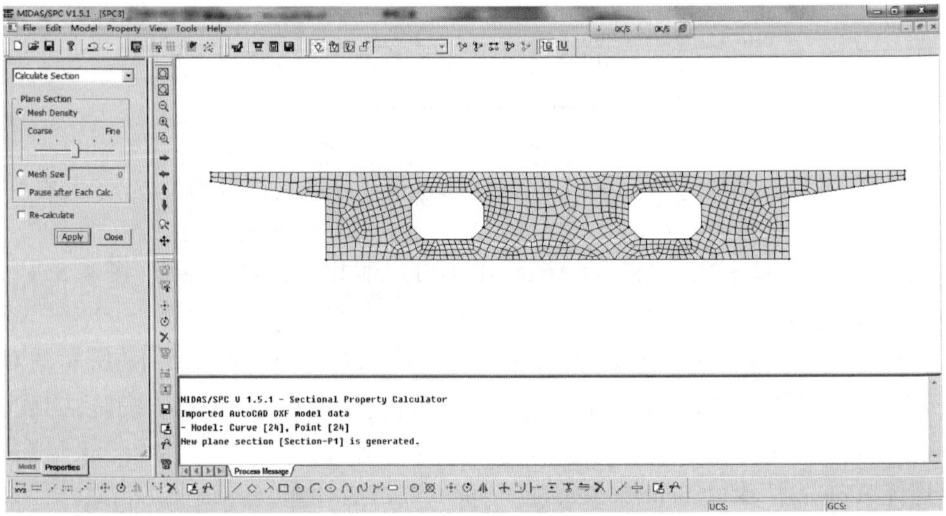


图 4.5.19　截面特性计算

f. 选择“Model” > “Section” > “Export”，或者“ ”，弹出图 4.5.20 所示的对话框，选择“MIDAS Section File”文件，导出“. sec”文件，在“FileName”选项里选择文件保存路径，这里保存在工作目录，并命名为“B-B. sec”，然后关闭 MIDAS/SPC 程序。

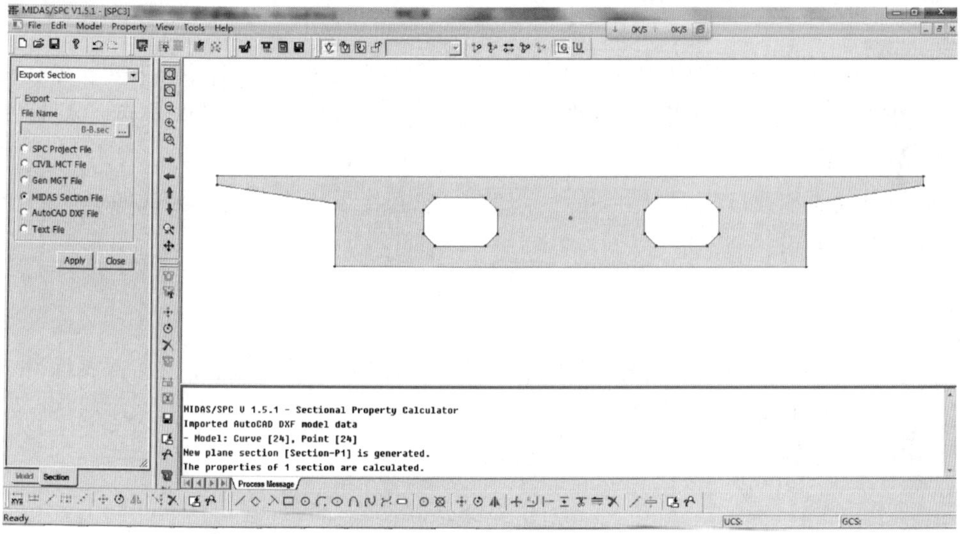


图 4.5.20　截面导出

g. 在主菜单中选择“特性” > “截面特性值” > “截面”，单击“添加”按钮，弹出“截面数据”对话框。选择“设计截面”，在下拉菜单中选择“设计用数值截面”。在名称项输入“B-B”，单击“截面数据”按钮，选择“从 SPC 导入…”，导入“B-B. sec”文件，输入相关参数，如图 4.5.21 所示。

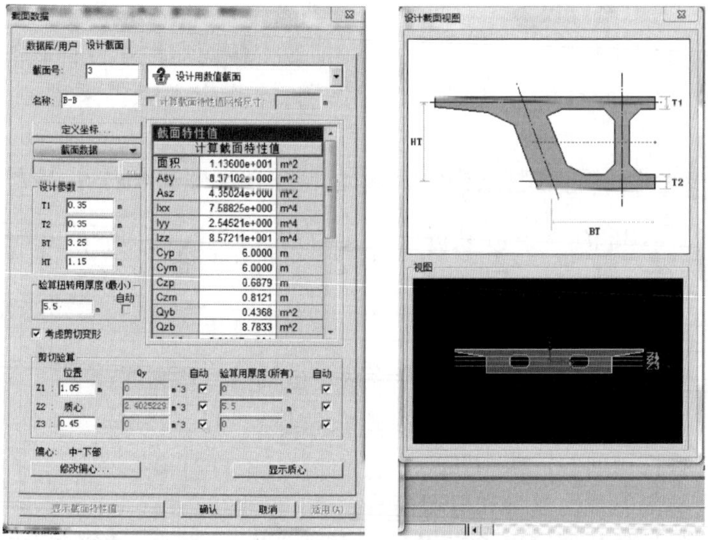


图 4.5.21　从“设计用数值截面”导入 SPC 截面

“设计用数值截面”用于定义任意形状的闭合箱形截面，因此右侧的“设计截面视图”为箱形截面示意图(图 4.5.21)，“设计参数”中的 $T_1$、$T_2$、$B_T$ 和 $H_T$ 用于计算截面的受扭塑性抵抗矩

$W_t$、$K_t$。

对于箱形闭合截面，$T_1$、$T_2$ 表示顶板和底板的厚度，$B_T$ 表示外腹板的中心距离，$H_T$ 表示顶板与底板的中心距离。"验算扭转用厚度"为外腹板厚度。程序在计算抗扭承载力时，为了计算截面受扭塑性抵抗矩，需使用以上设计参数。$H = H_T + (T_1 + T_2)/2$，$b = (B_T +$ 验算扭转用厚度)。

当 $T_2 = 0$ 时，输入的截面被认为是开口截面。对于开口截面，程序默认按 $T$ 形截面计算，此时 $T_1$ 为顶板厚度，$B_T$ 为腹板或肋板厚度，$H_T$ 为顶板中心至截面底缘的高度，"验算扭转用厚度"为腹板厚度。

计算闭口截面和开口截面上由扭矩引起的剪应力时，系数 $K_t$ 的计算公式如下：

闭口截面的公式

$$K_t = 2A_m t_{min} \tag{4.5.17}$$

式中：$A_m$——设计截面内闭合截面面积；

$t_{min}$——设计截面最小腹板厚度。在计算扭转应力时忽略箱形截面中悬臂翼缘部分和多箱室内部腹板的作用。

开口截面的扭转剪应力采用 Roark's 公式

$$K_t = \frac{\dfrac{8ab^2}{3}}{1 + 0.6095\dfrac{b}{a} + 0.8865\left(\dfrac{b}{a}\right)^2 - 1.8023\left(\dfrac{b}{a}\right)^3 + 0.9100\left(\dfrac{b}{a}\right)^4} \tag{4.5.18}$$

式中：$a$、$b$——设计截面的长边($2a$)和短边($2b$)的一半，且 $a$ 不小于 $b$。

### 4.5.5 截面特性调整系数

结构计算中若要忽略或仅考虑轴向变形、弯曲变形、剪切变形影响，可以通过调整截面特性系数来实现，其实质是修改单元刚度矩阵(即改变截面惯性矩或面积)。在此定义的截面特性调整系数，只对计算位移和内力时起作用，计算应力时仍采用原先定义的截面特性值。

杆系结构的变形大小可以用《结构力学》中的位移计算公式来表示，其表达式为

$$f = \sum\frac{\overline{M}_y M_y}{EI_y}\mathrm{d}s + \sum\frac{\overline{M}_z M_z}{EI_z}\mathrm{d}s + \sum\frac{\overline{M}_x M_x}{GI_x}\mathrm{d}s + \sum\frac{\overline{F}_N F_N}{EA}\mathrm{d}s + \sum k_y\frac{\overline{F}_{Qy} F_{Qy}}{GA}\mathrm{d}s + \sum k_z\frac{\overline{F}_{Qz} F_{Qz}}{GA}\mathrm{d}s \tag{4.5.19}$$

式中：$EI_y$、$EI_z$——杆件截面在单元坐标系中绕两个主轴的抗弯刚度；

$EA$、$GA$——杆件截面轴压/轴拉、抗剪刚度；

$GI_x$——杆件截面的抗扭刚度；

$E$、$G$——材料的弹性模量和剪切模量；

$A$、$I_y$、$I_z$、$I_x$——杆件的截面面积、绕两个主轴的惯性矩和截面的抗扭惯性矩；

$k_y$、$k_z$——剪应力分布不均匀系数，与截面形状有关。

从第 2 章的单元刚度矩阵中可以看出，有限元程序计算变形和内力时考虑了截面的抗弯、抗拉、抗剪和抗扭刚度的影响，因此，若要忽略剪切变形、轴向变形或弯曲变形的影响，可以从

式(4.5.19)中着手处理。如不计轴向变形影响,令轴压刚度为无限大,即 $EA\to\infty$ ,则由轴向力引起的变形积分项为

$$\sum \frac{\overline{F}_N F_N}{EA\to\infty}ds\to 0$$

同理,可以对其他截面特性进行调整。

从主菜单中打开“特性” >“截面管理器” >“刚度” >“刚度调整系数”对话框,如图4.5.22所示。

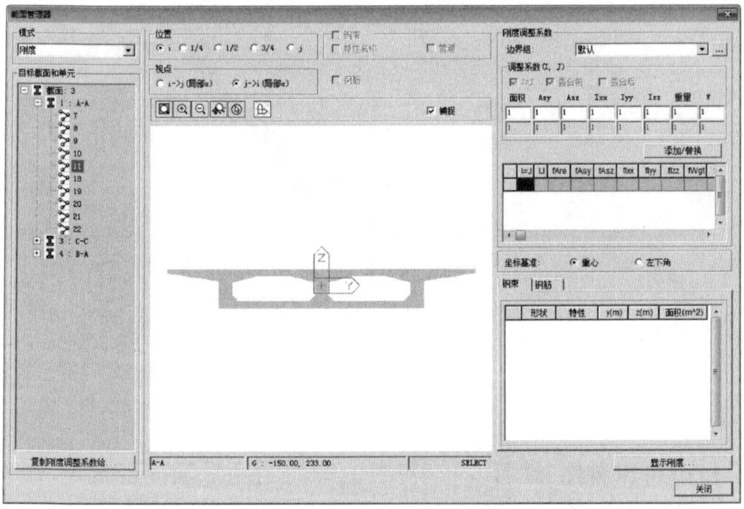

图4.5.22 “截面管理器”对话框

若要忽略轴向变形影响,可在“刚度调整系数”的“面积”框中输入一个很大的数值,如$10^4$;若要忽略弯曲变形影响,则可将“$I_{yy}$”“$I_{zz}$”刚度系数增大为$10^4$;若要忽略剪切变形影响,$A_{sy}=A_{sz}=0$;仅考虑轴向力影响,只需把“$I_{yy}$”和“$I_{zz}$”弱化到一个很小的数,如$1\times10^{-5}$。

选项“$I=J$”只有选择了变截面时才被激活,此时可对$I$和$J$端分别定义特性调整系数。

当联合截面采用截面特性调整时,可对联合前、联合后的截面特性进行调整。单独勾选“叠合前”,只对联合前截面采用调整系数;单独勾选“叠合后”,只对联合后截面采用调整系数。同时勾选了“叠合前”“叠合后”选项时,对联合前、后截面均采用调整系数。

在使用“刚度调整系数”时,需要定义一个边界组,以激活或钝化“刚度系数调整”。

## 4.5.6 变截面和变截面组

为更好地理解和应用MIDAS/Civil的变截面梁单元,下面对其做简单介绍。

图4.5.23中的变截面梁单元,单元任意位置的截面面积、剪切面积、扭转惯性矩沿单元长度方向满足式(4.5.20)的关系

$$\left.\begin{aligned} A(x) &= A_i+(A_j-A_i)\frac{x}{L}\\ A_s(x) &= A_{s,i}+(A_{s,j}-A_{s,i})\frac{x}{L}\\ I_{xx}(x) &= A_{xx,i}+(A_{xx,j}-A_{xx,i})\frac{x}{L}\end{aligned}\right\}\tag{4.5.20}$$

截面惯性矩按式(4.5.21)计算

$$I(x)=\left[\sqrt[\alpha]{I_i}+(\sqrt[\alpha]{I_j}-\sqrt[\alpha]{I_i})\frac{x}{L}\right]^{\alpha} \tag{4.5.21}$$

其中,$0<x<L$,参数 $\alpha=1$ 时,线性变化;$\alpha=2$ 时,二次方变化;$\alpha=3$ 时,三次方变化。

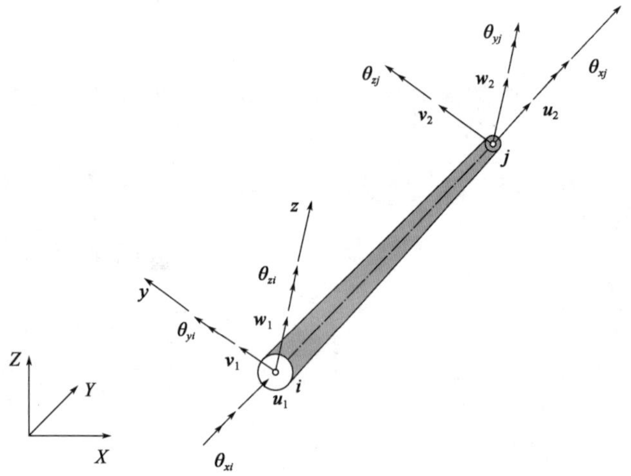


图4.5.23 变截面梁单元

从式(4.5.21)中可以看出,随着 $\alpha$ 值的增加,弯曲刚度沿轴线变化更大。在这种情况下,构件的整体刚度小于基于线性变化的刚度。

MIDAS/Civil 提供了变截面和变截面组两种输入方法,其区别在于,"变截面"只定义一个 *i-j* 节点的线单元截面变化规律,"变截面组"能够定义一组具有相同变化规律的、连续的、线单元的截面变化规律,也可理解为一个具有广义 *i-j* 节点的变截面,其 *i*、*j* 节点分别位于变截面组的左端和右端。

定义"变截面组",要先定义"变截面"数据,并赋予多个连续的单元,然后将多个连续的单元定义成"变截面组"。

下面以示例桥主梁端部变截面段为例,说明变截面组的定义方法。主梁变截面段长为4m,划分为4个单元,每个单元长度为1m。在变截面段(单元3~6)中,主梁截面由 *B-B* 截面直线渐变为 *A-A* 截面。

1)定义 *A-A* 截面、*B-B* 截面

在图4.5.24所示的"变截面"对话框中,将 *B-B*、*A-A* 截面分别导入为单元的 *i* 端和 *j* 端,变截面命名为"*B-A*"(也可定义为其他名),并指定变截面沿"*y* 轴变化""*z* 轴变化"以及是否考虑剪切变形和翘曲效果。其中,"*y* 轴变化""*z* 轴变化"是指变截面构件从 *i* 端变化到 *j* 端时惯性矩 $I_{zz}$ 和 $I_{yy}$ 沿单元长度方向的变化规律。程序默认横截面面积、有效抗剪面积和扭转惯性矩沿单元局部坐标系的 *x* 轴方向从 *i* 端到 *j* 端按线性变化,抗弯惯性矩在横截面方向可以按线性、抛物线和三次曲线变化,相应选择"一次方程""二次方程"和"三次方程"。

例如,截面宽度 *B* 不变、高度 *H* 变化的变截面矩形构件,其对强轴的惯性矩 $I_{yy}=BH^3/12$ 沿构件长度方向按三次曲线变化、面积 $A=BH$ 按线性变化;对弱轴的惯性矩 $I_{zz}=B^3H/12$ 和截面积 *A* 均按线性变化。为此,应选择 $I_{yy}$ 的变化为"三次方程",$I_{zz}$ 的变化为"一次方程"。有翼

缘的T形、工字形、箱形截面构件，由于翼缘一般位于远离形心轴的截面边缘，当截面宽度是常数、高度是变量时，对强轴的惯性矩沿构件长度方向接近于按抛物线变化，而对弱轴的惯性矩接近于线性变化，故应选择 $I_{yy}$ 的变化为“二次方程”，$I_{zz}$ 的变化为“一次方程”。

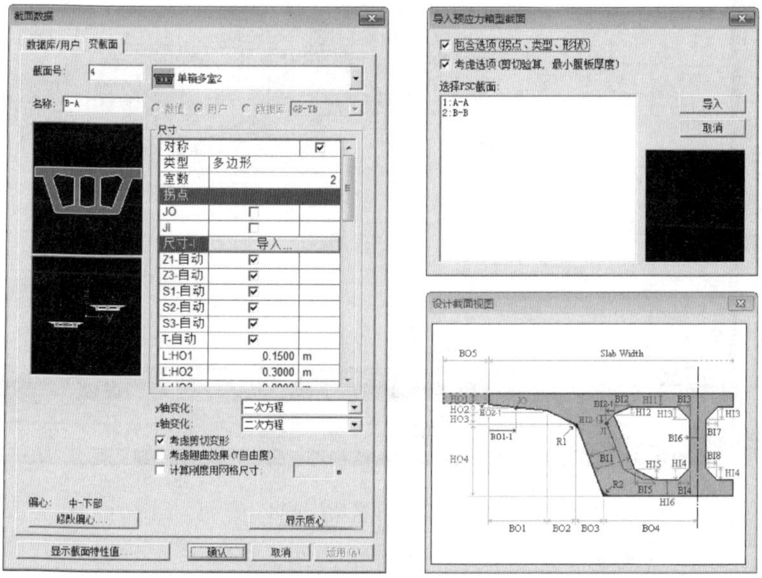


图 4.5.24 “变截面”对话框

2）定义变截面

采用“拖放”操作，将单元 3 ~ 6 定义为变截面 *B-A*（图 4.5.25）。

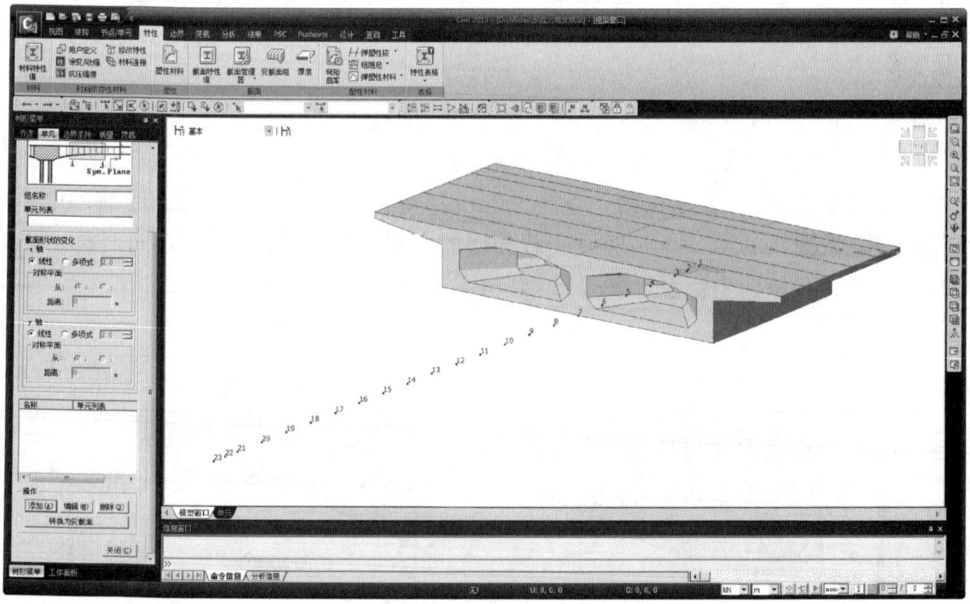

图 4.5.25 定义为变截面

3）定义变截面组

在图 4.5.26 中，输入变截面组名称，单元列表中选择需组成变截面组的单元，设定截面形状变化参数后,单击“添加”按钮,即可完成变截面组的定义。

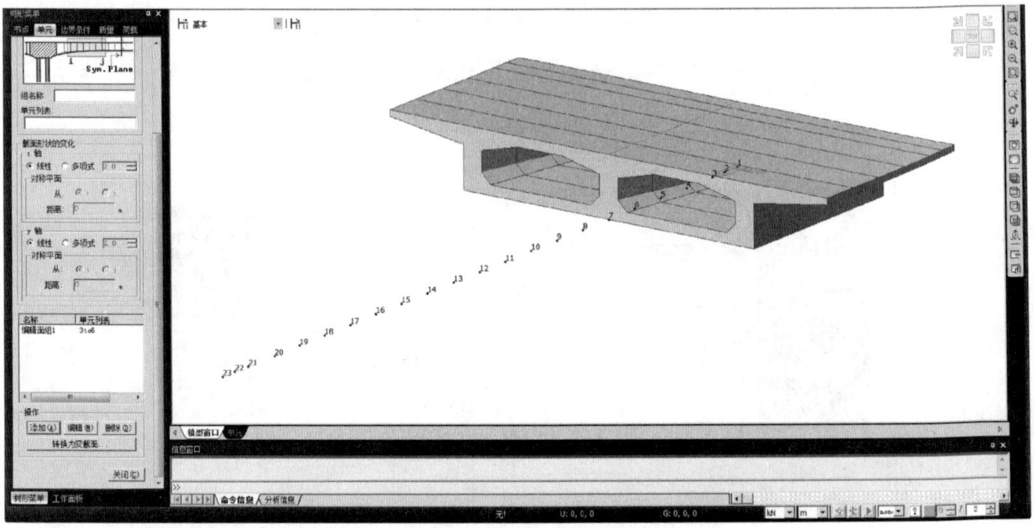

图 4.5.26　定义变截面组

下面就单元列表、截面形状和对称平面做如下说明:

(1)单元列表。用户可使用选择功能选择单元,此时单元号将自动显示到输入框中,也可直接在输入框中输入单元号,但所选或输入的单元必须为同一个变截面特性。

(2)截面形状的变化。定义变截面组沿单元坐标系 $x$ 轴方向,在单元坐标系 $z$ 轴和 $y$ 轴方向截面形状的变化。选择“线性”,变截面组中单元沿长度方向按线性变化;选择“多项式”,需要指定曲线函数的指数,以确定截面变化的曲线方程。例如,输入 1.6,代表截面特性按 1.6 次曲线变化。

(3)对称平面。当截面形状按“多项式”变化时,曲线的切线与单元坐标系 $x$ 轴平行的位置,可以作为“多项式”曲线的第三点,一般情况下选择变截面组的 $j$ 端(图 4.5.27)。例如,要定义一个二次曲线,需要 3 个不在同一直线上的已知点,除变截面组的 $i$ 端和 $j$ 端两个点外,对称平面位置是二次曲线的第三点。假设变截面组的截面形状变化沿长度方向对称,则在对称面上曲线的切线将与单元坐标系 $x$ 轴平行,且与截面垂直。

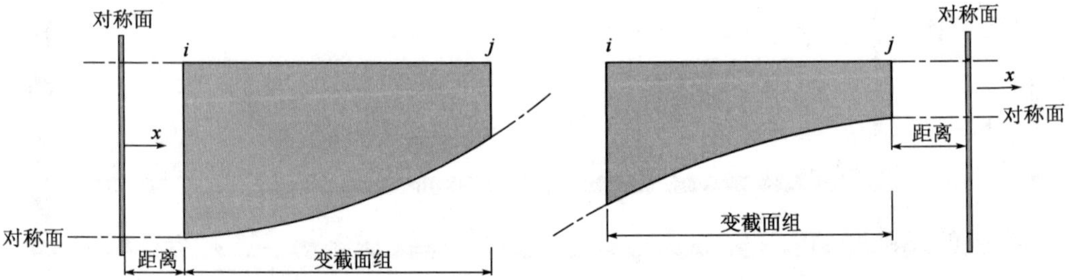


a)对称面在 $i$ 端一侧时　　b)对称面在 $j$ 端一侧时

图 4.5.27　对称面的应用

若要将变截面组转化为单个的变截面，只需单击“转换为变截面”按钮。变截面组转换为变截面后，变截面组的信息将被自动删除。如果在设计截面中设置了截面刚度调整系数，由变截面组转换为变截面时，程序自动按 $i$ 端和 $j$ 端的输入值内插计算各变截面位置的刚度调整系数。但对于截面有效宽度系数、设计截面和施工阶段组合截面的钢筋信息，需要重新设置并赋予各变截面。

### 4.5.7 截面表格

输入后的截面特性可以在表格中显示，如图 4.5.28 所示。用户也可以在表格中直接输入或修改截面特性。

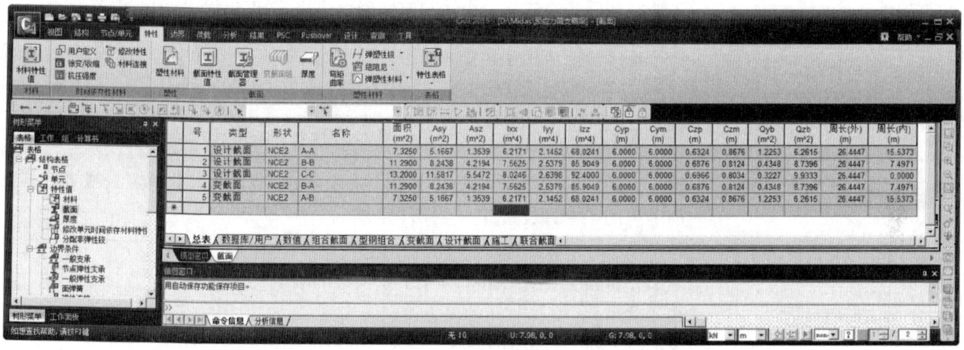


图 4.5.28 截面表格

## 4.6 边界条件

MIDAS/Civil 将施加在结构上的所有外部边界条件和内部约束关系统称为边界条件，边界条件既可以从主菜单“边界”选项卡中输入，也可以从树形菜单中输入，如图 4.6.1 所示。

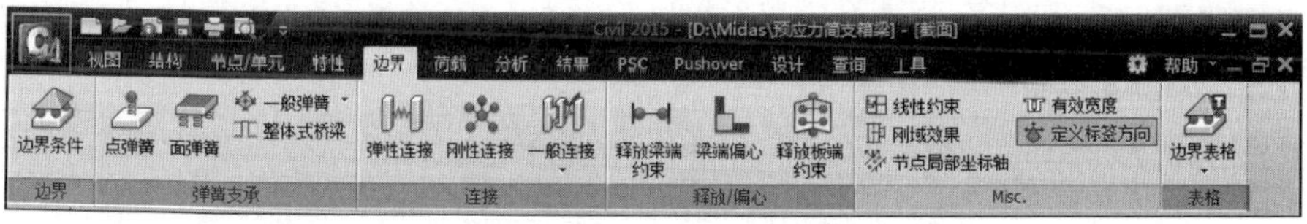


图 4.6.1 “边界”选项卡

MIDAS/Civil 中的边界条件大致可以分为支承边界条件、结构内部之间的连接和其他边界条件三类。边界条件的各项操作及其功能见表 4.6.1。

边界条件操作及其功能　　表 4.6.1

| 操　作 | 功　能 |
| --- | --- |
| 一般支承 | 约束选定节点的自由度，或者替换或删除先前定义的支承条件 |
| 节点弹性支承 | 在整体或节点局部坐标系的各个方向输入选定节点的弹性刚度，也可以替换或删除先前已定义的弹性支承刚度 |
| 一般弹性支承类型 | 定义任意节点一般弹性支承刚度值 |

续上表

| 操　作 | 功　能 |
|---|---|
| 一般弹性支承 | 分配定义的一般弹性支承类型,或输入节点通用刚度矩阵(6×6);包括选定的节点在整体坐标系或节点局部坐标系内各自由度之间相关的刚度,也可以替换或删除先前定义的弹性支承刚度 |
| 面弹性支承 | 输入平面单元或实体单元单位支承面上的弹簧刚度形成弹性支承,并可同时形成弹性连接的单元。该功能主要用于在基础或地下结构分析中考虑地基的弹性支承条件。 |
| 弹性连接 | 形成或删除弹性连接。由用户定义弹性连接及其弹性连接的两个节点 |
| 一般连接特性值 | 一般连接功能应用于建立减隔振装置、只受拉/只受压单元、塑性铰、弹性支承等模型。一般连接可利用弹簧的特性,赋予线性或非线性的特性 |
| 一般连接 | 用于模拟减隔振装置、塑性铰、地基弹簧等 |
| 释放梁端约束 | 输入梁两端的梁端释放条件(铰接、滑动、滚动、节点和部分固定),或者替换或删除先前输入的梁端释放条件 |
| 设定梁端部刚域 | 定义整体或梁单元局部坐标系下梁两端的刚域长度或考虑节点偏心。该功能主要适用于梁单元(梁、柱)间的偏心设定。当梁单元间倾斜相交时,用户要考虑节点刚域效果时,需使用该功能进行设定 |
| 释放板端约束 | 输入板单元节点连接条件(铰接、刚性连接),也可以替换或删除先前输入的边缘释放条件 |
| 刚性连接 | 强制某些节点(从属节点)的自由度从属于某节点(主节点),包括从属节点的刚度分量在内的从属节点的所有属性(节点荷载或节点质量)均将转换为主节点的等效分量 |
| 刚域效果 | 自动考虑杆系结构中柱构件和梁构件(与柱连接的水平单元)连接节点区的刚域效应,刚域效应反映在梁单元中,平行于整体坐标系 $Z$ 轴的梁单元将被视为柱构件,整体坐标系 $X$-$Y$ 平面内的梁单元将被视为梁构件 |
| 节点局部坐标系 | 指定节点输入边界条件或形成输出反力 |
| 有效宽度系数 | 在计算梁截面应力时,对截面强轴的惯性矩($I_{yy}$)的调整系数。该功能主要使用于预应力箱形梁的剪力滞效应(Shear Lag)分析,即考虑上下板的有效宽度(受压区)后,对截面惯性矩进行相应的调整,最后进行应力计算 |

## 4.6.1　一般支承

约束选定节点的部分或全部的线位移和转角位移的自由度,模拟固结、固定铰、活动铰等支承,也用于约束结构内节点的某些自由度以达到某种特殊目的。

定义或修改一般支承边界条件的操作如图 4.6.2 所示。

在整体坐标系或节点坐标系中,每个节点 3 个方向的线位移自由度($Dx$、$Dy$、$Dz$)、3 个方向的转角自由度($Rx$、$Ry$、$Rz$)以及翘曲自由度($Rw$)均可作为约束条件。例如,选择 D-ALL 或

勾选 $Dx$、$Dy$、$Dz$，表示为固定铰支承，当所有自由度均被选择时为固结支承。翘曲自由度 $Rw$ 仅针对剪心和形心不重合的梁单元而言，如薄壁开口构件和横截面仅有一个对称轴的构件。MIDAS/Civil 中约束状况以六边形的形式显示在模型窗口中，右上、右中、右下、左下、左中、左上的小三角形分别代表着整体坐标系下 $Dx$、$Dy$、$Dz$、$Rx$、$Ry$、$Rz$ 六个自由度方向，若某个三角形显示为绿色则表示该自由度方向已有约束。当施加约束的节点定义了节点坐标系时，约束方向与节点坐标系一致；否则，约束方向与整体坐标系一致。

图 4.6.3 为只能在整体坐标系的 $X$-$Z$ 平面内发生变位的二维结构计算模型，需要约束所有节点的 $Y$ 轴方向的线位移自由度（$Dy$）和沿 $X$ 轴和 $Z$ 轴的转动自由度（$Rx$、$Rz$）。如在“环境设置”>“结构类型”中选择“$X$-$Z$ 平面”，则程序自动约束 $Dy$、$Rx$、$Rz$ 方向的自由度。

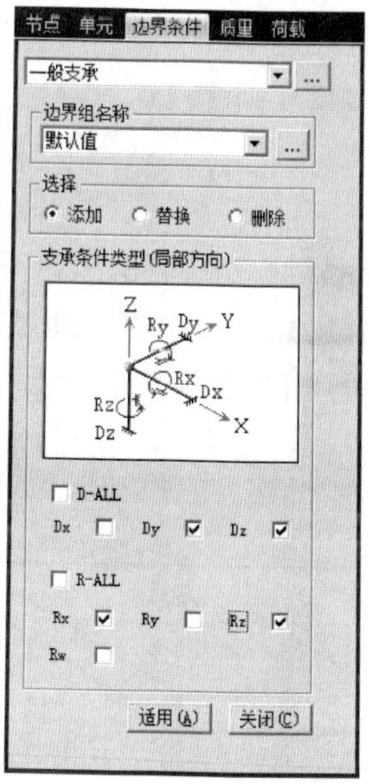


图 4.6.2 “一般支承”边界条件

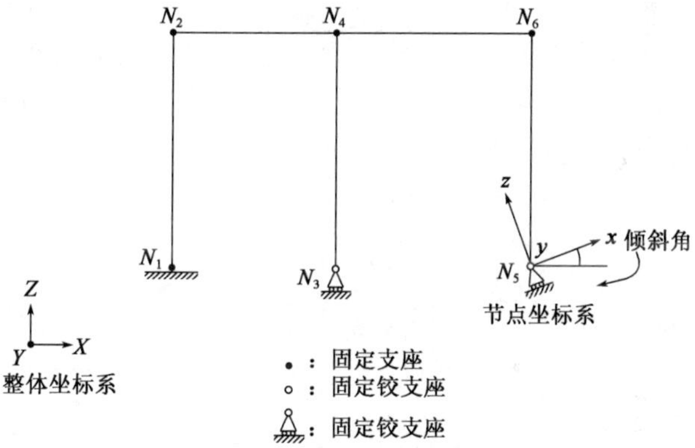


图 4.6.3 平面刚架模型

图 4.6.3 中节点 $N_1$ 为固定支座，约束节点的 $X$、$Z$ 轴方向的线位移自由度和沿 $Y$ 轴方向的转动自由度。节点 $N_3$ 是活动支座，应约束节点 $Z$ 轴方向的线位移自由度。节点 $N_5$ 也是活动铰支座，但该铰支座的活动方向与整体坐标系的 $X$ 轴形成一个倾斜角，因此在对该节点赋予约束条件时，首先在该节点上设置平行于支座活动方向的节点坐标系，然后约束节点沿节点坐标系 $z$ 轴方向的位移。在赋予的节点坐标系的节点上输入约束条件时，必须把节点坐标系作为参照坐标系。

通常，节点的支座反力在整体坐标系下输出，但赋予节点坐标系的节点，其支座反力将依据节点坐标系输出。

图 4.6.4 为一个简化 H 型钢悬臂梁的平面受力体系。其中，上下翼缘板采用梁单元，腹板采用平面应力单元。梁单元每个节点有 6 个自由度，因此不需要设置同梁单元相连接的节点约束。在 MIDAS/Civil 中，平面应力单元是在板单元的基础上通过释放单元端部的平面外弯曲自由度得到的，这样平面应力单元只有沿平面内的线位移自由度，需要在这平面应力单元的节点上约束 $Y$ 轴方向的位移（平面外位移）和所有转角位移。图 4.6.4 中，实心黑点表示不需要设置约束条件的节点，空心圆表示需约束 $Dy$、$Rx$、$Ry$ 和 $Rz$ 自由度。

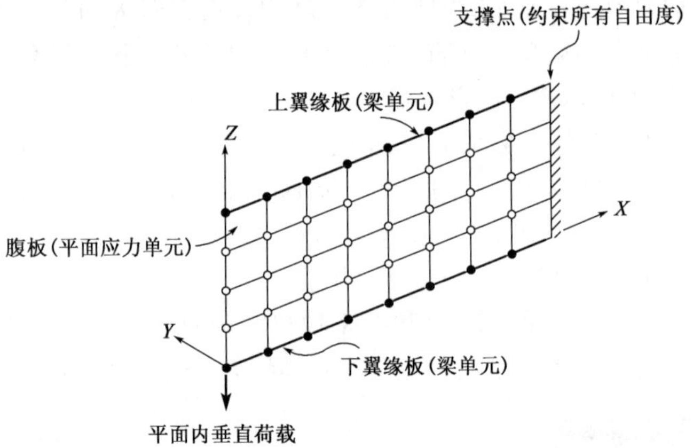


图4.6.4　上下翼缘板用梁单元、腹板用平面应力单元建立H型钢悬臂梁计算模型

## 4.6.2　节点弹性支承、面弹性支承

MIDAS /Civil 提供了节点弹性支承和面弹性支承两种边界条件,如图 4.6.5 和图 4.6.6 所示。在结构的边界及弹性地基梁的支承位置上,利用弹性支承建立反映边界或地基刚度的结构分析模型。在缺少转动自由度的单元(如桁架单元和板单元)相互连接的节点上,为了防止发生奇异现象也可使用弹性支承。

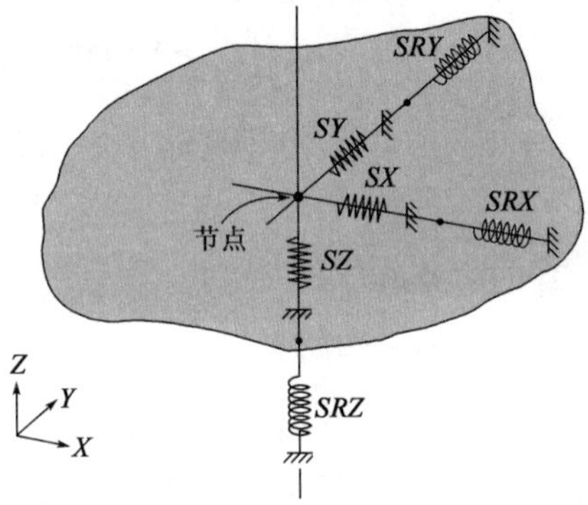


图4.6.5　节点弹性支承

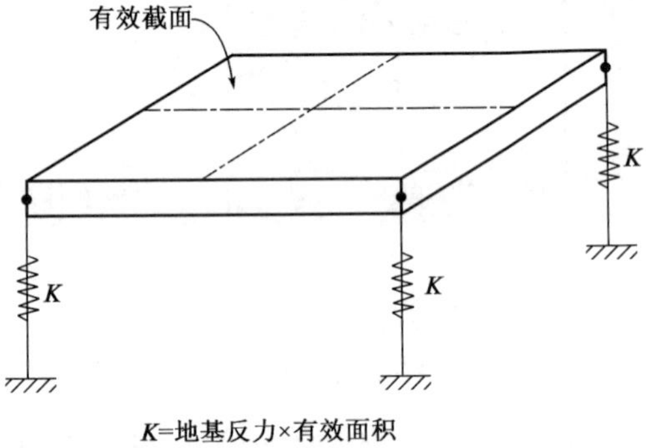


图4.6.6　面弹性支承

为方便建立地基接触面的力学模型,MIDAS/Civil 提供了面弹性支承(Surface Spring Supports)功能。利用该功能,选择节点弹性支承单元,输入地基反力系数,程序自动把节点的有效面积与反力系数的乘积输入到节点弹性支承的刚度值上。如果考虑只传递压力的地基性能,选择只承担压力的弹性支承单元,输入地基反力系数,得到只承受压力的线性弹性支承条件。利用这种方法就可以形成地基弹性边界条件。

节点弹性支承在实际工程中通常用来反映支架、结构下部桩或地基的刚度。在考虑桩-土作用时,应采用节点弹性支承。

下面介绍节点弹性支承的使用方法。

在整体坐标系或节点局部坐标系的 6 个自由度方向上都可以输入弹性支承(图 4.6.5)。其中,线弹性支承的刚度按发生单位位移时所施加的力的大小来输入,转角弹性支承的刚度按发生单位转动角时所施加弯矩的大小来输入,如图 4.6.7 所示。图中,$SDx$、$SDy$、$SDz$ 分别为整

体坐标系 $X$、$Y$、$Z$ 轴方向的弹性支承刚度，或者是已定义的节点局部坐标系 $x$、$y$、$z$ 轴方向的弹性支承刚度；$SRx$、$SRy$、$SRz$ 分别为绕整体坐标系 $X$、$Y$、$Z$ 轴方向的转动弹性刚度，或者是已定义的节点局部坐标 $x$、$y$、$z$ 轴方向的转动弹性刚度。

默认状态下，弹性支承能同时承受拉、压、弯、扭，此时需输入 6 个方向的支承刚度。当选用只受压/只受拉的节点弹性支承时（图 4.6.8），只需输入单元坐标系中的弹性支承刚度，其刚度方向以节点坐标系为基准，如图 4.6.9 所示。当在分析模型中需要输入能反映临时支架受力的支承时，由于支架只能承受压力，不能承受拉力，因此应选用“只受压”的节点弹性支承。支架刚度按支架构造计算，如不考虑支架刚度，只需在“刚度”中输入一个大数。

建立弹性地基反力模型时，利用地基的反力系数乘以相应节点的有效面积作为地基的线弹性支承刚度。但应注意地基只能抵抗压力的作用，应选择“只受压”单元类型，如图 4.6.10 所示。

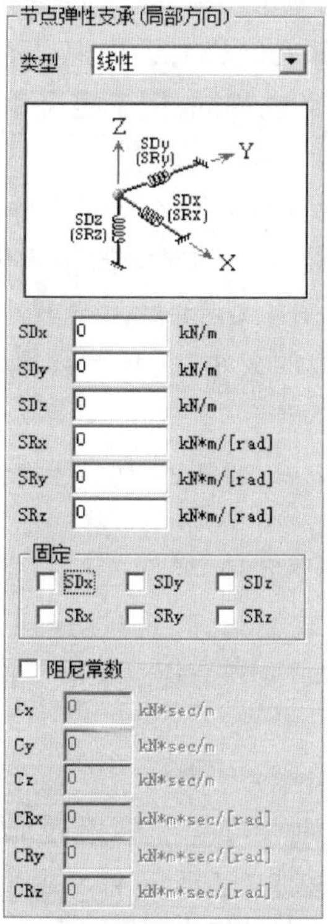


图 4.6.7 节点弹性支承

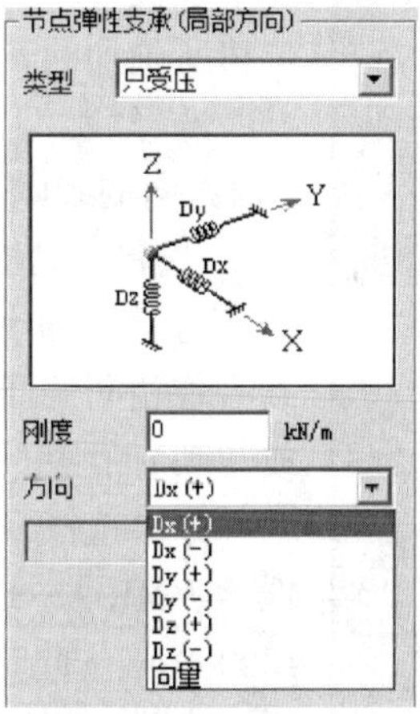


图 4.6.8 只受压/只受拉支承类型

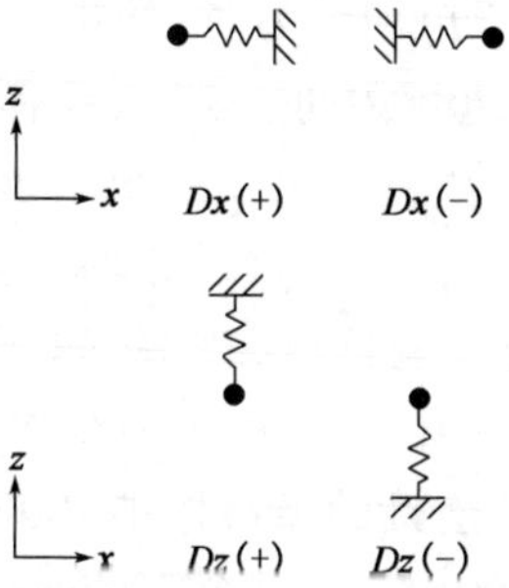


图 4.6.9 只受压/只受拉方向规定

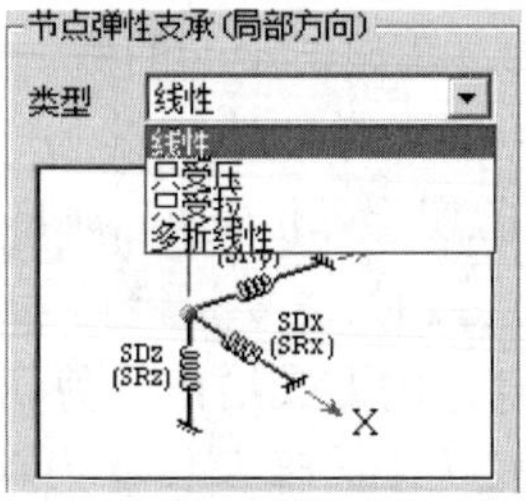


图 4.6.10 弹性支承类型

桩基础的轴向弹性支承刚度大小可用 $EA/H$ 值计算。其中,$E$、$A$ 及 $H$ 分别为桩的弹性模量、有效截面面积及有效长度。转角弹性性能主要反映分析对象在连接部位的转动刚度。如果分析对象与柱相连接,那么转动刚度可用 $\alpha EI/H$ 计算。其中,$\alpha$ 为与连接状态相关的转动刚度系数,$I$ 为有效截面惯性矩,$H$ 为柱的有效长度。

## 4.6.3 弹性连接

弹性连接是在两个节点之间按用户要求的刚度连接而形成的有限计算单元,也称为弹性连接单元。弹性连接有单元坐标系,如图 4.6.11 所示。虽然对两个节点也可以利用桁架单元或梁单元连接,但这些单元不能充分反映各轴向及旋转方向的刚度。

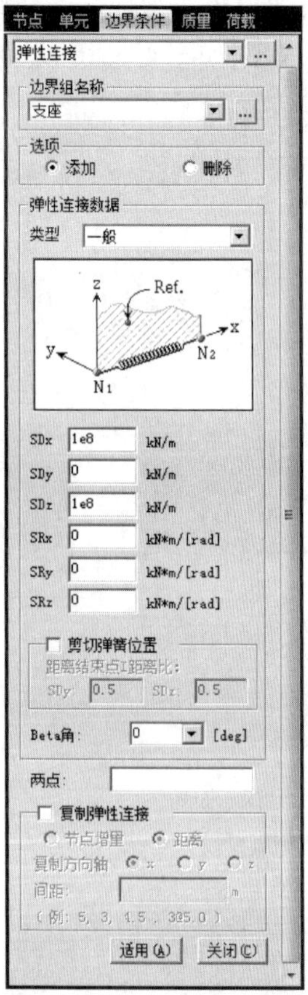


图4.6.11 "弹性连接"对话框

"弹性连接数据"有"一般""刚性""仅受拉""仅受压"和"多折线"五种类型。单元坐标系在定义对话框中显示。与其他线单元的单元坐标系相同,Beta 角含义也相同,用于定义单元坐标系的 $y$、$z$ 轴的方向。

选择"类型" >"一般"时,需输入单元坐标系 3 个方向的线位移刚度值 $SDx$、$SDy$、$SDz$ 和绕 3 个轴转动的转角位移刚度值 $SRx$、$SRy$、$SRz$。单元坐标系方向如图 4.6.11 所示。其中,线位移刚度输入发生单位位移时所施加的力的大小,转角位移刚度输入发生单位转角位移所施加的弯矩的大小。

选择"类型" >"仅受拉"或"仅受压"时,只需输入单元坐标系中 $x$ 轴方向的线刚度。

选择"类型" >"多折线"时,弹性连接是非线性弹性,同时可以选择力-位移曲线为对称或不对称。弹性连接意味着单元加载和卸载沿着相同的曲线,没有能量的消耗。每次只能定义一个方向(平动或转动)的刚度曲线。

如果选择"类型" >"刚性",类似于在两个节点间施加了一个刚性梁。MIDAS/Civil 将"刚性"连接的刚度取模型中最大刚度的 100000 倍。此时,如果模型中已经定义了刚度很大的刚性梁,可能会因为弹性连接的刚度过大,导致计算奇异。

若要考虑弹性连接两端因剪力传递的弯矩,应采用剪切型弹性连接,勾选"剪切弹簧位置",当弹性连接两端作用有弯矩和剪力时,弯矩通过弹性连接的转角刚度传递,剪力引起的弯矩通过定义的剪切弹簧位置进行传递。例如,在弹性连接的一端作用有剪力 $F_z$,该剪力将传递到弹性连接的另一端,并在另一端产生一个附加弯矩($F_z \times$ 弹簧长度);若弹性连接为非剪切型弹性支承,则只传递剪力 $F_z$,不会产生附加弯矩。

定义剪切型弹性连接时,需要指定剪切型弹性连接的位置,该"位置"用剪切支承位置距离弹性连接 $i$ 端的距离比的方式给出。剪切型弹性连接位置会影响荷载作用点的位移。

图 4.6.12 中,柱长为 1m,弹簧长度为 0.2m,弹性连接的顶端作用 100kN 水平剪力。结果表明,非剪切型弹性连接柱顶弯矩为 0,柱底弯矩为 100kN/m,其余三种剪切型弹性连接,柱顶弯矩为 20kN/m,柱底弯矩为 120kN/m。

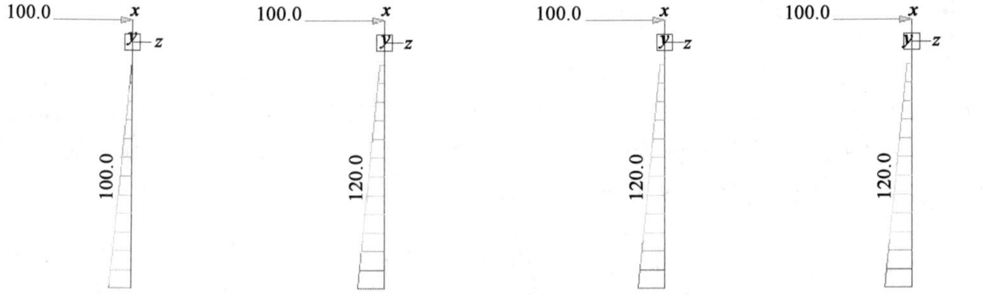


a)非剪切型弹性连接　b)剪切型弹性支承(距离比0)　c)剪切型弹性支承(距离比0.5)　d)剪切型弹性支承(距离比1)

图4.6.12　立柱弯矩图(尺寸单位:kN/m)

弹性连接在模型建立中有广泛应用,如用于模型中两个不共点节点的连接、桥梁支座、临时支架、弹性地基梁下地基的接触面等。模拟单支座时,在支座实际位置建立支座节点,用弹性连接中的“一般”连接主梁节点和支座节点。模拟多支座时,应按下列方法进行模拟,否则会出现靠近主梁的支反力特别大的情况。

(1)按支座高度建立支座节点,支座节点采用一般支承进行全约束(D-ALL、R-ALL),位于桥墩盖梁或索塔横梁上的支座,支座节点建立在盖梁或横梁上。

(2)用弹性连接中的“一般”模拟支座,输入支座各个自由度方向的实际刚度值。

(3)主梁节点为主节点,其余各支座顶部节点为从属节点,建立主从节点的刚性连接。

(4)建立弯桥模型时,因支座的约束方向通常是沿桥梁的径向和切向,可以通过修改弹性连接的Beta角来实现(图4.6.11)。

建模过程中如需要一次性添加多个具有相同刚度的弹性连接时,选择“复制弹性连接”选项。MIDAS/Civil提供了按“节点增量”和“距离”来复制弹性连接两种方式。当选择“节点增量”时,输入复制次数和节点号增幅;当选择“距离”时,输入复制方向和复制间距。

为模拟示例桥支座,采用“复制节点”命令将24~27号节点沿整体坐标系$Z$轴方向移动-1.0m,新建28~31号节点。28~31号节点采用一般支承约束全部自由度,上、下节点间用弹性连接的“一般”类型模拟支座,如图4.6.13所示。支座刚度根据其类型与约束方向(单向、双向或固定)来输入。竖向刚度$SDz$设为$1\times10^8$kN/m,其余刚度按支座类型确定:24号节点为固定支座,$SDx=SDy=SDz$;26号节点为纵向活动支座,$SDy=1\times10^8$kN/m、$SDx=0$;25号和27号节点为双向活动支座,$SDx=SDy=0$。

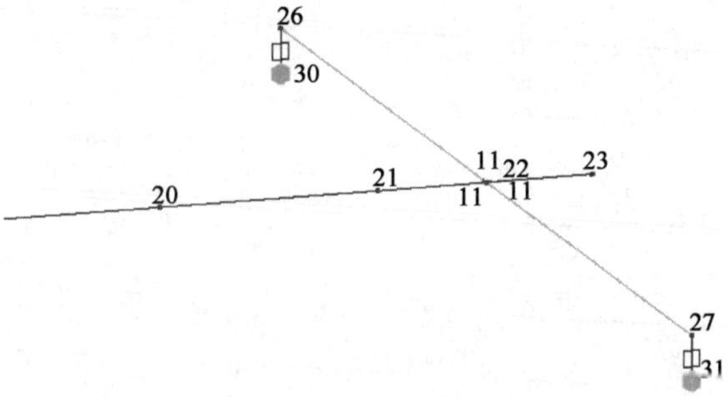


图4.6.13　弹性连接示意图

## 4.6.4 一般连接

一般连接也是连接单元,用于建立有阻尼装置、减隔振装置、只受拉/只受压单元、塑性铰、弹性支承等的模型。一般连接单元由连接两个节点的6种弹簧构成,包括一个构件轴方向的弹簧、两个剪切弹簧、一个扭转弹簧以及两个弯曲弹簧,如图4.6.14所示。各弹簧基本上拥有线性特性,用户可根据分析的需要赋予非线性特性。

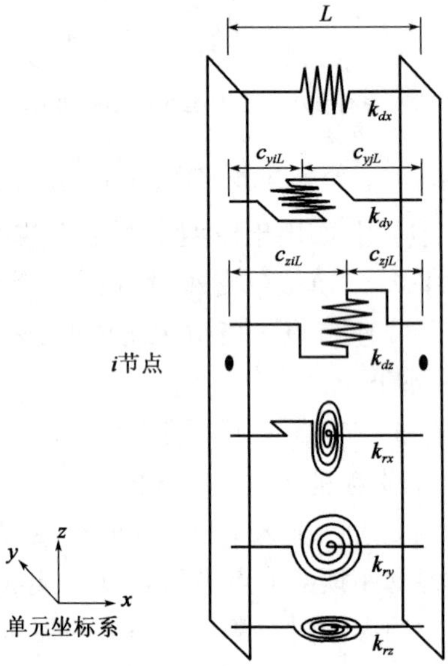


图4.6.14 一般连接单元构成

在定义一般连接特性时,可选择单元型或内力型,如图4.6.15所示。

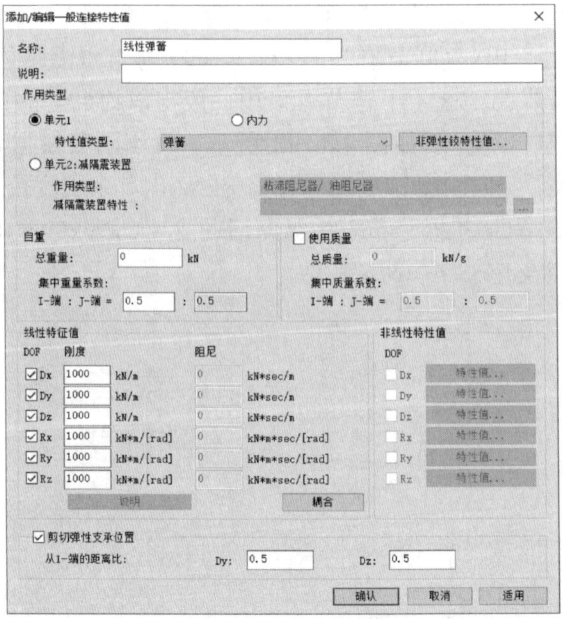


图4.6.15 一般连接特性值输入

单元型分为单元1(特性型)和单元2(减隔震装置特性)两种,前者包括弹簧、线性阻尼器以及弹簧和线性阻尼器3种类型,后者包括黏滞阻尼器/油阻尼器、黏弹性阻尼器、钢阻尼器、滞回阻尼器(MSS)、隔震器(MSS)5种类型。当选择单元型时,程序用更新单元刚度矩阵直接反映单元的非线性。

内力型包括黏弹性消能器(Viscoelastic Damper)、间隙(Gap)、钩(Hook)、滞后系统(Hysteretic System)、铅芯橡胶支座隔振装置(Lead Rubber Bearing Isolator)以及摩擦摆隔振装置(Friction Pendulum System Isolator)6种类型的连接单元。当选择内力型时,程序在分析过程中不更新单元刚度矩阵,而是根据非线性的特性计算出来的内力置换成外荷载,间接地考虑非线性。

下面以单元型线性弹簧为例,介绍一般弹性连接的使用方法。输入图4.6.15所示的参数,在线性特征值中将6个弹簧的刚度均填写为1000,剪切弹簧支承位置中的 *Dy* 和 *Dz* 均填写为0.5。建立与图4.6.12相同的模型,只是将弹性连接换成一般弹性连接,可以得到完全一样的计算结果,说明一般连接中只使用线性特征值中弹簧的刚度时,其效果与弹性连接相同。"剪切弹性支承位置"的含义与弹性连接中的"剪切弹簧位置"相同。

### 4.6.5 刚性连接

刚性连接用于约束构件之间的相对几何位移。所谓约束相对几何位移,是指在任意一个节点上固定一个或几个其他节点的连接方式。这里任意一个节点指主节点(Master Node),被固定的其他节点为从属节点(Slave Node)。可见,刚性连接是一种纯粹的边界条件,是节点自由度耦合的一种方式,如图4.6.16所示。主、从节点间的相对位移由刚性连接的位移(*DX*、*DY*、*DZ*、*RX*、*RY*、*RZ*)约束决定。如果约束中只有线位移自由度,则主、从节点间无相对位移,如果约束中既有线位移自由度也有转角位移自由度,则主、从节点因发生相同的转角位移而导致主从节点有相对的线位移。

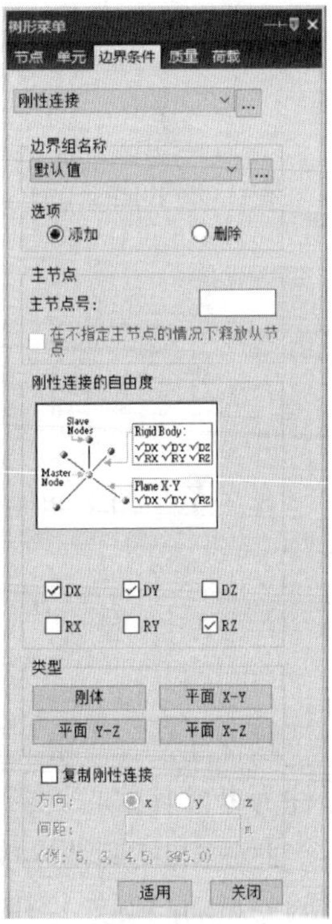

图4.6.16 刚性连接

MIDAS/Civil提供的刚性连接功能有以下四种类型:

(1)刚体连接(Rigid Body Connection)。主节点和从属节点以三维刚体约束方式连接而成的形式,各节点之间将保持一定的距离。

(2)刚性平面连接(Rigid Plane Connection)。主节点和从属节点在同 *X-Y* 平面、*Y-Z* 平面或 *Z-X* 平面相平行的平面上以平面刚体约束方式连接而成的形式。采用这种连接后,投影到平面上的各节点之间将保持一定的距离。

(3)刚性平动连接(Rigid Translation Connection)。约束主节点和从属节点沿 *X*、*Y*、*Z* 轴方向相对位移而形成的连接形式,同时勾选 *DX*、*DY*、*DZ* 即对应刚性平动连接。

(4)刚性转动连接(Rigid Rotation Connection)。约束主节点和从属节点沿 *X*、*Y*、*Z* 轴转动的相对位移而形成的连接形式,同时勾选 *RX*、*RY*、*RZ* 即对应刚性转动连接。

刚体连接时主节点与从属节点间的约束方程为

$$
\left.\begin{aligned}
UX_s &= UX_m + RY_m\Delta Z - RZ_m\Delta Y\\
UY_s &= UY_m + RZ_m\Delta X - RX_m\Delta Z\\
UZ_s &= UZ_m + RX_m\Delta Y - RY_m\Delta X\\
RX_s &= RX_m\\
RY_s &= RY_m\\
RZ_s &= RZ_m
\end{aligned}\right\}\tag{4.6.1}
$$

其中，$\Delta X = X_m - X_s$，$\Delta Y = Y_m - Y_s$，$\Delta Z = Z_m - Z_s$，分别为从、主节点在 $X$、$Y$、$Z$ 轴方向上的坐标差。

式中：$m$、$s$——主节点和从属节点的属性；

$UX$、$UY$、$UZ$——整体坐标系 $X$、$Y$、$Z$ 轴方向的线位移；

$RX$、$RY$、$RZ$——整体坐标系 $X$、$Y$、$Z$ 轴方向的转角位移；

$X_m$、$Y_m$、$Z_m$——主节点的坐标；

$X_s$、$Y_s$、$Z_s$——从属节点的坐标。

当主结构的刚度远远大于其他构件的刚度时，其他构件在主结构的连接位置上的位移可以忽略不计时，可以采用刚体连接。

刚性平面连接主节点和从属节点之间的相互约束方程式为

在 $X$-$Y$ 平面上的位移：

$$
\left.\begin{aligned}
UX_s &= UX_m - RZ_m\Delta Y\\
UY_s &= UY_m + RZ_m\Delta X\\
RZ_s &= RZ_m
\end{aligned}\right\}\tag{4.6.2}
$$

在 $Y$-$Z$ 平面上的位移：

$$
\left.\begin{aligned}
UY_s &= UY_m - RX_m\Delta Z\\
UZ_s &= UZ_m + RX_m\Delta Y\\
RZ_s &= RZ_m
\end{aligned}\right\}\tag{4.6.3}
$$

在 $Z$-$X$ 平面上的位移：

$$
\left.\begin{aligned}
UZ_s &= UZ_m - RY_m\Delta X\\
UX_s &= UX_m + RY_m\Delta Z\\
RY_s &= RY_m
\end{aligned}\right\}\tag{4.6.4}
$$

刚性连接在有限元建模中应用广泛，如实际结构简化后的单元出现节点不共点，支座、偏心柱为考虑其偏心效果的影响，建立平面内相对位移忽略不计的楼板结构的力学模型等。

此外，利用刚性连接建立结构计算模型，可以达到减少结构的自由度个数、有效缩短计算时间的目的。例如，当进行结构分析时，如果利用板单元建立楼板结构的计算模型，每一层结构模型都将需要输入大量的计算节点。即使只考虑平面内的自由度，仍需要增加节点数 ×3

的自由度个数。如果需要建立几层楼板结构的计算模型,有可能超出软件的计算节点数,或者需要花相当长的时间来分析结构。通常结构的计算时间与结构自由度数的平方成正比。因此,进行结构分析时,应尽可能减少自由度个数。

下面给出刚性连接中两个较为典型的示例。图 4.6.17 是用两种单元建立方管结构的计算模型。在需要计算精度较高的部位采用板单元,而其他部位采用梁单元,把梁单元放置到方管的轴线上,采用刚体连接功能使梁单元和板单元形成刚体连接形式。图 4.6.18 所示为二维平面内的两个偏心柱,为了考虑在连接部位的偏心效果,采用刚性平面连接功能进行连接。在任意平面内采用刚性连接功能时,必须做到约束平面内的两个方向的线位移和沿垂直于该平面轴旋转的转角位移,同样要求做到图 4.6.17 所示的所有方向上的成分进行刚体连接时,必须做到约束全部的 6 个自由度。

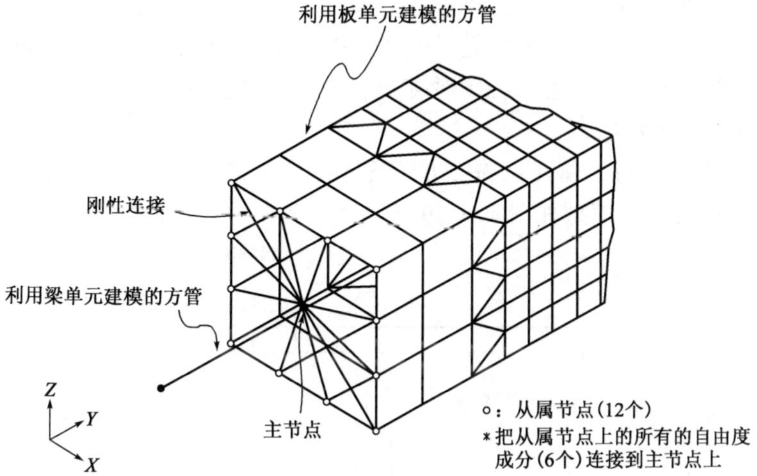


图 4.6.17 把一个管结构利用梁单元和板单元建模后进行刚体连接

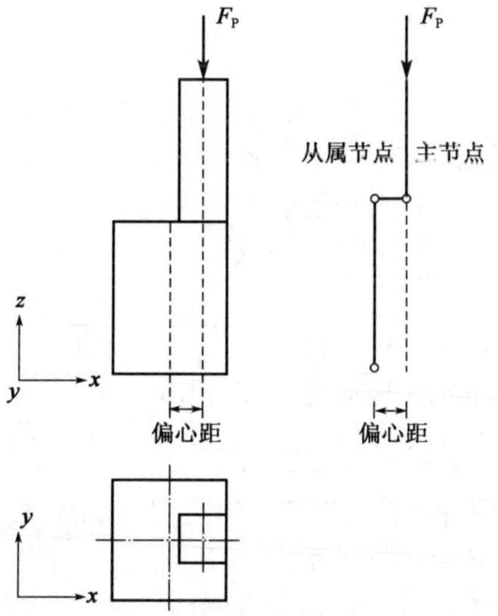


图 4.6.18 两个偏心柱相遇的情况(刚性平面连接)

如果做结构动态分析时使用了几何约束条件(刚体连接条件),主节点的位置应该同从属节点上输入的所有质量成分(包含自重的质量)的质量重心相一致。

从式(4.6.1)可以发现,当 $\Delta X = \Delta Y = \Delta Z = 0$ 时,主、从节点的位移分量相等,因此刚性连接还可用于描述单元之间的铰接或固结。如选择全部的线位移约束,则为铰接连接;如6个位移分量全部约束,则为固结连接。此外,刚性连接允许选择主、从节点间的一个或多个位移分量进行约束,合理地选择位移分量,可以准确地描述构造关系与受力要求。

MIDAS/Civil 在边界条件中提供的主从节点间的"刚性连接"与弹性连接中的"刚性连接",虽然都为"刚性连接",但两者在概念和使用方法上是有所区别的。

弹性连接中的"刚性连接",相当于设置了6个自由度方向刚度均为很大的弹簧单元。如在模拟连续刚构桥"墩梁连接"时,当使用弹性连接中的"刚性连接"时,墩梁连接部位的"桥墩"与"主梁"两个节点的位移是相互独立的,不存在内在关系。当使用主从节点的刚性连接时,连接"桥墩"与"主梁"的两个节点的位移需要严格满足式(4.6.1)~式(4.6.4)所示的约束方程。相同的是,两者都会考虑附加弯矩。

下面以一个单T形刚构桥梁为例进行说明。桥梁长为20m,桥墩高为10m,主梁和桥墩横截面均取1.2m(高)×1.0m(宽),C30混凝土。墩顶距离梁中心为2.0m,在9号节点施加10kN集中力,不计自重影响。

MIDAS/Civil 模型中每个单元长2m,边界条件:墩底(17号节点)固结,两个梁端(1号和11节点)为竖向支承,计算模型如图4.6.19所示。

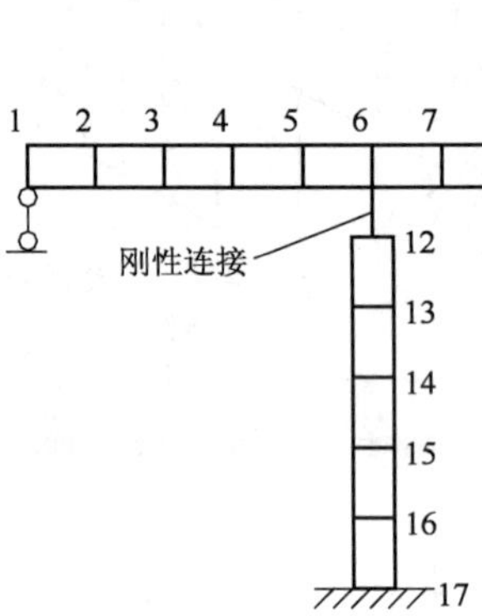


图4.6.19 单T形刚桥梁模型(图中数字为节点号)

分别采用弹性连接中的"刚性连接"和主从节点的"刚性连接",建立节点6和节点12之间的连接,由于主梁约束桥墩变形,因此后者中节点6为主节点。计算结果见表4.6.2。

**两种刚性连接的计算结果** 表4.6.2

| 约束方式 | 6号节点 | | | 12号节点 | | |
|---|---|---|---|---|---|---|
| | *DX*(mm) | *DZ*(mm) | *RY*(rad) | *DX*(mm) | *DZ*(mm) | *RY*(rad) |
| 弹性连接 | 0.03888884895 | -0.001566500541 | 5.555556704E-6 | 0.02777774355 | -0.001566498974 | 5.555548704E-6 |
| 主从节点 | 0.03888888889 | -0.001566498985 | 5.555555556E-6 | 0.02777777778 | -0.001566498985 | 5.555555556E-6 |

从表4.6.2中可以看出,两者计算结果基本相同,但采用弹性连接的"刚性连接",节点6和节点12的位移是相互独立的,没有内在关系,而采用主从节点的"刚性连接",节点6和节点12,其竖向位移 *DZ* 和转角 *RY* 结果一致,且 *DX* 之间满足 $DX_{12} = DX_6 - RY_6 \times 2000$(mm)的关系。

此外,一个弹性连接中的"刚性连接"只用于两个节点,节点的先后顺序决定其局部坐标系的方向;主从节点的"刚性连接"需要区分主从关系,可以指定一个主节点与几个从属节点的约束关系。在施工阶段分析中,弹性连接既可以激活又可以钝化,而"刚性连接"只能激活不能钝化。

示例桥中预应力混凝土箱梁梁端支座节点与主梁节点之间采用主从节点的刚性连接，以22 号节点为主节点，选择 26、27 号节点为从节点，约束 *Dx*、*Dy*、*Dz*、*Rx*、*Ry*、*Rz* 6 个方向的自由度，如图 4.6.20 所示。

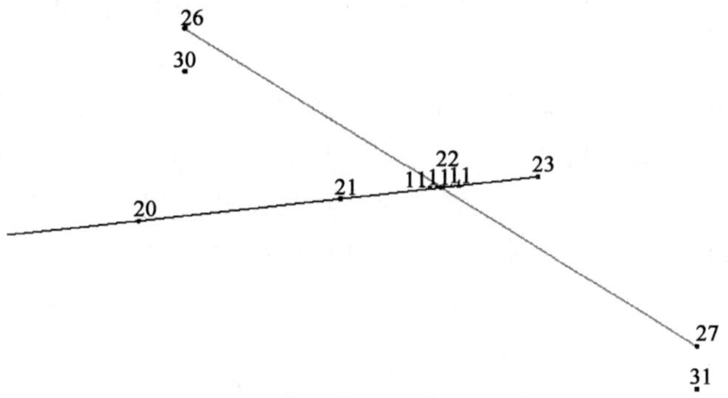


图 4.6.20　示例桥支座刚性连接

### 4.6.6　释放端部约束

有限元模型中单元与单元相遇部位的力学模型是根据单元的自由度和端部约束条件来建立的。这里所谓的端部约束条件，是指单元自由度的约束情况，所以释放端部约束又称为释放自由度。利用释放端部约束功能也可以建立起单元间的端部约束条件。在已经释放约束的自由度上不存在相应的固端力，相应自由度上单元的刚度矩阵对结构总体刚度也没有贡献。MIDAS/Civil 提供了"释放梁端约束"和"释放板端约束"两种释放单元自由度的方法。

下面以空间梁单元为例说明释放端部约束的实质。梁单元每个节点有 6 个自由度，默认情况下都是约束的，即相邻梁单元在公共节点处是刚接的。如果要释放某个单元某个节点的自由度，如绕 $y$ 轴转动的自由度，那么该单元上的弯矩 $M_y$ 就不会传递到与该单元公用此节点的单元上。

由于单元内力是基于局部坐标系，因此在执行释放单元端部约束命令时应处在单元坐标系中。如果单元处在整体坐标系中，需要特别注意释放约束的节点与单元坐标系之间的关系。

图 4.6.21a）所示为桥梁结构中常见的梁（板）与桥墩（或立柱）的连接形式，图 4.6.21b）示出了利用梁单元建立的力学模型。为了满足图 4.6.21a）所示的连接方式，打开"释放梁端约束"对话框（图 4.6.22），分别释放单元①节点 4 的端部约束 *Fx* 和 *My* 以及单元②节点 4 的端部约束 *My*，但不能也无须再释放单元③的端部约束 *My*，否则就会造成方程奇异。

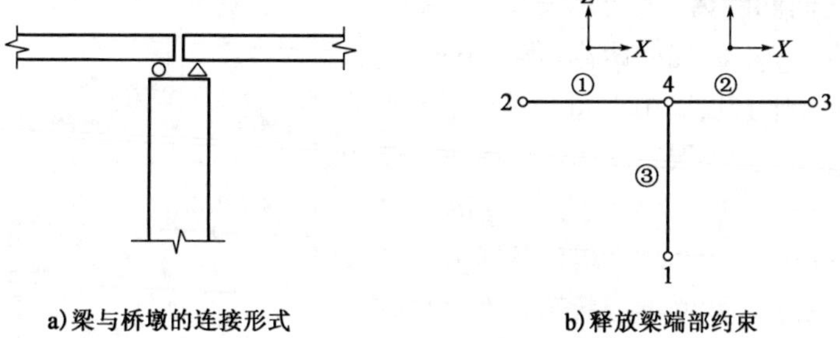


a）梁与桥墩的连接形式　　b）释放梁端部约束

图 4.6.21　梁与桥墩的连接模拟

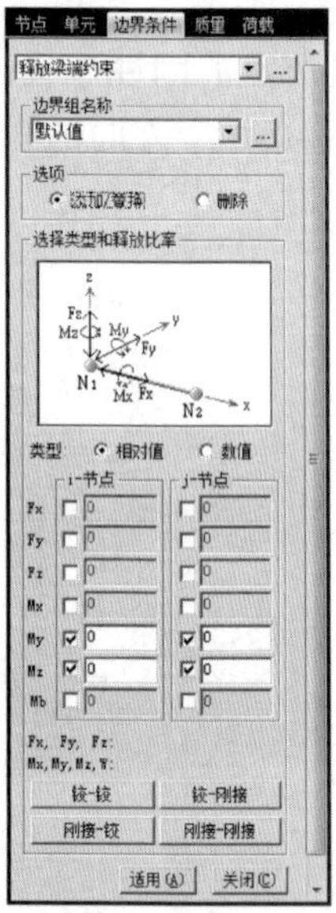


图 4.6.22 “释放梁端约束”对话框

梁单元两个节点的所有自由度都可以进行端部释放,释放时还可以填写残留刚度来达到形成部分连接形式的目的。如果在梁单元两端释放所有转动自由度,可选择“铰-铰”,此时梁单元就退化为桁架单元;如仅释放一端的转动自由度,根据释放端位置选择“铰-刚接”或“刚接-铰”,如需将梁端已经释放的自由度恢复为约束,应选择“刚接-刚接”。

图 4.6.22 中,如果想释放某个自由度,只需勾选该自由度即可。勾选后还可以在其后输入释放残留的约束能力(刚度)。释放后残留的约束能力可以用相对值表示,也可以用绝对数值表示。当选择“相对值”时,输入释放后残留的约束能力的百分比,输入 1 表示没有释放,输入 0 表示完全释放;当选择“数值”时,输入释放后残留的约束能力的绝对数值大小。

构成板单元的 3 ~ 4 个节点上,除了沿垂直于平面的轴转动的自由度以外,在所有的自由度方向上都可以进行端部释放。如果在形成板单元的所有节点上输入平面外弯曲自由度方向的单元端部释放,则板单元就退化为平面应力单元。

## 4.6.7 刚域效果与梁端部刚域

通常在分析刚架结构时,构件的长度取用构件轴线之间的距离。但实际结构在端部存在偏心距或在梁柱交接处形成刚性域(Panel Zone),使实际构件长度要比轴间距小,导致实际变形和内力比计算结果小。MIDAS/Civil 中只有在梁和柱的构件连接部位可以考虑刚性域的作用。所谓柱构件,是指平行于 $Z$ 轴方向的梁单元,梁构件则是指整体坐标系的 $X$、$Y$ 轴形成的平面上布置的梁单元。

MIDAS/Civil 提供了两种考虑刚性域效果的分析方法:一种是程序根据梁柱的尺寸自动考虑刚域效果,另一种是利用“梁端部刚域”由用户定义刚域范围或梁端部偏移量(节点偏心)。

1)刚域效果

在图 4.6.23 中,选择“刚域效果”,程序将基于构件尺寸的长度,自动计算刚域长度。

假定在刚性域内不存在弯曲变形和剪切变形时,影响弯曲变形和剪切变形的刚架的有效计算长度 $L_1$ 应为

$$L_1 = L - (R_i + R_j) \tag{4.6.5}$$

式中:$L$——轴线之间的距离(单元总长度);

$R_i$、$R_j$——刚架在 $i$、$j$ 端的偏移距离(图 4.6.24)。

如果在计算长度中直接取用 $L_1$ 值,则由于节点的刚体位移而使结果出现微小误差。为了修正这一微小误差,利用刚性域修正系数 $Z_F$ 来调整构件的计算长度。修正系数 $Z_F$ 取 0 ~ 1 之间的数值,根据节点的几何形状和节点上加劲肋强化刚度域效果来选择修正系数,一般可取 0.5。

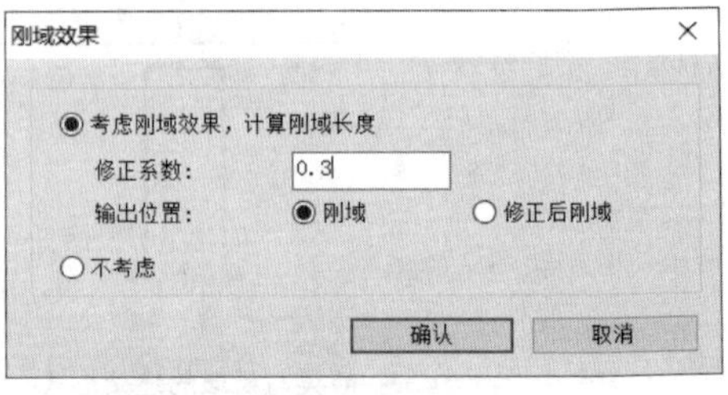


图 4.6.23 “刚域效果”对话框

$$L_1 = L - Z_F(R_i + R_j) \qquad (4.6.6)$$

刚性域不影响刚架的轴向变形和扭转变形，因此当计算这些变形时利用单元的全长（轴间距）$L$ 值。

在利用"刚域效果"功能自动考虑刚性域时应注意以下几点：

(1)只有在梁和柱的构件连接部位考虑刚性域的作用。

(2)刚性域不影响刚架的轴向变形和扭转变形，因此当计算轴向刚度和扭转刚度时利用单元的全长 $L$ 计算（轴间距）；计算单元的抗剪刚度和抗弯刚度时，使用构件修正后的计算长度 $L_1$ 计算。

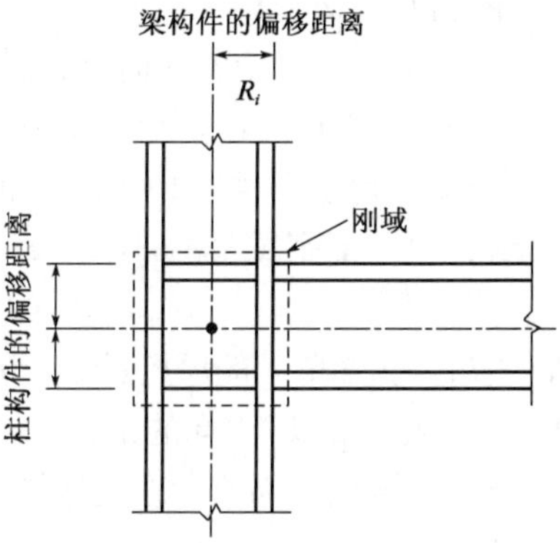

图 4.6.24　梁柱结合部产生的刚域

(3)输出位置选择"刚域效果"时，则修正系数只调整构件的有效计算长度，不影响内力输出位置。

(4)当柱端或梁端部的连接节点上释放了端部约束而形成铰接时，则在该节点上不考虑刚性域的作用。

2)梁端部刚域

采用"梁端部刚域"功能可用于设定正交或倾斜相交的梁与柱之间的端部偏心距离，如图 4.6.25 所示，"刚域效果"只能考虑梁柱直交时的刚域效果。但如果该功能与截面偏心一起使用，那么程序自动将截面偏心修改为中心对齐。

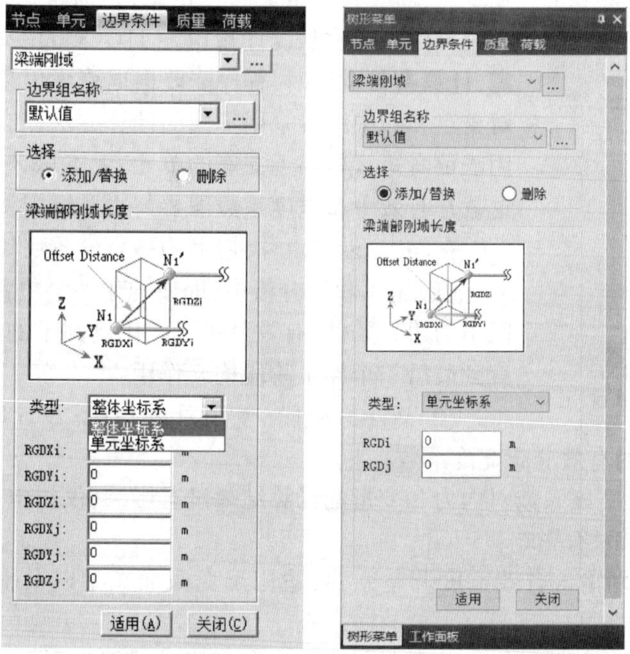

图 4.6.25　梁端部刚域长度输入

在整体坐标系中输入梁端刚域长度时，需要输入每个节点在 $X$、$Y$、$Z$ 轴方向的投影长度，即 RGD$Xi$、RGD$Yi$、RGD$Zi$、RGD$Xj$、RGD$Yj$、RGD$Zj$。输入刚域长度后，所有与单元有关的数据（单元局部坐标系、单元长度、单元刚度）由程序按照刚域条件内部做相应调整。RGD$Xi$ ~

RGD$Zj$ 可输入负值。

在单元坐标系中输入时,仅需输入 $N_1$ 端在单元局部坐标系( + )$X$ 方向的梁端刚域长度 RGD$i$ 和 $N_2$ 端在单元局部坐标系( - )$X$ 方向的梁端刚域长度 RGD$j$,此时 RGD$i$ 和 RGD$j$ 必须输入正值。程序将根据 RGD$i$ 和 RGD$j$ 的长度,自动调整梁单元长度。

按“梁端部刚域”输入刚域长度,两弹性端点 $N_1'$ 至 $N_2'$ 间的单元长度为

$$L = L_0 - (\mathrm{RGD}i + \mathrm{RGD}j) \tag{4.6.7}$$

式中:$L_0$——梁单元的原始长度(节点 $N_1$ 和 $N_2$ 之间的距离)。

与“刚域效果”不同的是,当柱端或梁端部的连接节点上输入释放自由度的条件而形成铰连接时,在该点上仍然考虑刚性域的作用。

### 4.6.8 有效宽度系数

在计算箱梁剪力滞效应(Shear Lag)时,需要考虑箱梁顶、底板的有效宽度,对截面惯性矩进行调整,以计算出正确的截面应力。

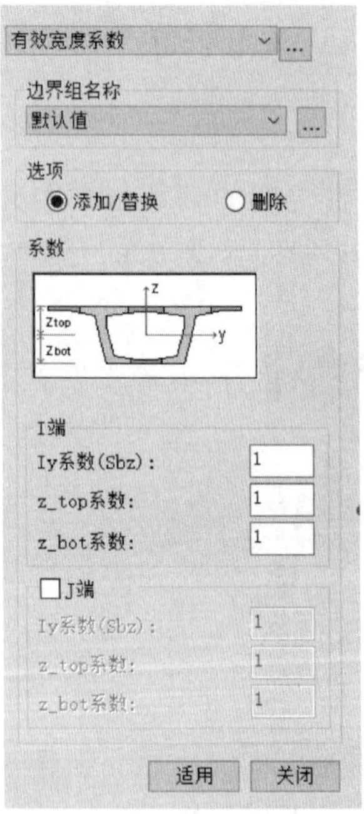


图4.6.26 “有效宽度系数”定义

MIDAS/Civil 中定义箱梁有效宽度的方法有两种:一种方法是手动计算每个梁单元考虑有效宽度与未考虑有效宽度的抗弯惯性矩 $I_{yy}$ 的比值 $I_y$ 系数、考虑有效宽度后中性轴位置的修正系数 z_top 和 z_bot,在“边界条件→有效宽度系数”中输入(图4.6.26)。另一种方法是利用“PSC 桥梁建模助手”自动计算有效宽度系数。利用“PSC 桥梁建模助手”自动计算箱梁有效宽度时,需要首先定义跨度信息,因为根据《公路钢筋混凝土及预应力混凝土桥涵设计规范》(JTG 3362—2018)第 4.2.3 条规定,计算有效宽度时,程序需要根据跨度信息中指定的单元位置对支点和跨中区段采用不同的计算方法。有效宽度系数一般适用于负弯矩区段临近支座的单元,无支承区域刚度不需要折减,这就是有效分布宽度系数需要与边界组相关的原因。

在 MIDAS/Civil 中使用“有效宽度系数”时,应注意以下几点:

(1)施工阶段分析中,即使钝化一个包含有效分布宽度比例因子的边界条件,有效分布宽度比例因子的影响不会被钝化,一直到最后一个施工阶段均起作用;

(2)PostCS 阶段(使用阶段)计算设计应力时,程序会使用最后一个施工阶段的有效分布宽度系数;

(3)定义的有效宽度系数对内力和变形的计算结果没有影响,仅对由弯矩 $M_y$ 引起的正应力 Sbz、Sig-$xx$ 分析结果有影响;

(4)$I$、$J$ 端可分别输入有效宽度调整系数,适用于变截面类型以及临近支点两边部分的截面。

(5)使用“PSC 桥梁建模助手”自动计算有效分布宽度的截面类型仅是“设计截面”中的对称箱形截面和对称 T 形截面。

### 4.6.9 节点局部坐标轴

当节点支承方向和整体坐标轴方向不一致时,为方便输入支承约束,应采用节点局部坐标

轴。定义在节点局部坐标轴中的支承节点，支承反力也只能在该坐标轴中输出。“节点局部坐标轴”对话框如图 4.6.27 所示。

定义节点局部坐标轴有三种方法：

1）指定旋转角度（角度法）

该方法是分别指定节点局部坐标轴在对总体坐标系中 $X$ 轴分别绕 $x$ 轴、绕 $y'$轴和绕 $z''$轴的旋转角度。

2）指定节点坐标（三点法）

该方法须有 3 个节点来定义，将 $P_0$ 指定为节点局部坐标系原点的坐标，$P_1$ 指定为节点局部坐标系 $x$ 轴上任意一点的坐标，再由 $P_1$ 平行于节点局部坐标系 $y$ 轴移动得到的节点坐标 $P_2$。

3）指定向量（向量法）

$V_1$：以节点局部坐标系原点为起点的 $x$ 轴方向的矢量。

$V_2$：以节点局部坐标系原点为起点到上述 3 点法 $P_2$ 点的矢量。

节点局部坐标轴适用于“一般支承”“节点弹性支承”“一般弹性支承”“面弹性支承”（假设转换为点弹性支承）以及“支座沉降”。

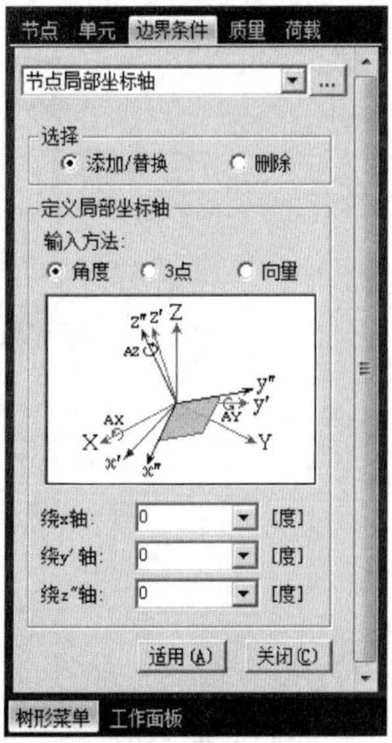


图 4.6.27 “节点局部坐标轴”对话框

## 4.6.10 边界条件表格

MIDAS/Civil 针对不同类型的边界条件，提供了一般支承表格、节点弹性支承表格、弹性连接表格、释放梁端约束表格等，不同边界条件的表格内容稍有差异。边界条件表格的查看可以通过右击“工作”树中对应的边界（图 4.6.28），也可以在“表格”树中双击想要查看的边界（图 4.6.29）。

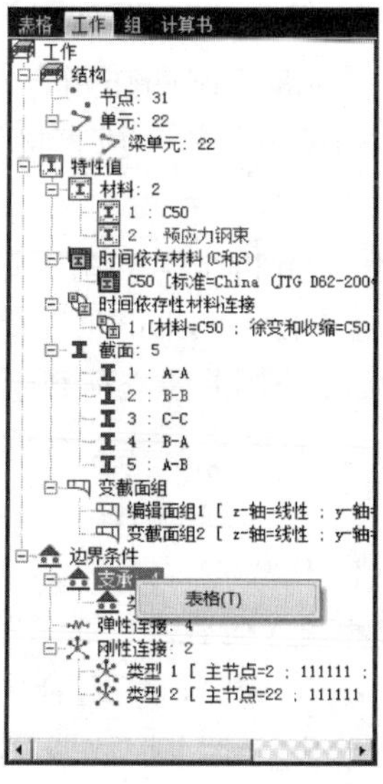


图 4.6.28 在“工作”树中查看边界表格

图 4.6.29 在“表格”树中查看边界表格

图 4.6.30 所示为一般支承表格。表格中,“1”代表自由度受约束,“0”代表自由度未受约束。如需要修改边界条件或更换边界组,可以直接在表格中操作。

| | 节点 | Dx | Dy | Dz | Rx | Ry | Rz | Rw | 组 |
|---|---|---|---|---|---|---|---|---|---|
| | 28 | 1 | 1 | 1 | 1 | 1 | 1 | 1 | 默认 |
| | 29 | 1 | 1 | 1 | 1 | 1 | 1 | 1 | 默认 |
| | 30 | 1 | 1 | 1 | 1 | 1 | 1 | 1 | 默认 |
| | 31 | 1 | 1 | 1 | 1 | 1 | 1 | 1 | 默认 |
| * | | | | | | | | | |

图 4.6.30　一般支承表格

# 4.7　静 力 荷 载

在定义静力荷载前,先介绍一些 MIDAS/Civil 中与荷载相关的概念。

荷载类型。MIDAS/Civil 为作用于结构上的所有荷载分别定义了不同的荷载类型,如用户定义的荷载(USER)、恒荷载(D)、结构和非结构附属荷载(DC)、铺装和设备荷载(DW)、桩端摩擦力(DD)、地面压力(EP)、温度梯度(TPG)、施工阶段荷载(CS)等,并用大写字母予以区分。其中,施工阶段荷载(CS)只在施工阶段分析中使用。

荷载工况。荷载工况是作用于结构上的按指定方式空间分布的力、位移、温度或其他作用。定义荷载工况名称后,必须指定一个荷载值到对象作为荷载工况的一部分。指定到对象的荷载值定义了荷载类型、大小和方向。在一个荷载工况中,不同荷载可以指定到不同的对象,每个对象可以施加多个荷载工况。但一个荷载工况只能定义为一种荷载类型,如某个荷载工况被定义为恒荷载后就不能再定义为活荷载。

分析工况。荷载工况本身不能在结构上产生任何响应,只有在分析工况中包含了荷载工况,才能得到荷载工况的作用结果。分析工况定义了荷载工况的作用方式(如静力或动力)、结构的响应方式(如线性或非线性)和分析的方法(如模态分析法或直接积分法)。分析工况可以是一个荷载工况或荷载的组合。

荷载组合。通过定义组合,可以在分析完成之后将分析工况的结果进行组合。组合是指不同分析工况的结果的总和或包络。对于线性问题,MIDAS/Civil 允许荷载组合在后处理中进行,即运行分析后再做组合;对于非线性问题,需要在分析前建立荷载组合,然后用组合来计算包络值。

在 MIDAS/Civil 中做静力分析的步骤如下:

(1)在“荷载”>“静力荷载工况”中建立静力荷载工况。

(2)使用“荷载”菜单中的各种静力荷载输入功能输入荷载。

(3)当模型中有几何非线性单元时,需要在“荷载”>由“荷载组合建立荷载工况”,将之前生成的荷载组合指定为单一的荷载工况,然后在“分析”>“主控数据”中输入迭代次数及收敛误差。

(4)分析中需要考虑 $P$-$\Delta$ 效应时,需要在“分析”>“P-Delta 分析控制数据”中输入收敛条件和计算几何刚度所需的荷载工况和荷载系数。

(5)单击"分析" > "运行分析"菜单或单击运行分析图标。

(6)分析过程和结束的信息显示在信息窗口中。

(7)分析成功结束之后,可以使用荷载工况和荷载组合在结果菜单中查看各种分析结果。

静力荷载选项卡如图 4.7.1 所示。

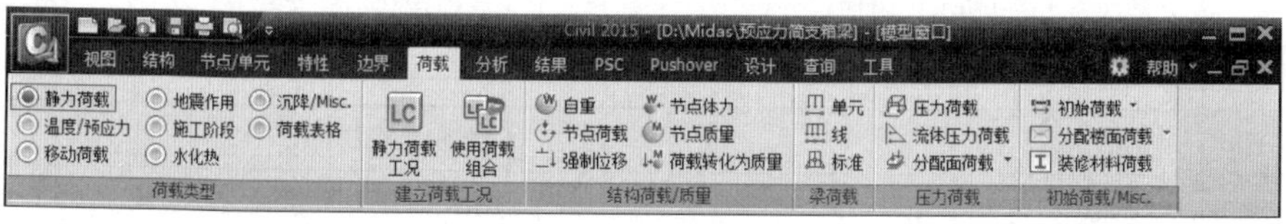


图 4.7.1　静力荷载选项卡

## 4.7.1　静力荷载工况

开展静力荷载计算,首先定义静力荷载工况(图 4.7.2)。

(1)名称。用户自行定义的静力荷载工况名称。名称可以是中文、英文、数字,或者是它们的组合,如"自重""Self_weigh2"等。自行定义的名称应便于识别,能"见词知义"。定义多个静力荷载工况时,名称不能重复。

(2)工况。MIDAS/Civil 将静力荷载分为所有荷载工况(图 4.7.2)、永久荷载工况(图 4.7.3)和瞬时荷载工况三种,所有荷载工况包含了全部的永久荷载工况和瞬时荷载工况。

(3)荷载工况类型。从静力荷载工况类型列表中选择荷载类型。MIDAS/Civil 提供的荷载类型见表 4.7.1。

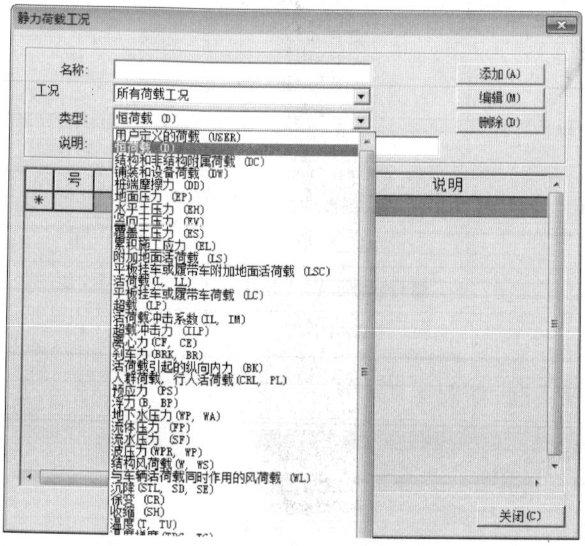


图 4.7.2　所有荷载工况

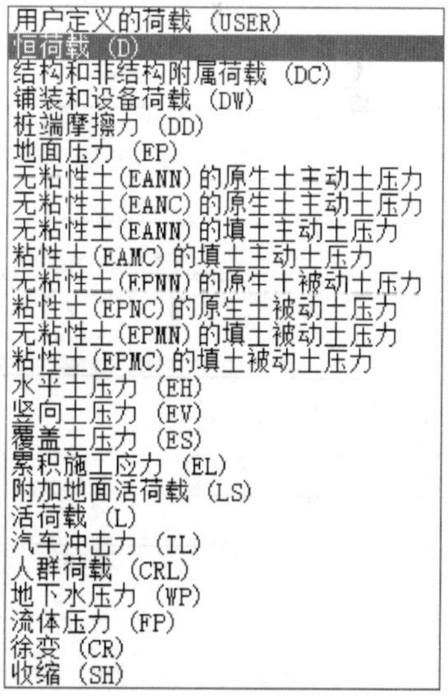


图 4.7.3　永久荷载工况

MIDAS/Civil 在"荷载组合"命令中将根据各国设计规范,使用列表自动生成荷载组合。由于自动生成荷载组合的依据是静力荷载的类型,因此当使用自动生成的荷载组合时,需要正确选择荷载工况类型。对于不常用的荷载类型,可在静力荷载工况"类型"中选择"用户定义的荷载(VSER)”。自动生成荷载组合时不考虑用户自定义的荷载工况类型,由用户手动调整荷载组合。

**MIDAS/Civil 提供的荷载类型** 表4.7.1

| 编号 | 作用名称 | MIDAS/Civil 对应的荷载工况 | |
|---|---|---|---|
| | | 类型名称 | 符号 |
| 1 | 结构重力(包括结构附加重力) | 恒荷载 | D |
| 2 | 预加力 | 预应力 | PS |
| 3 | 土的重力 | 竖向土压力 | EV |
| 4 | 土侧压力 | 水平土压力 | EH |
| 5 | 混凝土收缩和徐变作用 | 收缩 | SH |
| | | 徐变 | CR |
| 6 | 水的浮力 | 浮力 | B |
| 7 | 基础变位作用 | 基础变位影响力 | STL |
| 8 | 汽车荷载 | 活荷载 | L、LL |
| 9 | 汽车冲击力 | 汽车冲击力 | IL |
| 10 | 汽车离心力 | 离心力 | CF |
| 11 | 汽车引起的土侧压力 | 附加地面活荷载 | LS |
| 12 | 人群荷载 | 人群荷载 | CRL |
| 13 | 汽车制动力 | 汽车制动力 | BRK |
| 14 | 风荷载 | 风荷载 | W |
| 15 | 流水压力 | 流水压力 | SF |
| 16 | 冰压力 | 冰压力 | IP |
| 17 | 温度(均匀温度和梯度温度)作用 | 温度荷载 | T |
| | | 温度梯度 | TPG |
| 18 | 支座摩阻力 | 摩擦力 | FR |
| 19 | 地震作用 | 地震作用 | E |
| 20 | 船舶或漂流物的撞击作用 | 船只或漂流物撞击力 | CV |
| 21 | 汽车撞击作用 | 车辆撞击力 | CT |

针对示例桥梁,需定义5个静力荷载工况,如图4.7.4所示。

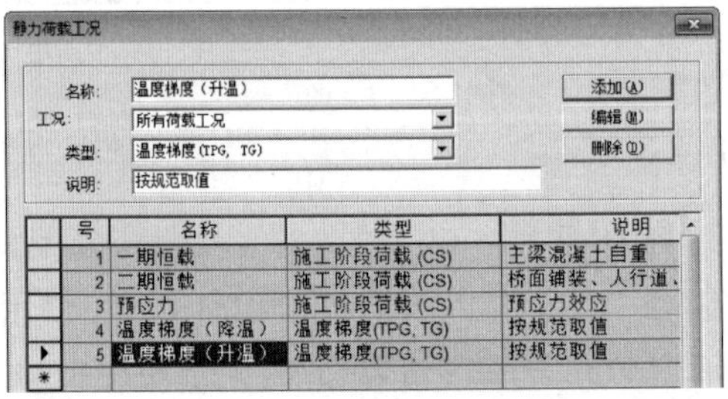


图4.7.4 静力荷载工况

### 4.7.2 自重

1)自重计算方法

MIDAS/Civil 用单元体积×重度计算自重。各种单元类型的自重计算方法如下：

(1)桁架、只受拉、只受压或梁单元。

桁架、只受拉、只受压或梁单元的自重等于在“截面”和“材料”对话框中输入的横截面面积乘以重度再乘以单元长度。

对定义为 SRC 截面(钢和混凝土组合截面)的梁单元,其自重为分别求得的混凝土和钢重量之和;对定义为变截面的梁单元,假设自重从一端到另一端是线性变化的。

(2)实体单元。

实体单元的自重按集中荷载作用在连接节点处,该荷载等于单元体积×重度,并按体积比分配给各节点。

2)自重系数

该系数决定单元自重的作用方向和大小。程序将内部计算得到的重量乘以自重系数作用在分析模型上。如图 4.7.5 所示,$X$、$Y$、$Z$ 分别为整体坐标系下 $X$、$Y$、$Z$ 方向的自重系数。

对于桥梁结构,其自重系数为 $X=0$,$Y=0$,$Z=-1$(负号表示重力加速度方向向下,与总体坐标系 $Z$ 轴反向)。如果需要修改材料重度,可以通过修正自重系数来实现。例如,混凝土在材料特性中重度为 $25\text{kN/m}^3$,而实际重度为 $26\text{kN/m}^3$,此时可将自重系数确定为 $Z=-1.04$。

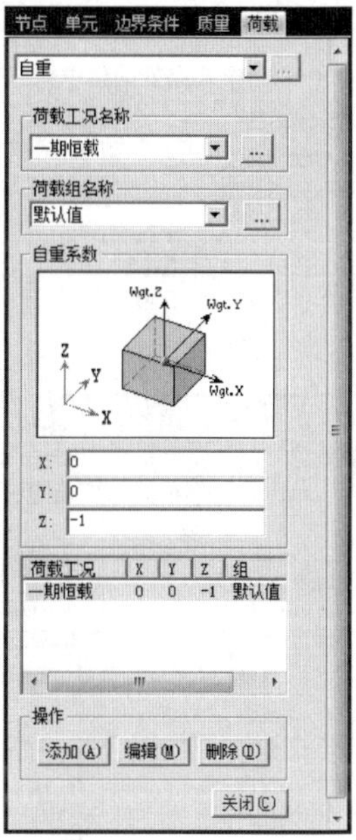


图 4.7.5 自重

### 4.7.3 节点荷载

当单元上作用有集中力或集中力矩时用“节点荷载”输入。“节点荷载”以整体坐标系为基准,$F_X$、$F_Y$、$F_Z$ 分别为节点荷载在整体坐标系 $X$、$Y$、$Z$ 轴方向的分量,$M_X$、$M_Y$、$M_Z$ 分别为绕整体坐标系 $X$、$Y$、$Z$ 轴的节点力矩分量。

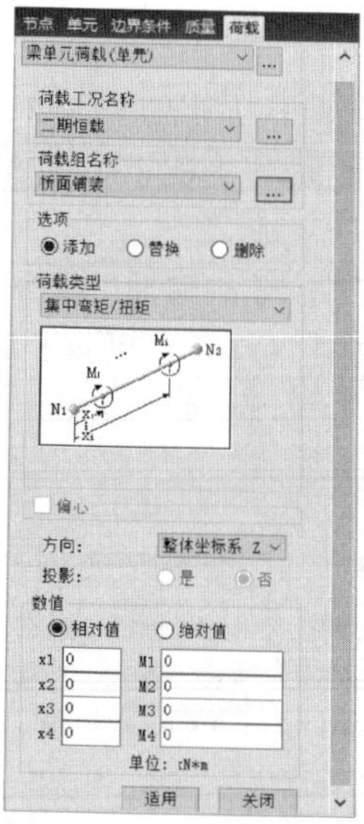


图 4.7.6 “梁单元荷载”对话框

### 4.7.4 梁单元荷载、连续梁单元荷载

桥面铺装、防撞护栏等沿桥跨方向均匀分布的荷载,或梁单元上作用有集中荷载、梯形荷载时,应选用“梁单元荷载”或“连续梁单元荷载”,如图 4.7.6 所示。“梁单元荷载”适用于单个梁单元,“连续梁单元荷载”适用于一组梁单元,两者在定义集中荷载或均布荷载时没有区别,但在定义三角形荷载或梯形荷载时区别明显。如变宽度梁桥,铺装荷载不再是均布荷载,而是沿梁长方向呈梯形分布,用“梁单元荷载”定义时需要逐个计算梯形荷载,然后施加在梁单元上,而用“连续梁单元荷载”定义梯形荷载就十分便利,只需计算连续梁单元起点和终点的梯形荷载,一次性施加在梁单元上。

1)荷载类型

MIDAS/Civil 提供了 8 种梁单元/连续梁单元荷载类型,如图 4.7.7 所示。

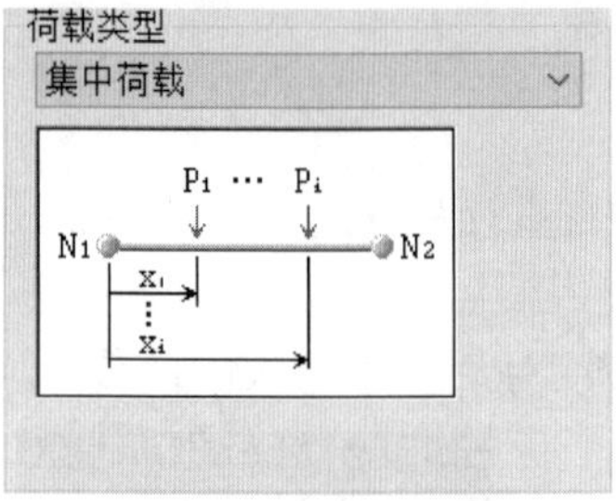


a)跨中某点处的集中荷载

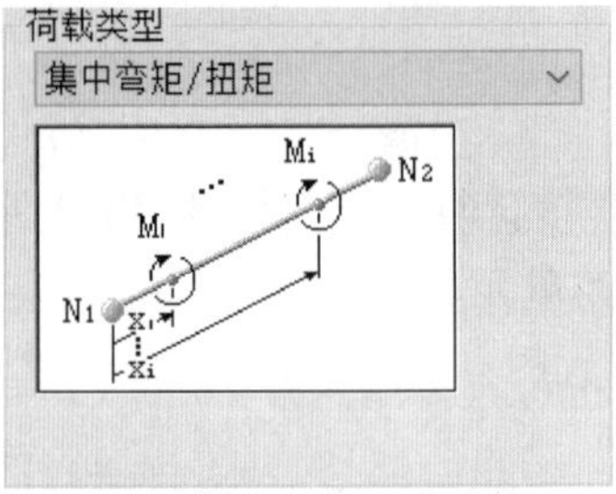


b)跨中某点处的集中弯矩/扭矩

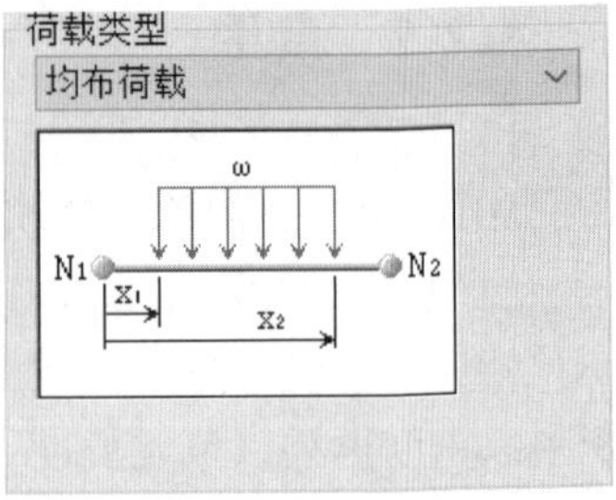


c)均匀分布的荷载

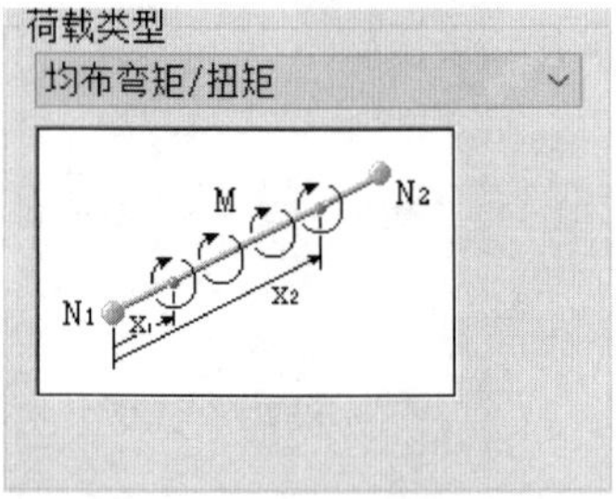


d)均匀分布的弯矩/扭矩

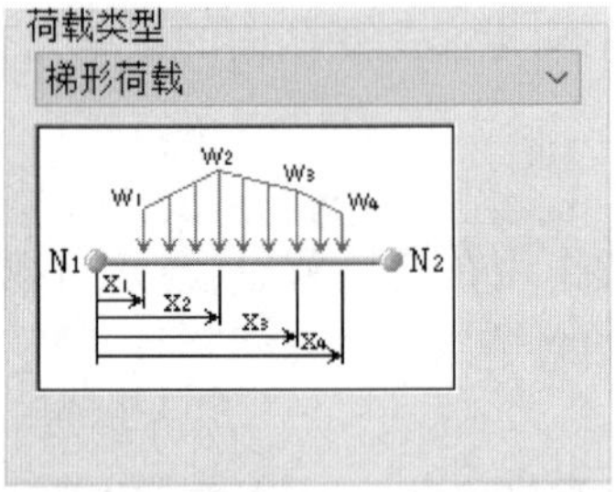


e)沿梁长度方向线性变化的梯形荷载

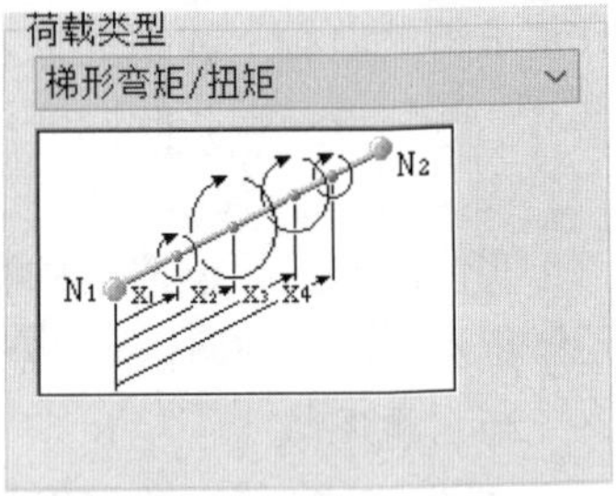


f)沿梁长度方向线性变化的梯形弯矩/扭矩

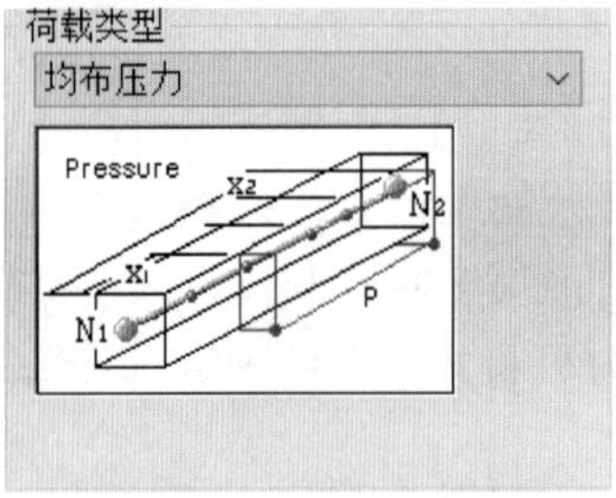


g)考虑截面形状的单位面积均布压力荷载

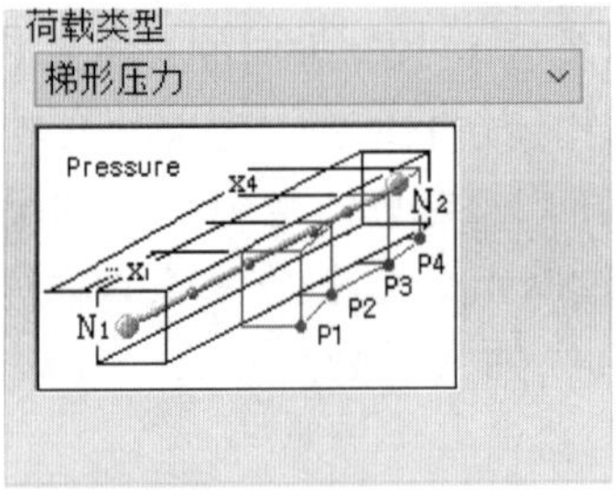


h)考虑截面形状的单位面积梯形压力荷载

图4.7.7　荷载类型

2)偏心

计算由桥面防撞护栏、汽车制动力、磁浮列车的水平力引起的偏心弯矩或扭矩时,可以在梁单元荷载上施加偏心荷载,由程序根据偏心位置自动计算,并将结果加载到梁单元的形心轴上。

选择“中心”时(图4.7.8),以截面形心为基准(图4.7.9)输入偏心距离。选择“偏心”时,以截面偏心点(截面特性中定义的偏心点)为基准输入偏心距离。MIDAS/Civil提供了局部坐标系 $y$ 轴和 $z$ 轴以及整体坐标系 $X$、$Y$、$Z$ 轴5个供选择的偏心方向。

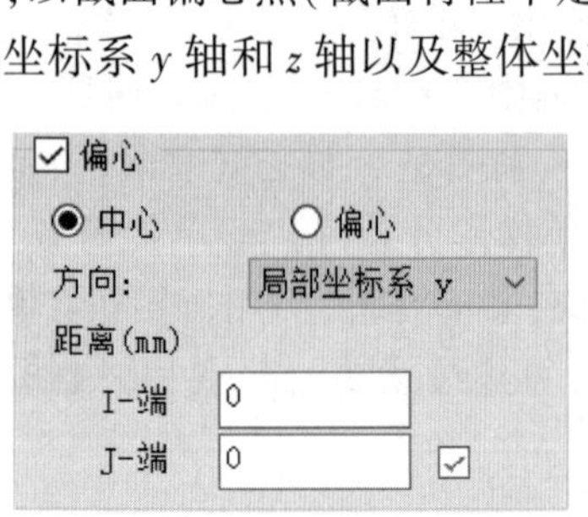


图4.7.8　梁单元荷载偏心选项

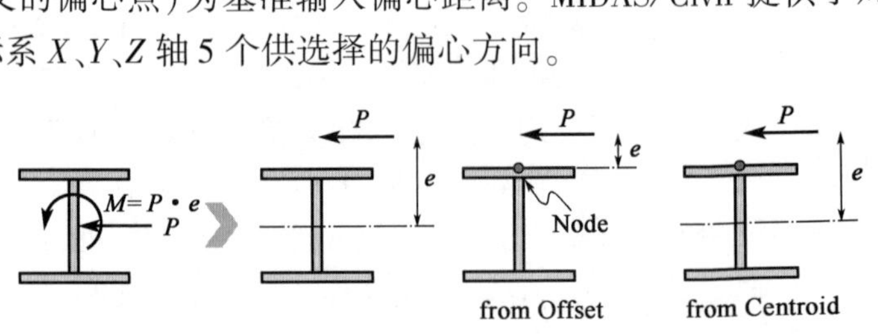


a)使用偏心定义荷载　　b)偏心

图4.7.9　梁单元偏心荷载定义

当荷载类型为“均布压力”和“梯形压力”时，还应选择是否计入“顶部附加高度”(图4.7.10)。如分析防撞墙(未建立模型)受横向风荷载作用时(图4.7.11)，需要输入“顶部附加高度”。

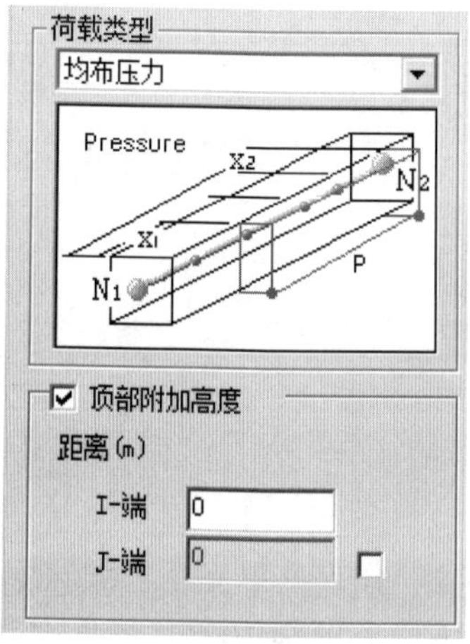


图4.7.10 顶部附加高度输入

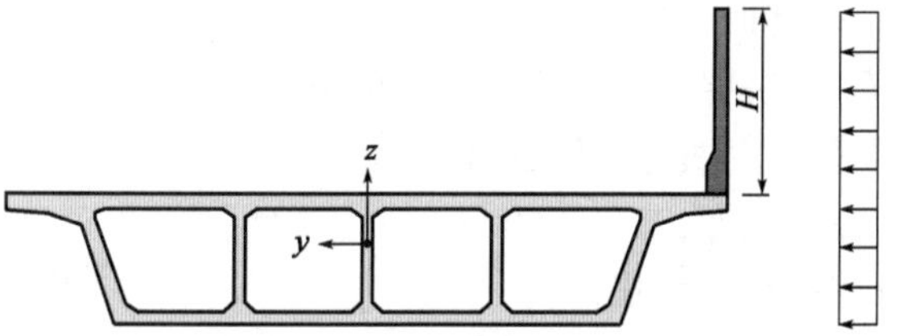


图4.7.11 顶部附加高度

3)投影

决定梁单元荷载是沿整个梁长作用还是沿与荷载作用方向垂直的梁的投影长度作用。该功能仅在荷载类型为“均布荷载”或“梯形荷载”且荷载方向是在“整体坐标系”下时使用。当选择“是”时，梁单元荷载沿与荷载作用方向垂直的梁的投影长度作用；当选择“否”时，表示梁单元荷载沿整个梁长作用。

4)数值

MIDAS/Civil提供两种梁单元荷载输入方式：一种方式是“相对值”(0～1)，以单元左节点$I$为0、右节点$J$为1输入梁单元荷载的加载位置；另一种方式是“绝对值”，以单元长度(0～$L$)输入，$L$为单元长度。

以预应力混凝土箱梁桥为例，桥面铺装与人行道、栏杆以均布荷载形式作用在箱梁上。桥面铺装$w_{铺装}=25kN/m^3\times0.1m\times9m=22.5kN/m$，两侧人行道、栏杆$w_{人行道+栏杆}=7kN/m$，合计$w=29.5kN/m$，选择“梁单元荷载”施加均布荷载，施加后的荷载将显示在模型窗口中。

## 4.7.5 单元温度、温度梯度、梁截面温度

计算结构或单元的整体升温或整体降温时，应选择“单元温度”。MIDAS/Civil将最终温度和初始温度的差值作为温度作用进行计算。初始温度为整个结构的初始温度，可以在“结构”→“结构类型”→“初始温度”中设定。

“温度梯度”是指沿梁高或板厚方向呈线性分布的温度差，仅适用于具有弯曲刚度的梁单元和板单元。对于梁单元，需要输入沿单元局部坐标系$y$轴和$z$轴方向截面边缘间的距离和温度差(图4.7.12)；对于板单元，温度梯度可用板上、下面的温度差和板厚表示。

温度梯度在梁和板单元上产生的等效弯矩为

梁单元：

$$M = \alpha EI\frac{\Delta T}{h} \tag{4.7.1}$$

板单元：

$$M = \frac{\alpha Et^3\Delta T}{6(1-\upsilon)} \tag{4.7.2}$$

式中：$\alpha$——线性热膨胀系数；

$E$——弹性模量；

$I$——绕梁单元相应中和轴的惯性矩；

$h$——单元截面两边缘间的距离；

$t$——板厚；

$\upsilon$——材料泊松比；

$\Delta T$——单元两边缘(最外面)间的温度差。

例如，在梁单元局部坐标系 $z$ 轴方向定义 10℃ 的温度梯度，代表该单元在上部温度为“初始温度加 5℃”，单元下部温度为“初始温度减 5℃”，即上、下缘温差为 10℃。可见，“温度梯度”与结构的初始温度无关。

桥梁工程中，需要分析沿高度方向呈非线性分布的梯度温度(图 4.7.13)，此时应使用“梁截面温度”。在“梁截面温度”中定义沿梁高方向或梁宽方向的温度变化。

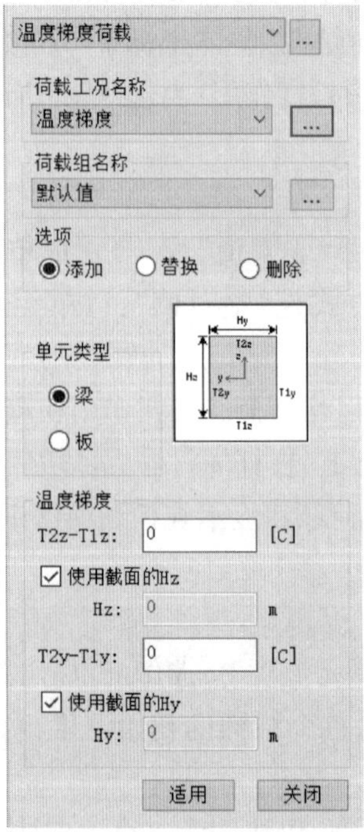


图 4.7.12　温度梯度荷载

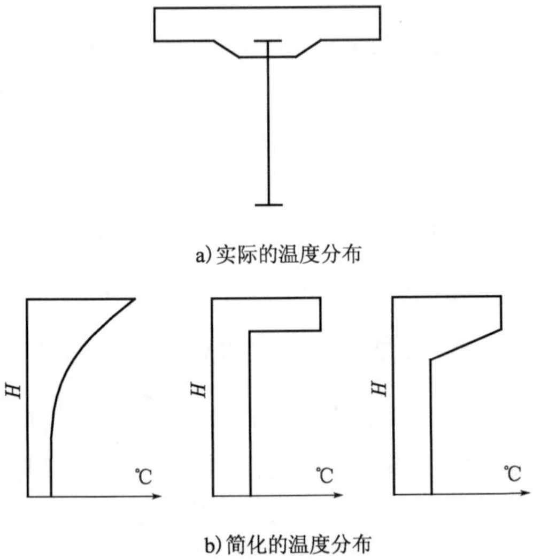


a) 实际的温度分布

b) 简化的温度分布

图 4.7.13　非线性温度分布

梯度温度按三段或多段线性温度输入，分段数取决于梯度温度变化点的数量和梁截面变宽点的数量。由多种材料组成的组合截面梁，需要采用“用户定义”方式考虑材料特性(弹性模量、热膨胀系数)的变化。

下面以《公路桥涵设计规范》(JTG D60—2015)规定的正温度梯度荷载(图4.7.14)为例,说明温度梯度荷载输入方法。

(1)选择在静力荷载工况中定义的"温度梯度(升温)"为荷载工况名称。

(2)选择截面类型。由手动输入截面宽度 $B$ 及温度梯度分布时选择"一般截面",如图4.7.15所示,并输入温度梯度方向、参考线位置及温度值。若根据截面自动考虑截面宽度 $B$ 值时,应选择"PSC/组合"截面类型(图4.7.16),此时需指定温度梯度参考线位置、从梁截面参考位置到温度变化点的距离 $H_1$、$H_2$ 以及对应 $H_1$、$H_2$ 处的温度 $T_1$、$T_2$。

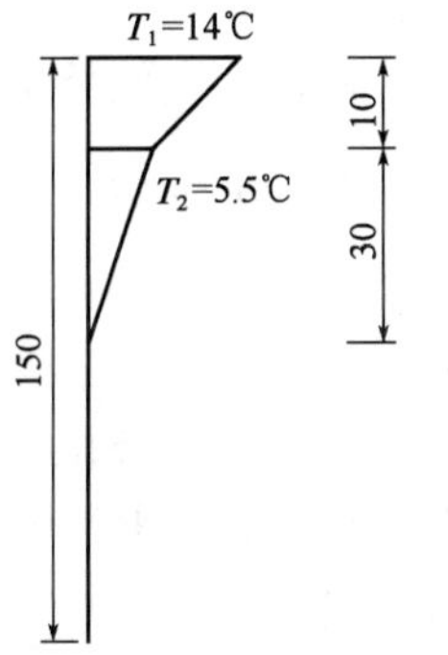


图4.7.14 正温度梯度(尺寸单位:cm)

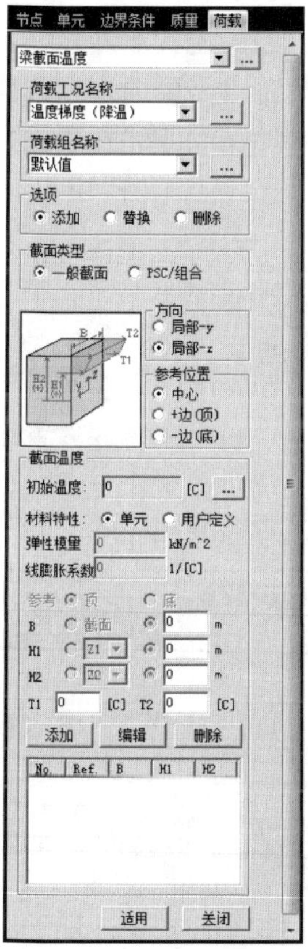


图4.7.15 "一般截面"

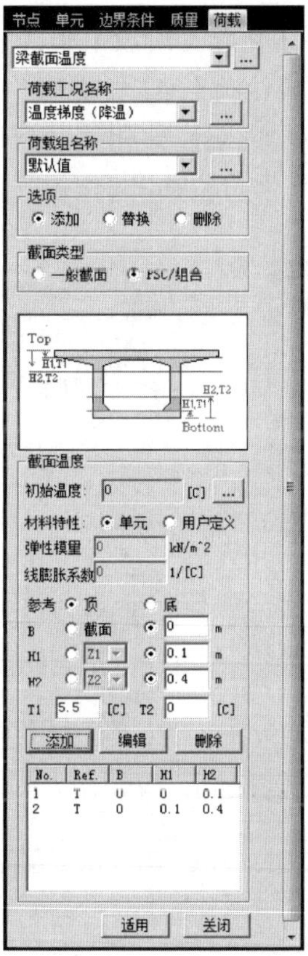


图4.7.16 "PSC/组合"

根据图4.7.14的温度分布,箱梁正温度梯度荷载输入数据见表4.7.2。

**正温度梯度荷载输入数据** 表4.7.2

| 编　号 | $H_1$(m) | $H_2$(m) | $T_1$(℃) | $T_2$(℃) |
|---|---|---|---|---|
| 1 | 0 | 0.1 | 14 | 5.5 |
| 2 | 0.1 | 0.4 | 5.5 | 0 |

按照同样的方法可完成负温度梯度荷载的定义,此处不再赘述。

### 4.7.6 支座强制位移、支座沉降组

在桥梁支座或支承发生沉降、结构发生位移或把整体结构分析所得到位移值作为精确分析局部结构的边界条件时，可以使用支座强制位移功能(图4.7.17)。MIDAS/Civil将强制位移作为一种荷载工况考虑，因此强制位移可以与其他荷载工况进行组合。对某节点赋予强制位移，相应的节点自由度自动被约束，且该约束还能用于其他荷载工况。如果该节点不是在一般支承的位置上，则程序会在节点上自动施加“一般支承”，支承的方向为发生沉降的方向。

支座强制位移一般在整体坐标系上输入，如果在节点上已经附加了节点坐标系，也可以利用节点坐标系输入强制位移。支座强制位移可施加在节点6个自由度的任一方向上。

当成桥阶段需要钝化施工阶段中施加的支座强制位移，使其不再适用于其他荷载工况时，可以在“分配边界转换给荷载工况/分析”中定义成桥阶段需要的边界条件，如图4.7.18所示，同时勾选“不约束与强制位移相关的自由度/边界组组合沉降”选项，这样，该选项就只对施工阶段激活的“支座强迫位移”起作用。

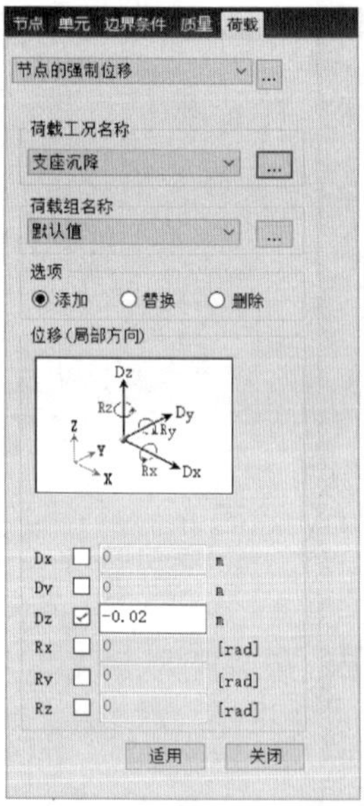


图4.7.17 支座强制位移

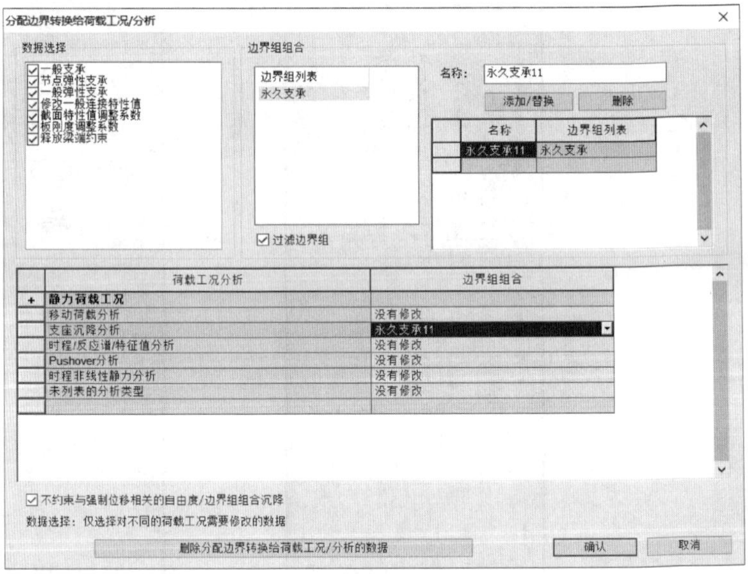


图4.7.18 取消强制位移的约束效果

支座强制位移既可以施加在一般支承处，也可以施加在结构的其他节点上；既可以用于成桥阶段分析，也可用于施工阶段分析。但在分析时只是作为一个荷载工况来求解，其分析结果是一个确定的结果。对于超静定结构的桥梁，往往需要计算一个或几个同时可能发生的支座沉降，采用“支座沉降组”，输入有可能发生沉降的最少支座数和最多支座数以及沉降量，由程序自动进行排列组合，得到最不利的沉降结果，在“支座沉降荷载工况”中输出最大值、最小值和包络值3个结果，因此“支座沉降组”只能用于成桥阶段分析。

通过“支座沉降组”计算得到的分析结果也可以和其他荷载工况进行组合。不同节点可

以输入不同的沉降值，支座沉降的方向只能为整体坐标系 $Z$ 轴方向，支座沉降组数量不能大于10，每个组内沉降支座的数量没有限制。

在主菜单中选择“荷载”>“沉降/Misc.”>“支座沉降组”，依次定义“支座沉降组”（图4.7.19）和“支座沉降荷载工况”（图4.7.20）。图4.7.19中定义了三组（沉降组1、沉降组2、沉降组3），沉降量的符号代表方向，负值为向下。

图4.7.20中共有3个支座沉降组，在 $S_{min}$ 中输入了1，在 $S_{max}$ 中输入了3，意味着这3组进行组合时，可以是其中的单独一个，也可以是其中的任意两个，或者是3个的组合。这与移动荷载分析中的车道定义相类似。

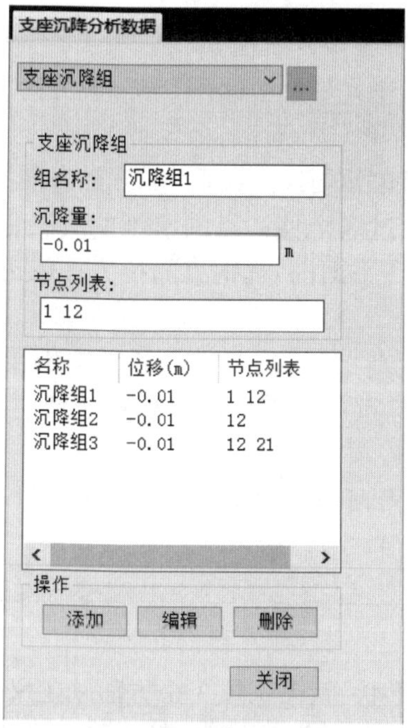


图4.7.19 定义支座沉降组

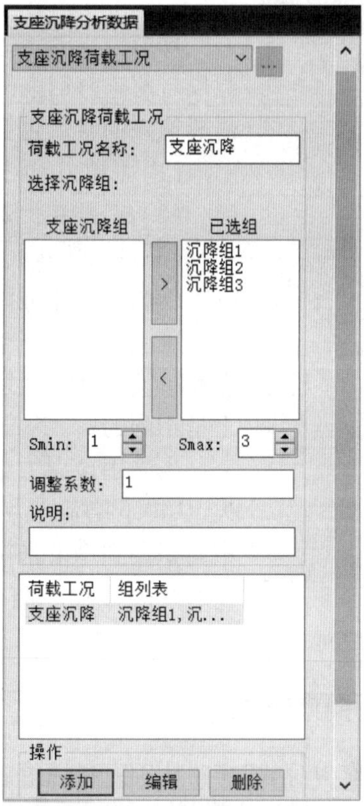


图4.7.20 定义支座沉降荷载工况

# 4.8 预应力荷载

结构在预应力荷载作用下产生的变形和内力，称为预应力效应。计算预应力效应常采用等效荷载法，它是将预应力钢束和混凝土视为相互独立的脱离体，把预应力对混凝土的作用以等效荷载的形式代替。扣除预应力损失后，钢束有效预应力沿管道分布是变化的，因此等效荷载不是一个常数。计算预应力效应的基本思路如下：

（1）将难以用函数式表达的空间预应力束曲线转化为若干连续的空间折线段，求出预应力束与结构某截面的交点。

（2）将扣除预应力损失后的有效预应力等效为单元若干等分点上的集中荷载。

预应力荷载是静力荷载的一种,包括梁单元预应力荷载、初拉力荷载和钢束预应力荷载,输入预应力荷载的选项卡如图4.8.1所示。

图4.8.1　预应力荷载选项卡

## 4.8.1　预应力梁单元荷载

预应力梁单元荷载是直接施加在梁单元上的预应力等效荷载,该荷载仅与预应力钢束的形状、锚固端的偏心量$D_i$和$D_j$有关(图4.8.2),需要输入的参数包括:

(1)张拉力:预拉力(只能输入正值)。

(2)$D_i$:梁单元起点沿单元局部坐标系$y$或$z$轴方向的偏心量。

(3)$D_m$:梁单元中心沿单元局部坐标系$y$或$z$轴方向的偏心量。

(4)$D_j$:梁单元终点沿单元局部坐标系$y$或$z$轴方向的偏心量。

预应力钢束形状由通过3个偏心点的二维曲线决定。假设偏心点在单元局部坐标系的$x$-$z$平面内,且钢束的拉力在束道的整个长度上是相同的。

当采用预应力梁单元荷载时,需要事先计算出钢束的预应力损失,从锚下控制应力中扣除预应力损失后得到有效预应力,再乘以钢束面积得到钢束张拉力。

若想让程序自动计算预应力各项损失,应使用“预应力钢束荷载”。

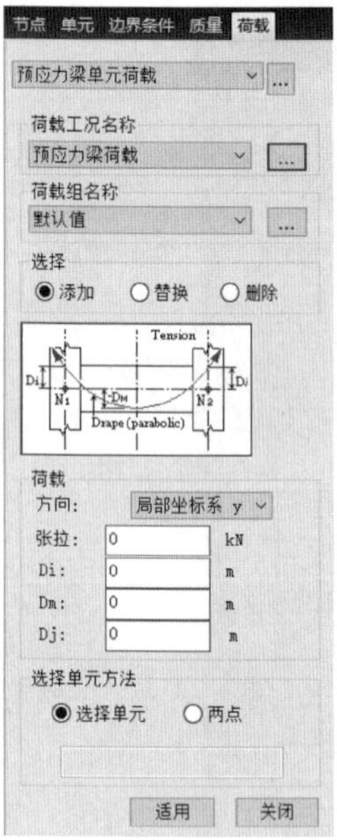


图4.8.2　预应力梁单元荷载

## 4.8.2　钢束特性值

“钢束预应力荷载”需要从钢束特性值、钢束形状、钢束张拉3个方面来定义。其中,钢束特性值描述钢束材料、截面、黏结类型和预应力损失相关参数;钢束形状用于描述钢束几何形状,空间位置和从属单元;钢束张拉描述钢束的张拉时机和张拉控制力。

从选项卡或在树形菜单的菜单表单中打开“预应力钢束的特性值”对话框(图4.8.3)。

新建“预应力钢束的特性值”时,单击“添加”按钮,打开“添加/编辑钢束特性值”对话框,如图4.8.4所示。

钢束特性值包括钢束名称、钢束类型、材料、钢束总面积、导管直径、钢筋松弛系数、预应力钢筋与管道壁的摩擦系数、锚具变形等与预应力钢束有关的参数。

1)钢束名称

用户定义的钢束名称。在预应力混凝土桥梁中,虽然预应力钢束数量很多,但就其钢束类型而言往往只有几种,如由15根或19根钢绞线组成一束。

2)钢束类型

按预应力钢束布置方式有体内束和体外束两种。其中,体内束又分为先张和后张两种。

用户根据预应力钢束类型,选择“内部(先张)”“内部(后张)”“外部(体外束)”。

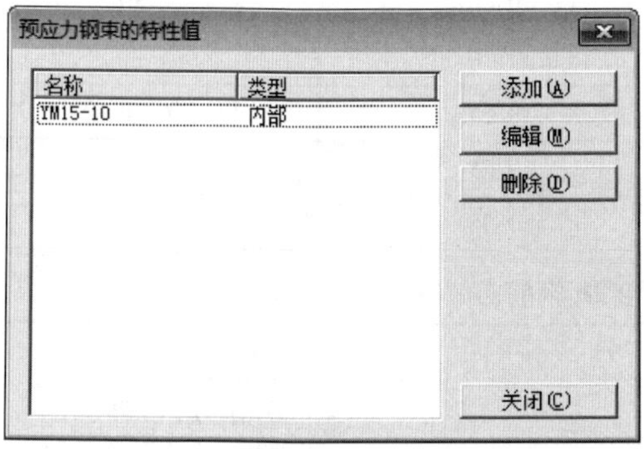


图4.8.3 “预应力钢束的特性值”对话框

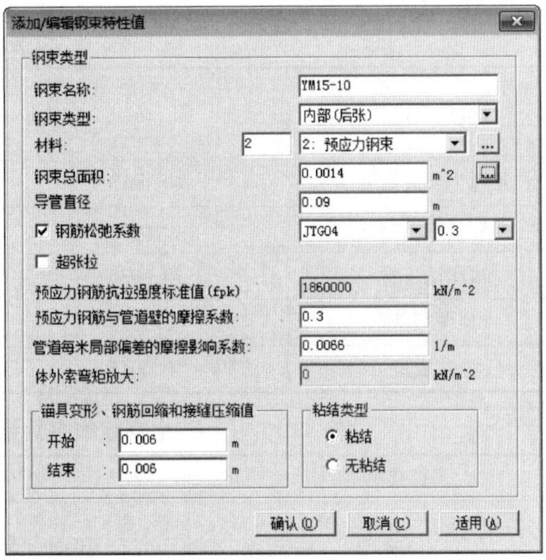


图4.8.4 “添加/编辑钢束特性值”对话框

3)材料

选择定义的钢束材料。如果先前没有定义钢束材料,或者需要修改材料特性,可单击右侧的“...”,定义或修改钢束材料特性。

4)钢束总面积

钢束总面积是指组成一束钢绞线的总面积,等于单根钢绞线面积×钢绞线根数。

5)导管直径

当钢束类型为内部(后张)时,输入预埋管孔道直径,用于计算净截面面积。按照《公路钢筋混凝土及预应力混凝土桥涵设计规范》(JTG 3362—2018)规定,预应力管道的内径至少应该是管道内钢束等效直径的$\sqrt{2}$倍。

6)钢筋松弛系数

计算钢筋松弛应力可以选择《公路钢筋混凝土及预应力混凝土桥涵设计规范》(JTG 3362—2018)、JTG 3362 规范 Magura 计算式或 CEB-FIP 规范。若不考虑松弛的影响,则不勾选此项。

若定义材料时选择“JTG04”规范,则钢筋松弛系数选择“JTG04”,表示松弛系数按(JTG D62—2004)规定计算。同时,预应力钢筋抗拉强度标准值自动输入。钢筋松弛系数取值可参考如下规定:Ⅰ级松弛(普通松弛)选择1.0,Ⅱ级松弛(低松弛)选择0.3。如果定义材料时没有选择“JTG04”规范,用户可直接输入预应力钢筋抗拉标准值。另外,定义材料时选择 Steel bar 540~930 时,超张拉项不起作用。

7)预应力钢筋与管道壁的摩擦系数 $k$、管道每米局部偏差对摩擦的影响系数 $\mu$

计算预应力钢束管道摩阻损失,“JTG 3362”规范规定的管道参数见表4.8.1。

8)锚具变形、钢筋回缩和接缝压缩值

由钢束钢筋回缩、锚具变形引起的预应力损失与锚具类型有关。国内常用预应力张拉锚固体系的锚具变形、钢筋回缩值见表4.8.2。在 MIDAS/Civil 中,开始点、结束点对应于钢束的张拉端。若采用两端张拉,需分别输入开始点、结束点的变形量;若采用单侧张拉,只需输入开始点或结束点的变形量。

**$k$ 和 $\mu$ 的数值** 表4.8.1

| 管道成型方式 | $k$ | $\mu$ | |
|---|---|---|---|
| | | 钢绞线、钢丝束 | 精轧螺纹钢 |
| 预埋金属波纹管 | 0.0015 | 0.20~0.25 | 0.50 |
| 预埋塑料波纹管 | 0.0015 | 0.14~0.17 | — |
| 预埋铁皮管 | 0.0030 | 0.35 | 0.40 |
| 预埋钢管 | 0.0010 | 0.25 | — |
| 抽芯成型 | 0.0015 | 0.55 | 0.60 |

**一个钢绞线夹片锚具变形、钢筋回缩值** 表4.8.2

| 张拉锚具类型 | 变形形式 | 变形值(mm) |
|---|---|---|
| XM 型 | 钢筋回缩、锚具变形 | 4~5(采用液压顶压器顶压)<br>6~8(采用弹性顶压器顶压) |
| QM 型 | 钢筋回缩、锚具变形 | 6 |
| OVM 型 | 钢筋回缩、锚具变形 | 6 |
| YM 型 | 钢筋回缩、锚具变形 | 6 |
| XYM 型 | 钢筋回缩、锚具变形 | 6 |
| B&S 型 | 钢筋回缩、锚具变形 | 5 |
| TM 型 | 钢筋回缩、锚具变形 | 4(采用液压顶压器顶压)<br>6(自锚) |

9)黏结类型

(1)黏结:按有黏结预应力计算,用考虑钢束面积的换算截面来计算截面特性值。

(2)无黏结:按无黏结预应力计算,用不考虑管道面积的混凝土截面来计算截面特性值。

输入示例桥中 N1 预应力钢束特性,如图 4.8.4 所示。

### 4.8.3 钢束形状

根据桥梁构造与受力上的要求,预应力钢束的空间布置和几何形状不尽相同。

从空间位置来看,有竖直面、水平面和空间面三种形式。通常,把竖直面内布置的钢束称为竖弯束,水平面内布置的钢束称为平弯束,空间面布置的钢束称为空间束。显然,竖弯束和平弯束都是空间束的特例。

根据钢束几何形状,分为直线、曲线(圆弧、抛物线、样条)两种基本钢束,平面束或空间束由直线束与曲线束组合而成。我国公路桥梁中预应力钢束采用直线与圆弧的组合。在桥梁结构分析程序中,把空间束投影到相互垂直的 $xoy$、$xoz$ 两个平面内,分别描述两条投影曲线的形状,用导线法描述预应力钢束,以简化钢束输入,圆曲线长度和切点坐标由程序根据几何关系自动计算。

所谓导线法,是指控制预应力束方向和几何要素的导线点,与公路工程中道路中线的导线点具有相似的性质。导线点决定预应力钢束的起始点、终止点及钢束的上弯或下弯。

下面以图4.8.5所示的预应力钢束投影到 $xoy$ 面为例，说明导线法的计算原理。图中1～$n$ 为导线点。在导线点坐标和弯曲半径已知的情况下，可以得到：

$$L_{i-1,i} = \sqrt{(x_i - x_{i-1})^2 + (y_i - y_{i-1})^2} \tag{4.8.1}$$

$$L_{i,i+1} = \sqrt{(x_{i+1} - x_i)^2 + (y_{i+1} - y_i)^2} \tag{4.8.2}$$

$$\beta_{i-1,i} = \arctan\left(\frac{y_i - y_{i-1}}{L_{i-1,i}}\right) \tag{4.8.3}$$

$$\beta_{i,i+1} = \arctan\left(\frac{y_{i+1} - y_i}{L_{i,i+1}}\right) \tag{4.8.4}$$

$$\alpha_i = |\beta_{i,i+1} - \beta_{i-1,i}| \tag{4.8.5}$$

$$L_i = \left| r_i \tan \cdot \left(\frac{\alpha_i}{2}\right) \right| \tag{4.8.6}$$

式中：$L_{i-1,i}$——导线点 $i-1$ 和 $i$ 之间的距离；

$L_{i,i+1}$——导线点 $i$ 和 $i+1$ 之间的距离；

$\beta_{i-1,i}$——导线点 $i-1$ 和 $i$ 的连线与 $x$ 轴的夹角；

$\beta_{i,i+1}$——导线点 $i$ 和 $i+1$ 的连线与 $x$ 轴的夹角；

$\alpha_i$——导线点 $i$ 处圆弧对应的圆心角；

$L_i$——导线点 $i$ 处的切线长度；

$r_i$——导线点 $i$ 处的竖弯半径。

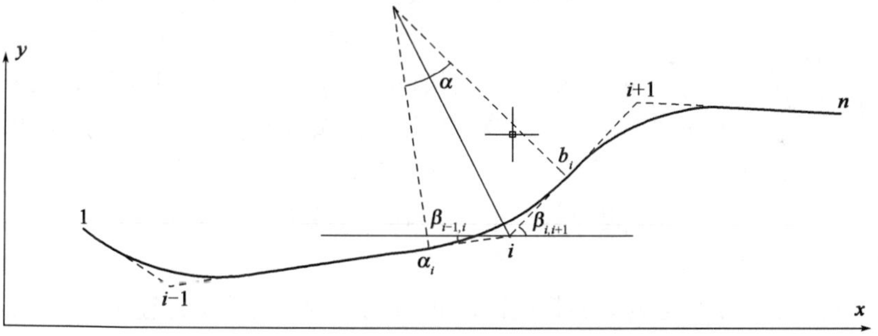


图4.8.5 导线法计算

由此可以得到坐标系 $xoy$ 内每个中间导线点对应圆弧段的两个切点 $a_i$、$b_i$ 的坐标：

$$\left.\begin{aligned} x_{ai} &= \frac{L_i x_{i-1}}{L_{i-1,i}} + x_i - \frac{L_i x_i}{L_{i-1,i}} \\ y_{ai} &= \frac{L_i y_{i-1}}{L_{i-1,i}} + y_i - \frac{L_i y_i}{L_{i-1,i}} \end{aligned}\right\} \tag{4.8.7}$$

$$\left.\begin{aligned} x_{bi} &= \frac{L_i x_{i+1}}{L_{i,i+1}} + x_i - \frac{L_i x_i}{L_{i,i+1}} \\ y_{bi} &= \frac{L_i y_{i+1}}{L_{i,i+1}} + y_i - \frac{L_i y_i}{L_{i,i+1}} \end{aligned}\right\} \tag{4.8.8}$$

利用上述公式，将由导线点描述的预应力钢束转化为以圆弧段切点定位的描述方式，并且得到了每个圆曲线长度和切点坐标。该计算原理同样适用于 $xoz$ 平面内的钢束。

MIDAS/Civil 中钢束形状的“导线法”描述方式对应于“曲线类型”中的“圆弧线”,因此,在使用“圆弧线”描述钢束竖弯和平弯形状时,需要输入导线点坐标及相应的圆曲线半径。

下面以 4.2.1 节中示例桥 N1 钢束为例,说明在 MIDAS/Civil 中预应力钢束形状的定义方法。

(1)从选项卡或在树形菜单的菜单表单中打开“钢束形状”列表对话框,单击“添加”按钮,打开“添加/编辑钢束形状”对话框,如图 4.8.6 所示。

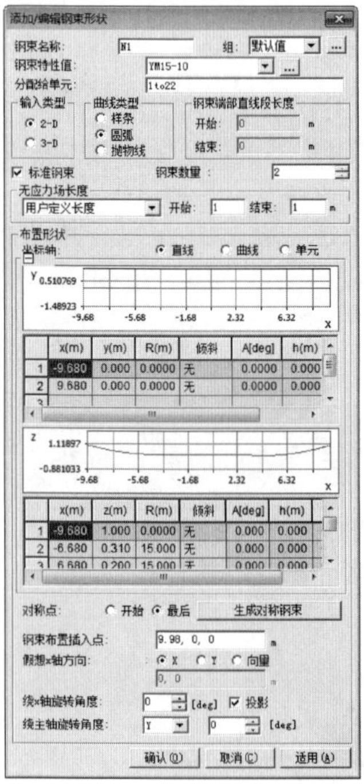


图 4.8.6 “添加/编辑钢束形状”对话框

①钢束名称与钢束特性值。

首先输入用户定义的钢束名,如“N1”,然后选择已经定义的“钢束特性值”,或单击“…”定义钢束特性值;选择“YM15-10”。需要注意的是,输入的 N1 钢束,可以被复制到其他位置。

②分配给单元。

分配给单元是指预应力钢束经过的主梁单元。用鼠标选择 1 ~ 22 号单元或输入“1 to 22”,作为分配给钢束 N1 的单元。

③输入类型。

MIDAS/Civil 有“2-D”“3-D”两种输入类型。其中,“2-D”为在二维平面内按照平弯和竖弯分别输入钢束的形状,“3-D”为在三维空间中输入钢束的形状。在此处选择“2-D”。

④曲线类型。

选择钢束曲线的形状,MIDAS/Civil 提供了“样条”“圆弧”和“抛物线”3 种曲线类型。当选择“样条”时,需要定义控制钢束形状的最高、最低、反弯点,程序将自动生成连接各点的样条曲线;当选择“圆弧”时,按导线点法要求输入钢束形状坐标和曲线半径,由程序计算钢束曲线段的圆弧长和切点坐标;当选择“抛物线”时,只需输入钢束的 3 个点坐标。

⑤标准钢束。

在实际工程中,经常出现多根形状相同的预应力钢束,为了简化输入,可将这些钢束定义为“标准钢束”。由于中肋有 2 根 N1 钢束,设置 N1 为标准钢束,勾选此选项后,在右侧输入预应力钢筋的数量“2”。标准钢束还可以用于初步设计,即将沿截面横向对称布置的多根钢束简化为一根标准钢束来模拟,MIDAS/Civil 在计算时会根据标准钢束的数量确定施加在结构上的预应力荷载的大小,如标准钢束数量为 $n$ 时,作用于梁体上的预应力荷载大小为标准钢束荷载的 $n$ 倍,且换算截面特性、净截面特性也会按照 $n$ 根钢束、$n$ 个管道进行计算。这样处理后可以通过简单调整标准钢束的数量快速实现结构验算,从而大大简化了初步设计工作。

⑥无应力场长度。

无应力场长度即钢束引起的压应力没有传递到构件上的长度范围,可用来模拟先张法预应力构件端部截面的预应力传递长度[具体可参考《公路钢筋混凝土及预应力混凝土桥涵设计规范》(JTG 3362—2018)]。无应力场长度可以直接输入或根据公式自动计算输入。

⑦布置形状。

钢束布置形状有“直线”“曲线”和“单元”3 种方式,正确选择输入方式可以提高建模效率。输入钢束形状时,直线桥应选择“直线”方式,有固定曲率半径的曲线桥选择“曲线”方式,对曲率半径变化的曲线桥,如有缓和曲线的曲线桥,可以选择“单元”方式。当选择“单元”方式时,钢束走向与单元轴线走向一致,且钢束的投影长度与单元长度相同。由于MIDAS/Civil中只有直梁单元,因此模拟曲线桥时采取“以直代曲”的方式,这样钢束的“单元”方式也相当于是“以直代曲”,在钢束长度和重量的计算上会产生一定的误差。但“曲线”方式计算出的钢束长度和重量则是精确结果。

大跨度连续梁桥、连续刚构桥采用变截面形式,在输入底板钢束形状时一般以梁底为参考线布置。采用“2-D”的“单元”方式输入,在XZ平面数据输入时,选择“BOT”功能,可以保证两个勾选“BOT”的点间钢束的$z$轴坐标至截面下边缘的距离线性变化。

⑧形状插入点。

对一特定的预应力钢束,一旦设计确定,其空间位置也随之而定。在MIDAS/Civil中,为方便用户输入数据,引入了形状插入点的概念,即在预应力钢束中,选择一个适宜输入预应力几何信息的点作为形状插入点,并以该点为原点建立预应力钢束的局部坐标系。

形状插入点坐标应输入该点在总体坐标系下的坐标值,如图4.8.7所示的0′,而导线点0、1、2、3则是局部坐标系下的坐标值。通过几何学中的映射关系,程序自动将其转变到总体坐标系中,实现预应力束在整体坐标系下的变换。

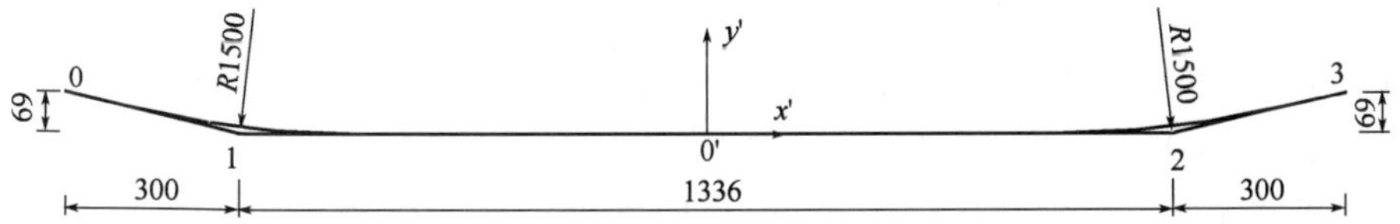


图4.8.7 预应力钢束参考点(尺寸单位:cm)

形状插入点的选择不具有唯一性,可由用户自行决定,图4.8.7中的0′点,也可以设置在导线点0上,或者设置在导线点1、2、3上,甚至还可以不在导线点上。一般应以方便输入为原则,以减少数据处理工作,简化输入,便于检查。

以主梁跨中截面梁底位置(998,0,0)为形状插入点,建立坐标系XOZ。

⑨$x$轴方向。

用于指定钢束坐标系$x$轴的方向。选择“X”,指定钢束坐标系的$x$轴平行于整体坐标系X轴。

⑩绕$x$轴旋转角度。

用于倾斜腹板中的钢束布置,将钢束绕钢束坐标系$x$轴旋转布置,注意$\theta$角的正负号,负号表示逆时针旋转,正号表示顺时针旋转,勾选“投影”可保证控制点的$z$坐标不变。本桥主梁为竖直腹板,该窗口中输入“0”。

⑪绕整体坐标轴旋转。

该功能用于桥梁在纵向有坡度时钢束的布置。本桥为平桥,选择“Y”作为主轴,旋转角度为“0”。

⑫在形状布置中,输入$xoy$、$xoz$平面上的钢束投影曲线的导线点坐标。

$y$, $z$:输入钢束各控制点在$y$-$z$平面坐标系上的坐标;$x$, $y$:输入钢束各控制点在$x$-$y$平面坐标系上的坐标。虽然主梁中肋对称布置2根N1钢束,但由于已将N1钢束设为标准钢束,可将2根N1钢束在梁中线处合并为1根。按上述步骤输入中肋N1钢束的形状,如图4.8.6

所示。

(2)复制钢束形状。

复制中肋 N1 钢筋为左边肋 N1。

①在钢束布置形状列表(图 4.8.8)中选择已定义的中肋 N1,单击“复制和移动”按钮。

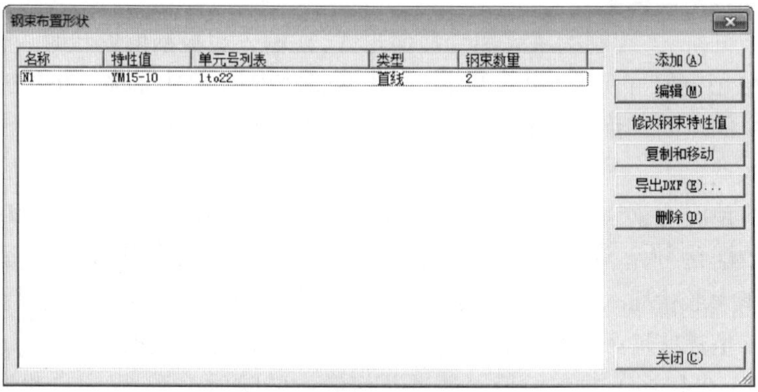


图 4.8.8 “钢束布置形状”列表

②复制钢束。

根据图 4.2.3 的预应力钢束布置将中肋 N1 钢束沿 $Y$ 方向复制 3.75m,“复制/移动钢束形状”对话框如图 4.8.9 所示。

按上述步骤输入主梁全部预应力钢束,在模型窗口显示所有预应力钢束,如图 4.8.10 所示。

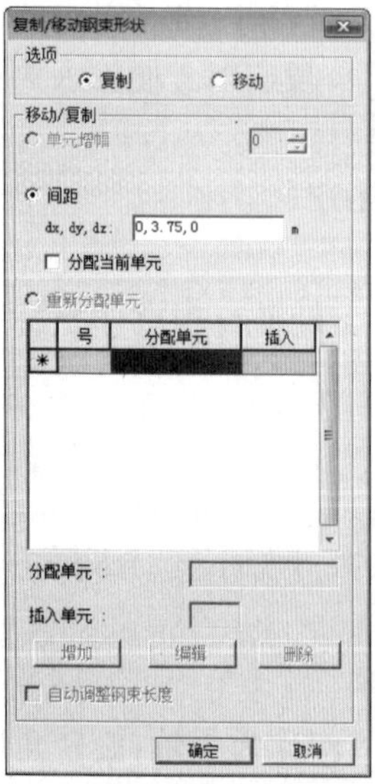


图 4.8.9 “复制/移动钢束形状”对话框

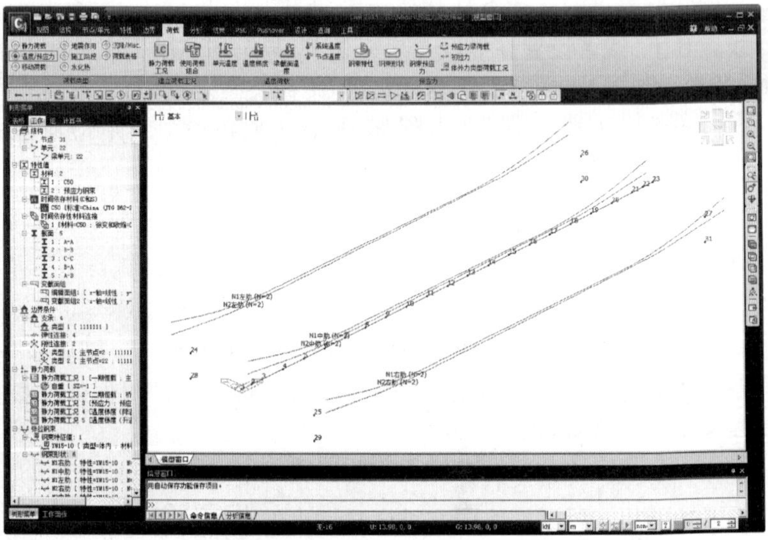

图 4.8.10 主梁全部预应力钢束

## 4.8.4 组合截面钢束位置

在钢-混组合梁的斜拉桥或梁桥中,需要在混凝土中设置预应力钢束。选择“预应力”→

“钢束形状”→“组合截面钢束的位置”,弹出对话框,如图 4.8.11 所示。通过此功能,选择组合截面布置的钢束形状,用于计算组合截面预应力混凝土净截面面积。为此,需要输入以下三项内容:

(1)钢束形状。选择在钢束形状中定义的钢束形状名称。

(2)施工阶段联合截面。选择定义的“施工阶段联合截面”(图 4.8.12),根据选定的钢束形状给出下拉框列表。

(3)部分。指定选择的钢束通过截面的部分。如果未指定组合截面的钢束,程序认为钢束将通过 part1(钢材)部分。

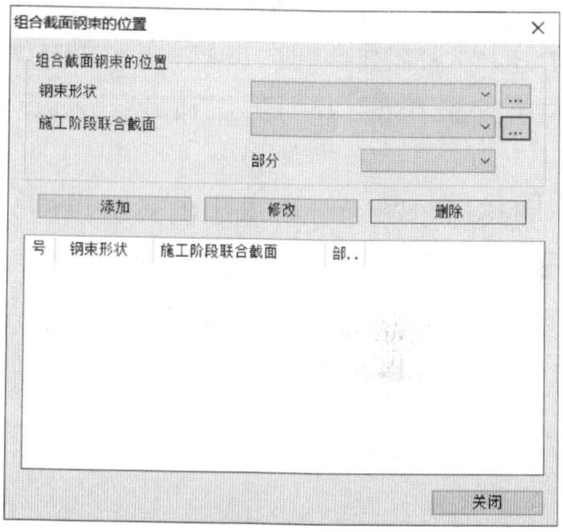


图 4.8.11 “组合截面钢束的位置”对话框

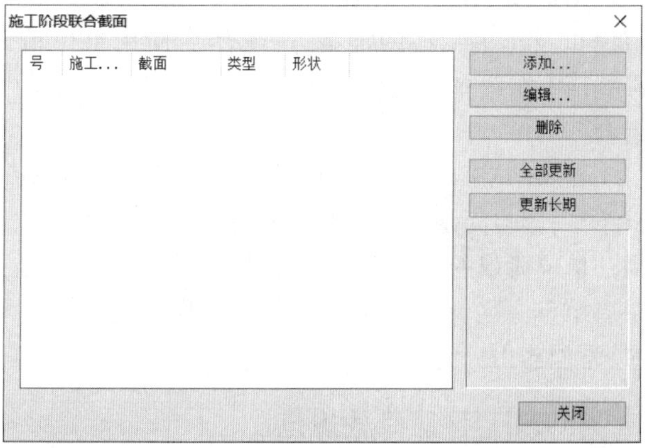


图 4.8.12 “施工阶段联合截面”对话框

## 4.8.5 钢束预应力荷载

完成钢束形状定义后,需要指定各根预应力钢束的张拉力。从选项卡或在树形菜单的菜单表单中打开“钢束预应力荷载”对话框,如图 4.8.13 所示。

张拉力控制选项中有“张拉力”和“先张拉”两个选项,用于设置钢束的张拉力并选择张拉顺序。

1)张拉力

“应力”“内力”选项分别对应于以应力或内力形式输入张拉力。预应力束张拉一般控制锚下应力,因此,以应力方式输入较为方便,若以内力输入,需要将锚下应力与钢束面积相乘得到的结果作为内力。

2)先张拉

先张拉用于控制预应力钢束的张拉顺序,有“开始点”“结束点”“两端”3 种选项,分别对应于施工中单端张拉(开始点、结束点)和两端张拉。

3)注浆

定义张拉钢束后注浆的时间,该项用于考虑管道注浆引起的截

图 4.8.13 钢束的预应力荷载

面特性的变化。后张法预应力混凝土在管道注浆前按扣除管道面积后的净截面计算其截面特性,注浆后按照考虑钢束换算面积后的换算截面计算其截面特性。如在“施工阶段分析控制”选项中选择截面特性为常量,则程序始终按不扣除管道面积也不换算预应力和普通钢筋面积的毛截面进行计算。

# 4.9 移动荷载

当运用 MIDAS/Civil 开展移动荷载分析时,首先定义要施加的车辆荷载、车道线或车道面以及车辆荷载的加载方式,然后使用单位荷载计算影响线或影响面,最后在影响线或影响面上布置车辆荷载,得到各移动荷载工况下的最大值和最小值,并与其他荷载工况进行组合。

在 MIDAS/Civil 中,影响线是指单位荷载沿车道移动时,通过静力分析求出的各节点的分析结果;影响面是指在板单元的各节点上施加单位荷载,通过静力分析求出各节点的分析结果。单位荷载的作用方向应与整体坐标系的 $-Z$ 轴方向相同。通过影响线或影响面得到的结果有节点位移、支座反力和桁架、梁、板单元的构件内力等。其他类型的单元只考虑其刚度效应,不能输出分析结果。

## 4.9.1 移动荷载规范

MIDAS/Civil(中文版)默认的移动荷载规范为中国规范,包括公路、铁路、城市桥梁设计规范中的移动荷载。图 4.9.1 所示为移动荷载选项卡。

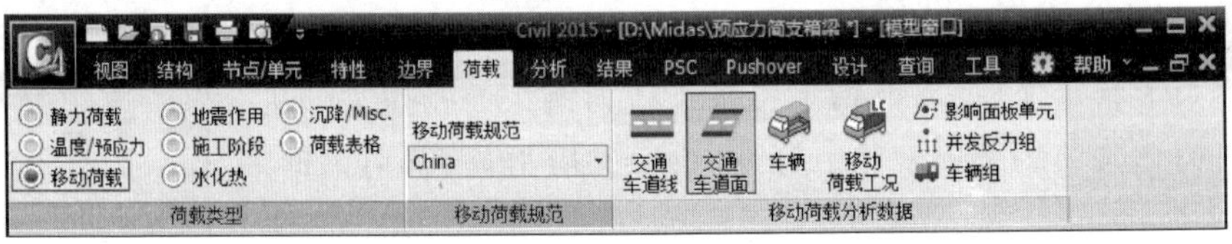


图 4.9.1 移动荷载选项卡

## 4.9.2 车道、车道线与车道面

车道是指描述移动荷载分析时的车辆位置,包括车道线(Traffic Line)和车道面(Traffic Surface Lane),两者与模型中所采用的单元类型有关,梁单元得到车道线,板单元得到车道面。

车道线可以布置在一个梁单元(包括变截面梁单元)或相互连接的一系列的梁单元上,也可以布置于与梁单元有一定偏心距离的线上。MIDAS/Civil 将定义车道位置时使用的梁单元称为车道单元。车道单元上的任意单元的 $j$(或者 $N_2$)端节点必须是后一个单元的 $i$(或者 $N_1$)端节点,若实在不能布置于一个节点时,相邻车道单元间的距离要尽可能小一些,这对确保分析结果的正确性有很大的作用。当车轮间距小于相邻两个车道单元的距离时,一部分的车轮集中荷载将会被忽略。

车道单元的单元局部坐标系的 $z$ 轴方向要平行或尽可能平行于整体坐标系的 $Z$ 轴方向,车道单元的单元局部坐标系的 $x$ 轴方向不能与整体坐标系的 $Z$ 轴方向一致。

下面结合示例桥,以汽车车道(右)为例介绍车道的定义方法。示例桥采用梁单元建模,只需定义移动荷载分析时的车道位置。该桥有 4 个车道,车道布置如图 4.9.2 所示。

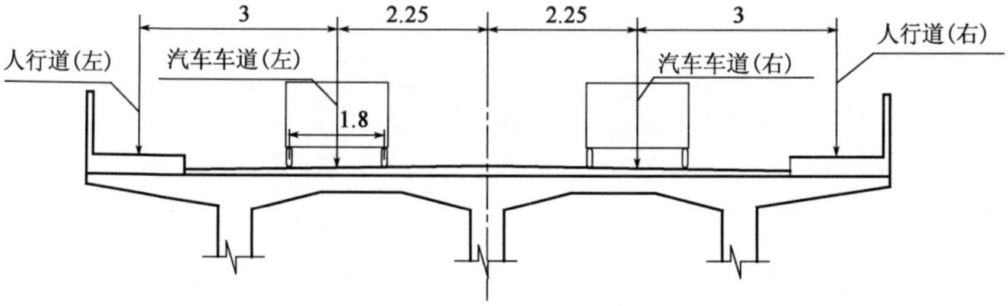


图 4.9.2 示例桥车道布置(尺寸单位:m)

从主菜单中选择“荷载”>“移动荷载”>“交通车道线”,打开“车道”定义对话框(图 4.9.3),单击“添加”对话框,打开“车道”对话框,如图 4.9.4 所示。

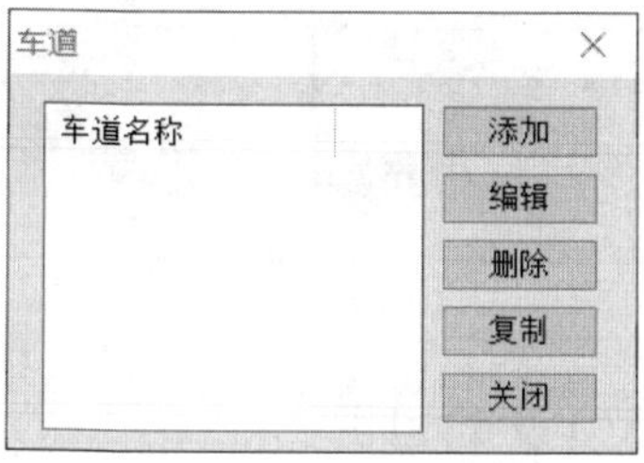


图 4.9.3 “车道”定义对话框

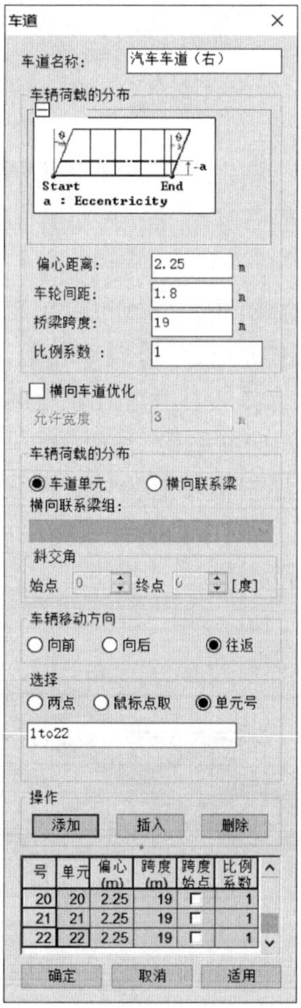


图 4.9.4 添加/修改车道

1)车道名称

输入用户定义的车道名称,在本栏输入“汽车车道(右)”。

2)车辆荷载的分布

指定布置车辆荷载加载方式有“车道单元”法和“横向联系梁”法两种加载方法,如图4.9.5所示。前者适用于单梁模型,后者适用于有横向联系梁的梁格模型。

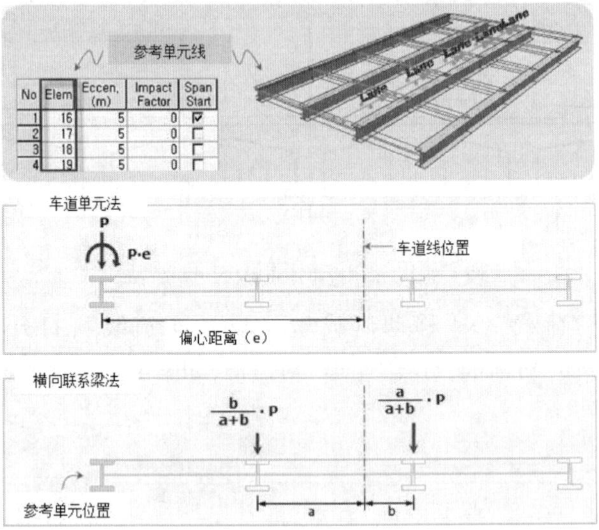


图4.9.5 “车道单元”法和“横向联系梁”法加载示意图

(1)当选用“车道单元”法时,所有车辆荷载均作用于车道的中轴线上。计算影响线时,若车道和车道单元位置一致,只需输入单位垂直荷载;若车道和车道单元有一定的偏心距,不仅要输入单位垂直荷载,还要输入单位扭矩。但“车道单元”法仅是将竖向荷载(车辆荷载)以及偏心所产生的扭矩加载在车道线单元上,不考虑横向联系梁的荷载分配效应。当横向联系梁较少,车道线距离选择的参考单元较近时,车道单元法能得到比较好的结果。

(2)当选用“横向联系梁”法时,汽车荷载按图4.9.6所示进行荷载分配,并加载在相邻的横向联系梁上,程序根据车道线位置将分配荷载作用于相邻的两个主梁上,此时参考单元仅作为确定偏心距之用。对于由多片梁组成的梁格模型,采用“横向联系梁”法能够获得更为准确的结果。

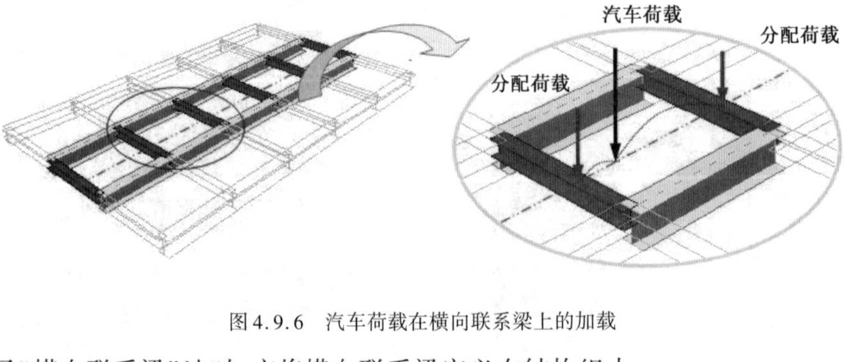


图4.9.6 汽车荷载在横向联系梁上的加载

当选择“横向联系梁”法时,应将横向联系梁定义在结构组中。

在曲线半径小于桥梁跨径的弯桥中选择“横向联系梁”法时,横向联系梁的间距应足够小(如0.5m),确保程序能够很好地查找到相邻的横向联系梁单元。

3）横向车道优化

在 MIDAS/Civil V8.32 及以前版本中，一旦定义了车道（车道线或车道面），车辆荷载只能布置在车道中央［图4.9.7a）］，车辆在车道宽度内不能有横向移动，由此得到的构件内力、应力、反力或变形值不一定是最不利结果。如果想要获得车辆在横桥向的最不利位置，只能定义多条车道，通过分析比较后得到。

在 MIDAS/Civil V8.32 之后的版本中，MIDAS/Civil 增加了“横向车道优化”选项，除在车道中央布置车辆荷载外，还在车道的左边和右边各增加一个车辆位置［图4.9.7b）］，允许车辆荷载在车道宽度内横向移动，从而得到移动荷载分析中最不利的横向效应。

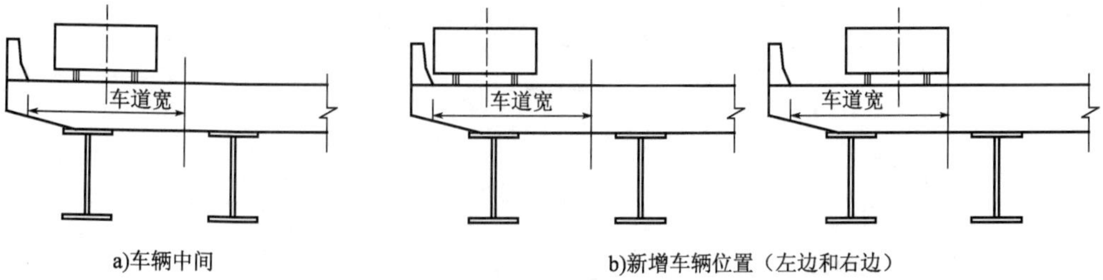


图4.9.7　横向车辆布置

4）斜交角

当桥梁为斜桥时，应输入始点和终点处的斜交角（图4.9.4）。

5）车辆移动方向

车辆荷载的移动方向有“向前”“向后”“往返”3个选项。车辆荷载前后轴的轴重和轴距是不对称的，当有两个或两个以上的车道时，车辆沿一个方向行进与车辆往返时对结构产生的影响是不同的，因此有必要考虑车辆沿两个方向的行车效果，以获得最不利值。

6）偏心距离

输入实际车道相对于车道单元的偏心距离。车道与车道单元间的偏心距离是指沿着单元局部坐标系的 $+y$ 轴方向或 $-y$ 轴方向，从车道单元中心到车道中心线的垂直距离。偏心距的正负号定义：当荷载对单元局部坐标系 $x$ 轴产生正方向的扭矩时（图4.9.8），即以单元局部坐标系 $x$ 轴为基准，位于 $-y$ 轴方向时为正，位于 $+y$ 轴方向时为负。

7）车轮间距

输入车辆的横向轮距。公路和城市桥梁规范中的车辆荷载，横向轮距为1.8m。当进行影响线分析时，程序会自动在各个车轮位置处施加一个“轴重/轮数”的荷载。图4.9.9所示为双轮距的影响线及加载车辆荷载，各个位置以0.5倍的轴重加载。若车轮间距输入为0，程序显示单线影响线，如图4.9.10所示。

8）桥梁跨度

桥梁跨度是指车道单元所在位置的桥梁跨度。对由不等跨度组成的多跨桥梁，需要输入对应于车道单元位置所在的桥梁跨度。“桥梁跨度”对移动荷载大小的选取以及冲击系数计算都会产生影响。《公路工程技术标准》（JTG B01—2014）和《城市桥梁设计规范》（CJJ 11—2011）中的车道荷载，确定集中荷载 $P_k$ 和移动荷载纵向折减系数需要“桥梁跨度”。当冲击系数计算选择“按定义车道时输入的跨度”时，确定冲击系数大小所使用的 $L$ 也是“桥梁跨度”。

9）比例系数

在“移动荷载工况”选项卡中选择“移动荷载优化”时，需要输入横向移动荷载的比例系数。

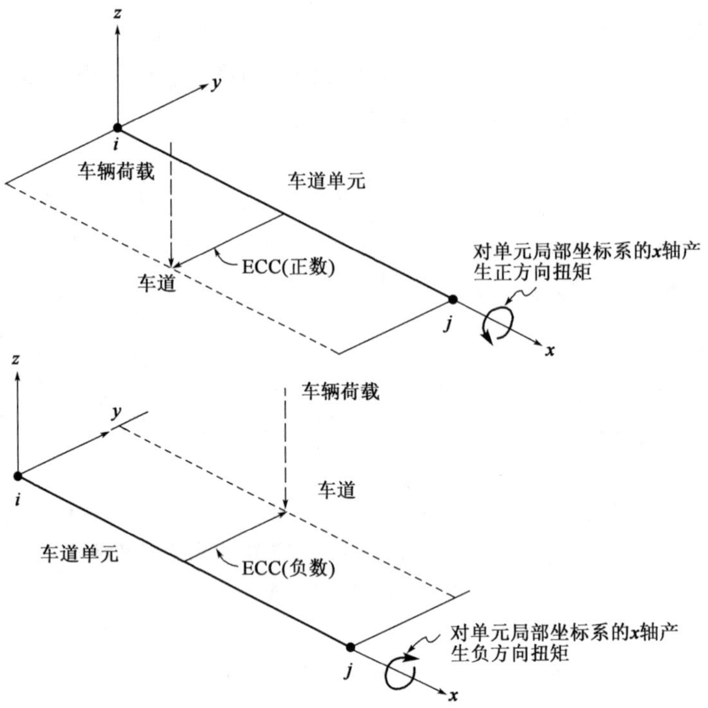


图4.9.8　偏心距正负号的定义

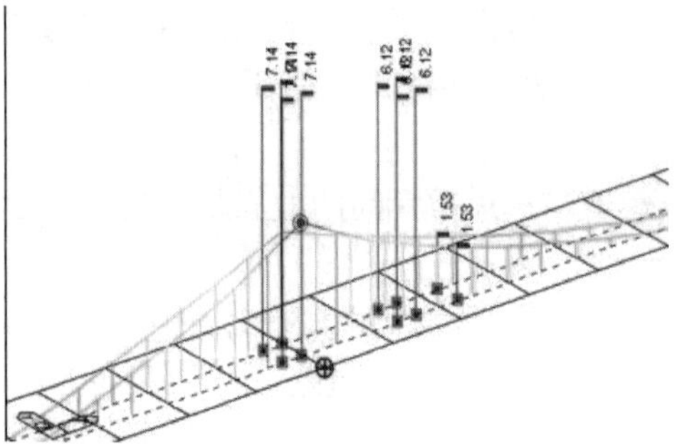


图4.9.9　考虑双轮间距的移动荷载

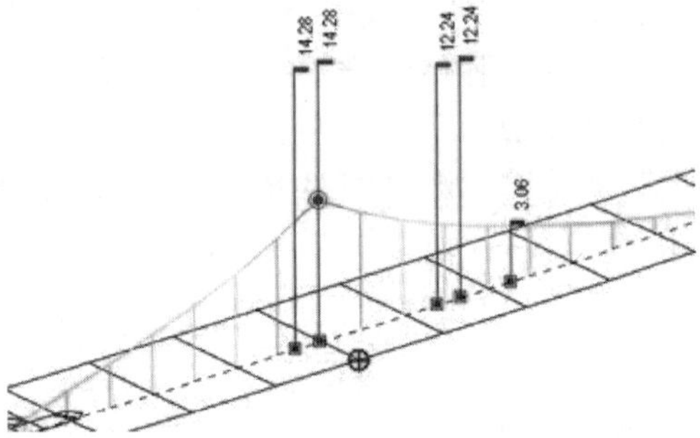


图4.9.10　单线移动荷载

10)车道单元的选择

选择车道单元有3种方法:

(1)两点。输入车道起点和终点的坐标,连接两点的直线上的梁单元将被指定为车道单元,先输入的点为开始点。

(2)鼠标点取。用鼠标点取单元,先点取的单元为开始点位置。

(3)单元号。直接输入单元号,先输入的单元为开始点位置。

需要注意的是,输入过程中一定要按照车辆的移动路线,按顺序输入车道单元,否则计算结果将是错误的。

本桥采用两点的方法,输入主梁1号节点坐标(0,0,0)和23号节点坐标(19.96,0,0)。

11)跨度始点

对于多跨桥梁,需要输入车道线上桥梁每跨的起始点(图4.9.4中的跨度始点),用于计算在移动荷载下连续桥的最大负弯矩;对于车道单元,程序默认跨度始点为所选单元的左侧点(沿着所选单元顺序方向)。

通过上述输入,即可完成“汽车车道(右)”的定义。示例桥中共4个车道(2个汽车车道,2个人行道),按上述步骤完成其余车道的定义,如图4.9.11所示。

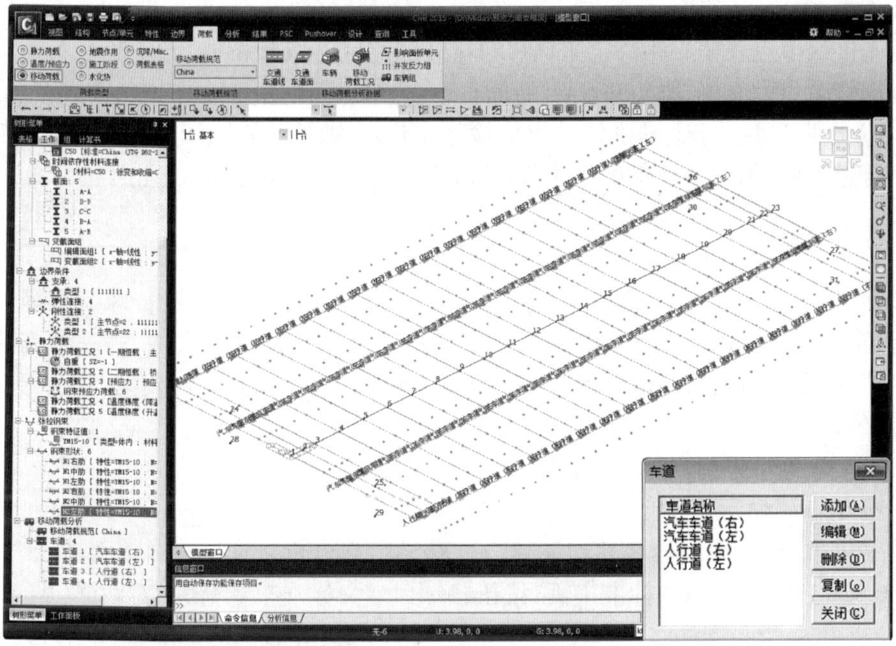


图4.9.11 车道定义界面

车道面一般用于移动荷载平面分布效果较大的刚架或板式桥梁中。车道面由车道面单元和车道节点组成(图4.9.12)。其中,车道面单元是指活荷载的加载单元,通过指定车道宽度、

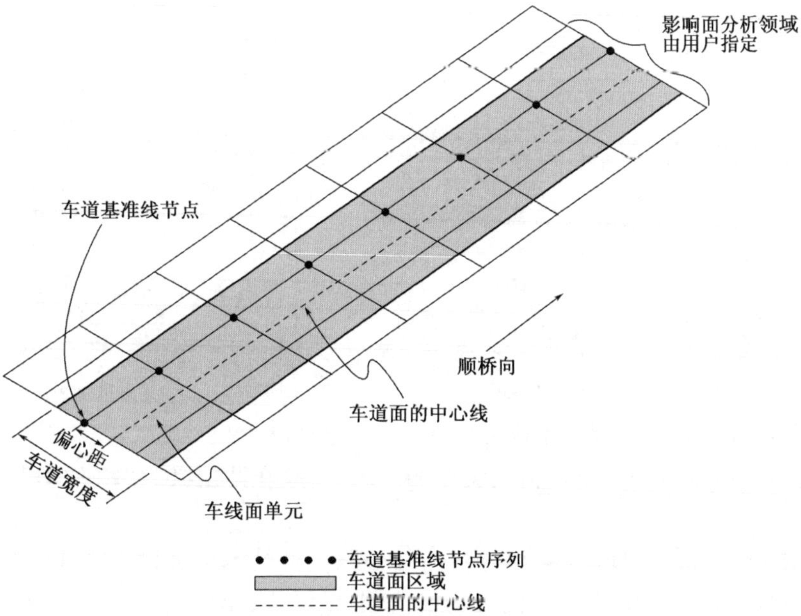


图4.9.12 车道面的车道面单元和车道基准线节点

车道基准线节点和偏心距,程序自动确定车道面单元。允许重复输入车道,还可以输入各跨度的冲击系数。

需要注意的是,采用板单元建模进行影响面分析时,自定义人群荷载的分布宽度(Width)将不起作用,起作用的是定义车道时输入的宽度,程序按照车道面中定义的车道面宽度计算荷载大小和加载区域。

车道基准线节点和偏心距决定车辆移动荷载的路线。以顺桥向为基准,若车道面的中心在车道基准线节点的右侧,则为正(+)的偏心距;若车道面的中心在车道基准线节点的左侧,则为负(-)的偏心距。车道基准线节点应输入车道面内的节点。由于以输入的节点顺序来决定车辆行进方向,因此必须正确输入节点顺序,并且不允许重复输入。

### 4.9.3 车辆

"车辆"用于定义移动荷载类型(如车道荷载、车辆荷载、人群荷载、特殊荷载等)、荷载集度和人行道分布宽度等。MIDAS/Civil 提供了两种定义车辆荷载的方法:第一种方法是定义标准车辆荷载,程序自动从内部数据库调出标准车辆荷载,并将其作用到模型上;第二种方法是用户定义输入。

下面以本示例桥为例,介绍车辆荷载定义方法。

1)标准车辆荷载

从主菜单中选择"荷载">"移动荷载">"移动荷载分析数据">"车辆",打开"车辆"对话框(图4.9.13),单击"添加标准车辆"按钮,弹出"定义标准车辆荷载"对话框(图4.9.14)。

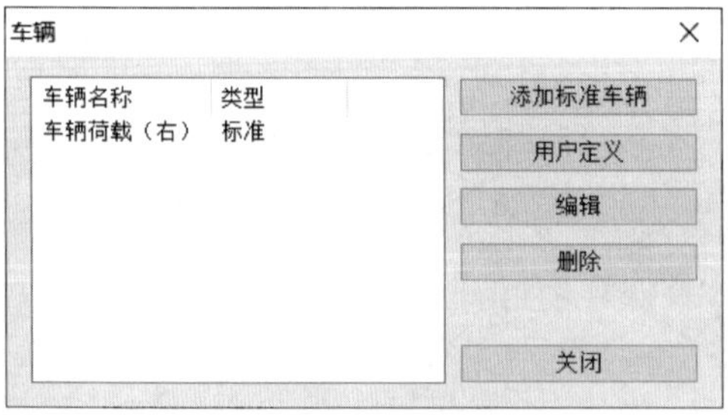


图4.9.13 "车辆"对话框

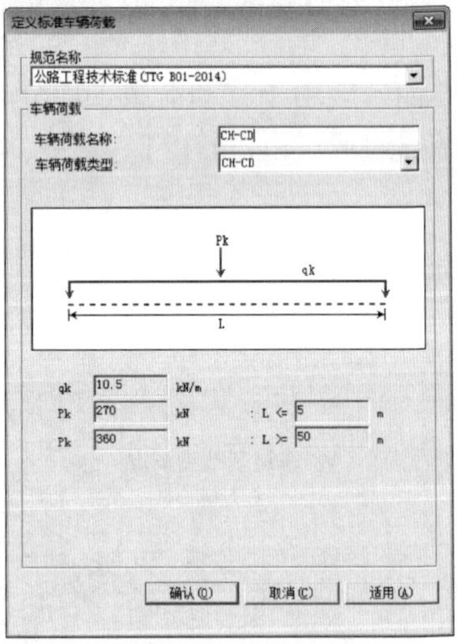


图4.9.14 "定义标准车辆荷载"对话框

规范名称:选用"公路工程技术标准(JTG B01—2014)"。

车辆荷载名称:默认为与车辆荷载类型相同的名称,在此定义为"CH-CD",即"车辆荷载(右)"。

车辆荷载类型:选择标准车辆荷载类型。《公路工程技术标准》(JTG B01—2014)中规定的标准车辆荷载:CH代表中国,CD代表车道荷载,CL代表车辆荷载,RQ代表人群荷载。在此选择"CH-CD"。

按上述步骤，完成“车辆荷载（左）”的定义。

2）用户定义

从主菜单中选择“荷载”>“移动荷载”>“移动荷载分析数据”>“车辆”，打开“车辆”对话框，单击“用户定义”按钮，打开“用户定义的车辆荷载”对话框（图4.9.15）。其中，荷载类型有“汽车”“列车/特殊车辆”“人群荷载”3种。

（1）汽车：输入城市桥梁、公路桥梁、新旧桥梁规范中的车辆、车道、履带车、挂车等荷载。

（2）列车/特殊车辆：输入铁路桥梁的普通列车和高速列车荷载以及轻轨荷载。

（3）人群荷载：输入对应于新、旧公路标准的人群荷载。对于公路桥梁，人群荷载标准值应按《公路桥涵设计通用规范》（JTG D60—2015）第4.3.6条规定采用：计算跨径 $L \leqslant 50$m，取3.0kN/m²，计算跨径 $L \geqslant 150$m，取2.0kN/m²，计算跨径在50～150m范围内按3.25～0.005$L$内插。专用人行桥梁，人群荷载标准值为3.5kN/m²。

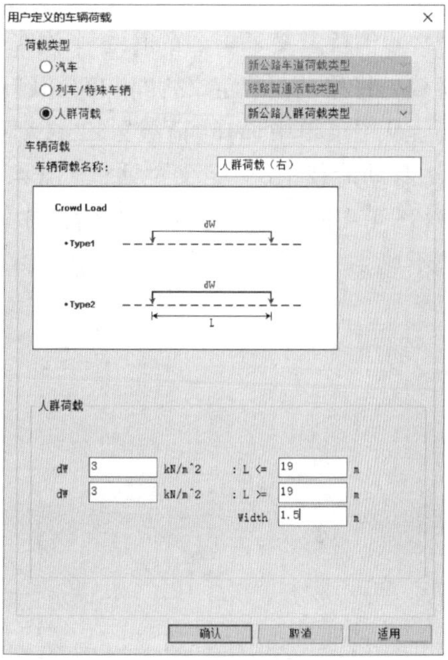


图4.9.15 “用户定义的车辆荷载”对话框

示例桥中人群荷载为3.0kN/m²，单侧人行道分布宽度为1.5m，采用“用户定义”方式输入。“人群荷载”选择“新公路人群荷载类型”；车辆荷载名称：定义为“人群荷载（右）”，并输入人群荷载信息。按上述步骤，完成“人群荷载（左）”的定义。

车辆荷载定义完成后，在“车辆”对话框中，可以看到所定义的车辆荷载列表，如图4.9.16所示。

在定义“车辆”时，可以针对每个车道定义一种“车辆”，也可以针对几个车道定义一种“车辆”。例如，示例桥中分别定义了汽车车道（左）和汽车车道（右）两个车道，但两者的车辆荷载性质相同，因此可仅定义为一种“车辆”。对于人群荷载，当两侧的人群荷载及人行道分布宽度相同，也可定义为一种“车辆”。如果人群荷载和人行道分布宽度中有一个值不同，如人群荷载均为3.0kN/m²，而人行道宽度一边为1.5m，另一边为2.0m，就需要定义两种“车辆”。

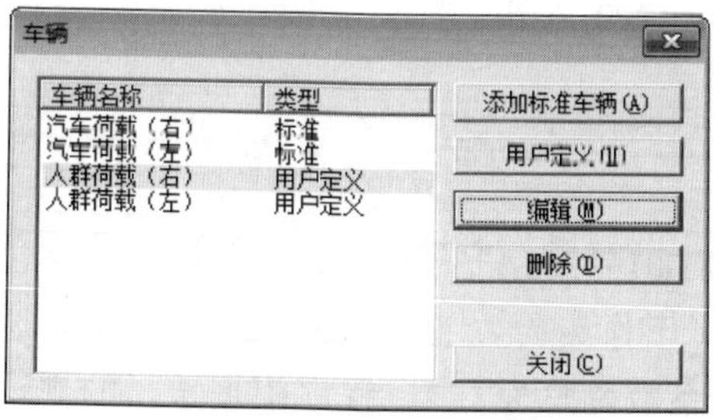


图4.9.16 车辆荷载列表

## 4.9.4 移动荷载工况

开展移动荷载分析，其目的是得到最不利条件下的设计变量（如构件内力、位移、支座反力等），这就需要充分考虑全部车辆荷载可能的加载方式：当有多个设计车辆荷载时，是加载所有的车辆荷载，还是只考虑最不利的车辆荷载；当有多个车道时，是将车辆荷载作用在特定车道上，还是作用在所有车道上；多车道车辆荷载的折减是多少等等。这些因素都对设计变量有直接的影响。为此，MIDAS/Civil采用移动荷载工况，将车道与车辆荷载联系起来，通过排列组合方法求出全部可能的荷载组合,并计算出这些荷载组合中对应的最大、最小设计变量。

示例桥定义了4个车道(2个汽车车道和2个人行道)及相应的移动荷载(汽车荷载、人群荷载),将移动荷载定义为“汽车荷载”和“人群荷载”两个移动荷载工况。

从主菜单中选择“荷载”>“移动荷载”>“移动荷载分析数据”>“移动荷载工况”,打开“移动荷载工况”定义对话框(图4.9.17),单击“添加”按钮;打开“移动荷载工况”对话框(图4.9.18),在“荷载工况名称”中输入“汽车荷载”,“说明”栏中输入该工况的备注或者空缺不填。

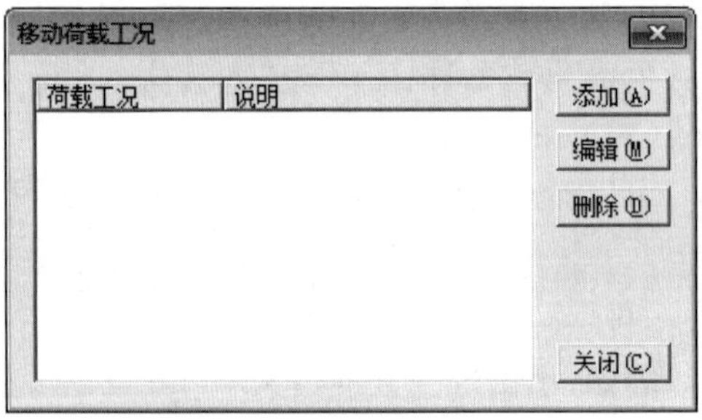


图4.9.17 “移动荷载工况”定义对话框

图4.9.18 “移动荷载工况”对话框

1)规范类型

规范类型中有“旧城市桥梁”“公路桥梁/新”“JTG B01—2014”3种选项。其中,“公路桥梁/新”对应于《公路工程技术标准》(JTG B01—2003)(已作废)。“JTG B01—2014”将“车道横向折减系数”改为“横向车道布载系数”,并将单车道系数调整为1.2。程序根据选择的规范类型,按公路桥梁或城市桥梁确定横向车道布载系数。

2)组合选项

MIDAS/Civil用子荷载工况来确定车辆荷载及对应的加载车道位置。程序对各车道可能加载的子荷载工况进行各种可能的组合。

(1)当选择“单独”时,程序以多个子荷载工况的包络结果作为移动荷载工况的计算结果。例如,定义了汽车和挂车两个子荷载分析工况,程序会分别计算汽车和挂车子荷载工况的结果,然后对两个子荷载工况结果进行比较,取最不利的结果作为整个移动荷载工况最终的计算结果输出。当选择“单独”时,各子荷载工况既可以针对相同的移动荷载类型,也可以针对不同的移动荷载类型。

(2)当选择“组合”时,程序以多个子荷载工况的相加结果作为移动荷载工况的计算结果,而且各个子荷载工况必须针对不同的移动荷载类型,如人群荷载和车道荷载。对于相同的移动荷载类型,“组合”不起作用,程序默认“单独”起作用。

无论是选择“单独”还是“组合”,程序都会根据子荷载工况的加载车道数选择对应的多车道横向车道布载系数进行计算,并可以在“移动荷载追踪器”中查看与分析结果相对应的移动荷载布置形式。

本示例桥有汽车和人群两种荷载,因此选择“组合”选项。

3)定义“子荷载工况”(图4.9.19)

(1)车辆组。从已经定义的车辆中选择,如选择“VL:汽车荷载(右)”。

(2)系数。

系数是一个人为的调整系数,可以根据需要对移动荷载的计算结果进行调整。对于移动荷载横向分布系数或其他线性系数,可以利用这个“系数”窗口输入。需要注意的是,目前的程序尚不支持移动荷载横向分布系数的计算功能,如果要考虑横向分布系数,只能在该“系数”中输入,程序会在对移动荷载的分析结果中自动乘以这个系数作为输出结果。MIDAS/Civil 支持空间计算,一般不需要考虑该系数,系数输入1。只有在由多片梁组成的梁格体系桥用一片梁来计算时,才需要输入横向分布系数。冲击系数在“移动荷载分析控制”中定义,多车道横向车道布载系数以及大跨度车道纵向折减系数由程序自动计算。

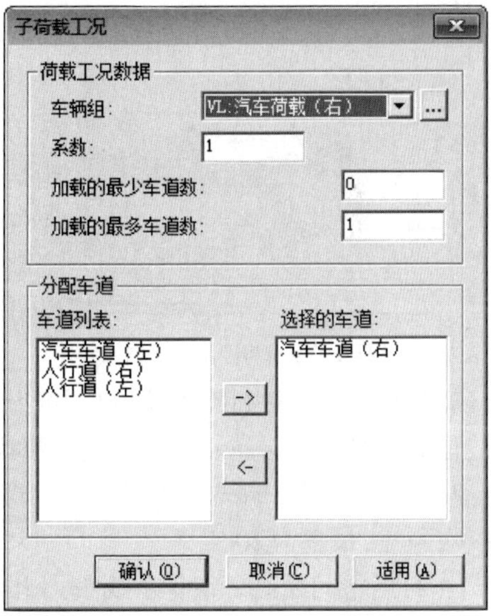


图4.9.19 “子荷载工况”对话框

(3)加载的最少车道数。加载的最少车道数是指该车辆组在指定车道上可以加载的最少车道数量。当输入0时,表示该车辆组在车道上可以不加载。

(4)加载的最多车道数。加载的最多车道数是指该车辆组在指定车道上可以加载的最多车道数量。

加载的最多和最少车道数量必须小于已选车道列表中选择的车道数量。此项用于确定横向车道布载系数。对于本示例桥,由于1个车道对应一个车辆,因此加载的最多车道数量为1。

(5)分配车道。分配车道是指将选择的车辆组分配到对应的车道上。例如,将“VL:汽车荷载(右)”分配到“汽车车道(右)”,如图4.9.19所示。

按上述步骤,完成其余子荷载工况的定义。

### 4.9.5 移动荷载分析控制

该项用于指定移动荷载分析的方法和分析结果的输出位置。“移动荷载分析控制数据”对话框如图4.9.20所示。

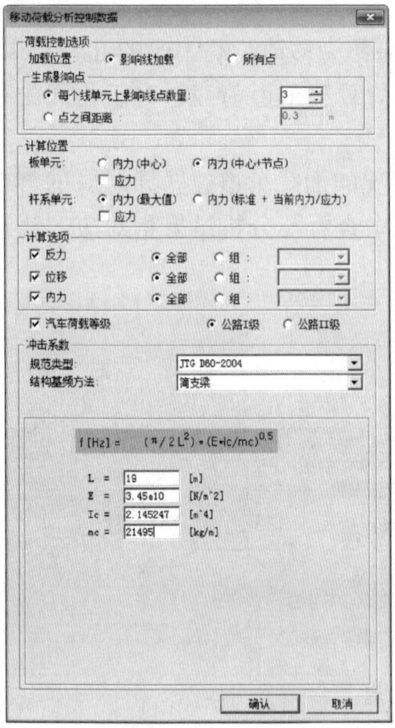

图4.9.20 “移动荷载分析控制数据”对话框

1)加载位置

(1)“影响线加载”是指车轮只加载在使各节点内力发生最大值、最小值的位置。当前后轮轴位于影响线符号不同的区域时,忽略负值(或正值),只加载在正值(或负值)区域。该方法得到的结果比实际结果稍大,一般用于公路、城市桥梁车辆荷载的加载。

(2)“所有点”与影响线的正、负号无关,各集中荷载依次沿车道行进,加载到能加载的所有点上(包括节点和下面定义的线单元影响线分析位置)。该方法一般用于铁路、地铁、轻轨桥梁列车荷载的加载。

2)生成影响点

程序默认每个单元的两端节点为影响线的可能加载点,但当梁单元长度较长时,这种加载方式得到的计算结果比较粗糙,此时可以采取两种措施:一是细分单元,二是增加影响线分析点数量。由于细分单元可能会对其他单元产生影响,对模型的整体性和正确性不易保证,因此,MIDAS/Civil 提供了增加影响线加载点的方式来满足精度要求。

(1)每个线单元上影响线点数量。在一个线单元上细分出多个参考点,进行影响线分析并绘制出影响线图。参考点越多,影响线分析的结果就越准确,但分析时间也会越长。如果进行影响线分析的车道线单元较长或车道面单元较大时,宜细分单元后再进行影响线分析,否则会影响分析结果的准确性。影响线点数最小为 2,即单元左、右节点,最多为 10 点。

(2)点之间距离。在一个线单元上细分出多个连续的参考点进行影响线分析。这种方式与节点位置和单元长度无关,它是直接通过距离来控制计算影响线值的位置和数量,进而控制影响线的精度。显然,点之间的距离越小,分析结果越准确,但分析时间越长。

3)计算位置

该项用于指定移动荷载分析结果输出内容和单元输出位置。

(1)板单元。输出单位宽度上的构件内力。

①内力(中心)。计算单元中心点处单位长度上的构件内力,并作为整个单元的结果。

②内力(中心 + 节点)。计算和输出单元中心点和节点处单位长度上的构件内力。

③应力。决定是否计算板的应力。

(2)杆系单元。程序默认输出 5 点处的构件内力。当在“每个线单元上影响线点数量”处输入的数不是 5 时,程序将按内插法求出 5 点处的内力。

①内力(最大值)。输出每个梁单元 5 点(每个单元 4 等分)处的构件的最大最小内力,但不输出对应的其他内力,主要为了提高计算速度和减少输出量。

②内力(标准 + 当前内力/应力)。输出每个梁单元 5 点处的构件内力,并输出各位置发生最大最小轴力时对应的弯矩。同样可以输出各位置处发生最大和最小弯矩时相应的轴力。开展 RC 设计或 PSC 设计时应选择该项。

③应力。决定是否计算梁单元的应力。

4）桥梁等级

当移动荷载中选择符合新公路工程技术标准的车道荷载时，确定是公路—Ⅰ级，还是公路—Ⅱ级。

5）冲击系数的计算

根据桥梁类型（公路桥梁、城市桥梁或铁路桥梁），选择冲击系数计算方法。《公路桥涵设计通用规范》（JTG D60—2015）建议优先采用基频方法换算冲击系数。结构基频既可以按规范中提供的公式估算，也可以通过动力特性计算得到。

## 4.10 组的概念与应用

组是一个对象的集合。MIDAS/Civil 中的对象包括节点、单元、荷载、边界条件和预应力钢束等。组有很多用途，包括快速选择对象来编辑和指定、阶段施工、定义模型切割、分组对象进行相同的设计以及选择输出等。MIDAS/Civil 将上述对象定义为结构组、荷载组、边界组、钢束组，并为每个组定义一个默认组。

组只能在树形菜单中定义和操作。在生成组之前，需要先定义组的名称，然后在树形菜单的组表单中使用拖放功能将所选择的对象赋予相应的组。

### 4.10.1 结构组

结构组由节点和单元组成。一个结构组中可以只有节点而没有单元，也可以只有单元而没有节点。定义后的结构组用于建模、修改和输出。对于复杂的模型，当分析和设计中需要反复使用某些单元和节点时，可以将其定义为一个结构组，然后直接使用该结构组名称进行选择或激活。此外，该功能还用于定义桥梁各施工阶段的结构。

具体操作时，在树形菜单的组表单中单击鼠标右键，使用选择功能选择相应的节点和单元，然后用鼠标选择相应的结构组，将其拖放到模型窗口中，则选择的节点和单元将被分配到指定的结构组中。定义后的结构组会显示节点数和单元数，表示结构组中有多少个节点和多少个单元。

### 4.10.2 边界组

边界组由施加在单元和节点上的边界条件组成。对于复杂模型，当分析和设计中需要反复使用某些边界条件时，可以将其定义为一个边界组，该功能可以用于定义桥梁各施工阶段的边界。

定义和使用边界组时，应注意以下几点：

（1）边界组的名称最好能做到“见词知义”，如固定支座、临时支承、拉索支承1、拉索支承2……这在定义和分析复杂施工阶段桥梁时十分有用，可以缩短建模时间，减少出错率。

（2）一个边界组不能被多次激活，将施工阶段不同时间激活的边界条件定义在不同的边界组中。

（3）在施工阶段分析时不能激活默认组，模型中的所有边界条件都应定义在边界组中。

（4）在激活结构组时，应及时激活边界组，否则有可能会造成自由度不够。

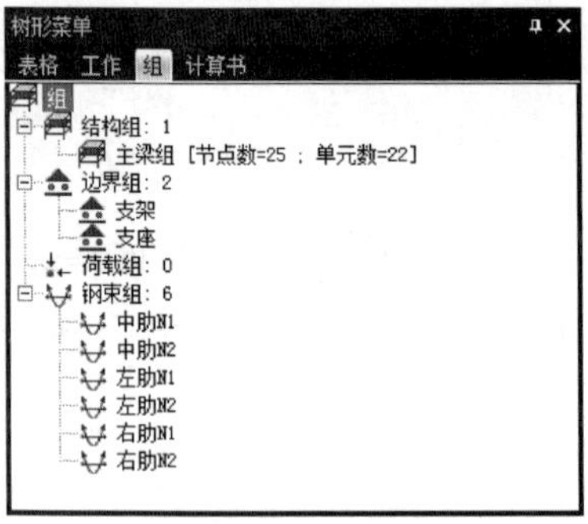


图 4.10.1　新建"支架""支座"边界组

示例桥主梁分为支架现浇和支架拆除两个阶段,定义"支架"和"支座"2 个边界组,把支架临时支承放在"支架"组,在支架拆除阶段予以钝化,模拟支座拆除。把永久支承放在"支座"组。具体操作方法如下:

(1)在"树形菜单" > "边界组"上右击,新建"边界组 1""边界组 2",将其重命名为"支架""支座"(图 4.10.1)。

(2)在模型窗口中选择所有主梁节点(图 4.10.2)。

(3)在树形菜单中,选取边界组的"支架"拖拉至模型窗口,弹出"选择边界类型"对话框(图 4.10.3)。在 4.7 节定义主梁边界条件时,对主梁节点(1 ~23 号节点)采用"一般支承",在此对话框中仅选取"一般支承"(图 4.10.4)。

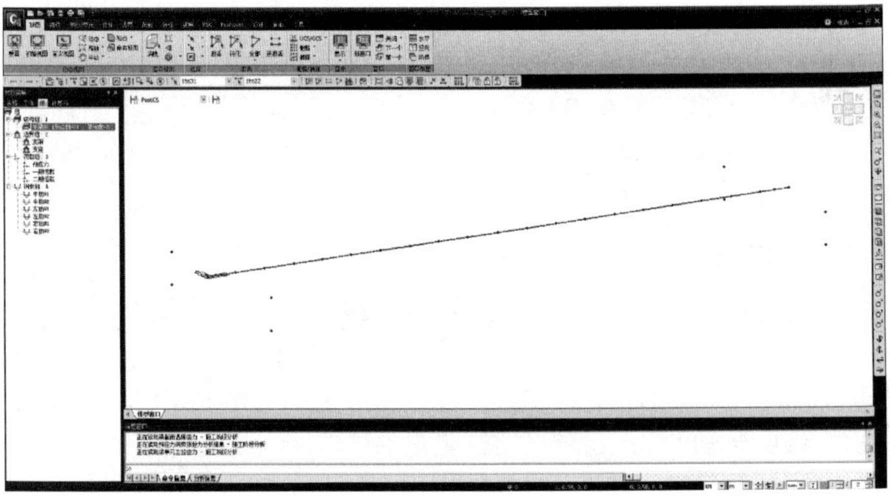

图 4.10.2　选择所有主梁节点

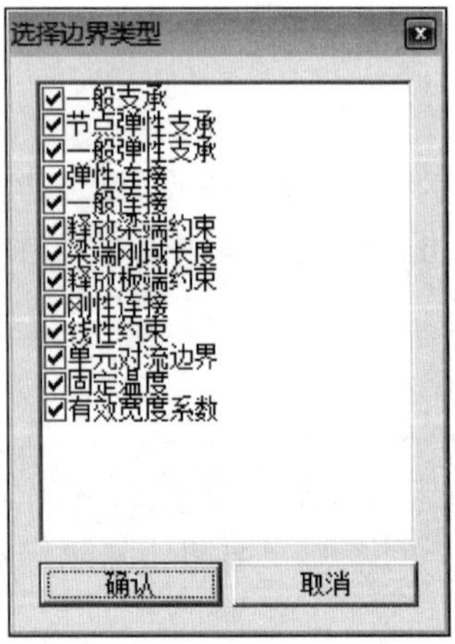


图 4.10.3　"选择边界类型"对话框

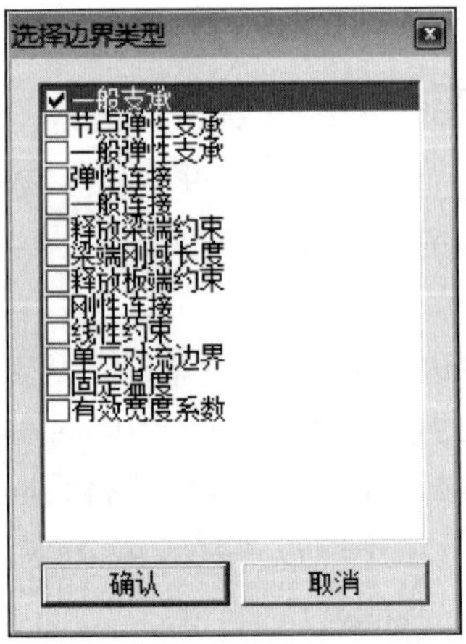


图 4.10.4　选取"一般支承"

(4)单击“确认”按钮,完成支架边界组的定义,在树形菜单中选择“支架组”,右击选择“显示”,即在模型窗口中显示支架组(图 4.10.5)。

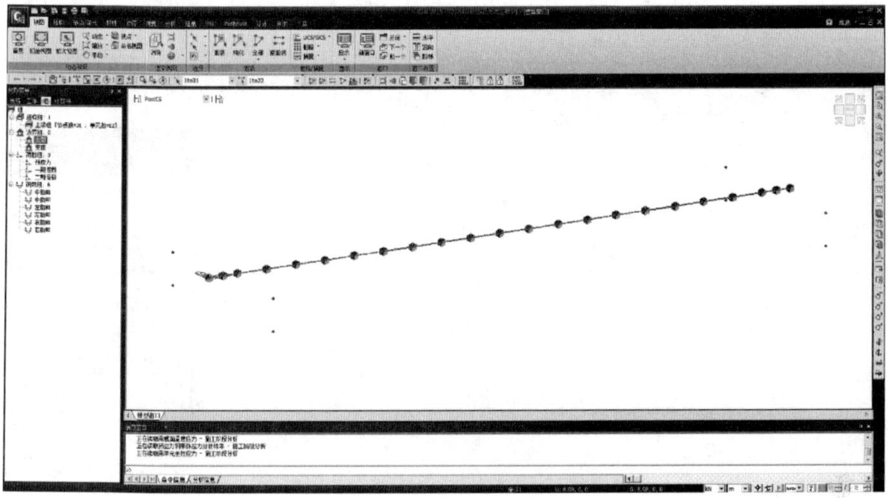

图 4.10.5 支架组

(5)选取支座节点(24～31 号节点)按上述步骤 2、3(在“选择边界类型”对话框中选择“一般支承”“弹性连接”),将支座节点边界条件定义为支座组(图 4.10.6)。

图 4.10.6 将支座节点边界条件定义为支座组

(6)由于主梁与支座节点之间采用刚臂连接(刚性连接),选取主梁节点(2、22 号节点),在“选择边界类型”对话框中选择“刚性连接”,将刚臂添加到支座组中,如图 4.10.7 所示。

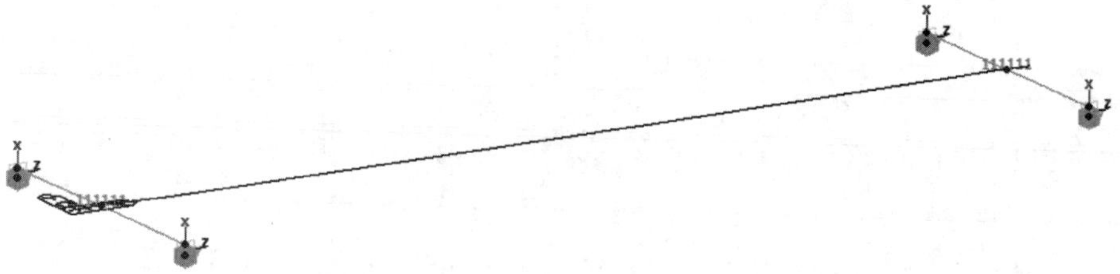

图 4.10.7 支座组

### 4.10.3 荷载组

荷载组是指由荷载组成的组。桥梁工程中常见的荷载组有自重、二期恒载、桥面铺装、预应力、索力、临时荷载和温度等。

下面以本桥为例,介绍定义荷载组的方法。

(1)在“树形菜单”中选择“荷载组”右击,弹出关联菜单“新建”,新建“荷载组1”“荷载组2”“荷载组3”,重命名为“一期恒载”“二期恒载”“预应力”3个荷载组(图4.10.8)。

(2)在树形菜单中打开“自重”对话框(图4.10.9),在“荷载组名称”中选择“一期恒载”。

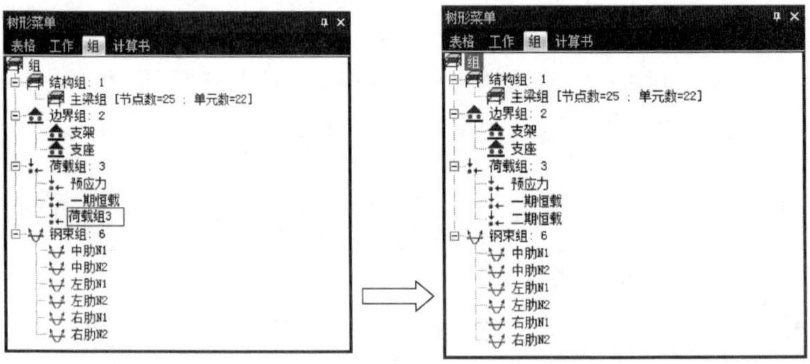


图4.10.8 新建结构组

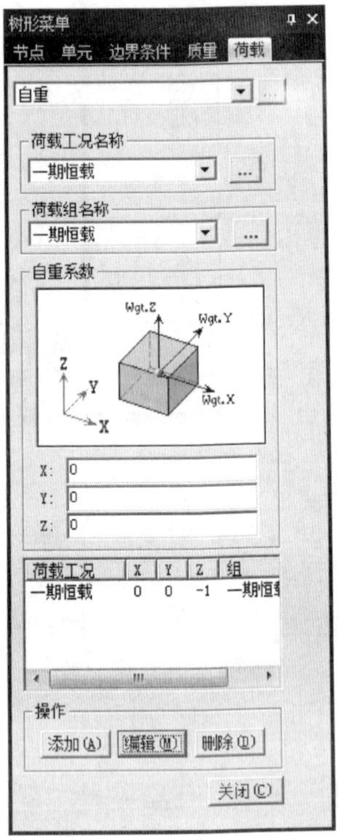


图4.10.9 一期恒载组

(3)在表格菜单中选取“梁单元荷载”,在梁单元荷载表格中重新定义“二期恒载组”(图4.10.10)。

| 单元 | 梁单元荷载类 | 荷载工况 | 荷载类型 | 偏心 | 偏心类 | 偏心方向 | 使用 | 距离 | 距离-J( | 附加 | J端 | 距I端 | 距J端 | 方向 | 投影 | D1 | D2 | D3 | D4 | P1 | P2 | P3 | P4 | 单位 | Dx | Dy | Dz | 组 |
|---|---|---|---|---|---|---|---|---|---|---|---|---|---|---|---|---|---|---|---|---|---|---|---|---|---|---|---|---|
| 1 | 梁单元荷载( | 一期恒载 | 分布荷载 | 否 | 中心 | 局部坐标 | 否 | 0.00 | 0.00 | 否 | 否 | 0.00 | 0.00 | 整体坐 | 否 | 0.00 | 1.00 | 0.00 | 0.00 | -24.50 | -24.50 | 0.00 | 0.00 | kN/m | 0.00 | 0.00 | 0.00 | 二期恒载 |
| 2 | 梁单元荷载( | 一期恒载 | 分布荷载 | 否 | 中心 | 局部坐标 | 否 | 0.00 | 0.00 | 否 | 否 | 0.00 | 0.00 | 整体坐 | 否 | 0.00 | 1.00 | 0.00 | 0.00 | -24.50 | -24.50 | 0.00 | 0.00 | kN/m | 0.00 | 0.00 | 0.00 | 默认 |
| 3 | 梁单元荷载( | 一期恒载 | 分布荷载 | 否 | 中心 | 局部坐标 | 否 | 0.00 | 0.00 | 否 | 否 | 0.00 | 0.00 | 整体坐 | 否 | 0.00 | 1.00 | 0.00 | 0.00 | -24.50 | -24.50 | 0.00 | 0.00 | kN/m | 0.00 | 0.00 | 0.00 | 预应力 |
| 4 | 梁单元荷载( | 一期恒载 | 分布荷载 | 否 | 中心 | 局部坐标 | 否 | 0.00 | 0.00 | 否 | 否 | 0.00 | 0.00 | 整体坐 | 否 | 0.00 | 1.00 | 0.00 | 0.00 | -24.50 | -24.50 | 0.00 | 0.00 | kN/m | 0.00 | 0.00 | 0.00 | 一期恒载 |
| 5 | 梁单元荷载( | 一期恒载 | 分布荷载 | 否 | 中心 | 局部坐标 | 否 | 0.00 | 0.00 | 否 | 否 | 0.00 | 0.00 | 整体坐 | 否 | 0.00 | 1.00 | 0.00 | 0.00 | -24.50 | -24.50 | 0.00 | 0.00 | kN/m | 0.00 | 0.00 | 0.00 | 二期恒载 |
| 6 | 梁单元荷载( | 一期恒载 | 分布荷载 | 否 | 中心 | 局部坐标 | 否 | 0.00 | 0.00 | 否 | 否 | 0.00 | 0.00 | 整体坐 | 否 | 0.00 | 1.00 | 0.00 | 0.00 | -24.50 | -24.50 | 0.00 | 0.00 | kN/m | 0.00 | 0.00 | 0.00 | 二期恒载 |
| 7 | 梁单元荷载( | 一期恒载 | 分布荷载 | 否 | 中心 | 局部坐标 | 否 | 0.00 | 0.00 | 否 | 否 | 0.00 | 0.00 | 整体坐 | 否 | 0.00 | 1.00 | 0.00 | 0.00 | -24.50 | -24.50 | 0.00 | 0.00 | kN/m | 0.00 | 0.00 | 0.00 | 二期恒载 |
| 8 | 梁单元荷载( | 一期恒载 | 分布荷载 | 否 | 中心 | 局部坐标 | 否 | 0.00 | 0.00 | 否 | 否 | 0.00 | 0.00 | 整体坐 | 否 | 0.00 | 1.00 | 0.00 | 0.00 | -24.50 | -24.50 | 0.00 | 0.00 | kN/m | 0.00 | 0.00 | 0.00 | 二期恒载 |
| 9 | 梁单元荷载( | 一期恒载 | 分布荷载 | 否 | 中心 | 局部坐标 | 否 | 0.00 | 0.00 | 否 | 否 | 0.00 | 0.00 | 整体坐 | 否 | 0.00 | 1.00 | 0.00 | 0.00 | -24.50 | -24.50 | 0.00 | 0.00 | kN/m | 0.00 | 0.00 | 0.00 | 二期恒载 |
| 10 | 梁单元荷载( | 一期恒载 | 分布荷载 | 否 | 中心 | 局部坐标 | 否 | 0.00 | 0.00 | 否 | 否 | 0.00 | 0.00 | 整体坐 | 否 | 0.00 | 1.00 | 0.00 | 0.00 | -24.50 | -24.50 | 0.00 | 0.00 | kN/m | 0.00 | 0.00 | 0.00 | 二期恒载 |
| 11 | 梁单元荷载( | 一期恒载 | 分布荷载 | 否 | 中心 | 局部坐标 | 否 | 0.00 | 0.00 | 否 | 否 | 0.00 | 0.00 | 整体坐 | 否 | 0.00 | 1.00 | 0.00 | 0.00 | -24.50 | -24.50 | 0.00 | 0.00 | kN/m | 0.00 | 0.00 | 0.00 | 二期恒载 |
| 12 | 梁单元荷载( | 一期恒载 | 分布荷载 | 否 | 中心 | 局部坐标 | 否 | 0.00 | 0.00 | 否 | 否 | 0.00 | 0.00 | 整体坐 | 否 | 0.00 | 1.00 | 0.00 | 0.00 | -24.50 | -24.50 | 0.00 | 0.00 | kN/m | 0.00 | 0.00 | 0.00 | 二期恒载 |
| 13 | 梁单元荷载( | 一期恒载 | 分布荷载 | 否 | 中心 | 局部坐标 | 否 | 0.00 | 0.00 | 否 | 否 | 0.00 | 0.00 | 整体坐 | 否 | 0.00 | 1.00 | 0.00 | 0.00 | -24.50 | -24.50 | 0.00 | 0.00 | kN/m | 0.00 | 0.00 | 0.00 | 二期恒载 |
| 14 | 梁单元荷载( | 一期恒载 | 分布荷载 | 否 | 中心 | 局部坐标 | 否 | 0.00 | 0.00 | 否 | 否 | 0.00 | 0.00 | 整体坐 | 否 | 0.00 | 1.00 | 0.00 | 0.00 | -24.50 | -24.50 | 0.00 | 0.00 | kN/m | 0.00 | 0.00 | 0.00 | 二期恒载 |
| 15 | 梁单元荷载( | 一期恒载 | 分布荷载 | 否 | 中心 | 局部坐标 | 否 | 0.00 | 0.00 | 否 | 否 | 0.00 | 0.00 | 整体坐 | 否 | 0.00 | 1.00 | 0.00 | 0.00 | -24.50 | -24.50 | 0.00 | 0.00 | kN/m | 0.00 | 0.00 | 0.00 | 二期恒载 |
| 16 | 梁单元荷载( | 一期恒载 | 分布荷载 | 否 | 中心 | 局部坐标 | 否 | 0.00 | 0.00 | 否 | 否 | 0.00 | 0.00 | 整体坐 | 否 | 0.00 | 1.00 | 0.00 | 0.00 | -24.50 | -24.50 | 0.00 | 0.00 | kN/m | 0.00 | 0.00 | 0.00 | 二期恒载 |
| 17 | 梁单元荷载( | 一期恒载 | 分布荷载 | 否 | 中心 | 局部坐标 | 否 | 0.00 | 0.00 | 否 | 否 | 0.00 | 0.00 | 整体坐 | 否 | 0.00 | 1.00 | 0.00 | 0.00 | -24.50 | -24.50 | 0.00 | 0.00 | kN/m | 0.00 | 0.00 | 0.00 | 二期恒载 |
| 18 | 梁单元荷载( | 一期恒载 | 分布荷载 | 否 | 中心 | 局部坐标 | 否 | 0.00 | 0.00 | 否 | 否 | 0.00 | 0.00 | 整体坐 | 否 | 0.00 | 1.00 | 0.00 | 0.00 | -24.50 | -24.50 | 0.00 | 0.00 | kN/m | 0.00 | 0.00 | 0.00 | 二期恒载 |
| 19 | 梁单元荷载( | 一期恒载 | 分布荷载 | 否 | 中心 | 局部坐标 | 否 | 0.00 | 0.00 | 否 | 否 | 0.00 | 0.00 | 整体坐 | 否 | 0.00 | 1.00 | 0.00 | 0.00 | -24.50 | -24.50 | 0.00 | 0.00 | kN/m | 0.00 | 0.00 | 0.00 | 二期恒载 |
| 20 | 梁单元荷载( | 一期恒载 | 分布荷载 | 否 | 中心 | 局部坐标 | 否 | 0.00 | 0.00 | 否 | 否 | 0.00 | 0.00 | 整体坐 | 否 | 0.00 | 1.00 | 0.00 | 0.00 | -24.50 | -24.50 | 0.00 | 0.00 | kN/m | 0.00 | 0.00 | 0.00 | 二期恒载 |
| 21 | 梁单元荷载( | 一期恒载 | 分布荷载 | 否 | 中心 | 局部坐标 | 否 | 0.00 | 0.00 | 否 | 否 | 0.00 | 0.00 | 整体坐 | 否 | 0.00 | 1.00 | 0.00 | 0.00 | -24.50 | -24.50 | 0.00 | 0.00 | kN/m | 0.00 | 0.00 | 0.00 | 二期恒载 |
| 22 | 梁单元荷载( | 一期恒载 | 分布荷载 | 否 | 中心 | 局部坐标 | 否 | 0.00 | 0.00 | 否 | 否 | 0.00 | 0.00 | 整体坐 | 否 | 0.00 | 1.00 | 0.00 | 0.00 | -24.50 | -24.50 | 0.00 | 0.00 | kN/m | 0.00 | 0.00 | 0.00 | 二期恒载 |

图4.10.10 二期恒载组

(4)在表格菜单中选取“钢束预应力荷载”,在钢束预应力荷载表格中重新定义“预应力组”(图4.10.11)。

| | 钢束名称 | 荷载工况 | 张力类型 | 张拉位置 | 开始点-应力 (kN/m^2) | 结束点-应力 (kN/m^2) | 开始点-拉力 (kN) | 结束点-拉力 (kN) | 注浆 | 荷载组 |
|---|---|---|---|---|---|---|---|---|---|---|
| | N1右肋 | 预应力 | 应力 | 开始点 | 1395000.00 | 1395000.00 | 0.00 | 0.00 | 0 | 预应力 |
| | N1中肋 | 预应力 | 应力 | 开始点 | 1395000.00 | 1395000.00 | 0.00 | 0.00 | 0 | 默认 |
| | N1左肋 | 预应力 | 应力 | 开始点 | 1395000.00 | 1395000.00 | 0.00 | 0.00 | 0 | 预应力 |
| | N2右肋 | 预应力 | 应力 | 开始点 | 1395000.00 | 1395000.00 | 0.00 | 0.00 | 0 | 一期恒载 |
| | N2中肋 | 预应力 | 应力 | 开始点 | 1395000.00 | 1395000.00 | 0.00 | 0.00 | 0 | 二期恒载 |
| | N2左肋 | 预应力 | 应力 | 开始点 | 1395000.00 | 1395000.00 | 0.00 | 0.00 | 0 | 默认 |
| * | | | | | | | | | | |

图 4.10.11　预应力组

### 4.10.4　钢束组

钢束组的定义方法同荷载组的定义，在此不再赘述。需要说明的是，MIDAS/Civil 尚未使用钢束组。

## 4.11　施工阶段分析

MIDAS/Civil 将施工阶段分析分为基本阶段、施工阶段和最终阶段 3 个阶段。

1)基本阶段

当没有定义施工阶段时，按基本阶段模型进行分析；当已经定义了施工阶段时，基本阶段用于模型建立，包括单元组、边界组、荷载组及钢束组的编辑与修改。

2)施工阶段

定义在各施工阶段需要激活或钝化的结构组、边界组和荷载组等，包含在各结构组中的单元、边界组中的边界条件和荷载组中的荷载将被同时激活或钝化。在施工阶段不能修改结构组数据，但边界组和荷载组在施工阶段模式中修改会比在基本模式中修改更加方便。

3)最终阶段

最终阶段为最后的施工阶段，程序将最终施工阶段模型作为成桥阶段模型进行其他荷载的分析，如移动荷载分析、反应谱分析、时程分析等。

### 4.11.1　独立模型和累加模型

悬索桥和大跨度斜拉桥在施工阶段分析中需要进行大位移分析(几何非线性分析)，此时需要在“施工阶段分析控制数据”中选择“独立模型”或“累加模型”(图 4.11.1)。不考虑非线性分析时，程序默认采用累加模型计算结构内力和变形。

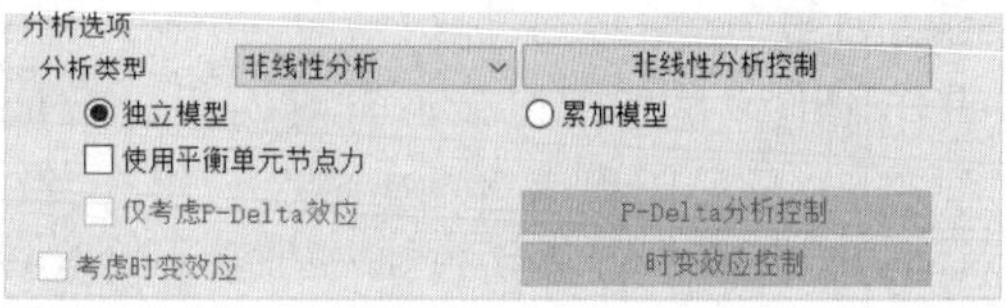


图 4.11.1　非线性分析选项

(1)独立模型是将各个施工阶段中的所有单元、荷载和边界构成独立模型进行静力几何非线性分析，结构不受前面阶段分析结果的影响。独立模型常用于悬索桥的倒拆分析。基于独立模型的倒拆分析，先建立成桥阶段模型，各施工阶段模型通过钝化构件与激活或钝化荷载来实现，初始刚度通过“几何刚度初始荷载”或“平衡单元节点内力”方式输入。虽然两者都可以形成几何初始刚度，但在使用上有区别：“几何刚度初始荷载”用于描述当前荷载作用之前结构的初始状态，荷载工况不同，几何刚度也随之变化;“平衡单元节点内力”只适用于施工阶段分析中选择非线性分析的独立模型,并且可以考虑加劲梁的内力,如斜拉桥和自锚式悬索桥的加劲梁内力。在独立模型中,如果勾选“使用平衡单元节点力”,无论平衡单元节点内力是否输入,“几何刚度初始荷载”都不起作用,起作用的是“平衡单元节点内力”,这也是程序在独立模型非线性分析中仅提供“使用平衡单元节点力”的原因。

(2)累加模型通过累加各个施工阶段的结果来进行非线性分析,施工阶段按照一般线性施工阶段分析方法定义。累加模型常用于斜拉桥的正装施工分析,几何非线性分析时可以同时考虑时间依存特性的效果和索初拉力类型(体外力、体内力),也可以考虑施工阶段新激活构件的初始切向位移和未闭合配合力。

使用累加模型进行几何非线性分析时,应该注意以下几点:

①累加模型的几何非线性分析必须以实际总位移为基准,需要勾选“构件沿初始切向位移方向激活”选项。如果不选择此项,程序内部也会自动选择。

②当进行斜拉桥的几何非线性分析时,激活拉索阶段不能同时激活其他单元以及除索张力以外的其他荷载和其他边界条件。

③施工阶段激活一般支承(或连接、弹簧等)边界条件时,应在相应构件激活之前的一个施工阶段中激活。如果将构件和边界条件同时激活,边界条件将考虑前一个施工阶段引起的变形,结果会有很大的误差。先激活构件后激活边界条件,在激活边界条件时应选择“变形前”选项。

### 4.11.2 施工阶段荷载(CS)和施工荷载(ER)

开展施工阶段分析时,需要将作用于桥梁的永久性荷载和临时性荷载(如自重、二期恒载、索力、预应力荷载、挂篮等)都定义为“施工阶段荷载(CS)”。“施工阶段荷载(CS)”仅在施工阶段中起作用,其效应累计在“CS:恒荷载”与“CS:合计”中。在成桥阶段(Post CS 阶段)定义为“施工阶段荷载(CS)”类型的荷载工况不管是否被激活,都不起作用。

除“施工阶段荷载(CS)”外,其他类型的荷载工况,包括“施工荷载(ER)”,在施工阶段和成桥阶段都要起作用。以自重为例,如果自重的荷载工况类型定义为“恒荷载”,且自重荷载工况在施工阶段被激活,那么自重在施工阶段的作用就累计在“CS:恒荷载”与“CS:合计”中。在成桥阶段,自重作为“恒荷载”作用在成桥模型上,其效应为“ST:自重”,其结果是在成桥状态下自重荷载的一次加载效应,与施工过程无关。然而,对于有施工阶段分析的模型来说,自重作用应该是考虑在施工阶段的累计效应中,即“CS:恒荷载”与“CS:合计”,而不是“ST:自重”。如果采用程序自动生成荷载组合,“CS:恒荷载”与“ST:自重”将作为两个并列的荷载工况参与荷载组合,导致自重效应被重复考虑。

### 4.11.3 施工阶段时间荷载和施工阶段徐变系数

时间依存特性(收缩、徐变、强度的变化)是开展混凝土桥梁施工阶段分析必须要考虑的因素,但在工程实践中经常会遇到施工不同步、构件间材龄不一致等情况,或者需要使用用户定义的徐变系数。为此,MIDAS/Civil 提供了施工阶段时间荷载和施工阶段徐变系数两项施工阶段荷载。

1)施工阶段时间荷载

当进行施工阶段分析,遇到各个节段混凝土浇筑时间、先后顺序不同时,可以用激活新节段的时间和材龄来反映时间差,但建模相对复杂,采用"施工阶段时间荷载"就非常方便。例如,悬臂施工时两个T形刚构开始时间不同,合龙前两个T形刚构互不影响,合龙后由于加载龄期差,徐变效应使两个T形刚构产生相互影响。在定义两个T形刚构的施工阶段时,先不考虑这个时间差,仅在合龙的那个施工阶段给先施工的整个T形刚构施加时间荷载即可。

在主菜单中选择"荷载" > "施工阶段荷载" > "施工阶段时变荷载",弹出对话框如图4.11.2所示。施加时间荷载前先要选择单元,填写天数(天数可以不是整数),然后单击"适用"按钮。

2)施工阶段徐变系数

MIDAS/Civil中,有两种方法可用于计算混凝土的徐变:一种方法是利用在材料时间依存性时定义的徐变函数通过积分方法计算徐变效应;另一种方法是采用"施工阶段徐变系数",将徐变系数作为荷载直接分配给单元,此时需要给各个单元定义不同施工阶段的徐变系数,并在相应的施工阶段将其激活。当同一个单元同时使用了上述两种方法时,程序优先使用"施工阶段徐变系数"。在直接定义各单元的徐变系数时,要注意输入的各个施工阶段的徐变系数是不相同的,必须保证其准确性。究竟选用哪种方法做施工阶段分析,需要在施工阶段分析控制中指定,程序默认为第一种方法。

在主菜单中选择"荷载" > "施工阶段荷载" > "施工阶段徐变系数",弹出对话框如图4.11.3所示。施加徐变系数前先要选择单元,填写各个施工阶段的徐变系数,然后单击"适用"按钮。

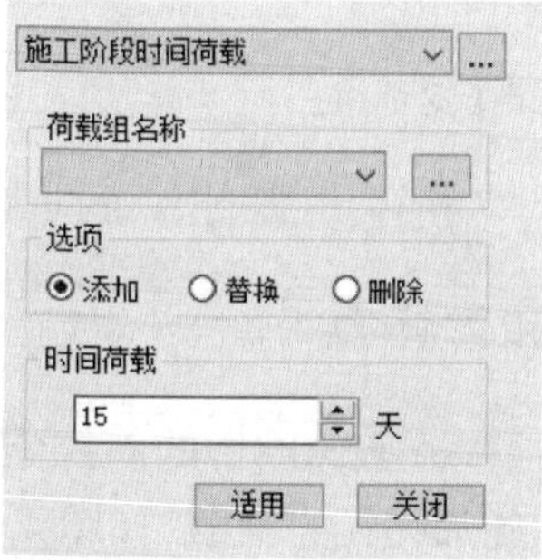


图4.11.2 施工阶段时间荷载

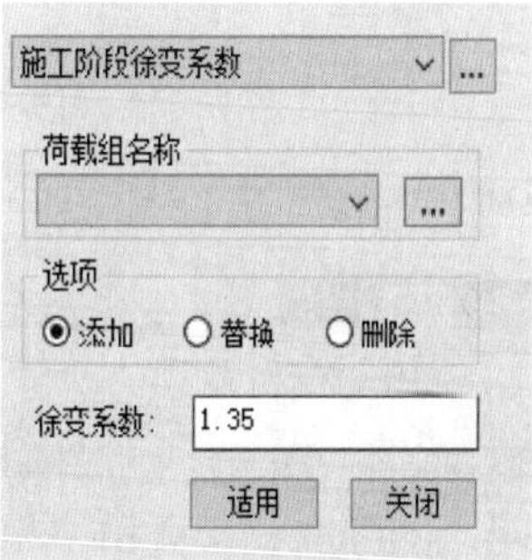


图4.11.3 施工阶段徐变系数

## 4.11.4 变形前与变形后

"变形前""变形后"用于指定支承在结构变形前、后的位置,仅对边界条件中的"一般支承"和"弹性支承"起作用,对其他类型的边界条件不起作用。

定义施工阶段时,首先要建立包括临时结构在内的全桥模型,然后通过激活或钝化相应的结构组、荷载组和边界组来模拟全桥的施工过程。在某个施工阶段激活边界组时,所施加边界的节点可能在上一个阶段已经有位移,如果把边界加在没有变形的位置上,即建模时的节点位置上,应选择"变形前",程序内部会在节点上施加强制位移,使其强制恢复到建模时的节点位置;如果把边界加在发生位移后的节点位置上,即结构已经变形后的位置上,则应选择"变形后",程序将支承在结构变形后的位置激活。如果边界在激活之前节点没有位移,则选择"变形前"或者是"变形后"对分析结果都没有影响。

例如,对于采用顶推法施工的桥梁,在前端钢导梁顶推到墩顶时,钢导梁的前端因自重而发生下挠,如果激活边界组时选择"变形后",相当于在下挠后的梁端施加边界。但实际上,桥墩位置是确定不变的,钢导梁前端只能强行放置在桥墩上,因此激活边界组时应选择"变形前"方式。

钢-混叠合梁分析中,钢梁和混凝土板采用不同的梁单元模拟,两者之间通过弹性连接。叠合梁施工时先架设钢梁,再施工混凝土板。在施工阶段分析时先激活钢梁单元,在下个阶段激活钢混之间的弹性连接和混凝土板。激活弹性连接时应选择"变形前",才能保证两者变形协调[图4.11.4a)]。如果选择"变形后",相当于混凝土板浇筑前钢梁已经发生一定的变形,而混凝土的浇筑位置没有发生变形,由此造成钢梁和混凝土板变形不连续的现象[图4.11.4b)]。为避免这种现象,也可以在钢梁施工阶段同时激活混凝土板单元的节点以及钢混之间的弹性连接,下个阶段只激活混凝土单元,也能保证变形协调。

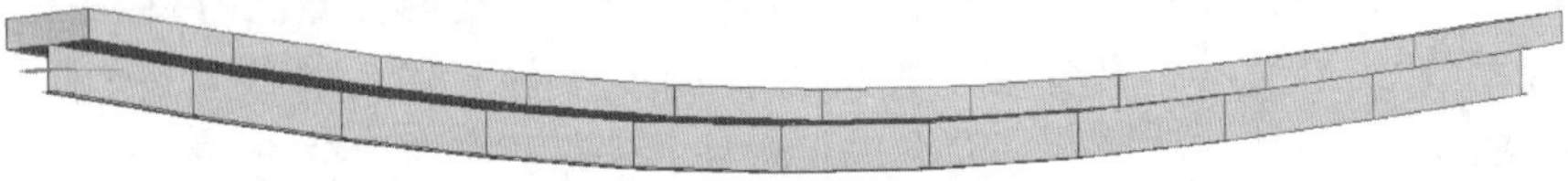

a)选择"变形前"的变形

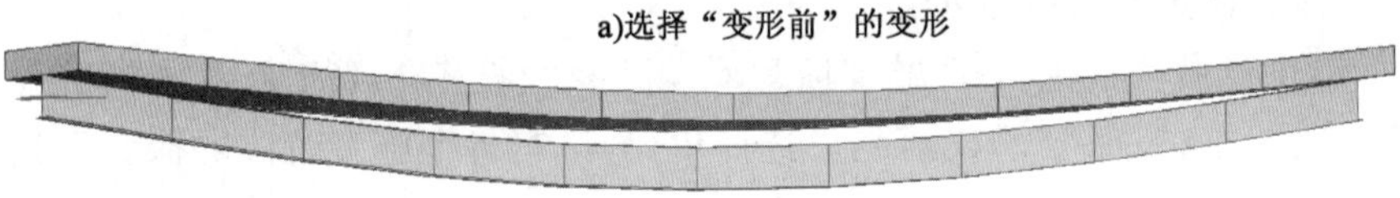

b)选择"变形后"的变形

图4.11.4　钢-混叠合梁变形

如果选择"刚性连接",无论是选择"变形前"还是"变形后",都能保证两者变形协调。

## 4.11.5　体内力和体外力

计算斜拉桥、悬索桥、中下承式拱桥的斜拉索和吊索索力,需要在桁架单元、索单元上施加初拉力荷载,如图4.11.5所示。

在施工阶段分析时,给桁架单元或索单元施加的初拉力,是通过桁架单元或索单元的变形来考虑的荷载形式,相当于将原来的桁架单元或索单元缩短长度后再连接到两端的构件上。因长度变短,两端的构件将受到拉力。缩短长度与输入的初拉力以及桁架单元的刚度有关,也与"索预拉力控制"选项有关(图4.11.6)。

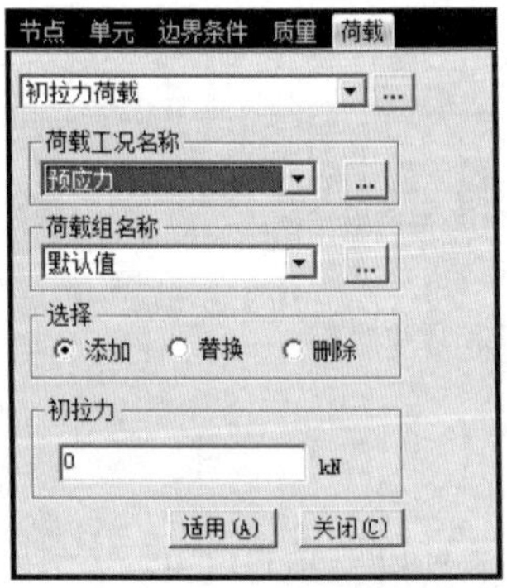


图4.11.5　初拉力荷载

图4.11.6　索预应力控制选项

选择“体内力”，程序将桁架单元或索单元缩短一定长度后（初拉力对应缩短）添加到模型中，根据桁架单元或索单元两端构件的刚度决定内力的大小。如图4.11.7a）所示，当塔和梁的刚度较小时，在初拉力作用下桁架单元或索单元两端发生较大的节点位移，单元内力较小；反之，当塔和梁的刚度较大时，桁架单元或索单元两端发生的节点位移较小，单元内力较大。两端部固定约束时（塔、梁刚度无限大），单元两端不发生位移，单元内的拉力就等于所施加的初拉力；当单元两端完全自由时（塔、梁刚度无限小），单元内的拉力等于0。

选择“体外力”，程序将初拉力作为外荷载加载在到桁架或索的两端[图4.11.7b）]，使最终桁架或索内力达到与初拉力值的加载方法。当施工阶段作用初拉力时，该方法不是调整桁架或索产生某一变形，而是调整为产生与输入初拉力相等的内力。即使有其他荷载作用时，程序也会使桁架或索内力达到输入的初拉力值。

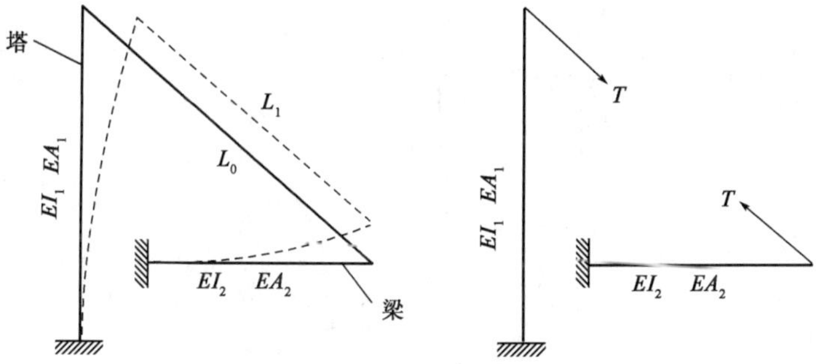


图4.11.7　体内力与体外力区别

对于“体外力”形式，仅用于当前施工阶段，此后的施工阶段中就由“体外力”转换为“体内力”，并随着边界、结构和荷载的变化而变化。

非施工阶段分析时，程序将初拉力均按“体内力”进行处理。

## 4.11.6　重力二阶效应 P-Delta 分析

MIDAS/Civil 的 P-Delta 效应分析是当梁单元同时受横向力和轴力作用时（图4.11.8），考虑重力的二阶效应，属于几何非线性问题。在 AC318 Code 或 AISC-LFRD Code 中，为了在设计中更加贴近实际地反映构件内力，要求考虑 P-Delta 效应。

图4.11.8a）所示为受拉力和横向力的柱子，在不考虑 P-Delta 效果（不考虑横向变形和由垂直荷载 $P$ 引起的2次变形效果）时，悬臂端弯矩 $M=0$，根部弯矩 $M=VL$。但实际上，由于横向力引起了 $\Delta$ 大小的横向位移，该横向位移 $\Delta$ 和拉力 $P$ 使柱子的弯矩减小 $P\Delta$，这和增大杆件横向刚度的效果是相同的；反之，对构件同时受压力和横向力[图4.11.8b）]时，弯矩增大 $P\Delta$，与减小杆件横向刚度的效果相同。

由此，横向位移 $\Delta$ 就成为横向力和轴力的变量，用式(4.11.1)表示：

$$\Delta = \frac{V}{K} \qquad K = K_0 + K_G \tag{4.11.1}$$

式中：$K_0$——构件刚度；

$K_G$——由轴力引起的几何刚度。

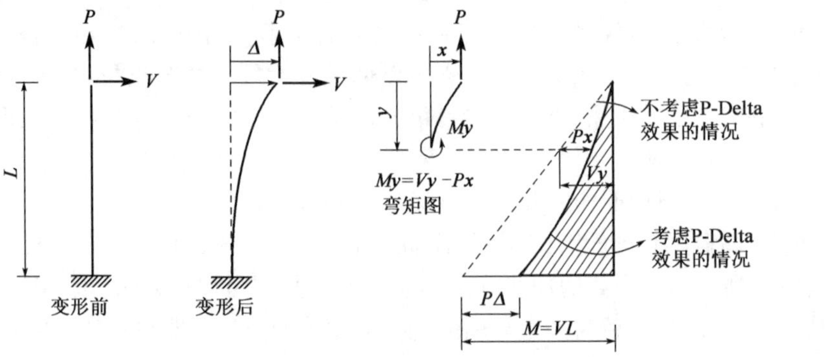


a)柱子同时受拉力和横向力的情况

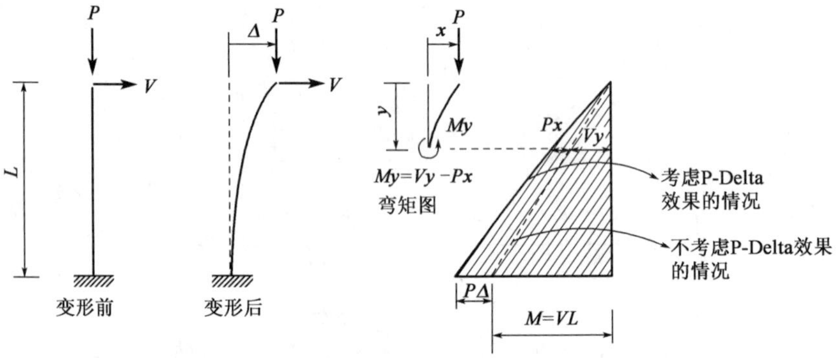


b)柱子同时受压力和横向力的情况

图4.11.8 考虑屈曲效果(P-Delta)的柱构件

由于P-Delta效应的影响,将降低结构的承载力和结构的整体稳定,因此对于同时受到水平力和轴力作用的构件,尤其是长细比较大的情况,应考虑P-Delta效应,求出构件的实际内力和位移,使结构设计更加合理。在桥梁工程中,当桥墩的高度较高时,桥墩的几何非线性效应不能忽略。参考美国CALTRANS抗震设计规范,当墩柱的计算长度与矩形截面短边尺寸之比大于8时,或者墩柱的计算长度与圆形截面直径之比大于7时,应考虑P-Delta效应。

MIDAS/Civil采用迭代分析P-Delta效应,收敛条件是检验由“P-Delta分析控制”规定的最大迭代计算次数和收敛误差两个指标是否满足。对于弹性范围内位移比较小的P-Delta效应,MIDAS/Civil可以计算出非常正确的结果,但运行时间长。

开展P-Delta效应分析时,应注意以下几点:

(1)计算考虑P-Delta效应的几何刚度矩阵,仅限于桁架单元、梁单元(包括变截面梁单元)。

(2)梁单元的几何刚度矩阵只考虑轴力效应。

(3)P-Delta分析只适用于弹性范围。

(4)P-Delta分析和屈曲分析不能同时使用。

## 4.11.7 从施工阶段恒荷载结果中分离出独立显示的荷载工况

在施工阶段分析中,恒荷载是所有荷载中最主要的部分。除了徐变、收缩和预应力松弛之外,MIDAS/Civil 将所有荷载工况结果都累加到“CS:恒荷载”中。在斜拉桥、中下承式拱桥斜拉索和吊索索力计算时,常常需要斜拉索或吊索的影响矩阵。采用“从施工阶段恒荷载结果中分离出独立显示的荷载工况”(图 4.11.9),将选择的斜拉索或吊索荷载工况从恒荷载中分离出来。分离出来的荷载工况作用效应就不再包括在“CS:恒荷载”中,而是保存在“CS:施工荷载”中。

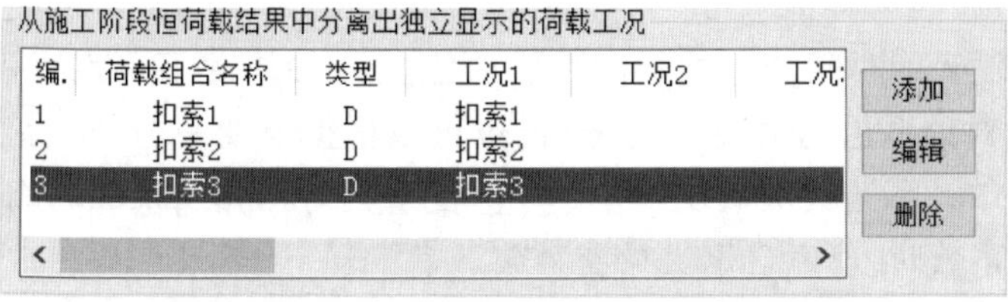


图 4.11.9 从施工阶段恒荷载结果中分离出独立显示的荷载工况

需要注意的是,每开展一次施工阶段分析,只能分离出 3 个独立的荷载工况。如果要求分离出 3 个以上的独立荷载工况,需要分次设定荷载工况并重新运行分析。

## 4.11.8 施工阶段分析控制

前面已经介绍了“施工阶段分析控制数据”对话框中的部分选项,下面就其他选项或参数加以说明,“施工阶段分析控制数据”对话框如图 4.11.10 所示。

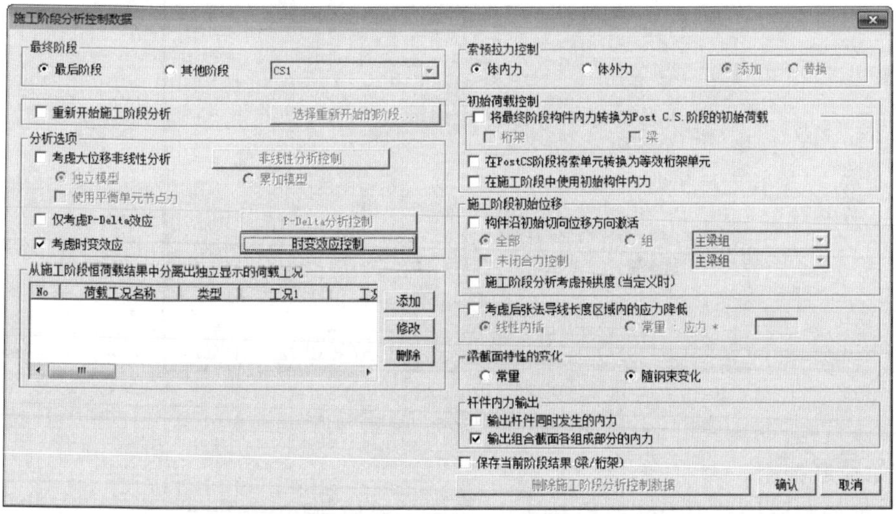


图 4.11.10 “施工阶段分析控制数据”对话框

1)最终阶段

一般情况下排在最后的施工阶段作为最终阶段,也可选择“其他阶段”作为最终阶段,如为了计算某个施工阶段的稳定,或用于调试模型。

MIDAS/Civil 将最终阶段模型作为成桥阶段的分析模型。

2)重新开始施工阶段分析

该选项用于设置重新进行施工阶段分析的接续阶段。对已分析完成的施工阶段模型,如果修改了第 $N$ 个施工阶段的结构、边界或荷载条件,再次分析时可以从第 $N$ 个阶段开始,前面

$N-1$ 个施工阶段不需进行再分析，这样可以缩短施工阶段分析时间。

在第 $N$ 个阶段修改荷载、边界以及结构时，在施工阶段定义对话框中只能添加或删除最初模型中已经定义好的结构组、边界组和荷载组，而且不能定义新的边界和结构，只能定义新的荷载，因此要使用“重新开始施工阶段分析”功能，应事先在最初模型中定义好可能要修改的结构组、边界组、荷载组以及相应的单元、边界、荷载。

3)考虑时变效应

在材料特性中输入的时间依存材料(徐变/收缩)，一般情况下可以直接按图 4.11.11 中的“时变效应控制”对话框进行时变效应分析，也可以根据需要只分析“徐变”，或只分析“收缩”，或调整徐变收敛计算迭代次数及误差等。徐变系数对计算结果的影响大，当用户有更符合实际桥梁的徐变系数时，可以自定义徐变系数。

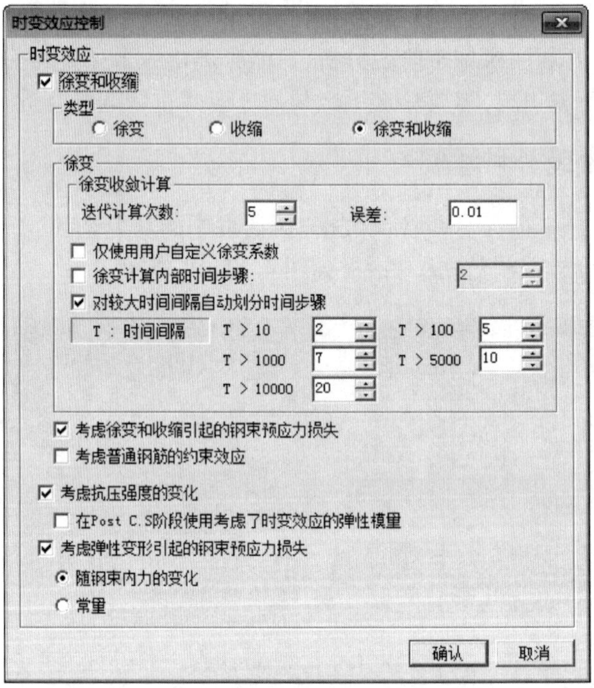


图 4.11.11 “时变效应控制”对话框

4)初始荷载控制

(1)将最终阶段构件内力转换为 Post CS 阶段的初始荷载。

悬索桥、斜拉桥完成正装施工分析后，可以将最后一个施工阶段的索单元内力转化为初始内力，形成成桥阶段(Post CS)的初始几何刚度，用于成桥阶段的荷载分析中。转换后的单元内力可以在“荷载”→“初始荷载”→“小位移”→“初始单元内力(CS)”中查看。

当初始单元内力与初始单元内力(CS)同时被输入时，程序会优先使用“初始单元内力”，只有在勾选“在施工阶段中使用初始内力”选项时，程序在成桥阶段计算中将始终使用“初始单元内力(CS)”。

桁架单元：针对累加模型非线性分析时，桁架单元或索单元考虑初始单元内力。

梁单元：针对梁单元考虑初始单元内力。

(2)在 Post CS 阶段将索单元转换为等效桁架单元。

包含索单元的斜拉桥、悬索桥在施工结束后,成桥阶段还需分析其他静力荷载、移动荷载、支座沉降以及反应谱荷载等的效应。由于移动荷载、支座沉降、反应谱荷载等必须要满足线性叠加原理,不能考虑几何刚度随内力变化的索单元,因此程序会自动把索单元转换为等效桁架单元来计算。但有些静力荷载可以根据分析类型考虑索单元的特性来计算。例如,非线性分析时采用悬索单元,线性分析时采用等效桁架单元。需要注意的是,由不同刚度计算得到的结果不能进行荷载组合,只有采用相同刚度的桁架单元计算成桥荷载,荷载组合结果才为正确。

①当勾选此项时:利用最终施工阶段的索内力计算索单元的等效刚度,该刚度会反映到成桥阶段所有荷载工况计算中,由荷载给索单元带来的内力变化将不再反映到刚度计算中。通过勾选此功能,成桥阶段(Post CS)荷载工况下采用统一的刚度。

②当不勾选此项时:根据荷载类型选用索单元或等效桁架单元来计算。对于线性静力荷载,考虑非线性分析时采用悬索单元,线性分析时采用等效桁架单元来计算;对于移动荷载、支座沉降荷载、反应谱荷载,则采用普通桁架单元来计算。

(3)在施工阶段中使用初始构件内力。

施工阶段分析中使用初始单元内力表格。当相应单元被激活时,被赋予初始单元内力。可用于从任意阶段开始进行施工阶段分析的情况。将开始之前阶段的内力作为初始单元内力,继续进行后阶段的分析。

同时勾选"将最终施工阶段构件内力转换为 Post CS 阶段的初始荷载"和"在施工阶段中使用初始构件内力"选项时,施工阶段中将反映初始单元内力表格中的值,成桥阶段分析中将反映初始单元内力(CS)表格中的值。

5)施工阶段初始位移

(1)构件沿初始切向位移方向激活。

采用预制拼装的混凝土桥和钢桥,梁段在施工前就已经预制好。为使前、后梁段间的交接面紧密接触,要求新添加的梁段必须沿着前一阶段施工的梁段的切线方向。由于前一阶段施工的梁段端部已经产生位移,因此,即使在没有任何作用的情况下新添加的梁段就已经存在了假想位移。

对于现浇混凝土桥梁,不一定沿着切线方向浇筑新的梁段,其线形可以通过预拱度来调整。

针对不同的施工方法,MIDAS/Civil 提供了 3 种位移结果,分别是"纯位移"(累计位移)、"当前步骤位移"和"阶段/步骤实际总位移"。其中,"纯位移"指由各种作用引起的结构位移在各施工阶段的累加值,在"结果表格"的位移对话框中又称为"累加位移";"当前步骤位移"指由各种作用引起的结构位移的当前步骤值;"阶段/步骤实际总位移"指纯位移和假想位移在各个施工阶段的累加值,即结构的真实位移累加值。

一般情况下,"纯位移"的形状是不连续的(齿状),而"当前步骤位移""阶段/步骤实际总位移"的形状是连续的。

(2)未闭合力控制。

当斜拉桥开展正装分析时,合龙之前加劲梁因自重、索拉力产生变形,而合龙时合龙段只受自身的自重影响,直接在此状态闭合合龙段,则整体结构的位移以及角位移将不连续,闭合后的结果与初始成桥分析结果不一致。对此,先计算出能够使合龙段与两端结构变形连续的强制位移,并将强制位移对应的内力赋予合龙段,然后进行合龙闭合,就能够得到与初始成桥分析相同的结果。强制位移对应的内力称为合龙段的未闭合配合力。对于斜拉桥,斜拉索和合龙段均需要考虑未闭合配合力,才能使正装分析得到的最终施工结果与初始成桥分析结果完全闭合。

6)考虑后张法导线长度区域内的应力降低

只有在钢束布置形状中输入无应力场长度的情况下,勾选该项后才能使用,程序将采用线性内插计算后张法导线长度区域内的应力降低,或者视为常量应力。

7)梁截面特性的变化

指定施工阶段计算时是否考虑钢束对截面特性的影响。当选择"常量"时,不考虑钢束对截面特性的影响。如果按常量考虑,程序在进行 PSC 设计时会提示"在施工阶段分析控制中梁截面特性值变化选择为常量时在后处理上不能做 PSC 设计"。当选择"随钢束变化"时,在后张法预应力孔道注浆之前,不考虑预应力孔道对截面特性的影响,以纯截面计算截面特性;孔道注浆后,考虑包含预应力钢束的换算截面。

8)杆件内力输出

(1)输出杆件同时发生的内力。

选择是否输出施工阶段中单元的同时发生内力,即决定在计算构件的最大、最小内力(强轴力矩)时,是否计算相应的其他内力成分(剪力和轴力)。

(2)输出组合截面各组成部分的内力。

勾选该项时,计算输出组合截面各组成位置的应力和内力。否则,只计算输出整个组合截面的应力和内力。

### 4.11.9 示例桥施工阶段定义

影响桥梁成桥状态的主要因素是施工过程中的结构体系转换、架设方法变更、施工临时荷载的作用。为了准确地分析桥梁的施工状况,需要定义施工阶段分析数据。在 MIDAS/Civil 中,结构体系的变更、边界条件的改变、施工荷载的增减是通过激活或钝化的结构组、边界组和荷载组来实现的。划分施工阶段时,一般以单元或边界发生变化的时刻作为前、后两个施工阶段的界限。当单元、边界和荷载条件都发生变化时,可在荷载子步骤内激活或钝化,以减少施工阶段数。

从主菜单中选择"荷载" >"荷载类型" >"施工阶段" >"定义施工阶段",或在树形菜单的菜单表单中选择"施工阶段分析数据" >"定义施工阶段",打开"定义施工阶段"对话框,单击"添加",打开"设定施工阶段"对话框(图 4.11.12),在此输入各个施工阶段的数据。

1)施工阶段

(1)名称。输入用户定义的施工阶段名称,如 CS1、支架现浇等。施工阶段名称可以由数字、汉字、英文及其他等的组合,命名时建议遵循"见词知义"的原则,这种命名方式在复杂桥梁施工阶段定义和快速查看结果时显得尤为突出。

(2)持续时间。持续时间指完成本阶段施工需要的时间,是混凝土收缩徐变和强度发展特性的时间参数。例如,从混凝土浇筑、养护到预应力张拉前,需要 10d,则该施工阶段持续时间为 10d。

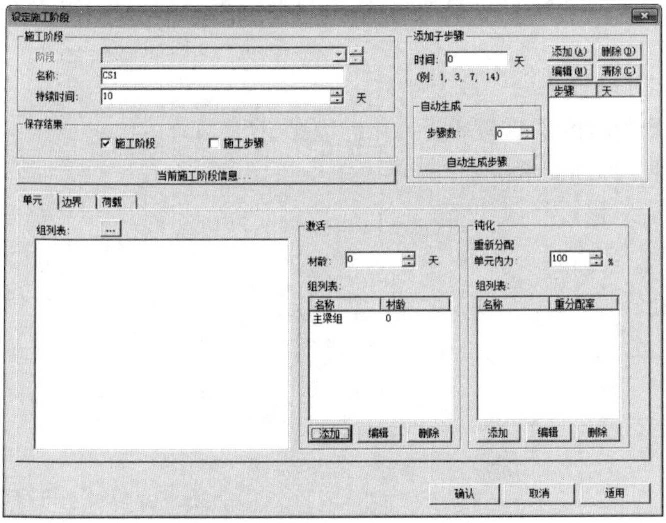

图4.11.12 “设定施工阶段”对话框

2）添加子步骤

该项用于定义在一个施工阶段的持续时间内每个子步骤的持续时间。该时间将使用于对话框左下部的“荷载”表单内的激活或钝化时间列表中，也可以在“自动生成”中输入子步骤数，将施工阶段的持续时间自动划分成几个子步骤。在“持续时间”和“添加子步骤时间”中均输入时间时，以“持续时间”为准，忽略“添加子步骤时间”中的时间。输入的时间均为连续累积时间。

当一个施工阶段内的结构模型和边界条件相同，只是加载的时间和荷载可能发生变化，此时可以将一个施工阶段内的持续时间划分成几个子步骤。对持续时间较长的施工阶段，如计算10年收缩徐变效应时，为了提高计算精度，可以在该阶段内将3650d细分为多个时间子步骤。

3）单元表单

该项用于指定本阶段内需要激活或钝化的结构组。单击“单元”表单项，“单元”>“组列表”中将列出已经定义的全部结构组。选择当前施工阶段需要激活或钝化的结构组，在相应的激活或钝化列表中单击“添加”按钮，如图4.11.12所示。

在施工阶段分析中，“激活”单元意味着结构或构件形成，可以参与受力和变形，因此一个结构组或单元既不能被多次激活，也不能被多次钝化。如果需要再次“激活”，必须先将该结构组“钝化”。当定义了“自重”荷载工况时，“自重”通过激活构件的单元会自动考虑到相应施工阶段。

单元激活时的“材龄”为该结构组的初始材龄，是在该施工阶段开始时结构组已经具备的材龄。一般输入从浇筑混凝土后到拆模直到该单元开始参与受力（如拆除了脚手架）的时间。对于混凝土构件，尤其是定义了强度发展时应准确输入材龄，程序将按输入的材龄计算混凝土强度、徐变收缩系数及其效应。

“钝化”是将之前施工阶段中激活的结构组在当前施工阶段不再需要存在时，这个结构组就该被钝化。结构组一旦被激活后，除非被钝化，否则会一直处于激活状态。当一个结构组或单元被钝化时，其内力会以反向施加在相邻仍然处于激活状态的单元上。在“钝化”的组列表中，可以决定结构组被钝化后，其负担的内力如何分配给相邻单元。例如，重新分配率100%，表示钝化构件的内力将全部分配到剩余构件上;重新分配率0%表示钝化构件的内力将不分配给剩余构件上。

4)边界表单

该项用于指定本阶段内需要激活或钝化的边界组(图4.11.13)。对于一般支承和弹性支承,还需在"支承条件/弹性支承位置"边界表单中指定"变形前""变形后",详细内容见本章4.11.4节,在此不再赘述。

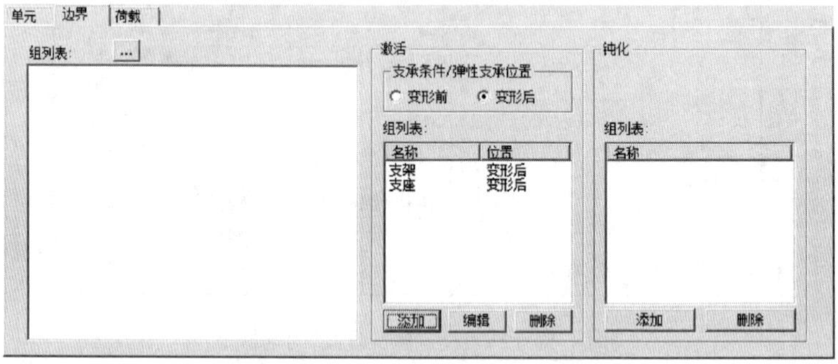


图4.11.13 施工阶段CS1(边界)

5)荷载表单

该项用于指定本阶段内需要激活或钝化的荷载组(图4.11.14)。荷载可以按阶段激活,也可以按子步骤激活。

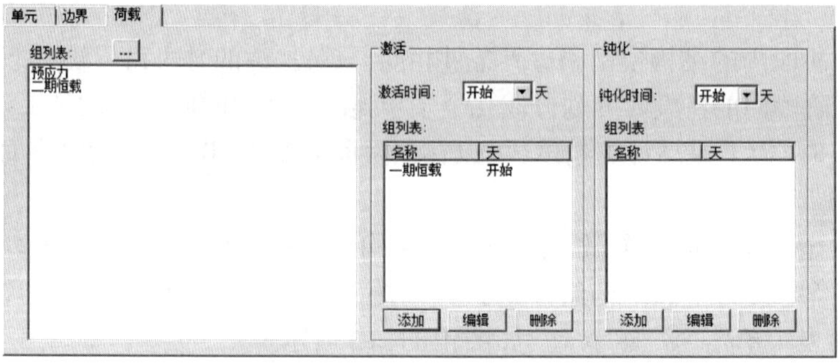


图4.11.14 施工阶段CS1(荷载)

当用未知荷载系数求解索力时,未知荷载系数是按阶段及阶段内各子步骤输出的,在建立施工阶段和子步骤时就要注意单元及边界的激活和钝化顺序。

图4.11.15为两个施工阶段的模型。在Cab_CS2阶段中,如果将张拉索和拆除临时支座定义在相同阶段的同一子步骤内,索力包含了由张拉索力引起的内力和拆除临时支座引起的内力两部分,因此无法得到单独张拉索力时的未知荷载系数。要想得到Cab_CS2阶段满足控制条件的索力,可将张拉索和拆除临时支座定义在两个子步骤,先钝化临时支座,最后张拉索。定义后的施工阶段见表4.11.1。

6)查看各施工阶段信息

要查看当前施工阶段可以使用的节点号、单元号、边界组和荷载组等信息,点击"当前施工阶段信息",显示图4.11.16所示的数据。

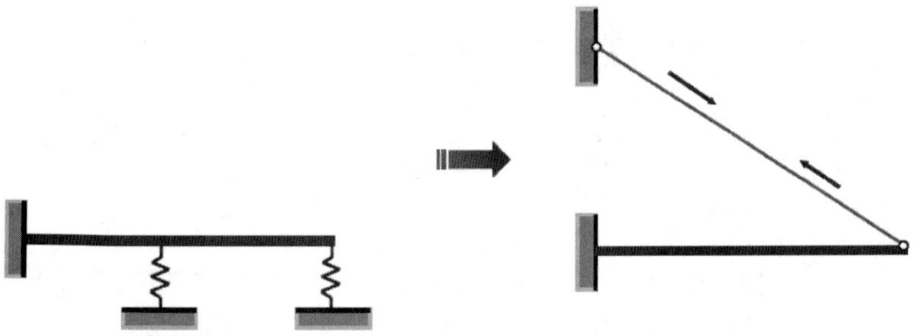

a)Cab_CS1: 恒荷载、固定支座、临时支座　　　b)Cab_CS2:添加索力、拆除临时支座

图 4.11.15　施工阶段模型

**施工阶段定义**　　　表 4.11.1

| 阶　段 | 结　构　组 | | 边　界　组 | | 荷载:步骤 | |
|---|---|---|---|---|---|---|
| | 激活 | 钝化 | 激活 | 钝化 | 激活 | 钝化 |
| Cab_CS1 | Deck | — | 固定支座<br>临时支座 | — | 恒荷载:开始 | — |
| Cab_CS2 | Cable | — | — | 临时支座 | 张拉索:最后 | — |

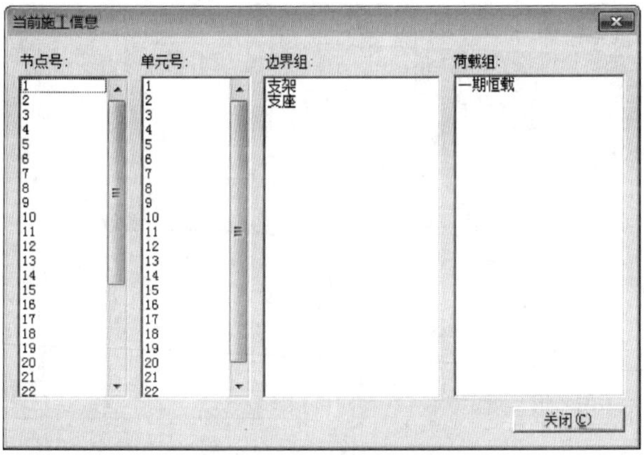


图 4.11.16　CS1 施工阶段信息

采用上述步骤,依次输入 CS2 ~ CS5 施工阶段数据,如图 4.11.17 ~ 图 4.11.21 所示。

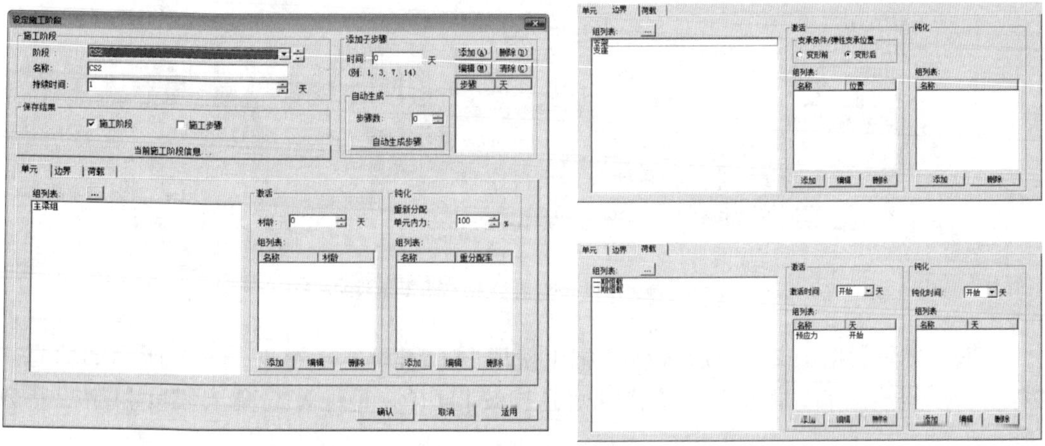

图 4.11.17　施工阶段 CS2(张拉预应力钢束)

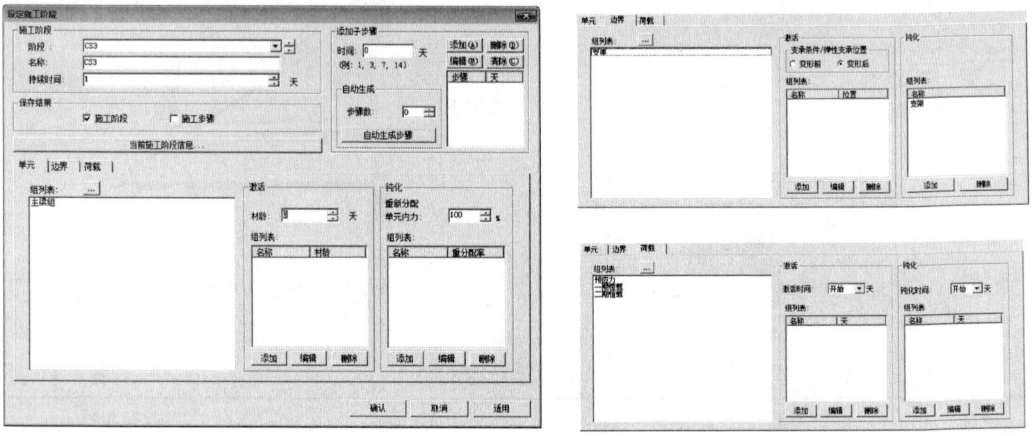

图 4.11.18　施工阶段 CS3(拆除临时支架)

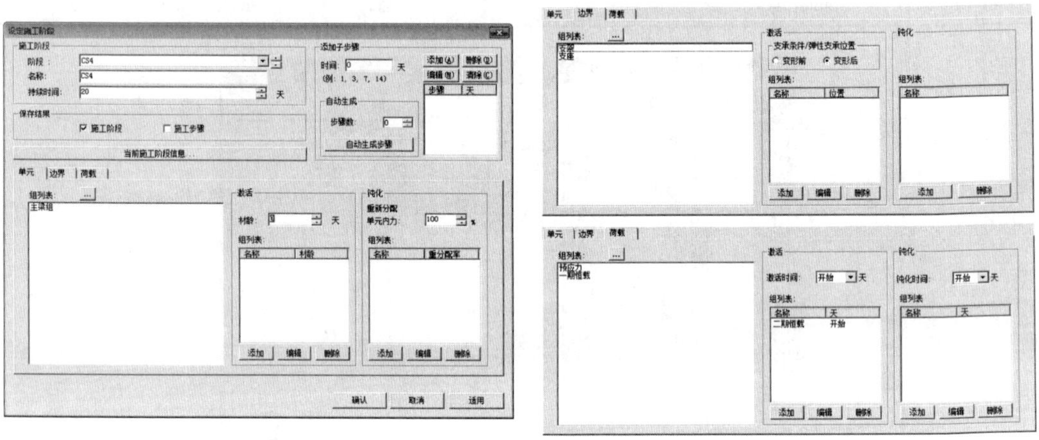

图 4.11.19　施工阶段 CS4(模拟桥面铺装、桥面系施工)

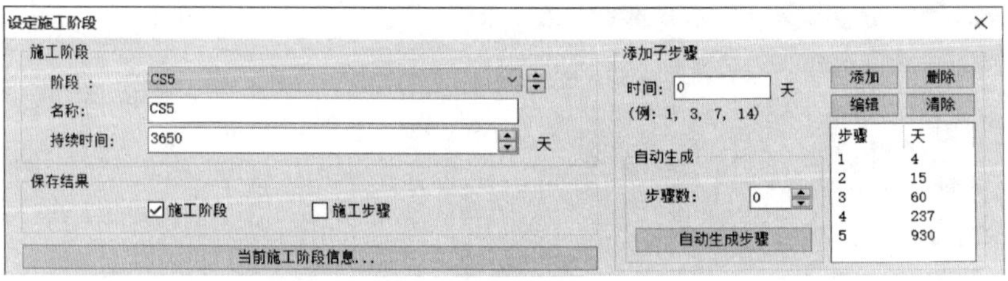


图 4.11.20　施工阶段 CS5(计算 10 年混凝土收缩和徐变)

各施工阶段数据定义完成后，返回“施工阶段”对话框，显示图 4.11.21 所示的信息。可以看出，在各施工阶段中输入的持续时间是连续相加的，是计算混凝土强度和徐变系数的基础。

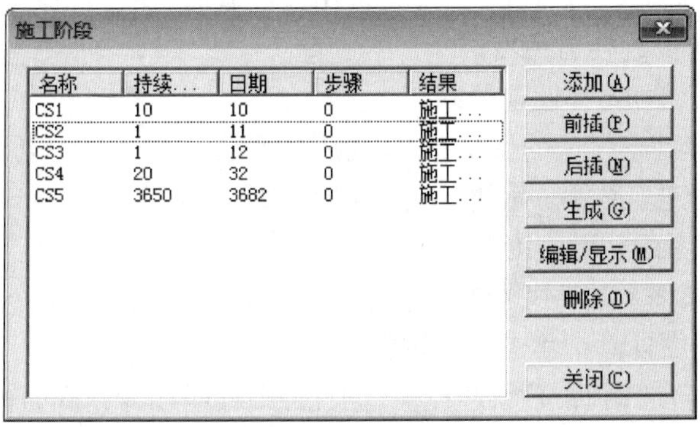


图 4.11.21　施工阶段对话框

# 4.12　分 析 控 制

MIDAS/Civil 由基本的线性分析功能和非线性分析功能构成,可以开展线性分析、P-Delta 效应分析、结构屈曲分析、特征值分析、反应谱分析、移动荷载分析、水化热分析、施工阶段分析、悬索桥分析和施工阶段接续分析等。

“主控数据”用于控制单元的自由度、非线性单元的收敛条件等,如图 4.12.1 所示。

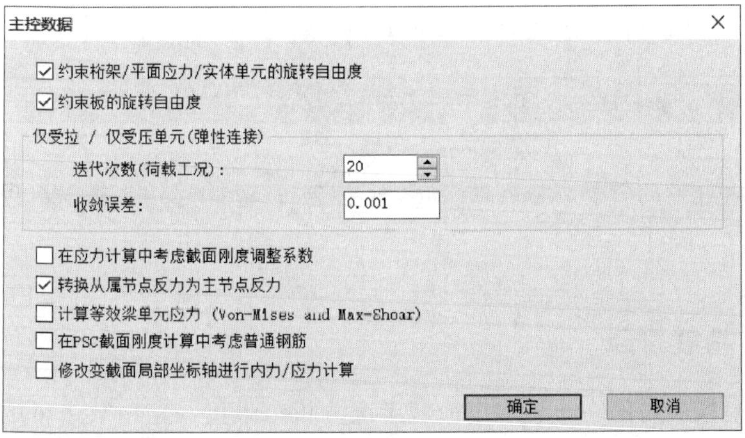


图 4.12.1　“主控数据”对话框

1)约束桁架/平面应力/实体单元的旋转自由度

桁架单元、平面应力单元、实体单元,这些单元仅有线位移自由度,无转动自由度。换言之,转动自由度对这些单元来说是无效自由度,因此 MIDAS/Civil 中默认将转动自由度自动予以约束。当不勾选此项时,需由用户自行考虑不同自由度单元之间连接时的自由度耦合问题。

2)约束板的旋转自由度

板(壳)单元是一个组合薄膜和板弯曲特性的 3 节点或 4 节点单元,即由平面应力单元与弯曲单元的组合单元,每个节点有 6 个自由度。板(壳)单元可用于模拟膜、板、壳、二维平面

(应力或应变)、轴对称实体。但板(壳)单元被用作纯膜时,由于纯膜只承受面内的力和法向弯矩,因此必须约束板的旋转自由度。

3)仅受拉/仅受压单元(弹性连接)

MIDAS/Civil 将弹性连接中的仅受拉/仅受压单元按非线性单元处理,非线性分析需要进行迭代计算,由此涉及迭代次数(荷载工况)和收敛误差。

4)在应力计算中考虑截面刚度调整系数

按在“截面特性调整系数”中调整后的截面特性值计算截面应力。

5)在 PSC 截面刚度计算中考虑普通钢筋

如果截面中配有普通钢筋,必须选择该选项,否则程序在计算截面特性和结构验算时将不考虑普通钢筋的作用。

# 4.13 结　　果

MIDAS/Civil 将程序环境体系区分为前处理模式(Preprocessing Mode)和后处理模式(Post-processing Mode)。在图标上点击前处理模式或后处理模式进行模式转换。建模过程中的所有工作只能在前处理模式中进行,而荷载组合、反力、位移、内力、应力等分析结果处理在后处理模式中进行。计算完成后,程序自动切换到后处理模式。修改模型,程序将删除已有的分析结果。

结果输出可使用“结果”选项卡,如图 4.13.1 所示。

图 4.13.1　“结果”选项卡

## 4.13.1　荷载组合

荷载组合是指命名的一个或多个荷载工况分析结果按一定系数进行的组合。MIDAS/Civil 允许用户自定义荷载组合,也可以选择相应规范自动生成荷载组合(表 4.13.1),程序支持“一般”“钢结构设计”“混凝土设计”“SRC 设计”“组合钢梁设计”5 种荷载组合。选择“一般”荷载组合时,一般用于查看分析结果;选择其他 4 种荷载组合时,可以根据所选择的规范,开展承载能力极限状态和正常使用极限状态验算。

**荷载组合依据的桥梁设计规范**　　表 4.13.1

| 构件类型 | 规　范 | 支持自动生成荷载组合的规范 |
|---|---|---|
| 钢结构设计 | 《公路桥涵钢结构及木结构设计规范》(JTJ 021—89) | 《公路桥涵设计通用规范》(JTJ 021—89)<br>《城市桥梁荷载设计标准》(CJJ 77—98) |

续上表

| 构件类型 | 规范 | 支持自动生成荷载组合的规范 |
|---|---|---|
| 混凝土设计<br>（钢筋混凝土、预应力混凝土） | 《公路钢筋混凝土及预应力混凝土桥涵设计规范》（JTJ 023—85）<br>《公路桥涵设计通用规范》（JTG D60—2004）<br>《公路桥涵设计通用规范》（JTG D60—2015）<br>《铁路桥涵设计基本规范》（TB 10002.1—2005）<br>《铁路桥涵设计基本规范》（TB 10002—2017） | 《公路桥涵设计通用规范》（JTG D60—2004）<br>《公路桥涵设计通用规范》（JTG D60—2015）<br>《铁路桥涵设计基本规范》（TB 10002.1—2005）<br>《铁路桥涵设计基本规范》（TB 10002—2017）<br>《公路桥涵设计通用规范》（JTJ021—89）<br>《城市桥梁荷载设计标准》（CJJ 77—98） |
| SRC 设计 | 《型钢混凝土组合结构技术规程》（JGJ 138—2001）<br>《钢管混凝土结构设计与施工规程》（CECS28:90） | 《型钢混凝土组合结构技术规程》（JGJ 138—01） |
| 钢-混组合结构设计 | 《公路钢混组合桥梁设计与施工规范》（JTG/T D64-01—2015） | 《公路桥涵设计通用规范》（JTG D60—2015） |

（1）从选项卡中选择“结果”→“荷载组合…”，或者从树形菜单中选择“分析结果”→“荷载组合…”，或按 Ctrl + F9 键打开“荷载组合”窗口，如图 4.13.2 所示。

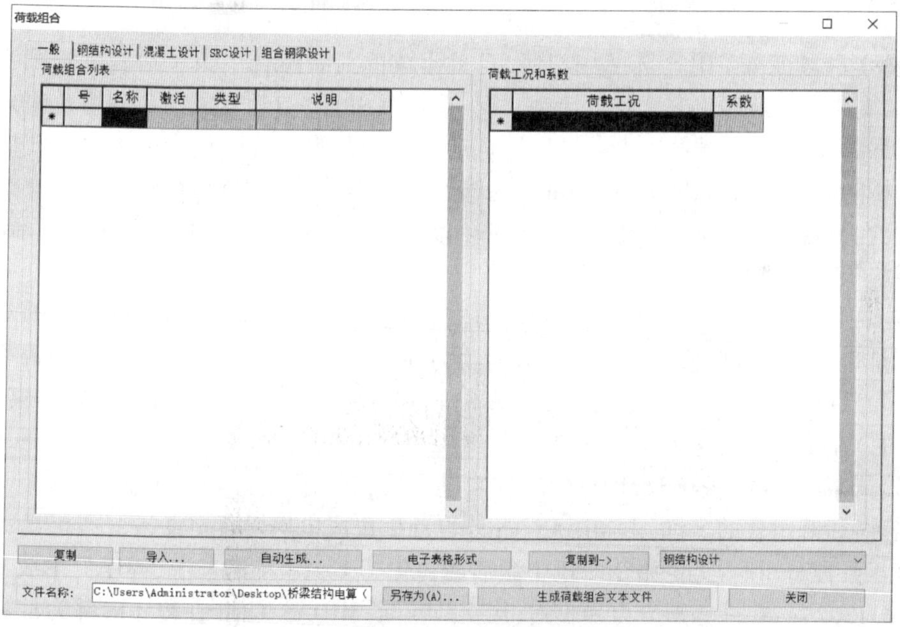


图 4.13.2 “荷载组合”界面

（2）在“荷载组合列表”下方选择“自动生成（A）...”，打开图 4.13.3 所示的“选择荷载组合”对话框。在此对话框中，选择规范（如“JTG D60—15”）、施工阶段荷载工况及荷载组合选项，单击“确认”按钮，在“荷载组合”对话框中列出自动生成的荷载组合（图 4.13.4）。

下面就“选择荷载组合”和“荷载组合”对话框中的一些选项做进一步说明：

（1）在“选择荷载组合”对话框的“选项”中，选择“添加”，则在先前已定义的荷载组合中添加新的荷载组合；选择“替换”，用新生成的荷载组合替换先前已定义的荷载组合。勾选“添加包络”，自动生成荷载组合包络，仅适用于“一般”表单的荷载组合。

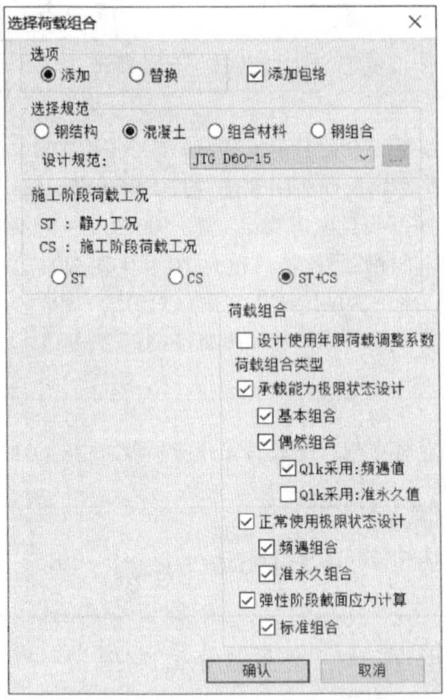


图4.13.3 “选择荷载组合”对话框

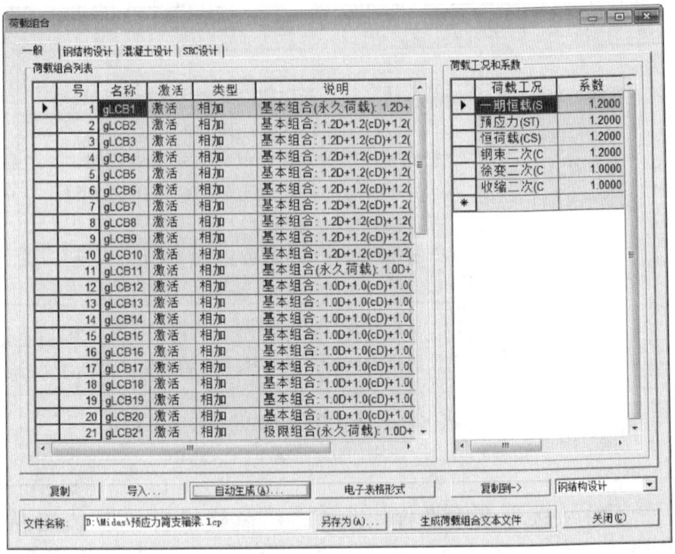


图4.13.4 生成的荷载组合

(2)施工阶段荷载工况。选择“ST”时,自动生成的荷载组合中只包括成桥阶段施加的荷载工况,如支座沉降荷载工况和移动荷载工况;选择“CS”时,自动生成的荷载组合中只包括施工阶段施加的荷载工况;选择“ST + CS”时,自动生成的荷载组合中包括施工阶段施加的荷载工况和成桥阶段施加的荷载工况的全部。为防止荷载出现重复组合,在施工阶段中激活或钝化的荷载,在荷载工况定义中只能选择“施工阶段荷载(CS)”类型,不能选择其他荷载类型,也不能选择施工荷载(ER)。

(3)当在“设计规范”中选择“JTG D60—15”,自动生成荷载组合时,荷载组合的对话框中多了一列是否考虑弹性阶段的选项。对激活项为使用性能的荷载组合,可选择是否考虑弹性阶段。若勾选此项(勾选 E 列),则对该工况不进行使用性能验算,只做弹性阶段的应力验算。

(4)在“荷载组合列表”中:

①号:荷载组合的序号,由 MIDAS/Civil 自动生成,默认由 1 开始升序排列。

②名称:荷载组合的名称,由 MIDAS/Civil 自动生成或由用户自定义。

在施工阶段分析时,无论施工阶段中激活或钝化了多少个荷载工况,程序只生成 9 种荷载工况(表 4.13.2)。在计算预应力和收缩、徐变效应时,MIDAS/Civil 在程序内部为计算方便创造了“钢束一次”“钢束二次”“收缩一次”“收缩二次”“徐变一次”“徐变二次”等名词。“一次”表示由上述荷载(预应力、收缩、徐变)引起的内力效应,“二次”表示在超静定结构中由“一次”引起的二次效应,即由次内力引起的二次效应。

**施工阶段分析生成的荷载工况** 表 4.13.2

| 序号 | 荷 载 工 况 | 结果 | 说 明 |
|---|---|---|---|
| 1 | CS:恒荷载 | — | 除预应力、收缩和徐变之外,在各施工阶段激活或钝化的所有荷载引起的结果 |
| 2 | CS:施工荷载 | — | 从“恒荷载(CS)”中分离出来的荷载引起的结果 |

续上表

| 序号 | 荷载工况 | 结果 | 说明 |
|---|---|---|---|
| 3 | CS:钢束一次(钢束张拉力对截面形心的内力引起的效应) | 反力 | 无实际意义 |
| | | 位移 | 钢束预应力引起的位移,用预应力等效荷载考虑支座约束计算的实际位移 |
| | | 内力 | 用钢束预应力等效荷载的大小和位置计算的内力,与结构的约束和刚度无关。 |
| | | 应力 | 用钢束一次内力计算的应力 |
| 4 | CS:钢束二次(超静定结构引起的钢束二次效应,即次内力引起的效应) | 反力 | 用钢束预应力等效荷载计算的反力 |
| | | 位移 | 无 |
| | | 内力 | 超静定结构中因多余约束产生的预应力内力,用预应力等效荷载考虑结构的约束和刚度后计算的内力减去钢束一次内力后的内力 |
| | | 应力 | 用钢束二次内力计算得到的应力 |
| 5 | CS:徐变一次(引起徐变变形的内力效应) | 反力 | 无实际意义 |
| | | 位移 | 徐变引起的位移,用徐变一次内力计算的位移 |
| | | 内力 | 引起计算得到的徐变所需的内力,无实际意义,仅用于计算徐变一次位移 |
| | | 应力 | 用徐变一次内力计算的应力,无实际意义 |
| 6 | CS:徐变二次(徐变变形引起的实际徐变内力效应) | 反力 | 徐变二次内力引起的反力 |
| | | 位移 | 无 |
| | | 内力 | 徐变引起的实际内力 |
| | | 应力 | 用徐变二次内力计算得到的应力 |
| 7 | CS:收缩一次(引起收缩变形的内力效应) | 反力 | 无实际意义 |
| | | 位移 | 收缩引起的位移,用收缩一次内力计算的位移 |
| | | 内力 | 引起计算得到的收缩所需的内力,无实际意义,仅用于计算收缩一次位移 |
| | | 应力 | 用收缩一次内力计算的应力,无实际意义 |
| 8 | CS:收缩二次(收缩变形引起的实际收缩内力效应) | 反力 | 收缩二次内力引起的反力 |
| | | 位移 | 无 |
| | | 内力 | 收缩引起的实际内力 |
| | | 应力 | 用收缩二次内力计算得到的应力 |
| 9 | CS:合计(包含施工阶段中所有荷载合计的作用效应) | 反力 | 1 +2 +4 +6 +8 |
| | | 位移 | 1 +2 +3 +5 +7 |
| | | 内力 | 1 +2 +3 +4 +6 +8 |
| | | 应力 | 1 +2 +3 +4 +6 +8 |

③激活/钝化:决定在后处理模式中是否使用该荷载组合。

④类型:指定分析结果的组合类型,有“相加”“包络”“ABS”和“SRSS”四种。其中,“相加”是将各荷载工况的分析结果的线性相加;“包络”是将各荷载工况的分析结果中的最大值,最小值以及绝对值的最大值结果;“ABS”是将反应谱分析中各方向地震荷载工况分析结果的绝对值之和与其他荷载工况分析结果线性相加;“SRSS”是反应谱分析中各方向地震荷载工况分析结果的平方和的1/2次方值与其他荷载工况分析结果线性组合。上述分析结果均考虑了荷载安全系数的结果。

⑤说明:荷载组合中使用了荷载工况名称的缩写,部分缩写的定义见表4.13.3。

**部分荷载工况表缩写表** 表4.13.3

| 荷载工况缩写 | 荷载工况说明 | 荷载工况缩写 | 荷载工况说明 |
|---|---|---|---|
| cD | 结构自重 | MCRL | 人群荷载 |
| cTS | 预应力 | T[1] | 整体升温 |
| cCR | 徐变 | TPG[1] | 温度梯度(升温) |
| cSH | 收缩 | T[2] | 整体降温 |
| M | 汽车荷载 | TPG[2] | 温度梯度(降温) |

⑥荷载工况与系数:此栏中可以查看所组合的荷载工况,以及相应荷载工况的荷载分项系数(荷载安全系数)。需要注意的是,当按《公路钢筋混凝土及预应力混凝土桥涵设计规范》(JTG 3362—2018)进行荷载组合时,程序自动生成的荷载组合中没有计入规范要求的荷载安全系数提高值,需要由用户进行调整。详细内容可以查看帮助文件。

结合《公路桥涵设计通用规范》(JTG D60—2015)第4.1.6条式(4.1.6-1)和式(4.1.6-2),说明示例桥荷载组合cLCB16(图4.13.5)的意义(表4.13.4)。

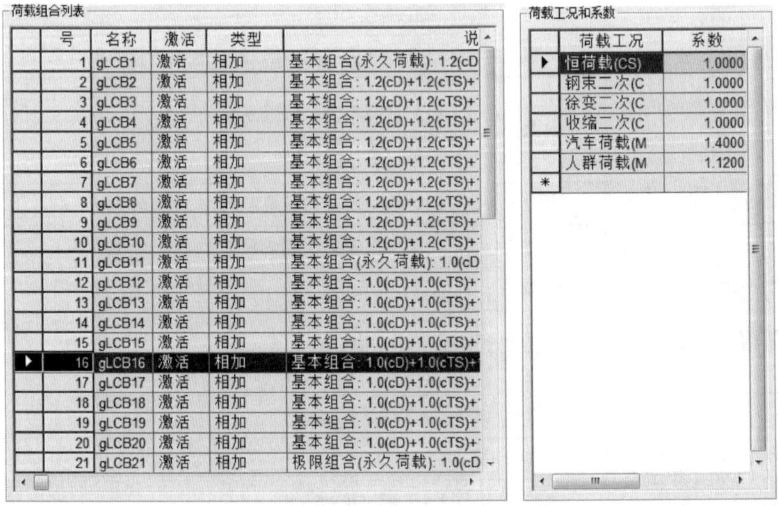


图4.13.5 cLCB16

**cLCB16 组合说明** 表 4.13.4

| cLCB16 | 式(4.1.6-1) | 备 注 |
|---|---|---|
| 1.2(cD) | $\gamma_{G1}S_{G1k}$ | 结构永久荷载效应的标准值 $S_{G1k}$ = 结构重力(恒荷载)、$S_{G2k}$ = 预加力(钢束二次)、$S_{G3k}$ = 混凝土徐变(徐变二次)、$S_{G4k}$ = 混凝土收缩(收缩二次);本桥为简支梁,据表 4.13.1.6,按对结构承载力不利时取值分项系数 $\gamma_{G1}=1.2$、$\gamma_{G2}=1.2$、$\gamma_{G3}=1.0$、$\gamma_{G4}=1.0$ |
| 1.2(cTS) | $\gamma_{G2}S_{G2k}$ | |
| 1.0(cCR) | $\gamma_{G3}S_{G3k}$ | |
| 1.0(cSH) | $\gamma_{G4}S_{G4k}$ | |
| 1.4M | $\gamma_{Q1}S_{Q1k}$ | 汽车荷载效应的标准值:$S_{Q1k}$,汽车荷载效应分项系数:$\gamma_{Q1}=1.4$ |
| 0.98MCRL | $\psi_c\gamma_{Q2}S_{Q2k}$ | 其他可变作用效应标准值 $S_{Q2k}$ = 人群荷载、$S_{Q3k}$ = 温度荷载(本算例未计入)、$S_{Q4k}$ = 温度梯度(降温);不包括风荷载的其他可变作用效应分项系数 $\gamma_{Q2\sim4}=1.4$;因除汽车荷载效应外,还有温度梯度荷载、人群荷载参与组合,故 $\psi_c=0.7$ |
| 0.98T[2] | $\psi_c\gamma_{Q3}S_{Q3k}$ | |
| 0.98TPG[2] | $\psi_c\gamma_{Q4}S_{Q4k}$ | |

## 4.13.2 反力

MIDAS/Civil 使用数值及箭头大小表示支座反力,也可以使用表格工具输出反力值。

以本桥为例,介绍 MIDAS/Civil 中反力查看的方法。

1)查看反力

除从结果选项卡或树形菜单打开“反力”对话框外,还可以在模型窗口的任意位置右击,弹出图 4.13.6 所示的结果关联菜单;选择“反力”对话框,自动显示在树形菜单中,如图 4.13.7 所示。选择“荷载工况/荷载组合”或包络荷载工况(图 4.13.8)。需要说明的是,在荷载组合列表中有移动荷载作用的工况(如 gLCB3)。该工况中包含了 3 个子项,即 CBmax、CBmin、CBall,分别表示输出最大反力值、最小反力值、最大反力绝对值。

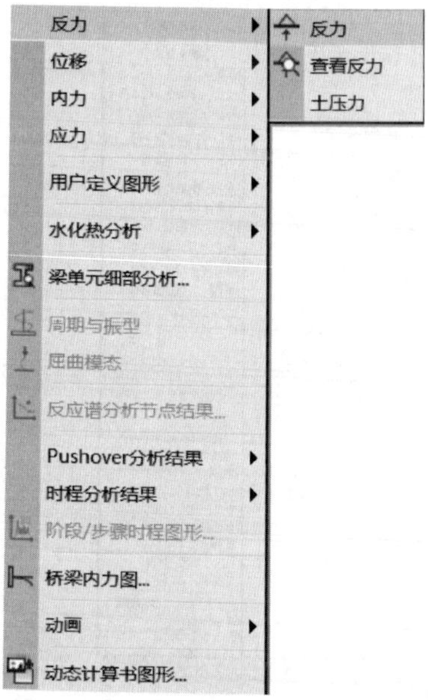


图 4.13.6 结果关联菜单

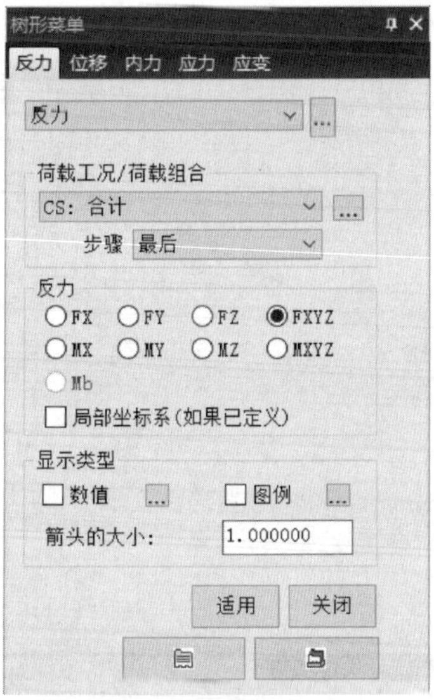


图 4.13.7 反力

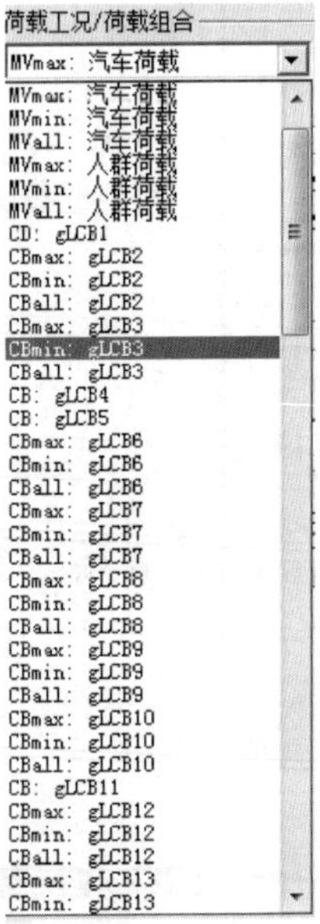


图 4.13.8 荷载组合列表

选择输出“步骤”,可以查看非线性分析、施工阶段分析、水化热分析中各荷载步或时间步下的支反力。

程序默认支反力分量(*FX*、*FY*、*FZ*、*MX*、*MY*、*MZ*)按整体坐标系输出,当已为节点定义节点局部坐标系时,则按节点局部坐标系方向输出反力结果。用户根据需要选择输出部分或全部的反力分量。若选择“*FXYZ*”,同时输出 *FX*、*FY*、*FZ*。

用“数值”或“图例”方式显示反力。点击“...”,在图 4.13.9 或图 4.13.10 中调整显示方式。例如,当某支座反力值与选定的最大值或最小值的差在规定的范围内时,可以调整显示范围(%),仅显示出满足规定范围内的支座反力。选定输出方式后,即在模型窗口中显示反力(图 4.13.11)。

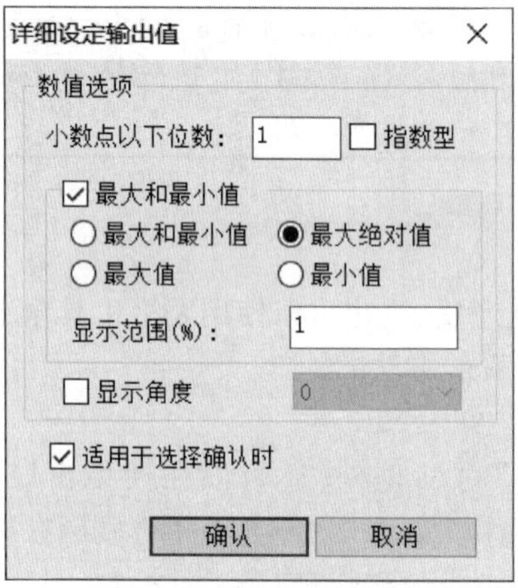


图 4.13.9　数值选项

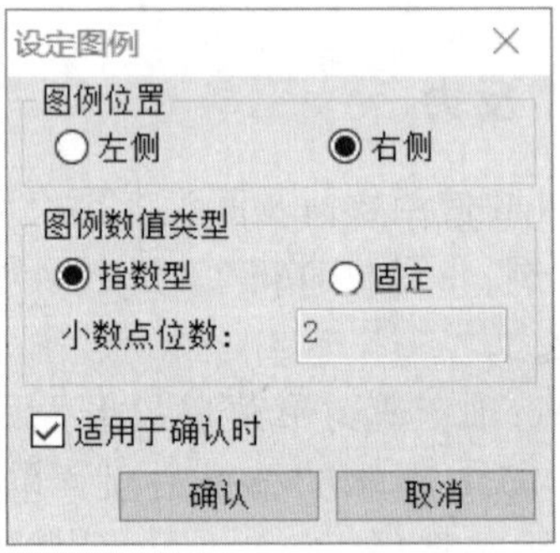


图 4.13.10　“设定图例”

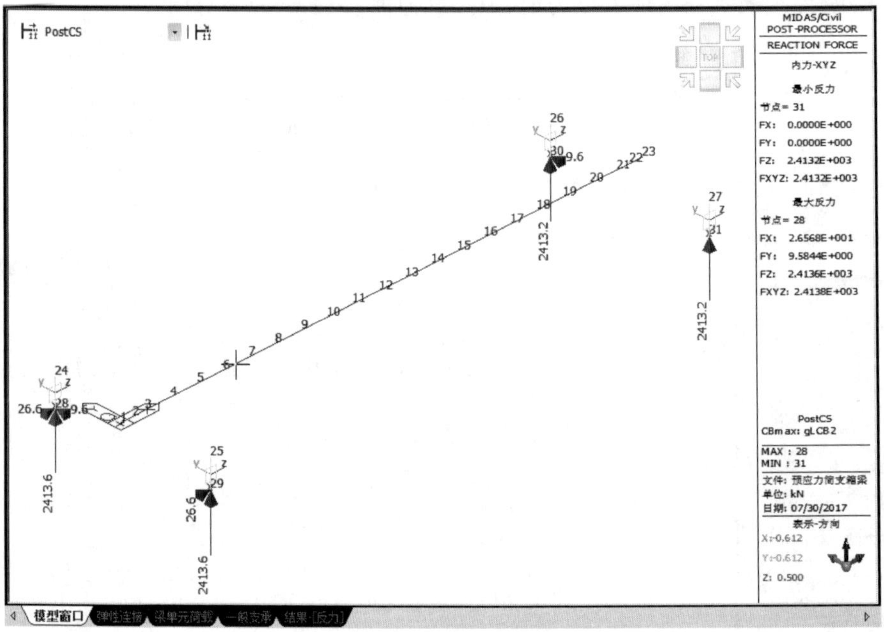


图 4.13.11　模型窗口(反力)

2）结果表格中查看反力

桥梁设计中需要根据最大反力值选定支座型号，采用表格工具并结合 Excel 辅助计算功能，可以快速地在众多荷载组合中找到支座最大支反力。从“结果”>“结果表格”>“反力”中弹出“激活记录”对话框，如图 4.13.12 所示。选择需要输出反力的节点和荷载组合，得到图 4.13.13 所示的“结果-[反力]”表格。

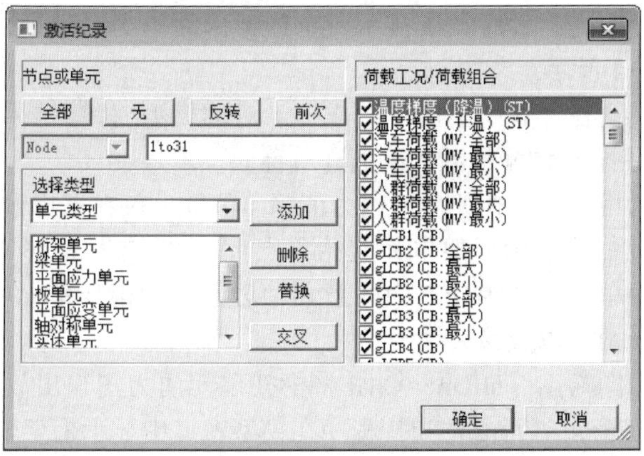


图 4.13.12　激活记录(反力)

| 节点 | 荷载 | FX (kN) | FY (kN) | FZ (kN) | MX (kN*m) | MY (kN*m) | MZ (kN*m) |
|---|---|---|---|---|---|---|---|
| 28 | 温度梯度（降温） | 0.000000 | 0.000000 | -0.000000 | 0.000000 | 0.000000 | 0.000000 |
| 29 | 温度梯度（降温） | 0.000000 | 0.000000 | -0.000000 | 0.000000 | 0.000000 | 0.000000 |
| 30 | 温度梯度（降温） | 0.000000 | 0.000000 | 0.000000 | 0.000000 | 0.000000 | 0.000000 |
| 31 | 温度梯度（降温） | 0.000000 | 0.000000 | 0.000000 | 0.000000 | 0.000000 | 0.000000 |
| 28 | 温度梯度（升温） | -0.000000 | 0.000000 | 0.000000 | 0.000000 | 0.000000 | 0.000000 |
| 29 | 温度梯度（升温） | -0.000000 | 0.000000 | 0.000000 | 0.000000 | 0.000000 | 0.000000 |
| 30 | 温度梯度（升温） | 0.000000 | 0.000000 | -0.000000 | 0.000000 | 0.000000 | 0.000000 |
| 31 | 温度梯度（升温） | 0.000000 | 0.000000 | -0.000000 | 0.000000 | 0.000000 | 0.000000 |
| 28 | 汽车荷载(最大) | 18.977385 | 6.846005 | 664.026000 | 0.000000 | 0.000000 | 0.000000 |
| 29 | 汽车荷载(最大) | 18.977383 | 0.000000 | 664.026000 | 0.000000 | 0.000000 | 0.000000 |
| 30 | 汽车荷载(最大) | 0.000000 | 6.846005 | 663.534750 | 0.000000 | 0.000000 | 0.000000 |
| 31 | 汽车荷载(最大) | 0.000000 | 0.000000 | 663.534750 | 0.000000 | 0.000000 | 0.000000 |
| 28 | 人群荷载(最大) | 4.041191 | 1.276166 | 74.293188 | 0.000000 | 0.000000 | 0.000000 |
| 29 | 人群荷载(最大) | 4.041191 | 0.000000 | 74.293188 | 0.000000 | 0.000000 | 0.000000 |
| 30 | 人群荷载(最大) | 0.000000 | 1.276166 | 73.930156 | 0.000000 | 0.000000 | 0.000000 |
| 31 | 人群荷载(最大) | 0.000000 | 0.000000 | 73.930156 | 0.000000 | 0.000000 | 0.000000 |
| 28 | 汽车荷载(最小) | -18.977383 | -6.846005 | -12.313911 | 0.000000 | 0.000000 | 0.000000 |
| 29 | 汽车荷载(最小) | -18.977385 | 0.000000 | -12.313911 | 0.000000 | 0.000000 | 0.000000 |
| 30 | 汽车荷载(最小) | 0.000000 | -6.846005 | -12.313915 | 0.000000 | 0.000000 | 0.000000 |
| 31 | 汽车荷载(最小) | 0.000000 | 0.000000 | -12.313915 | 0.000000 | 0.000000 | 0.000000 |
| 28 | 人群荷载(最小) | -4.041191 | -1.276166 | -20.391059 | 0.000000 | 0.000000 | 0.000000 |
| 29 | 人群荷载(最小) | -4.041191 | 0.000000 | -20.391059 | 0.000000 | 0.000000 | 0.000000 |
| 30 | 人群荷载(最小) | 0.000000 | -1.276166 | -20.028021 | 0.000000 | 0.000000 | 0.000000 |
| 31 | 人群荷载(最小) | 0.000000 | 0.000000 | -20.028021 | 0.000000 | 0.000000 | 0.000000 |
| 28 | 汽车荷载(全部) | 18.977385 | 6.846005 | 664.026000 | 0.000000 | 0.000000 | 0.000000 |
| 29 | 汽车荷载(全部) | -18.977385 | 0.000000 | 664.026000 | 0.000000 | 0.000000 | 0.000000 |
| 30 | 汽车荷载(全部) | 0.000000 | 6.846005 | 663.534750 | 0.000000 | 0.000000 | 0.000000 |
| 31 | 汽车荷载(全部) | 0.000000 | 0.000000 | 663.534750 | 0.000000 | 0.000000 | 0.000000 |
| 28 | 人群荷载(全部) | 4.041191 | 1.276166 | 74.293188 | 0.000000 | 0.000000 | 0.000000 |
| 29 | 人群荷载(全部) | 4.041191 | 0.000000 | 74.293188 | 0.000000 | 0.000000 | 0.000000 |
| 30 | 人群荷载(全部) | 0.000000 | 1.276166 | 73.930156 | 0.000000 | 0.000000 | 0.000000 |
| 31 | 人群荷载(全部) | 0.000000 | 0.000000 | 73.930156 | 0.000000 | 0.000000 | 0.000000 |
| 28 | gLCB1 | 0.000000 | 0.000000 | 1483.951358 | 0.000000 | 0.000000 | 0.000000 |
| 29 | gLCB1 | 0.000000 | 0.000000 | 1483.951358 | 0.000000 | 0.000000 | 0.000000 |

反力(整体)　反力(局部)　反力(局部-面弹簧)

模型窗口　弹性连接　梁单元荷载　一般支承　结果-[反力]

图 4.13.13　“结果-[反力]”表格

### 4.13.3 内力

MIDAS/Civil 不仅可以输出桁架单元、梁单元、板单元内力，还可输出桁架单元图、梁单元内力图和板剖断线内力图。所有单元内力均按单元局部坐标系输出。

下面就桁架单元和梁单元内力输出中的常用选项进行说明。

1)桁架内力/桁架内力图

(1)选择内力输出方式。程序默认显示所有桁架单元内力，也可显示只受拉或只受压构件的内力，如图 4.13.14 所示。

(2)镜像。对称结构在计算中采用 1/2 或 1/4 对称模型，计算结果要展开成整个模型的结果。镜像前需指定一个整体坐标系的平面为对称面。

(3)输出截面位置用于指定桁架单元内力值输出位置。仅在选择输出“数值”时该项才会被激活。选择“$I$”或“$J$”，只显示桁架单元起始节点($N_1$)或结束节点($N_2$)处的内力值；选择“最大值”，程序将桁架单元的四等分点中的最大轴力值作为桁架单元中心的轴力输出；选择“全部”，同时显示单元两端以及最大轴力。

(4)桁架单元内力图输出。MIDAS/Civil 将桁架单元内力图输出放置在“梁单元内力图”中。当选择“$Fx$”和“仅桁架单元内力”时，程序在模型窗口中显示桁架轴力图。

2)梁单元内力/梁单元内力图

(1)选择“梁单元内力”，使用等值线查看梁单元的内力。在树形菜单或结果关联菜单中打开“梁单元内力”对话框，如图 4.13.15a)所示。

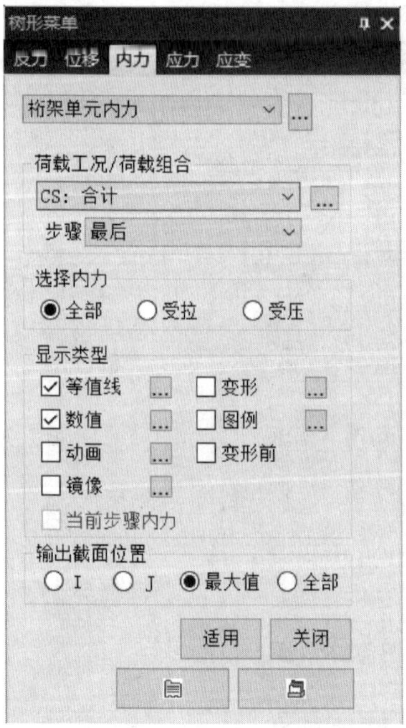


图 4.13.14 桁架单元内力

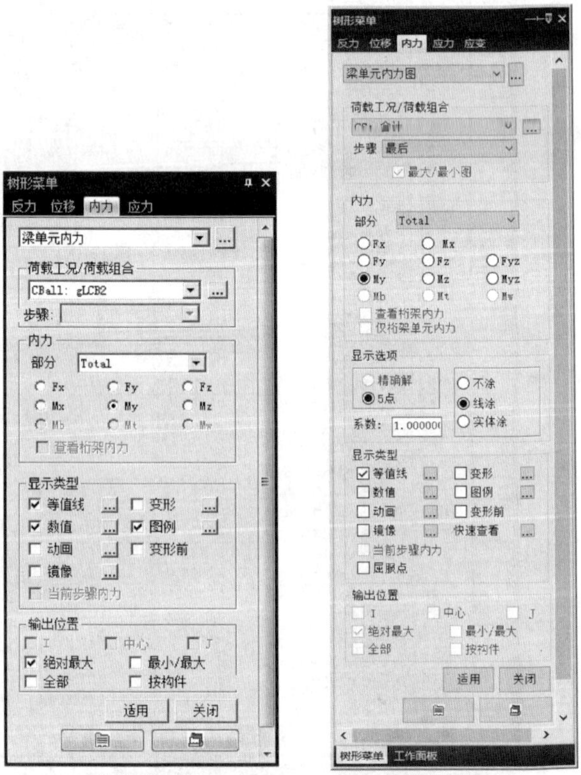


a)梁单元内力　　b)梁单元内力图

图 4.13.15 梁单元内力输出

(2)指定梁单元内力值的输出位置。仅在选择输出“数值”时,该项才会被激活。除 $I$、$J$ 节点内力值外,还可显示梁单元中点处的内力值。“绝对最大”是将梁单元四等分点中的绝对最大内力值,作为梁单元中心的内力输出,“最小/最大”将梁单元的四等分点中最小和最大内力值,作为梁单元中心的内力输出。

选定输出方式后,即在模型窗口中显示内力(图 4.13.16)。

程序默认在显示梁单元轴力($Fx$)时,不能同时显示桁架单元的轴力。选择“$Fx$”,并勾选“查看桁架内力”,同时显示梁单元和桁架单元的轴力图。

图 4.13.16 模型窗口(内力)

(3)采用“梁单元内力图”[图 4.13.15b)],根据“显示选项”(精确、5 点、不涂色、线涂色、实体涂色)来表现梁单元内力沿长度方向的分布。以下为示例桥荷载组合 cLCB5 的主梁弯矩图(图 4.13.17)和剪力图(图 4.13.18)。

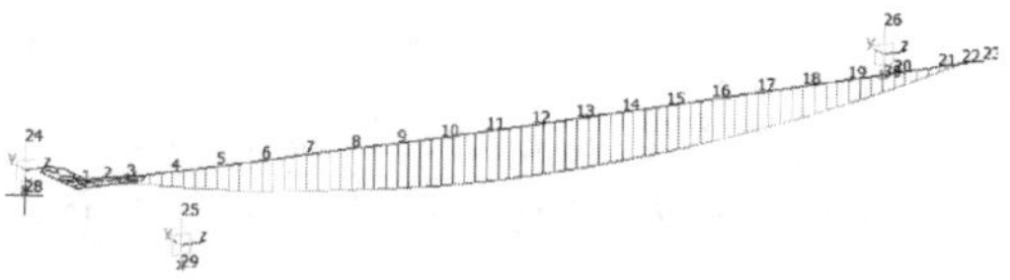

图 4.13.17 弯矩图

图 4.13.18 剪力图

(4)利用表格工具输出梁单元内力,选择“表格”>“结果表格”>“梁单元”>“内力”,弹出“激活记录”对话框(图 4.13.19),设定内力输入的内容后,弹出“结果-[梁单元内力]”表格,如图 4.13.20 所示。

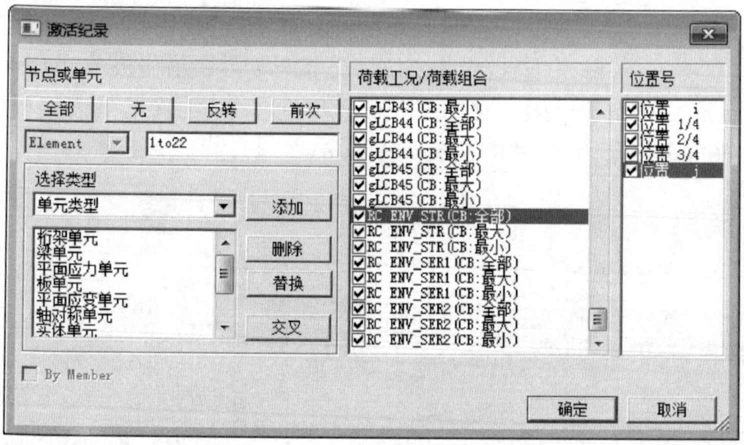


图 4.13.19 “激活记录”(内力)

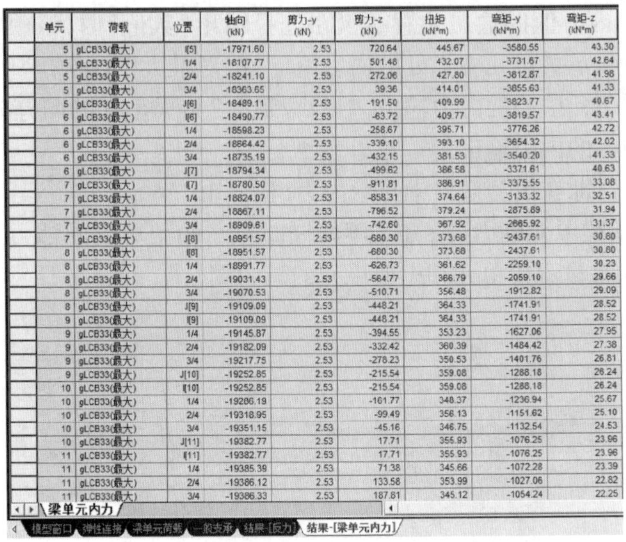

| | 单元 | 荷载 | 位置 | 轴向 (kN) | 剪力-y (kN) | 剪力-z (kN) | 扭矩 (kN*m) | 弯矩-y (kN*m) | 弯矩-z (kN*m) |
|---|---|---|---|---|---|---|---|---|---|
| | 5 | gLCB33(最大) | I[5] | -17971.60 | 2.53 | 720.64 | 445.67 | -3580.55 | 43.30 |
| | 5 | gLCB33(最大) | 1/4 | -18107.77 | 2.53 | 501.48 | 432.07 | -3731.67 | 42.64 |
| | 5 | gLCB33(最大) | 2/4 | -18241.10 | 2.53 | 272.06 | 427.80 | -3812.87 | 41.98 |
| | 5 | gLCB33(最大) | 3/4 | -18363.65 | 2.53 | 39.36 | 414.01 | -3855.63 | 41.33 |
| | 5 | gLCB33(最大) | J[6] | -18489.11 | 2.53 | -191.50 | 409.99 | -3823.77 | 40.67 |
| | 6 | gLCB33(最大) | I[6] | -18490.77 | 2.53 | -63.72 | 409.77 | -3819.57 | 43.41 |
| | 6 | gLCB33(最大) | 1/4 | -18598.23 | 2.53 | -258.67 | 395.71 | -3776.26 | 42.72 |
| | 6 | gLCB33(最大) | 2/4 | -18664.42 | 2.53 | -339.10 | 393.10 | -3654.32 | 42.02 |
| | 6 | gLCB33(最大) | 3/4 | -18735.19 | 2.53 | -432.15 | 381.53 | -3540.20 | 41.33 |
| | 6 | gLCB33(最大) | J[7] | -18794.34 | 2.53 | -499.62 | 386.58 | -3371.61 | 40.63 |
| | 7 | gLCB33(最大) | I[7] | -18780.50 | 2.53 | -911.81 | 386.91 | -3375.55 | 33.08 |
| | 7 | gLCB33(最大) | 1/4 | -18824.07 | 2.53 | -858.31 | 374.64 | -3133.32 | 32.51 |
| | 7 | gLCB33(最大) | 2/4 | -18867.11 | 2.53 | -796.52 | 379.24 | -2875.89 | 31.94 |
| | 7 | gLCB33(最大) | 3/4 | -18909.61 | 2.53 | -742.60 | 367.92 | -2665.92 | 31.37 |
| | 7 | gLCB33(最大) | J[8] | -18951.57 | 2.53 | -680.30 | 373.68 | -2437.61 | 30.80 |
| | 8 | gLCB33(最大) | I[8] | -18951.57 | 2.53 | -680.30 | 373.68 | -2437.61 | 30.80 |
| | 8 | gLCB33(最大) | 1/4 | -18991.77 | 2.53 | -626.73 | 361.62 | -2259.10 | 30.23 |
| | 8 | gLCB33(最大) | 2/4 | -19031.43 | 2.53 | -564.77 | 366.79 | -2059.10 | 29.66 |
| | 8 | gLCB33(最大) | 3/4 | -19070.53 | 2.53 | -510.71 | 356.48 | -1912.82 | 29.09 |
| | 8 | gLCB33(最大) | J[9] | -19109.09 | 2.53 | -448.21 | 364.33 | -1741.91 | 28.52 |
| | 9 | gLCB33(最大) | I[9] | -19109.09 | 2.53 | -448.21 | 364.33 | -1741.91 | 28.52 |
| | 9 | gLCB33(最大) | 1/4 | -19145.87 | 2.53 | -394.55 | 353.23 | -1627.06 | 27.95 |
| | 9 | gLCB33(最大) | 2/4 | -19182.09 | 2.53 | -332.42 | 360.39 | -1484.42 | 27.38 |
| | 9 | gLCB33(最大) | 3/4 | -19217.75 | 2.53 | -278.23 | 350.53 | -1401.76 | 26.81 |
| | 9 | gLCB33(最大) | J[10] | -19252.85 | 2.53 | -215.54 | 359.08 | -1288.18 | 26.24 |
| | 10 | gLCB33(最大) | I[10] | -19252.85 | 2.53 | -215.54 | 359.08 | -1288.18 | 26.24 |
| | 10 | gLCB33(最大) | 1/4 | -19286.19 | 2.53 | -161.77 | 348.37 | -1236.94 | 25.67 |
| | 10 | gLCB33(最大) | 2/4 | -19318.95 | 2.53 | -99.49 | 356.13 | -1151.62 | 25.10 |
| | 10 | gLCB33(最大) | 3/4 | -19351.15 | 2.53 | -45.16 | 346.75 | -1132.54 | 24.53 |
| | 10 | gLCB33(最大) | J[11] | -19382.77 | 2.53 | 17.71 | 355.93 | -1076.25 | 23.96 |
| | 11 | gLCB33(最大) | I[11] | -19382.77 | 2.53 | 17.71 | 355.93 | -1076.25 | 23.96 |
| | 11 | gLCB33(最大) | 1/4 | -19385.39 | 2.53 | 71.38 | 345.66 | -1072.28 | 23.39 |
| | 11 | gLCB33(最大) | 2/4 | -19386.12 | 2.53 | 133.58 | 353.99 | -1027.06 | 22.82 |
| | 11 | gLCB33(最大) | 3/4 | -19386.33 | 2.53 | 187.81 | 345.12 | -1054.24 | 22.25 |



图 4.13.20 “结果-梁单元内力”表格

## 4.13.4 位移

MIDAS/Civil 根据所分析的荷载类型,可以输出不同的位移值(如静力荷载工况),输出节点位移(线位移和转角位移);对于时程分析,可以显示模型位移、速度、加速度、绝对加速度的最大值。

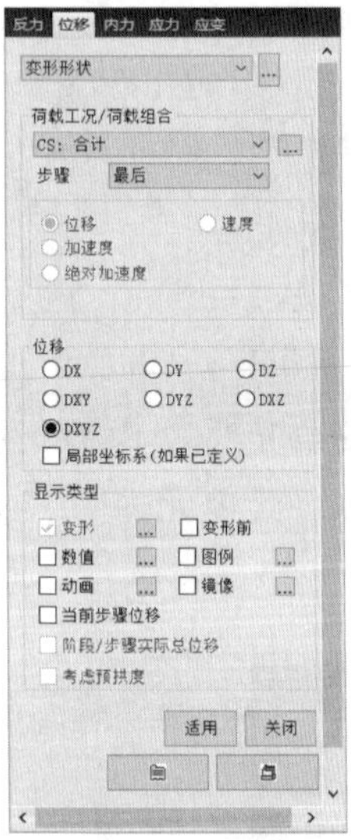


图 4.13.21 变形输出

图 4.13.21 中的 $DX$、$DY$、$DZ$ 是整体坐标系 $X$、$Y$、$Z$ 轴方向的节点线位移分量。当选择位移量 $DXY$、$DYZ$、$DXZ$、$DXYZ$ 时,其分别为 2 个或 3 个位移分量的合成:

$$DXY = \sqrt{DX^2 + DY^2} \tag{4.13.1}$$

$$DYZ = \sqrt{DY^2 + DZ^2} \tag{4.13.2}$$

$$DXZ = \sqrt{DX^2 + DZ^2} \tag{4.13.3}$$

$$DXYZ = \sqrt{DX^2 + DY^2 + DZ^2} \tag{4.13.4}$$

当节点以局部坐标系建立时,节点位移就在局部坐标系中输出。

除了 $DX$、$DY$、$DZ$ 位移分量外,梁单元和板单元还有 3 个转角位移分量 $RX$、$RY$、$RZ$。要查看这些位移分量,除结果表格外,用鼠标获移至节点,就可显示 6 个位移分量(图 4.13.22)。

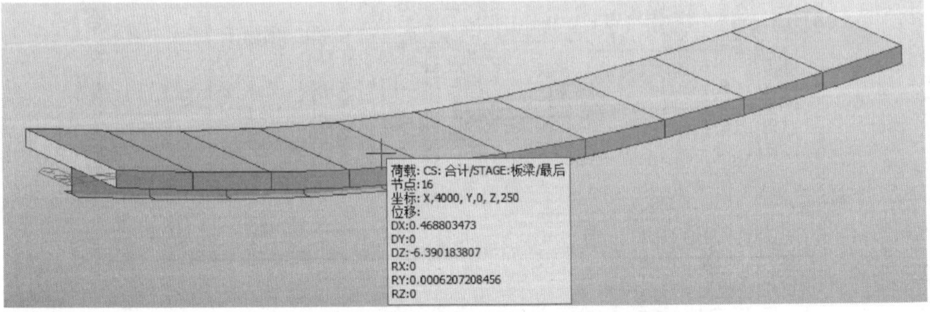


图 4.13.22 鼠标获取位移

此外,还可以生成变形图、查询指定节点的位移,利用表格工具输出位移值。

## 4.13.5 影响线与荷载追踪器

移动荷载分析后,可以输出反力、位移、内力(桁架、梁、板)以及应力(梁、实体)的影响线/影响面图形和结果。在“移动荷载分析控制”中设置影响线点,控制影响线数据输出或显示的位置。

1)位移影响线图输出

从选项卡或从树形菜单的表格表单中打开“影响线”对话框,如图 4.13.23 所示。从下拉菜单选择输出影响线的类型(图 4.13.24)和加载的“车道/车道面”(图 4.13.25)。

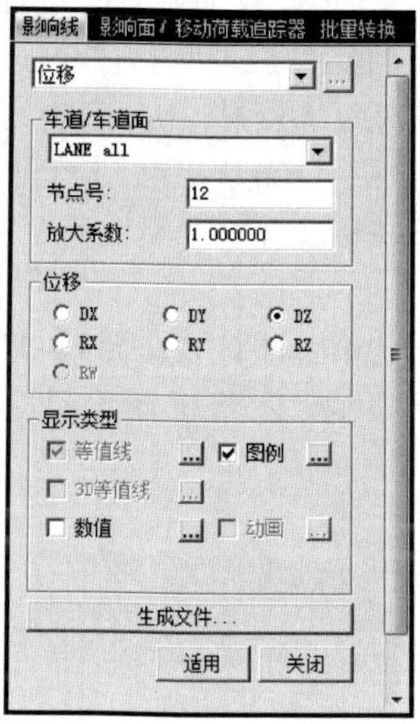


图 4.13.23 “影响线”图形显示对话框

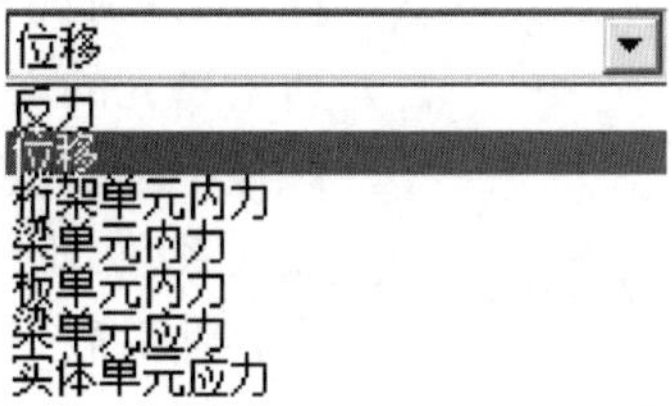


图 4.13.24 选择输出影响线的类型

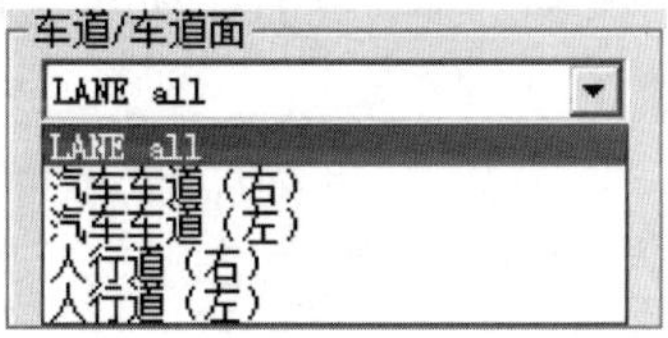


图 4.13.25 加载的车道

如输出跨中(12 号节点)的位移影响线,模型窗口的影响线如图 4.13.26 所示。

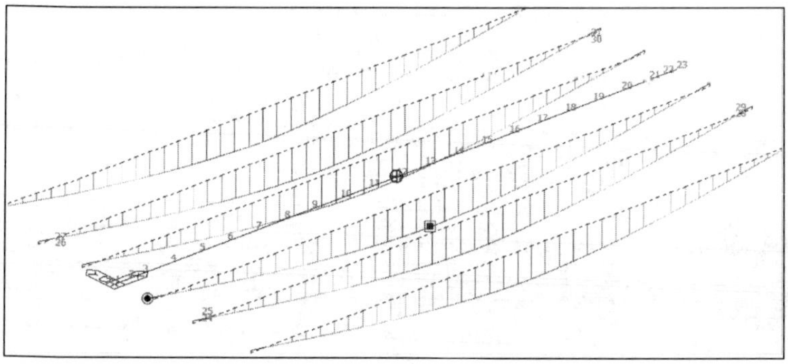

图 4.13.26 跨中位移影响线

需要说明的是,影响线与车道位置有关。图 4.13.26 中所示输出全部车道的影响线,两侧分别是人群荷载(左)、人群荷载(左)车道的影响线,中间 4 条是汽车荷载(左)、汽车荷载(左)的影响线。由于在定义汽车荷载车道时输入车辆的轮距为 1.8m,每个车道的影响线由 2 个车轮的影响线组成,影响线数值由 0.5 倍的单位荷载加载计算而得,且影响线间距为 1.8m。

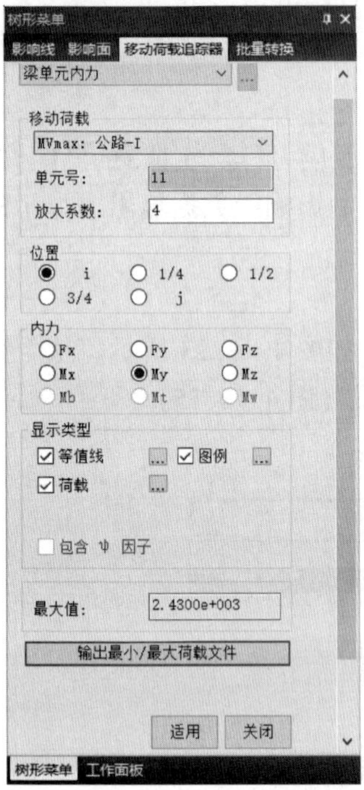


图4.13.27　移动荷载追踪器

反力、内力和应力的影响线输出方法与上述步骤类似,在此不再赘述。

2)荷载追踪器

利用荷载追踪器,追踪并以图形显示导致反力、位移、内力、应力产生最大/最小结果的移动荷载工况和位置,并且可以将移动荷载按照相应的大小和位置,通过 MCT 格式的文本文件转换为静力荷载。在求解移动荷载作用下的稳定时,MIDAS/Civil 不允许将移动荷载作用活荷载。对此,将移动分析得到的最不利位置和大小保存为静力荷载,然后开展稳定分析。

图4.13.27 所示为梁单元内力"移动荷载追踪器"界面,选择"移动荷载工况""单元号""位置"以及"内力"分项,就可显示所求单元的内力分量($Fx$、$Fy$、$Fz$、$Mx$、$My$、$Mz$)影响线及移动荷载最不利布载位置(图4.13.28)。"放大系数"指绘制影响线的放大系数,该系数不会改变影响线数值。"最大值"为单元在指定移动荷载工况下的最大值。

图4.13.28 为计算跨径 20m,计算在公路-Ⅰ荷载作用下跨中断面的最大弯矩值。根据《公路桥涵设计通用规范》(JTG D60—2015),得到:

集中荷载:

$$P_k = 2(L_0 + 130) = 2 \times (20 + 130) = 300\text{kN}$$

均布荷载:

$$q_k = 10.5\text{kN/m}$$

跨中弯矩:

$$M = \frac{P_k L_0}{4} + \frac{q_k L_0^2}{8} = \frac{300 \times 20}{4} + \frac{10.5 \times 20^2}{8} = 2025\text{kN} \cdot \text{m}$$

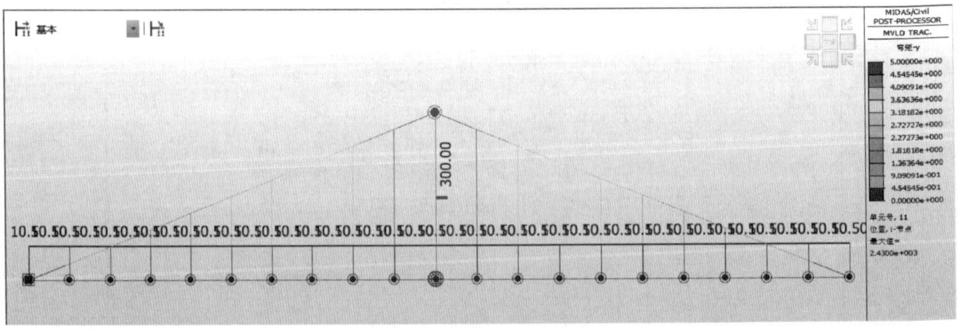


图4.13.28　移动荷载布置位置

该模型中只有1个车道,车道定义时"车轮间距"项输入为0,因此模型窗口中显示的均布荷载为10.5。根据《公路桥涵设计通用规范》(JTG D60—2015)第4.3.1条表4.3.1-5,一个车道的横向车道布载系数应取1.2,由此得到跨中截面最大弯矩为 $1.2 \times 2025 = 2430\text{kN} \cdot \text{m}$,与图4.13.27中显示的最大值相同。

完成影响线或影响面分析后,点击"输出最小/最大荷载文件",将移动荷载工况产生的最大或者最小值结果转化为静力荷载,生成 MCT 文件。

3)影响线数据输出

单击图 4.13.23 中的“生成文件...”按钮,输入影响线名(“.TXT”格式),生成由 MIDAS/Civil 文本编辑器打开的位移影响线数据文件(图 4.13.29),该文件也可以其他文本编辑器打开。

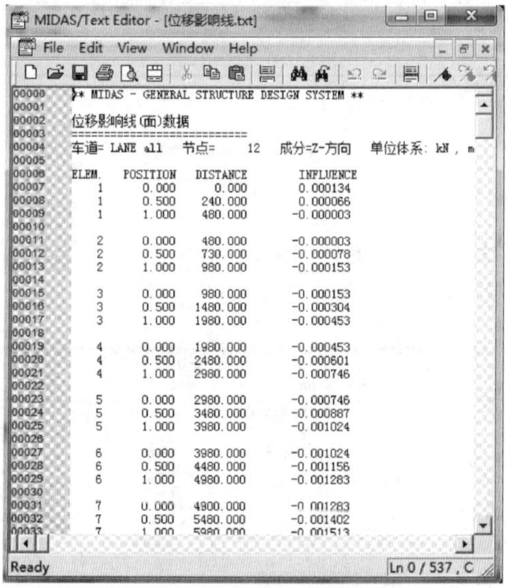


图 4.13.29 位移影响线数据文件

## 4.13.6 预应力效应

MIDAS/Civil 在结果表格(预应力钢束)中提供了详细的预应力信息(图 4.13.30),以电子表格形式输出,这些结果可直接用于设计与施工中。

1)钢束坐标系

按导线法输入的预应力钢束形状,程序自动按本章 4.8.2 节中的公式计算钢束坐标。在“结果”→“预应力钢束”→“钢束坐标系”中打开“钢束坐标”,可以看到图 4.13.31 所示的“钢束坐标”表格。

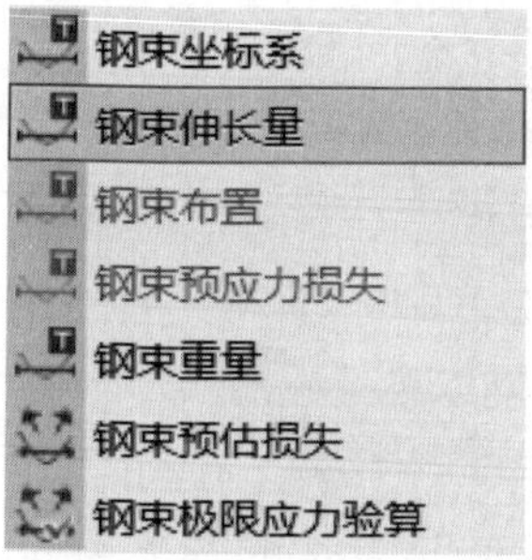


图 4.13.30 “预应力钢束”结果表格

| 预应力钢束名称 | 号 | x (m) | y (m) | z (m) |
|---|---|---|---|---|
| N1右肋 | 0 | 0.3600 | 0.0000 | 0.0000 |
| N1右肋 | 1 | 0.3600 | -3.7500 | 0.9862 |
| N1右肋 | 2 | 0.4800 | -3.7500 | 0.9586 |
| N1右肋 | 3 | 0.6050 | -3.7500 | 0.9299 |
| N1右肋 | 4 | 0.7300 | -3.7500 | 0.9011 |
| N1右肋 | 5 | 0.8550 | -3.7500 | 0.8724 |
| N1右肋 | 6 | 0.9800 | -3.7500 | 0.8436 |
| N1右肋 | 7 | 1.2300 | -3.7500 | 0.7861 |
| N1右肋 | 8 | 1.4800 | -3.7500 | 0.7286 |
| N1右肋 | 9 | 1.7300 | -3.7500 | 0.6711 |
| N1右肋 | 10 | 1.9800 | -3.7500 | 0.6164 |
| N1右肋 | 11 | 2.2300 | -3.7500 | 0.5661 |
| N1右肋 | 12 | 2.4800 | -3.7500 | 0.5202 |
| N1右肋 | 13 | 2.7300 | -3.7500 | 0.4786 |
| N1右肋 | 14 | 2.9800 | -3.7500 | 0.4414 |

图 4.13.31 “钢束坐标”表格

2)钢束伸长量

“预应力钢束伸长量”结果表格,如图 4.13.32 所示。

| 预应力钢束名称 | 阶段 | 步骤 | 预应力钢束延伸长度 | | 混凝土压缩长度 | | 合计 | |
|---|---|---|---|---|---|---|---|---|
| | | | 开始(m) | 结束(m) | 开始(m) | 结束(m) | 开始(m) | 结束(m) |
| N1右肋 | CS2 | 001(first | 0.0717 | 0.0566 | 0.0001 | 0.0001 | 0.0717 | 0.0567 |
| N1中肋 | CS2 | 001(first | 0.0717 | 0.0566 | 0.0001 | 0.0001 | 0.0717 | 0.0567 |
| N1左肋 | CS2 | 001(first | 0.0717 | 0.0566 | 0.0001 | 0.0001 | 0.0717 | 0.0567 |
| N2右肋 | CS2 | 001(first | 0.0652 | 0.0656 | 0.0001 | 0.0001 | 0.0653 | 0.0657 |
| N2中肋 | CS2 | 001(first | 0.0652 | 0.0656 | 0.0001 | 0.0001 | 0.0653 | 0.0657 |
| N2左肋 | CS2 | 001(first | 0.0652 | 0.0656 | 0.0001 | 0.0001 | 0.0653 | 0.0657 |

预应力钢束伸长量

模型窗口 预应力钢束的伸长量

图 4.13.32　预应力钢束伸长量

3)钢束重量

钢束重量按钢束形状、特性值、组统计,输出“结果-[钢束重量]”表格如图 4.13.33 所示。除查看钢束重量外,还可在表格中查看钢束和钢束组的特性。

| 钢束名称 | 钢束号 | 面积(m^2) | 长度(m) | 重量/长度(kN/m) | 重量(kN) | 总重量(kN) |
|---|---|---|---|---|---|---|
| N1右肋 | 2.00 | 0.001400 | 19.506167 | 0.109900 | 2.143728 | 4.287456 |
| N1中肋 | 2.00 | 0.001400 | 19.506167 | 0.109900 | 2.143728 | 4.287456 |
| N1左肋 | 2.00 | 0.001400 | 19.506167 | 0.109900 | 2.143728 | 4.287456 |
| N2右肋 | 2.00 | 0.001400 | 19.394813 | 0.109900 | 2.131490 | 4.262980 |
| N2中肋 | 2.00 | 0.001400 | 19.394813 | 0.109900 | 2.131490 | 4.262980 |
| N2左肋 | 2.00 | 0.001400 | 19.394813 | 0.109900 | 2.131490 | 4.262980 |
| 合计 | 12.00 | - | 233.405879 | 0.109900 | - | 25.651306 |

钢束形状 钢束特性值 钢束组

模型窗口 预应力钢束的伸长量 结果-[钢束重量]

图 4.13.33　“结果-[钢束重量]”表格

4)钢束布置

按每个钢束组及施工阶段输出钢束的有效应力、有效预应力,还可以输出钢束组的中心至截面型心的距离、钢束布置方向的 COS、sin(三角函数)值等。“结果-[钢束布置(钢束组)]”表格如图 4.13.34 所示。

| 单元 | 位置 | 钢束数 | Yp(m) | Zp(m) | 平均 Sin Theta([deg]) | 平均 Cos Theta([deg]) | 平均应力(kN/m^2) | 平均内力(kN) |
|---|---|---|---|---|---|---|---|---|
| 钢束组[中肋N1]的排列,在施工阶段[CS1] | | | | | | | | |
| 钢束组 | | 中肋N1 | | 阶段 | CS1 | 适用 | | |
| 1 | I | 0 | 0.0000 | 0.0000 | 0.0000 | 0.0000 | 0.0000 | 0.0000 |
| 1 | J | 2 | 0.0000 | 0.1552 | 0.3076 | 0.9515 | 0.0000 | 0.0000 |
| 2 | I | 2 | 0.0000 | 0.1552 | -0.2241 | -0.9746 | 0.0000 | 0.0000 |
| 2 | J | 2 | 0.0000 | 0.0402 | -0.2241 | -0.9746 | 0.0000 | 0.0000 |
| 3 | I | 2 | 0.0000 | 0.0312 | -0.2286 | -0.9735 | 0.0000 | 0.0000 |
| 3 | J | 2 | 0.0000 | -0.2036 | -0.2286 | -0.9735 | 0.0000 | 0.0000 |
| 4 | I | 2 | 0.0000 | -0.2036 | -0.1824 | -0.9832 | 0.0000 | 0.0000 |
| 4 | J | 2 | 0.0000 | -0.3892 | -0.1824 | -0.9832 | 0.0000 | 0.0000 |
| 5 | I | 2 | 0.0000 | -0.3892 | -0.1204 | -0.9927 | 0.0000 | 0.0000 |
| 5 | J | 2 | 0.0000 | -0.5104 | -0.1204 | -0.9927 | 0.0000 | 0.0000 |
| 6 | I | 2 | 0.0000 | -0.5104 | -0.0609 | -0.9981 | 0.0000 | 0.0000 |
| 6 | J | 2 | 0.0000 | -0.5714 | -0.0609 | -0.9981 | 0.0000 | 0.0000 |
| 7 | I | 2 | 0.0000 | -0.5714 | -0.0082 | -1.0000 | 0.0000 | 0.0000 |
| 7 | J | 2 | 0.0000 | -0.5796 | -0.0082 | -1.0000 | 0.0000 | 0.0000 |
| 8 | I | 2 | 0.0000 | -0.5796 | -0.0082 | -1.0000 | 0.0000 | 0.0000 |
| 8 | J | 2 | 0.0000 | -0.5879 | -0.0082 | -1.0000 | 0.0000 | 0.0000 |
| 9 | I | 2 | 0.0000 | -0.5879 | -0.0082 | -1.0000 | 0.0000 | 0.0000 |
| 9 | J | 2 | 0.0000 | -0.5961 | -0.0082 | -1.0000 | 0.0000 | 0.0000 |
| 10 | I | 2 | 0.0000 | -0.5961 | -0.0082 | -1.0000 | 0.0000 | 0.0000 |
| 10 | J | 2 | 0.0000 | -0.6043 | -0.0082 | -1.0000 | 0.0000 | 0.0000 |

钢束布置(钢束组)

模型窗口 预应力钢束的伸长量 结果-[钢束重量] 结果-[钢束布置(钢束组)]

图 4.13.34　“结果-[钢束布置(钢束组)]”表格

需要说明的是，$Y_p$、$Z_p$ 为截面形心至钢束组中心的单元坐标系 $Y$ 轴、$Z$ 轴方向距离，如图4.13.35所示。

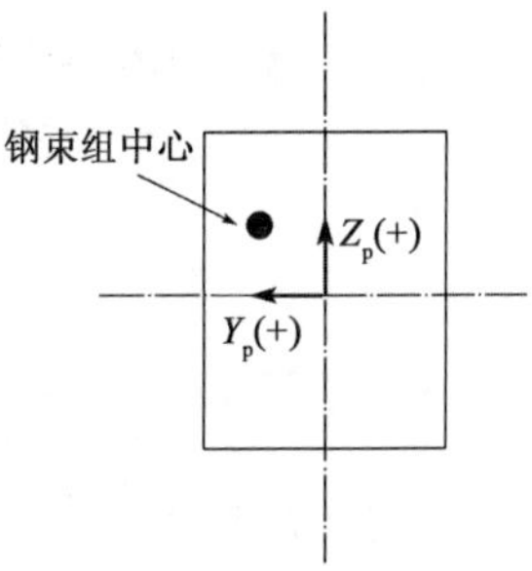


图4.13.35 $Y_p$、$Z_p$ 示意图

5）预应力损失

该项用于分别输出摩擦、锚具变形、弹性收缩、徐变、收缩引起的钢束预应力损失。图4.13.36所示为输出的“结果-[钢束损失(钢束组)]”结果。

表中各项对应于《公路钢筋混凝土及预应力混凝土桥涵设计规范》(JTD 3362—2018)6.2.1款中预应力损失对照表，见表4.13.5。

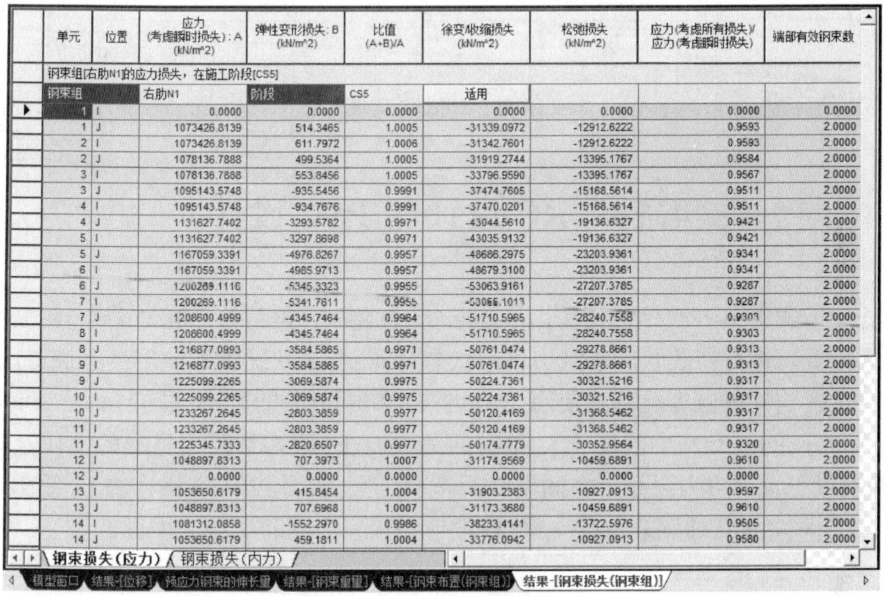

| 单元 | 位置 | 应力(考虑瞬时损失)：A (kN/m^2) | 弹性变形损失：B (kN/m^2) | 比值 (A+B)/A | 徐变/收缩损失 (kN/m^2) | 松弛损失 (kN/m^2) | 应力(考虑所有损失)/应力(考虑瞬时损失) | 端部有效钢束数 |
|---|---|---|---|---|---|---|---|---|
| 钢束组[右肋N1]的应力损失，在施工阶段[CS5] | | | | | | | | |
| 钢束组 | | 右肋N1 | 阶段 | CS5 | 适用 | | | |
| 1 | I | 0.0000 | 0.0000 | 0.0000 | 0.0000 | 0.0000 | 0.0000 | 0.0000 |
| 1 | J | 1073426.8139 | 514.3465 | 1.0005 | -31339.0972 | -12912.6222 | 0.9593 | 2.0000 |
| 2 | I | 1073426.8139 | 611.7972 | 1.0006 | -31342.7601 | -12912.6222 | 0.9593 | 2.0000 |
| 2 | J | 1078136.7888 | 499.5364 | 1.0005 | -31919.2744 | -13395.1767 | 0.9584 | 2.0000 |
| 3 | I | 1078136.7888 | 553.8456 | 1.0005 | -33796.9590 | -13395.1767 | 0.9567 | 2.0000 |
| 3 | J | 1095143.5748 | -935.5456 | 0.9991 | -37474.7605 | -15168.5614 | 0.9511 | 2.0000 |
| 4 | I | 1095143.5748 | -934.7676 | 0.9991 | -37470.0201 | -15168.5614 | 0.9511 | 2.0000 |
| 4 | J | 1131627.7402 | -3293.5782 | 0.9971 | -43044.5610 | -19136.6327 | 0.9421 | 2.0000 |
| 5 | I | 1131627.7402 | -3297.8698 | 0.9971 | -43035.9132 | -19136.6327 | 0.9421 | 2.0000 |
| 5 | J | 1167059.3391 | -4976.8267 | 0.9957 | -48686.2975 | -23203.9361 | 0.9341 | 2.0000 |
| 6 | I | 1167059.3391 | -4985.9713 | 0.9957 | -48679.3100 | -23203.9361 | 0.9341 | 2.0000 |
| 6 | J | 1200269.1116 | -5345.3323 | 0.9955 | -53063.9161 | -27207.3785 | 0.9287 | 2.0000 |
| 7 | I | 1200269.1116 | -5341.7611 | 0.9955 | -53066.1013 | -27207.3785 | 0.9287 | 2.0000 |
| 7 | J | 1208600.4999 | -4345.7464 | 0.9964 | -51710.5965 | -28240.7558 | 0.9303 | 2.0000 |
| 8 | I | 1208600.4999 | -4345.7464 | 0.9964 | -51710.5965 | -28240.7558 | 0.9303 | 2.0000 |
| 8 | J | 1216877.0993 | -3584.5865 | 0.9971 | -50761.0474 | -29278.8661 | 0.9313 | 2.0000 |
| 9 | I | 1216877.0993 | -3584.5865 | 0.9971 | -50761.0474 | -29278.8661 | 0.9313 | 2.0000 |
| 9 | J | 1225099.2265 | -3069.5874 | 0.9975 | -50224.7361 | -30321.5216 | 0.9317 | 2.0000 |
| 10 | I | 1225099.2265 | -3069.5874 | 0.9975 | -50224.7361 | -30321.5216 | 0.9317 | 2.0000 |
| 10 | J | 1233267.2645 | -2803.3859 | 0.9977 | -50120.4169 | -31368.5462 | 0.9317 | 2.0000 |
| 11 | I | 1233267.2645 | -2803.3859 | 0.9977 | -50120.4169 | -31368.5462 | 0.9317 | 2.0000 |
| 11 | J | 1225345.7333 | -2820.6507 | 0.9977 | -50174.7779 | -30352.9564 | 0.9320 | 2.0000 |
| 12 | I | 1048897.8313 | 707.3973 | 1.0007 | -31174.9569 | -10459.6891 | 0.9610 | 2.0000 |
| 12 | J | 0.0000 | 0.0000 | 0.0000 | 0.0000 | 0.0000 | 0.0000 | 0.0000 |
| 13 | I | 1053650.6179 | 415.8454 | 1.0004 | -31903.2383 | -10927.0913 | 0.9597 | 2.0000 |
| 13 | J | 1048897.8313 | 707.6968 | 1.0007 | -31173.3680 | -10459.6891 | 0.9610 | 2.0000 |
| 14 | I | 1081312.0858 | -1552.2970 | 0.9986 | -38233.4141 | -13722.5976 | 0.9505 | 2.0000 |
| 14 | J | 1053650.6179 | 459.1811 | 1.0004 | -33776.0942 | -10927.0913 | 0.9580 | 2.0000 |

钢束损失(应力) 钢束损失(内力)

模型窗口 结果-[位移] 预应力钢束的伸长量 结果-[钢束重量] 结果-[钢束布置(钢束组)] 结果-[钢束损失(钢束组)]

图4.13.36 “结果-[钢束损失(钢束组)]”表格

**预应力损失对照表** 表4.13.5

| 表中项目 | 《公路钢筋混凝土及预应力混凝土桥涵设计规范》(JTD 3362—2018)6.2.1款 | 备注 |
|---|---|---|
| 应力(考虑瞬间损失) | 预应力钢筋与管道壁之间的摩擦 $\sigma_{l1}$ | 扣除后 $\sigma_{l1}$、$\sigma_{l2}$ 的钢束有效应力 |
| | 锚具变形、钢筋回缩和接缝压缩 $\sigma_{l2}$ | |
| 弹性变形损失 | 混凝土弹性压缩 $\sigma_{l4}$ | — |
| 松弛损失 | 预应力钢筋的应力松弛 $\sigma_{l5}$ | — |
| 徐变/收缩损失 | 混凝土的收缩和徐变 $\sigma_{l6}$ | — |

除了使用表格功能查看预应力损失外，还可以使用图形查看钢束在各施工阶段的预应力损失量。从选项卡中或在树形菜单的菜单表单中打开钢束预应力损失图，如图4.13.37所示。

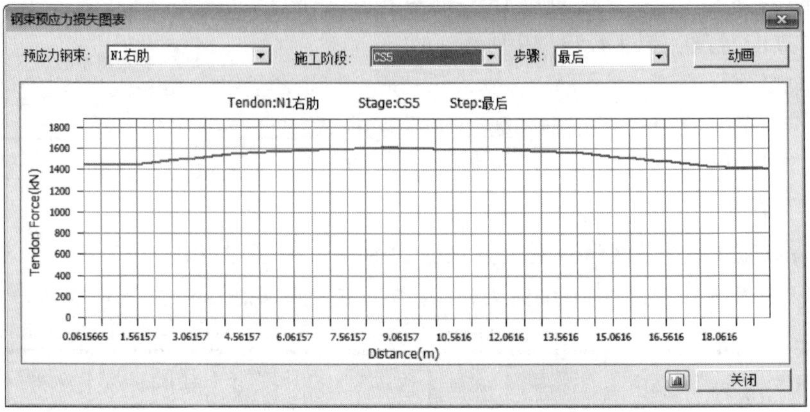


图 4.13.37　钢束预应力损失图

# 4.14　RC 设计与 PSC 设计

在后处理模式中,除查看结构的内力、变形、反力、模态、振型等计算结果外,在工程设计中还需要按规范要求进行持久状况承载力极限状态计算、持久状况正常使用极限状态计算、持久状况和短暂状况构件的应力验算。使用 MIDAS/Civil 的设计选项卡(图 4.14.1),可进行钢构件、RC(混凝土)、PSC(预应力混凝土)、SRC(钢骨混凝土)等多种结构类型的设计。本节结合《公路钢筋混凝土及预应力混凝土桥涵设计规范》(JTG 3362—2018)和算例,介绍 RC 设计和 PSC 设计,分别对应于普通钢筋混凝土梁/柱设计和预应力钢筋混凝土梁设计。

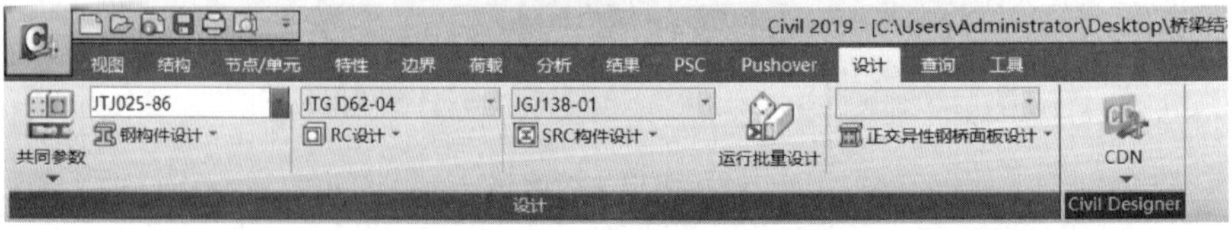


a)钢结构、RC、SRC设计

b)PSC设计

图 4.14.1　设计选项卡

## 4.14.1　RC 设计/PSC 设计流程

RC 设计/PSC 设计流程如下:

(1)建立施工阶段分析模型。

(2)运行结构分析。

(3)定义公路 RC 设计/PSC 设计用荷载组合。

(4)定义 RC 设计/PSC 设计参数及材料特性。

(5)指定 RC 设计/PSC 设计截面位置和计算书输出详细计算过程的截面位置。

(6)运行 RC 设计("梁的设计"和"柱的设计")/PSC 梁设计。

(7)查看 RC 设计结果表格("RC 梁的设计结果"和"RC 柱的设计结果")/PSC 设计结果表格。

(8)查看 RC/PSC 设计计算书。

在 MIDAS/Civil 中开展公路桥梁 RC 设计或 PSC 设计时,必须满足以下条件:

(1)混凝土、钢筋材料必须选择《公路钢筋混凝土及预应力混凝土桥涵设计规范》(JTG 3362—2018),否则程序提示"[错误]RC 设计单元材料选择不正确"或"不是适合的材料类型"。若只用于结构分析,则不受此限制。

(2)建模时梁截面必须是"设计截面"中的截面或变截面,柱设计的截面必须选择"数据库/用户"中的截面,否则程序提示"RC 设计用数据不存在"或"PSC 设计用数据不存在"。对于矩形梁截面,在"设计截面"中选择"中腹板"截面,室类型选择"无"。对于异形梁截面用"设计用数值截面"模拟。

(3)定义设计截面时应正确输入"抗剪用腹板最小厚度",程序用该厚度做抗弯计算和抗剪验算,否则得到的抗弯验算结果不可用,也得不到剪切应力的计算结果。但"剪切验算位置"可以不输入,程序按默认的剪切验算位置自动计算剪切应力。

(4)程序默认对用"设计截面"建立的单元按梁构件进行设计,对用"数据库/用户"截面建立的单元按柱构件进行设计。对于倾斜的梁单元,需要在"设计" > "共同参数" > "编辑构件类型"中指定构件类型,否则程序提示"不是适合的构件类型"的错误信息。

(5)开展 RC 柱和 PSC 抗压承载力验算时,在"设计" > "共同参数" > "自由长度、计算长度系数"中定义构件计算长度数据,否则程序提示"[错误]设计单元缺少计算长度数据,生成 RC 设计用数据失败"或"没有计算长度,抗压验算跳过"而无法进行抗压验算,但此提示不影响其他 PSC 验算。

(6)只有开展施工阶段分析才能进行公路桥梁 RC 和 PSC 设计,否则程序无法得到短暂状态和正常使用极限状态下的验算结果。荷载组合在"结果" > "荷载组合" > "混凝土设计"中定义,激活方式必须是"承载能力"或"使用性能"。当采用程序自动生成荷载组合时,在施工阶段作用的荷载类型只能定义为"施工阶段荷载(CS)"。

(7)如果成桥阶段有移动荷载作用,在"移动荷载分析控制数据"中应勾选输出"内力(标准 + 当前内力/应力)"。

(8)移动荷载冲击系数如果按照《公路工程技术标准》(JTG B01—2014)的规定进行计算,在自动生成的使用阶段"荷载组合"中程序会自动排除冲击作用的影响,表现为使用阶段长、短期组合中移动荷载的组合系数[为 $0.4/(1+u)$ 或 $0.7/(1+u)$,故显示的组合系数比 0.4 或 0.7 小]。对于冲击系数采用其他规范进行计算时,在自动生成的使用阶段荷载组合中移动荷载是考虑了冲击作用的,因此在进行截面验算时需要由用户手动修改各使用阶段荷载组合中的移动荷载组合系数。

此外,在开展 PSC 设计时,还应注意以下几点:

(1)截面中配有普通钢筋时,可在"主控数据"中选择"在 PSC 截面刚度计算中考虑普通钢筋”,否则程序在计算截面特性和结构验算时不考虑普通钢筋的作用。

(2)在“施工阶段分析控制数据”中将“梁截面特性的变化”选择“常量”,不考虑钢束引起的截面特性变化,程序会在PSC设计时提示“在施工阶段分析控制中梁截面特性值变化选择为常量时在后处理上不能做PSC设计”。

(3)进行公路PSC设计时,可以不考虑普通钢筋作用(不在“设计截面钢筋”中输入信息),但验算B类预应力混凝土构件时必须输入普通钢筋数据,否则程序将不执行“使用阶段裂缝宽度验算”。

(4)对公路PSC构件进行抗裂验算时,必须定义活荷载工况或移动荷载工况,否则程序因缺少短期荷载组合而无法输出“使用阶段正/斜截面抗裂验算”和“使用阶段裂缝宽度验算”的结果。

(5)当进行公路PSC普通钢筋估算时,只有先确定预应力钢筋的面积、布置位置及预应力荷载,才能进行“普通钢筋量估算”。进行公路PSC预应力钢筋量估算时,建模输入的预应力钢筋面积不会影响“预应力钢筋量估算”的结果。

(6)公路PSC斜截面抗剪承载力验算中,如果用户不输入截面箍筋数据,程序仅按规范式(5.2.7-3)和式(5.2.7-4)计算截面的抗剪承载力,此时仅考虑由预应力筋和弯起钢筋提供抗剪能力。如果用户输入了截面箍筋数据,程序按式(5.2.7-1)计算截面的抗剪承载力。因此,抗剪箍筋的输入要符合实际情况,否则可能导致验算结果不正确。

(7)公路PSC抗扭承载力验算中,抗扭箍筋默认按双肢箍进行验算,因此如果设计截面配筋中有多只闭合箍筋,需要将其换算为双肢闭合箍筋,并输入单肢箍筋面积。

MIDAS/Civil根据《公路钢筋混凝土及预应力混凝土桥涵设计规范》(JTG 3362—2018)提供的设计计算结果见表4.14.1。

设计计算结果　　表4.14.1

| 计算结果 | 代表的意义 |
|---|---|
| OK | 计算通过 |
| NG | 使用阶段斜截面抗剪验算,不满足规范式(5.2.9)要求,显示“NG”,此时需对截面尺寸进行修改直到满足式(5.2.9)的要求 |
| | 剪扭构件进行验算,不满足规范式(5.5.3-1)的要求时,显示“NG”,此时需对截面进行修改直到满足式(5.5.3-1)的要求 |
| | 计算未通过 |
| 验算 | 使用阶段斜截面抗剪验算,满足规范式(5.2.10)要求,显示“验算”,则按照式(5.2.7)进行抗剪验算 |
| | 剪扭构件验算,不满足规范式(5.5.3-2)要求时,显示“验算”,则按照式(5.5.4-2)进行抗扭验算 |
| 跳过 | 使用阶段斜截面抗剪验算,满足规范式(5.2.10)要求,显示“跳过”,表示可不进行构件的抗剪承载力计算,仅按9.3.13条构造要求配筋 |
| | 剪扭构件验算,满足规范式(5.5.3-2)要求,显示“跳过”,表示不进行构件的抗扭承载力计算,仅按第9.3.14条构造要求配筋 |

### 4.14.2 RC设计

MIDAS/Civil根据桥梁《公路钢筋混凝土及预应力混凝土桥涵设计规范》(JTG 3362—

2018)，按照不同的构件类型执行RC(梁、柱)设计。RC设计验算内容(图4.14.2)与《公路钢筋混凝土及预应力混凝土桥涵设计规范》(JTG 3362—2018)相应条文的对应关系见表4.14.2。

**程序验算结果与JTG 3362—2018中相应条文的对应关系**(不包括柱及钢筋估算)　表4.14.2

| RC设计验算项目 | JTG 3362—2018相应条文 | 备　注 |
|---|---|---|
| 施工阶段法向压应力验算 | 式(7.2.4-1) | 短暂状况应力计算 |
| 受拉区钢筋的拉应力验算 | 式(7.2.4-2) | |
| 施工阶段中性轴处主拉应力验算 | 第7.2.5条 | |
| 梁使用阶段裂缝宽度验算 | 第6.4.1~6.4.4条 | 持久状况正常使用极限状态计算 |
| 使用阶段正截面抗弯验算 | 第5.2.1~5.2.5条 | 持久状况承载能力极限状态计算 |
| 使用阶段斜截面抗剪验算 | 第5.2.7~5.2.10条 | |
| 使用阶段抗扭验算 | 第5.5.1~5.5.5条 | |

1)定义RC设计参数及材料特性

RC设计参数和材料性能参数如图4.14.3和图4.14.4所示。

图4.14.2　RC设计内容

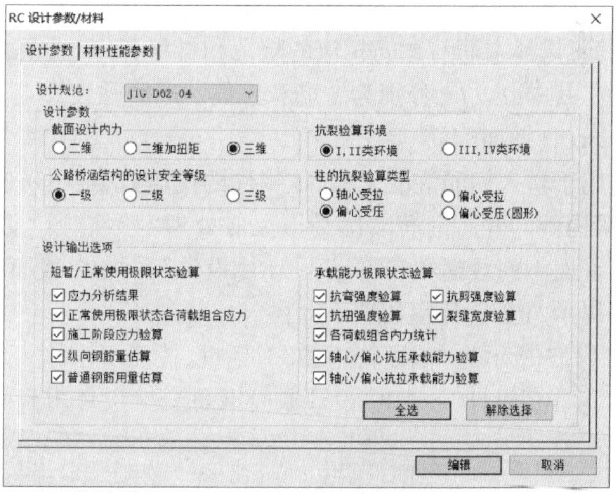


图4.14.3　设计参数

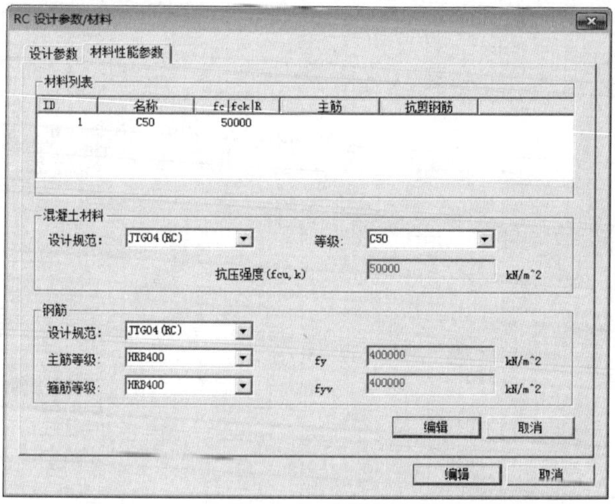


图4.14.4　材料性能参数

(1)设计参数。

①设计规范:选择钢筋混凝土构件验算所依据的设计规范。

②截面设计内力:用于指定截面内力的输出形式。其中,"二维"指按弯、剪构件进行设计,且不考虑抗扭和 $M_z$;"二维加扭矩"指按弯、剪、扭构件进行设计,且不考虑 $M_z$ 和 $V_y$;"三维"指按弯、剪、扭构件进行设计,且考虑 $M_z$(但没有考虑 $V_y$)。

③公路桥涵结构的设计安全等级:参见《公路桥涵设计通用规范》(JTG D60—2015)表1.0.9的规定。

④设计输出选项:设定RC设计计算的内容(表4.14.2)。

⑤抗裂验算环境:参见《公路钢筋混凝土及预应力混凝土桥涵设计规范》(JTG 3362—2018)中表6.4.2的规定。

(2)材料性能参数。

①材料列表:列出建模时输入的混凝土材料。

②混凝土材料:选择相应的规范和材料名称,或者由用户直接输入材料名称和材料的抗压强度。

③钢筋:选择主筋与箍筋相应的规范和材料名称,或者由用户直接输入材料名称和材料的抗压强度。其中,$F_y$、$F_{yv}$ 分别为主筋和箍筋的屈服强度。

2)RC设计截面配筋

该项用于输入钢筋混凝土梁、柱构件的钢筋数据,用来进行强度验算。

RC梁构件的普通钢筋数据必须在前处理"特性">"截面管理器">"钢筋"中输入,RC柱构件的普通钢筋数据在"设计">"RC设计">"RC截面验算数据(柱截面配筋)"中输入,否则程序提示"RC设计用数据不存在"。

图4.14.5所示为"截面管理器"对话框,按照要求输入纵向钢筋和抗剪钢筋,输入的钢筋信息可以在"RC设计">"RC设计截面钢筋">"设计用截面钢筋"对话框中显示。

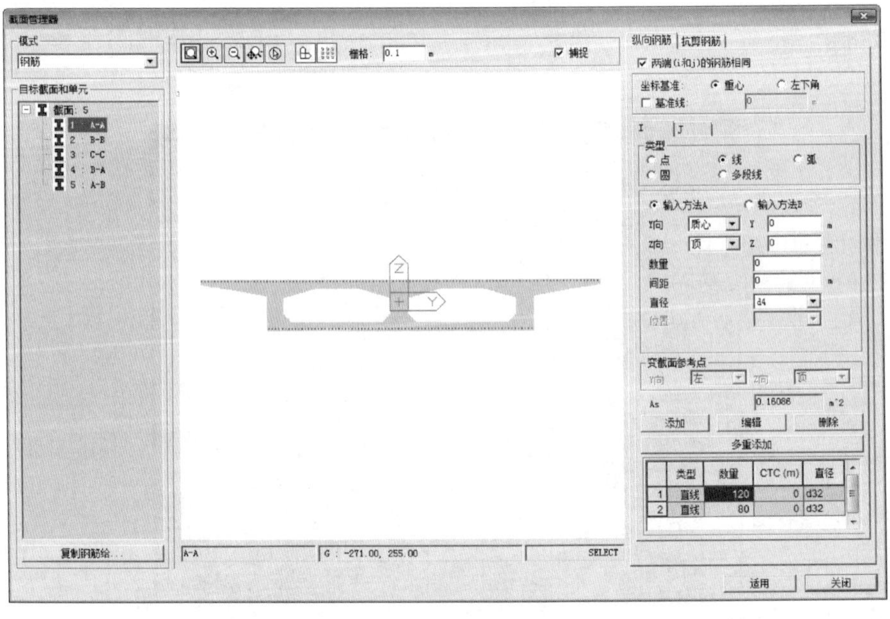

图4.14.5 截面钢筋输入

3）RC 设计截面位置（图 4.14.6）

对结构进行部分构件设计时，选择要进行设计的部分单元和验算项目。没有设定 RC 设计选项时，运行设计时对全结构进行设计验算。对于弯矩和剪力，选择“无”，表示不进行弯矩和剪力验算；选择“*I*”或“*J*”，只对 *I* 端或 *J* 端进行验算；选择“I&J”，对两端进行验算。

4）RC 设计计算书输出内容（图 4.14.7）

选择要输出结果的截面位置及验算项目。其中，*M*（+）、*M*（−）表示只对正弯矩或负弯矩的抗弯强度进行验算；钢筋 *M*（+）、*M*（−）分别对正弯矩和负弯矩的钢筋量进行验算。选择“适用”，选择的单元被指定为一个构件。

5）RC 裂缝宽度系数（图 4.14.8）

输入裂缝宽度验算时使用的系数，参见《公路钢筋混凝土及预应力混凝土桥涵设计规范》（JTG 3362—2018）第 6.4.3 条，其中 $C_1$ 为钢筋表面形状系数，对光面钢筋 $C_1=1.4$，对带肋钢筋 $C_1=1.0$；$C_2$ 为作用（或荷载）长期效应影响系数，$C_2=1+0.5N_l/N_s$，$N_l$ 和 $N_s$ 分别为按作用长期效应组合和短期效应组合计算的内力值；$C_3$ 与构件受力性质有关的系数，板式受弯构件 $C_3=1.15$，其他受弯构件 $C_3=1.0$，轴心受拉构件 $C_3=1.2$，偏心受拉构件 $C_3=1.1$，偏心受压构件 $C_3=0.9$。

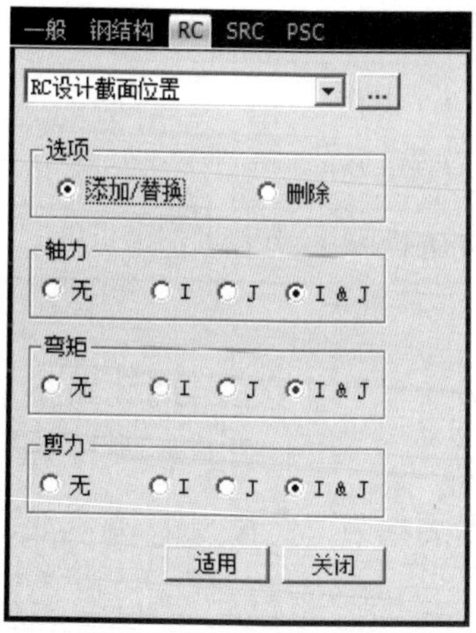


图 4.14.6　RC 设计截面位置

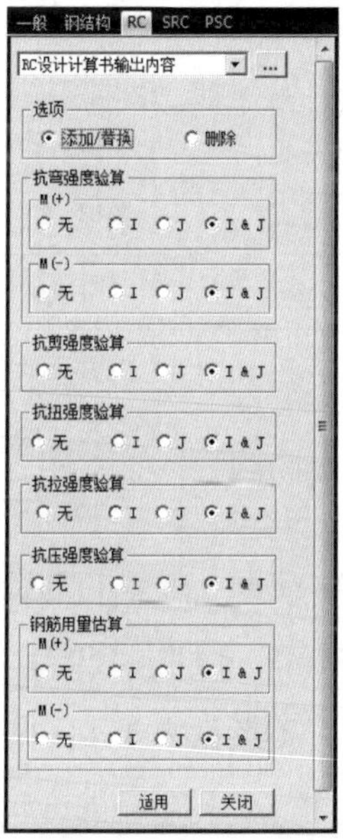


图 4.14.7　输出截面位置

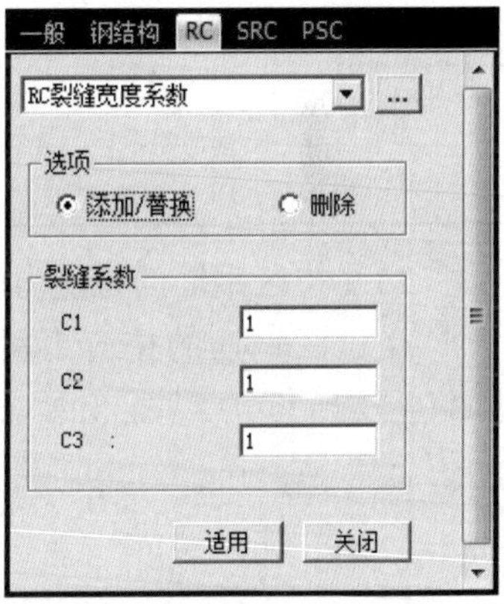


图 4.14.8　RC 裂缝宽度系数

6）运行 RC 设计

略。

7）输出 RC 梁设计结果（图 4.14.9）

MIDAS/Civil 以表格和生成计算书的形式，输入计算结果。

（1）施工阶段法向压应力验算。

打开图 4.14.9 中“施工阶段法向压应力验算...”，程序自动弹出图 4.14.10 所示的表格。表格中各项目意义及与《公路钢筋混凝土及预应力混凝土桥涵设计规范》（JTG 3362—2018）

第7.2.4条式(7.2.4-1)$\left(\sigma_{cc}^{t}=\dfrac{M_{k}^{t}x_{0}}{I_{cr}}\leqslant 0.80f'_{ck}\right)$的对应关系见表4.14.3。结果-表格中应力以压为正、拉为负。

图4.14.9 RC梁设计结果

| 单元 | 位置 | 类型 | 阶段 | 验算 | Sig_MAX (kN/m^2) | Sig_ALW (kN/m^2) |
|---|---|---|---|---|---|---|
| 1 | I[1] | MY-MAX | CS5 | OK | 201.5700 | 20736.0000 |
| 1 | I[1] | MY-MIN | CS5 | OK | 0.0000 | 20736.0000 |
| 2 | I[2] | MY-MAX | CS5 | OK | 6.1189 | 20736.0000 |
| 2 | I[2] | MY-MIN | CS5 | OK | 711.8505 | 20736.0000 |
| 3 | I[3] | MY-MAX | CS5 | OK | 7.6368 | 20736.0000 |
| 3 | I[3] | MY-MIN | CS5 | OK | 1015.3102 | 20736.0000 |
| 4 | I[4] | MY-MAX | CS5 | OK | 0.2748 | 20736.0000 |
| 4 | I[4] | MY-MIN | CS5 | OK | 1649.5363 | 20736.0000 |
| 5 | I[5] | MY-MAX | CS5 | OK | 42.4663 | 20736.0000 |
| 5 | I[5] | MY-MIN | CS5 | OK | 2303.4280 | 20736.0000 |
| 6 | I[6] | MY-MAX | CS5 | OK | 4.4762 | 20736.0000 |
| 6 | I[6] | MY-MIN | CS5 | OK | 2700.1719 | 20736.0000 |



图4.14.10 “施工阶段法向压应力验算”表格

“施工阶段法向压应力验算”表格项目　　表4.14.3

| 表中项目 | 式(7.2.4-1) | 代表的意义 |
|---|---|---|
| Sig_MAX | $\sigma_{cc}^{t}$ | 受压区混凝土边缘的压应力,压为正、拉为负 |
| Sig_ALW | $0.80f'_{ck}$ | 容许压应力,其中$f'_{ck}$为施工阶段混凝土抗压强度标准值 |
| 阶段 | | 最大值所属施工阶段名称 |
| MY_MAX | | 弯矩最大时验算位置为梁顶 |
| MY_MIN | | 弯矩最小时验算位置为梁底 |

(2)受拉区钢筋的拉应力验算。

“受拉区钢筋的拉应力验算”结果如图4.14.11所示。表中项目意义及与《公路钢筋混凝土及预应力混凝土桥涵设计规范》(JTG 3362—2018)第7.2.4条式(7.2.4-2)$\left[\sigma_{si}^{t}=\dfrac{M_{k}^{t}(h_{0i}-x_{0})}{I_{cr}}\leqslant 0.75f_{sk}\right]$的对应关系见表4.14.4。结果-表格中应力拉为正、压为负。

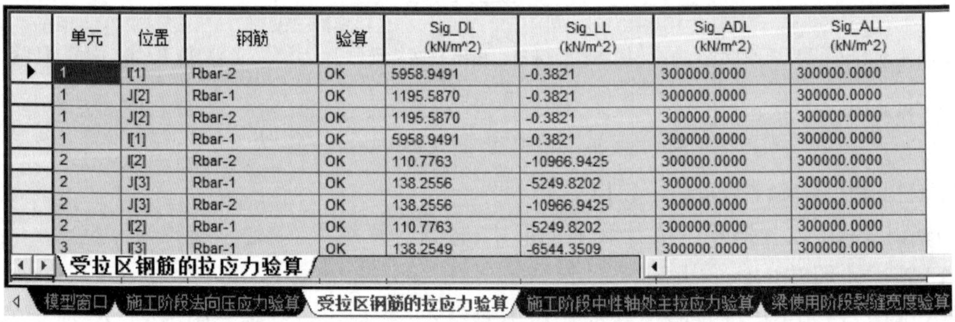

| 单元 | 位置 | 钢筋 | 验算 | Sig_DL (kN/m^2) | Sig_LL (kN/m^2) | Sig_ADL (kN/m^2) | Sig_ALL (kN/m^2) |
|---|---|---|---|---|---|---|---|
| 1 | I[1] | Rbar-2 | OK | 5958.9491 | -0.3821 | 300000.0000 | 300000.0000 |
| 1 | J[2] | Rbar-1 | OK | 1195.5870 | -0.3821 | 300000.0000 | 300000.0000 |
| 1 | J[2] | Rbar-2 | OK | 1195.5870 | -0.3821 | 300000.0000 | 300000.0000 |
| 1 | I[1] | Rbar-1 | OK | 5958.9491 | -0.3821 | 300000.0000 | 300000.0000 |
| 2 | I[2] | Rbar-2 | OK | 110.7763 | -10966.9425 | 300000.0000 | 300000.0000 |
| 2 | J[3] | Rbar-1 | OK | 138.2556 | -5249.8202 | 300000.0000 | 300000.0000 |
| 2 | J[3] | Rbar-2 | OK | 138.2556 | -10966.9425 | 300000.0000 | 300000.0000 |
| 2 | I[2] | Rbar-1 | OK | 110.7763 | -5249.8202 | 300000.0000 | 300000.0000 |
| 3 | I[3] | Rbar-1 | OK | 138.2549 | -6544.3509 | 300000.0000 | 300000.0000 |



图4.14.11 “受拉区钢筋的拉应力验算”表格

**"受拉区钢筋的拉应力验算"表格项目** 表4.14.4

| 表中项目 | 式(7.2.4-2) | 代表的意义 |
|---|---|---|
| 钢筋 | | 表示每层钢筋名称，钢筋命名的原则按"特性">"截面管理器">"钢筋"中输入钢筋的顺序号来命名"Rbar-顺序号" |
| Sig_DL | $\sigma_{si}^{t}$ | 施工阶段最大钢筋拉应力。根据施工阶段荷载工况"CS:合计"按照开裂截面计算混凝土最大法向拉应力，根据线性内插得到钢筋的拉应力 |
| Sig_LL | | 使用阶段最大钢筋拉应力。根据弹性阶段验算组合按照开裂截面计算混凝土最大法向拉应力，并根据线性应变关系得到钢筋的拉应力 |
| Sig_ADL | $0.75f_{sk}$ | 施工阶段钢筋容许拉应力，其中$f_{sk}$为普通钢筋抗拉强度标准值 |
| Sig_ALL | | 使用阶段钢筋容许拉应力，其中$f_{sk}$为普通钢筋抗拉强度标准值 |

(3)施工阶段中性轴处主拉应力验算。

"施工阶段中性轴处主拉应力验算"表格如图4.14.12所示，表中项目意义及与《公路钢筋混凝土及预应力混凝土桥涵设计规范》(JTG 3362—2018)第7.2.5条式(7.2.5)$\left(\sigma_{tp}^{t}=\frac{V_k^t}{bz_0}\leqslant f'_{tk}\right)$的对应关系见表4.14.5。

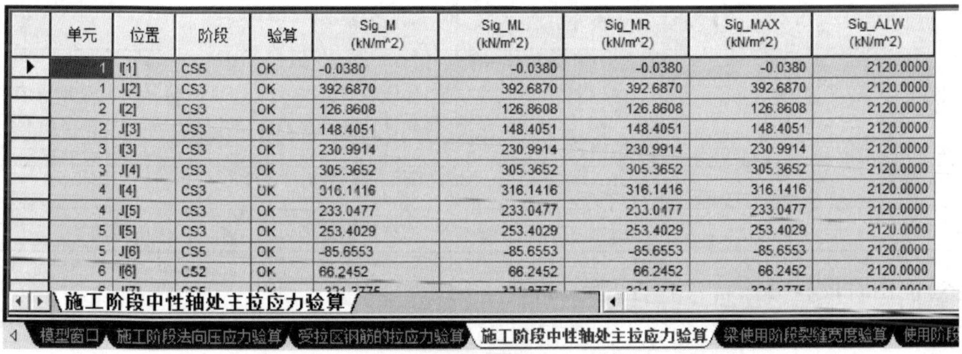

| | 单元 | 位置 | 阶段 | 验算 | Sig_M (kN/m^2) | Sig_ML (kN/m^2) | Sig_MR (kN/m^2) | Sig_MAX (kN/m^2) | Sig_ALW (kN/m^2) |
|---|---|---|---|---|---|---|---|---|---|
| ▶ | 1 | I[1] | CS5 | OK | -0.0380 | -0.0380 | -0.0380 | -0.0380 | 2120.0000 |
| | 1 | J[2] | CS3 | OK | 392.6870 | 392.6870 | 392.6870 | 392.6870 | 2120.0000 |
| | 2 | I[2] | CS3 | OK | 126.8608 | 126.8608 | 126.8608 | 126.8608 | 2120.0000 |
| | 2 | J[3] | CS3 | OK | 148.4051 | 148.4051 | 148.4051 | 148.4051 | 2120.0000 |
| | 3 | I[3] | CS3 | OK | 230.9914 | 230.9914 | 230.9914 | 230.9914 | 2120.0000 |
| | 3 | J[4] | CS3 | OK | 305.3652 | 305.3652 | 305.3652 | 305.3652 | 2120.0000 |
| | 4 | I[4] | CS3 | OK | 316.1416 | 316.1416 | 316.1416 | 316.1416 | 2120.0000 |
| | 4 | J[5] | CS3 | OK | 233.0477 | 233.0477 | 233.0477 | 233.0477 | 2120.0000 |
| | 5 | I[5] | CS3 | OK | 253.4029 | 253.4029 | 253.4029 | 253.4029 | 2120.0000 |
| | 5 | J[6] | CS5 | OK | -85.6553 | -85.6553 | -85.6553 | -85.6553 | 2120.0000 |
| | 6 | I[6] | C52 | OK | 66.2452 | 66.2452 | 66.2452 | 66.2452 | 2120.0000 |



图4.14.12 "施工阶段中性轴处主拉应力验算"表格

**"施工阶段中性轴处主拉应力验算"表格项目** 表4.14.5

| 表中项目 | 式(7.2.5) | 代表的意义 |
|---|---|---|
| Sig_M | $\sigma_{tp}^{t}$ | 中性轴中心位置(换算截面形心位置)处主拉应力 |
| Sig_ML | | 中性轴位置截面处左边缘主拉应力 |
| Sig_MR | | 中性轴位置处截面右边缘主拉应力 |
| Sig_MAX | | 上述三个主拉应力计算点的最大主拉应力 |
| Sig_ALW | $f'_{tk}$ | 容许主拉应力，表示施工阶段混凝土轴心抗拉强度标准值，程序默认按$0.8f_{tk}$取值。 |
| 最大/最小 | | 显示最大或最小值(移动荷载分析时) |

(4)梁使用阶段裂缝宽度验算。

“梁使用阶段裂缝宽度验算”表格如图4.14.13所示。表格中项目意义及与《公路钢筋混凝土及预应力混凝土桥涵设计规范》(JTG 3362—2018)第6.4.2~6.4.4条和式(6.4.3-1)$\left[W_{\mathrm{tk}} = C_1C_2C_3\frac{\sigma_{\mathrm{ss}}}{E_{\mathrm{s}}}\left(\frac{30+d}{0.28+10\rho}\right)\right]$、式(6.4.4-2)$\left(\sigma_{\mathrm{ss}} = \frac{M_{\mathrm{s}}}{0.87A_{\mathrm{s}}h_0}\right)$的对应关系见表4.14.6。

| | 单元 | 位置 | 顶/底 | 组合名称 | 类型 | 验算 | Sig_SS (kN/m^2) | W_tk (m) | W_AC (m) |
|---|---|---|---|---|---|---|---|---|---|
| ▶ | 1 | I[1] | 底 | cLCB22 | MY-MAX | OK | 0.0000 | 0.0000 | 0.0002 |
| | 1 | I[1] | 顶 | cLCB22 | MY-MIN | OK | 0.0000 | 0.0000 | 0.0002 |
| | 2 | I[2] | 底 | cLCB28 | MY-MAX | OK | 0.0000 | 0.0000 | 0.0002 |
| | 2 | I[2] | 顶 | cLCB29 | MY-MIN | OK | 1992.9696 | 0.0000 | 0.0002 |
| | 3 | I[3] | 底 | cLCB30 | MY-MAX | OK | 16848.4498 | 0.0000 | 0.0002 |
| | 3 | I[3] | 顶 | cLCB29 | MY-MIN | OK | 0.0000 | 0.0000 | 0.0002 |
| | 4 | I[4] | 底 | cLCB30 | MY-MAX | OK | 47974.3663 | 0.0000 | 0.0002 |
| | 4 | I[4] | 顶 | cLCB29 | MY-MIN | OK | 0.0000 | 0.0000 | 0.0002 |
| | 5 | I[5] | 底 | cLCB30 | MY-MAX | OK | 74730.6881 | 0.0001 | 0.0002 |
| | 5 | I[5] | 顶 | cLCB29 | MY-MIN | OK | 0.0000 | 0.0000 | 0.0002 |
| | 6 | I[6] | 底 | cLCB30 | MY-MAX | OK | 97408.9641 | 0.0001 | 0.0002 |

使用阶段裂缝宽度验算

模型窗口 施工阶段法向压应力验算 受拉区钢筋的拉应力验算 施工阶段中性轴处主拉应力验算 梁使用阶段裂缝宽度验算

图4.14.13 “梁使用阶段裂缝宽度验算”表格

**“使用阶段裂缝宽度验算”表格项目** 表4.14.6

| 表中项目 | JTG 3362—2018 | 代表的意义 |
|---|---|---|
| Sig_SS | 式(6.4.3-1)中 $\sigma_{\mathrm{ss}}$ | 受拉钢筋应力 |
| W_tk | 式(6.4.4-2)中 $W_{\mathrm{tk}}$ | 裂缝宽度 |
| W_AC | | 允许裂缝宽度,按《公路钢筋混凝土及预应力混凝土桥涵设计规范》(JTG 3362—2018)第6.4.2条取值 |
| 顶/底 | | 截面底部/顶部 |
| 类型 | | 显示输出移动荷载作用下内力的状态 |

(5)使用阶段正截面抗弯验算。

“使用阶段正截面抗弯验算”表格如图4.14.14所示,表格中项目意义及与《公路钢筋混凝土及预应力混凝土桥涵设计规范》(JTG 3362—2018)第5.2.1~5.2.5条的对应关系见表4.14.7。

| | 单元 | 位置 | 最大/最小 | 组合名称 | 类型 | 验算 | rMu (kN*m) | Mn (kN*m) |
|---|---|---|---|---|---|---|---|---|
| ▶ | 1 | I[1] | 最大 | cLCB1 | MY-MAX | OK | 0.0000 | 30151.5984 |
| | 1 | I[1] | 最小 | cLCB1 | MY-MIN | OK | 0.0000 | 30151.5984 |
| | 2 | I[2] | 最大 | cLCB15 | MY-MAX | OK | -41.3411 | 45227.3976 |
| | 2 | I[2] | 最小 | cLCB6 | MY-MIN | OK | -597.3934 | 45227.3976 |
| | 3 | I[3] | 最大 | cLCB6 | MY-MAX | OK | 2057.5654 | 30151.5984 |
| | 3 | I[3] | 最小 | cLCB16 | MY-MIN | OK | 530.7766 | 30151.5984 |
| | 4 | I[4] | 最大 | cLCB6 | MY-MAX | OK | 5854.8465 | 30151.5984 |
| | 4 | I[4] | 最小 | cLCB16 | MY-MIN | OK | 2528.4841 | 30151.5984 |
| | 5 | I[5] | 最大 | cLCB6 | MY-MAX | OK | 9135.9783 | 30151.5984 |
| | 5 | I[5] | 最小 | cLCB16 | MY-MIN | OK | 4236.6816 | 30151.5984 |

使用阶段正截面抗弯验算 受压区高度验算 普通钢筋最小配

模型窗口 施工阶段法向压应力验算 受拉区钢筋的拉应力验算 施工阶段中性轴处主拉应力验算 梁使用阶段裂缝宽度验算 使用阶段正截面抗弯验算

图4.14.14 “使用阶段正截面抗弯验算”表格

**“使用阶段正截面抗弯验算”表格** 表4.14.7

| 表中项目 | JTG 3362—2018 | 代表的意义 |
|---|---|---|
| rMu | 式(5.2.2-1)、式(5.2.3-1)、式(5.2.3-2)中 $\gamma_0 M_d$ | 重要性系数×最大弯矩组合 |
| Mn | 按式(5.2.2-1)、式(5.2.3-1)、式(5.2.3-2)计算 | 结构抗弯承载能力。当设计弯矩为负时,得到的Mn为负弯矩承载能力;当设计弯矩为正时,得到的Mn为正弯矩承载能力 |
| 最大/最小 | | 不同荷载组合产生的截面弯矩的最大、最小值 |
| 类型 | | 显示输出移动荷载作用下内力的状态 |

(6)使用阶段斜截面抗剪验算。

“使用阶段斜截面抗剪验算”表格如图4.14.15所示,表格中项目意义及与《公路钢筋混凝土及预应力混凝土桥涵设计规范》(JTG 3362—2018)第5.2.7~5.2.10条的对应关系见表4.14.8。

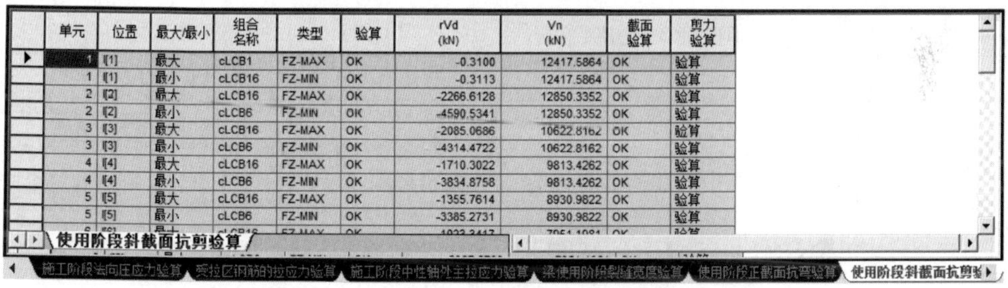

| 单元 | 位置 | 最大/最小 | 组合名称 | 类型 | 验算 | rVd (kN) | Vn (kN) | 截面验算 | 剪力验算 |
|---|---|---|---|---|---|---|---|---|---|
| 1 | I[1] | 最大 | cLCB1 | FZ-MAX | OK | -0.3100 | 12417.5864 | OK | 验算 |
| 1 | I[1] | 最小 | cLCB16 | FZ-MIN | OK | -0.3113 | 12417.5864 | OK | 验算 |
| 2 | I[2] | 最大 | cLCB16 | FZ-MAX | OK | -2266.6128 | 12850.3352 | OK | 验算 |
| 2 | I[2] | 最小 | cLCB6 | FZ-MIN | OK | -4590.5341 | 12850.3352 | OK | 验算 |
| 3 | I[3] | 最大 | cLCB16 | FZ-MAX | OK | -2085.0686 | 10622.8162 | OK | 验算 |
| 3 | I[3] | 最小 | cLCB6 | FZ-MIN | OK | -4314.4722 | 10622.8162 | OK | 验算 |
| 4 | I[4] | 最大 | cLCB16 | FZ-MAX | OK | -1710.3022 | 9813.4262 | OK | 验算 |
| 4 | I[4] | 最小 | cLCB6 | FZ-MIN | OK | -3834.8758 | 9813.4262 | OK | 验算 |
| 5 | I[5] | 最大 | cLCB16 | FZ-MAX | OK | -1355.7614 | 8930.9822 | OK | 验算 |
| 5 | I[5] | 最小 | cLCB6 | FZ-MIN | OK | -3385.2731 | 8930.9822 | OK | 验算 |



图4.14.15 “使用阶段斜截面抗剪验算”表格

**“使用阶段斜截面抗剪验算”表格项目** 表4.14.8

| 表中项目 | JTG 3362—2018 | 代表的意义 |
|---|---|---|
| rVd | 式(5.2.7-1)、式(5.2.9)、式(5.2.10)中 $\gamma_0 V_d$ | 重要性系数×最大剪力组合 |
| Vn | 按式(5.2.7-1)、式(5.2.9)、式(5.2.10)计算 | 结构抗剪承载能力 |
| 最大/最小 | | 不同荷载组合产生的截面剪力的最大、最小值。 |
| 类型 | | 显示输出移动荷载作用下内力的状态 |
| 验算 | | 结构抗剪承载能力计算结论 |
| 截面验算 | 按式(5.2.9)计算 | 验算截面是否满足式(5.2.9)的要求 |
| 剪力验算 | 按式(5.2.10)计算 | 按式(5.2.10)计算受弯构件抗剪承载能力 |

注:1. 对矩形、T形和I形截面的受弯构件,应按式(5.2.9)对其抗剪截面进行验算。如果满足要求,则表示截面合格,在RC设计结果斜截面抗剪验算表格截面验算一栏中将显示“OK”,表示截面设计合理;否则显示“NG”,此时需要对截面进行修改,直到满足式(5.2.9)的要求。

2. 对矩形、T形和I形截面的受弯构件,当符合规范中式(5.2.10)时,可不进行斜截面抗剪承载力的验算,仅需按构造要求配置钢筋。并在RC设计结果斜截面抗剪验算表格验算一栏中显示“跳过”,否则显示“验算”,即表示必须按规范进行计算来配置抗剪钢筋。

3. 设计结果表格中最大值、最小值。不同荷载组合下剪力的方向可能会发生变化,且弯矩变号会引起梁计算高度 $h_0$ 发生变化(因为梁顶和梁底的钢筋中心距截面外端距离可能不一样),所以有必要验算剪力最大和最小两种情况。

(7)使用阶段抗扭验算。

“使用阶段抗扭验算”表格如图4.14.16所示,表格中项目意义及与《公路钢筋混凝土及预应力混凝土桥涵设计规范》(JTG 3362—2018)第5.5.1～5.5.5条对应关系见表4.14.9。

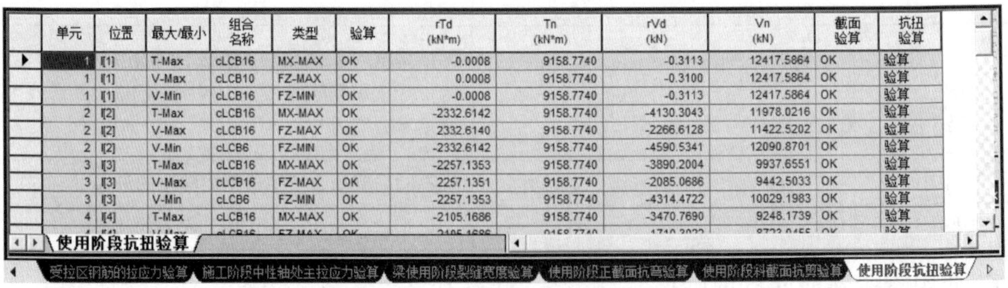

| 单元 | 位置 | 最大/最小 | 组合名称 | 类型 | 验算 | rTd (kN*m) | Tn (kN*m) | rVd (kN) | Vn (kN) | 截面验算 | 抗扭验算 |
|---|---|---|---|---|---|---|---|---|---|---|---|
| 1 | I[1] | T-Max | cLCB16 | MX-MAX | OK | -0.0008 | 9158.7740 | -0.3113 | 12417.5864 | OK | 验算 |
| 1 | I[1] | V-Max | cLCB10 | FZ-MAX | OK | 0.0008 | 9158.7740 | -0.3100 | 12417.5864 | OK | 验算 |
| 1 | I[1] | V-Min | cLCB16 | FZ-MIN | OK | -0.0008 | 9158.7740 | -0.3113 | 12417.5864 | OK | 验算 |
| 2 | I[2] | T-Max | cLCB16 | MX-MAX | OK | -2332.6142 | 9158.7740 | -4130.3043 | 11978.0216 | OK | 验算 |
| 2 | I[2] | V-Max | cLCB16 | FZ-MAX | OK | 2332.6140 | 9158.7740 | -2266.6128 | 11422.5202 | OK | 验算 |
| 2 | I[2] | V-Min | cLCB6 | FZ-MIN | OK | -2332.6142 | 9158.7740 | -4590.5341 | 12090.8701 | OK | 验算 |
| 3 | I[3] | T-Max | cLCB16 | MX-MAX | OK | -2257.1353 | 9158.7740 | -3890.2004 | 9937.6551 | OK | 验算 |
| 3 | I[3] | V-Max | cLCB16 | FZ-MAX | OK | 2257.1351 | 9158.7740 | -2085.0686 | 9442.5033 | OK | 验算 |
| 3 | I[3] | V-Min | cLCB6 | FZ-MIN | OK | -2257.1353 | 9158.7740 | -4314.4722 | 10029.1983 | OK | 验算 |
| 4 | I[4] | T-Max | cLCB16 | MX-MAX | OK | -2105.1686 | 9158.7740 | -3470.7690 | 9248.1739 | OK | 验算 |



图4.14.16 “使用阶段抗扭验算”表格

**“使用阶段抗扭验算”表格项目** 表4.14.9

| 表中项目 | JTG 3362—2018 | 代表的意义 |
|---|---|---|
| 最大/最小 | | 扭矩最大值和剪力最大值或剪力最小值 |
| T-max、V-max、V-min | | 扭矩最大值、剪力最大值和剪力最小值时对截面进行抗扭验算 |
| rTd | 式(5.5.1-1)、式(5.5.4-1)中的$\gamma_0 T_d$ | 重要性系数×最大扭矩组合 |
| Tn | 按式(5.5.1-1)、式(5.5.4-2)计算 | 结构抗扭承载能力 |
| rVd | 式(5.5.4-1)中的$\gamma_0 V_d$ | 重要性系数×最大剪力组合 |
| Vn | 按式(5.5.4-1) | 结构抗剪承载能力 |
| 截面验算 | | 弯、剪、扭计算时,验算截面是否满足式(5.5.3-1)的要求 |
| 抗扭验算 | | 弯、剪、扭计算时,按公式(5.5.3-2)计算 |

## 4.14.3 PSC设计

MIDAS/Civil根据《公路钢筋混凝土及预应力混凝土桥涵设计规范》(JTG 3362—2018)内容,针对预应力混凝土主梁进行PSC设计。PSC设计内容与《公路钢筋混凝土及预应力混凝土桥涵设计规范》(JTG 3362—2018)相应条文的对应关系见表4.14.10。

**程序验算项目与JTG 3362—2018中相应条文的对应关系** 表4.14.10

(不包括受压计算、钢筋估算)

| PSC设计计算项目 | JTG 3362—2018相应条文 | 备注 |
|---|---|---|
| 使用阶段正截面抗弯验算 | 5.2.2～5.2.5 | |
| 使用阶段斜截面抗剪验算 | 5.2.7～5.2.10 | 持久状况承载能力极限状态计算 |
| 使用阶段抗扭验算 | 5.5.1～5.5.5 | |
| 施工阶段正截面法向应力验算 | 7.2.7、7.2.8 | 短暂状况应力计算 |

续上表

| PSC 设计计算项目 | JTG 3362—2018 相应条文 | 备　注 |
|---|---|---|
| 使用阶段正截面压应力验算 | 7.1.5 | 持久状况预应力混凝土构件应力计算 |
| 使用阶段斜截面正压应力验算 | 7.1.6 | |
| 受拉区钢筋的拉应力验算 | 7.1.5 | |
| | 6.1.3 | 持久状况正常使用极限状态计算 |
| 使用阶段正截面抗裂验算 | 6.3.1、6.3.2 | |
| 使用阶段斜截面抗裂验算 | 6.3.1、6.3.2 | |
| 使用阶段裂缝宽度验算 | 6.4.1～6.4.4 | |

1)定义 PSC 设计参数。

设置"PSC 设计参数"对话框,如图 4.14.17 所示。

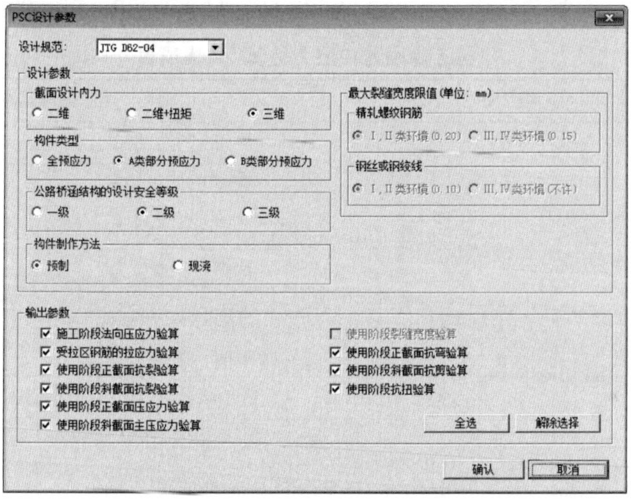


图 4.14.17 "PSC 设计参数"

(1)构件类型:选择《公路钢筋混凝土及预应力混凝土桥涵设计规范》(JTG 3362—2018)时,有 3 个选项,见表 4.14.11。

**构件类型表** 表 4.14.11

| 构件类型 | 内　容 |
|---|---|
| 全预应力 | 短期荷载组合条件下,混凝土不允许产生拉应力 |
| A 类部分预应力 | 允许混凝土产生拉应力,但不开裂 |
| B 类部分预应力 | 允许产生拉应力和少许裂缝 |

(2)输出参数:参见 RC 设计参数定义。若构件类型为"B 类部分预应力",则需计算裂缝相关了内容。

2)其余步骤与 RC 计算步骤相同

略。

3)输出 PSC 设计结果

MIDAS/Civil 以表格和计算书的形式,输出计算结果。

(1)施工阶段法向应力验算。

在选项卡或树形菜单中打开“施工阶段法向应力”验算表格,如图4.14.18所示。表格中项目意义及与《公路钢筋混凝土及预应力混凝土桥涵设计规范》(JTG 3362—2018)第7.2.8(1)条($\sigma_{cc}^{t} \leqslant 0.70f'_{ck}$)的对应关系见表4.14.12。

| 单元 | 位置 | 最大/最小 | 阶段 | 验算 | Sig_T (kN/m^2) | Sig_B (kN/m^2) | Sig_TL (kN/m^2) | Sig_BL (kN/m^2) | Sig_TR (kN/m^2) | Sig_BR (kN/m^2) | Sig_MAX (kN/m^2) | Sig_ALW (kN/m^2) |
|---|---|---|---|---|---|---|---|---|---|---|---|---|
| 1 | I[1] | 最大 | CS2 | OK | 90.2310 | -212.5946 | 90.2310 | -212.5946 | 90.2310 | -212.5946 | 90.2310 | 18144.0000 |
| 1 | I[1] | 最小 | CS2 | OK | 90.2310 | -212.5946 | 90.2310 | -212.5946 | 90.2310 | -212.5946 | -212.5946 | -1484.0000 |
| 2 | I[2] | 最大 | CS3 | OK | 912.7113 | 1869.8146 | 912.7113 | 1869.8146 | 912.7113 | 1869.8146 | 1869.8146 | 18144.0000 |
| 2 | I[2] | 最小 | CS1 | OK | -3.8322 | 4.4257 | -3.8322 | 4.4257 | -3.8322 | 4.4257 | -3.8322 | -1484.0000 |
| 3 | I[3] | 最大 | CS3 | OK | 938.7452 | 2356.3827 | 938.7452 | 2356.3827 | 938.7452 | 2356.3827 | 2356.3827 | 18144.0000 |
| 3 | I[3] | 最小 | CS1 | OK | -4.8173 | 5.9076 | -4.8173 | 5.9076 | -4.8173 | 5.9076 | -4.8173 | -1484.0000 |
| 4 | I[4] | 最大 | CS3 | OK | 672.0987 | 3019.8931 | 672.0987 | 3019.8931 | 672.0987 | 3019.8931 | 3019.8931 | 18144.0000 |
| 4 | I[4] | 最小 | CS1 | OK | -5.4295 | 6.8790 | -5.4295 | 6.8790 | -5.4295 | 6.8790 | -5.4295 | -1484.0000 |
| 5 | I[5] | 最大 | CS3 | OK | 469.0395 | 3815.3227 | 469.0395 | 3815.3227 | 469.0395 | 3815.3227 | 3815.3227 | 18144.0000 |
| 5 | I[5] | 最小 | CS1 | OK | -5.2448 | 6.9951 | -5.2448 | 6.9951 | -5.2448 | 6.9951 | -5.2448 | -1484.0000 |
| 6 | I[6] | 最大 | CS3 | OK | 517.2958 | 4531.4353 | 517.2958 | 4531.4353 | 517.2958 | 4531.4353 | 4531.4353 | 18144.0000 |
| 6 | I[6] | 最小 | CS1 | OK | -4.7099 | 6.8031 | -4.7099 | 6.8031 | -4.7099 | 6.8031 | -4.7099 | -1484.0000 |
| 7 | I[7] | 最大 | CS3 | OK | 857.6037 | 5117.5874 | 857.6037 | 5117.5874 | 857.6037 | 5117.5874 | 5117.5874 | 18144.0000 |
| 7 | I[7] | 最小 | CS1 | OK | -4.1099 | 5.7430 | -4.1099 | 5.7430 | -4.1099 | 5.7430 | -4.1099 | -1484.0000 |
| 8 | I[8] | 最大 | CS3 | OK | 1068.1487 | 4881.8368 | 1068.1487 | 4881.8368 | 1068.1487 | 4881.8368 | 4881.8368 | 18144.0000 |



图4.14.18 “施工阶段法向应力验算”表格

**“施工阶段法向应力验算”表格项目** 表4.14.12

| 表中项目 | 第7.2.8(1)条 | 代表的意义 |
|---|---|---|
| Sig_T | $\sigma_{cc}^{t}$ | 截面上端应力 |
| Sig_B | | 截面下端应力 |
| Sig_TL | | 截面左上端应力 |
| Sig_BL | | 截面左下端应力 |
| Sig_TR | | 截面右上端应力 |
| Sig_BR | | 截面右下端应力 |
| Sig_MAX | | 上述各点应力中的最小值 |
| Sig_ALW | $0.70f'_{ck}$ | 容许应力,其中$f'_{ck}$为施工阶段混凝土轴心抗压强度标准值 |
| 最大/最小 | | 显示最大或最小值 |

(2)受拉区钢筋的拉应力验算。

“受拉区钢筋的拉应力验算”表格如图4.14.19所示,表格中项目意义及与《公路钢筋混凝土及预应力混凝土桥涵设计规范》(JTG 3362—2018)式(6.1.3-1)($\sigma_{con} \leqslant 0.75f_{pk}$)、式(7.1.5-2)$\left(\left.\begin{array}{l}\text{未开裂构件}\ \sigma_{pe}+\sigma_{p}\\ \text{允许开裂构件}\ \sigma_{po}+\sigma_{p}\end{array}\right\}\leqslant 0.65f_{pk}\right)$的对应关系见表4.14.13。结果-表格中应力以拉为正,压为负。

**“受拉区钢筋的拉应力验算”表格项目** 表4.14.13

| 表中项目 | 式(6.1.3-1)、式(7.1.5-2) | 代表的意义 |
|---|---|---|
| Sig_DL | $\sigma_{con}$ | 施工阶段扣除短期预应力损失后的预应力钢筋锚固端的有效预应力 |
| Sig_LL | $\left.\begin{array}{r}\text{未开裂构件}\ \sigma_{pe}+\sigma_{p}\\ \text{允许开裂构件}\ \sigma_{po}+\sigma_{p}\end{array}\right\}$ | 扣除全部预应力损失并考虑使用阶段作用标准值引起的钢束应力变化后的预应力钢筋的拉应力 |
| Sig_ADL | $0.75f_{pk}$ | 施工阶段预应力钢筋锚固端张拉控制应力容许值 |
| Sig_ALL | $0.65f_{pk}$ | 使用阶段预应力钢筋拉应力容许值 |

| | 钢束 | 验算 | Sig_DL (kN/m^2) | Sig_LL (kN/m^2) | Sig_ADL (kN/m^2) | Sig_ALL (kN/m^2) |
|---|---|---|---|---|---|---|
| ▶ | N1右肋 | OK | 1072294.0422 | 1157435.2550 | 1395000.0000 | 1209000.0000 |
| | N1中肋 | OK | 1072294.0422 | 1157435.2550 | 1395000.0000 | 1209000.0000 |
| | N1左肋 | OK | 1072294.0422 | 1157435.2550 | 1395000.0000 | 1209000.0000 |
| | N2右肋 | OK | 1125277.6837 | 1175928.9313 | 1395000.0000 | 1209000.0000 |
| | N2中肋 | OK | 1125277.6837 | 1175928.9313 | 1395000.0000 | 1209000.0000 |
| | N2左肋 | OK | 1125277.6837 | 1175928.9313 | 1395000.0000 | 1209000.0000 |

受拉区钢筋的拉应力验算

模型窗口 / 施工阶段法向压应力验算 / 受拉区钢筋的拉应力验算 / 使用阶段正截面抗裂验算 / 使用阶段斜截面抗裂验算 / 使用阶段正截面压应力验算 / 使用阶段斜截面主压应力验算

图 4.14.19 “受拉区钢筋的拉应力验算”表格

(3)使用阶段正截面抗裂验算。

“使用阶段正截面抗裂验算”表格如图 4.14.20 所示,表格中项目意义及与《公路钢筋混凝土及预应力混凝土桥涵设计规范》(JTG 3362—2018)第 6.3.1(1)条的对应关系见表 4.14.14。

| | 单元 | 位置 | 组合名称 | 短/长 | 类型 | 验算 | Sig_T (kN/m^2) | Sig_B (kN/m^2) | Sig_TL (kN/m^2) | Sig_BL (kN/m^2) | Sig_TR (kN/m^2) | Sig_BR (kN/m^2) | Sig_MAX (kN/m^2) | Sig_ALW (kN/m^2) |
|---|---|---|---|---|---|---|---|---|---|---|---|---|---|---|
| ▶ | 1 | I[1] | cLCB33 | 长期 | FX-MAX | NG | 0.0020 | 0.0020 | -0.0199 | -0.0126 | 0.0240 | 0.0167 | -0.0199 | -0.0000 |
| | 1 | I[1] | cLCB29 | 短期 | FX-MAX | NG | -2534.3060 | -594.0970 | -2534.3446 | -594.1227 | -2534.2874 | -594.0713 | -2534.3446 | -1855.0000 |
| | 2 | I[2] | cLCB33 | 长期 | FX-MIN | OK | 850.4619 | 1838.6540 | 853.2273 | 1840.4976 | 847.6965 | 1836.8104 | 847.6965 | -0.0000 |
| | 2 | I[2] | cLCB29 | 短期 | FX-MIN | OK | -1709.0700 | 1270.8473 | -1703.7661 | 1274.3832 | -1714.3739 | 1267.3114 | -1714.3739 | -1855.0000 |
| | 3 | I[3] | cLCB29 | 短期 | FX-MIN | OK | -1540.3778 | 1729.5507 | -1534.3933 | 1733.5404 | -1546.3623 | 1725.5610 | -1546.3623 | -1855.0000 |
| | 3 | I[3] | cLCB33 | 长期 | FX-MIN | OK | 920.6305 | 2249.4591 | 923.7522 | 2251.5402 | 917.5088 | 2247.3780 | 917.5088 | 0.0000 |
| | 4 | I[4] | cLCB33 | 长期 | FX-MIN | OK | 752.2203 | 2771.3490 | 755.4025 | 2773.4705 | 749.0381 | 2769.2275 | 749.0381 | -0.0000 |
| | 4 | I[4] | cLCB29 | 短期 | FX-MIN | OK | -1666.9450 | 2275.2183 | -1660.8451 | 2279.2849 | -1673.0449 | 2271.1516 | -1673.0449 | -1855.0000 |
| | 5 | I[5] | cLCB33 | 长期 | FX-MIN | OK | 641.9390 | 3409.6814 | 645.2453 | 3411.8856 | 638.6328 | 3407.4772 | 638.6328 | -0.0000 |
| | 5 | I[5] | cLCB29 | 短期 | FX-MIN | OK | -1725.9624 | 2944.3052 | -1719.6305 | 2948.5265 | -1732.2943 | 2940.0840 | -1732.2943 | -1855.0000 |
| | 6 | I[6] | cLCB29 | 短期 | FX-MIN | OK | -1538.4494 | 3539.6355 | -1531.6931 | 3544.1397 | -1545.2057 | 3535.1313 | -1545.2057 | -1855.0000 |
| | 6 | I[6] | cLCB33 | 长期 | FX-MIN | OK | 768.2841 | 3963.8795 | 771.8186 | 3966.2359 | 764.7496 | 3961.5232 | 764.7496 | -0.0000 |
| | 7 | I[7] | cLCB33 | 长期 | FX-MIN | OK | 1164.5004 | 4385.2455 | 1167.3875 | 4387.1703 | 1161.6133 | 4383.3208 | 1161.6133 | -0.0000 |
| | 7 | I[7] | cLCB29 | 短期 | FX-MIN | OK | -1107.1105 | 3988.6316 | -1101.5736 | 3992.3229 | -1112.6474 | 3984.9404 | -1112.6474 | -1855.0000 |
| | 8 | I[8] | cLCB33 | 长期 | FX-MIN | OK | 1415.8349 | 4100.8070 | 1418.5229 | 4102.5990 | 1413.1469 | 4099.0150 | 1413.1469 | -0.0000 |

使用阶段正截面抗裂验算

模型窗口 / 施工阶段法向压应力验算 / 受拉区钢筋的拉应力验算 / 使用阶段正截面抗裂验算 / 使用阶段斜截面抗裂验算 / 使用阶段正截面压应力验算 / 使用阶段斜截面主压应力验算

图 4.14.20 “使用阶段正截面抗裂验算”表格

**“使用阶段正截面抗裂验算”表格项目** 表 4.14.14

| 表中项目 | 第 6.3.1(1)条 | 代表的意义 |
|---|---|---|
| Sig_T | $\sigma_{st}-0.85\sigma_{pc}$(全预应力构件短期效应组合),$\sigma_{st}-\sigma_{pc}$(A 类构件短期效应组合),$\sigma_{lt}-\sigma_{pc}$(A 类构件长期效应组合) | 截面上端最小应力 |
| Sig_B | | 截面下端最小应力 |
| Sig_TL | | 截面左上端最小应力 |
| Sig_BL | | 截面左下端最小应力 |
| Sig_TR | | 截面右上端最小应力 |
| Sig_BR | | 截面右下端最小应力 |
| Sig_MAX | | 上述各点应力中的最小值 |
| Sig_ALW | 0(全预应力构件短期效应组合,A 类构件长期效应组合),$0.70f_{tk}$(A 类构件短期效应组合) | 容许应力,其中 $f_{tk}$ 为混凝土抗拉强度标准值 |

(4)使用阶段斜截面抗裂验算。

“使用阶段斜截面抗裂验算”表格如图 4.14.21 所示,表格中项目意义及与《公路钢筋混凝土及预应力混凝土桥涵设计规范》(JTG 3362—2018)第 6.3.1(2)条的对应关系见表 4.14.15。

| | 单元 | 位置 | 组合名称 | 类型 | 验算 | Sig_P1 (kN/m^2) | Sig_P2 (kN/m^2) | Sig_P3 (kN/m^2) | Sig_P4 (kN/m^2) | Sig_P5 (kN/m^2) | Sig_P6 (kN/m^2) | Sig_P7 (kN/m^2) | Sig_P8 (kN/m^2) | Sig_P9 (kN/m^2) | Sig_P10 (kN/m^2) | Sig_MAX (kN/m^2) | Sig_AP (kN/m^2) |
|---|---|---|---|---|---|---|---|---|---|---|---|---|---|---|---|---|---|
| ▶ | 1 | I[1] | cLCB29 | FX-MAX | NG | -2534.3446 | -2534.2674 | -594.0713 | -594.1227 | -0.0000 | -0.0000 | -0.0000 | -0.0000 | -0.0000 | -0.0000 | -2534.3446 | -1855.0000 |
| | 2 | I[2] | cLCB29 | FX-MIN | OK | -1705.1375 | -1715.7368 | -1.8425 | -1.8323 | -0.9097 | -1.9112 | -1.4270 | -2.6294 | -0.9097 | -1.9112 | -1715.7368 | -1855.0000 |
| | 3 | I[3] | cLCB29 | FX-MIN | OK | -1535.5890 | -1547.5489 | -1.0635 | -1.0586 | -3.5095 | -0.0004 | -3.7928 | -0.0037 | -3.5806 | -0.0029 | -1547.5489 | -1855.0000 |
| | 4 | I[4] | cLCB29 | FX-MIN | OK | -1662.0651 | -1674.2560 | -0.8924 | -0.8892 | -10.0904 | -1.6391 | -10.5146 | -1.8248 | -9.0093 | -1.2431 | -1674.2560 | -1855.0000 |
| | 5 | I[5] | cLCB29 | FX-MIN | OK | -1721.0338 | -1733.6873 | -0.8212 | -0.8188 | -1.8944 | -0.3864 | -1.8481 | -0.3613 | -1.6435 | -0.3766 | -1733.6873 | -1855.0000 |
| | 6 | I[6] | cLCB29 | FX-MIN | OK | -1533.8084 | -1547.3025 | -0.9175 | -0.9152 | -11.3775 | -30.5904 | -11.3037 | -29.9422 | -8.4147 | -24.2180 | -1547.3025 | -1855.0000 |
| | 7 | I[7] | cLCB29 | FX-MIN | OK | -1106.8265 | -1117.8485 | -1.4585 | -1.4558 | -174.0583 | -245.8486 | -171.1321 | -241.3380 | -140.2503 | -202.7049 | -1117.8485 | -1855.0000 |
| | 8 | I[8] | cLCB29 | FX-MIN | OK | -855.6894 | -865.9256 | -1.4454 | -1.4428 | -115.3260 | -173.2667 | -114.9999 | -172.3302 | -97.0583 | -149.3714 | -865.9256 | -1855.0000 |
| | 9 | I[9] | cLCB29 | FX-MIN | OK | -666.9417 | -676.3827 | -1.4414 | -1.4387 | -68.8148 | -114.0382 | -69.3801 | -114.5584 | -59.8041 | -101.8934 | -676.3827 | -1855.0000 |
| | 10 | I[10] | cLCB29 | FX-MIN | OK | -540.3771 | -549.0179 | -1.4466 | -1.4441 | -34.3263 | -67.6791 | -34.8808 | -68.4253 | -30.3604 | -62.0622 | -549.0179 | -1855.0000 |
| | 11 | I[11] | cLCB29 | FX-MIN | OK | -475.3372 | -483.1928 | -1.4381 | -1.4358 | -11.7994 | -33.5941 | -12.0532 | -34.0454 | -10.3954 | -31.3107 | -483.1928 | -1855.0000 |
| | 12 | I[22] | cLCB29 | FX-MIN | OK | -1750.1032 | -1750.1827 | -0.6039 | -0.6039 | -109.0386 | -136.0486 | -105.5964 | -138.1313 | -109.0386 | -136.0486 | -1750.1827 | -1855.0000 |
| | 13 | I[21] | cLCB29 | FX-MIN | NG | -1877.8731 | -1878.1071 | -1.5205 | -1.5203 | -4.3967 | -18.7733 | -3.4486 | -20.8103 | -4.3967 | -18.7733 | -1878.1071 | -1855.0000 |
| | 14 | I[20] | cLCB29 | FX-MIN | OK | -1826.9595 | -1828.5044 | -0.8581 | -0.8578 | -17.9726 | -37.8326 | -19.0947 | -39.2219 | -14.2759 | -31.9273 | -1828.5044 | -1855.0000 |
| | 15 | I[19] | cLCB29 | FX-MIN | NG | -1919.2103 | -1921.7264 | -0.7922 | -0.7917 | -7.9649 | -23.5327 | -6.0435 | -23.1546 | -5.6831 | -18.2662 | -1921.7264 | -1855.0000 |

使用阶段斜截面抗裂验算

模型窗口 | 施工阶段法向压应力验算 | 受拉区钢筋的拉应力验算 | 使用阶段正截面抗裂验算 | 使用阶段斜截面抗裂验算 | 使用阶段正截面压应力验算 | 使用阶段斜截面主压应力验算

图 4.14.21 “使用阶段斜截面抗裂验算”表格

**“使用阶段斜截面抗裂验算”表格项目**　　表 4.14.15

| 表中项目 | 第6.3.1(2)条 | 代表的意义 |
|---|---|---|
| Sig_P1 ~ Sig_P10 | $\sigma_{tp}$ | 1～10点的主拉应力值 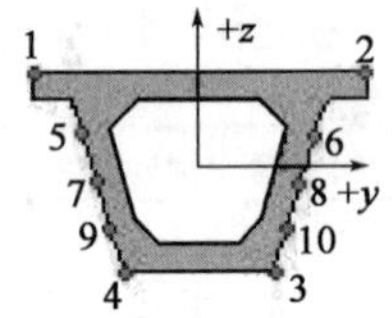  |
| Sig_MAX | | 上述各点主拉应力值中最小值 |
| Sig_AP | $0.6f_{tk}$、$0.4f_{tk}$（全预应力构件短期效应组合下，预制构件、现浇构件），$0.7f_{tk}$、$0.5f_{tk}$（A类和B类构件短期效应组合下，预制构件、现浇构件） | 容许主拉应力，其中 $f_{tk}$ 为混凝土抗拉强度标准值 |

注：表中应力以压为正，拉为负。

(5)使用阶段裂缝宽度验算。

参见RC设计使用阶段裂缝宽度验算。

(6)使用阶段正截面压应力验算。

“使用阶段正截面压应力验算”表格如图4.14.22所示，表格中项目意义及与《公路钢筋混凝土及预应力混凝土桥涵设计规范》(JTG 3362—2018)式(7.1.5-1)( $\left.\begin{matrix}\text{未开裂构件}\ \sigma_{kc}+\sigma_{pt}\\ \text{允许开裂构件}\ \sigma_{cc}\end{matrix}\right\}\leqslant 0.5f_{ck}$ )的对应关系见表4.14.16。结果-表格中应力以压为正，拉为负。

| | 单元 | 位置 | 组合名称 | 类型 | 验算 | Sig_T (kN/m^2) | Sig_B (kN/m^2) | Sig_TL (kN/m^2) | Sig_BL (kN/m^2) | Sig_TR (kN/m^2) | Sig_BR (kN/m^2) | Sig_MAX (kN/m^2) | Sig_ALW (kN/m^2) |
|---|---|---|---|---|---|---|---|---|---|---|---|---|---|
| ▶ | 1 | I[1] | cLCB45 | FX-MIN | OK | 3167.9509 | 742.6897 | 3168.0251 | 742.7392 | 3167.8768 | 742.6403 | 3168.0251 | 16200.0000 |
| | 1 | J[2] | cLCB45 | FX-MAX | OK | 4048.9828 | 2545.0389 | 4048.9092 | 2544.9898 | 4049.0564 | 2545.0880 | 4049.0564 | 16200.0000 |
| | 2 | I[2] | cLCB45 | FX-MAX | OK | 4051.5959 | 2546.2468 | 4042.7864 | 2540.3738 | 4060.4054 | 2552.1198 | 4060.4054 | 16200.0000 |
| | 2 | J[3] | cLCB45 | FX-MAX | OK | 4106.8569 | 2490.1560 | 4098.2816 | 2484.4391 | 4115.4323 | 2495.8729 | 4115.4323 | 16200.0000 |
| | 3 | I[3] | cLCB45 | FX-MAX | OK | 4151.8712 | 2716.7995 | 4141.9236 | 2710.1678 | 4161.8188 | 2723.4312 | 4161.8188 | 16200.0000 |
| | 3 | J[4] | cLCB45 | FX-MAX | OK | 4269.4698 | 2892.7661 | 4259.6286 | 2886.2052 | 4279.3111 | 2899.3269 | 4279.3111 | 16200.0000 |
| | 4 | I[4] | cLCB45 | FX-MAX | OK | 4218.9585 | 2861.2398 | 4208.8172 | 2854.4789 | 4229.0997 | 2868.0006 | 4229.0997 | 16200.0000 |
| | 4 | J[5] | cLCB45 | FX-MAX | OK | 4370.1618 | 3164.5342 | 4360.0885 | 3157.8187 | 4380.2351 | 3171.2497 | 4380.2351 | 16200.0000 |
| | 5 | I[5] | cLCB45 | FX-MAX | OK | 4308.4601 | 3124.0067 | 4297.9167 | 3116.9778 | 4319.0034 | 3131.0356 | 4319.0034 | 16200.0000 |
| | 5 | J[6] | cLCB45 | FX-MAX | OK | 4674.5702 | 3337.5089 | 4664.0028 | 3330.4640 | 4685.1375 | 3344.5538 | 4685.1375 | 16200.0000 |
| | 6 | I[6] | cLCB45 | FX-MIN | OK | 3564.1275 | 4610.9270 | 3575.4139 | 4618.4513 | 3552.8410 | 4603.4027 | 4618.4513 | 16200.0000 |
| | 6 | J[7] | cLCB45 | FX-MAX | OK | 5223.2973 | 3335.5167 | 5211.8222 | 3327.8666 | 5234.7724 | 3343.1668 | 5234.7724 | 16200.0000 |
| | 7 | I[7] | cLCB45 | FX-MAX | OK | 5177.1394 | 3301.0744 | 5167.9417 | 3294.9426 | 5186.3371 | 3307.2062 | 5186.3371 | 16200.0000 |
| | 7 | J[8] | cLCB45 | FX-MAX | OK | 5588.1717 | 2801.7751 | 5579.6083 | 2796.0662 | 5596.7351 | 2807.4840 | 5596.7351 | 16200.0000 |
| | 8 | I[8] | cLCB45 | FX-MAX | OK | 5588.3532 | 2801.5261 | 5579.7899 | 2795.8171 | 5596.9166 | 2807.2350 | 5596.9166 | 16200.0000 |

使用阶段正截面压应力验算

模型窗口 | 施工阶段法向压应力验算 | 受拉区钢筋的拉应力验算 | 使用阶段正截面抗裂验算 | 使用阶段斜截面抗裂验算 | 使用阶段正截面压应力验算 | 使用阶段斜截面主压应力验算

图 4.14.22 “使用阶段正截面压应力验算”表格

**"使用阶段正截面压应力验算"表格项目** 表4.14.16

| 表中项目 | 第7.1.5(1)条 | 代表的意义 |
|---|---|---|
| Sig_T | | 截面上端最大应力 |
| Sig_B | | 截面下端最大应力 |
| Sig_TL | 未开裂构件 $\sigma_{kc}+\sigma_{pt}$ | 截面左上端最大应力 |
| Sig_BL | 允许开裂构件 $\sigma_{cc}$ | 截面左下端最大应力 |
| Sig_TR | | 截面右上端最大应力 |
| Sig_BR | | 截面右下端最大应力 |
| Sig_MAX | | 上述各点应力中的最大值 |
| Sig_ALW | $0.5f_{ck}$ | 容许应力,其中 $f_{tk}$ 为混凝土抗拉强度标准值 |

(7)使用阶段斜截面主压应力验算。

"使用阶段斜截面主压应力验算"表格如图4.14.23所示。表格中项目意义及与《公路钢筋混凝土及预应力混凝土桥涵设计规范》(JTG 3362—2018)式(7.1.6-1)($\sigma_{cp}\leqslant 0.6f_{ck}$)的对应关系见表4.14.17。结果-表格中应力以压为正,拉为负。

| 单元 | 位置 | 组合名称 | 类型 | 验算 | Sig_P1 (kN/m^2) | Sig_P2 (kN/m^2) | Sig_P3 (kN/m^2) | Sig_P4 (kN/m^2) | Sig_P5 (kN/m^2) | Sig_P6 (kN/m^2) | Sig_P7 (kN/m^2) | Sig_P8 (kN/m^2) | Sig_P9 (kN/m^2) | Sig_P10 (kN/m^2) | Sig_MAX (kN/m^2) | Sig_AP (kN/m^2) |
|---|---|---|---|---|---|---|---|---|---|---|---|---|---|---|---|---|
| 1 | I[1] | cLCB45 | FX-MIN | OK | 3168.0251 | 3167.8762 | 742.6403 | 742.7392 | 0.0000 | 0.0000 | 0.0000 | 0.0000 | 0.0000 | 0.0000 | 3168.0251 | 19440.0000 |
| 1 | J[2] | cLCB45 | FX-MAX | OK | 4049.6069 | 4049.7541 | 2546.1976 | 2546.0996 | 1068.4524 | 1148.1193 | 962.3560 | 1005.1470 | 1068.4524 | 1148.1193 | 4049.7541 | 19440.0000 |
| 2 | I[2] | cLCB45 | FX-MAX | OK | 4044.4313 | 4062.0432 | 2554.7239 | 2542.9900 | 878.0491 | 919.0310 | 761.1287 | 813.2259 | 878.0491 | 919.0310 | 4062.0432 | 19440.0000 |
| 2 | J[3] | cLCB45 | FX-MAX | OK | 4099.7997 | 4116.9440 | 2498.3640 | 2486.9417 | 878.5955 | 925.9426 | 764.8434 | 825.5469 | 878.5955 | 925.9426 | 4116.9440 | 19440.0000 |
| 3 | I[3] | cLCB45 | FX-MAX | OK | 4143.1910 | 4163.0801 | 2725.3580 | 2712.1040 | 458.5382 | 554.0075 | 878.7382 | 943.4535 | 1576.1967 | 1616.4070 | 4163.0801 | 19440.0000 |
| 3 | J[4] | cLCB45 | FX-MAX | OK | 4261.0037 | 4280.6798 | 2901.3463 | 2888.2339 | 620.9538 | 728.6551 | 1036.7818 | 1115.9767 | 1741.2326 | 1792.1327 | 4280.6798 | 19440.0000 |
| 4 | I[4] | cLCB45 | FX-MAX | OK | 4210.2085 | 4230.4843 | 2870.0416 | 2856.5296 | 582.6499 | 697.4896 | 987.1881 | 1071.8903 | 1702.5554 | 1756.1655 | 4230.4843 | 19440.0000 |
| 4 | J[5] | cLCB45 | FX-MAX | OK | 4361.7057 | 4381.8449 | 3173.4725 | 3160.0509 | 746.3610 | 832.8530 | 1176.5890 | 1240.7131 | 1944.9265 | 1987.3965 | 4381.8449 | 19440.0000 |
| 5 | I[5] | cLCB45 | FX-MAX | OK | 4299.5565 | 4320.6352 | 3133.2857 | 3119.2380 | 694.6302 | 792.4313 | 1109.7863 | 1182.2010 | 1895.1467 | 1941.9214 | 4320.6352 | 19440.0000 |
| 5 | J[6] | cLCB45 | FX-MAX | OK | 4666.0566 | 4687.1821 | 3347.4166 | 3333.3389 | 1002.8542 | 1009.5323 | 1394.2571 | 1402.9384 | 2159.7617 | 2170.6203 | 4687.1821 | 19440.0000 |
| 6 | I[6] | cLCB45 | FX-MIN | OK | 3578.0893 | 3555.5334 | 4605.4813 | 4620.5231 | 793.3934 | 928.6277 | 1375.1684 | 1463.3358 | 2668.9912 | 2707.2203 | 4620.5231 | 19440.0000 |
| 6 | J[7] | cLCB45 | FX-MAX | OK | 5215.1639 | 5238.0995 | 3348.3716 | 3333.0953 | 1416.4696 | 1364.8168 | 1712.9992 | 1672.5206 | 2367.3890 | 2344.5370 | 5238.0995 | 19440.0000 |
| 7 | I[7] | cLCB45 | FX-MAX | OK | 5171.3171 | 5189.7006 | 3312.4759 | 3300.2318 | 1521.0918 | 1394.5359 | 1769.5640 | 1660.5534 | 2424.1165 | 2351.5370 | 5189.7006 | 19440.0000 |
| 7 | J[8] | cLCB45 | FX-MAX | OK | 5582.5520 | 5599.6698 | 2813.3253 | 2801.9313 | 1530.5285 | 1456.4457 | 1710.7562 | 1645.0317 | 2178.5987 | 2132.6185 | 5599.6698 | 19440.0000 |
| 8 | I[8] | cLCB45 | FX-MAX | OK | 5582.7335 | 5599.8512 | 2813.0768 | 2801.6827 | 1532.0372 | 1457.0338 | 1712.1738 | 1645.6015 | 2179.4813 | 2132.8384 | 5599.8512 | 19440.0000 |

使用阶段斜截面主压应力验算

图4.14.23 "使用阶段斜截面主压应力验算"表格

**"使用阶段斜截面主压应力验算"表格项目** 表4.14.17

| 表中项目 | 式(7.1.6-1) | 代表的意义 |
|---|---|---|
| Sig_P1~Sig_P10 | $\sigma_{cp}$ | 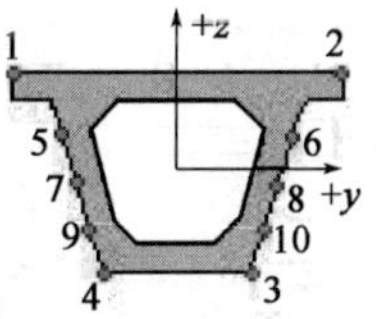 1~10点的主压应力值 |
| Sig_MAX | | 上述各点主压应力值中最大值 |
| Sig_AP | $0.6f_{ck}$ | 容许主压应力,其中 $f_{ck}$ 为混凝土轴心抗压强度标准值 |

(8)使用阶段正截面抗弯验算。

(9)使用阶段斜截面抗剪验算。

(10)使用阶段抗扭验算。

(8)~(10)参见RC设计相关内容,此处略。

## 本章习题

1. 简述运用 MIDAS/Civil 进行桥梁结构分析的基本过程。

2. 变截面与变截面组有什么区别?

3. 如何查看"变截面组"中各单元 $i$、$j$ 端的截面特性?

4. 为什么"弹性连接"的"只受压"类型不能用于移动荷载分析?

5. 做单片主梁计算时,如何考虑移动荷载的横向分布系数?

6. 在 MIDAS/Civil 中如何输入截面的横向和竖向预应力钢筋?

7. 当定义"移动荷载分析控制"时,"影响线加载"与"所有点"加载有什么区别?

8. 进行施工阶段分析,程序会自动生成收缩一次、收缩二次、徐变一次、徐变二次、钢束一次、钢束二次,这些荷载工况各代表什么含义?

9. 使用 MIDAS/Civil 如何计入普通钢筋对混凝土收缩徐变和截面刚度影响?

10. RC 设计与 PSC 设计中计算结果中"跳过""NG"各是什么含义?

第5章

# 桥梁结构稳定与动力计算

随着桥梁跨度的不断增大和构件的日趋轻型化,施工阶段和成桥阶段的稳定问题突出。根据现行《公路桥涵设计通用规范》(JTG D60—2015)和《城市桥梁设计规范》(CJJ 11—2011)的规定,由车辆引起的冲击系数依赖于桥梁结构的自振频率,而自振频率是开展抗震分析、抗风计算和车桥耦合振动分析的基础。本章首先阐述弹性稳定分析的基本理论,结合示例介绍在 MIDAS/Civil 中的实现方法;然后,依次阐述桥梁模态分析、反应谱分析和时程分析理论,结合《公路桥梁抗震设计细则》(JTG/T B02-01—2008)的相关规定,展示 MIDAS/Civil 开展桥梁模态特性和动力响应分析的基本过程与要点。

## 5.1 桥梁稳定分析

### 5.1.1 桥梁稳定分析理论

在稳定平衡状态,考虑到轴向力或中面内力对横向刚度的影响,根据势能驻值原理得到结构的平衡方程为

$$(\boldsymbol{K}_{\mathrm{E}} + \boldsymbol{K}_{\mathrm{G}})\boldsymbol{U} = \boldsymbol{KU} = \boldsymbol{R} \tag{5.1.1}$$

式中:$\boldsymbol{K}_{\mathrm{E}}$——结构的弹性刚度矩阵;

$\boldsymbol{K}_{\mathrm{G}}$——结构的几何刚度矩阵,也称为应力刚度矩阵;

$\boldsymbol{U}$——节点位移向量;

$\boldsymbol{R}$——节点等效荷载向量。

为得到随遇平衡状态,应使系统势能的一阶变分为零,即

$$(\boldsymbol{K}_{\mathrm{E}}+\boldsymbol{K}_{\mathrm{G}})\delta\boldsymbol{U}=0 \tag{5.1.2}$$

因此得到:

$$|\boldsymbol{K}_{\mathrm{E}}+\boldsymbol{K}_{\mathrm{G}}|=0 \tag{5.1.3}$$

式(5.1.3)中的结构弹性刚度矩阵为已知,但外荷载(待求的屈曲荷载)未知,故几何刚度矩阵也是未知。为求得该荷载,任意假设一组参考荷载$\overline{\boldsymbol{P}}$,与其对应的几何刚度矩阵为$\boldsymbol{K}_{\mathrm{G}}^{0}$,由于在小变形和线弹性情况下几何刚度矩阵与应力水平成正比,且应力和外荷载也是线性关系,若临界荷载为$\boldsymbol{P}_{\mathrm{cr}}=\lambda\overline{\boldsymbol{P}}$,那么在临界荷载作用下的结构几何刚度矩阵为

$$\boldsymbol{K}_{\mathrm{G}}=\lambda\boldsymbol{K}_{\mathrm{G}}^{0} \tag{5.1.4}$$

将式(5.1.4)代入式(5.1.3),可得到线弹性稳定问题的控制方程为

$$|\boldsymbol{K}_{\mathrm{E}}+\lambda\boldsymbol{K}_{\mathrm{G}}^{0}|=0 \tag{5.1.5}$$

进一步将式(5.1.5)改写成特征值方程为

$$(\boldsymbol{K}_{\mathrm{E}}+\lambda_i\boldsymbol{K}_{\mathrm{G}}^{0})\boldsymbol{\phi}_i=0 \tag{5.1.6}$$

式中:$\lambda_i$——第$i$阶特征值,即稳定系数;

$\boldsymbol{\phi}_i$——与$\lambda_i$对应的特征向量,是临界荷载作用下结构的第$i$阶变形形状,即屈曲模态或失稳模态。

在MIDAS/Civil的特征值屈曲分析中,其结果给出的是$\lambda_i$和$\boldsymbol{\phi}_i$,即屈曲荷载系数(又称为稳定系数)和屈曲模态,而屈曲荷载为$\lambda_i\overline{\boldsymbol{P}}$。实际工程上,荷载超过最低临界荷载时体系已经失效,因此只有第一阶屈曲荷载及其屈曲模态才有实际意义。

值得注意的是,屈曲分析得到的稳定系数是与具体的荷载形式及大小相对应的。例如,假定结构承受自重$A$、二期恒载$S$和静风荷载$W$的共同作用,如果期望得到针对静风荷载$W$的稳定系数,则系统的稳定控制方程为

$$(\boldsymbol{K}_{\mathrm{E}}+\boldsymbol{K}_{\mathrm{A}}+\boldsymbol{K}_{\mathrm{S}}+\lambda_i\boldsymbol{K}_{\mathrm{W}})\boldsymbol{\phi}_i=0 \tag{5.1.7}$$

式中:$\boldsymbol{K}_{\mathrm{A}}$、$\boldsymbol{K}_{\mathrm{S}}$、$\boldsymbol{K}_{\mathrm{W}}$——自重$A$、二期恒载$S$和静风荷载$W$作用下的几何刚度矩阵,此时,自重$A$和二期恒载$S$为常量(不变)荷载,静风荷载$W$为变量(可变)荷载。

### 5.1.2 线弹性屈曲分析

1)屈曲分析的基本过程

在MIDAS/Civil中开展屈曲分析的主要步骤:建立模型→定义屈曲分析控制参数→运行求解并查看结果。

(1)建立模型。

屈曲分析的建模方法与静力分析相同:定义材料和截面、建立节点、创建单元、施加约束,最终形成有限元分析模型。但需要注意如下问题:

①屈曲分析时只有线性行为是有效的，如果定义了非线性单元，MIDAS/Civil 会自动将其替换为相应的线性单元（如只受拉的桁架单元将会被桁架单元替代）。

②屈曲分析时需要参考荷载 $\overline{\boldsymbol{P}}$ 以计算得到与其对应的几何刚度矩阵 $\boldsymbol{K}_{\mathrm{G}}^{0}$，因此应建立屈曲分析所需的荷载工况。

③如果在屈曲分析中需要考虑移动荷载的作用，可以先进行移动荷载分析，然后应用“移动荷载追踪器”将最不利荷载布置形式通过 MCT 命令转换为静力荷载工况，最后在屈曲分析时考虑此荷载工况。

④屈曲分析不能与 P-Delta 分析或特征值分析同时进行。

(2)定义屈曲分析控制参数。

从主菜单中选择“分析”>“屈曲分析控制”，弹出如图 5.1.1 所示的“屈曲分析控制”对话框，输入需要计算的屈曲模态数量；定义屈曲分析的荷载组合信息（荷载工况、组合系数、荷载类型），其中荷载类型可变则为变量荷载，荷载类型不变则为常量荷载。

定义屈曲分析控制参数时应注意以下几点：

①屈曲分析得到的临界荷载为稳定系数乘以所有的变量荷载与荷载组合系数乘积之和，再加上所有常量荷载与荷载组合系数乘积之和。例如，对于图 5.1.1 所示的定义，假设计算得到的稳定系数为 5.6，则最终的临界荷载为 5.6 ×（1 × 稳定荷载）+（1.2 × 自重 + 1.2 × 二期恒载 + 1 × 索初拉力）。

②勾选“检查斯图姆序列”选项后，MIDAS/Civil 将会检查计算结果是否漏根（某些频率及其振型被遗漏），若发现有漏根，将在信息窗口中给予提示。

③屈曲分析中可能会得到负值的稳定系数，这代表当前荷载作用下结构不会发生失稳。例如，拉杆的稳定系数为负。为了解结构的稳定性能，建议“荷载系数范围”取默认设置，同时输出负值和正值的稳定系数结果。

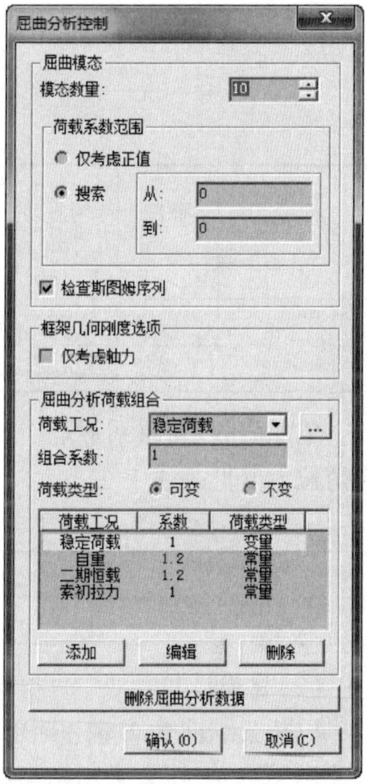


图 5.1.1 定义屈曲分析控制参数

④对于框架结构单元，程序在计算其几何刚度矩阵的同时考虑了横向位移和轴向力影响，此为精确解。但对于桥梁结构来说，当单元长度不大时，仅考虑轴力影响的几何刚度矩阵已经具有足够精度。

(3)运行求解并查看结果。

运行求解，从主菜单中选择“结果”>“屈曲模态”或“结果”>“分析结果表格”>“屈曲模态”，查看各屈曲模态和临界荷载系数。

2)线性屈曲分析实例

(1)计算资料。

如图 5.1.2 所示的人行斜拉桥，塔墩梁固结，主梁采用 C30 钢筋混凝土箱形截面，截面特性见表 5.1.1；上部主塔和下部桥墩采用钢管混凝土截面，其中上部主塔采用 $\phi$500mm × 12mm 钢管，下部桥墩采用 $\phi$1100mm × 12mm 钢管，管内均灌注 C40 混凝土；拉索采用标准抗拉强度为 1860MPa 的钢绞线，1 号、3 号拉索的直径为 0.0266113m，2 号拉索的直径为 0.0352034m。

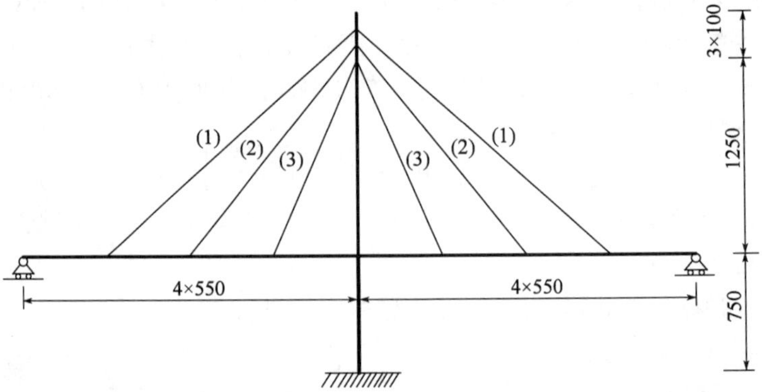


图5.1.2　某人行斜拉桥总体布置图(尺寸单位:cm)

**主梁截面特性表**　　表5.1.1

| 名　称 | 面积($m^2$) | $A_{sy}$($m^2$) | $A_{sz}$($m^2$) | $I_{xx}$($m^4$) | $I_{yy}$($m^4$) | $I_{zz}$($m^4$) | $C_{yp}$(m) | $C_{ym}$(m) | $C_{zp}$(m) | $C_{zm}$(m) |
|---|---|---|---|---|---|---|---|---|---|---|
| 主梁 | 1.0692 | 0.7632 | 0.0854 | 0.0246 | 0.0199 | 1.3279 | 2.25 | 2.3 | 0.1596 | 0.3 |
| 主梁根部 | 1.0692 | 0.7632 | 0.0854 | 0.0246 | 0.0398 | 1.3279 | 2.25 | 2.3 | 0.1596 | 0.3 |

施加荷载:自重系数取 -1.04;二期恒载采用梁单元荷载施加给主梁,大小为10kN/m,拉索初拉力值见表5.1.2。

**拉 索 初 拉 力 值**　　表5.1.2

| 拉索编号 | (1) | (2) | (3) |
|---|---|---|---|
| 初拉力(kN) | 380 | 330 | 290 |

(2)建模计算。

以桥梁纵向为 $X$ 轴,横向为 $Y$ 轴建立桥梁有限元模型,如图5.1.3所示。主梁、桥塔和桥墩采用梁单元,拉索采用桁架单元,钢管混凝土采用组合截面定义。边界条件为墩底固结、主梁两端铰接并可沿桥梁纵向滑动(释放 $Dx$、$Ry$ 方向约束)。

定义自重、二期恒载和拉索初拉力3个荷载工况。

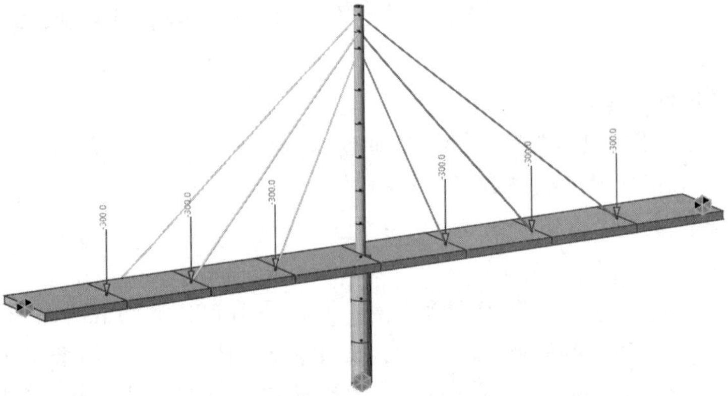

图5.1.3　线性屈曲分析算例模型

增加名称为“稳定荷载”的荷载工况，其荷载形式为采用节点力的方式给所有主梁节点施加大小为 -300kN/m 的均布荷载(图 5.1.3)，此荷载工况将作为屈曲分析的可变荷载。定义屈曲分析控制参数(图 5.1.1)：模态数量取 10 阶；勾选“检查斯图姆序列”选项；定义屈曲分析的荷载组合形式为：“自重”“二期恒载”和“拉索初拉力”为不变荷载，组合系数分别取 1.2、1.2 和 1.0，“稳定荷载”为可变荷载，组合系数取 1.0。

(3) 分析结果。

运行求解，从主菜单中选择“结果” > “屈曲模态”，可知桥梁在当前荷载形式下的最小临界荷载系数 10.54，对应的失稳模态如图 5.1.4 所示。

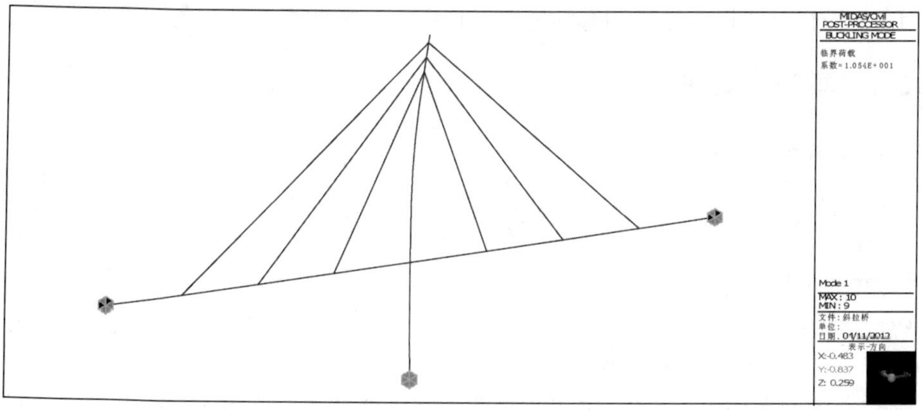


图 5.1.4 算例桥梁失稳模态

### 5.1.3 施工阶段稳定分析

大跨度斜拉桥、拱桥、连续刚构桥或其他形式的桥梁，在施工过程中经历从最大悬臂状态到结构体系转换等多个过程，尤其是最大悬臂阶段，常常是整个施工稳定性最不利的阶段，需要计算施工阶段稳定。

然而，屈曲分析只针对成桥阶段的结构，如果要对某个施工阶段的结构进行稳定分析，需要将该施工阶段定义为最终阶段，并将此阶段的结构另存为一个新模型，然后对新模型定义屈曲分析数据和稳定分析。施工阶段分析结束后得到的构件内力作为初始单元内力，将会参与形成稳定分析所需的几何刚度矩阵。

在 MIDAS/Civil 中，按下列步骤进行施工阶段稳定分析：

(1) 建立模型。

(2) 定义施工阶段。

(3) 在“施工阶段分析控制数据”中选择要进行稳定分析的施工阶段作为最终阶段。

(4) 运行分析。

(5) 通过“文件” > “保存当前阶段为...”，将此阶段的分析模型另存为一个新模型，提取施工阶段模型中最终阶段的所有构件内力，复制到主菜单“荷载” > “初始荷载” > “小位移” > “初始单元内力(CS)”中。

(6) 定义屈曲分析控制参数，进行稳定分析。

上述第(5)步中初始单元内力对应的荷载工况，将会与第(6)步中定义的屈曲分析荷载组合共同形成临界荷载。例如，假设第(5)步初始单元内力对应的荷载工况为恒载 + 施工荷载 1 +

施工荷载 2,第(6)步中定义的可变荷载工况为风荷载,组合系数为 1.2,计算得到的稳定系数为 5.6,则临界荷载为(恒载 + 施工荷载 1 + 施工荷载 2) + 5.6 × (1.2 × 风荷载)。

# 5.2 桥梁模态分析

自振频率是结构的固有振动特性,开展自振频率计算,实质上是求解结构的特征值。特征值分析又称为模态分析。本节阐述模态分析的基本理论,然后通过一座人行斜拉桥算例,介绍 MIDAS/Civil 进行一般模态分析和有预应力结构模态分析的基本过程与要点。

## 5.2.1 模态分析理论

1)模态分析方程

桥梁结构的运动方程为

$$\boldsymbol{M}\ddot{\boldsymbol{u}} + \boldsymbol{C}\dot{\boldsymbol{u}} + \boldsymbol{K}\boldsymbol{u} = P(t) \tag{5.2.1}$$

式中:$\boldsymbol{M}$——质量矩阵;

$\boldsymbol{K}$——刚度矩阵;

$\boldsymbol{C}$——阻尼矩阵,它们均为 $n \times n$ 阶矩阵。

阻尼对系统的振幅影响较大,但对系统的振动频率和振型的影响很小。另外,阻尼矩阵不仅与系统本身有关,还与介质有关,而质量矩阵和刚度矩阵完全由系统本身决定。因此,在分析系统频率特性时通常忽略阻尼的影响。无阻尼自由振动方程为

$$\boldsymbol{M}\ddot{\boldsymbol{u}} + \boldsymbol{K}\boldsymbol{u} = 0 \tag{5.2.2}$$

对于式(5.2.2)的线性系统,自由振动的解可以表达为简谐振动

$$\boldsymbol{u}(\boldsymbol{t}) = \boldsymbol{x}\sin(\omega t + \theta), \ddot{\boldsymbol{u}}(\boldsymbol{t}) = -\omega^2\boldsymbol{x}\sin(\omega t + \theta) \tag{5.2.3}$$

式中:$\boldsymbol{x}$——体系的振动形状,不随时间变化;

$\omega$——振动频率;

$\theta$——相位角。

将式(5.2.3)代入式(5.2.2),得

$$-\omega^2\boldsymbol{M}\boldsymbol{x}\sin(\omega t + \theta) + \boldsymbol{K}\boldsymbol{x}\sin(\omega t + \theta) = \boldsymbol{0} \tag{5.2.4}$$

$$\boldsymbol{K}\boldsymbol{x} - \omega^2\boldsymbol{M}\boldsymbol{x} = \boldsymbol{0} \tag{5.2.5}$$

$$\boldsymbol{K}\boldsymbol{x} = \omega^2\boldsymbol{M}\boldsymbol{x} \tag{5.2.6}$$

式(5.2.6)为结构体系的模态控制方程,它属于广义特征值问题。通过简单的变换,可转化为标准特征值问题,求解得到的特征值及其对应特征向量($\omega_i, \boldsymbol{x}_i, i = 1、2、\cdots、n$),即结构的各阶自振频率和振型。

2)模态求解方法

求解标准特征值问题的方法很多,有幂法、Jacobi 法和 QR 法等,但这些方法都仅适用于需要求出全部特征值的低阶方程,当应用于大型特征值问题时,求解效率很低。对于大型工程结构的特征值问题,通常关注的仅仅是部分低阶频率及其振型,一般都采用子空间迭代法和 Lanczos 法来求解。

### 5.2.2 子空间迭代法

子空间迭代法是 Rayleigh-Ritz 法和同时反迭代法相结合的一种方法。Rayleigh-Ritz 法将特征方程的阶数大大降低,从而将原问题变成低阶的特征值问题,同时反迭代用于加快低阶特征值问题的收敛。

由式(5.2.6)可写出特征向量 $\boldsymbol{x}$ 的 Rayleigh 商为

$$\omega^2 = \frac{\boldsymbol{x}^{\mathrm{T}}\boldsymbol{K}\boldsymbol{x}}{\boldsymbol{x}^{\mathrm{T}}\boldsymbol{M}\boldsymbol{x}} \tag{5.2.7}$$

选择 $m(m \ll n)$ 个线性无关的 $n$ 维向量 $\boldsymbol{q}_i(i=1,m)$ 作为初始振型子空间 $Q$

$$\boldsymbol{Q} = [q_1 \quad \cdots \quad q_{\mathrm{m}}] \tag{5.2.8}$$

式中:$\boldsymbol{q}_i(i=1,\cdots,m)$——Ritz 基向量;

$\boldsymbol{Q}$——Ritz 子空间。

则 $\boldsymbol{x}$ 可表示为子空间 $\boldsymbol{Q}$ 基向量的线性组合

$$\boldsymbol{x} = a_1\boldsymbol{q}_1 + a_2\boldsymbol{q}_2 + \cdots + a_{\mathrm{m}}\boldsymbol{q}_{\mathrm{m}} = \boldsymbol{Q}\boldsymbol{A} \tag{5.2.9}$$

式中:$\boldsymbol{A}$——Ritz 坐标向量。

将式(5.2.9)代入式(5.2.7)式,得到:

$$\omega^2 = \frac{\boldsymbol{A}^{\mathrm{T}}\boldsymbol{Q}^{\mathrm{T}}\boldsymbol{K}\boldsymbol{Q}\boldsymbol{A}}{\boldsymbol{A}^{\mathrm{T}}\boldsymbol{Q}^{\mathrm{T}}\boldsymbol{M}\boldsymbol{Q}\boldsymbol{A}} \tag{5.2.10}$$

令

$$\boldsymbol{K}^* = \boldsymbol{Q}^{\mathrm{T}}\boldsymbol{K}\boldsymbol{Q} \tag{5.2.11}$$

$$\boldsymbol{M}^* = \boldsymbol{Q}^{\mathrm{T}}\boldsymbol{M}\boldsymbol{Q} \tag{5.2.12}$$

式中:$\boldsymbol{K}^*$——$\boldsymbol{K}$ 在 Ritz 子空间 $\boldsymbol{Q}$ 内的投影矩阵;

$\boldsymbol{M}^*$——$\boldsymbol{M}$ 在 Ritz 子空间 $\boldsymbol{Q}$ 内的投影矩阵。

则有

$$\omega^2 = \frac{\boldsymbol{A}^{\mathrm{T}}\boldsymbol{K}^*\boldsymbol{A}}{\boldsymbol{A}^{\mathrm{T}}\boldsymbol{M}^*\boldsymbol{A}} \tag{5.2.13}$$

所选的 Ritz 坐标向量 $\boldsymbol{A}$ 应使 $\omega^2$ 获得极值,以获得 Ritz 子空间内的 $m$ 阶特征值,故取

$$\frac{\partial\omega^2}{\partial\boldsymbol{A}} = 0 \tag{5.2.14}$$

即

$$\boldsymbol{K}^*\boldsymbol{A} - \frac{\boldsymbol{A}^{\mathrm{T}}\boldsymbol{K}^*\boldsymbol{A}}{\boldsymbol{A}^{\mathrm{T}}\boldsymbol{M}^*\boldsymbol{A}}\boldsymbol{M}^*\boldsymbol{A} = 0 \tag{5.2.15}$$

将式(5.2.13)代入式(5.2.15),得到

$$\boldsymbol{K}^*\boldsymbol{A} = \omega^2\boldsymbol{M}^*\boldsymbol{A} \tag{5.2.16}$$

上述过程为 Rayleigh-Ritz 法,它将原 $n$ 阶特征值问题变换为 $m$ 阶特征值问题。这一过程还可以表达为:Rayleigh-Ritz 法将原 $n$ 维空间的特征值问题降阶为其在 Ritz 子空间内关于投影矩阵的特征值问题。

对于(降阶)变换后的特征值问题进行求解,广义的 Jacobi 法特别有效。求解式(5.2.16)得到的 $m$ 个特征值 $(\omega_i, i = 1、2、\cdots、m)$,即原问题的 $m$ 阶低阶特征值,根据得到的特征向量 $(\boldsymbol{A}, i = 1、2、\cdots、m)$,由式(5.2.9)可得原问题的特征向量 $(\boldsymbol{x}, i = 1、2、\cdots、m)$。

由于 Rayleigh-Ritz 法计算得到的准确度取决于初始振型子空间 $\boldsymbol{Q}$ 的正确度,且无法估计解的精确度,因此,式(5.2.16)得到的解不一定能满足精度要求。为此,引入同时反迭代法的计算过程。

对初始子空间的 Ritz 基向量进行同时反迭代

$$\boldsymbol{K}\bar{\boldsymbol{q}}_i = \boldsymbol{M}\boldsymbol{q}_i \quad 即\bar{\boldsymbol{q}}_i = \boldsymbol{K}^{-1}\boldsymbol{M}\boldsymbol{q}_i(i = 1、2、\cdots、m) \tag{5.2.17}$$

将迭代后的 $\bar{\boldsymbol{q}}_i(i = 1、2、\cdots、m)$ 替代 $\boldsymbol{q}_i(i = 1、2、\cdots、m)$ 形成初始振型子空间 $\boldsymbol{Q}$,按 Rayleigh-Ritz 法进行计算,判断特征值或特征向量收敛性。如果结果不收敛,则将求得的特征向量作为初始 Ritz 基向量再次进行同时反迭代和 Rayleigh-Ritz 法计算,直到结果收敛,这种方法称为子空间迭代法。

子空间迭代法的优点在于大幅度地对结构矩阵进行降阶,从而提高计算速度,其收敛速度受收敛率 $\omega_m^2/\omega_{p+1}^2$ 控制,这里 $p$ 为初始 Ritz 向量的个数,$m$ 为所需求特征对的阶数。显然,当 $p$ 比 $m$ 大得越多时,收敛将越快,但迭代向量也多,导致每次迭代时间加长,因此必须选择一个适当的 $p$ 值。根据经验,通常取 $p = \min(2m, m + 8)$。

由于同时反迭代法不会产生初始向量所不含的特征向量成分,因此初始基向量的选择也是非常重要的问题。初始向量在 MIDAS/Civil 中的选取方法:第1个取 $\boldsymbol{M}$ 矩阵的对角线,其余取单位向量。

子空间迭代法的求解结果可能会遗漏结构的某些特征解,特别是重特征值解。此时,可以采用 Sturm 序列来进行检查,方法如下:

对于某次迭代计算得到的体系特征解 $\lambda_1 \leqslant \lambda_2 \leqslant \cdots \leqslant \lambda_m(\lambda_i = \omega_i^2, i = 1、2、\cdots、m)$,令 $\lambda = 1.01\lambda_m$,对矩阵 $\boldsymbol{K} - \lambda\boldsymbol{M}$ 进行 $\boldsymbol{LDL}^{\mathrm{T}}$ 分解,若 $\boldsymbol{D}$ 的负对角线元素个数等于 $m$,就能保证求解的特征值不漏频。

### 5.2.3 Lanczos 法

Lanczos 法是目前计算对称广义矩阵特征值问题有效的方法之一,该算法也是将 Rayleigh-Ritz 法和同时反迭代相结合,使得计算过程简化,但计算速度要比子空间迭代法快一个数量级。Lanczos 法基本思路:选择一个初始向量,通过多次反迭代、正交化和模规范化处理,形成 $m$ 个 Lanczos 向量,用正交和模规范化的系数形成一个三对角矩阵,这个三对角矩阵的特征解与原来广义特征值问题的前 $m$ 阶特征向量解有一定的关系,利用此关系,就可以求得原广义特征值问题的前 $m$ 阶特征解。

由式(5.2.6)可知 $n$ 阶广义特征值方程为可表达为(记 $\lambda = \omega^2$)

$$\boldsymbol{K}\boldsymbol{x} = \lambda\boldsymbol{M}\boldsymbol{x} \tag{5.2.18}$$

选择第一个迭代向量 $\boldsymbol{q}_1$,且满足广义内积规范化条件(即 $\boldsymbol{q}_1^{\mathrm{T}}\boldsymbol{M}\boldsymbol{q}_1 = 1$),采用如下方式逐次迭代生成另外的 $m$ 个 Lanczos 向量 $\boldsymbol{q}_i(i = 2、3、\cdots、m + 1)$。

(1)进行向量反迭代:

$$\bar{\boldsymbol{q}}_{i+1} = \boldsymbol{K}^{-1}\boldsymbol{M}\boldsymbol{q}_i \tag{5.2.19}$$

(2)使向量 $\bar{\boldsymbol{q}}_{i+1}$ 与前两个 Lanczos 向量正交:

$$\hat{\boldsymbol{q}}_{i+1} = \bar{\boldsymbol{q}}_{i+1} - \alpha_i\boldsymbol{q}_i - \beta_i\boldsymbol{q}_{i-1} \tag{5.2.20}$$

式中:$\alpha_i$、$\beta_i$——正交化系数,由下式确定:

$$\alpha_i = \bar{\boldsymbol{q}}_{i+1}{}^{\mathrm{T}}\boldsymbol{M}\boldsymbol{q}_i \tag{5.2.21}$$

$$\beta_i = \bar{\boldsymbol{q}}_{i+1}{}^{\mathrm{T}}\boldsymbol{M}\boldsymbol{q}_{i-1} \tag{5.2.22}$$

且 $\beta_0 = 0$ 。

(3)对向量 $\hat{\boldsymbol{q}}_{i+1}$ 进行模规范化处理,形成新的 Lanczos 向量 $\boldsymbol{q}_{i+1}$:

$$\boldsymbol{q}_{i+1} = \frac{\hat{\boldsymbol{q}}_{i+1}}{\gamma_{i+1}} \tag{5.2.23}$$

其中:

$$\gamma_{i+1} = \hat{\boldsymbol{q}}_{i+1}{}^{\mathrm{T}}\boldsymbol{M}\hat{\boldsymbol{q}}_{i+1} \tag{5.2.24}$$

上述正交化和模规范化都采用基于广义内积的计算。完成上述迭代过程后,就得到了 $m+1$ 个 Lanczos 向量 $\boldsymbol{q}_i(i=1、2、\cdots、m+1)$。

综合式(5.2.19)、式(5.2.20)和式(5.2.23)后,可得

$$\boldsymbol{K}^{-1}\boldsymbol{M}\boldsymbol{q}_i = \gamma_{i+1}\boldsymbol{q}_{i+1} + \alpha_i\boldsymbol{q}_i + \beta_i\boldsymbol{q}_{i-1}(i = 1、2、\cdots、m) \tag{5.2.25}$$

令 $\boldsymbol{S} = \boldsymbol{K}^{-1}\boldsymbol{M}$ ,将这 $m$ 个表达式合并成下列阵方程

$$\boldsymbol{S}\boldsymbol{Q}_m = \boldsymbol{Q}_m\boldsymbol{T}_m + \boldsymbol{q}_{m+1}\boldsymbol{e}_m^{\mathrm{T}}\gamma_{m+1} \tag{5.2.26}$$

式中:$\boldsymbol{e}_m$——$m$ 阶单位列向量,其最后一个元素是1,其余元素为0;

$\boldsymbol{Q}_m$——Lanczos 向量矩阵, $\boldsymbol{Q}_m = [\boldsymbol{q}_1 \quad q_2 \quad \cdots \quad \boldsymbol{q}_m]$ 。

可以证明,只要式(5.2.20)成立,就可以保证在理论上任意 Lanczos 向量均与以前所有的 Lanczos 向量正交,因此存在

$$\boldsymbol{Q}_m{}^{\mathrm{T}}\boldsymbol{M}\boldsymbol{q}_{m+1} = 0 \tag{5.2.27}$$

且 $\boldsymbol{Q}_m$ 满足正交条件

$$\boldsymbol{Q}_m{}^{\mathrm{T}}\boldsymbol{M}\boldsymbol{Q}_m = \boldsymbol{I} \tag{5.2.28}$$

由式(5.2.28)可知,单位矩阵 $\boldsymbol{I}$ 为 $\boldsymbol{M}$ 在 Ritz 基向量(即 Lanczos 向量)所张子空间 $\boldsymbol{Q}_m$ 内的投影矩阵。

式(5.2.20)中的 $\boldsymbol{T}_m$ 为三对角矩阵

$$\boldsymbol{T}_m = \begin{bmatrix} \alpha_1 & \beta_2 & 0 & 0 & 0 \\ \gamma_2 & \alpha_2 & \beta_3 & 0 & 0 \\ 0 & \gamma_3 & \ddots & \ddots & 0 \\ 0 & 0 & \ddots & \alpha_{m-1} & \beta_m \\ 0 & 0 & 0 & \gamma_m & \alpha_m \end{bmatrix} \tag{5.2.29}$$

式中:$\boldsymbol{T}_m$——对称矩阵。

对式(5.2.26)左乘$\boldsymbol{Q}_m{}^{\mathrm{T}}M$,并考虑式(5.2.27)和式(5.2.28)后,可得

$$\boldsymbol{T}_m = \boldsymbol{Q}_m{}^{\mathrm{T}}\boldsymbol{M}\boldsymbol{S}\boldsymbol{Q}_m = \boldsymbol{Q}_m{}^{\mathrm{T}}\boldsymbol{M}\boldsymbol{K}^{-1}\boldsymbol{M}\boldsymbol{Q}_m \tag{5.2.30}$$

当$\boldsymbol{K}$ 和$\boldsymbol{M}$ 对称时,$\boldsymbol{T}_m$ 也是对称的。因此一定存在$\gamma_i = \beta_i(i = 2、3、\cdots、m)$,则式(5.2.29)可写成

$$\boldsymbol{T}_m = \begin{bmatrix} \alpha_1 & \beta_2 & 0 & 0 & 0 \\ \beta_2 & \alpha_2 & \beta_3 & 0 & 0 \\ 0 & \beta_3 & \ddots & \ddots & 0 \\ 0 & 0 & \ddots & \alpha_{m-1} & \beta_m \\ 0 & 0 & 0 & \beta_m & \alpha_m \end{bmatrix} \tag{5.2.31}$$

由式(5.2.30)可知,矩阵 $\boldsymbol{T}_{\mathrm{m}}$ 为 $\boldsymbol{MK}^{-1}\boldsymbol{M}$ 在 Ritz 基向量所张子空间 $\boldsymbol{Q}_{\mathrm{m}}$ 内的投影矩阵。

对式(5.2.18)左乘 $\boldsymbol{MK}^{-1}$, 则原特征值问题可变换为如下形式

$$\boldsymbol{MK}^{-1}\boldsymbol{Mx} = \frac{1}{\lambda}\boldsymbol{Mx} \tag{5.2.32}$$

以 $\boldsymbol{Q}_{\mathrm{m}}$ 作为 Ritz 基向量所张子空间,对广义特征值问题式(5.2.32)采用 Rayleigh-Ritz 法后,即可得到如下 $m$ 阶特征值问题

$$\boldsymbol{T}_{\mathrm{m}}\boldsymbol{A} = \frac{1}{\lambda}\boldsymbol{IA} \tag{5.2.33}$$

令 $\rho = 1/\lambda$ ,则式(5.2.33)为

$$\boldsymbol{T}_{\mathrm{m}}\boldsymbol{A} = \rho\boldsymbol{A} \tag{5.2.34}$$

求解式(5.2.34)得到 $m$ 阶三对角矩阵 $\boldsymbol{T}_{\mathrm{m}}$ 的特征值 $\rho_i$ 和特征向量 $\boldsymbol{A}_{\mathrm{i}}$,则原广义特征值问题的前 $m$ 阶特征值和特征向量近似解为

$$\left.\begin{aligned} \lambda_i &= \frac{1}{\rho_i} \\ \boldsymbol{x}_{\mathrm{i}} &= \boldsymbol{Q}_{\mathrm{m}}\boldsymbol{A}_{\mathrm{i}} \end{aligned}\right\} \quad (i = 1、2、\cdots、m) \tag{5.2.35}$$

Lanczos 法求解精度与所选取的特征阶数 $m$ 有关,如求解全部特征解($m=n$),不考虑四舍五入误差影响,可求得精确解。但是,如果求部分特征解($m<n$),则将出现截断误差。由于截断误差的存在,如果要求 $m$ 个低阶特征解,只迭代 $m$ 次[参考式(5.2.19) ~ 式(5.2.24)所示过程]是不够的。通常,采用迭代次数 $p=2m$,且 $p$ 不大于质量矩阵 $\boldsymbol{M}$ 的秩。

由式(5.2.35)可知,Lanczos 法求得的前 $m$ 阶近似特征向量是前 $m$ 个 Lanczos 向量的线性组合,其中也包含 $\boldsymbol{q}_1$。因此,如果 $\boldsymbol{q}_1$ 含有错误的成分,必将导致 Lanczos 法计算结果错误,所以 $\boldsymbol{q}_1$ 的选取在 Lanczos 法中具有决定性的意义。对于质量矩阵主对角线元素为零的情况,存在无穷大的特征值,其对应特征向量为单位向量[如式(5.2.26)中 $\boldsymbol{e}_{\mathrm{m}}$],此时应避免 $\boldsymbol{q}_1$ 为单位向量。

相比于子空间迭代法,Lanczos 法具有如下特点:

(1)它的 $m$ 个 Lanczos 向量是由单个初始向量通过向量反迭代和正交化后,集合所有迭代向量形成的,而不像子空间迭代法,用多个向量同时反迭代,仅用迭代后产生的向量作为 Ritz 基向量,而完全舍去迭代前的向量;

(2)它的降阶特征值问题仅是一个三对角矩阵的标准特征问题,适合采用 QR 法求解。

显然,Lanczos 法的特点决定了它的计算量比子空间迭代法要少得多。

Lanczos 法由于采用单个初始向量进行迭代,因此也可能漏去重特征值,作为改进方法,Band Lanczos 法和 Block Lanczos 法提供了更加有效的计算手段,限于篇幅,在此不做介绍。

### 5.2.4 一般结构的模态分析

1)分析的基本过程

开展一般结构的模态分析实质上是求解式(5.2.6)的过程。在 MIDAS/Civil 中进行结构特征值分析的主要步骤:建立模型→输入模型的质量数据→设置特征值分析控制信息→求解并查看结果。

(1)建立模型。

建模方法与静力分析时相同:定义材料和截面特征、建立节点、创建单元和施加约束,形成有限元分析模型。与弹性稳定分析相似,特征值分析中只有线性行为是有效的,如果定义了非线性单元,MIDAS/Civil 会自动将其替换为相应的线性单元。

(2)输入模型质量数据。

模态分析考虑体系的质量分布及其大小,因此应正确定义结构的质量信息。在 MIDAS/Civil 中,质量输入的方式有将结构自重转化成质量、将荷载转化成质量和直接输入节点质量三种。

①将结构自重转化成质量。

从主菜单中选择“模型”>“结构类型”,弹出“将自重转换为质量”对话框,如图 5.2.1 所示。这里的“自重”根据结构各个单元材料属性中的质量密度计算得到。

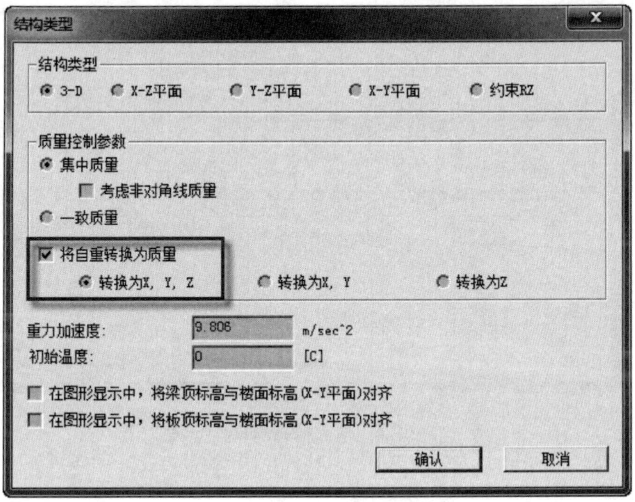


图 5.2.1 将结构自重转化成质量

采用计算单元刚度矩阵时相同的形函数得到的质量矩阵为“一致质量矩阵”,此时将单元质量视为线分布质量。当将单元的分布质量集中堆放到节点上时,得到的质量矩阵为“集中质量”,其为“一致质量”的简化形式。一般而言,采用“一致质量”的结果要优于采用“集中质量”的结果,但计算速度相对较慢;“一致质量”的结果大于实际值,“集中质量”的结果小于实际值。

在图 5.2.2 所示的材料定义页面中,当未选中“使用质量密度”时,材料的质量密度 = 材料重度/重力加速度常数;当选中“使用质量密度”时,材料的质量密度则以该输入框中的数据为准。

②将荷载转化成质量。

将荷载转化成质量通常用来考虑桥梁二期恒载等的质量效应,其定义方法为:从主菜单中选择“模型”>“质量”>“将荷载转换成质量”,弹出对话框如图 5.2.3 所示;选择需要转化为质量的荷载工况(如二期恒载)。图中的组合值系数为各荷载工况质量效应叠加时的缩放系数。此方法可以将桥面铺装、护栏等荷载转化成单元等效节点质量。

③直接输入节点质量。

除了上述两种方法外,MIDAS/Civil 还提供直接输入节点质量来定义结构的质量信息。此方法通常应用于附加质量的定义,如定义横隔板质量、深水高墩桥梁动力分析时需要考虑的动水质量等。具体实现方法:从主菜单中选择"模型" >"质量" >"节点质量",在图5.2.4所示的对话框输入节点质量。

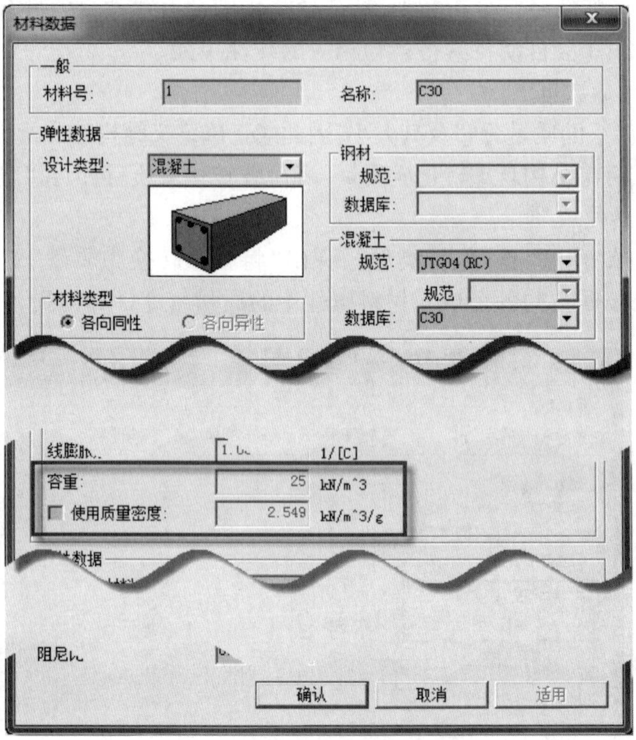


图5.2.2 单元的材料属性定义

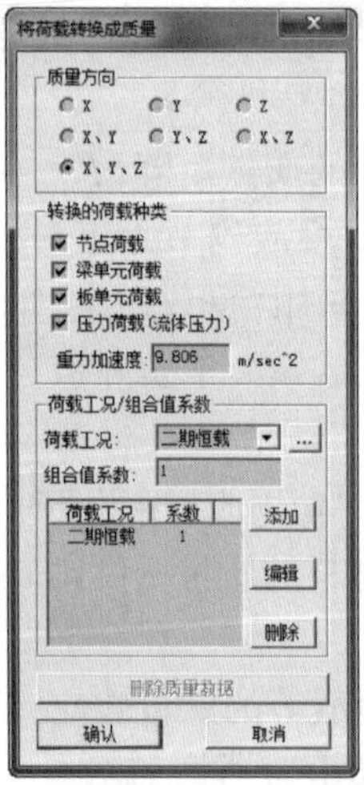


图5.2.3 将荷载转化成质量

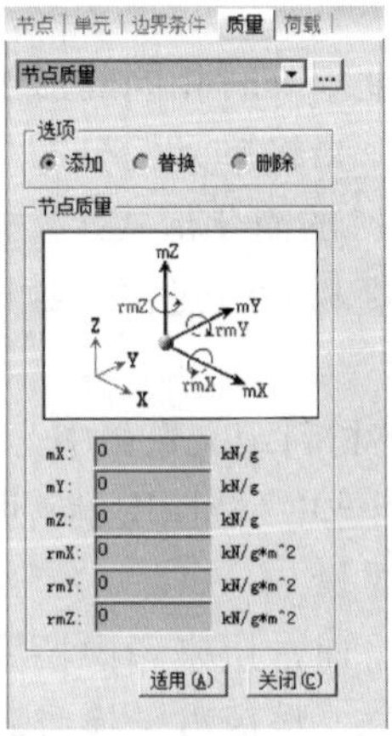


图5.2.4 节点质量的定义

(3)定义特征值分析控制信息。

在MIDAS/Civil中开展特征值分析时,可选择的方法有子空间迭代法、Lanczos法和多重Ritz向量法。其中,多重Ritz向量法主要用于振型分解反应谱法求解地震动响应;相对于子空间迭代法,Lanczos法提供了更好的计算效率,因此建议选择此方法。

具体操作方法:从主菜单中选择“分析” >“特征值分析控制”,弹出对话框如图 5.2.5 所示,选择分析方法和控制信息。

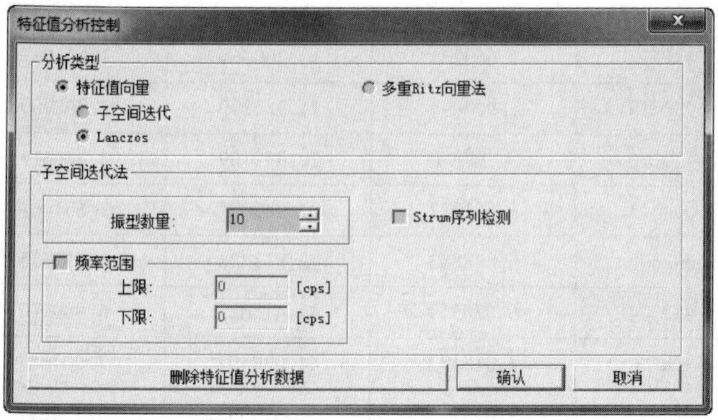


图 5.2.5 设置特征值分析控制信息

(4)求解并查看结果。

完成分析后,从主菜单中选择“结果” >“周期与振型”,可以查看结构振型形状和自振频率,选择“结果” >“分析结果表格” >“周期与振型”,可以查看所有自振频率及其他信息。

2)一般结构的模态分析算例

(1)计算资料。

本节算例仍取本章第 5.1.2 节中人行斜拉桥,上部主塔截面改为 $\phi$660mm × 12mm 钢管,其他参数不变。

(2)建立模型。

参照本章第 5.1.2 节方法建立图 5.2.6 所示模型。

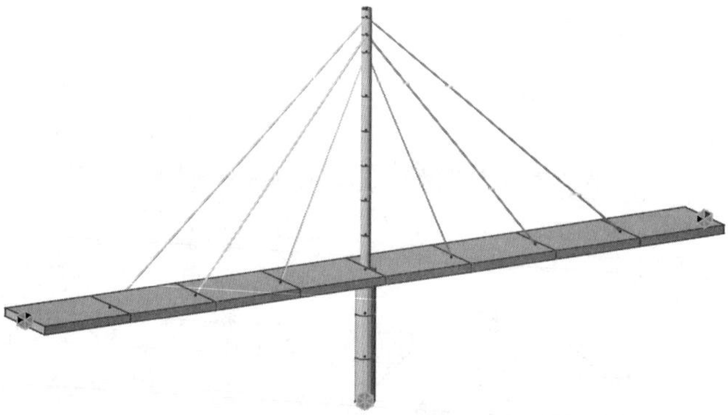

图 5.2.6 算例斜拉桥模型

输入质量参数:将自重转化为 *XYZ* 轴方向质量、二期恒载转化为 *XYZ* 轴方向质量。

定义特征值控制分析控制信息:选用 Lanczos 法、振型数量取 10。

(3)分析结果。

运行求解后,选择“结果” >“分析结果表格” >“周期与振型”,得到桥梁结构的前十阶自振频率见表 5.2.1,选择“结果” >“周期与振型”,前三阶模态振型如图 5.2.7～图 5.2.9 所示。

**桥梁自振频率表** 表5.2.1

| 模 态 阶 数 | 一般模态分析 | | 有预应力模态分析 | | 结果差异(%) |
|---|---|---|---|---|---|
| | 圆频率(rad/s) | 工程频率(Hz) | 圆频率(rad/s) | 工程频率(Hz) | |
| 1 | 10.431537 | 1.660231 | 10.260860 | 1.633067 | 1.64 |
| 2 | 11.982635 | 1.907096 | 11.956270 | 1.902900 | 0.22 |
| 3 | 20.420166 | 3.24997 | 20.399109 | 3.246619 | 0.10 |
| 4 | 23.004543 | 3.661287 | 22.942827 | 3.651464 | 0.27 |
| 5 | 43.032803 | 6.848883 | 42.811328 | 6.813635 | 0.51 |
| 6 | 43.482904 | 6.920519 | 43.416623 | 6.909970 | 0.15 |
| 7 | 44.09623 | 7.018133 | 44.030407 | 7.007657 | 0.15 |
| 8 | 52.610655 | 8.373246 | 52.370333 | 8.334997 | 0.46 |
| 9 | 72.583044 | 11.55195 | 71.744746 | 11.418531 | 1.15 |
| 10 | 74.932498 | 11.925877 | 74.828097 | 11.909262 | 0.14 |

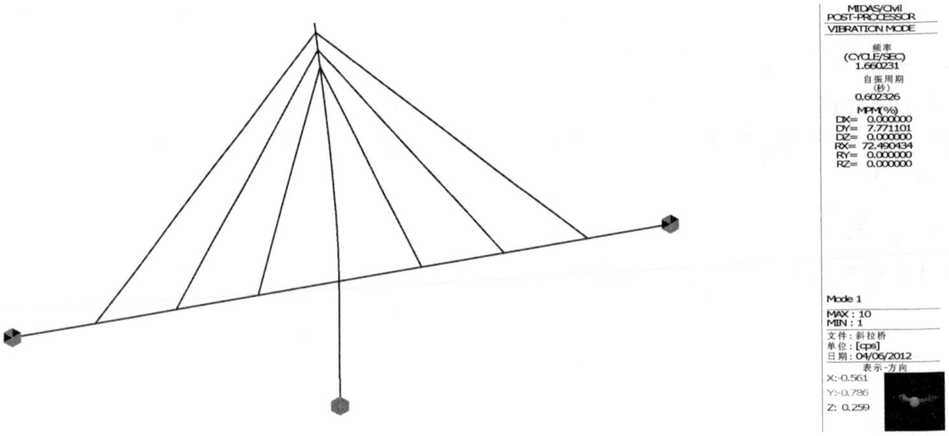


图5.2.7 算例桥梁第一阶振型(主塔侧向弯曲)

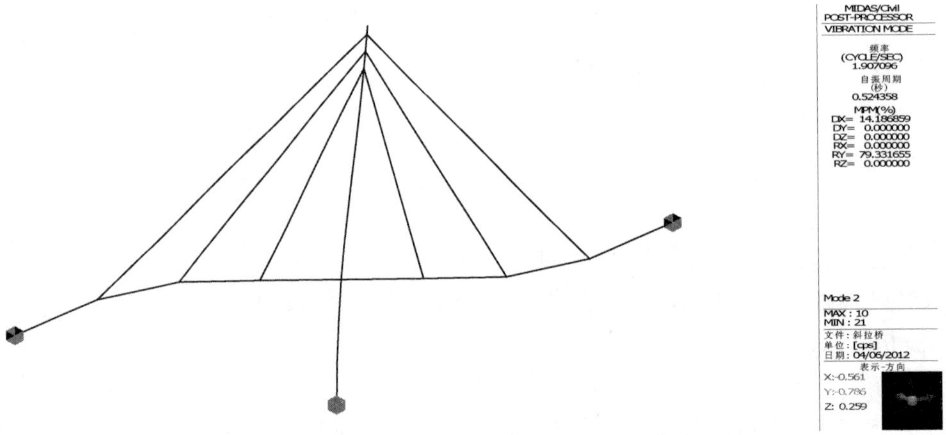


图5.2.8 算例桥梁第二阶振型(主塔纵向弯曲)

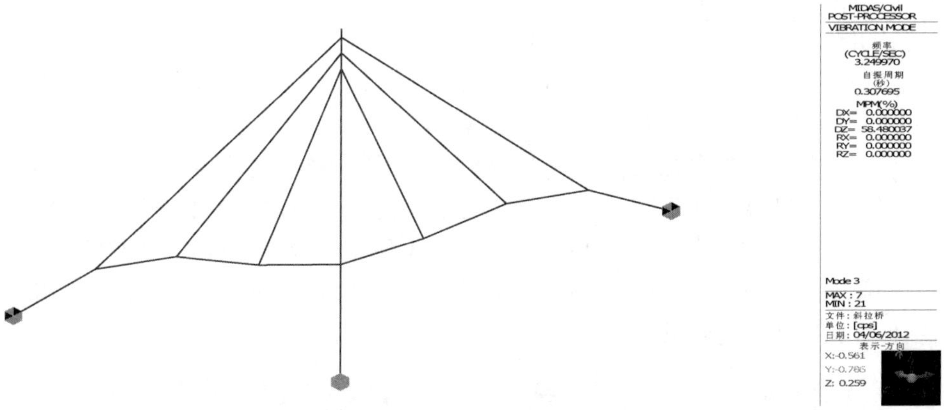


图 5.2.9　算例桥梁第三阶振型(主梁竖向弯曲)

### 5.2.5　有预应力结构的模态分析

1)分析的基本过程

对式(5.2.6)的特征值方程,式中的结构刚度矩阵 $\boldsymbol{K}$ 实际上可以表达为

$$\boldsymbol{K} = \boldsymbol{K}_{\mathrm{E}} + \boldsymbol{K}_{\mathrm{G}} \tag{5.2.36}$$

式中:$\boldsymbol{K}_{\mathrm{E}}$——弹性刚度矩阵,由结构的材料分布、各单元位置和约束情况确定;

$\boldsymbol{K}_{\mathrm{G}}$——几何刚度矩阵,由结构体系的初始内力确定。

在进行模态分析时,对于常见的梁桥结构,$\boldsymbol{K}_{\mathrm{G}}$ 的影响很小,一般不予以考虑,此时的模态分析为上节所述的"一般结构的模态分析";但对于大跨度拱桥、斜拉桥和悬索桥结构,则需要考虑 $\boldsymbol{K}_{\mathrm{G}}$ 对刚度矩阵 $\boldsymbol{K}$ 的影响,此时的模态分析则称为"有预应力结构的模态分析"。

从结构分析理论的角度来看,有预应力结构的模态分析需要考虑初始预加力对结构刚度的影响,适用于自重、预应力、拉索初拉力等引起的初始内力作为初始状态的结构。

在 MIDAS/Civil 中,有预应力模态分析过程分为如下两个步骤:

(1)计算结构在指定初始荷载工况作用下的单元内力,此单元内力将用于形成几何刚度矩阵 $\boldsymbol{K}_{\mathrm{G}}$,因此它又称为初始单元内力。此时的分析类型可以为静力分析,也可以为模态分析。

(2)根据上面计算得到的初始单元内力,MIDAS/Civil 自动计算几何刚度矩阵 $\boldsymbol{K}_{\mathrm{G}}$ 并形成最终的刚度矩阵 $\boldsymbol{K}$,然后再开展一般结构的模态分析。

2)有预应力结构的模态分析实例

(1)实例与模型建立。

仍采用上一节算例的实例与模型,将桥梁自重、二期恒载及索的初拉力共同作用下产生的内力作为成桥初始内力,计算在此状态下的桥梁自振频率及振型。

(2)计算初始单元内力。

从主菜单中选择"荷载" >"初始荷载" >"小位移" >"初始荷载控制数据",指定用于计算初始单元内力的荷载工况及其组合系数,如图 5.2.10 所示。

运行求解。此时的特征值分析结果与上一节结果相同,但另外提供了指定初始荷载工况组合下的单元初始内力。

选择"结果" >"分析结果表格" >"单元初始内力",以行选择的方式复制"结果 - [ 单元初始内力]”表格中的所有数据。

(3)考虑几何刚度矩阵进行特征值分析。

从主菜单中选择“荷载”>“初始荷载”>“小位移”>“单元初始内力”,将上面复制的单元初始内力数据粘贴到打开的“初始单元内力”表格中。

再次打开“初始荷载控制数据”页面(“荷载”>“初始荷载”>“小位移”>“初始荷载控制数据”),取消勾选“初始内力组合”,勾选“考虑初始轴力对几何刚度的影响”,如图5.2.11所示。然后运行特征值分析。在此,MIDAS/Civil仅考虑使用轴力来生成几何刚度矩阵,忽略了弯矩、剪力的影响,这也是一般有限元软件的通常做法。轴向压力的作用减小了体系的有效刚度矩阵,结构自振频率随之降低。

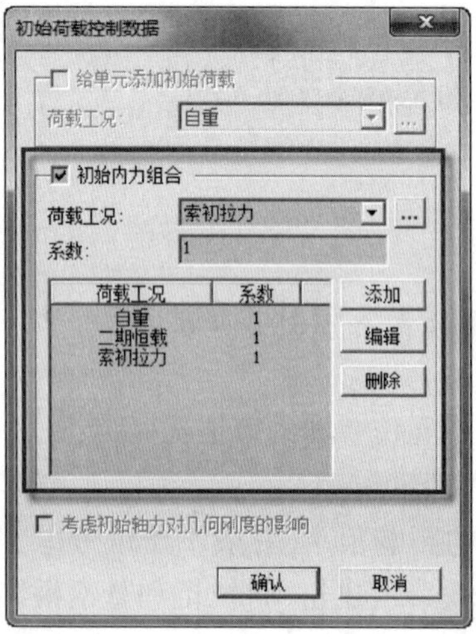


图5.2.10 指定初始荷载工况

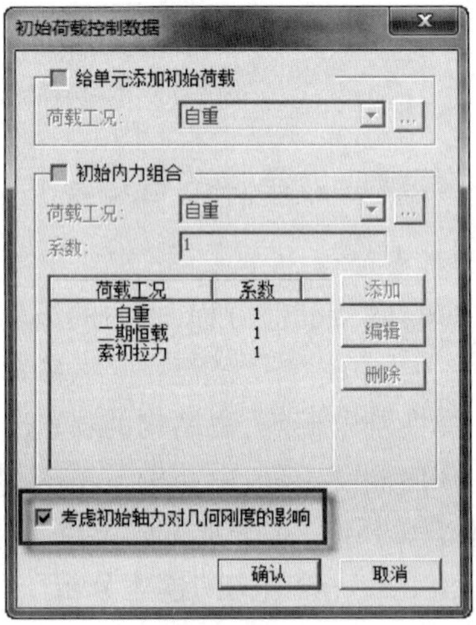


图5.2.11 定义初始单元内力的影响方式

(4)查看结果。

选择“结果”>“分析结果表格”>“周期与振型”,得到桥梁结构的前十阶自振频率见表5.2.1,前三阶模态振型与不考虑初始内力的模态分析结果类似,在此不做展示。

3)有预应力和无预应力模态分析结果比较

计算结果表明,斜拉桥在不考虑和考虑成桥初始内力状态时振型的形态相似,但其对应的频率值有一定差异,详见表5.2.1。

# 5.3 桥梁地震反应谱响应分析

桥梁地震动响应分析是一个非常复杂的过程,对于有限元模型的建立、材料本构关系的选用、地震动荷载的定义、分析方法的选择以及结果的评价等都有特定的要求。本节阐述桥梁抗震分析中反应谱方法的基本理论,根据《公路桥梁抗震设计细则》(JTG/T B02-01—2008)的要求,通过示例展示MIDAS/Civil采用反应谱方法进行抗震分析的基本过程与要点。

## 5.3.1 反应谱的概念

1932年M. A. Biot首次引入反应谱的概念,G. W. Housner对地震反应谱的概念被广泛接受起到了巨大的作用。作为地震工程中的一个核心概念,反应谱提供了一种方便的手段来概括所有可能的线性单自由度体系对地面运动的某个特定分量的峰值反应。此外,反应谱还提供了一种实用的方法,将结构动力学知识应用到结构的设计以及建筑规范中侧向力条文的制定,避免了对地震动事件整个持续时间范围内结构响应的处理。

对于约束于地面上的单自由度体系,质点与地面的相对位移响应为 $u(t)$,受地面位移的 $u_g(t)$ 作用,则任意时刻质点的总位移(绝对位移)可表达为 $u^t(t)=u(t)+u_g(t)$,考虑到结构位移中的刚体分量不产生内力,即仅有质量与基础之间因结构变形引起的相对运动产生弹性力和阻尼力,则体系的动力平衡方程为

$$\begin{aligned} &m[\ddot{u}(t)+\ddot{u}_g(t)]+c\dot{u}(t)+ku(t)=0 \\ &\Rightarrow m\ddot{u}(t)+c\dot{u}(t)+ku(t)=-m\ddot{u}_g(t) \\ &\Rightarrow \ddot{u}(t)+2\xi\omega\dot{u}(t)+\omega^2u(t)=-\ddot{u}_g(t) \end{aligned} \tag{5.3.1}$$

由式(5.3.1)可知,对于给定的地面运动加速度 $-\ddot{u}_g(t)$,体系的位移反应 $u(t)$ 只取决于体系的固有频率 $\omega$(或固有周期 $T$)和它的阻尼比 $\xi$。定义峰值反应 $D=u_o=\max|u(t)|$,显然也具有上述性质。

对于给定的地面运动,以单自由度体系的固有振动周期 $T$ 为自变量,以某个反应量的峰值作为因变量所表达的函数图形,称为该反应量的反应谱。每一个这样的图形针对的是一个具有固定阻尼比 $\xi$ 的单自由度体系,多个具有不同 $\xi$ 的这类图形联合起来就能覆盖实际结构中遇到的阻尼比范围。

定义峰值反应为

$$A=\omega^2D=\left(\frac{2\pi}{T}\right)^2D \tag{5.3.2}$$

$A$ 具有加速度的单位,称为峰值相对伪加速度,简称为峰值伪加速度。对于给定的地面运动,$A$ 作为体系固有周期 $T$ 的函数的图形,即伪加速度反应谱。

不同的地面运动(地震波时程曲线)对应不同的伪加速度反应谱。为此,根据同一场地上所得到的多个强震时地面运动加速度记录分别计算伪加速度反应谱曲线,然后将这些谱曲线进行统计分析,求出其中最具代表性的平均反应谱曲线作为设计依据,这样就得到了《公路桥梁抗震设计细则》(JTG/T B02-01—2008)中的设计加速度反应谱。应当注意的是,抗震规范给出的设计反应谱不仅考虑了场地类别的影响,还考虑了震级、震中距及阻尼比的影响。

### 5.3.2 多模态反应谱分析理论

多自由度体系的地震反应可以按振型分解为多个单自由度体系反应的组合,每个单自由度体系的最大反应可以从反应谱求得。反应谱分析理论包含如下基本假定:

(1)结构的地震反应是弹性的,可以采用叠加原理进行振型组合。

(2)结构各支承处的地震动完全相同,基础与地基间无相互作用。

(3)结构最不利反应为其最大的地震反应,而与其他动力反应参数(如达到最大值附近的次数或频率)无关。

(4)地震动过程是平稳随机过程。

下面从有效地震力、振型反应贡献和振型反应组合3个方面简要介绍多模态反应谱分析

理论的基本思想,并对抗震工程中常用到的振型参与质量等术语予以说明。

1)有效地震力

一般而言,结构体系的所有自由度方向不可能全部都与平动地面运动 $u_g(t)$ 的方向相同。另外,结构的所有支座也可能承受不同的地震激励(多点激励或者考虑行波效应的情况)。因此,在地震动响应分析中将每个质点的总位移 $\boldsymbol{U}^t(t)$ 表达为由地面运动产生的拟静位移 $\boldsymbol{U}^s(t)$ 与相对于拟静位移的动力位移 $\boldsymbol{U}(t)$ 之和的形式:

$$\left.\begin{aligned}\boldsymbol{U}^t(t) &= \boldsymbol{U}^s(t) + \boldsymbol{U}(t)\\ \boldsymbol{U}^s(t) &= \boldsymbol{I}_n u_g(t)\end{aligned}\right\} \tag{5.3.3}$$

式中:$\boldsymbol{U}^s(t)$——拟静力位移;

$\boldsymbol{I}_n$——$n$ 阶的地面位移影响系数列向量,其各个元素的含义为单位地面位移 $u_g=1$ 所引起的各个自由度上的静位移。

式(5.3.3)可变换为

$$\boldsymbol{U}^t(t) = \boldsymbol{I}_n u_g(t) + \boldsymbol{U}(t) \tag{5.3.4}$$

则多自由度体系的运动平衡方程可表达为

$$\boldsymbol{M}\ddot{\boldsymbol{U}}(t) + \boldsymbol{C}\dot{\boldsymbol{U}}(t) + \boldsymbol{K}\boldsymbol{U}(t) = -\boldsymbol{M}\boldsymbol{I}_n\ddot{u}_g(t) \tag{5.3.5}$$

式中:$\boldsymbol{M}$、$\boldsymbol{C}$、$\boldsymbol{K}$——分别为体系的 $n\times n$ 阶质量矩阵、阻尼矩阵和刚度矩阵。

体系的有效地震力列向量为

$$\boldsymbol{p}_{\text{eff}}(t) = -\boldsymbol{M}\boldsymbol{I}_n\ddot{u}_g(t) \tag{5.3.6}$$

2)振型反应贡献

令列向量 $\boldsymbol{S}=\boldsymbol{M}\boldsymbol{I}_n$,则有效地震力为

$$\boldsymbol{p}_{\text{eff}}(t) = -\boldsymbol{S}\ddot{u}_g(t) \tag{5.3.7}$$

列向量 $\boldsymbol{S}$ 称为荷载 $-\ddot{u}_g(t)$ 的空间分布,$\boldsymbol{S}$ 与时间无关。

如果将向量 $\boldsymbol{S}$ 展开为如下形式

$$\boldsymbol{S} = \sum_{i=1}^{n}\boldsymbol{s}_i = \sum_{i=1}^{n}\gamma_i\boldsymbol{M}\boldsymbol{\phi}_i \tag{5.3.8}$$

对式(5.3.8)两边同时左乘 $\boldsymbol{\phi}_i^{\mathrm{T}}$,并应用振型的正交性,可得

$$\boldsymbol{\phi}_i^{\mathrm{T}}\boldsymbol{S} = \gamma_i\boldsymbol{\phi}_i^{\mathrm{T}}\boldsymbol{M}\boldsymbol{\phi}_i \Rightarrow \boldsymbol{\phi}_i^{\mathrm{T}}\boldsymbol{S} = \gamma_i\boldsymbol{M}_i \Rightarrow \gamma_i = \frac{\boldsymbol{\phi}_i^{\mathrm{T}}\boldsymbol{S}}{\boldsymbol{M}_i} \tag{5.3.9}$$

式中:$\boldsymbol{M}_i$——第 $i$ 阶振型的模态质量(广义质量)。

计算出 $\gamma_i$ 后,则可得到

$$\boldsymbol{s}_i = \gamma_i\boldsymbol{M}\boldsymbol{\phi}_i \tag{5.3.10}$$

式中:$\boldsymbol{s}_i$——称为第 $i$ 阶振型对空间分布 $\boldsymbol{S}$ 的贡献,或称为空间分布 $\boldsymbol{S}$ 的第 $i$ 阶振型分量,或称为第 $i$ 阶振型对空间分布 $\boldsymbol{S}$ 的静力分布;

$\gamma_i$——称为振型参与系数。应当注意的是,式(5.3.10)与振型正则化的方式无关。

进一步,有效的震力可以表达为如下的展开式

$$\boldsymbol{p}_{\text{eff}}(t) = -\boldsymbol{S}\ddot{u}_g(t) = \sum_{i=1}^{N} -\boldsymbol{s}_i\ddot{u}_g(t) \tag{5.3.11}$$

有效的震力的展开具有如下性质:有效的震力分量 $-\boldsymbol{s}_i\ddot{u}_g(t)$ 只产生第 $i$ 阶振型的反应,

而不会引起其他振型的反应,第 $i$ 阶振型的动力反应完全由力分量 $-\boldsymbol{s}_i\ddot{u}_g(t)$ 所引起。

第 $i$ 阶振型的振动平衡方程为

$$\ddot{q}_i(t)+2\xi_i\omega_i\dot{q}_i(t)+\omega_i^2q_i(t)=\frac{P_i(t)}{M_i} \tag{5.3.12}$$

第 $i$ 阶振型对应的广义荷载为

$$\begin{aligned}P_i(t)&=\boldsymbol{\phi}_i^{\mathrm{T}}\boldsymbol{p}_{\mathrm{eff}}(t)=\boldsymbol{\phi}_i^{\mathrm{T}}\sum_{j=1}^{n}-\boldsymbol{s}_j\ddot{u}_g(t)=-\ddot{u}_g(t)\sum_{j=1}^{n}\boldsymbol{\phi}_i^{\mathrm{T}}\boldsymbol{s}_j=-\ddot{u}_g(t)\sum_{j=1}^{n}\boldsymbol{\phi}_i^{\mathrm{T}}\gamma_j\boldsymbol{M}\boldsymbol{\phi}_j\\&=-\ddot{u}_g(t)\sum_{j=1}^{n}\gamma_j\boldsymbol{\phi}_i^{\mathrm{T}}\boldsymbol{M}\boldsymbol{\phi}_j=-\ddot{u}_g(t)\gamma_i\boldsymbol{\phi}_i^{\mathrm{T}}\boldsymbol{M}\boldsymbol{\phi}_i=-\ddot{u}_g(t)\gamma_i\boldsymbol{M}_i\end{aligned} \tag{5.3.13}$$

将式(5.3.13)代入式(5.3.12)可得

$$\ddot{q}_i(t)+2\xi_i\omega_i\dot{q}_i(t)+\omega_i^2q_i(t)=-\ddot{u}_g(t)\gamma_i \tag{5.3.14}$$

定义第 $i$ 阶振型广义单自由度体系在荷载右端项 $-\ddot{u}_g(t)$ 下的响应方程为

$$\ddot{u}_i(t)+2\xi_i\omega_i\dot{u}_i(t)+\omega_i^2u_i(t)=-\ddot{u}_g(t) \tag{5.3.15}$$

则第 $i$ 阶振型的地震动反应可以表达为

$$q_i(t)=\gamma_iu_i(t) \tag{5.3.16}$$

因此,第 $i$ 阶振型的地震动反应峰值 $q_i^0$ 与式(5.3.15)确定的反应峰值 $u_i^0$ 存在如下关系

$$q_i^0=\gamma_iu_i^0 \tag{5.3.17}$$

式(5.3.17)中的 $u_i^0$ 可以根据位移反应谱获得。这样便可以得到第 $i$ 阶振型的位移反应峰值 $q_i^0$。

由于抗震规范一般仅给出设计加速度反应谱,在实际的计算中,一般采用等效静力的方法确定各质点的位移以及其他响应(内力、应力等)。当采用此方法时,便于与抗震规范中规定的地震设计力进行比较。

根据振型叠加原理,第 $i$ 阶振型对节点位移 $\boldsymbol{U}(t)$ 的贡献为

$$\boldsymbol{U}_i(t)=\boldsymbol{\phi}_iq_i(t)=\gamma_i\boldsymbol{\phi}_iu_i(t) \tag{5.3.18}$$

第 $i$ 阶振型反应对应的等效静力为

$$\begin{aligned}F_i(t)&=\boldsymbol{K}\boldsymbol{U}_i(t)=(\boldsymbol{K}\boldsymbol{\phi}_i)u_i(t)\gamma_i=(\omega_i^2\boldsymbol{M}\boldsymbol{\phi}_i)u_i(t)\gamma_i\\&=s_iA_i(t)\end{aligned} \tag{5.3.19}$$

式中:$A_i(t)=\omega_i^2u_i(t)$——式(5.3.15)确定的伪相对加速度。

由此可知,第 $i$ 阶振型反应对应的等效静力峰值为

$$F_i^0=s_iA_i \tag{5.3.20}$$

式中:$A_i$——式(5.3.15)确定的伪相对加速度峰值,可以根据规范加速度反应谱计算得到。

可以证明,第 $i$ 阶振型对应的任意反应量的峰值 $r_i^0$ 可以通过开展等效静力峰值 $F_i^0$ 作用下的结构静力分析来确定,这样便可以求得各阶振型的各种反应(如位移、内力和应力等)贡献的峰值。

3)振型反应组合

将所有振型的反应贡献峰值进行组合,即可得到地面运动作用下任意反应量峰值的一般性结果

$$r^0 = \sum_{i=1}^{n} r_i^0 \tag{5.3.21}$$

应当注意到,式(5.3.21)隐含了如下的假定:

(1)各阶振型的反应峰值 $r_i^0(i = 1、2、\cdots、n)$ 总是在同一时刻达到。

(2)组合反应的峰值 $r^0$ 也是在上述时刻达到。

实际上,上述假定是不成立的。因此,根据式(5.3.21)进行振型反应的组合并不合理。目前主要采用下述两种方法进行振型反应的组合:

(1)平方和开平方法(Square Root of Sum of Squares,SRSS)。

SRSS 法对于频率分离较好的平面结构具有很好的精度,但是对于频率密集的空间结构,由于忽略了各振型之间的耦合项,故时常过高或者过低地估计结构的反应,其组合方式为

$$r_o = \left[\sum_{i=1}^{n} (r_i^0)^2\right]^{\frac{1}{2}} \tag{5.3.22}$$

(2)完全二次组合法(Complete Quadratic Combination,CQC)。

CQC 法以随机振动理论为基础,考虑了振型阻尼引起的邻近振型间的静态耦合效应,是目前应用得最为广泛的组合方法,其组合方式为

$$r_o = \left[\sum_{i=1}^{n}\sum_{j=1}^{n} r_i^0 r_{ij} r_j^0\right]^{\frac{1}{2}} \tag{5.3.23}$$

其中,任意两阶振型的相关系数 $r_{ij}$ 的取值与周期比 $\rho_T = \dfrac{T_j}{T_i}$(令 $T_j \leqslant T_i$) 的关系为

$$r_{ij} = \begin{cases} 0 & \left(\rho_T < \dfrac{0.1}{0.1+\xi}\right) \\ \dfrac{8\xi^2(1+\rho_T)\rho_T^{\frac{3}{2}}}{(1+\rho_T^2)^2 + 4\xi^2\rho_T(1+\rho_T)^2} & \left(\rho_T \geqslant \dfrac{0.1}{0.1+\xi}\right) \end{cases} \tag{5.3.24}$$

可以看出,CQC 是 SRSS 的一般表达形式,当任意两阶不同振型的相关系数 $r_{ij}(i \neq j;i = 1、2、\cdots、n;j = 1、2、\cdots、n)$ 可忽略时,CQC 退化为 SRSS。

4)振型参与质量

式(5.3.9)定义了第 $i$ 阶振型的振型参与系数 $\gamma_i$。它是第 $i$ 阶振型参与反应程度的一种度量。然而,这并不是一个有用的定义,因为 $\gamma_i$ 与振型规格化的方式有关,或者说它与振型对反应贡献的度量方法有关。另外,$\gamma_i$ 还与地面位移影响系数 $\boldsymbol{I}_n$ 有关。

基于上述考虑,对振型关于质量矩阵 $\boldsymbol{M}$ 规格化,并定义沿结构整体坐标系各个方向($X$、$Y$、$Z$)发生单位地面运动(单位地面加速度激励)时的地面位移影响系数 $\boldsymbol{I}_n^x$、$\boldsymbol{I}_n^y$ 和 $\boldsymbol{I}_n^z$。其中,$\boldsymbol{I}_n^x$ 为沿 $X$ 轴方向发生单位地面运动时的地面位移影响系数;$\boldsymbol{I}_n^x$ 中各 $X$ 方向自由度对应的元素为 1,其余为 0;$\boldsymbol{I}_n^y$ 和 $\boldsymbol{I}_n^z$ 以此类推。各方向上的振型参与系数可表达为

$$\begin{aligned} \gamma_i^x &= \boldsymbol{\phi}_i^{\mathrm{T}}\boldsymbol{M}\boldsymbol{I}_n^x \\ \gamma_i^y &= \boldsymbol{\phi}_i^{\mathrm{T}}\boldsymbol{M}\boldsymbol{I}_n^y \\ \gamma_i^z &= \boldsymbol{\phi}_i^{\mathrm{T}}\boldsymbol{M}\boldsymbol{I}_n^z \end{aligned} \tag{5.3.25}$$

各方向上的振型参与系数是结构的固有特征，与地震动无关，为无量纲参数。振型规格化后的参与系数具有确定的量值。

根据坐标轴方向单位地面加速度作用下基地剪力稳态解的推导（详见 Edward L. Wilson 著 *Three-Dimensional Static and Dynamic Analysis of Structures* 第 13.6 节），定义各方向上的振型参与质量为

$$
\begin{aligned}
M_i^x &= (\gamma_i^x)^2 \\
M_i^y &= (\gamma_i^y)^2 \\
M_i^z &= (\gamma_i^z)^2
\end{aligned}
\tag{5.3.26}
$$

考虑到结构体系在各个方向上的总质量可以通过下式得到

$$
\begin{aligned}
M_x &= (I_n^x)^{\mathrm{T}} M I_n^x \\
M_y &= (I_n^y)^{\mathrm{T}} M I_n^y \\
M_z &= (I_n^z)^{\mathrm{T}} M I_n^z
\end{aligned}
\tag{5.3.27}
$$

则可定义各方向上的振型参与质量系数为

$$
\begin{aligned}
X_{\mathrm{mass}} &= \frac{M_i^x}{M_x} \\
Y_{\mathrm{mass}} &= \frac{M_i^y}{M_y} \\
Z_{\mathrm{mass}} &= \frac{M_i^z}{M_z}
\end{aligned}
\tag{5.3.28}
$$

常用的有限元软件（如 ANSYS、SAP200 和 MIDAS/Civil 等）开展特征值分析时的结果数据中均包含上述各参数。

抗震设计规范［如《公路桥梁抗震设计细则》（JTG/T B02-01—2008）和《高层建筑混凝土结构技术规程》（JGJ 3—2010）］通常规定：当采用反应谱法计算时，所考虑的振型阶数应使各振型参与质量之和不小于总质量的 90%，即需要查看各方向上的振型参与质量系数以判断振型数目是否足够。

**注意：**上述的各参数仅用于评估各阶振型对于基底剪力的影响程度；上述的 90% 参与准则仅用于评估基底运动（地面加速度运动）作用下的计算精度，对于作用于结构上的节点荷载、基底位移激励等荷载，此准则不适用。

### 5.3.3 反应谱分析

本节结合《公路桥梁抗震设计细则》（JTG/T B02-01—2008）的规定，通过对一个桥墩开展抗震分析，展示使用 MIDAS/Civil 进行 $E1$ 地震作用下线弹性反应谱分析的基本流程与要点。

1）分析的基本过程

在 MIDAS/Civil 中开展线弹性反应谱分析的主要步骤如下：

(1)根据规范要求建立结构的空间分析有限元模型。《公路桥梁抗震设计细则》(JTG/T B02-01—2008)的第6.3节和第9.3节分别对常规桥梁和特殊桥梁抗震分析的建模原则进行了说明。

(2)定义反应谱函数。

(3)定义反应谱荷载工况。

(4)定义特征值分析数据。

(5)计算并确认结果有效性。

(6)查看结果。

2)线弹性反应谱分析实例

(1)计算资料。

计算结构为某高速公路上跨径为70m+125m+70m连续刚构桥的某个桥墩,墩身高度为30m,材料为C40混凝土。本实例仅展示反应谱分析的过程,因此不考虑桩基的参与,也不考虑钢筋的作用。为简化算例建模过程,墩身截面简化为等截面形式,截面为4m×2m的实腹矩形。根据地质报告,桥梁工程的场地类别为Ⅱ类。该桥所在区域抗震设防烈度为7°。根据《中国地震动参数区划图》(GB 18306—2015)中《中国地震动峰值加速度区划图》(978-7-5066-7887-2)的规定,地震动峰值加速度为0.1g,根据《中国地震动反应谱特征周期区划图》(ISBN 978-7-5066-7887-2)的规定,桥址处特征周期为0.4s。

(2)建立分析模型。

在MIDAS/Civil中建立墩身的空间有限元模型(图5.3.1),墩身等分为10个长度为3m的梁单元,并在墩底处固结。在进行抗震分析时,MIDAS/Civil指定全局坐标系$X$方向代表桥梁纵向,$Y$方向代表桥梁横向,$Z$方向代表桥梁高度方向。抗震分析为动力分析,因此应正确定义结构的质量信息。

(3)定义反应谱函数。

从主菜单中选择“荷载”>“反应谱分析数据”>“反应谱函数”,在“反应谱函数”对话框(图5.3.2)中单击“添加”按钮,可以看到“添加/编辑/显示-地震影响系数曲线”对话框(图5.3.3)。

图5.3.1　反应谱分析桥墩有限元模型

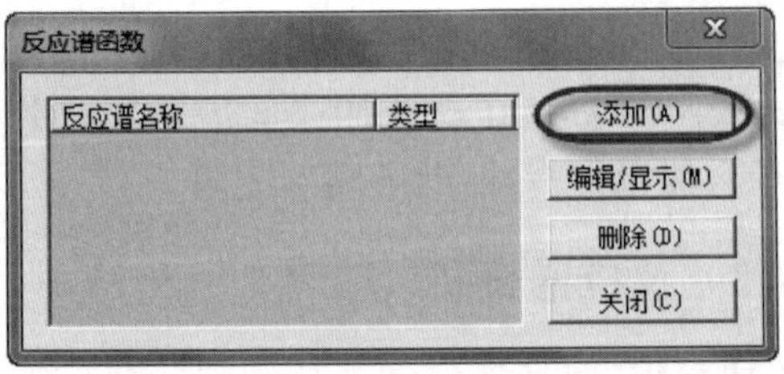


图5.3.2　“反应谱函数”对话框

在“添加/编辑/显示 地震影响系数曲线”对话框中单击“设计反应谱”,在随后出现的“生成设计反应谱”对话框(图5.3.4)中输入各参数,便可以生成符合《公路桥梁抗震设计细则》(JTG/T B02-01—2008)要求的设计加速度反应谱。

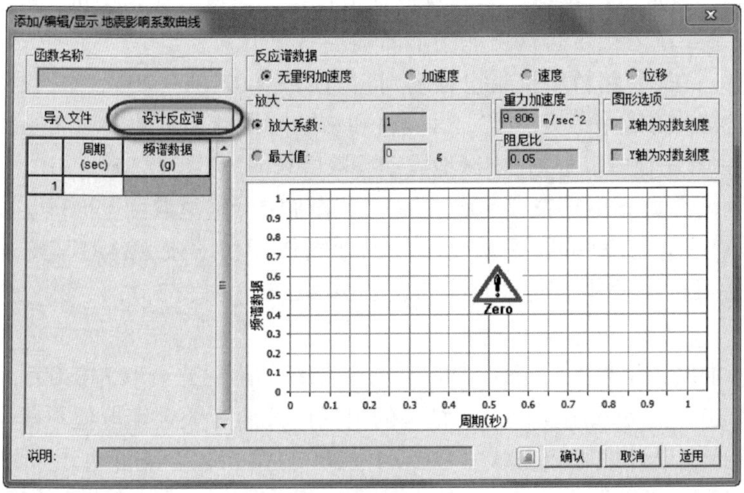


图 5.3.3 “添加/编辑/显示 地震影响系数曲线”对话框

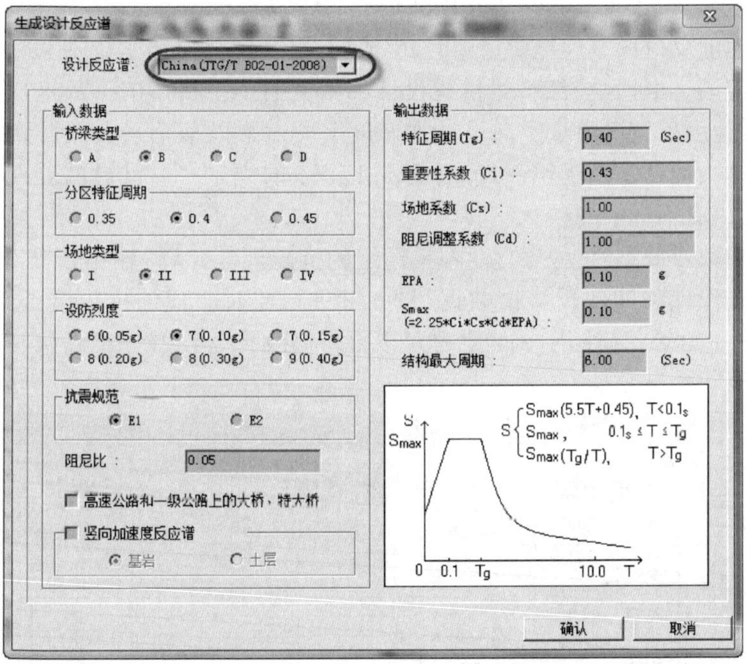


图 5.3.4 “生成设计反应谱”对话框

在“生成设计反应谱”对话框中，首先选择“设计反应谱”的规范来源为现行桥梁抗震设计规范“China(JTG/T B02-01—2008)”；然后在“输入数据”部分输入如下信息：

①桥梁类型。根据《公路桥梁抗震设计细则》(JTG/T B02-01—2008)第3.1.2条，算例桥墩所在桥梁类型为B类。

②分区特征周期。桥址处的分区特征周期来自《中国地震动参数区划图》(GB 18306—2015)中的《中国地震动反应谱特征周期区划图》(ISBN 978-7-5066-7088-2)。这里取上面已经查得的0.4s。

③场地类型。桥址处的场地类型来自地址报告,可参考《公路桥梁抗震设计细则》(JTG/T B02-01—2008)第4章的规定。这里取用上面确定的Ⅱ类。

④设防烈度。在《公路桥梁抗震设计细则》(JTG/T B02-01—2008)中,设防烈度这一概念主要用来确定抗震设防措施等级(第3.1.4条)和水平向设计基本地震动加速度峰值(第3.2.2条),而实际上,后者完全可以根据《中国地震动参数区划图》(GB 18306—2015)中的《中国地震动峰值加速度区划图》(ISBN 978-7-5066-7088-2)来确定。这里取用上面确定的0.1g。

⑤抗震规范。不同类型的桥梁承受不同的地震作用($E1$ 或 $E2$)时其抗震重要性系数不同,参见《公路桥梁抗震设计细则》(JTG/T B02-01—2008)中表3.1.4-2。这里选取 $E1$ 地震动作用。

⑥阻尼比。混凝土结构的阻尼比可取为0.05,钢桥的阻尼比可取为0.005,钢混组合梁桥的阻尼比可取为0.01。此处取用0.05。当结构的阻尼比按照有关规定取值不等于0.05时,程序参照《公路桥梁抗震设计细则》(JTG/T B02-01—2008)第5.2.4条自动计算阻尼调整系数。

⑦高速公路和一级公路上的大桥、特大桥。根据《公路桥梁抗震设计细则》(JTG/T B02-01—2008)第3.1.4条的规定,高速公路和一级公路上的大桥、特大桥的抗震重要性系数取表3.1.4-2中B类括号内的值。这里不选中此项。

⑧竖向加速度反应谱。勾选此选项时,生成的设计反应谱为竖向加速度反应谱,否则为水平向加速度反应谱。根据《公路桥梁抗震设计细则》(JTG/T B02-01—2008)第5.2.5条的规定,竖向设计加速度反应谱由水平向设计加速度反应谱乘以某个系数而得到。根据《公路桥梁抗震设计细则》(JTG/T B02-01—2008)第5.1.1条的规定,本桥墩抗震分析时可只考虑水平向地震作用,因此不选中此项。

输入上述参数或信息后,程序自动根据选定的抗震规范计算"输出数据",单击"确认"按钮以生成水平向设计加速度反应谱数据(图5.3.5),此时生成的反应谱函数名称为"China(JTG/T B02-01—2008)"(注意:函数名称可以自行修改)。再次单击"确认"按钮完成反应谱函数的定义。

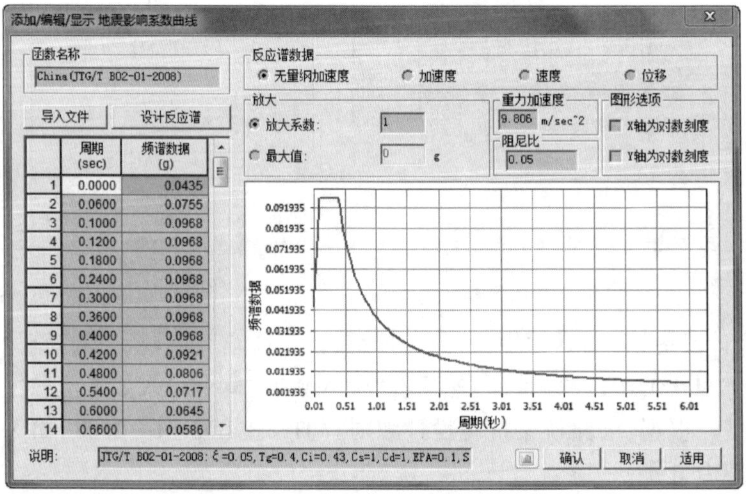


图5.3.5 水平向设计加速度反应谱数据

(4)定义反应谱荷载工况。

在完成反应谱函数的定义后,定义反应谱荷载工况。在本算例中,分别考虑顺桥向 $X$ 轴

和横桥向 *Y* 轴的地震作用，因此需要定义两个反应谱荷载工况。

从主菜单中选择“荷载”>“反应谱分析数据”>“反应谱荷载工况”，然后在树形菜单中的“反应谱荷载工况”标签页面中分别定义顺桥向和横桥向的反应谱荷载工况（图 5.3.6、图 5.3.7）。

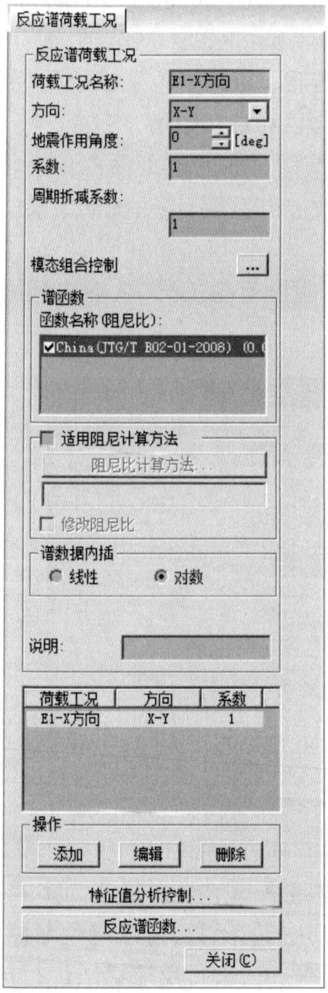


图 5.3.6 顺桥向反应谱荷载工况定义

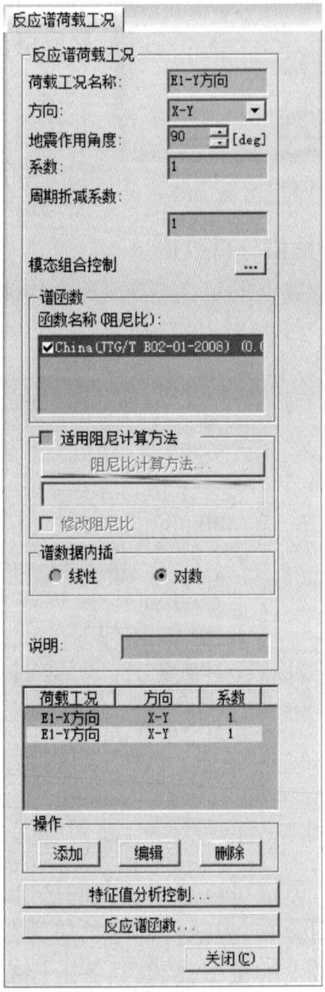


图 5.3.7 横桥向反应谱荷载工况定义

在定义反应谱荷载工况时，需要输入或选中如下信息：

①荷载工况名称。输入顺桥向的荷载工况名称为“*E*1-*X* 方向”，横桥向的荷载工况名称为“*E*1-*Y* 方向”。

②方向。此处的“*X*-*Y*”选项表示反应谱荷载的作用方向为水平向。此算例选用“*X*-*Y*”。

③地震作用角度。地震作用角度表示地面运动方向与全局坐标系 *X* 轴之间的夹角，在 *X*-*Y* 平面内逆时针转动为正。对于顺桥向的荷载工况，此角度为 0°；对于横桥向的荷载工况，此角度为 90°。

④模态组合控制。模态组合控制用于定义在指定的反应谱工况作用下，各阶振型的响应贡献如何进行组合以得到总体的响应。根据第 5.3.2 节的阐述可知，CQC 是 SRSS 的通用表

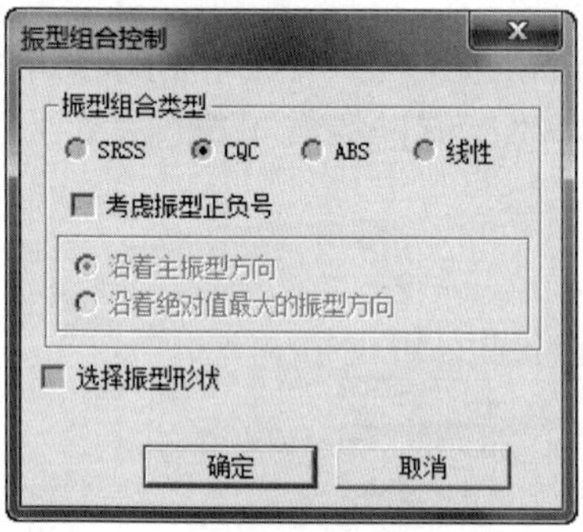


图 5.3.8 “振型组合控制”对话框

达形式,因此建议采用 CQC 方法进行模态组合。在“振型组合控制”对话框(图 5.3.8)中选择 CQC。

⑤谱函数。选中当前反应谱荷载工况所采用的加速度反应谱函数。在“函数名称(阻尼比)”列表框中显示的“China(JTG/T B02-01—2008)”即上面已经定义的加速度反应谱函数。

⑥谱数据内插。根据规范生成的反应谱是以对数坐标表达的,因此选中“对数”选项。

⑦“添加”操作。在完成上面的信息输入后,点击“添加”即可完成当前反应谱荷载工况的定义。

(5)定义特征值分析数据。

特征值分析数据的定义(图 5.3.9)可以在“反应谱荷载工况”页面内调用,也可以从主菜单中选择“分析” >“特征值分析控制”来进行定义。

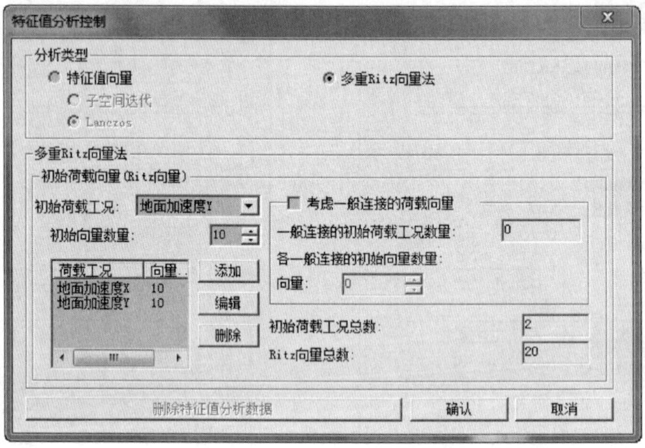


图 5.3.9 “特征值分析控制”对话框

特征值分析方法可以选用子空间法、Lanczos 法或多重 Ritz 向量法。多重 Ritz 向量法考虑动力荷载的空间分布,视结构动力响应为荷载空间分布的函数,可以避免漏掉可能激发的振型和引入不可能激发的振型,能够显著地提高计算效率。当进行反应谱法进行抗震分析时,一般建议采用多重 Ritz 向量法计算振型。

多重 Ritz 向量法计算的是和初始荷载工况直接相关的振型,因此需要指定初始荷载工况。初始向量数量决定了振型参与的数目与计算的精度。《公路桥梁抗震设计细则》(JTG/T B02-01—2008)第 6.4.3 条规定,采用反应谱法计算时,所考虑的振型阶数应在计算方向上获得 90% 以上的有效质量。如果未达到此要求,则需要增大初始向量的数量。本算例中分别在地面加速度 $X$ 和 $Y$ 方向初步选用 10 个初始向量,此时 MIDAS/Civil 将生成 20 阶振型。

(6)计算并确认结果有效性

运行分析,求解完成后查看在水平 $X$ 轴和 $Y$ 轴方向上参与计算的振型数目是否符合规范要求。

从主菜单中选择“结果” >“分析结果表格” >“周期与振型”,在“结果-[特征值模态]”标签页面(图 5.3.10)中查看当前选用的 20 阶振型是否足够。

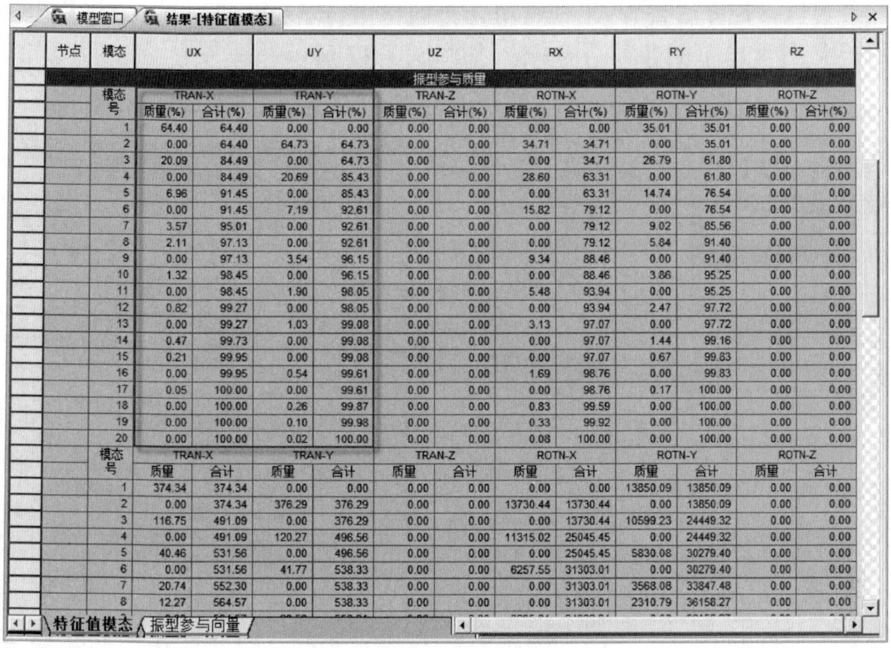


| 模态号 | TRAN-X | | TRAN-Y | | TRAN-Z | | ROTN-X | | ROTN-Y | | ROTN-Z | |
|---|---|---|---|---|---|---|---|---|---|---|---|---|
| | 质量(%) | 合计(%) | 质量(%) | 合计(%) | 质量(%) | 合计(%) | 质量(%) | 合计(%) | 质量(%) | 合计(%) | 质量(%) | 合计(%) |
| 1 | 64.40 | 64.40 | 0.00 | 0.00 | 0.00 | 0.00 | 0.00 | 0.00 | 35.01 | 35.01 | 0.00 | 0.00 |
| 2 | 0.00 | 64.40 | 64.73 | 64.73 | 0.00 | 0.00 | 34.71 | 34.71 | 0.00 | 35.01 | 0.00 | 0.00 |
| 3 | 20.09 | 84.49 | 0.00 | 64.73 | 0.00 | 0.00 | 0.00 | 34.71 | 26.79 | 61.80 | 0.00 | 0.00 |
| 4 | 0.00 | 84.49 | 20.69 | 85.43 | 0.00 | 0.00 | 28.60 | 63.31 | 0.00 | 61.80 | 0.00 | 0.00 |
| 5 | 6.96 | 91.45 | 0.00 | 85.43 | 0.00 | 0.00 | 0.00 | 63.31 | 14.74 | 76.54 | 0.00 | 0.00 |
| 6 | 0.00 | 91.45 | 7.19 | 92.61 | 0.00 | 0.00 | 15.82 | 79.12 | 0.00 | 76.54 | 0.00 | 0.00 |
| 7 | 3.57 | 95.01 | 0.00 | 92.61 | 0.00 | 0.00 | 0.00 | 79.12 | 9.02 | 85.56 | 0.00 | 0.00 |
| 8 | 2.11 | 97.13 | 0.00 | 92.61 | 0.00 | 0.00 | 0.00 | 79.12 | 5.84 | 91.40 | 0.00 | 0.00 |
| 9 | 0.00 | 97.13 | 3.54 | 96.15 | 0.00 | 0.00 | 9.34 | 88.46 | 0.00 | 91.40 | 0.00 | 0.00 |
| 10 | 1.32 | 98.45 | 0.00 | 96.15 | 0.00 | 0.00 | 0.00 | 88.46 | 3.86 | 95.25 | 0.00 | 0.00 |
| 11 | 0.00 | 98.45 | 1.90 | 98.05 | 0.00 | 0.00 | 5.48 | 93.94 | 0.00 | 95.25 | 0.00 | 0.00 |
| 12 | 0.82 | 99.27 | 0.00 | 98.05 | 0.00 | 0.00 | 0.00 | 93.94 | 2.47 | 97.72 | 0.00 | 0.00 |
| 13 | 0.00 | 99.27 | 1.03 | 99.08 | 0.00 | 0.00 | 3.13 | 97.07 | 0.00 | 97.72 | 0.00 | 0.00 |
| 14 | 0.47 | 99.73 | 0.00 | 99.08 | 0.00 | 0.00 | 0.00 | 97.07 | 1.44 | 99.16 | 0.00 | 0.00 |
| 15 | 0.21 | 99.95 | 0.00 | 99.08 | 0.00 | 0.00 | 0.00 | 97.07 | 0.67 | 99.83 | 0.00 | 0.00 |
| 16 | 0.00 | 99.95 | 0.54 | 99.61 | 0.00 | 0.00 | 1.69 | 98.76 | 0.00 | 99.83 | 0.00 | 0.00 |
| 17 | 0.05 | 100.00 | 0.00 | 99.61 | 0.00 | 0.00 | 0.00 | 98.76 | 0.17 | 100.00 | 0.00 | 0.00 |
| 18 | 0.00 | 100.00 | 0.26 | 99.87 | 0.00 | 0.00 | 0.83 | 99.59 | 0.00 | 100.00 | 0.00 | 0.00 |
| 19 | 0.00 | 100.00 | 0.10 | 99.98 | 0.00 | 0.00 | 0.33 | 99.92 | 0.00 | 100.00 | 0.00 | 0.00 |
| 20 | 0.00 | 100.00 | 0.02 | 100.00 | 0.00 | 0.00 | 0.08 | 100.00 | 0.00 | 100.00 | 0.00 | 0.00 |
| 模态号 | TRAN-X | | TRAN-Y | | TRAN-Z | | ROTN-X | | ROTN-Y | | ROTN-Z | |
| | 质量 | 合计 | 质量 | 合计 | 质量 | 合计 | 质量 | 合计 | 质量 | 合计 | 质量 | 合计 |
| 1 | 374.34 | 374.34 | 0.00 | 0.00 | 0.00 | 0.00 | 0.00 | 0.00 | 13850.09 | 13850.09 | 0.00 | 0.00 |
| 2 | 0.00 | 374.34 | 376.29 | 376.29 | 0.00 | 0.00 | 13730.44 | 13730.44 | 0.00 | 13850.09 | 0.00 | 0.00 |
| 3 | 116.75 | 491.09 | 0.00 | 376.29 | 0.00 | 0.00 | 0.00 | 13730.44 | 10599.23 | 24449.32 | 0.00 | 0.00 |
| 4 | 0.00 | 491.09 | 120.27 | 496.56 | 0.00 | 0.00 | 11315.02 | 25045.45 | 0.00 | 24449.32 | 0.00 | 0.00 |
| 5 | 40.46 | 531.56 | 0.00 | 496.56 | 0.00 | 0.00 | 0.00 | 25045.45 | 5830.08 | 30279.40 | 0.00 | 0.00 |
| 6 | 0.00 | 531.56 | 41.77 | 538.33 | 0.00 | 0.00 | 6257.55 | 31303.01 | 0.00 | 30279.40 | 0.00 | 0.00 |
| 7 | 20.74 | 552.30 | 0.00 | 538.33 | 0.00 | 0.00 | 0.00 | 31303.01 | 3568.08 | 33847.48 | 0.00 | 0.00 |
| 8 | 12.27 | 564.57 | 0.00 | 538.33 | 0.00 | 0.00 | 0.00 | 31303.01 | 2310.79 | 36158.27 | 0.00 | 0.00 |

图 5.3.10　查看振型参与质量系数

图 5.3.10 中矩形框内的"质量(%)"列数据为各阶振型在各方向上的振型参与质量系数,"合计(%)"列数据为从第一阶模态开始到当前模态所有振型参与质量系数的累积。

由图 5.3.10 可以看出,前 5 阶振型即可使得 $X$ 方向上的振型参与质量达到 90%,前 6 阶振型即可使得 $Y$ 方向上的振型参与质量达到 90%。因此,选用的振型阶数满足规范要求。

(7)查看结果。

基于上述模型与参数设定,MIDAS/Civil 计算得到顺桥向和横桥向反应谱荷载工况下的结构响应($X$ 方向和 $Y$ 方向地震作用产生的最大设计效应)。

根据《公路桥梁抗震设计细则》(JTG/T B02-01—2008)第 5.1.1 条规定,$E1$ 水平地震动作用下总的设计最大地震作用效应值应按照 SRSS 方法对各方向效应值进行组合得到。从主菜单选择"结果" > "荷载组合",在"荷载组合" > "一般"标签页面中定义 $E1$ 水平荷载总效应"$E1$-$XY$",如图 5.3.11 所示,完成地震动总设计效应的组合。

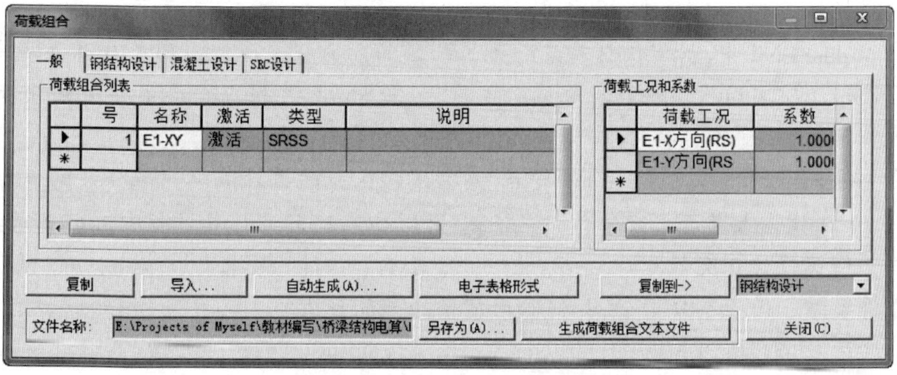


图 5.3.11　$E1$ 水平荷载效应组合

至此,便可以常规方法查看 $E1$ 地震动 $X$ 方向作用($E1$-$X$ 方向)、$Y$ 方向作用($E1$-$Y$ 方向)和水平总作用($E1$-$XY$)下的各种结构响应,如图 5.3.12 所示。

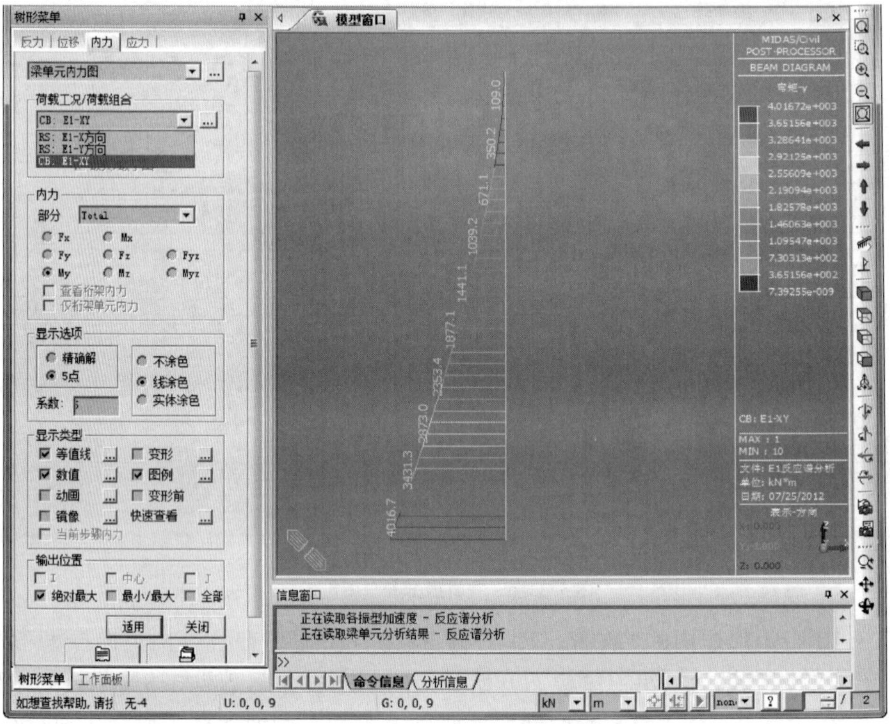


图 5.3.12　查看 $E1$ 作用下结构内力效应

## 本章习题

1. 为什么在特征值分析和线弹性屈曲分析中只有线性行为是有效的?

2. 在 Midas/Civil 中,“荷载”>“初始荷载”>“大位移”>“几何刚度初始荷载”是否可以用于稳定分析?

3. 在 Midas/Civil 中,如何仅针对某一施工阶段的内力状态所对应的荷载开展稳定分析?

4. 当使用子空间迭代法求解特征值问题时,如果 Sturm 序列检查表明存在漏频,程序中应如何处理?

5. 在 Lanczos 法中,基于第一个向量 $\boldsymbol{q}_1$ 逐次迭代生成的另外 $m$ 个 Lanczos 向量 $\boldsymbol{q}_i$($i$ = 2、3、…、$m$ + 1)在理论上满足正交条件 $\boldsymbol{Q}_m^{\mathrm{T}}\boldsymbol{M}\boldsymbol{Q}_m = \boldsymbol{I}$,但在实际的计算过程中并非如此。其原因是什么?如何确保此正交性?

6. 在桥梁结构的模态分析中,如何取用质量矩阵的形式?

7. 简述反应谱的概念和意义。

8. 简述多模态反应谱理论中根据加速度反应谱对桥梁结构开展反应谱分析的计算步骤。

# 第 6 章

# MIDAS/Civil 索力优化计算

斜拉索和吊索是斜拉桥、悬索桥、中下承式拱桥的重要组成部分，承担着施工阶段和成桥运营阶段的全部荷载。索力合理与否直接决定着桥梁在施工阶段的受力安全和成桥状态的内力分布。索力又是如何调节的呢？理论上总可以找到一组索力，使得结构在确定性荷载作用下的某种反映受力性能的目标达到最优，这就是索力的优化问题。

## 6.1 索力的优化原理

### 6.1.1 最优化问题及其分类

最优化问题是指在某些特定的约束条件下，寻找一组决策变量，使目标函数达到最大（或最小）值。最优化问题（P）可写成如下形式

$$\begin{aligned}&\min_{\boldsymbol{x}\in R^n} f(\boldsymbol{x})\ (\text{or}\ \max f(\boldsymbol{x}))\\&s.t.\begin{cases}g_i(\boldsymbol{x})\geqslant 0, i\in I=\{1、2、\cdots、m\}\\h_j(\boldsymbol{x})=0, j\in E=\{1、2、\cdots、l\}\end{cases}\end{aligned}\tag{6.1.1}$$

其中：$\boldsymbol{x}=(x_1、x_2、\cdots、x_n)^{\mathrm{T}}\in R^n$ 称为优化向量或决策变量；$f(\boldsymbol{x}):R^n\to R$ 称为目标函数；约束函数 $g_i(i\in I)$、$h_j(j\in E)$ 分别称为不等式约束和等式约束，统称为约束条件。

当 $E = I = \phi$ 时,问题(P)为无约束优化问题,无约束优化问题是在空间 $R^n$ 上寻求使目标函数达到极小或最小的点(解)。若指标集 $I$ 与 $E$ 中至少有一个非空,则称(P)为约束优化问题,约束优化问题是在约束集 $\boldsymbol{D}$ 上寻求使目标函数达到极小或最小的点(解)。

当目标函数和约束函数都是线性时,为线性规划问题;反之,当目标函数和约束函数中至少有一个是非线性函数时,为非线性规划问题。

### 6.1.2 索力优化方法

确定索力的方法较多,有刚性支承连续梁法、零位移法、正装分析和倒拆分析法、无应力状态法、内力平衡法和影响矩阵法等。

(1)刚性支承连续梁法是指成桥状态下,斜拉桥主梁的弯曲内力和刚性支承连续梁的内力状态一致。因此可以非常容易地根据连续梁的支承反力确定拉索的初拉力。

(2)零位移法是指通过索力调整,使成桥状态下主梁和拉索的交点的位移为零。对于采用满堂支架一次落架的斜拉桥体系,其结果与刚性支承连续梁法的结果基本一致(梁的 $EA \to \infty$)。零位移法对于采用悬臂拼装或悬臂浇筑的桥梁结构来讲是没有意义的,因为施工时梁的位移包括了刚体位移和梁体变形两部分,前者可以通过拼装方式进行调整,只有后者才与索力有直接联系。

刚性支承连续梁法和零位移法用于确定主跨和边跨对称的单塔斜拉桥的索力是最为有效的,对于主跨和边跨几乎对称的三跨斜拉桥次之,对于主跨和边跨的不对称性较大的斜拉桥,将导致较大的主塔根部弯矩。

(3)正装分析和倒拆分析法主要用于计算施工索力。通过正装分析和倒拆分析交替计算,确定各施工阶段的索力,使结构成桥线形和内力状态达到预设目标。

(4)无应力状态法的基本原理:一定的外荷载、结构体系和支承边界条件下,结构内力和位移只与单元的无应力状态量(无应力长度和曲率)有关,而与结构的形成过程无关。因此,可以通过控制拉索无应力长度,保证结构内力和线形与目标状态一致。

(5)内力平衡法是确定一组拉索索力,使结构各控制截面在恒载和活载共同作用下,上下翼缘的最大应力与材料允许应力之比相等。

(6)影响矩阵法。

MIDAS/Civil 提供了基于影响矩阵法的"未知荷载系数法"功能进行索力优化。在讨论影响矩阵法之前,首先介绍受调向量、施调向量、影响向量和影响矩阵等基本概念。

①结构物中关心截面上 $m$ 个独立元素所组成的列向量称为受调向量。受调向量中的元素通常由构件中的力学响应量(如截面内力、应力或位移)组成,它们在调值过程中接受调整,以达到某种期望状态。受调向量记为

$$\boldsymbol{D} = (d_1 \quad d_2 \quad \cdots \quad d_m)^{\mathrm{T}} \tag{6.1.2}$$

②施调向量是指结构物中指定可实施调整以改变受调向量的 $l$ 个独立元素($l \leq m$)所组成的列向量,记为

$$\boldsymbol{X} = (x_1 \quad x_2 \quad \cdots \quad x_l)^{\mathrm{T}} \tag{6.1.3}$$

施调向量中的元素一般为杆件内力或支座变位。

③施调向量中第 $j$ 个元素 $x_j$ 发生单位变化时引起受调向量 $\boldsymbol{D}$ 的变化向量称为影响向量,记为

$$C_j = (c_{1j} \quad c_{2j} \quad \cdots \quad c_{mj})^{\mathrm{T}} \tag{6.1.4}$$

④影响矩阵是由 $l$ 个施调向量分别发生单位变化所引起的 $l$ 个影响向量依次排列形成的矩阵，记为

$$\boldsymbol{C} = [\boldsymbol{C}_1 \quad \boldsymbol{C}_2 \quad \cdots \quad \boldsymbol{C}_l] = \begin{bmatrix} c_{11} & c_{12} & \cdots & c_{1l} \\ c_{21} & c_{22} & \cdots & c_{2l} \\ \vdots & \vdots & \vdots & \vdots \\ c_{m1} & c_{m2} & \cdots & c_{ml} \end{bmatrix} \tag{6.1.5}$$

当结构满足线性叠加条件时，可知

$$\boldsymbol{CX} = \boldsymbol{D} \tag{6.1.6}$$

式(6.1.6)可唯一求得施调向量 $\boldsymbol{X}$。施调向量 $\boldsymbol{X}$ 表示要使力学响应量达到 $\boldsymbol{D}$，必须使施调变量产生 $\boldsymbol{X}$ 的相应变化。

下面以弯曲能量最小为目标函数，推导成桥状态斜拉桥索力优化的影响矩阵法。结构的弯曲应变能可写成

$$U = \int_S \frac{M^2(s)}{2EI}\mathrm{d}s \tag{6.1.7}$$

对于离散的杆系结构可写成

$$U = \sum_{i=1}^{m} \frac{L_i}{4E_iI_i}({}^{\mathrm{L}}M_i^2 + {}^{\mathrm{R}}M_i^2) \tag{6.1.8}$$

式中：$m$——结构单元总数；

$L_i$、$E_i$、$I_i$——分别表示 $i$ 号单元的杆件长度、材料弹性模量和截面惯性矩；

${}^{\mathrm{L}}M_i^2$、${}^{\mathrm{R}}M_i^2$——分别表示单元左、右端任一方向的弯矩，如果要同时考虑多个方向的弯矩，只需重复使用公式(6.1.8)即可。

将式(6.1.8)改写成

$$U = {}^{\mathrm{L}}\boldsymbol{M}_i^{\mathrm{T}}\boldsymbol{B}{}^{\mathrm{L}}\boldsymbol{M}_i + {}^{\mathrm{R}}\boldsymbol{M}_i^{\mathrm{T}}\boldsymbol{B}{}^{\mathrm{R}}\boldsymbol{M}_i \tag{6.1.9}$$

式中：${}^{\mathrm{L}}\boldsymbol{M}_i$、${}^{\mathrm{R}}\boldsymbol{M}_i$——分别是左、右端弯矩向量；

$\boldsymbol{B}$——主对角系数矩阵。

$$\boldsymbol{B} = \begin{bmatrix} b_{11} & 0 & 0 & 0 \\ & b_{22} & 0 & 0 \\ & \mathrm{sym} & \cdots & 0 \\ & & & b_{mm} \end{bmatrix}, b_{ii} = \frac{L_i}{4E_iI_i}(i = 1、2、\cdots、m) \tag{6.1.10}$$

令调索前左、右端弯矩向量分别为 ${}^{\mathrm{L}}\boldsymbol{M}_0$ 和 ${}^{\mathrm{R}}\boldsymbol{M}_0$，改变索力的施调向量为 $T$，则调索后的弯矩向量为

$$\left.\begin{aligned} {}^{\mathrm{L}}\boldsymbol{M} &= {}^{\mathrm{L}}\boldsymbol{M}_0 + \boldsymbol{C}_{\mathrm{L}}\boldsymbol{T} \\ {}^{\mathrm{R}}\boldsymbol{M} &= {}^{\mathrm{R}}\boldsymbol{M}_0 + \boldsymbol{C}_{\mathrm{R}}\boldsymbol{T} \end{aligned}\right\} \tag{6.1.11}$$

式中：$\boldsymbol{C}_{\mathrm{L}}$、$\boldsymbol{C}_{\mathrm{R}}$——分别为索力对左、右端弯矩的影响矩阵。

将式(6.1.11)代入式(6.1.9),得

$$U = U_0 + {}^{L}\boldsymbol{M}_0^{T}\boldsymbol{B}\boldsymbol{C}_L\boldsymbol{T} + \boldsymbol{T}^{T}\boldsymbol{C}_L^{T}\boldsymbol{B}^{L}\boldsymbol{M}_0 + \boldsymbol{T}^{T}\boldsymbol{C}_L^{T}\boldsymbol{B}\boldsymbol{C}_L\boldsymbol{T} + {}^{R}\boldsymbol{M}_0^{T}\boldsymbol{B}\boldsymbol{C}_R\boldsymbol{T} + \boldsymbol{T}^{T}\boldsymbol{C}_R^{T}\boldsymbol{B}^{R}\boldsymbol{M}_0 + \boldsymbol{T}^{T}\boldsymbol{C}_R^{T}\boldsymbol{B}\boldsymbol{C}_R\boldsymbol{T} \tag{6.1.12}$$

式中:$U_0$——与施调向量 $\boldsymbol{T}$ 无关的常数。要使索力调整后结构应变能最小,则

$$\frac{\partial U}{\partial T_i} = 0 \qquad (i = 1、2、\cdots、l) \tag{6.1.13}$$

将式(6.1.12)代入(6.1.13)并写成矩阵形式

$$\boldsymbol{C}_L^{T}\boldsymbol{B}\boldsymbol{C}_L + \boldsymbol{C}_R^{T}\boldsymbol{B}\boldsymbol{C}_R\boldsymbol{T} = -\boldsymbol{C}_L^{T}\boldsymbol{B}^{L}\boldsymbol{M}_0 - \boldsymbol{C}_R^{T}\boldsymbol{B}^{R}\boldsymbol{M}_0 \tag{6.1.14}$$

由此,就将索力优化问题转化为线性代数方程的求解问题。

## 6.2 斜拉桥合理成桥状态索力计算

合理成桥状态是指一次成桥的结构,其构形和受力状态是合理的,不仅满足规范和设计要求,而且结构的某种力学目标达到指定状态或最优。例如,一次成桥的斜拉桥构件弯矩平方和最小,这里的弯矩平方和是目标,使这一目标最小且满足规范和设计要求的结构受力状态,就是合理成桥状态。寻求合理成桥状态的过程也是一个优化设计的过程,达到充分发挥材料性能,提高结构安全性,减少工程造价的目的。

合理施工状态,即按照拟定的施工方法施工,为保证桥梁成桥后达到合理成桥状态,各个施工阶段结构的构型和受力状态。合理施工状态以成桥合理状态为目标确定,不同材料和不同结构形式的桥梁,确定其合理施工状态的方法不同。

MIDAS/Civil 提供了用于成桥阶段和施工阶段索力优化的未知荷载系数功能。该功能是在满足某些约束条件下(如加劲梁的弯矩分布均匀、索塔弯矩小),寻找一组决策变量(如索力)使得目标函数达到最小。本节讨论合理成桥状态索力计算的未知荷载系数功能。

合理成桥状态索力计算的主要步骤(图 6.2.1)如下:

第一步:建立一次成桥模型。

第二步:定义荷载工况并赋予各拉索单位初拉力。指定未知荷载工况后,所有被选为"未知"的荷载工况都是一个独立量(施调向量中的一个元素)。程序将对各个"未知"荷载工况,分别乘以不同的系数来调整索力。因此,在定义荷载工况时,拉索的初拉力不能与自重、二期恒载等其他类型的荷载放在同一荷载工况内,且只有索力完全相等的拉索初拉力才能放在同一荷载工况中。

第三步:建立恒荷载与拉索单位初拉力的荷载组合,各组合系数均取为 1。

第四步:运行结构分析。

第五步:求解未知荷载系数。

第六步:将求得的未知荷载系数生成新的荷载工况,在新工况下查看拉索各项力学效应是否与设定的约束条件一致,是否满足索力优化的要求。若不满足要求,调整约束条件,重新求解,直至满足约束条件,并得到最终的荷载组合。由于不同约束条件下的优化解不同,某些约束条件下甚至无优化解,因此,需不断地调整约束条件,才能得到较理想的结果。

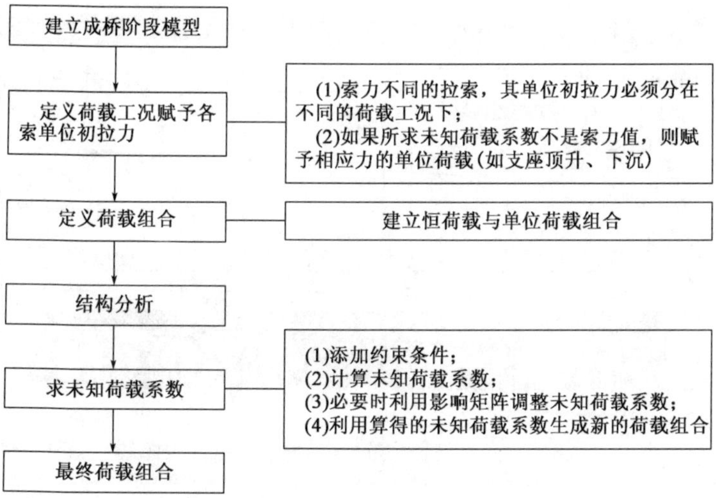


图 6.2.1　合理成桥状态索力计算步骤

## 6.2.1　目标函数与决策变量的设定

未知荷载系数功能仅在运行分析后才生效,且需对与未知荷载系数有关的荷载工况进行荷载组合后,才能指定约束条件和目标函数。在主菜单中选择“结果”→“索控制”→“未知荷载系数”,弹出“未知荷载系数”对话框如图 6.2.2 所示;单击“添加”按钮,弹出“未知荷载系数的详细内容”对话框,如图 6.2.3 所示。选择包含恒载和所有初拉力荷载工况的荷载组合。MIDAS/Civil 允许每个荷载组合最多包含 150 个荷载工况,当工况数量大于 150 时,可以定义两个荷载组合,将这两个荷载组合再进行荷载组合,在未知荷载系数对话框中选择该组合即可。

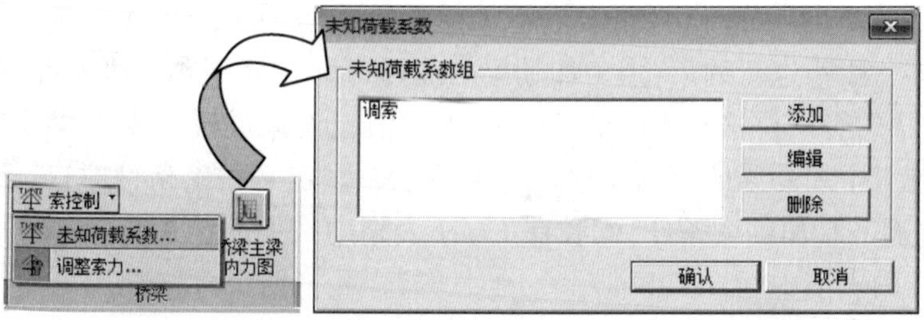


图 6.2.2　“未知荷载系数”对话框

MIDAS/Civil 提供了 3 种目标函数类型,该函数由未知荷载系数组成:

(1)线性:(荷载系数 × 权重)绝对值的总和。

(2)平方:(荷载系数 × 权重)的平方的线性总和。

(3)最大绝对值:(荷载系数 × 权重)的绝对值的最大值。

对需求解的未知荷载系数可以限定其正负号。在图 6.2.3 所示的界面中,勾选某荷载工况,则字符串“未知”就出现在相应荷载工况的系数区内,即指定该荷载工况下的所有荷载为一个未知数(未知荷载系数)。所有未知荷载系数组成的向量就构成最优化问题的决策变量(施调向量) $x = (x_1、x_2、\cdots、x_n)^{\mathrm{T}} \in R^n$,每个勾选为“未知”的荷载工况则为决策变量中的一个元素。

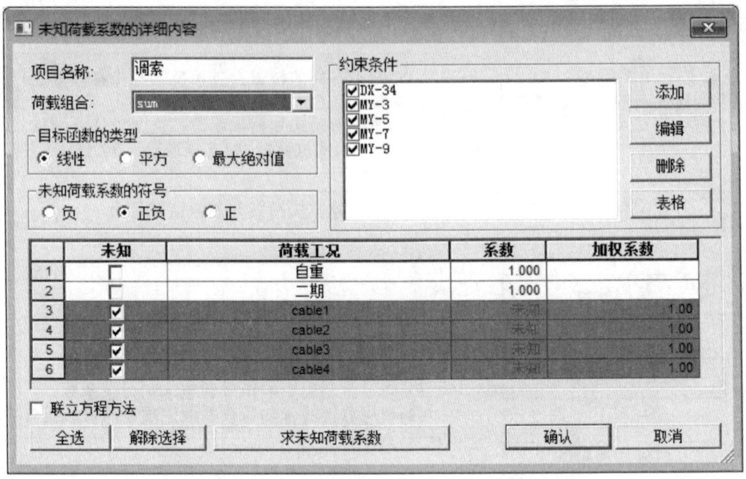

图 6.2.3 “未知荷载系数的详细内容”对话框

## 6.2.2 约束条件的设定

MIDAS/Civil“未知荷载系数”功能中的约束条件提供“相等”和“不等”两种选项，对应于本章第一节中提到的等式约束 $h_j(j\in E)$ 和不等式约束 $g_i(i\in I)$。约束项目可以是“位移”“反力”“桁架单元内力”和“梁单元内力”，即在选定的荷载组合下某些节点位移、支座反力或单元内力满足输入的数值或上下限。

索力优化时常用的约束条件包括：加劲梁弯矩尽量小且分布均匀；索塔不承受弯矩或塔顶不产生水平位移；拉索(吊索)索力分布均匀；加劲梁的竖向位移。对于斜拉桥来说，一般仅采用加劲梁弯矩尽可能小且分布均匀，索塔不承受弯矩或塔顶不产生水平位移两种约束条件。加劲梁节点位移一般不进行约束，因为加劲梁的线形可通过施工预拱度和制作预拱度进行调整，施工中加劲梁的竖向位移不会产生较大内力。因此，约束成桥阶段加劲梁的弯矩和塔顶水平位移比约束施工中加劲梁的竖向位移更有实际意义。定义约束条件时，单击图 6.2.3 中的“添加”按钮，再逐一添加约束条件，或者在 Excel 表格中按照对应的格式输入约束条件，复制粘贴到图 6.2.4 的表格中。

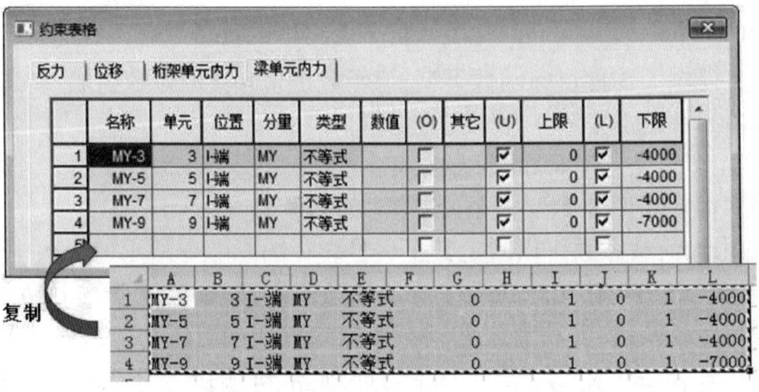


图 6.2.4 利用 Excel 表格添加/修改约束条件

### 6.2.3 求解未知荷载系数

设定好荷载工况、目标函数、未知荷载工况以及约束条件后，即可进行“求未知荷载系数”的求解。若程序找到满足约束条件的最优解，将显示图 6.2.5 所示的界面。若要分析各拉索对结构受力影响情况或是手动微调索力，程序以 Excel 表格形式提供成桥阶段结果的影响矩阵。

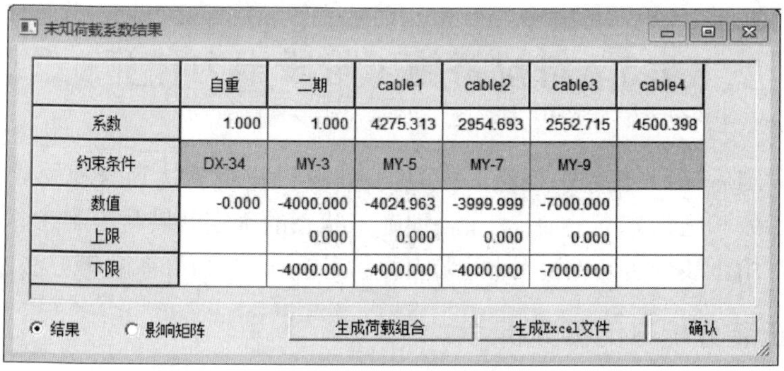


| | 自重 | 二期 | cable1 | cable2 | cable3 | cable4 |
|---|---|---|---|---|---|---|
| 系数 | 1.000 | 1.000 | 4275.313 | 2954.693 | 2552.715 | 4500.398 |
| 约束条件 | DX-34 | MY-3 | MY-5 | MY-7 | MY-9 | |
| 数值 | -0.000 | -4000.000 | -4024.963 | -3999.999 | -7000.000 | |
| 上限 | | 0.000 | 0.000 | 0.000 | 0.000 | |
| 下限 | | -4000.000 | -4000.000 | -4000.000 | -7000.000 | |

图 6.2.5 未知荷载系数结果

求出成桥阶段未知荷载系数后，程序将其自动生成为新的荷载组合，查看结果是否满足要求。此外，该荷载组合也是运用“索力调整”功能的基础。当选择的约束条件都是“相等”，并且未知荷载系数和约束条件的数量相等时，可勾选“联立方程方法”进行求解。

### 6.2.4 “索力调整”功能

通过未知荷载系数得到的索力不一定完全满足设计要求，反复调整约束条件又比较耗时，此时可采用“索力调整”功能进行手动微调。“索力调整”功能是基于影响矩阵的直观调索工具，用户可以根据某些特定效应值（如主梁弯矩、主塔变形等）的影响线来调整索力，并能实时看到效应值的变化情况。

进入“索力调整”功能界面，如图 6.2.6 所示，首先选择由未知荷载系数法生成的荷载工

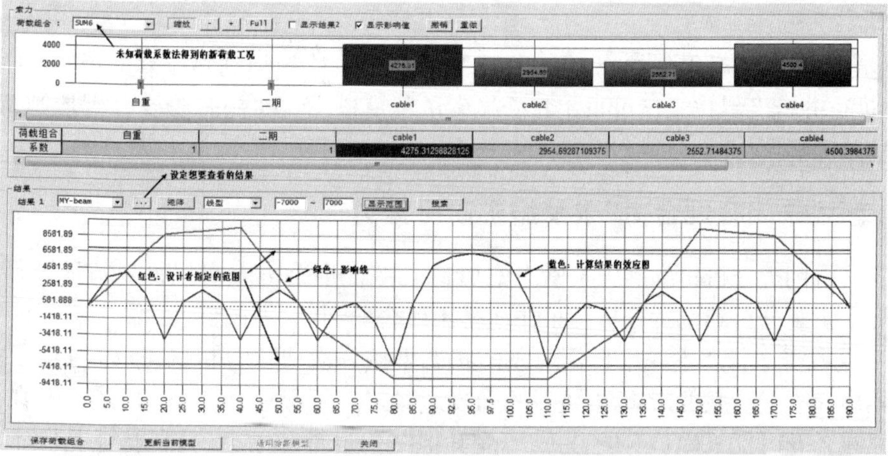


图 6.2.6 “索力调整”功能

况,然后在"结果"对话框中指定想要查看的该荷载工况下的某结果,如梁单元内力、桁架单元内力、位移和梁单元应力,还可显示各索力对某结果的影响线。调整索力时,应根据影响线的量值大小和正负号,优先调整影响较为显著的索力。当影响线数值为负值时,减小索力值将使结果值增加;当影响线数值为正值时,减小索力值将使结果值减小。调整满意后,再次生成新的荷载组合,或者直接将荷载组合系数值作为初拉力值赋予各个拉索,或者另存为一个新的模型。

## 6.3 斜拉桥施工阶段索力计算

施工方案确定后,需要找到一组施工索力,使斜拉桥成桥后达到合理的成桥状态。因此,在不改变结构参数和施工方案的前提下,合理施工状态的确定就转化为施工索力的计算问题。施工索力计算常用正装分析与倒拆分析、无应力状态法、未知荷载系数等方法。

### 6.3.1 正装分析与倒拆分析

按照施工顺序建立模型,得到各施工阶段的内力和位移,这种方法称为施工阶段正装分析。通过正装分析,可验算各施工阶段的应力,优化施工方法,但如何确定斜拉索的施工索力是难点。对此,可采用倒拆分析法来求解。倒拆分析是按与正装施工顺序的反方向,逐步拆除加劲梁梁段和斜拉索,相应施工阶段的索力即施工索力。最后,在正装分析中施加该施工索力,并计入倒拆分析中不能考虑的混凝土收缩徐变等影响。正装分析与倒拆分析计算斜拉索施工索力的主要步骤如下:

第一步:成桥状态分析。建立成桥模型,考虑结构自重、二期恒载、斜拉索的初拉力(单位力),进行静力线性分析,利用"未知荷载系数"的功能,根据影响矩阵求出满足所设定的约束条件的初拉力系数。斜拉索应采用桁架单元模拟,这是因为斜拉桥在成桥状态时拉索的非线性效应不明显,而影响矩阵法的适用前提是荷载效应的线性叠加(荷载组合)成立。

第二步:利用成桥状态得到的初拉力,建立成桥模型并定义倒拆施工阶段,求出在各施工阶段需要张拉的索力。斜拉索采用只受拉索单元模拟,在"施工阶段分析控制"对话框中选择"体内力"。

第三步:将倒拆分析得到的施工索力,以"初拉力"方式施加到斜拉索上,建立正装施工阶段模型并进行分析。斜拉索仍可采用只受拉索单元模拟,但在"施工阶段分析控制"对话框中应选择"体外力"。

### 6.3.2 "未闭合配合力"求解施工阶段索力

理论上,将倒拆分析得到的施工索力施加到正装分析模型中,可以得到满足设计的成桥状态,但实际上正装分析和倒拆分析结果往往是不闭合的,其原因如下:

(1)合龙段受力状态不一致。合理成桥状态是按一次成桥分析的,同时考虑了全部结构的自重、索力和二期荷载的影响,合龙段截面处存在内力(弯矩、剪力和轴力);但在正装分析中,合龙段在合龙时仅承受自身的自重,不受其他结构自重和索力的影响,合龙段本质上是一个简支梁。因此,倒拆分析的第一个阶段(合理成桥状态)与正装分析的最终阶段结果必然不一致。

(2)拉索无应力长度不一致。悬臂施工时,某施工阶段是在上一施工阶段已变形构型基础上进行的(通常是沿着前一节段切线方向形成新节段),拉索激活时两端节点已经发生变形。因此,正装分析中的拉索无应力长度与倒拆分析中的不一致。

(3)当需要考虑材料的收缩徐变效应时两者也存在差异。收缩徐变与结构的形成过程有关,而倒拆分析是逆时间顺序。因此,倒拆分析无法准确地反映各阶段的位移和内力状态。

MIDAS/Civil 的"未闭合配合力"功能能够很好地解决正装分析和倒拆分析不闭合的问题。对于原因一,如果在正装分析中考虑合龙段具有相应内力,那么就能消除合龙段受力状态不一致的影响;对于原因二,倒拆分析是以合理成桥状态(一次成桥)为参考计算出拉索的无应力长度,再根据结构体系变化计算索的长度变化得出各阶段的索力。因此,在正装分析时,同样可以以合理成桥状态的索力为基础求出索的无应力长度,然后考虑各施工阶段索长的变化得出各施工索力。所以未闭合配合力包括两部分:一部分是施工过程中结构位移和结构体系变化而产生的拉索附加初拉力;另一部分是为使安装合龙段时达到设计状态,合龙段上也会产生附加内力。在正装分析时,利用"未闭合配合力"功能把拉索及合龙段的未闭合配合力反映在索力和合龙段上,就能保证最终阶段与合理成桥状态相同,无须倒拆分析。

拉索未闭合配合力的计算原理:①计算安装拉索之前两端节点的位移;②求拉索变形前长度 $L$ 与变形后长度 $L'$之差 $\Delta L$;③根据 $\Delta L$ 求出相应的拉索附加初拉力 $\Delta T$;④将附加初拉力 $\Delta T$ 和合理成桥状态的初拉力 $T$ 叠加作为施工阶段初拉力进行正装分析。

合龙段未闭合配合力的计算原理:①合龙段合龙时,因只受自重的影响,其与两侧梁段相接的截面处存在折角;②为了让合龙段光滑地连接在两侧梁段上,先求出合龙段两端所需的强制变形,再换算成能够产生此变形的内力,把该内力施加给合龙段后进行合龙。

### 6.3.3 考虑施工阶段的"未知荷载系数"法

利用"施工阶段未知荷载系数"功能可求出满足合理成桥状态要求的施工索力。该功能只有在"PostCS"阶段才能使用,主要步骤如下(图 6.3.1):

第一步:建立正装分析模型。

第二步:赋予各拉索单位初始张拉力。所有被选为"未知"的阶段(步骤)都是施调向量中的一个独立元素,某阶段(步骤)的所有荷载都将乘以一个系数。因此,在定义激活荷载组的阶段(步骤)时应注意:索力荷载组不得和其他荷载组在相同阶段(步骤)中激活,并且激活索结构组和激活索力组的阶段(步骤)也应不同,因为激活索结构组时其自重自动在"开始"步骤中生效,所以激活拉索的同时不能进行张拉。

第三步:运行施工阶段分析。

第四步:选择 Post CS 阶段,并选择"结果" >"索控制",打开未知荷载系数功能。

第五步:指定项目名称,选择步骤名称、目标函数类型和符号(图 6.3.2)。一般需选择最后一个施工阶段,以便对所有的拉索计算未知荷载系数。勾选未知栏"施工阶段/步骤",选择各拉索的张拉阶段,然后添加约束条件,求解未知荷载系数。

第六步:进行迭代分析。由于收缩徐变、临时支撑等的影响,通常很难一次分析就得到较理想的索力,需要进行迭代计算。迭代过程:将求得的未知荷载系数乘以本模型中的初拉力,作为新的张拉力施加到下一次迭代的新模型中(自动新建模型)。当未知荷载系数接近 1 时迭代停止,最后一个文件中的索力就是优化索力。迭代中生成的文件名为原文件名加“_01”“_02”等后缀。分析结束后,以文本格式输出各迭代步骤计算的系数和收敛极限,文件名为“原文件名.ulf”。

第七步:检查最后一次迭代的计算结果是否符合要求。若不符合要求,可根据当前计算情况修改约束条件重新求解,或者采用施工阶段的“索力调整”功能进行手工微调。

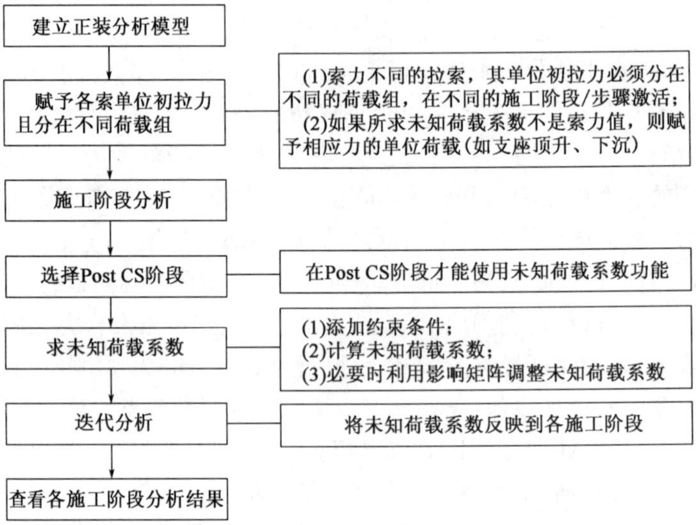


图6.3.1 考虑施工阶段的未知荷载系数法步骤

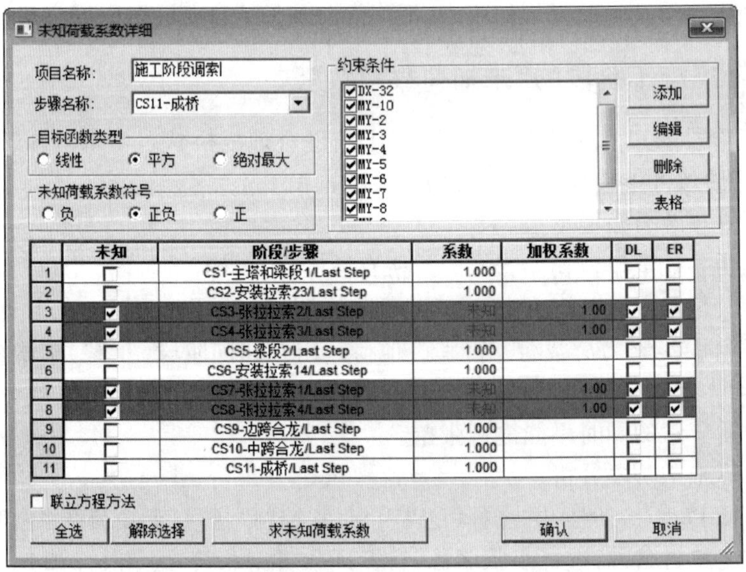


图6.3.2 考虑施工阶段的未知荷载系数法界面

## 6.3.4 考虑施工阶段的“索力调整”功能

考虑施工阶段的“索力调整”功能仅用于施工阶段分析。模型中所有拉索的初拉力应定义在同一荷载工况中,荷载工况类型必须设成“施工荷载”;然后,在施工阶段分析控制选项中将该荷载工况分离为“施工荷载”。运行分析后，在 Post CS 阶段单击“调整索力”进入功能界面（图 6.3.3），其调整方法与合理成桥状态相同。调整得到满意的索力后，可以将这些索力更新到当前模型，也可以另存为新的模型。

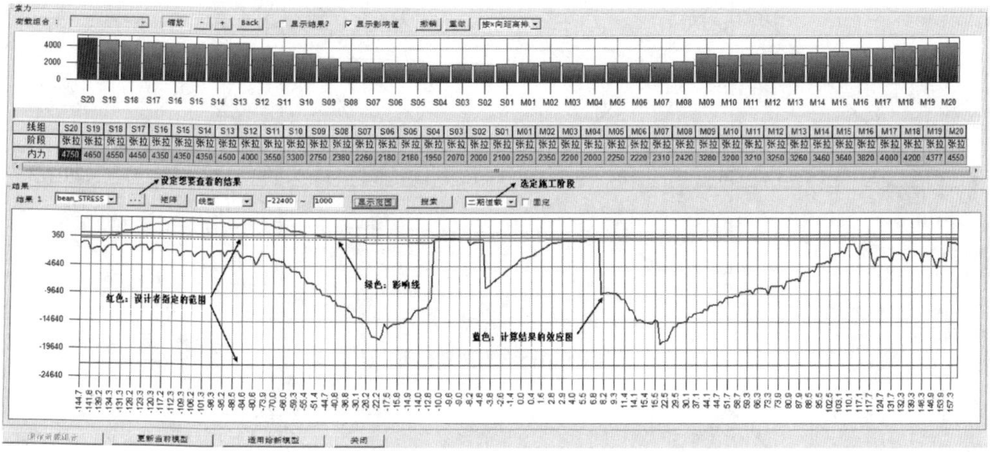


图 6.3.3 施工阶段的“索力调整”功能

# 6.4 索力优化算例

## 6.4.1 斜拉桥成桥阶段索力优化

本小节以一座简化的斜拉桥模型为工程背景，首先介绍采用 MIDAS/Civil 未知荷载系数功能计算斜拉桥成桥阶段初始索力的过程和具体实现方法；然后介绍一种基于弯曲能量最小法的实用索力优化方法。

1）未知荷载系数法

某固结体系斜拉桥，跨径布置为 50m + 90m + 50m，主塔高 60m，其中桥面以上 40m，桥面以下 20m；全桥共布置 8 根拉索，每个桥塔布置 4 根拉索锚固于塔顶，边跨拉索在主梁上的布置间距为 20m，中跨拉索与边跨拉索对称布置。主塔采用 3.0m × 3.0m 截面；主梁采用高 3.0m、宽 5.0m、壁厚 0.3m 的箱型截面。主梁和主塔均采用 C50 混凝土，主梁上的二期恒载为 10.0kN/m。斜拉索采用 1860 钢绞线，按受力面积相等原则确定的等效直径为 0.05m。本例建模主要步骤如下：

（1）单位体系设置为 kN（力）、m（长度）。

（2）定义材料和截面特性。

（3）主梁、主塔采用梁单元，主梁分段为 9@10，2@5，9@10；索塔分段为 6@10；拉索采用桁架单元，每根拉索为一个单元，如图 6.4.1 所示。

（4）边界条件输入：塔底固结，约束节点 22、23 所有自由度；梁端约束 $Dy$、$Dz$、$Rx$、$Rz$ 即可。图 6.4.2 为施加边界条件后的有限元模型。

（5）定义图 6.4.3 所示的“静力荷载工况”。本例结构和荷载完全对称，单元 33 和单元 40

索力应相等,所以可将两者的初始张拉力定义在一个荷载工况中,单元34和39、单元35和38、单元36和37与之类似。

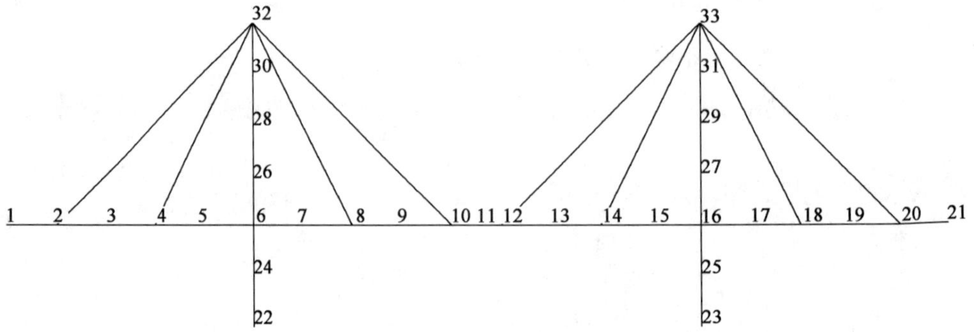

图6.4.1　有限元模型

注:图中数字为节点编号。

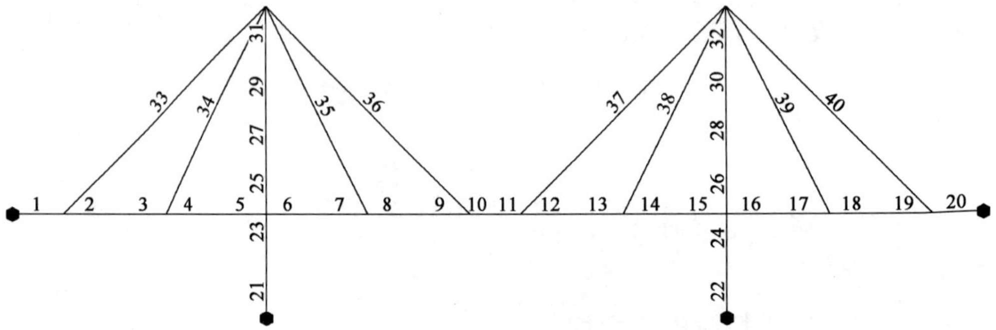

图6.4.2　输入边界条件

注:图中数字为单元编号。

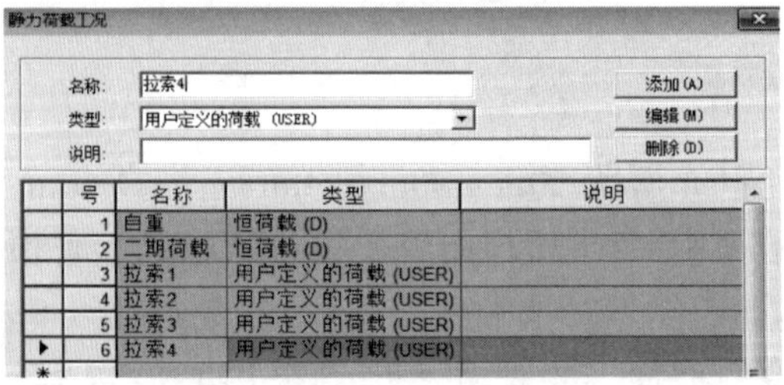


图6.4.3　静力荷载工况定义

(6)输入荷载。自重荷载工况定义如图6.4.4a)所示;二期恒载工况定义如图6.4.4b)所示;拉索荷载工况需定义为“初拉力荷载”类型,1号拉索的荷载工况定义操作如图6.4.4c)所示,同理,可完成其他拉索的初拉力荷载输入。拉索初拉力定义为单位荷载。本算例取1kN,也可根据需要取10kN、100kN等。

(7)运行结构分析。

(8)建立图6.4.5所示的荷载组合,对于拉索来说,其组合系数一般应设为1。

(9)计算未知荷载系数。选择“结果”>“索控制”>“未知荷载系数”,打开未知荷载系数法功能界面。按图6.4.6a)所示添加未知荷载系数,按图6.4.6b)添加约束条件,具体的约束条件设置见表6.4.1,表中“数值”“上限”和“下限”的约束条件是本例自行指定的,对于设计者来说,这些条件需要设计人员根据不同的结构自行确定。

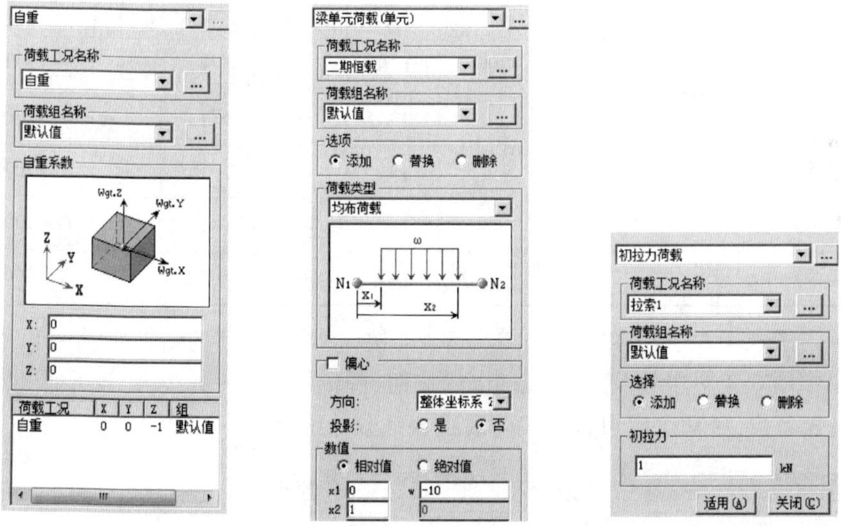


a)定义自重荷载工况　　b)定义二期恒载工况　　c)定义拉索荷载工况

图6.4.4 静力荷载工况定义

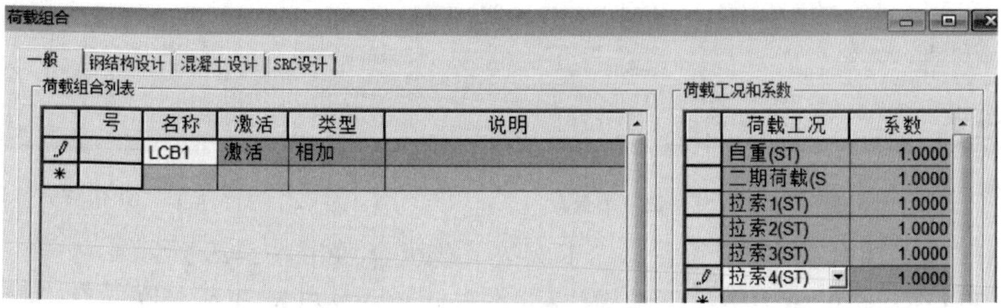


图6.4.5 建立荷载组合

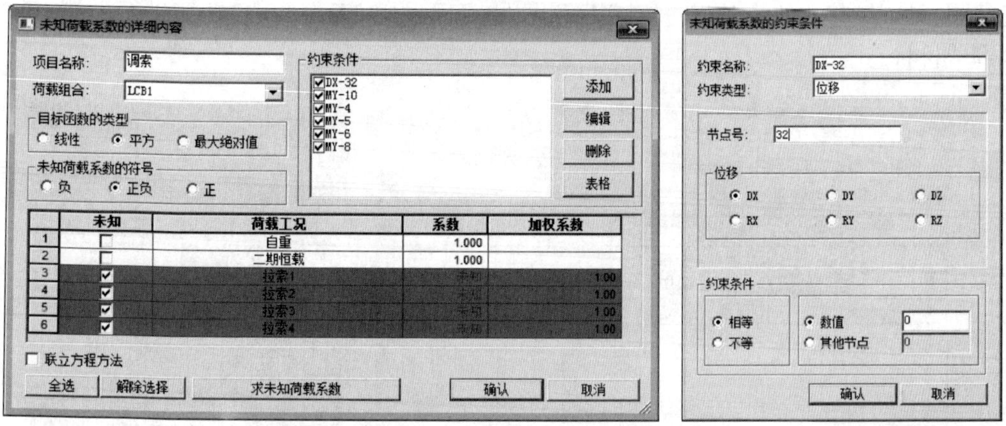


a)添加未知荷载系数　　b)添加约束条件

图6.4.6 计算未知荷载系数

约束条件　　　　表6.4.1

| 约束名称 | 类　　型 | 节点号 | 位移 | 单元号 | 位置 | 内力 | 约束条件 | 数值 | 上限 | 下限 |
|---|---|---|---|---|---|---|---|---|---|---|
| DX-32 | 位移 | 32 | $Dx$ | — | — | — | 相等 | 0 | — | — |
| MY-4 | 梁单元内力 | — | — | 4 | $I$端 | $M_y$ | 不等式 | — | -2000 | -4200 |
| MY-5 | 梁单元内力 | — | — | 5 | $J$端 | $M_y$ | 不等式 | — | -2000 | -4200 |
| MY-6 | 梁单元内力 | — | — | 6 | $I$端 | $M_y$ | 不等式 | — | -2000 | -4200 |
| MY-8 | 梁单元内力 | — | — | 8 | $I$端 | $M_y$ | 不等式 | — | -2000 | -4200 |
| MY-10 | 梁单元内力 | — | — | 10 | $I$端 | $M_y$ | 不等式 | — | -2000 | -4200 |

(10)单击图6.4.6a)中的“求未知荷载系数”按钮,计算得到的结果如图6.4.7所示。

(11)单击图6.4.7中的“生成荷载组合”按钮,弹出“生成荷载组合”对话框(图6.4.8),输入荷载组合名称,自动生成包含拉索荷载组合系数的组合。

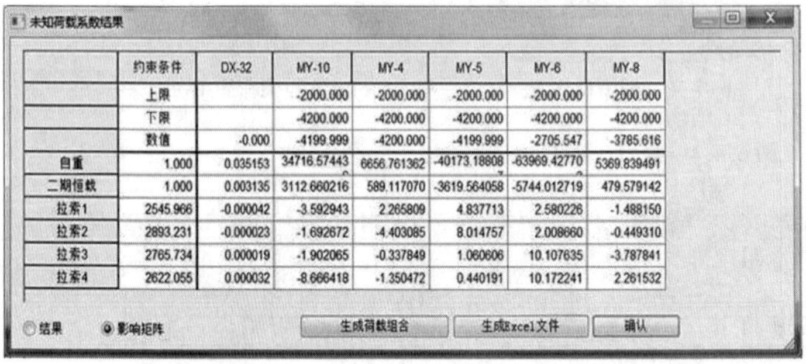


图6.4.7　未知荷载系数结果查看

图6.4.8　“生成荷载组合”对话框

(12)在“荷载组合”列表中查看自动生成的荷载组合,如图6.4.9所示。

(13)查看在求得的索力条件下结构位移(图6.4.10)及单元内力(图6.4.11)是否满足指定的约束条件。

可见,在指定的约束条件下,求得的弯矩和位移均满足要求。如果求解的位移或内力不是最优状态,可继续修改约束条件进行索力优化,也可以采用“索力调整”功能进行微调,最终确定合理成桥状态。

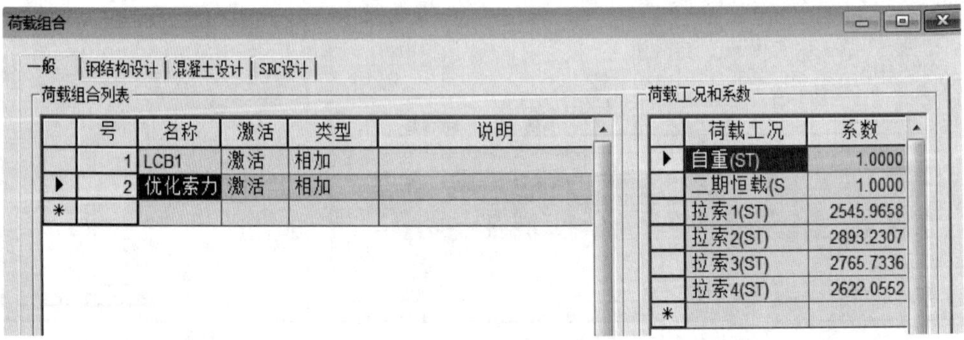


图6.4.9　生成的优化索力组合

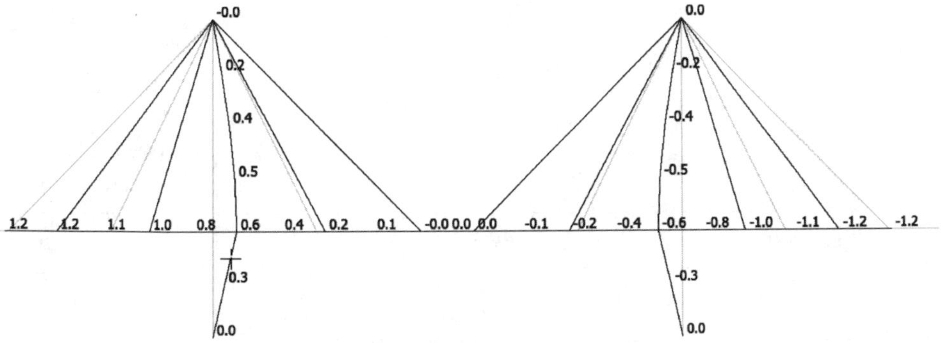


图 6.4.10　水平位移结果(单位:mm)

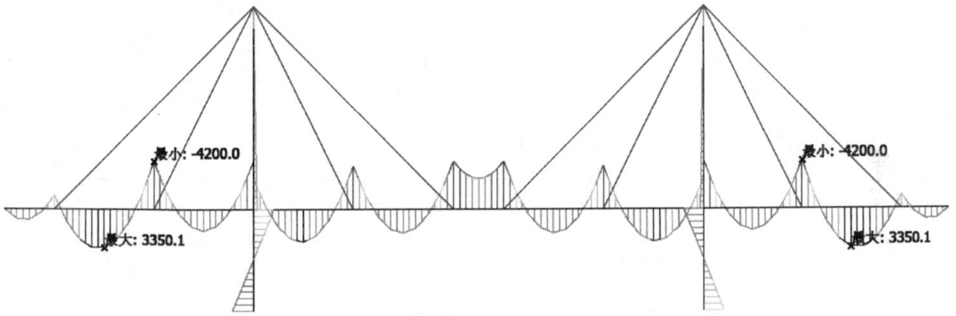


图 6.4.11　单元内力结果(单位:kN・m)

2)实用的索力优化方法

基于弯曲能量最小法的斜拉桥成桥索力优化实用方法的计算步骤如下:

(1)确定斜拉桥结构布置、压重分布等。

(2)建立杆系结构有限元模型:节点坐标取用斜拉桥设计成桥坐标;斜拉索用杆单元模拟;单元拉压刚度取为实际值,单元抗弯刚度人为缩小 $\zeta_1$ 倍,即将各单元抗弯刚度改为 $E_iI_i/\zeta_1$,一般可取 $\zeta_1=1000$。

(3)施加结构自重和压重等外荷载,做一次落架线性计算。

(4)调整压重等参数,重新计算,直到结构整体受力良好所得索力就是弯曲能量最小时的最优索力,所得内力就是弯曲能量最小时的成桥内力。计算得到的位移结果不表示任何意义。

(5)局部调整单元抗弯刚度、支撑刚度和拉索拉压刚度,进一步优化结构内力,可将其作为斜拉桥成桥合理状态。

按照以上步骤,采用“截面特性调整系数”功能将模型抗弯刚度乘以 0.001 的调整系数;删除斜拉索初始张拉力;运行分析;然后查看自重和二期恒载组合下的结构内力(图6.4.12 和图 6.4.13)。可见,按本方法得到的合理成桥状态下主梁弯矩及索力均与未知荷载系数法接近。

## 6.4.2　斜拉桥施工阶段索力优化

在上一节的基础上考虑施工阶段,确定斜拉索施工阶段的初始张拉力。具体操作步骤如下:

(1)修改模型所有荷载工况为“施工阶段荷载”类型。

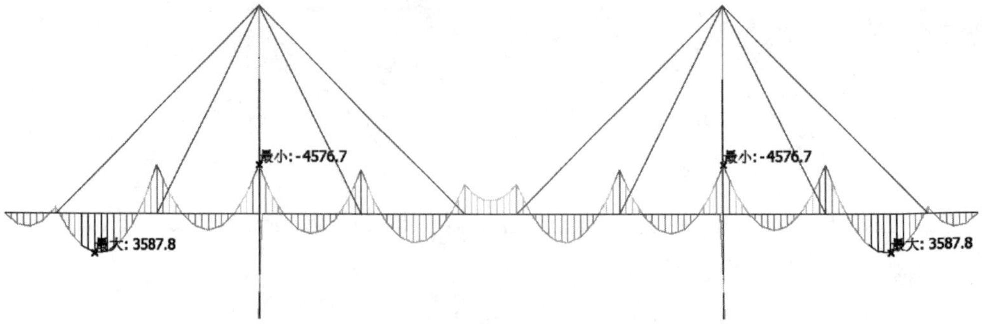


图 6.4.12　主梁内力结果(单位:kN·m)

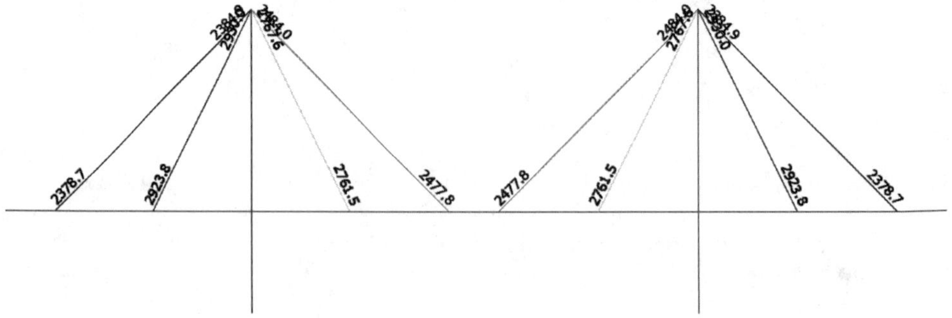


图 6.4.13　斜拉索索力结果(单位:kN)

(2)定义结构组、边界组和荷载组,按照图 6.4.14 所示的施工过程建立斜拉桥施工阶段模型,其中斜拉索的初始张拉力设为上一节段未知荷载系数法确定的合理成桥状态的索力值。

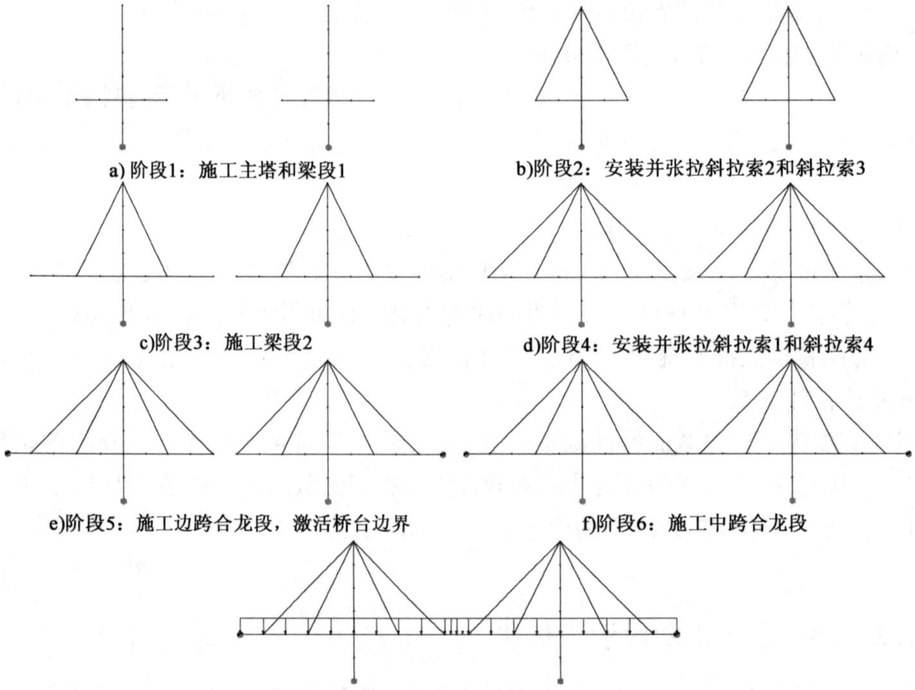


图 6.4.14　施工阶段划分

(3)新建一个结构组,给定名称“未闭合力组”,然后将所有节点和单元都包括在该结构组中;再新建一个结构组,给定名称“切线拼装”;然后将悬臂浇筑段(梁段1和梁段2)节点和单元都包括在该结构组中。

(4)在图6.4.15中设置施工阶段分析控制数据。将斜拉索初始张拉力选择为“体内力”类型,然后勾选“构件沿初始切向位移方向激活”,并选择步骤(3)定义的“切线拼装”组;再勾选“未闭合力控制”并选择“未闭合力组”。

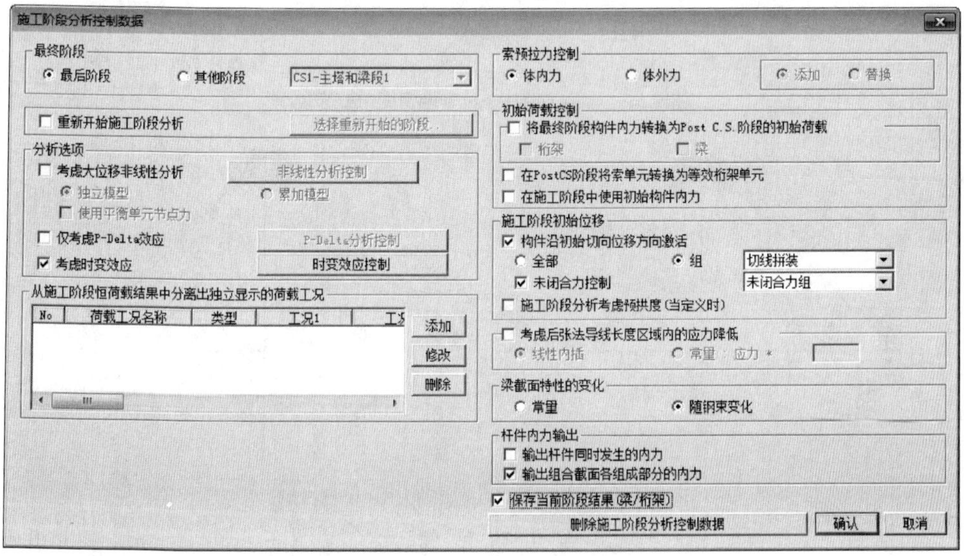


图6.4.15 施工阶段分析控制数据

(5)运行分析,查看最后一个施工阶段结构变形和内力是否与合理成桥状态一致。本例计算得到阶段7的弯矩图(图6.4.16),与合理成桥状态内力图(图6.4.12)一致,说明利用考虑未闭合配合力的施工阶段正装分析能保证与合理成桥状态一致。未闭合配合力可在“分析结果表格”>“施工阶段”>“未闭合配合力”中查看,分桁架单元和梁单元两种,其中所有桁架单元均有未闭合配合力,但梁单元中只有合龙段有未闭合配合力。

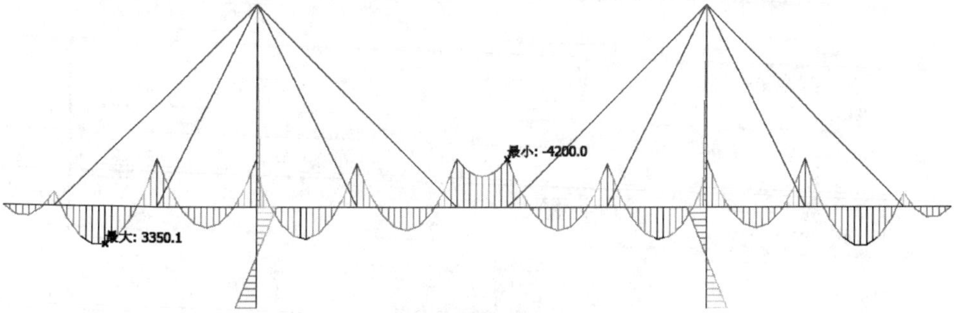


图6.4.16 阶段7内力图(单位:kN/m)

(6)提取斜拉索2和3张拉阶段(阶段2),以及斜拉索1和4张拉阶段(阶段4)的轴力图,如图6.4.17和图6.4.18所示。计算斜拉索在张拉阶段两端索力的平均值,即施工阶段的初始张拉力,见表6.4.2中的加粗数值。

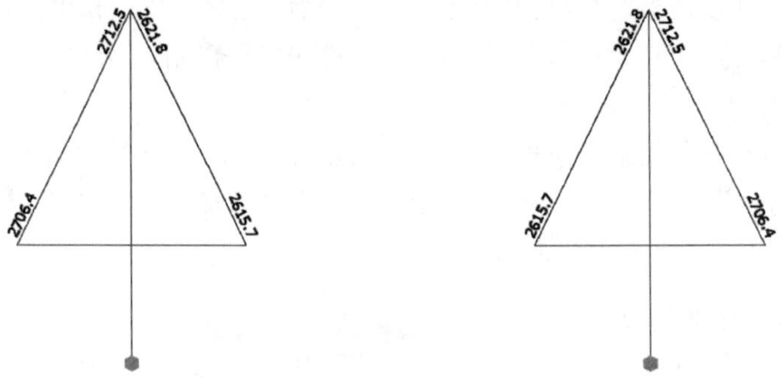


图 6.4.17 施工阶段 2 拉索轴力图(单位:kN)

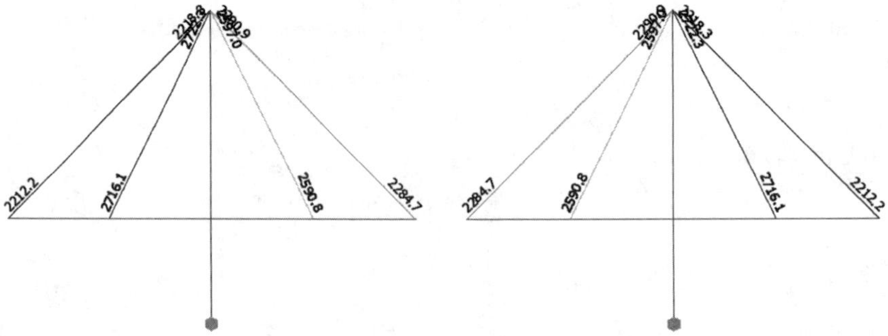


图 6.4.18 施工阶段 4 拉索轴力图(单位:kN)

**施 工 阶 段 索 力** 表 6.4.2

| 施 工 阶 段 | 索力值(kN) | | | |
|---|---|---|---|---|
| | 斜拉索 1 | 斜拉索 2 | 斜拉索 3 | 斜拉索 4 |
| 2 | — | **2709.4** | **2618.8** | — |
| 4 | **2215.3** | 2719.2 | 2593.9 | **2287.8** |

(7)将表 6.4.2 中各斜拉索的索力作为施工阶段初始张拉力(加粗的数值),以“体外力”形式施加,如图 6.4.19 所示,再重新运行分析。

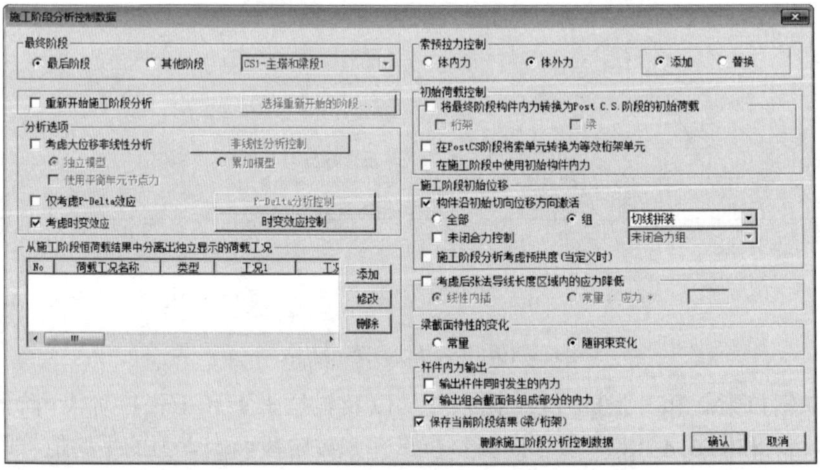


图 6.4.19 各施工阶段索力以体外力形式施加

(8)如前所述,未闭合配合力来自斜拉索和合龙段,其中斜拉索未闭合配合力可通过索力予以考虑,但在实际施工中,不可能在合龙段两端施加外力再进行合龙。因此,本例按照步骤(7)考虑施工阶段的成桥状态必然与一次成桥的合理成桥状态存在差异。需要说明的是,在实际工程中,若索力和支反力的不闭合对结构受力状态影响不大,则可考虑用后者代替原来的合理成桥状态;否则,必须在结构合龙后实施二次调索。这一步工作必须作为一个施工步骤反映在确定初始张拉力与施工预拱度的分析过程中。二次调索可采用考虑施工阶段的"未知荷载系数法"或者"索力调整"功能进行。

在第7阶段后新增4个施工阶段,依次张拉斜拉索1~4,张拉力为单位力1。施工阶段分析控制选项与图6.4.19相同,以"体外力"形式在原索力基础上叠加二次调索索力;运行分析;然后定义"合计"荷载组合,打开未知荷载系数功能并进入图6.4.20所示的界面设置。设置斜拉索索力为约束条件,各索力的目标值为合理成桥索力,二次调索结果如图6.4.21所示。

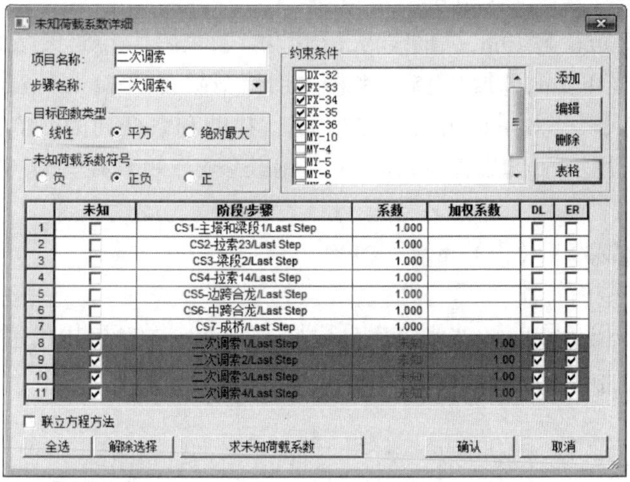


图6.4.20 二次调索设置

未知荷载系数结果

| | 约束条件 | FX-33 | FX-34 | FX-35 | FX-36 |
|---|---|---|---|---|---|
| | 上限 | | | | |
| | 下限 | | | | |
| | 数值 | 2527.423 | 2874.126 | 2743.625 | 2599.182 |
| 二次调索1/Last Step | 232.769 | 1.000000 | -0.188928 | 0.138006 | 0.187119 |
| 二次调索2/Last Step | 124.074 | -0.133545 | 1.000000 | 0.076327 | 0.098832 |
| 二次调索3/Last Step | 86.205 | 0.098367 | 0.076965 | 1.000000 | -0.151150 |
| 二次调索4/Last Step | 188.826 | 0.192606 | 0.143919 | -0.218279 | 1.000000 |

图6.4.21 二次调索结果

(9)单击"迭代分析"做一次迭代分析,程序将新建一个文件名为"＊_01"模型,并将图6.4.21的索力值赋予到新模型中。新模型中施加给各斜拉索的张拉力便是所要求的施工阶段索力,最后一个施工阶段的索力(图6.4.22)则为正装分析后的成桥索力,可见与合理成桥索力一致。

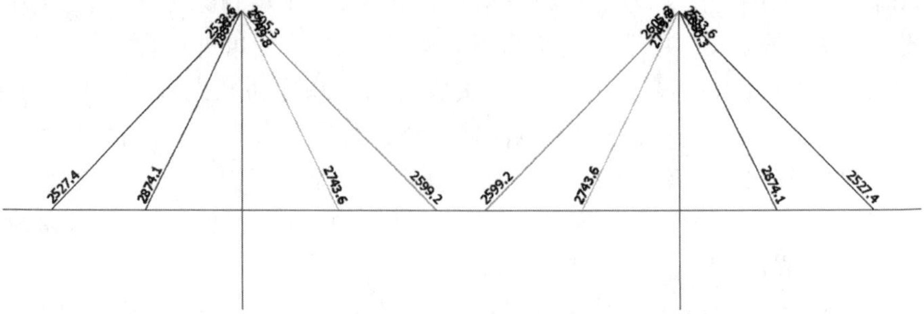


图 6.4.22　二次调索后的斜拉索索力(单位:kN)

## 6.4.3　下承式拱桥成桥阶段索力计算

本小节以一座下承式拱桥为列,介绍采用 MIDAS/Civil 未知荷载系数功能计算成桥阶段拱桥吊杆索力的过程和具体实现方法。

某系杆拱桥计算跨径为70m,拱轴线为二次抛物线,矢跨比1/5,矢高14.0m。拱肋采用箱型截面,箱高1.4m,宽1.2m,壁厚0.15m;系杆采用箱型截面,箱高1.9m,宽1.2m,壁厚0.3m;系杆内布置预应力束,其等效轴向力为24 373 kN。拱肋和系杆均为C50混凝土,二期恒载为145.0kN/m。吊杆采用1860MPa低松弛预应力钢绞线,等效直径为0.05m。主要建模步骤如下:

(1)单位体系设置为kN(力),m(长度)。

(2)定义材料和截面特性。

(3)拱肋和系杆采用梁单元,水平方向分段均为14@5,吊杆采用桁架单元,每根吊杆为一个单元,如图6.4.23所示。

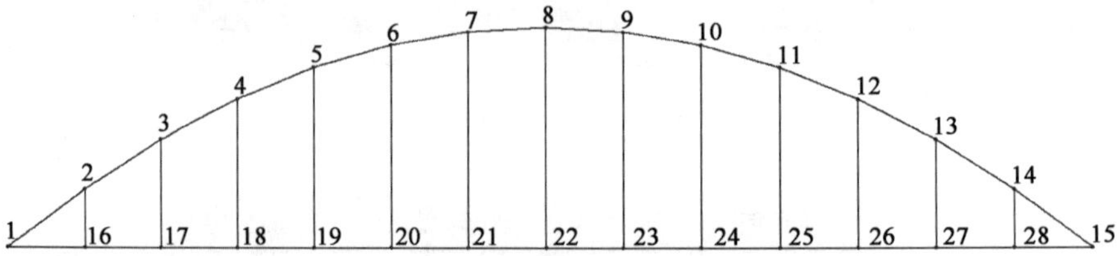


图 6.4.23　有限元模型

注:图中数字为节点编号。

(4)边界条件输入:按简支边界输入。图6.4.24为施加边界条件后的有限元模型。

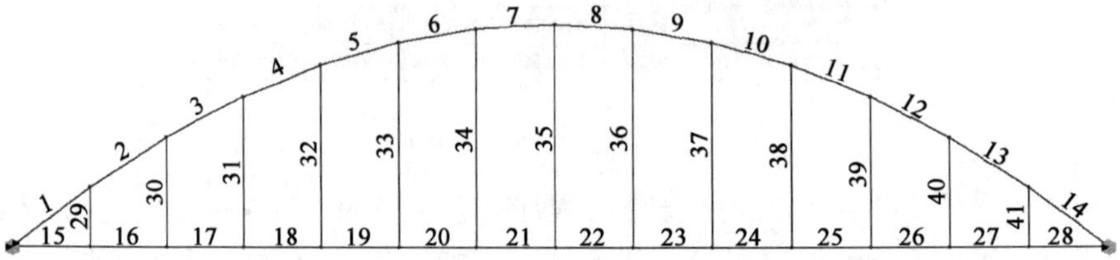


图 6.4.24　输入边界条件

注:图中数字为单元编号。

(5)定义图6.4.25所示的静力荷载工况。本例结构和荷载完全对称,因此对称吊杆的初张拉力定义在一个荷载工况中。

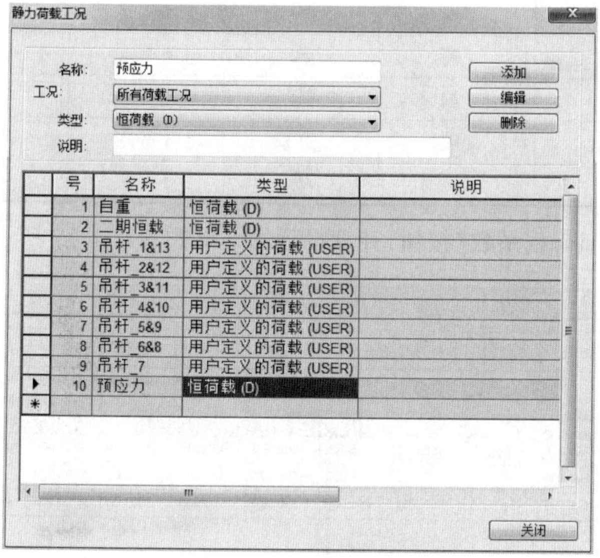


图6.4.25　静力荷载工况定义

(6)输入荷载。自重、二期恒载和吊杆初张拉力的定义方式同例1。系杆预应力以集中力作用在系杆两端。

(7)运行结构分析。

(8)建立图6.4.26所示的荷载组合。

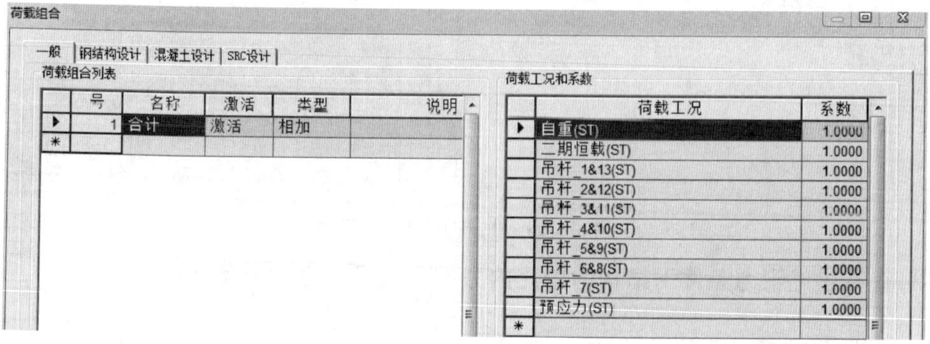


图6.4.26　建立荷载组合

(9)计算未知荷载系数。约束条件选为系杆根部和各吊点处的弯矩,具体约束信息见表6.4.3。

**约 束 条 件**　　表6.4.3

| 约束名称 | 单元 | 位置 | 分量 | 类型 | 上限 | 下限 |
|---|---|---|---|---|---|---|
| MY-15 | 15 | *I*端 | $M_y$ | 不等式 | 500 | -500 |
| MY-16 | 16 | *I*端 | $M_y$ | 不等式 | -150 | -300 |
| MY-17 | 17 | *I*端 | $M_y$ | 不等式 | -150 | -300 |

续上表

| 约束名称 | 单元 | 位置 | 分量 | 类型 | 上限 | 下限 |
|---|---|---|---|---|---|---|
| MY-18 | 18 | $I$端 | $M_y$ | 不等式 | -150 | -300 |
| MY-19 | 19 | $I$端 | $M_y$ | 不等式 | -150 | -300 |
| MY-20 | 20 | $I$端 | $M_y$ | 不等式 | -150 | -300 |
| MY-21 | 21 | $I$端 | $M_y$ | 不等式 | -150 | -300 |
| MY-22 | 22 | $I$端 | $M_y$ | 不等式 | -150 | -300 |

(10)单击“求未知荷载系数”按钮,计算得到的结果如图6.4.27所示。

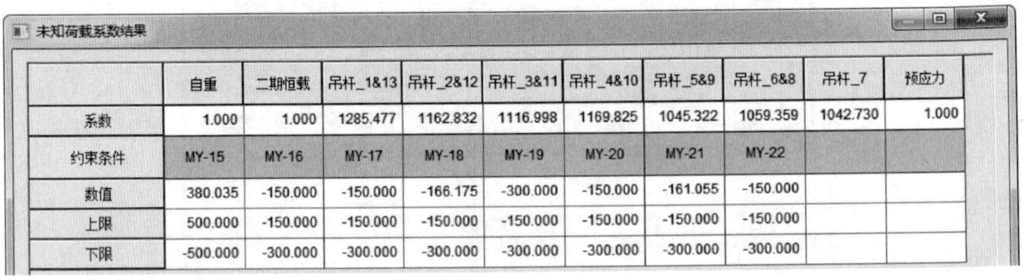
未知荷载系数结果

| | 自重 | 二期恒载 | 吊杆_1&13 | 吊杆_2&12 | 吊杆_3&11 | 吊杆_4&10 | 吊杆_5&9 | 吊杆_6&8 | 吊杆_7 | 预应力 |
|---|---|---|---|---|---|---|---|---|---|---|
| 系数 | 1.000 | 1.000 | 1285.477 | 1162.832 | 1116.998 | 1169.825 | 1045.322 | 1059.359 | 1042.730 | 1.000 |
| 约束条件 | MY-15 | MY-16 | MY-17 | MY-18 | MY-19 | MY-20 | MY-21 | MY-22 | | |
| 数值 | 380.035 | -150.000 | -150.000 | -166.175 | -300.000 | -150.000 | -161.055 | -150.000 | | |
| 上限 | 500.000 | -150.000 | -150.000 | -150.000 | -150.000 | -150.000 | -150.000 | -150.000 | | |
| 下限 | -500.000 | -300.000 | -300.000 | -300.000 | -300.000 | -300.000 | -300.000 | -300.000 | | |

图6.4.27　未知荷载系数结果查看

(11)生成荷载组合,在“荷载组合”列表中查看自动生成的荷载组合,如图6.4.28所示。

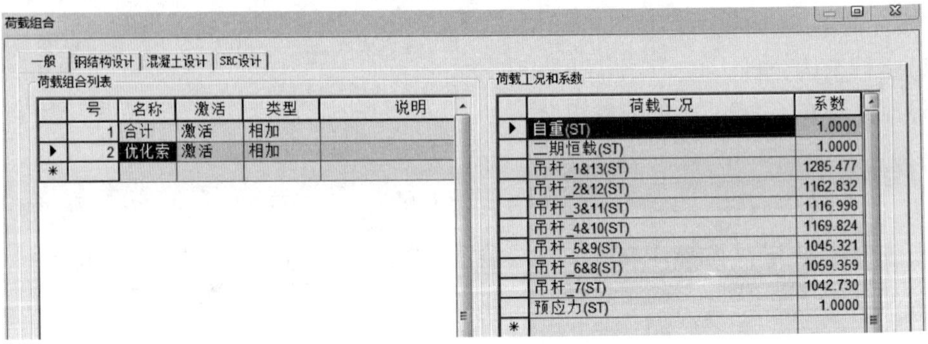


| 号 | 名称 | 激活 | 类型 | 说明 |
|---|---|---|---|---|
| 1 | 合计 | 激活 | 相加 | |
| 2 | 优化索 | 激活 | 相加 | |

| 荷载工况 | 系数 |
|---|---|
| 自重(ST) | 1.0000 |
| 二期恒载(ST) | 1.0000 |
| 吊杆_1&13(ST) | 1285.477 |
| 吊杆_2&12(ST) | 1162.832 |
| 吊杆_3&11(ST) | 1116.998 |
| 吊杆_4&10(ST) | 1169.824 |
| 吊杆_5&9(ST) | 1045.321 |
| 吊杆_6&8(ST) | 1059.359 |
| 吊杆_7(ST) | 1042.730 |
| 预应力(ST) | 1.0000 |

图6.4.28　生成的优化索力组合

(12)查看最优索力条件下结构的单元内力是否满足指定约束条件(图6.4.29)。

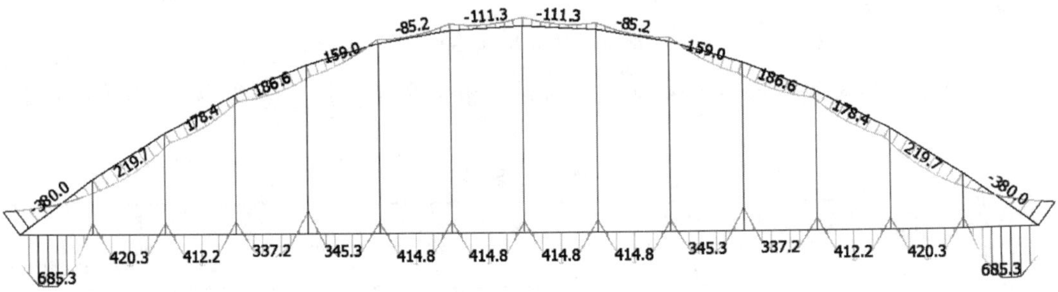


图6.4.29　单元内力结果(单位:kN/m)

可见,求得的弯矩均满足事先指定的约束条件要求。

## 本章习题

1. 未知荷载系数法与最优化问题之间有何对应关系?

2. 未知荷载系数法的目标函数是什么?

3. 考虑和不考虑施工阶段的未知荷载系数法在定义拉索初拉力荷载工况上有何差异?

4. 考虑和不考虑施工阶段的索力调整在定义拉索初拉力荷载工况上有何差异?

5. 考虑施工阶段的未知荷载系数法中,若激活拉索结构组的同时激活对应初拉力荷载组,对计算结果有何影响?

6. 正装分析和倒拆分析结果不闭合的根本原因是什么?

7. 为什么说正装分析中,合龙段相当于简支梁,且其受力不受施工初始张拉力的影响?

8. 采用倒拆分析得到的施工阶段初始张拉力,与考虑未闭合配合力的正装分析得到的初始张拉力有何关系?

9. 实用的索力优化方法步骤(2),调整单元刚度的目的是什么?

10. 采用未知荷载系数法优化斜拉桥和中下承式拱桥索力时,约束条件如何设置?

11. 将斜拉桥算例中的约束条件修改为每个索梁连接处点的竖向变位小于2cm,塔顶偏位小于3cm,试计算满足上述条件的最优成桥索力。

12. 基于系杆拱桥算例,进一步修改约束条件优化吊杆力,在保证系杆弯矩较小的同时,使得短吊杆的索力小于长吊杆。

# 第7章

# MIDAS/Civil 桥梁专题分析

## 7.1 组合截面与组合梁截面

### 7.1.1 组合截面

组合截面是指构件横截面中同时采用钢和混凝土两种不同性质的材料，也就是钢－混凝土组合截面，MIDAS/Civil 2019 中提供了16种组合截面形式，包括拱桥中应用较多的钢管混凝土。组合截面能用于成桥阶段和施工阶段的分析。

下面以圆形钢管混凝土为例(图7.1.1)，说明组合截面的输入方法。

钢材数据可以从数据库中选择标准钢材截面，也可以自定义钢材截面。钢材和混凝土的材料特性从数据库中选择相应规范，程序自动计算以下各项：

(1)$E_s/E_c$：钢与混凝土弹性模量之比。

(2)$D_s/D_c$：钢材与混凝土重量(相对密度)之比。

(3)$P_s$、$P_c$：钢材与混凝土的泊松比。

混凝土刚度折减系数：换算刚度时混凝土截面刚度的折减值，一般取0.8～1.0。混凝土截面刚度折减即弹性模量的折减，是考虑混凝土长期效应和混凝土徐变的影响，混凝土的弹性模量随时间的增长是降低的。在施工计算中，因为混凝土为新浇筑或龄期较短，一般不予以折

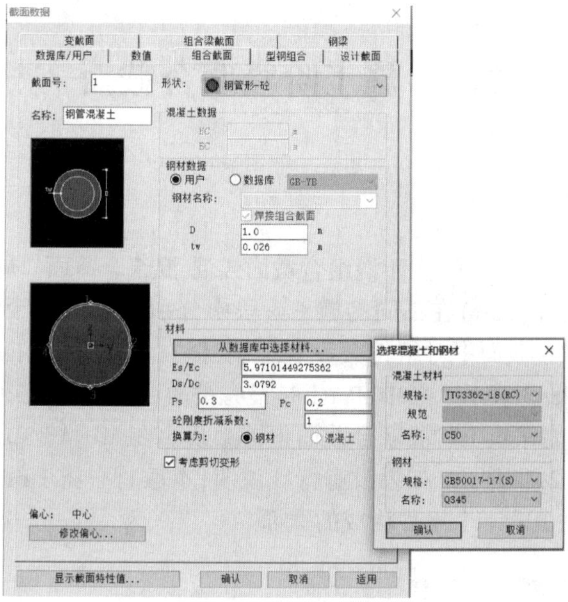


图 7.1.1　钢管混凝土组合截面定义

减;在设计计算中,要考虑长期效应,混凝土刚度折减系数一般取 0.85。

MIDAS/Civil 在计算钢-混凝土截面刚度时,是将混凝土截面换算为等效钢材截面。所谓等效,是指作用力合力等效与重量等效。混凝土截面积等效为原来的 $E_c/E_s$ 倍,其合力作用位置不变,并据此计算等效后总的截面特性。

### 7.1.2　组合梁截面

组合梁截面也属于钢-混凝土组合截面,如桥梁工程中常用的钢-箱形、钢-I 形、钢-槽形截面。与组合截面不同的是,组合梁截面只能用于施工阶段联合分析中,并且可以考虑联合前和联合后的截面数据。

除钢-混凝土组合梁外,工程中还经常遇到由不同材龄构成的混-混组合截面。例如,为了减轻吊装重量,将 T 梁分解成预制的 I 形梁与现场浇筑的桥面板两部分。采用缆索吊装施工的钢筋混凝土拱桥中,混凝土拱圈由预制吊装而成的多条拱肋、纵缝混凝土和顶板现浇混凝土 3 部分组成,如图 7.1.2 所示。

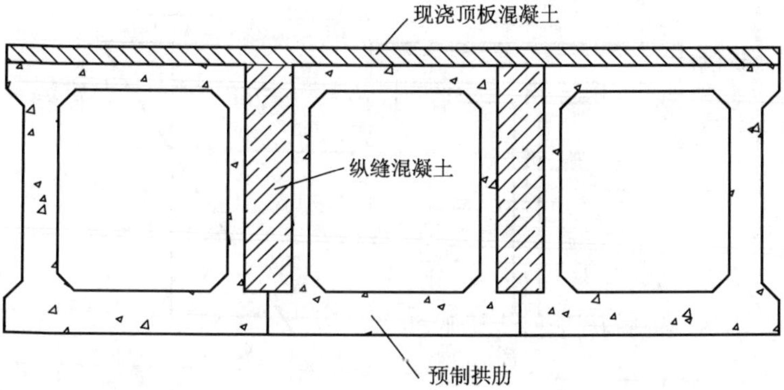


图 7.1.2　拱圈截面(混-混组合截面)

# 7.2 施工阶段联合截面

## 7.2.1 概述

在 MIDAS/Civil 中,联合截面指钢-混组合截面或混-混组合截面。施工阶段联合截面是指将联合截面中的各个组件(Part)在不同的施工阶段中分别激活,以达到模拟组合结构施工过程的目的。施工阶段联合截面中对组件数没有限制,但在 SPC 中允许最多有 3 个组件组成,分别用 Part1、Part2 和 Part3 表示。其中,Part1 是最先被激活的组件,必须在施工阶段定义中被激活,而 Part2、Part3 只能在施工阶段联合截面中被激活。在 MIDAS/Civil(中文版)中,将 Part 翻译成“位置”,如图 7.2.1 所示。如果没有特殊说明,本教材中将 Part 翻译成“组件”,因此,联合截面也可理解为是由若干个组件构成的截面。

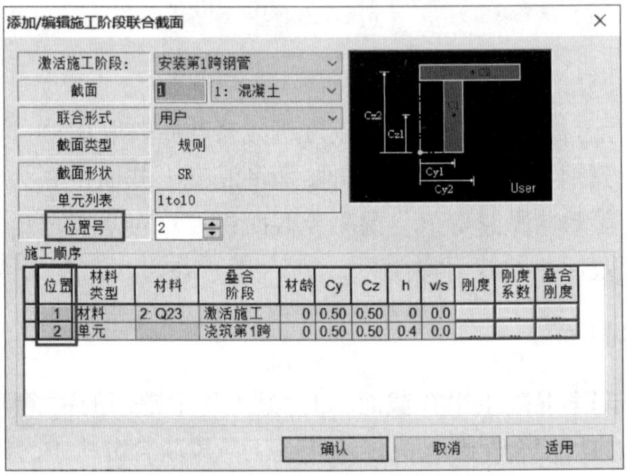


图 7.2.1 施工阶段联合截面对话框

当采用联合截面计算时,假定各组件完全固结在一起,各个组件交接处的应变相同。如图 7.2.2 所示的钢-混结合梁,在联合截面总弯矩 $M_y$ 作用下混凝土板底缘应变与钢梁顶缘应变相等,即 $\varepsilon_{c\_bot}=\varepsilon_{s\_top}$,程序根据该条件计算各个组件的应力和内力。

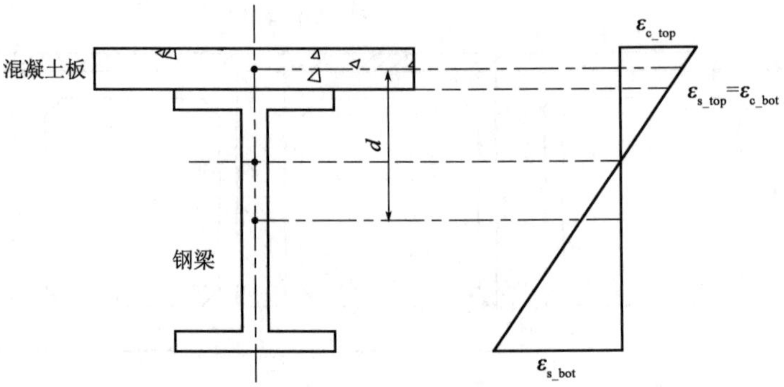


图 7.2.2 联合截面应变分布

由图 7.2.2 就可以得到混凝土板和钢梁的应力分布，并将其分解为轴向应力和绕自身形心轴的弯曲应力两部分，如图 7.2.3 所示。

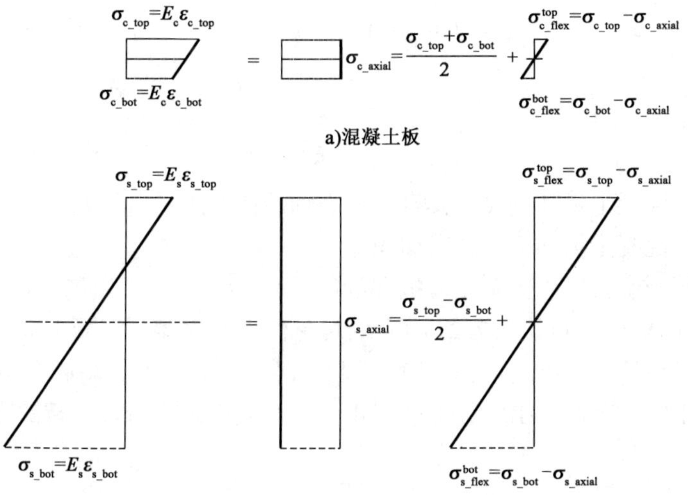


图 7.2.3 各部件应力计算图式

1)混凝土板

(1)轴向应力：

$$\sigma_{\text{c\_axial}} = \frac{\sigma_{\text{c\_top}} + \sigma_{\text{c\_bot}}}{2} \tag{7.2.1}$$

(2)弯曲应力：

①顶缘

②底缘

$$\left.\begin{aligned} \sigma_{\text{c\_flex}}^{\text{top}} &= \frac{\sigma_{\text{c\_top}} - \sigma_{\text{c\_axial}}}{2} \\ \sigma_{\text{c\_flex}}^{\text{bot}} &= \frac{\sigma_{\text{c\_bot}} - \sigma_{\text{c\_axial}}}{2} \end{aligned}\right\} \tag{7.2.2}$$

2)钢梁

(1)轴向应力：

$$\sigma_{\text{s\_axial}} = \frac{\sigma_{\text{s\_top}} + \sigma_{\text{s\_bot}}}{2} \tag{7.2.3}$$

(2)弯曲应力：

①顶缘

②底缘

$$\left.\begin{aligned} \sigma_{\text{s\_flex}}^{\text{top}} &= \frac{\sigma_{\text{s\_top}} - \sigma_{\text{s\_axial}}}{2} \\ \sigma_{\text{s\_flex}}^{\text{bot}} &= \frac{\sigma_{\text{s\_bot}} - \sigma_{\text{s\_axial}}}{2} \end{aligned}\right\} \tag{7.2.4}$$

由总弯矩 $M_y$ 分配到混凝土板和钢梁上的轴向力和弯矩如下

混凝土板：

$$\begin{aligned} F_{\text{c}} &= A_{\text{c}} \times \sigma_{\text{c\_axial}} \\ M_{y\_\text{c}} &= (M_y - A_{\text{c}} \times \text{d}) \times \frac{\dfrac{I_{yy\_\text{c}}}{n}}{\dfrac{I_{yy\_\text{c}}}{n} + I_{yy\_\text{s}}} \end{aligned} \tag{7.2.5}$$

钢梁：

$$F_s = A_s \times \sigma_{s\_axial}$$

$$M_{y\_s} = (M_y - A_s \times \mathrm{d}) \times \frac{I_{yy\_s}}{\frac{I_{yy\_c}}{n} + I_{yy\_s}} \tag{7.2.6}$$

$$n = \frac{E_s}{E_c}$$

式中：$I_{yy\_c}$、$I_{yy\_s}$——混凝土板和钢梁对其自身形心轴的惯性矩；

$A_c$、$A_s$——混凝土板和钢梁的截面积。

如将钢梁和混凝土板均用梁单元模拟，两者之间用刚性连接，先施工钢梁，后施工混凝土板，得到的联合截面应变分布如图7.2.4所示，可见两者在钢梁与混凝土板结合处的应变不相等。如要进一步考虑徐变收缩效应，则计算结果的误差更大。为提高联合截面考虑材料时间依存特性分析结果的准确性，MIDAS/Civil提供了联合截面施工阶段分析的方法。

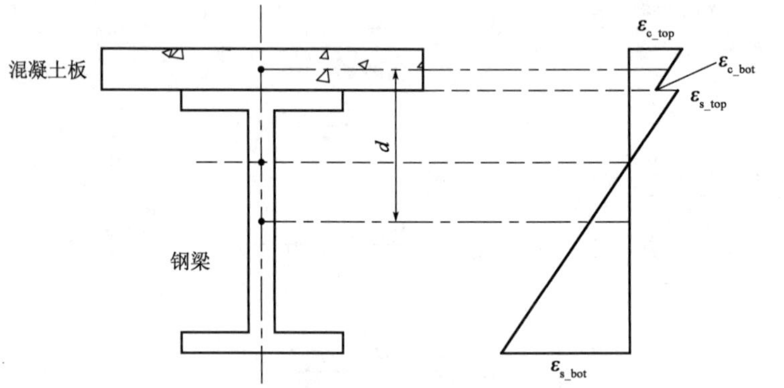


图7.2.4　梁单元法计算截面应力分布

当进行联合截面施工阶段分析时，定义联合截面的方法有三种，即"标准""用户"和"一般截面"。其中，"标准"联合是指利用截面数据库中提供的"组合梁截面"或"组合截面"等已知联合前、联合后各截面特性值的截面来定义的方法。"用户"联合是指利用截面数据库中提供的其他截面并由用户来定义其在不同的施工阶段进行联合的方式。"一般截面"联合只针对用SPC自定义的组合截面，然后按组合梁截面中的"组合-一般"导入的截面。

钢管混凝土拱桥中常采用单肢圆管形、哑铃型或四肢(或六肢)的桁式断面，如图7.2.5所示。

使用施工阶段联合截面定义时，图7.2.5a)所示的单肢钢管混凝土截面有两种方法：一种方法是选择组合截面中的"钢管形-混凝土"；另一种方法是定义一个圆形截面(混凝土)和一个管形截面(钢)，然后再将其联合。前者用"标准"联合形式，后者只能用"用户"联合形式。对于图7.2.5b)所示的哑铃形钢管混凝土截面，可先在截面特性计算器(SPC)中定义成组合截面，然后用组合梁截面中的"组合-一般"截面功能来实现，此时可选择"一般截面"或"用户"联合形式。对于图7.2.5c)的四肢桁式截面，四根钢管混凝土均选择组合截面中的"钢管形-混凝土"，采用"标准"联合形式。但为了区分在不同施工阶段激活的管内混凝土单元，即使它们的截面完全一样，也要定义成不同的截面编号和名称，使其在不同的施工阶段中被激活。

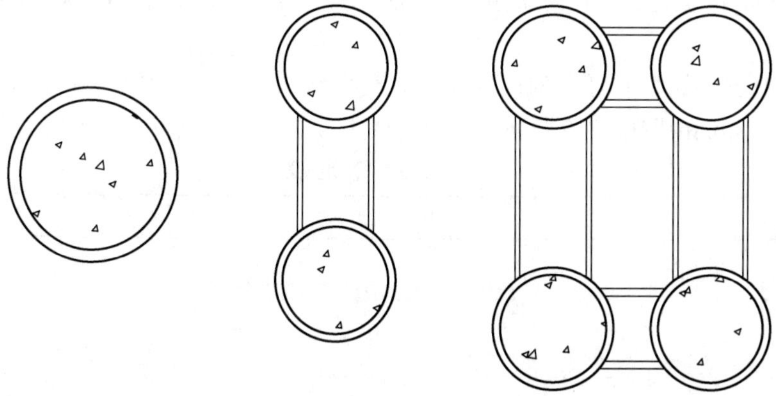


图 7.2.5 钢管混凝土拱桥横截面形式

### 7.2.2 施工阶段联合截面使用方法

开展施工阶段联合截面分析,建模步骤与一般的施工阶段分析建模步骤相似,其定义步骤如下:

(1)定义材料和截面。

对于数据库中的组合截面,材料特性必须定义为"组合材料"。

对于钢-混组合梁截面,程序都是将混凝土截面换算为钢截面,应采用钢材进行建模。对于混-混组合截面以及自定义的"组合-一般"截面,需根据实际指定的基准材料建模,截面特性也是换算为基准材料的截面特性。

(2)定义时间依存性材料特性(可选项)。

如果要考虑徐变收缩影响,应同时建立混凝土抗压强度依存性材料特性,以考虑混凝土湿重对结构的影响。如果不定义强度发展依存性材料特性,可以通过施加梁单元荷载来模拟,但这种方法比较复杂。

(3)建立结构模型。

采用联合后截面建模,这样可以根据实际的结构轮廓来保证结构的边界条件准确定位。此外,成桥阶段梁截面温度荷载定义也是基于联合后截面。

(4)定义施工阶段。

(5)定义施工阶段联合截面。

(6)在"施工阶段分析控制选项"中勾选"输出组合截面各组成部分的内力"再运行分析。

(7)查看结果。选择"结果" > "结果表格" > "施工阶段联合截面",查看各组件的内力和应力,也可以从树形菜单中查看结果。

### 7.2.3 算例分析

1)工程背景

某两跨钢管混凝土连续梁,每跨计算跨径为20m,钢管尺寸为 $\phi 1.0\text{m} \times 0.1\text{m}$,Q235 钢材,内填 C40 混凝土。施工流程如下:

架设第一跨钢管→灌注第一跨混凝土→架设第二跨钢管→灌注第二跨混凝土→施加二期

恒载(10kN/m)→计入混凝土收缩徐变影响(一般设置为较长的时间,这里考虑10年,即3650d)。

需要指出的是,钢管混凝土构件主要用于受压结构,用于连续梁桥在实际工程中并不常见,只是通过该算例说明施工阶段联合截面的使用方法。施工阶段定义见表7.2.1。

**施 工 阶 段 定 义** 表7.2.1

| 施工阶段(天数) | 受力图式 | 内容 |
|---|---|---|
| CS1(1d) | 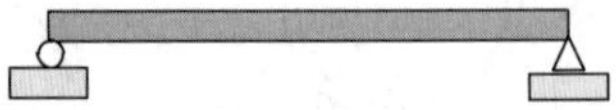 | 架设第一跨钢管 |
| CS2(20d) | | 灌注第一跨混凝土 |
| CS3(1d) | 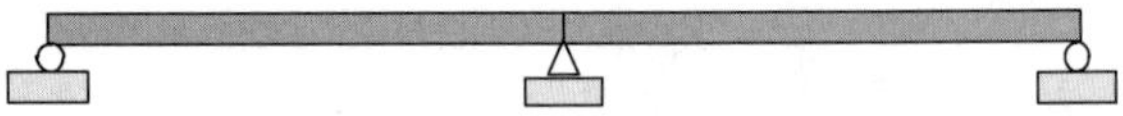 | 架设第二跨钢管 |
| CS4(20d) | | 灌注第二跨混凝土 |
| CS5(10d) | 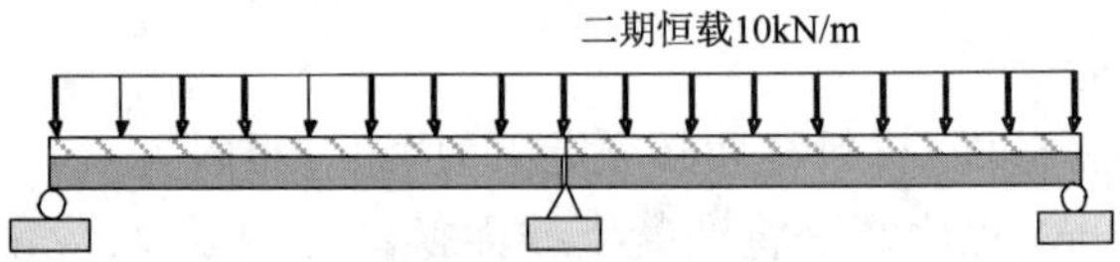  | 施加二期恒载 |
| CS6(3650d) | | 10年徐变/收缩 |

2)建模步骤

(1)设定单位体系:kN(力),m(长度);输入C40、Q235材料特性,定义混凝土材料徐变收缩和抗压强度时间依存性特性,如图7.2.6和图7.2.7所示。图7.2.6定义的徐变系数适用于截面周边与大气接触的普通混凝土桥梁。钢管混凝土结构中,混凝土受到周边钢管约束,又与大气隔绝,较为准确的徐变系数宜按《公路钢管混凝土拱桥设计规范(JTG/T D65-01—2015)》附录A计算。本算例按图7.2.6定义的徐变系数计算,得到的结果会稍偏大。

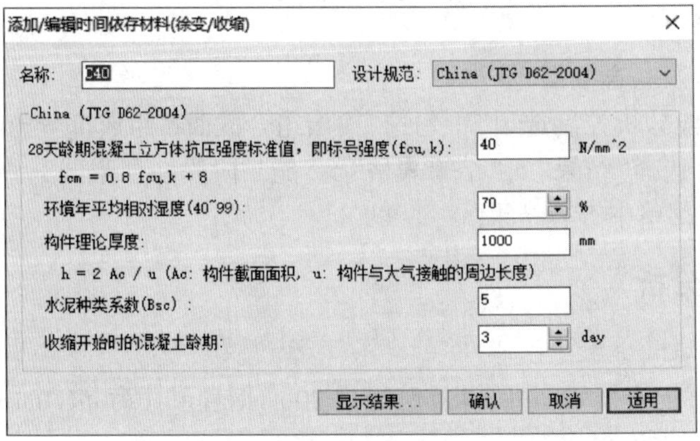


图7.2.6 定义时间依存性材料(徐变/收缩)

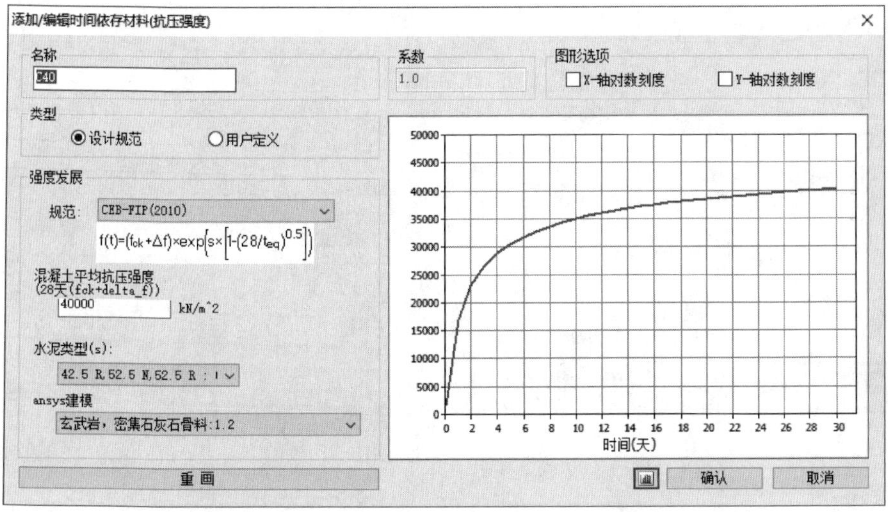


图 7.2.7 定义时间依存性材料(抗压强度)

(2)通过“数据库/用户”定义三个截面:直径为 0.8m 的“实腹圆形截面”并取名为“混凝土”;外径为 1m、壁厚为 0.1m 的“管型”截面并取名为“钢材”;直径为 1m 的“实腹圆形截面”并取名为“模型”。

(3)建立 20 个长度为 2m 的混凝土单元(材料属性为 C40,截面名称为“模型”),将 1 ~ 10 号单元指定为“结构组 1”,11 ~ 20 号单元指定为“结构组 2”。

(4)建立表 7.2.2 所列的边界条件并形成相应的边界组。

**边 界 条 件 定 义**　　　　表 7.2.2

| 节点 | $D_x$ | $D_y$ | $D_z$ | $R_x$ | $R_y$ | $R_z$ | 组 |
|---|---|---|---|---|---|---|---|
| 1 | 0 | 1 | 1 | 1 | 0 | 0 | 边界 1 |
| 11 | 1 | 1 | 1 | 1 | 0 | 0 | 边界 1 |
| 21 | 1 | 1 | 1 | 1 | 0 | 0 | 边界 2 |

(5)施加自重和二期恒载。建立“自重”和“二期”静力荷载工况,定义“自重”和“二期”两个荷载组,二期恒载以梁单元荷载方式施加在“模型”单元上,如图 7.2.8 所示。

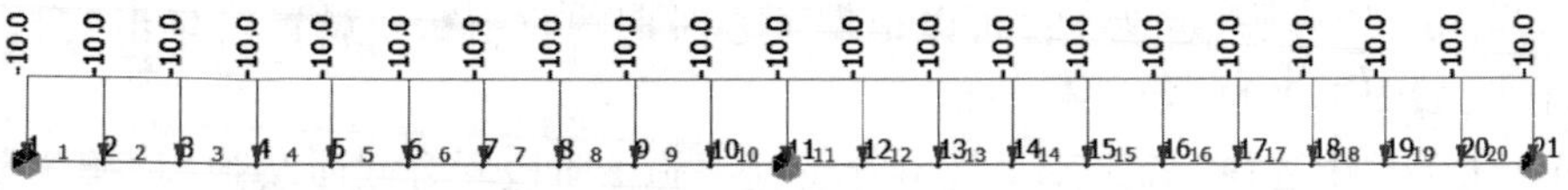

图 7.2.8 有限元模型

(6)定义施工阶段 1(架设第一跨钢管),名称为“CS1”。“持续时间”为 1d,激活“单元”组中的“结构组 1”;激活“边界”组中的“边界 1”;激活“荷载”组中的“自重”,如图 7.2.9 所示。

(7)建立施工阶段 2(灌注第一跨混凝土),名称为“CS2”。此阶段只需在“持续时间”中输入 20,其他内容在施工阶段联合截面中输入,如图 7.2.10 所示。

(8)建立施工阶段 3(架设第二跨钢管),名称为“CS3”。定义“持续时间”为 1d,激活“单元”组中的“结构组 2”;激活“边界”组中的“边界 2”。

(9)建立施工阶段 4(灌注第二跨混凝土),名称为“CS4”,“持续时间”为 20d。

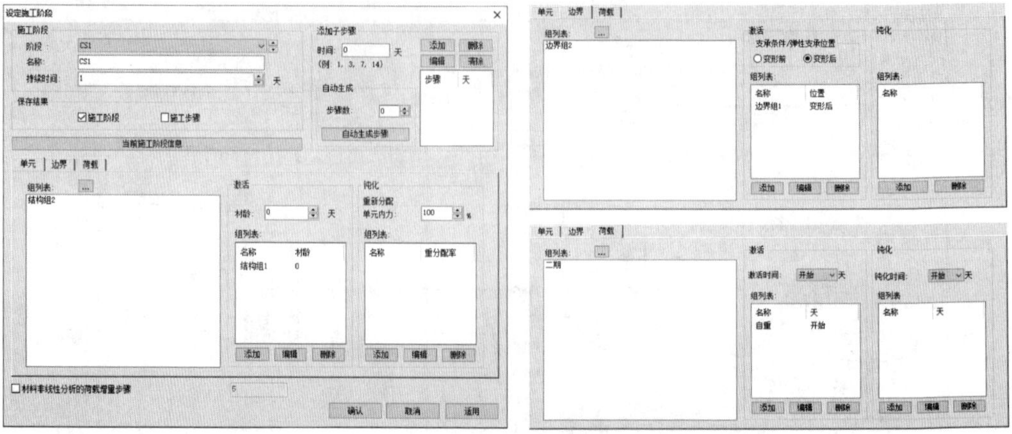


图 7.2.9　定义“CS1”

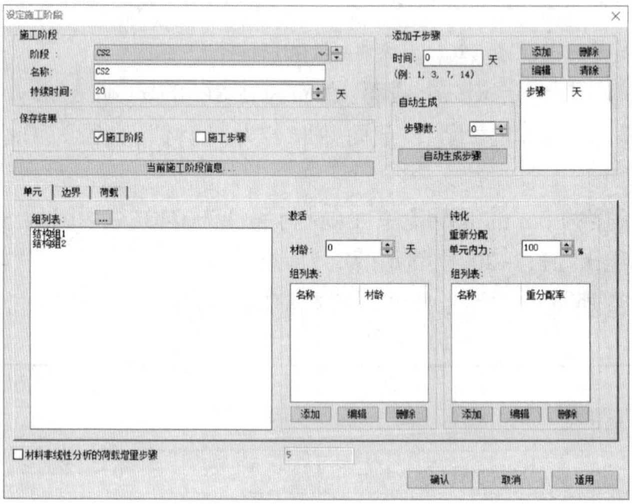


图 7.2.10　定义“CS2”

(10)建立施工阶段 5,名称为“CS5”。“持续时间”为 10d,激活“荷载”组中的“二期”。

(11)建立施工阶段 6,名称为“CS6”。定义“持续时间”为 3650d,在“添加子步骤”中的“自动生成”中定义“步骤数”为 15(可以根据关心时期的收缩徐变设置),单击“自动生成步骤”生成子步,如图 7.2.11 所示。

(12)在主菜单中选择“荷载”>“施工阶段”>“施工阶段联合截面”,弹出“施工阶段联合截面”对话框(图 7.2.12),单击“添加”按钮,弹出“添加/编辑施工阶段联合截面”对话框,如图 7.2.13 所示。在该对话框中输入施工阶段“CS2”的联合截面。

下面就图 7.2.13 中的选项或输入内容做详细说明。

①激活施工阶段:选择从联合截面的所有组件中最先被激活的施工阶段,即 Part1 激活阶段,Part1 是联合截面叠合之前的所用截面。“单元列表”中的单元由在其下面选择的“截面”数据来决定,即以选择的“截面”为截面的所有单元都会自动出现在“单元列表”中。因此,在不同施工阶段激活的单元即使截面完全一样,也要定义成不同的截面编号和名称,以方便在不同施工阶段被激活。对于本例来说,钢管在“CS1”被激活,因此选择“CS1”。

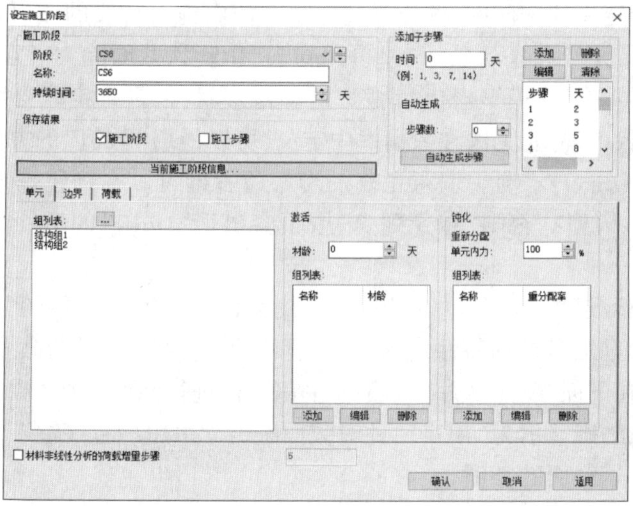


图 7.2.11 定义“CS6”

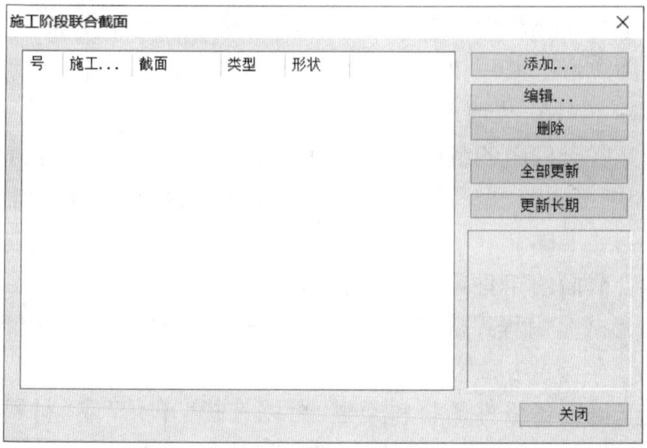


图 7.2.12 “施工阶段联合截面”对话框

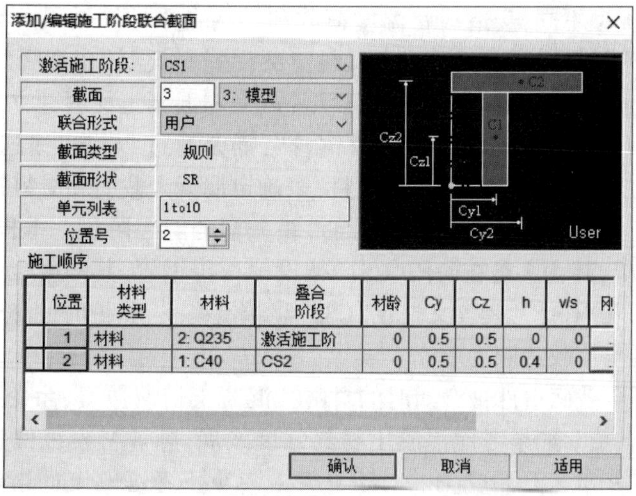


图 7.2.13 “添加/编辑施工阶段联合截面”对话框

②截面:在已经定义的截面中,选择要进行联合截面施工阶段的截面名称。选择截面后,与该截面相对应的单元号会自动显示在“单元列表”中。该截面除为了定义联合截面施工阶段外,还有两个作用:一是在模型窗口“消隐”时显示形状,二是确定联合后截面的形心位置。如果联合截面的形状不规则,无法在数据库中定义,可以使用“数值”的方法定义截面,在截面特性的“Center:y”“Center:z”项中输入正确的形心位置即可。本例建模时采用“模型”截面,在“截面”中选择“3:模型”,否则“单元列表”中不会出现“1to10”的 10 个单元。该“截面”特性值不参与计算。

③联合形式:“标准”“用户”。如前所述,采用截面数据库中提供的“组合梁截面”或“组合截面”等已知联合前后各截面特性值的截面,显示为“标准”,此时的截面刚度采用数据库数据,如要调整,可以在下面“施工顺序”表格的“刚度”栏进行修改。在“截面”栏选择其他表单定义截面或任意截面,则显示为“用户”,此时截面刚度需由用户直接输入。

④截面类型:显示截面的类型。

⑤截面形状:显示截面的形状。

⑥单元列表:与在“截面”中所选择的截面相对应的单元号会自动显示在此。

⑦位置号:输入参与联合截面的组件个数。当选择“用户”联合形式时,程序无法判断截面中的组件个数,需用户自已填写;对于“标准”联合形式,由程序自动识别。本例只有“钢管”和“混凝土”两个位置(组件),故输入 2。

⑧施工顺序:定义联合截面各组件的施工顺序(激活顺序),以及各组件相应的特性值、各组件相对形心位置和刚度调整,显示各个组件刚度和叠合后刚度。此处输入的截面特性值用于结构分析,因此数据要准确。

⑨位置:显示联合截面的组件编号,即确定各组件在联合截面中的位置。组件编号的顺序,对于“标准”联合形式是由程序确定的;对于“用户”的联合形式,可用各个组件的形心位置来决定。

⑩材料类型:用来确定各组件的材料类型,可以选择“单元”或“材料”。若选择“单元”,将采用建立单元时定义的材料作为该组件的材料;若选择“材料”,右侧的“材料”栏被激活,用户可以在此选择相应的材料,此时程序不再使用之前定义的材料。无论选择“材料”还是“单元”,因对应的材料类型不同,会造成在温度荷载和结构自重计算结果差异很大,需要特别注意。如果联合截面的材料特性采用了组合材料定义,“材料类型”中选择“单元”,那么联合截面定义中的钢材属性将被调用。本例采用“模型”截面和混凝土材料建立初始模型,实际中又先施工钢管,因此,不能通过“单元”来选择“钢管”,而是通过“材料”来选定钢管截面和材料特性;位置 2 表示的是混凝土,也要选择“材料”来确定混凝土截面和材料特性。

⑪叠合阶段:该项用于指定联合截面各组件被激活的施工阶段。本例中,先架设钢管,故选择“激活施工阶段”,其含义是在阶段“CS1”架设第一跨钢管,其刚度也在该阶段形成;对于混凝土,“叠合阶段”为“CS2”,其含义是在“CS2”浇筑混凝土,养护时间 20d 后开始计入刚度、参与受力,因此混凝土加载龄期为 20d。

⑫材龄:输入联合截面组件被激活时的材龄。混凝土初期强度、徐变系数、收缩特性等与这里所输入的材龄有关。如果考虑混凝土材料强度发展,则该材料组件就以此处定义了“材龄”时间后所具备的刚度来开始受力。对于只考虑自重不考虑刚度的组件,其初始龄期输入为 0d,程序内部按 0.001d 计算时间依存性材料的强度和刚度。如果不定义材料的强度发展

曲线,可将混凝土湿重以梁单元荷载施加在单元上,等混凝土具有刚度参与受力时,输入参与工作时的材龄,再在相应施工阶段钝化梁单元荷载。在联合截面施工阶段输入的组件材龄,程序进行分析时将忽略施工阶段输入的材龄,只采用此处输入的材龄。

钢管没有徐变/收缩,其"材龄"意义不大,输入的"1"可以理解为架设钢管花了1d;对于混凝土,输入"0"意味要考虑混凝土湿重。

⑬$C_y$、$C_z$:定义联合截面各组件中性轴至基准点距离,用于确定各个组件的相对位置。对于"用户"联合形式,程序默认基准点为在"截面"项所选截面(赋予单元的截面)的左下点(参考视图),因此,如果采用联合截面规则,建议赋予单元的截面和联合截面的最外边缘线尺寸相同。对于"标准"联合形式,在定义截面时各组件的相对位置已被自动输入,无须在这里重新输入。在本例中,建立单元采用的是"模型"截面,其直径为1m,其左下角(基准点)距离形心的距离为0.5m。因此,对于混凝土来说,$C_y$、$C_z$ 均为0.5m;因为钢管形心与混凝土形心重合,从而距离基准点的 $C_y$、$C_z$ 也均为0.5m。

⑭$h$:各联合截面组件的构件理论厚度,用于计算混凝土收缩徐变特性,数值可以随意定义,然后再修改。在"施工阶段联合截面"对话框中单击"全部更新"按钮,程序根据定义的联合截面尺寸,自动计算构件理论厚度。钢管无须计算收缩,构件理论厚度可输入为0。理论厚度为

$$h = \frac{2A_c}{u}$$

式中:$A_c$——截面积;

$u$——构件与大气接触的周边长度。

对于圆形截面,构件的理论厚度等于截面半径,因此输入0.4m。

⑮刚度:输入各组件截面的特性值。当联合形式为"标准"时,各组件的截面特性值由程序自动输入;否则由用户直接输入。对于本例,单击"刚度"栏对应于位置1的按钮,弹出图7.2.14a)所示的对话框,单击"输入"按钮,在图7.2.14b)中选择钢管对应的截面号2,单击"确认"按钮,程序会自动计算刚度。同理,对于位置2的混凝土,选择混凝土对应的截面即可计算混凝土的刚度。

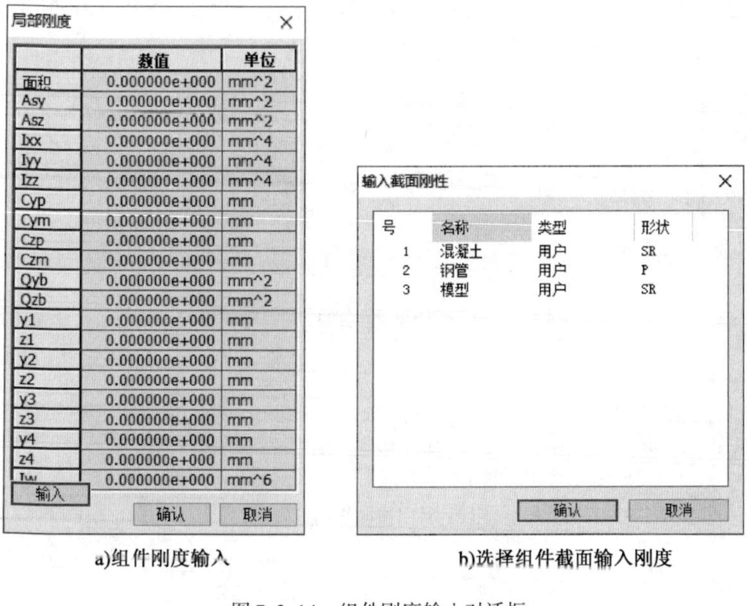


a)组件刚度输入 b)选择组件截面输入刚度

图7.2.14 组件刚度输入对话框

⑯刚度系数:对刚度的调整系数。程序会根据各组件的刚度特性值以及材龄,计算联合后截面的特性值。对于抗扭刚度和有效剪切面积,由于计算方法与截面的具体形状相关,程序内部只是将各组件的抗扭刚度和有效剪切面积进行算术叠加。用户可在计算联合后截面的抗扭刚度和有效剪切面积后,用这里的刚度调整系数来调整。本例没有对刚度系数进行调整,所有系数采用默认值“1.0”。

⑰叠合刚度:在相应阶段已经联合的截面的刚度。

(13)类似地,输入施工“CS4”的联合截面,如图7.2.15所示。

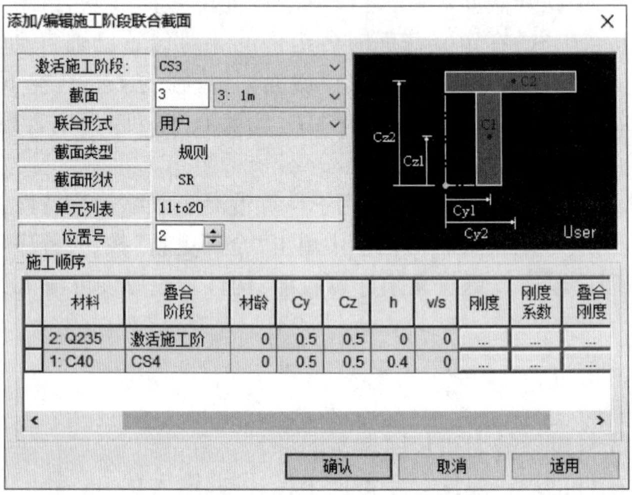


图7.2.15 “阶段2”施工阶段联合截面定义对话框

(14)运行计算,查看施工阶段“CS3”钢管(Part1)的 $M_y$ 如图7.2.16所示,施工阶段“CS4”和“CS5”混凝土(Part2)的 $M_y$ 如图7.2.17、图7.2.18所示。从图7.2.17可以看出,施工第二跨管内混凝土时,混凝土以湿重方式作用在第二跨的钢管上,该跨上的混凝土没有内力,第一跨混凝土已有内力产生。施工到二期恒载时,第二跨混凝土也开始受力,因此两跨混凝土中均有内力,与实际状况是相符。

图7.2.16 “CS3”施工阶段钢管弯矩图

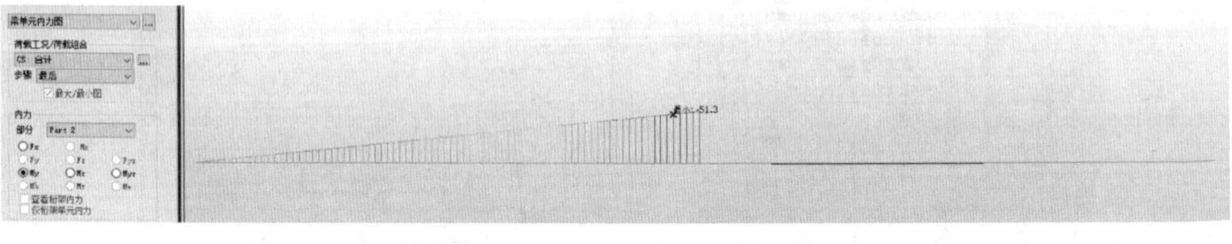

图7.2.17 “CS4”施工阶段混凝土弯矩图

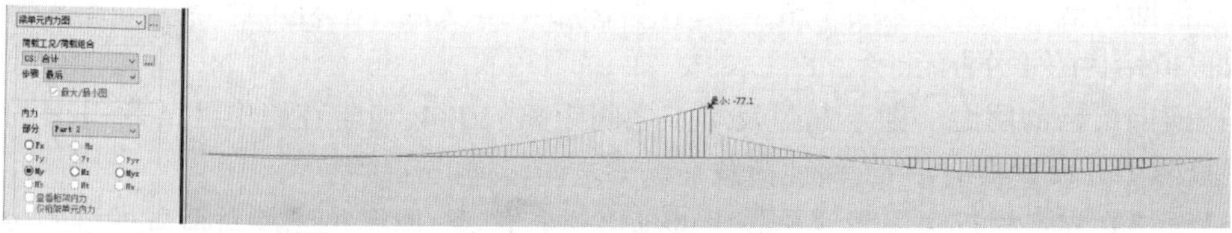


图 7.2.18 “CS5”施工阶段混凝土弯矩图

同理,可以查看其他内力和应力结果,此处不再一一赘述。

# 7.3 梁 格 法

## 7.3.1 梁格法的基本原理

梁格法是借助计算机分析桥梁上部结构有效的一种实用方法。梁格法由于采用空间杆系单元进行等效模拟,易于理解和使用,因此在桥梁结构分析中应用广泛,适用于板式、梁板式、箱梁上部结构及各种组合体系桥梁。按照几何性质的不同,上部结构梁格分析大致可分为板式桥梁梁格分析、梁板式桥梁梁格分析、铰接板梁格分析以及多室箱梁梁格分析四类。

梁格法用一个等效的梁格来等代桥梁的上部结构,即把上部结构的抗弯、抗扭刚度集中到最邻近的梁格内:纵向刚度集中到纵向构件内,横向刚度集中到横向构件内。理想的刚度等效原则应该满足原型结构和等效梁格体系承受相同荷载时两者的挠曲应恒等,且任一梁格内的弯矩、剪力及扭矩等于该梁所代表的实际结构截面上应力的合力。由于实际结构和等效梁格在结构特性上的差异,这种等效只是近似的,但对一般的计算,梁格法的计算精度是足够的。

梁格法不仅适用于由多片主梁构成的梁格体系桥,还广泛应用于宽梁桥、斜交桥、曲线桥的分析中。采用单梁模型,无法正确计算宽梁桥、斜交桥、曲线桥的横向支座反力、荷载横向分布以及斜交桥钝角处的反力以及集中效应,而采用梁格法模型能够非常方便地解决上述问题。

梁格法作为桥梁空间分析的一种简化方法,前期准备工作量大,也比较容易出错,为此可以采用 MIDAS/Civil 的梁格法建模助手。对于单箱多室箱梁桥、斜交桥、曲线梁桥,梁格法建模助手可以自动生成梁格模型。

## 7.3.2 梁格划分

梁格法建模的关键在于如何采用合理的梁格划分方式和正确的等效梁格刚度。

对于箱形截面来说,单元的划分应明确结构分析的目的,既要考虑力在原箱梁内的传递方向和原箱梁的变形特征,也要考虑加载的方便。选取等效梁格时可遵循如下原则:

(1)纵向梁格以腹板单位划分梁格,即纵梁的位置应与纵向腹板重合,这样可以直接获得腹板的受力特征。为了加载的方便,可在悬臂端部设置虚拟的纵向单元。

(2)纵梁的划分应尽可能使各部分截面的形心轴位置和原箱梁截面的形心轴位置重合,这样使得各纵梁在纵向弯曲时符合与原箱梁截面一样的平截面假定。

(3)横向梁格一般要与纵向梁格垂直,在斜桥的端部或斜桥的斜角较小时可用斜交网格,以有效模拟结构的工作状态。

(4)横向梁格的间距一般不超过反弯点之间距离的1/4,通常在跨中、1/4跨、1/8跨以及支座的横隔梁处设置横向单元,保证荷载在纵梁之间传递的连续性。

(5)梁格在支点附近和内力变化较大的地方进行加密,使梁格结构对荷载的静力分布足够灵敏。

1)纵梁刚度分配

梁格法中荷载分配是以加载位置及单元间的相对刚度为依据的,刚度与构件的截面特性有关,因此,梁格单元的截面特性计算是保证计算精度的关键。

(1)弯曲刚度。

对于箱形梁上部结构,通常在顶、底板纵向切开成许多工字梁,如图7.3.1所示。根据梁格等效的基本原理,梁格构件的弯曲应力分布应与实际梁理论结果相似。由于实际梁受载应绕同一中性轴而弯曲,因此梁格构件所代表的每一根工字梁的截面特性应绕整体的上部结构中性轴计算,即纵向梁格构件的抗弯刚度为

$$EI = E \times (\text{梁格构件所代表的截面对箱梁整体的截面中性轴的惯性矩}) \quad (7.3.1)$$

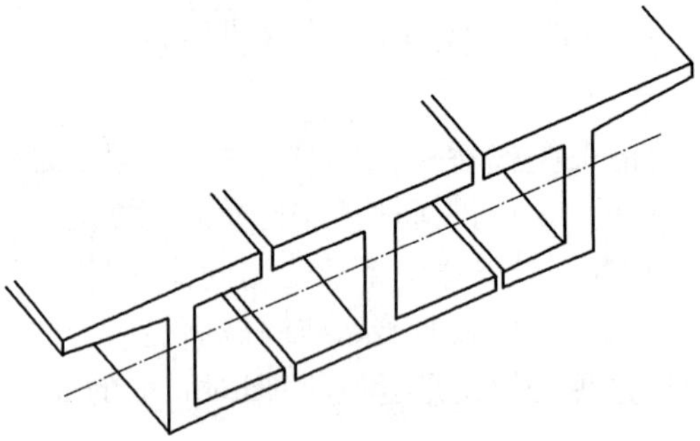

图7.3.1 纵向梁格划分

(2)扭转刚度。

当箱梁结构作整体扭转(不考虑截面畸变)时,环绕顶板、底板、腹板呈剪力流网络,如图7.3.2a)所示;大多数的剪力流通过顶、底板和腹板的周界流动,少量通过中间腹板。当比拟的梁格体系受扭时,在横截面上,总的扭矩由一部分纵向构件的扭矩和一部分梁格间相反的剪力组成,如图7.3.2b)所示。其中,剪力$S$与横向构件内的扭转相平衡,如图7.3.3所示。由此可见,图7.3.2中箱梁整体扭转和梁格受扭时的力系非常相似,箱梁内的总扭矩由各梁格扭矩及剪力合成,梁格扭矩是代表由顶板和底板内相反剪力流在上部结构内形成的扭矩,而剪力代表腹板内的剪力流。因此,纵向梁格构件的扭转刚度为

$$GJ = G \times (\text{梁格构件所代表的顶板、底板翼缘的扭转惯性矩}) \quad (7.3.2)$$

对于图7.3.1所示的箱形梁,把工形主梁截面当作开口截面计算扭转惯性矩$J$是错误的,应按汉勃利提出的自由扭转惯性矩公式计算:

$$C = 2(h'^2 d' + h''^2 d'') \quad (7.3.3)$$

式中:$C$——单位宽度顶、底板联合自由扭转惯性矩;

$h'$、$h''$——顶底板中面至板重心轴的距离(图 7.3.4);

$d'$、$d''$——顶、底板的平均厚度。

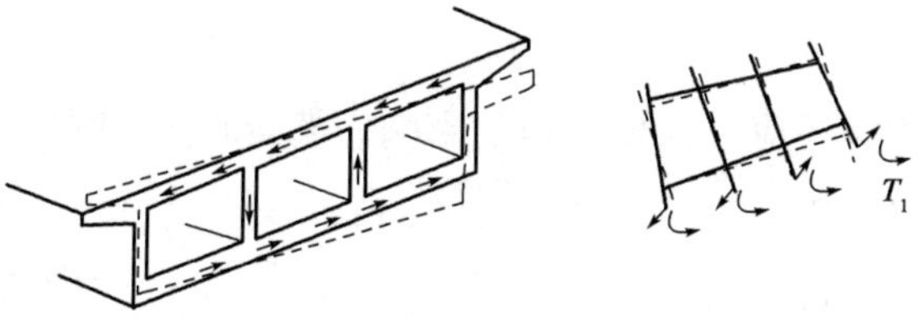


a)箱梁截面剪力流　　b)梁格内的扭矩及剪力

图 7.3.2　箱梁等效梁格及受扭力系

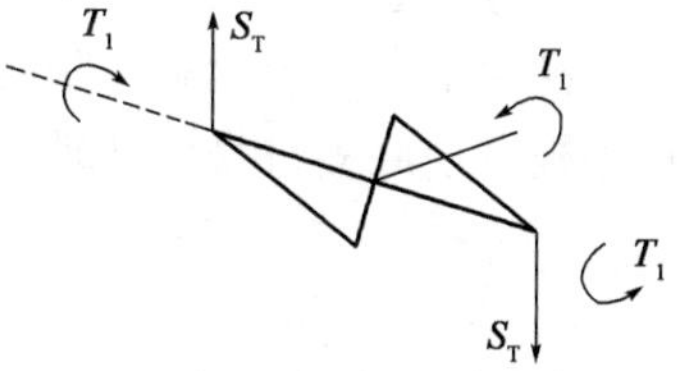


图 7.3.3　梁格节点的内力平衡

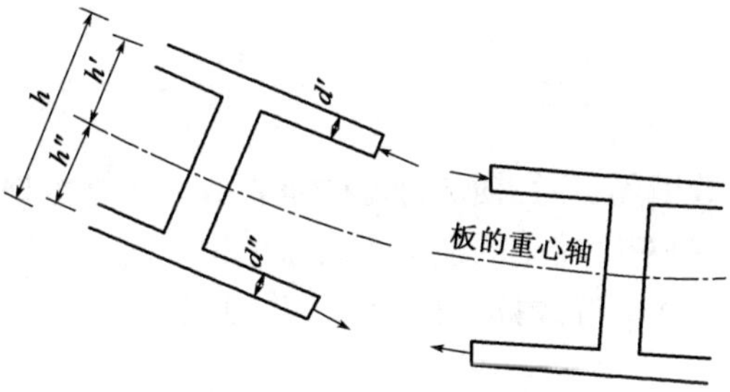


图 7.3.4　横梁抗弯惯性矩计算

$C$ 值乘以顶、底板的平均宽度,即工形梁一侧的扭转惯矩。工形另一侧的扭转惯性矩可按同样的方法计算。

如果顶底板划分的宽度不一样,则按式(7.3.4)计算:

$$C = 2(h'^2 d' b' + h''^2 d'' b'') \tag{7.3.4}$$

式中:$b'$——划分后主梁截面顶板宽度;

$b''$——划分后主梁截面底板宽度。

如果只有顶板或是实心板,则

$$C = \frac{t^3}{6} \tag{7.3.5}$$

式中:$t$——顶板或实心板厚度。

需要注意的是,按上面方法得到的箱形截面各主梁扭转惯矩之和,只等于整体横截面自由扭转惯矩的 1/2 左右,另外的 1/2 的扭转惯矩由各主梁竖向抗剪面积提供。

(3)剪切刚度。

腹板内的剪力流由弯曲剪力流和扭转剪力流组成,由于剪力流使得腹板产生剪切变形,纵向梁格的剪切面积应等于腹板的横截面积。

2)横梁刚度分配

(1)弯曲刚度。

横梁代表的是指定横截面两侧各 1/2 纵向梁单元长度范围内的顶、底板和横隔板,箱梁在横向也要产生弯曲变形,如图 7.3.4 所示。在横梁竖向弯曲中,顶板、底板绕它们共同的重心所在水平中性轴转动,横向梁格的惯性矩按绕板的共同重心来计算,其抗弯刚度按式(7.3.6)计算:

$$EI = E(h'^2d' + h''^2d'')b \tag{7.3.6}$$

式中:$b$——横向梁格的宽度;

$E$——材料弹性模量;

其余符号意义见图7.3.4。

若横向梁格内包含有横隔板,则弯曲刚度还应计入横隔板的影响。横梁的侧弯刚度可以取顶底板对顶底板自身中性轴的侧弯惯矩,即按公式(7.3.7)计算

$$EI = \frac{1}{12}E(d' + d'')b^3 \tag{7.3.7}$$

需要说明的是,横梁侧弯对整个梁格竖向挠曲计算结果的影响极小,横梁的侧弯刚度也可以忽略不计。

(2)扭转刚度。

横向构件的抗扭刚度与纵梁相似,按式(7.3.4)计算。

(3)剪切刚度。

当箱梁没有或仅有少数横隔板时,横贯格室的垂直剪力将导致顶板、底板和腹板发生局部变形,这种受力情况可由剪切刚度较小的横向梁格来模拟。对于箱梁,汉勃利根据图7.3.5所示的闭合框架变形图推导出横向等效抗剪面积$A_s$,并用式(7.3.8)计算横向梁格单位宽度的等效剪切刚度为

$$GA_s = E\frac{d'^3 + d''^3}{L^2}\frac{d_w^3L}{d_w^3L + (d'^3 + d''^3)h} \tag{7.3.8}$$

式中:$d$、$d'$、$d''$——分别表示顶板、底板、腹板平均厚度;

$h$——表示顶板、底板之间的高度;

$L$——腹板之间的间距。

若箱内有横隔板,还应包括横隔板面积。

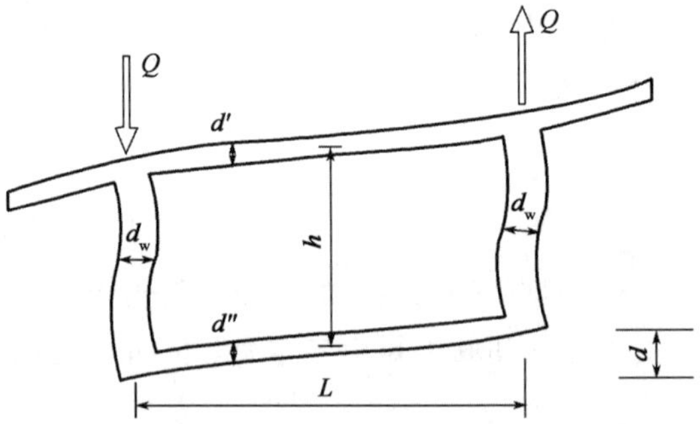


图7.3.5 闭合框架横向变形示意图

若上部结构内的腹板比实际设置的纵向梁格的间距小得多,则横向的$A_s$仍然用实际的格室和腹板尺寸来计算。严格来说,式(7.3.8)仅适用于矩形横截面的格室上。若上部结构有三角形或梯形格室,则式(7.3.8)就只能近似适用,对于这种格室的抗剪刚度必须从同样形状的构架作构架分析导出,构架尺寸取上部结构的单位长度。对于复杂的横截面,使用计算机作平面框架分析是十分方便的,具体过程参见汉勃利编写的《桥梁上部构造性能》。本算例为倾斜腹板,但是倾斜角度不大,使用上述公式并不会引起过大的误差。

如果是只有顶板或是实心板,则

$$A_s = \frac{5t}{6} \tag{7.3.9}$$

### 7.3.3 工程实例

1)工程背景

某18.5m跨混凝土简支箱梁,计算跨径17.8m,斜交角33°,采用斜腹式单箱三室断面,箱梁顶板宽为16.90m、底板宽为11.45m,箱梁中心线处梁高为1.9m,顶板厚为25cm,底板厚为20cm,腹板厚度为60cm,如图7.3.6所示,该箱梁的主要截面几何特性参见表7.3.1。主梁采用C50混凝土。

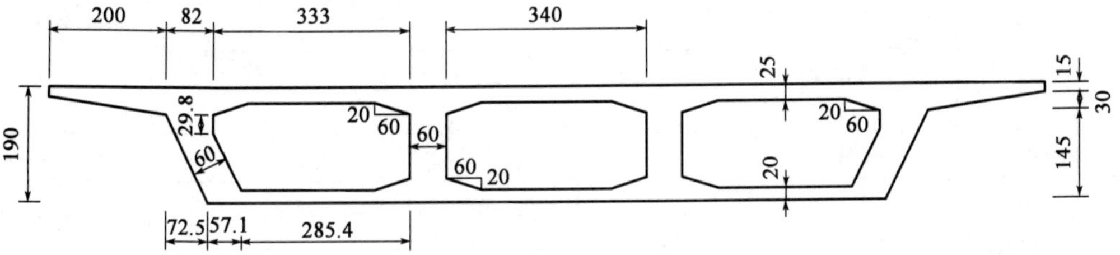


图7.3.6 主梁跨中截面示意图(尺寸单位:cm)

**箱梁截面几何特性** 表7.3.1

| | | | |
|---|---|---|---|
| 面积($m^2$) | 11.12 | $I_{xx}$ | 16.00 |
| $Y$向剪切面积($m^2$) | 6.80 | $I_{yy}$ | 5.33 |
| $Z$向剪切面积($m^2$) | 2.79 | $I_{zz}$ | 216.93 |

根据上述梁格法建模原理,将横截面等效划分成图7.3.7所示的四块,每一块代表一根纵梁,在划分的时候,如果能够满足每根纵梁的中性轴与整个截面的中性轴重合固然很好,不能满足问题也不大,这说明纵梁的划分并不唯一,本教材采用试算法,划分后的纵梁截面中性轴基本与整个截面的中性轴重合。计算模型中沿桥梁纵向与横向均为简支,用虚拟横梁模拟各片纵向主梁之间的横向联系,适应于车道荷载(和车辆荷载)的空间布置,因此无须计算各片主梁的荷载横向分布影响线,可直接进行加载求解各主梁的最不利加载位置与效应。

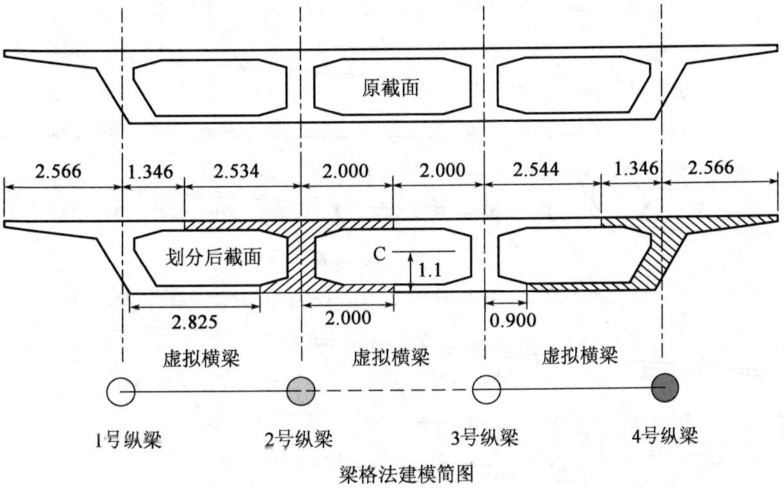


图7.3.7 纵梁截面分片示意图(尺寸单位:m)

2)建模步骤

(1)设定单位体系:kN(力),m(长度);输入C50材料特性。

(2)输入1~4号纵梁的截面特性(表7.3.2)。用AutoCAD绘制好表7.3.2中的分块截面,然后导入“截面特性值计算器”中形成MIDAS/Civil的截面特性。对于抗扭刚度,取顶、底板的平均厚度为20cm,$h=170\text{cm}$,按式(7.3.4)计算。纵梁的坐标取1~4号梁的形心,建立后的主梁有限元模型如图7.3.8所示。

纵梁截面特性　　表7.3.2

| 项　目 | 1号梁截面<br>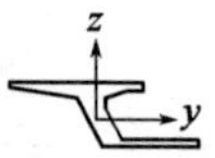 | 2号梁截面<br>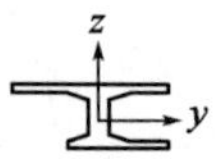 | 3号梁截面<br>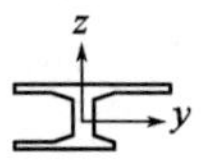 | 4号梁截面<br>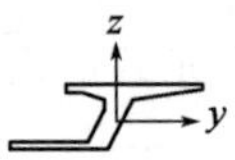 | 计算方法 |
|---|---|---|---|---|---|
| 面积($m^2$) | 2.74 | 2.82 | 2.82 | 2.74 | 划分后截面计算 |
| $Z$向剪切面积($m^2$) | 0.90 | 0.87 | 0.87 | 0.90 | 腹板面积,取0.6×1.45 |
| $Y$向剪切面积($m^2$) | 1.84 | 1.77 | 1.77 | 1.84 | 划分后截面计算 |
| $I_{xx}$($m^4$) | 1.90 | 2.19 | 2.19 | 1.90 | 式(7.3.4) |
| $I_{yy}$($m^4$) | 1.27 | 1.40 | 1.40 | 1.27 | 划分后截面对全截面中性轴计算 |
| $I_{zz}$($m^4$) | 3.40 | 2.70 | 2.70 | 3.40 | 划分后截面计算 |
| 中性轴离底边距离(m) | 1.10 | 1.10 | 1.10 | 1.10 | 取全截面中性轴 |

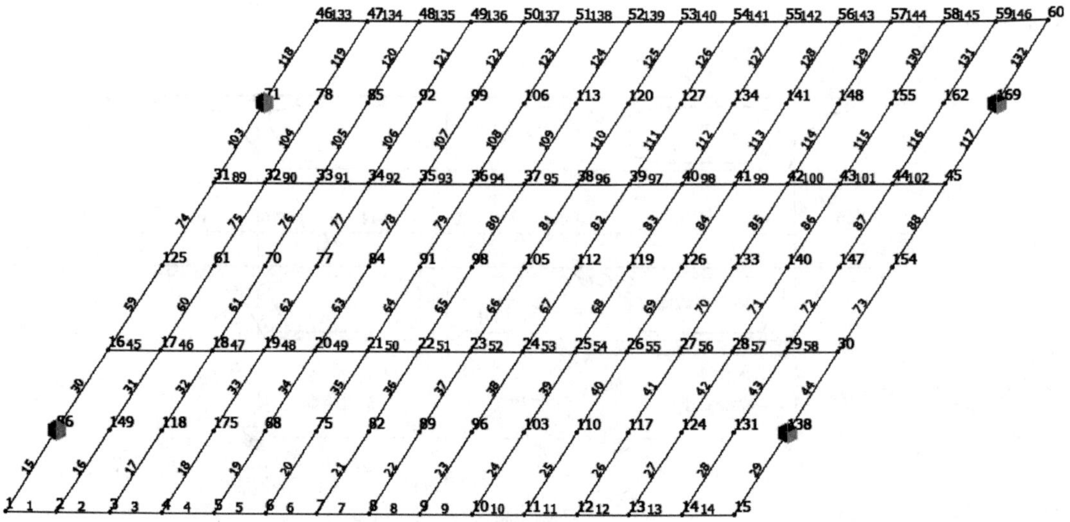

图7.3.8　梁格模型示意图

(3)虚拟横梁刚度可近似按式(7.3.6)和式(7.3.8)进行计算。对于本例,$d'=20\text{cm}$ 或 $25\text{cm}$,$d''=20\text{cm}$,$h'=70\text{cm}$ 或 $67.5\text{cm}$,$h''=100\text{cm}$,$b=132\text{cm}$,中横梁 $L=400\text{cm}$,边横梁 $L=389\text{cm}$,$d_w=60\text{cm}$。侧弯惯性矩可以按照 $1/12(d'+d'')\times b^3$ 计算。虚拟横梁截面特性见表7.3.3。自纵梁梁端开始,按1.32m等间距建立虚拟横梁(图7.3.8)。

**虚拟横梁截面特性** 表7.3.3

| 项　目 | 边横梁 | 中横梁 | 计算方法 |
|---|---|---|---|
| 面积($m^2$) | 0.59 | 0.59 | 顶、底板平均厚度对应的面积之和 |
| 剪切面积($m^2$) | 0.005 | 0.005 | 式(7.3.8),$E/G=2.5$ |
| $I_{xx}$($m^4$) | 0.83 | 0.83 | 式(7.3.4) |
| $I_{yy}$($m^4$) | 0.41 | 0.41 | 式(7.3.6) |
| $I_{zz}$($m^4$) | 0.09 | 0.09 | 式(7.3.7) |

需要说明的是,梁格法是一种近似计算方法,划分梁格的方法并不唯一,即使划分相同的梁格,其截面特性的计算结果也允许存在差异。

(4)添加约束条件。约束根据实际情况施加,本例题将约束施加在端横梁距离桥面中心轴线两侧3.7m位置处,见表7.3.4。

**边界条件定义** 表7.3.4

| 节点 | *Dx* | *Dy* | *Dz* | *Rx* | *Ry* | *Rz* | 组 |
|---|---|---|---|---|---|---|---|
| 71 | 1 | 1 | 1 | 0 | 0 | 0 | 组-边界 |
| 86 | 1 | 1 | 1 | 0 | 0 | 0 | 组-边界 |
| 138 | 0 | 1 | 1 | 0 | 0 | 0 | 组-边界 |
| 169 | 0 | 1 | 1 | 0 | 0 | 0 | 组-边界 |

(5)完成上述建模后,可以施加荷载,这里只为了阐述梁格法建模方法,只施加自重荷载。需要注意的是,横梁是虚拟的,不能施加自重。

以上是用一般建模方法进行梁格法建模,用户也可采用MIDAS/Civil提供的建模助手进行建模,其"单箱多室箱梁梁格法建模助手"界面如图7.3.9~图7.3.16所示。采用建模助手只需完成"布置""跨度""截面""横桥向""荷载""钢束"和"钢筋"等页面即可完成整个建模过程,本算例主要阐述梁格法的建模思路,未涉及荷载、钢束和钢筋3个界面。

(6)"单箱多室箱梁梁格法建模助手">"布置"界面(图7.3.9)中,主要输入参数如下:

①材料:选择要生成梁格模型的材料。当需要重新定义材料时,可通过点击"..."按钮来定义。

②跨度信息:输入桥梁跨径信息。例如,跨径布置为40m+2×30m+100m的输入方式为"40,2@30,100"。

③斜交角:如图7.3.10所示,输入斜交桥梁的倾斜角度。输入范围为−45°~+45°,逆时针方向为正。各跨斜交角度不等时,点击"详细设置"按钮来分别定义。

④偏移:输入桥梁中心线与路线中心线的偏移距离。

⑤横向构件布置(梁格划分):可划分为正交[图7.3.11a)]和斜交[图7.3.11b)]。

⑥弯桥半径:输入桥梁的半径,弯桥半径要大于桥宽。其中,凹:凹形曲线;凸:凸形曲线。

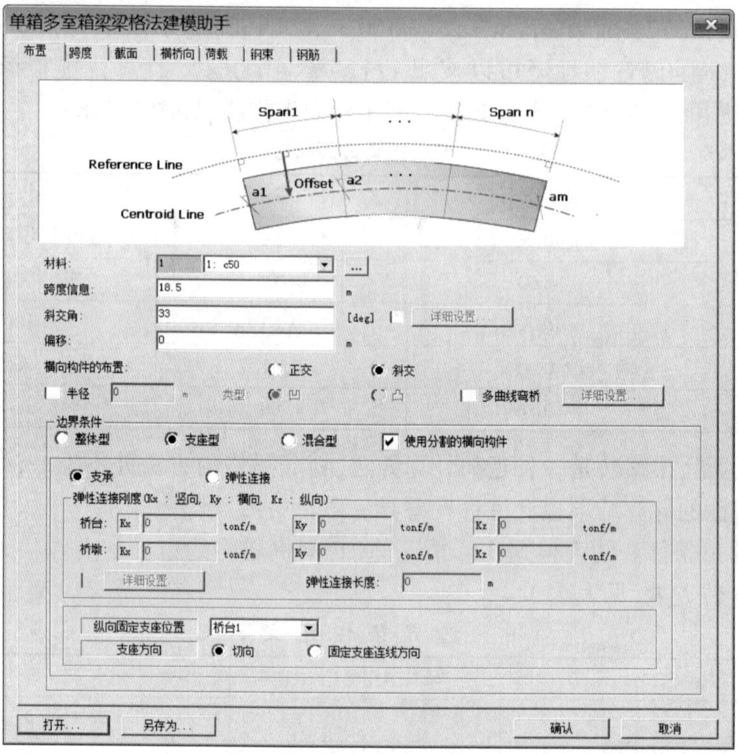


图 7.3.9 “单箱多室箱梁梁格法建模助手”>“布置”界面

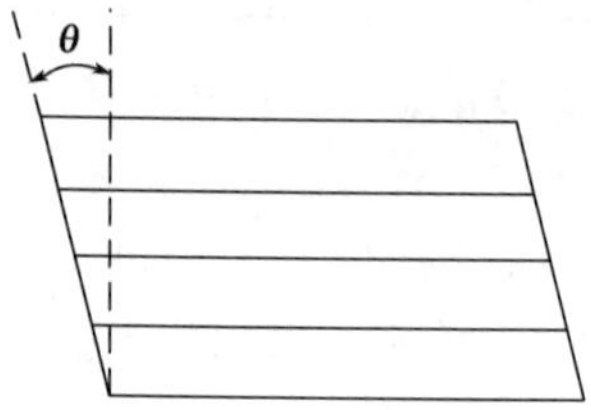


图 7.3.10 斜交角

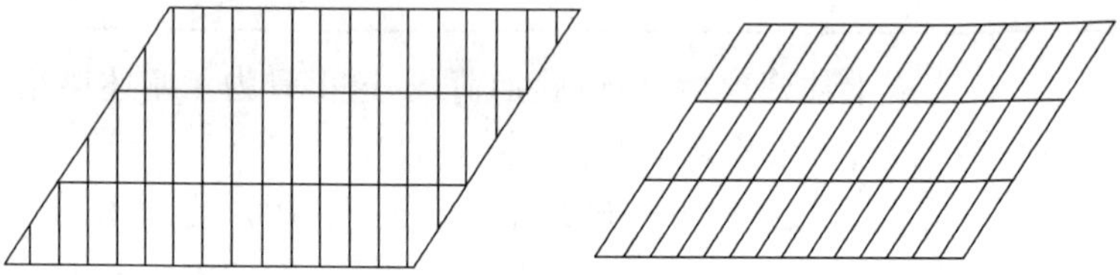

a)正交　　b)斜交

图 7.3.11 横向构件布置

⑦多曲线弯桥:当桥梁为多曲线类型时,可单击“详细设置...”按钮定义多曲线。(提示:可同时组合直线、圆曲线、缓和曲线)

⑧边界条件:

a. 整体型。桥梁上下部结构一体的整体型桥梁模型(同时生成上部与下部结构模型)。需要输入桥墩和桥台信息。

b. 支座型。桥梁上部与下部通过弹簧连接的桥型。其中,“支承”是利用一般支承条件来定义固定支座位置与滑动支座位置,并且“纵向固定支座位置”确定后,还需在“横桥向”表单中确定固定支座的横向位置;而“弹性连接”则是利用弹性连接单元来定义桥梁支座,需分别输入桥台与桥墩的各方向的弹簧刚度。当每个支座的弹簧刚度不同时,可单击“详细设置”按钮后输入。对于曲线桥的支座来说,“支座方向”“切向”[图 7.3.12a)]和“在与固定支座的连线上”[图 7.3.12b)]有两种。

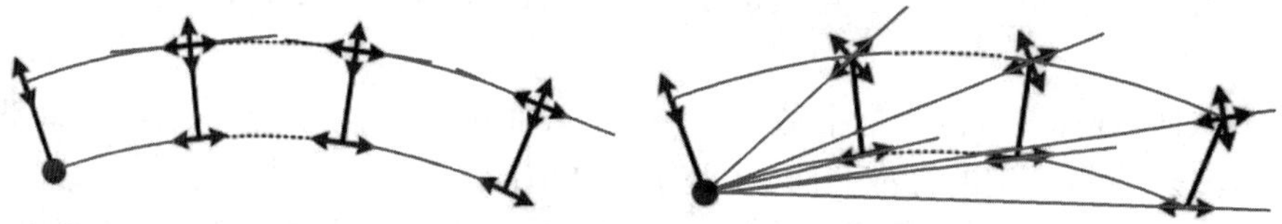

a)切向　　　　b)在与固定支座的连线上

图 7.3.12　曲线桥的支座方向

c. 混合型。桥台位置处与下部结构是通过支座连接,桥墩与上部结构为一体的整体型,具体参数的设置请参见 MIDAS/Civil 软件的帮助文件。

(7)在“单箱多室箱梁梁格法建模助手”>“跨度”界面(图 7.3.13)中,跨度 1、跨度 2……:根据“布置”表单中的“跨度信息”,生成多跨度表单。每个跨度表单的主要输入参数如下:

①跨度:显示相应跨度的长度。

②类型:显示跨度类型,如“边跨(开始)”“中跨”“边跨(结束)”。

③Db2/Db1/De1/De2:用于定义支点处的盖梁厚度。对于“跨度”界面来说,Db2、Db1、De1 和 De2 用于定义支点处的盖梁厚度,各参数必须填写。没有盖梁的情况可以任意填写,模型建好后再作修改。

④虚拟梁间距:输入虚拟横梁的间距(默认值为 0.1L,L = 跨度 - Db1 - De1)。

⑤横隔板:用于指定实际横隔板的位置以及厚度。可根据逗号来指定多个横隔板的位置。

⑥截面分配:分配纵向各个位置的截面(适用于变截面桥梁)。

⑦等截面:当相应跨度为等截面梁时,选择此项。

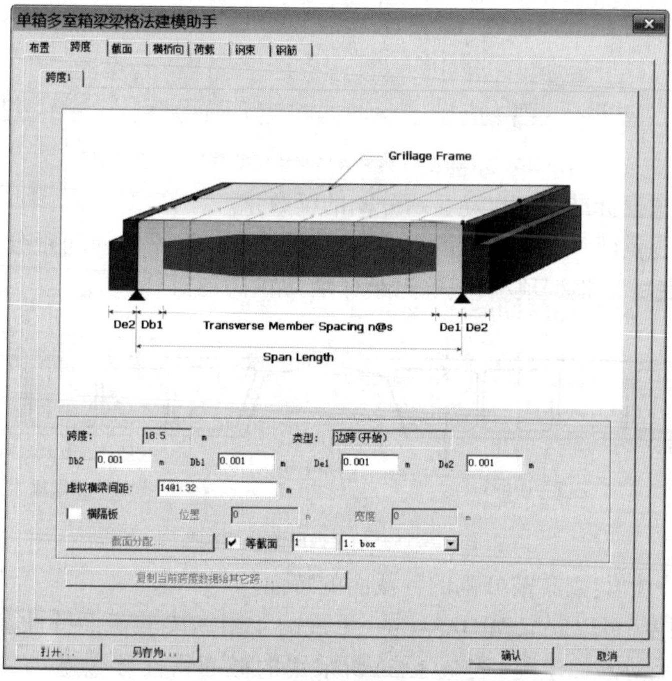


图 7.3.13　“单箱多室箱梁梁格法建模助手”>“跨度”界面

(8)在"单箱多室箱梁梁格法建模助手" > "截面"界面(图 7.3.14)中的主要输入参数如下:

①标准截面:选择要分割的标准截面(对于变截面桥梁,需对多个截面进行分别分割,只能选择在"跨度"中被分配的标准截面)。关于标准截面的注意事项如下:

a. 支持的单元类型有,"单箱多室""单箱多室 2""设计用数值截面"类型的截面。

b. 室数量要在 2 个以上。

c. 室内部的顶底板处,必须要有水平段。

如果上述条件不满足,无法使用建模助手建模,只能通过前文介绍的手动方式进行建模。

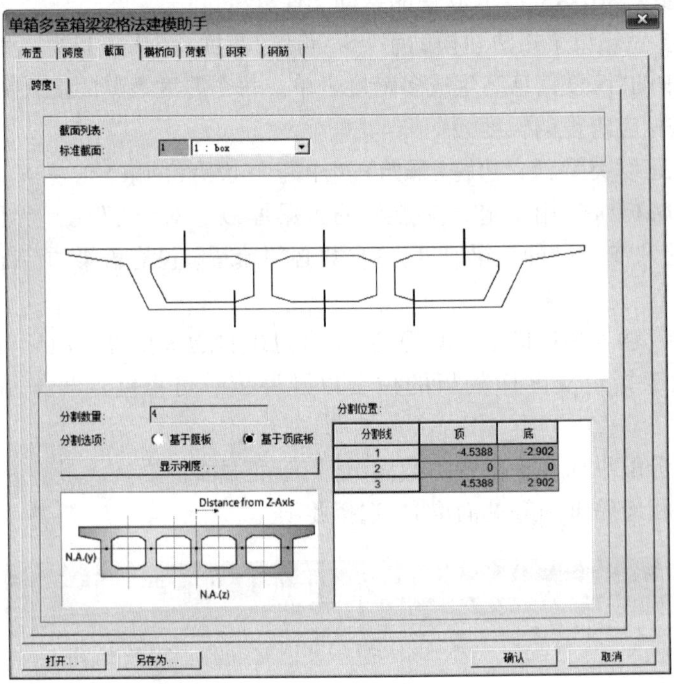


图 7.3.14 "单箱多室箱梁梁格法建模助手" > "截面"界面

②分割数量:根据标准截面自动显示分割的梁数量。

③分割选项:提供两种分割截面的方法,"基于腹板"[根据腹板间距分割,如图 7.3.15a)所示]和"基于顶底板"[根据顶/底板等间距分割,如图 7.3.15b)所示]。

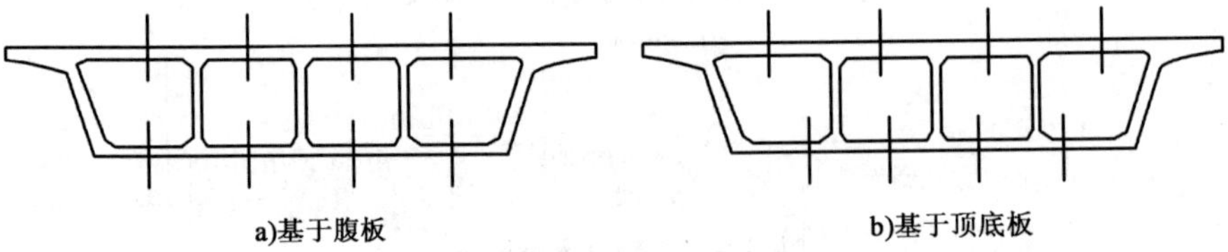


图 7.3.15 箱梁截面的分割方式

④显示截面特性值:查看被分割的各截面的特性。

单击"查看刚度"可以获取 MIDAS/Civil 生成的 4 根纵梁的截面特性参数,主要参数结果参见表 7.3.5,与手动方式建模(表 7.3.2)所采用的截面特性参数基本一致,主要误差源自梗腋。

**建模助手生成的纵梁截面特性** 表 7.3.5

| 项　　目 | 1 号梁截面 | 2 号梁截面 | 3 号梁截面 | 4 号梁截面 |
|---|---|---|---|---|
| | 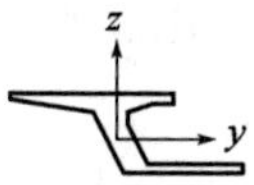 | 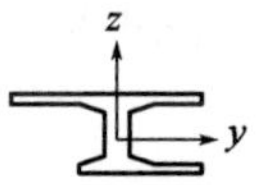 | 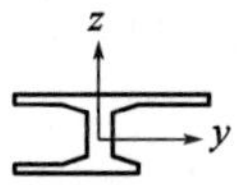 | 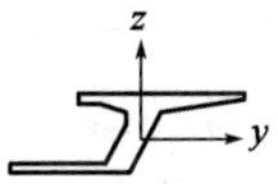 |
| 面积($m^2$) | 2.74 | 2.83 | 2.83 | 2.74 |
| $Z$ 向剪切面积($m^2$) | 0.81 | 0.82 | 0.82 | 0.81 |
| $Y$ 向剪切面积($m^2$) | 1.85 | 1.78 | 1.78 | 1.85 |
| $I_{xx}$($m^4$) | 1.85 | 2.32 | 2.32 | 1.85 |
| $I_{yy}$($m^4$) | 1.27 | 1.40 | 1.40 | 1.27 |
| $I_{zz}$($m^4$) | 3.40 | 2.70 | 2.70 | 3.40 |
| 中性轴离底边距离(m) | 1.10 | 1.10 | 1.10 | 1.10 |

(9)在“单箱多室箱梁梁格法建模助手”界面(图 7.3.16)中的主要输入参数如下:

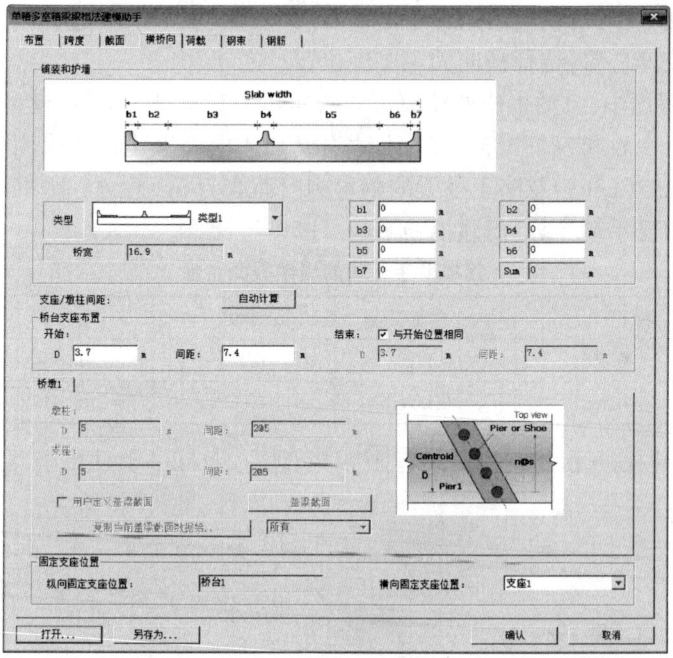


图 7.3.16 “单箱多室箱梁梁格法建模助手”>“横桥向”界面

①横断面布置。

a. 类型:选择桥面系的组成类型,MIDAS/Civil 提供了图 7.3.17 所示的 3 种桥面系类型。

b. 桥宽:显示整体截面的整体宽度。$b_1$ ~ $b_7$ 的合计(sum)要与桥宽值相等。本算例没有涉及桥面系的组成,因此,无须填写 $b_1$ ~ $b_7$ 等参数。

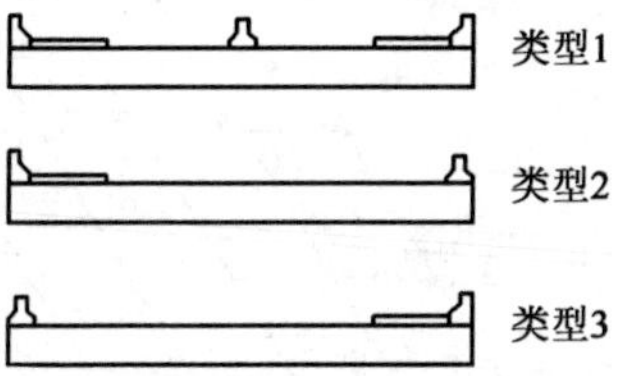


图 7.3.17 MIDAS/Civil 梁格法中提供的 3 种桥面类型

②支座/墩柱间距:“自动计算”为自动输入桥台及桥墩支座的横向布置位置。程序将根据截面划分情况,自动输入 D、间距等参数。

③桥台支座布置:

a. D:输入(－)$Y$方向最外侧支座中心至桥梁中心线的距离,确定该支座的位置。

b. 间距:输入(＋)$Y$横向支座间距,确定其余支座的位置。

c. 与开始位置相同:终点处桥台采用与起点桥台相同的支座间距。

④桥墩:

a. 墩柱:

D:输入(－)$Y$方向最外侧支座中心 至桥梁中心线的距离,确定该支座的位置。

间距:输入(＋)$Y$横向支座间距 ,确定其余支座的位置。

b. 支承:

D:输入(－)$Y$方向最外侧支座中心 至桥梁中心线的距离,确定该支座的位置。

间距:输入(＋)$Y$横向支座间距 ,确定其余支座的位置。

⑤用户定义盖梁截面:可定义盖梁的截面尺寸,不勾选此项时,程序根据跨度信息自动生成矩形截面的盖梁。

⑥固定支座位置:

a. 纵向固定支座位置:纵向固定支座位置已在"布置"表单中指定。

b. 横向固定支座位置:选择横向固定支座位置。

在"横桥向"界面中,自动生成的约束可能与实际情况不符,可以在模型生成后进行修改。

通过对比表7.3.6和表7.3.3可知,手动建模和建模助手建模所采用的横梁截面特性参数是一致的,MIDAS/Civil中忽略了横梁的侧弯刚度而取为0。总之,手动建模相对灵活,但截面特性参数需要自己手动计算,而建模助手却可以自行计算。

**建模助手生成的横梁截面特性** 表7.3.6

| 项　　目 | 面积($m^2$) | $Z$向剪切面积($m^2$) | $I_{xx}$($m^4$) | $I_{yy}$($m^4$) | $I_{zz}$($m^4$) |
|---|---|---|---|---|---|
| 边横梁 | 0.59 | 0.005 | 0.82 | 0.41 | 0.00 |
| 中横梁 | 0.59 | 0.004 | 0.82 | 0.41 | 0.00 |

图7.3.18为建模助手生成的最终有限元模型,约束与手动建模有区别,可以手动进行更改。

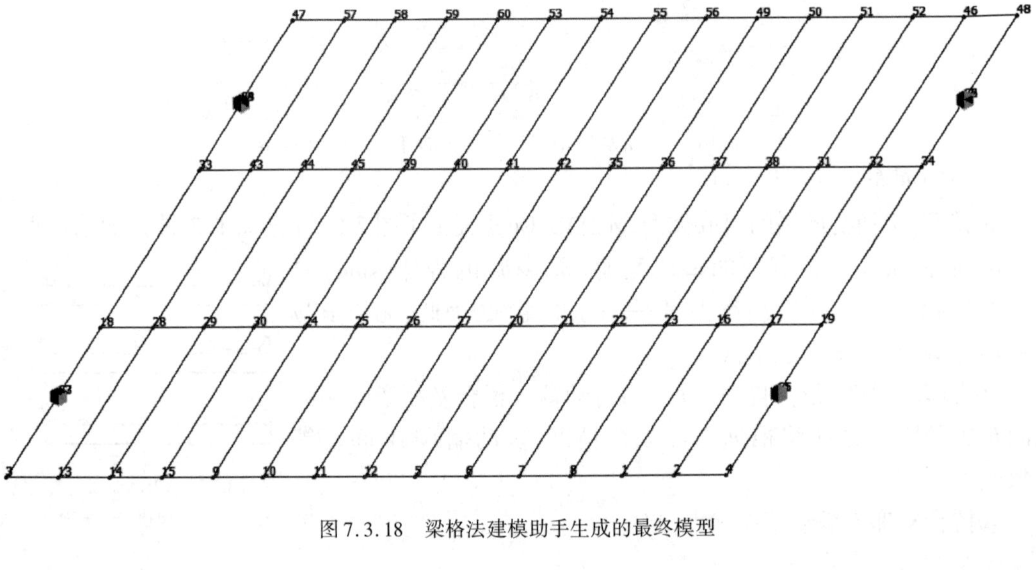


图7.3.18　梁格法建模助手生成的最终模型

## 本章习题

1. 比较组合截面与组合梁截面的不同点。

2. 用组合截面重建7.2.3节模型,并对比算例结果。

3. 改变7.2.3节钢管混凝土施工顺序:架设第一、二跨钢管→灌注第一、二跨混凝土→施加二期恒载,混凝土湿重用梁单元荷载和材龄为0d两种方式模拟,对比两种方法的结果。

4. 某20m跨混凝土T梁桥,断面尺寸如下图所示。主梁采用预制架设,然后现浇桥面板,在桥面板龄期达到20d后施工桥面系,桥面系重为20kN/m。试用施工阶段联合截面分析T梁内力。

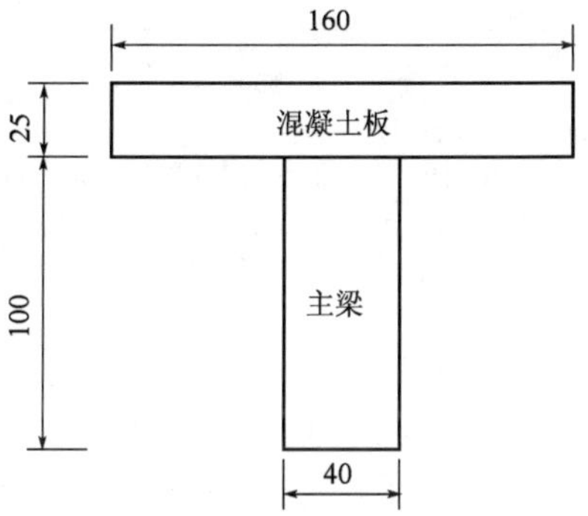


习题4图　T梁截面(尺寸单位:cm)

5. 某钢筋混凝土拱桥,计算跨径100m,计算矢高20m,拱轴系数 $m=1.6$,主拱圈混凝土强度等级为C50,采用预制拼装法施工,拱圈合龙后依次浇筑纵缝混凝土和顶板混凝土,浇筑时间分别为20d,考虑混凝土湿重影响。试用施工阶段联合截面分析拱圈内力,并比较与拱圈一次成拱的内力。

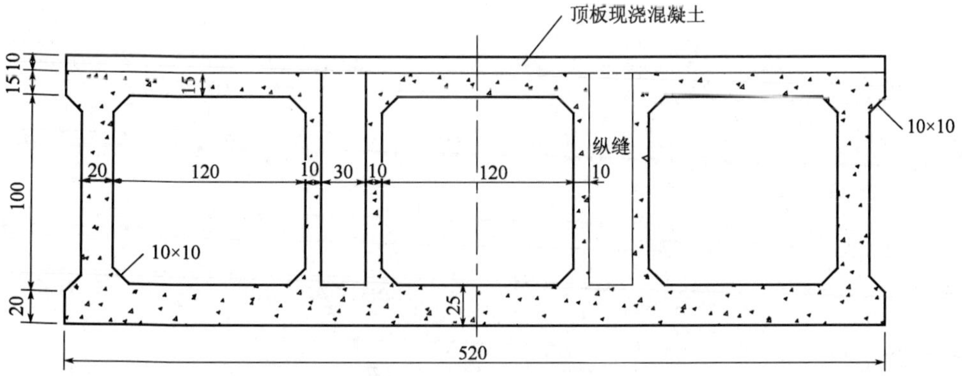


习题5图　拱圈截面(尺寸单位:cm)

6. 采用梁格法建模助手建立7.3.3节中的简支箱梁模型,并与手动建模结果进行对比(荷载假设为自重)。

7. 某2×25m曲线连续梁桥,横断面尺寸如下图所示,曲线中心半径 $R=200m$,桥面铺装为10cm厚沥青混凝土,两侧护栏重55kN/m。用梁格法计算自重和公路—I级荷载作用下的内力和支座反力。

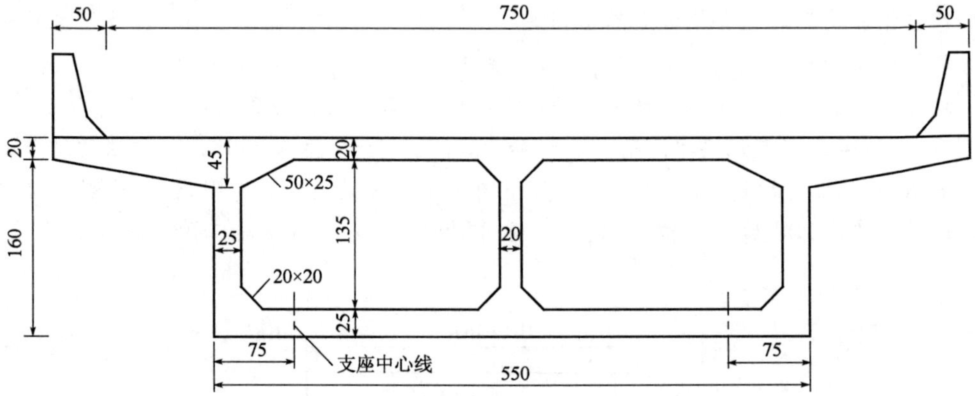


习题7图　箱梁断面(尺寸单位:cm)